# OECD Institutional Investors Statistics 2016

OECD
BETTER POLICIES FOR BETTER LIVES

This work is published on the responsibility of the Secretary-General of the OECD. The opinions expressed and arguments employed herein do not necessarily reflect the official views of the Organisation or of the governments of its member countries.

This document and any map included herein are without prejudice to the status of or sovereignty over any territory, to the delimitation of international frontiers and boundaries and to the name of any territory, city or area.

**Please cite this publication as:**
OECD (2017), *OECD Institutional Investors Statistics 2016*, OECD Publishing.
*http://dx.doi.org/10.1787/instinv-2016-en*

ISBN 978-92-64-27529-4 (print)
ISBN 978-92-64-25201-1 (PDF)

Annual: OECD Institutional Investors Statistics
ISSN 2225-2061 (print)
ISSN 2225-207X (online)

The statistical data for Israel are supplied by and under the responsibility of the relevant Israeli authorities. The use of such data by the OECD is without prejudice to the status of the Golan Heights, East Jerusalem and Israeli settlements in the West Bank under the terms of international law.

Corrigenda to OECD publications may be found on line at: *www.oecd.org/publishing/corrigenda*.

# *Table of contents*

Conventional signs and abbreviations .......... 9

International comparisons .......... 11
1. Financial assets and liabilities of investment funds, as a percentage of GDP .......... 12
2. Financial assets and liabilities of insurance corporations, as a percentage of GDP .......... 13
3. Financial assets and liabilities of pension funds, as a percentage of GDP .......... 14

Country tables .......... 15

***Austria***
1. Financial assets and liabilities of institutional investors, 2015 .......... 16
2. Financial assets and liabilities of investment funds .......... 17
3. Financial assets and liabilities of insurance corporations and pension funds .......... 19
4. Portfolio composition by type of investor .......... 20

***Belgium***
1. Financial assets and liabilities of institutional investors, 2015 .......... 21
2. Financial assets and liabilities of investment funds .......... 22
3. Financial assets and liabilities of insurance corporations and pension funds .......... 24
4. Portfolio composition by type of investor .......... 25

***Canada***
1. Financial assets and liabilities of institutional investors, 2015 .......... 26
2. Financial assets and liabilities of investment funds .......... 27
3. Financial assets and liabilities of insurance corporations and pension funds .......... 29
4. Portfolio composition by type of investor .......... 30

***Chile***
1. Financial assets and liabilities of institutional investors, 2015 .......... 31
2. Financial assets and liabilities of investment funds .......... 32
3. Financial assets and liabilities of insurance corporations and pension funds .......... 34
4. Portfolio composition by type of investor .......... 35

***Czech Republic***
1. Financial assets and liabilities of institutional investors, 2015 .......... 36
2. Financial assets and liabilities of investment funds .......... 37
3. Financial assets and liabilities of insurance corporations and pension funds .......... 39
4. Portfolio composition by type of investor .......... 40

***Denmark***
1. Financial assets and liabilities of institutional investors, 2015 .......... 41
2. Financial assets and liabilities of investment funds .......... 42
3. Financial assets and liabilities of insurance corporations and pension funds .......... 44
4. Portfolio composition by type of investor .......... 45

**Estonia**
1. Financial assets and liabilities of institutional investors, 2015 ............... 46
2. Financial assets and liabilities of investment funds ........................ 47
3. Financial assets and liabilities of insurance corporations and pension funds .. 49
4. Portfolio composition by type of investor ................................ 50

**Finland**
1. Financial assets and liabilities of institutional investors, 2015 ............... 51
2. Financial assets and liabilities of investment funds ........................ 52
3. Financial assets and liabilities of insurance corporations and pension funds .. 54
4. Portfolio composition by type of investor ................................ 55

**France**
1. Financial assets and liabilities of institutional investors, 2015 ............... 56
2. Financial assets and liabilities of investment funds ........................ 57
3. Financial assets and liabilities of insurance corporations and pension funds .. 59
4. Portfolio composition by type of investor ................................ 60

**Germany**
1. Financial assets and liabilities of institutional investors, 2015 ............... 61
2. Financial assets and liabilities of investment funds ........................ 62
3. Financial assets and liabilities of insurance corporations and pension funds .. 64
4. Portfolio composition by type of investor ................................ 65

**Greece**
1. Financial assets and liabilities of institutional investors, 2015 ............... 66
2. Financial assets and liabilities of investment funds ........................ 67
3. Financial assets and liabilities of insurance corporations and pension funds .. 69
4. Portfolio composition by type of investor ................................ 70

**Hungary**
1. Financial assets and liabilities of institutional investors, 2015 ............... 71
2. Financial assets and liabilities of investment funds ........................ 72
3. Financial assets and liabilities of insurance corporations and pension funds .. 74
4. Portfolio composition by type of investor ................................ 75

**Iceland**
1. Financial assets and liabilities of institutional investors, 2015 ............... 76
2. Financial assets and liabilities of investment funds ........................ 77
3. Financial assets and liabilities of insurance corporations and pension funds .. 79
4. Portfolio composition by type of investor ................................ 80

**Ireland**
1. Financial assets and liabilities of institutional investors, 2015 ............... 81
2. Financial assets and liabilities of investment funds ........................ 82
3. Financial assets and liabilities of insurance corporations and pension funds .. 84
4. Portfolio composition by type of investor ................................ 85

**Israel**
1. Financial assets and liabilities of institutional investors, 2015 ............... 86
2. Financial assets and liabilities of investment funds ........................ 87
3. Financial assets and liabilities of insurance corporations and pension funds .. 89
4. Portfolio composition by type of investor ................................ 90

*Italy*
1. Financial assets and liabilities of institutional investors, 2015 ... 91
2. Financial assets and liabilities of investment funds ... 92
3. Financial assets and liabilities of insurance corporations and pension funds .. 94
4. Portfolio composition by type of investor ... 95

*Japan*
1. Financial assets and liabilities of institutional investors, 2015 ... 96
2. Financial assets and liabilities of investment funds ... 97
3. Financial assets and liabilities of insurance corporations and pension funds .. 99
4. Portfolio composition by type of investor ... 100

*Korea*
1. Financial assets and liabilities of institutional investors, 2015 ... 101
2. Financial assets and liabilities of investment funds ... 102
3. Financial assets and liabilities of insurance corporations and pension funds .. 104
4. Portfolio composition by type of investor ... 105

*Latvia*
1. Financial assets and liabilities of institutional investors, 2015 ... 106
3. Financial assets and liabilities of insurance corporations and pension funds .. 107
4. Portfolio composition by type of investor ... 108

*Luxembourg*
1. Financial assets and liabilities of institutional investors, 2015 ... 109
2. Financial assets and liabilities of investment funds ... 110
3. Financial assets and liabilities of insurance corporations and pension funds .. 112
4. Portfolio composition by type of investor ... 113

*Netherlands*
1. Financial assets and liabilities of institutional investors, 2015 ... 114
2. Financial assets and liabilities of investment funds ... 115
3. Financial assets and liabilities of insurance corporations and pension funds .. 117
4. Portfolio composition by type of investor ... 118

*New Zealand*
1. Financial assets and liabilities of institutional investors, 2015 ... 119
2. Financial assets and liabilities of investment funds ... 120
3. Financial assets and liabilities of insurance corporations and pension funds .. 122
4. Portfolio composition by type of investor ... 123

*Norway*
1. Financial assets and liabilities of institutional investors, 2015 ... 124
2. Financial assets and liabilities of investment funds ... 125
3. Financial assets and liabilities of insurance corporations and pension funds .. 127
4. Portfolio composition by type of investor ... 128

*Poland*
1. Financial assets and liabilities of institutional investors, 2015 ... 129
2. Financial assets and liabilities of investment funds ... 130
3. Financial assets and liabilities of insurance corporations and pension funds .. 132
4. Portfolio composition by type of investor ... 133

**Portugal**
1. Financial assets and liabilities of institutional investors, 2015 ... 134
2. Financial assets and liabilities of investment funds ... 135
3. Financial assets and liabilities of insurance corporations and pension funds .. 137

**Slovenia**
1. Financial assets and liabilities of institutional investors, 2015 ... 138
2. Financial assets and liabilities of investment funds ... 139
3. Financial assets and liabilities of insurance corporations and pension funds .. 141
4. Portfolio composition by type of investor ... 142

**Spain**
1. Financial assets and liabilities of institutional investors, 2015 ... 143
2. Financial assets and liabilities of investment funds ... 144
3. Financial assets and liabilities of insurance corporations and pension funds .. 146
4. Portfolio composition by type of investor ... 147

**Sweden**
1. Financial assets and liabilities of institutional investors, 2015 ... 148
2. Financial assets and liabilities of investment funds ... 149
3. Financial assets and liabilities of insurance corporations and pension funds .. 151
4. Portfolio composition by type of investor ... 152

**Switzerland**
1. Financial assets and liabilities of institutional investors, 2015 ... 153
2. Financial assets and liabilities of investment funds ... 154
3. Financial assets and liabilities of insurance corporations and pension funds .. 156
4. Portfolio composition by type of investor ... 157

**Turkey**
1. Financial assets and liabilities of institutional investors, 2015 ... 158
2. Financial assets and liabilities of investment funds ... 159
3. Financial assets and liabilities of insurance corporations and pension funds .. 161
4. Portfolio composition by type of investor ... 162

**United Kingdom**
1. Financial assets and liabilities of institutional investors, 2015 ... 163
3. Financial assets and liabilities of insurance corporations and pension funds .. 164

**United States**
1. Financial assets and liabilities of institutional investors, 2015 ... 165
2. Financial assets and liabilities of investment funds ... 166
3. Financial assets and liabilities of insurance corporations and pension funds .. 168
4. Portfolio composition by type of investor ... 169

**Lithuania**
1. Financial assets and liabilities of institutional investors, 2015 ... 170
2. Financial assets and liabilities of investment funds ... 171
3. Financial assets and liabilities of insurance corporations and pension funds .. 173
4. Portfolio composition by type of investor ... 174

***Russian Federation***
1. Financial assets and liabilities of institutional investors, 2015 . . . . . . . . . . . . . . . 175
2. Financial assets and liabilities of investment funds . . . . . . . . . . . . . . . . . . . . . . . . 176
3. Financial assets and liabilities of insurance corporations and pension funds . . 178
4. Portfolio composition by type of investor . . . . . . . . . . . . . . . . . . . . . . . . . . . . . . . . . 179

# Conventional signs and abbreviations

## Signs and abbreviations

.. Not available

. Decimal point

0 Nil or negligible

## Concepts and definitions

Metadata (data):

*http://stats.oecd.org/OECDStat_Metadata/ShowMetadata.ashx?Dataset=7IA_A_Q*

Metadata (indicators):

*http://stats.oecd.org/OECDStat_Metadata/ShowMetadata.ashx?Dataset=7II_INDIC*

## On-line database

OECD Institutional Investors Statistics (*http://dx.doi.org/10.1787/instinv-data-en*).

## System of National Accounts

Commission of the European Communities, International Monetary Fund, Organisation for Economic Co-operation and Development, United Nations, World Bank, Brussels/Luxembourg, New York, Paris, Washington, DC., 1993, *System of National Accounts 1993*, *http://unstats.un.org/unsd/nationalaccount/docs/1993sna.pdf.*

European Commission, International Monetary Fund, Organisation for Economic Co-operation and Development, United Nations, World Bank, New York, 2009, *System of National Accounts 2008*, *http://unstats.un.org/unsd/nationalaccount/docs/SNA2008.pdf.*

## Methodology

Annual data refer to Q4. Quarterly data are available in the database.

## ISO currency abbreviations

| Abbreviation | Country | Currency |
|---|---|---|
| AUD | Australia | dollar |
| EUR | Austria | euro |
| EUR | Belgium | euro |
| CAD | Canada | dollar |
| CLP | Chile | peso |
| CZK | Czech Republic | koruna |
| DKK | Denmark | krone |
| EUR | Estonia | euro |
| EUR | Finland | euro |
| EUR | France | euro |
| EUR | Germany | euro |
| EUR | Greece | euro |
| HUF | Hungary | forint |
| ISK | Iceland | krona |
| EUR | Ireland | euro |
| ILS | Israel | new shekel |
| EUR | Italy | euro |
| JPY | Japan | yen |
| KRW | Korea | won |
| EUR | Latvia | euro |
| EUR | Luxembourg | euro |
| MXN | Mexico | peso |
| EUR | Netherlands | euro |
| NOK | Norway | krone |
| PLN | Poland | zloty |
| EUR | Portugal | euro |
| EUR | Slovak Republic | euro |
| EUR | Slovenia | euro |
| EUR | Spain | euro |
| SEK | Sweden | krona |
| CHF | Switzerland | franc |
| TRY | Turkey | new lira |
| GBP | United Kingdom | pound |
| USD | United States | dollar |
| EUR | Lithuania | euro |
| RUB | Russian Federation | ruble |

OECD Institutional Investor Statistics 2016


# International comparisons

## Table 1. Financial assets and liabilities of investment funds, as a percentage of GDP

*Per cent*

| | 2008 | 2009 | 2010 | 2011 | 2012 | 2013 | 2014 | 2015 |
|---|---|---|---|---|---|---|---|---|
| **Financial assets** | | | | | | | | |
| Austria | 45.8 | 50.0 | 51.1 | 44.6 | 46.5 | 46.1 | 48.9 | 48.9 |
| Belgium | 25.2 | 27.7 | 26.3 | 22.0 | 22.5 | 26.7 | 31.2 | 36.1 |
| Canada | 43.3 | 54.6 | 57.9 | 56.3 | 62.0 | 71.6 | 80.3 | 89.2 |
| Chile | .. | .. | .. | .. | .. | .. | 20.2 | 22.6 |
| Czech Republic | 3.9 | 3.8 | 4.2 | 3.7 | 4.1 | 4.6 | 5.0 | 5.4 |
| Denmark | .. | .. | .. | .. | 86.5 | 97.0 | 105.4 | 101.8 |
| Estonia | 3.4 | 3.9 | 4.0 | 2.7 | 2.9 | 3.3 | 3.1 | 3.0 |
| Finland | 23.4 | 32.0 | 35.6 | 30.6 | 36.4 | 40.6 | 46.0 | 52.0 |
| France | 67.6 | 77.0 | 74.0 | 64.4 | 67.1 | 66.2 | 68.0 | 70.6 |
| Germany | 34.4 | 39.9 | 42.2 | 40.4 | 45.7 | 48.4 | 53.2 | 55.9 |
| Greece | 3.7 | 3.7 | 3.0 | 2.1 | 2.5 | 2.8 | 2.7 | 2.4 |
| Hungary | 9.3 | 11.5 | 13.8 | 11.0 | 11.5 | 14.7 | 16.5 | 16.3 |
| Iceland | 13.7 | 12.3 | 17.5 | 22.7 | 24.1 | 24.8 | 25.1 | 27.0 |
| Ireland | .. | .. | .. | .. | .. | .. | .. | .. |
| Israel | 12.7 | 16.3 | 17.9 | 15.2 | 17.1 | 21.8 | 23.7 | 19.7 |
| Italy | 13.3 | 14.1 | 13.1 | 10.4 | 10.2 | 11.9 | 15.0 | 17.4 |
| Japan | 16.4 | 19.2 | 19.7 | 18.4 | 20.7 | 26.2 | 29.4 | 32.6 |
| Korea | 25.8 | 28.3 | 26.0 | 21.5 | 23.0 | 23.5 | 25.7 | 27.2 |
| Latvia | 0.7 | 1.2 | 1.5 | 1.6 | 1.4 | 1.3 | 1.0 | .. |
| Luxembourg | 4 568.0 | 5 434.6 | 6 011.7 | 5 470.1 | 6 009.6 | 6 276.5 | 6 759.9 | 7 326.8 |
| Netherlands | .. | .. | .. | .. | .. | .. | .. | .. |
| Norway | .. | .. | .. | .. | .. | .. | .. | .. |
| Poland | .. | .. | .. | .. | .. | .. | .. | .. |
| Portugal | .. | .. | .. | .. | .. | .. | .. | .. |
| Slovenia | .. | 6.2 | 6.3 | 4.9 | 5.1 | 5.2 | 5.8 | 6.0 |
| Spain | 18.3 | 18.5 | 16.0 | 14.7 | 14.4 | 18.2 | 22.5 | 24.1 |
| Sweden | 32.3 | 46.5 | 50.9 | 44.9 | 51.5 | 62.9 | 76.6 | 76.6 |
| Switzerland | .. | .. | .. | .. | .. | .. | .. | .. |
| United Kingdom | .. | .. | .. | .. | .. | .. | .. | .. |
| United States | 71.9 | 85.8 | 89.3 | 86.1 | 94.4 | 105.8 | 108.5 | 103.5 |
| Lithuania | 0.3 | 0.5 | 0.6 | 0.5 | 0.5 | 0.7 | 0.8 | 0.9 |
| Russian Federation | 1.1 | 1.7 | 1.5 | 1.4 | 1.5 | 1.7 | 1.7 | 1.9 |
| **Financial liabilities** | | | | | | | | |
| Austria | 45.6 | 50.2 | 51.5 | 45.0 | 47.1 | 46.7 | 49.5 | 49.7 |
| Belgium | 25.5 | 27.9 | 26.3 | 22.2 | 22.6 | 26.9 | 31.3 | 36.2 |
| Canada | 43.3 | 54.6 | 57.9 | 56.3 | 62.0 | 71.6 | 80.3 | 89.2 |
| Chile | .. | .. | .. | .. | .. | .. | 0.3 | 0.5 |
| Czech Republic | 3.8 | 3.9 | 4.3 | 4.2 | 5.5 | 6.1 | 6.8 | 7.3 |
| Denmark | .. | .. | .. | .. | 88.5 | 97.0 | 105.2 | 101.9 |
| Estonia | 3.4 | 4.0 | 4.0 | 2.7 | 2.9 | 3.2 | 2.9 | 3.0 |
| Finland | 23.2 | 31.9 | 35.6 | 30.4 | 36.5 | 40.7 | 45.8 | 52.0 |
| France | 68.5 | 78.1 | 75.2 | 65.9 | 68.9 | 68.2 | 70.4 | 73.4 |
| Germany | 37.5 | 43.6 | 45.8 | 43.9 | 49.2 | 51.9 | 56.5 | 59.3 |
| Greece | 4.0 | 3.9 | 3.7 | 2.8 | 3.3 | 3.6 | 3.8 | 3.5 |
| Hungary | 9.9 | 12.1 | 14.7 | 12.0 | 12.6 | 15.7 | 17.4 | 17.2 |
| Iceland | 13.7 | 12.3 | 17.5 | 22.9 | 24.1 | 24.8 | 25.1 | 27.0 |
| Ireland | .. | .. | .. | .. | .. | .. | .. | .. |
| Israel | .. | .. | .. | .. | .. | .. | .. | .. |
| Italy | 14.7 | 15.4 | 14.0 | 11.4 | 11.4 | 12.6 | 15.6 | 17.4 |
| Japan | 16.4 | 19.2 | 19.7 | 18.4 | 20.7 | 26.2 | 29.4 | 32.6 |
| Korea | 26.7 | 28.8 | 26.3 | 21.6 | 23.1 | 23.6 | 25.9 | 27.4 |
| Latvia | 0.8 | 1.3 | 1.6 | 1.7 | 1.5 | 1.2 | 1.0 | .. |
| Luxembourg | 4 588.6 | 5 453.1 | 6 040.9 | 5 488.2 | 6 027.2 | 6 293.9 | 6 780.9 | 7 344.7 |
| Netherlands | .. | .. | .. | .. | .. | .. | .. | .. |
| Norway | .. | .. | .. | .. | .. | .. | .. | .. |
| Poland | .. | .. | .. | .. | .. | .. | .. | .. |
| Portugal | .. | .. | .. | .. | .. | .. | .. | .. |
| Slovenia | .. | 6.2 | 6.3 | 4.9 | 5.1 | 5.2 | 5.8 | 6.0 |
| Spain | 19.1 | 19.2 | 16.7 | 15.2 | 14.9 | 18.8 | 22.7 | 24.3 |
| Sweden | 32.3 | 46.5 | 50.9 | 44.9 | 51.5 | 62.9 | 76.6 | 76.6 |
| Switzerland | .. | .. | .. | .. | .. | .. | .. | .. |
| United Kingdom | .. | .. | .. | .. | .. | .. | .. | .. |
| United States | 73.7 | 87.4 | 90.8 | 87.5 | 95.8 | 107.4 | 110.2 | 105.4 |
| Lithuania | 0.3 | 0.5 | 0.6 | 0.5 | 0.6 | 0.7 | 0.8 | 1.1 |
| Russian Federation | 1.7 | 2.5 | 2.5 | 2.3 | 2.4 | 3.0 | 3.1 | 3.2 |

*Note:* Detailed metadata at:

http://metalinks.oecd.org/instinv/20170516/7db0 (financial assets)
http://metalinks.oecd.org/instinv/20170516/c6ec (financial liabilities).
Information on data for Israel: http://oe.cd/israel-disclaimer.
Information on data for Luxembourg:
http://metalinks.oecd.org/instinv/20170516/8790 (financial assets)
http://metalinks.oecd.org/instinv/20170516/833e (financial liabilities).

## Table 2. Financial assets and liabilities of insurance corporations, as a percentage of GDP

*Per cent*

| | 2008 | 2009 | 2010 | 2011 | 2012 | 2013 | 2014 | 2015 |
|---|---|---|---|---|---|---|---|---|
| **Financial assets** | | | | | | | | |
| Austria | 31.8 | 35.2 | 35.4 | 33.7 | 35.7 | 35.3 | 36.3 | 35.4 |
| Belgium | 60.9 | 67.7 | 68.1 | 67.4 | 73.3 | 72.7 | 79.1 | 77.4 |
| Canada | 32.1 | 37.0 | 37.9 | 38.5 | 39.7 | 40.4 | 42.4 | 43.0 |
| Chile | .. | .. | .. | .. | .. | .. | 18.3 | 19.0 |
| Czech Republic | 10.2 | 11.5 | 11.6 | 11.5 | 11.2 | 11.6 | 12.1 | 11.9 |
| Denmark | .. | .. | .. | .. | 98.6 | 97.4 | 107.1 | 104.9 |
| Estonia | 4.1 | 5.7 | 6.8 | 5.6 | 5.6 | 5.2 | 5.1 | 5.3 |
| Finland | 22.1 | 26.5 | 28.4 | 26.7 | 29.2 | 30.1 | 33.2 | 34.3 |
| France | 79.2 | 90.8 | 94.8 | 91.0 | 99.5 | 103.2 | 112.1 | 113.2 |
| Germany | 54.3 | 57.5 | 57.8 | 56.5 | 59.4 | 60.9 | 63.9 | 62.9 |
| Greece | 5.6 | 6.0 | 6.5 | 6.7 | 7.7 | 8.5 | 8.7 | 8.9 |
| Hungary | 7.9 | 8.9 | 8.9 | 8.2 | 8.3 | 8.2 | 8.1 | 7.9 |
| Iceland | 7.8 | 8.1 | 8.4 | 8.4 | 8.3 | 8.4 | 8.1 | 7.6 |
| Ireland | .. | .. | .. | .. | 125.1 | 120.9 | 125.6 | 101.4 |
| Israel | 26.1 | 30.9 | 32.4 | 31.2 | 33.1 | 34.4 | 35.8 | 36.1 |
| Italy | 29.7 | 33.9 | 32.0 | 30.7 | 32.6 | 35.9 | 40.7 | 45.7 |
| Japan | 70.3 | 76.5 | 77.0 | 78.7 | 82.4 | 87.6 | 89.9 | 88.3 |
| Korea | 39.8 | 44.4 | 46.2 | 49.1 | 55.5 | 58.4 | 62.8 | 65.3 |
| Latvia | .. | .. | .. | .. | .. | .. | .. | .. |
| Luxembourg | 213.3 | 273.7 | 301.2 | 283.1 | 303.7 | 306.4 | 325.5 | 335.3 |
| Netherlands | 58.3 | 61.4 | 64.5 | 67.3 | 70.3 | 66.6 | 73.4 | 69.9 |
| Norway | .. | .. | .. | .. | .. | .. | .. | .. |
| Poland | 11.0 | 10.4 | 10.3 | 9.5 | 10.3 | 10.3 | 10.6 | 10.4 |
| Portugal | .. | .. | .. | .. | .. | .. | .. | .. |
| Slovenia | .. | 13.9 | 14.9 | 14.9 | 17.2 | 18.0 | 18.8 | 18.1 |
| Spain | 21.0 | 22.8 | 22.6 | 23.7 | 25.3 | 26.5 | 28.5 | 28.6 |
| Sweden | 71.7 | 29.6 | 29.7 | 27.9 | 29.9 | 31.3 | 33.7 | 32.7 |
| Switzerland | 73.1 | 80.7 | 80.7 | 83.1 | 87.5 | 84.3 | 87.5 | 86.9 |
| United Kingdom | .. | .. | .. | .. | .. | .. | .. | .. |
| United States | 39.6 | 44.7 | 46.4 | 46.9 | 47.5 | 47.5 | 48.1 | 46.0 |
| Lithuania | 2.9 | 3.7 | 3.1 | 2.8 | 3.2 | 2.7 | 2.7 | 2.9 |
| Russian Federation | 1.8 | 2.0 | 1.7 | 1.6 | 1.6 | 1.7 | 1.8 | 1.8 |
| **Financial liabilities** | | | | | | | | |
| Austria | 34.4 | 36.9 | 37.8 | 35.9 | 36.4 | 36.2 | 35.9 | 34.5 |
| Belgium | 62.3 | 66.9 | 68.1 | 67.4 | 68.4 | 69.0 | 70.2 | 69.9 |
| Canada | 32.4 | 38.8 | 39.7 | 40.3 | 41.3 | 41.7 | 43.8 | 44.0 |
| Chile | .. | .. | .. | .. | .. | .. | 0.4 | 0.6 |
| Czech Republic | 9.9 | 11.2 | 12.0 | 12.0 | 12.7 | 13.0 | 12.7 | 11.9 |
| Denmark | .. | .. | .. | .. | 98.6 | 96.9 | 106.6 | 109.9 |
| Estonia | 4.3 | 5.5 | 6.1 | 5.4 | 5.4 | 4.9 | 5.0 | 5.4 |
| Finland | 21.4 | 26.1 | 26.9 | 25.2 | 27.4 | 28.9 | 31.3 | 32.3 |
| France | 81.8 | 90.4 | 94.1 | 91.5 | 93.7 | 97.1 | 101.3 | 103.2 |
| Germany | 55.7 | 59.1 | 58.5 | 56.2 | 59.1 | 61.1 | 62.0 | 63.9 |
| Greece | 6.2 | 6.6 | 6.9 | 7.2 | 8.1 | 9.0 | 9.2 | 9.5 |
| Hungary | 8.3 | 9.2 | 9.3 | 8.7 | 8.4 | 8.2 | 8.1 | 7.9 |
| Iceland | 7.9 | 8.2 | 8.5 | 8.5 | 8.7 | 8.7 | 8.4 | 7.7 |
| Ireland | .. | .. | .. | .. | 129.0 | 123.0 | 130.7 | 105.3 |
| Israel | .. | .. | .. | .. | .. | .. | .. | .. |
| Italy | 31.2 | 34.9 | 35.3 | 34.0 | 35.3 | 38.1 | 42.1 | 45.7 |
| Japan | 67.9 | 72.6 | 72.3 | 73.5 | 77.0 | 79.9 | 80.0 | 78.4 |
| Korea | 41.0 | 44.2 | 47.4 | 49.9 | 55.3 | 58.8 | 62.3 | 64.8 |
| Latvia | .. | .. | .. | .. | .. | .. | .. | .. |
| Luxembourg | 212.4 | 272.8 | 300.8 | 281.6 | 301.6 | 304.6 | 321.3 | 335.7 |
| Netherlands | 63.2 | 64.4 | 65.7 | 68.5 | 70.9 | 67.0 | 74.0 | 71.2 |
| Norway | .. | .. | .. | .. | .. | .. | .. | .. |
| Poland | 11.2 | 10.5 | 10.4 | 9.7 | 10.4 | 10.5 | 10.8 | 10.6 |
| Portugal | .. | .. | .. | .. | .. | .. | .. | .. |
| Slovenia | .. | 14.7 | 15.1 | 15.0 | 16.7 | 17.5 | 18.4 | 18.1 |
| Spain | 20.7 | 22.5 | 22.7 | 24.2 | 25.6 | 27.5 | 29.5 | 28.2 |
| Sweden | 80.3 | 26.6 | 27.7 | 26.8 | 25.7 | 25.6 | 27.3 | 26.2 |
| Switzerland | .. | .. | .. | .. | .. | .. | .. | .. |
| United Kingdom | .. | .. | .. | .. | .. | .. | .. | .. |
| United States | 38.0 | 40.9 | 41.7 | 41.0 | 41.4 | 42.9 | 42.8 | 41.5 |
| Lithuania | 3.2 | 3.7 | 3.0 | 3.3 | 3.4 | 3.2 | 3.7 | 4.0 |
| Russian Federation | 1.9 | 2.1 | 1.9 | 1.7 | 1.7 | 2.0 | 2.1 | 2.0 |

*Note:* Detailed metadata at:

http://metalinks.oecd.org/instinv/20170516/c20d (financial assets)

http://metalinks.oecd.org/instinv/20170516/438c (financial liabilities).

Information on data for Israel: http://oe.cd/israel-disclaimer.

Information on data for Luxembourg:

http://metalinks.oecd.org/instinv/20170516/ef24 (financial assets)

http://metalinks.oecd.org/instinv/20170516/e434 (financial liabilities).

## Table 3. Financial assets and liabilities of pension funds, as a percentage of GDP

*Per cent*

| | 2008 | 2009 | 2010 | 2011 | 2012 | 2013 | 2014 | 2015 |
|---|---|---|---|---|---|---|---|---|
| Financial assets | | | | | | | | |
| Austria | 4.0 | 4.8 | 5.1 | 4.8 | 5.2 | 5.5 | 5.8 | 5.9 |
| Belgium | 2.9 | 3.6 | 3.9 | 3.8 | 4.1 | 5.0 | 5.5 | 5.7 |
| Canada | 60.7 | 67.0 | 71.4 | 71.1 | 75.0 | 78.2 | 84.0 | 91.1 |
| Chile | .. | .. | .. | .. | .. | .. | 67.5 | 69.0 |
| Czech Republic | 4.6 | 5.4 | 5.8 | 6.1 | 7.3 | 7.8 | 7.7 | 8.2 |
| Denmark | .. | .. | .. | .. | 73.9 | 66.5 | 73.9 | 73.4 |
| Estonia | 4.8 | 7.2 | 7.9 | 7.3 | 8.7 | 9.9 | 11.8 | 13.5 |
| Finland | 1.8 | 2.0 | 2.3 | 2.0 | 1.8 | 1.5 | 1.4 | 1.4 |
| France | .. | .. | .. | .. | .. | .. | .. | .. |
| Germany | 11.5 | 13.4 | 13.7 | 13.8 | 15.6 | 14.8 | 16.6 | 17.1 |
| Greece | .. | .. | .. | .. | .. | 0.1 | 0.2 | 0.2 |
| Hungary | 9.8 | 13.5 | 15.0 | 4.0 | 4.0 | 4.1 | 4.2 | 4.2 |
| Iceland | .. | 116.0 | 122.7 | 127.6 | 137.2 | 142.6 | 146.4 | 148.4 |
| Ireland | .. | .. | .. | .. | 43.7 | 49.9 | 52.1 | 43.3 |
| Israel | 57.8 | 68.5 | 70.3 | 65.7 | 68.8 | 71.1 | 74.7 | 75.9 |
| Italy | 1.3 | 1.6 | 1.9 | 1.9 | 3.8 | 4.1 | 4.9 | 5.2 |
| Japan | 27.6 | 29.1 | 28.2 | 28.7 | 29.3 | 29.5 | 30.7 | 30.1 |
| Korea | 3.1 | 3.3 | 3.5 | 4.3 | 5.1 | 6.0 | 7.7 | 8.7 |
| Latvia | 3.2 | 6.1 | 7.5 | 7.0 | 7.6 | 8.4 | 9.8 | 10.9 |
| Luxembourg | 1.0 | 2.3 | 2.2 | 2.2 | 2.5 | 2.5 | 3.5 | 3.5 |
| Netherlands | 111.6 | 118.5 | 125.2 | 133.4 | 153.7 | 154.4 | 184.8 | 183.3 |
| Norway | .. | .. | .. | .. | .. | .. | .. | .. |
| Poland | 10.9 | 13.4 | 15.6 | 14.6 | 16.8 | 18.3 | 8.8 | 7.9 |
| Portugal | .. | .. | .. | .. | .. | .. | .. | .. |
| Slovenia | .. | 4.7 | 5.4 | 5.5 | 5.8 | 6.0 | 6.3 | 6.4 |
| Spain | 8.7 | 9.6 | 9.8 | 9.7 | 10.4 | 11.0 | 11.4 | 11.3 |
| Sweden | 10.7 | 68.6 | 71.4 | 68.0 | 73.9 | 80.5 | 90.1 | 89.4 |
| Switzerland | 80.3 | 91.0 | 92.5 | 91.8 | 97.6 | 103.0 | 109.5 | 110.9 |
| United Kingdom | .. | .. | .. | .. | .. | .. | .. | .. |
| United States | 82.3 | 91.3 | 97.1 | 96.1 | 97.5 | 101.7 | 101.4 | 101.0 |
| Lithuania | 2.0 | 3.6 | 4.1 | 3.9 | 4.3 | 4.6 | 5.2 | 5.9 |
| Russian Federation | 1.3 | 1.8 | 1.8 | 2.0 | 2.3 | 2.9 | 2.8 | 3.5 |
| Financial liabilities | | | | | | | | |
| Austria | 4.3 | 4.8 | 4.8 | 4.9 | 5.0 | 5.3 | 5.7 | 5.6 |
| Belgium | 3.3 | 3.9 | 4.2 | 4.0 | 4.6 | 5.1 | 5.7 | 5.9 |
| Canada | 60.7 | 67.0 | 71.4 | 71.1 | 75.0 | 78.2 | 84.0 | 91.1 |
| Chile | .. | .. | .. | .. | .. | .. | 0.7 | 0.8 |
| Czech Republic | 4.8 | 5.5 | 5.9 | 6.1 | 6.7 | 7.1 | 7.8 | 8.2 |
| Denmark | .. | .. | .. | .. | 71.6 | 64.7 | 71.7 | 71.3 |
| Estonia | 4.8 | 7.2 | 7.9 | 7.3 | 8.7 | 9.9 | 11.8 | 13.5 |
| Finland | 2.3 | 2.4 | 2.0 | 1.8 | 1.8 | 1.9 | 1.8 | 1.7 |
| France | .. | .. | .. | .. | .. | .. | .. | .. |
| Germany | 12.0 | 13.4 | 13.8 | 13.9 | 14.6 | 15.1 | 15.8 | 16.2 |
| Greece | .. | .. | .. | .. | .. | 0.1 | 0.2 | 0.2 |
| Hungary | 9.9 | 13.4 | 14.9 | 4.0 | 4.2 | 4.2 | 4.3 | 4.3 |
| Iceland | .. | 116.1 | 122.7 | 127.8 | 137.5 | 142.8 | 146.6 | 148.5 |
| Ireland | .. | .. | .. | .. | 43.9 | 48.7 | 52.1 | 43.2 |
| Israel | .. | .. | .. | .. | .. | .. | .. | .. |
| Italy | 2.6 | 3.2 | 3.5 | 3.7 | 4.3 | 4.8 | 5.3 | 5.5 |
| Japan | 27.7 | 29.3 | 28.4 | 28.9 | 29.4 | 29.4 | 30.4 | 29.8 |
| Korea | 3.1 | 3.3 | 3.5 | 4.2 | 5.1 | 6.1 | 7.8 | 8.7 |
| Latvia | 3.2 | 6.1 | 7.5 | 7.0 | 7.6 | 8.4 | 9.8 | 11.0 |
| Luxembourg | 1.0 | 2.3 | 2.2 | 2.2 | 2.5 | 2.5 | 3.5 | 3.5 |
| Netherlands | 113.3 | 112.2 | 120.1 | 137.7 | 153.6 | 147.4 | 173.2 | 179.2 |
| Norway | .. | .. | .. | .. | .. | .. | .. | .. |
| Poland | 10.9 | 13.4 | 15.6 | 14.6 | 16.8 | 18.3 | 8.8 | 7.9 |
| Portugal | .. | .. | .. | .. | .. | .. | .. | .. |
| Slovenia | .. | 4.6 | 5.4 | 5.6 | 5.8 | 5.9 | 6.3 | 6.4 |
| Spain | 8.7 | 9.7 | 9.8 | 9.8 | 10.5 | 11.3 | 12.0 | 12.0 |
| Sweden | 11.8 | 64.7 | 68.3 | 71.0 | 71.9 | 75.4 | 84.8 | 85.8 |
| Switzerland | 97.0 | 101.9 | 101.0 | 102.1 | 105.3 | 108.1 | 111.2 | 113.8 |
| United Kingdom | .. | .. | .. | .. | .. | .. | .. | .. |
| United States | 83.1 | 92.3 | 98.1 | 97.0 | 98.5 | 102.8 | 102.5 | 102.0 |
| Lithuania | 2.0 | 3.6 | 4.1 | 3.9 | 4.3 | 4.6 | 5.2 | 5.9 |
| Russian Federation | 1.3 | 1.8 | 1.8 | 2.0 | 2.3 | 2.9 | 2.8 | 3.5 |

*Note:* Detailed metadata at:

http://metalinks.oecd.org/instinv/20170516/c670 (financial assets)
http://metalinks.oecd.org/instinv/20170516/a723 (financial liabilities).
Information on data for Israel: http://oe.cd/israel-disclaimer.
Information on data for Luxembourg:
http://metalinks.oecd.org/instinv/20170516/6ccf (financial assets)
http://metalinks.oecd.org/instinv/20170516/787d (financial liabilities).

# Country tables

# AUSTRIA

## Table 1. Financial assets and liabilities of institutional investors, 2015

*Million EUR (1999 ATS euro)*

| | Total | Investment funds | | | |
|---|---|---|---|---|---|
| | | Non-money market funds | | | Money market funds |
| | | Total | Open-end non-money market funds | Closed-end non-money market funds | Total |
| Financial assets | 166 316 | 166 236 | 166 236 | .. | 80 |
| Currency and deposits | 9 302 | 9 294 | 9 294 | .. | 8 |
| Debt securities | 83 937 | 83 865 | 83 865 | .. | 72 |
| Debt securities, short term | 434 | 434 | 434 | .. | 0 |
| Debt securities, long term | 83 503 | 83 431 | 83 431 | .. | 72 |
| Debt securities issued by residents | 13 609 | 13 609 | 13 609 | .. | 0 |
| Debt securities issued by non-residents | 70 328 | 70 256 | 70 256 | .. | 72 |
| Loans | 13 | 13 | 13 | .. | 0 |
| Loans, short-term | 1 | 1 | 1 | .. | 0 |
| Loans, long-term | 12 | 12 | 12 | .. | 0 |
| Loans granted to residents | 0 | 0 | 0 | .. | 0 |
| Loans granted to non-residents | 13 | 13 | 13 | .. | 0 |
| Equity and investment fund shares/units | 73 016 | 73 016 | 73 016 | .. | 0 |
| Equity and investment fund shares issued/units by residents | 28 523 | 28 523 | 28 523 | .. | 0 |
| Equity and investment fund shares/units issued by non residents | 44 492 | 44 492 | 44 492 | .. | 0 |
| Other accounts receivable | 0 | 0 | 0 | .. | 0 |

| | Total | Investment funds | | | |
|---|---|---|---|---|---|
| | | Non-money market funds | | | Money market funds |
| | | Total | Open-end non-money market funds | Closed-end non-money market funds | Total |
| Financial liabilities | 169 033 | 168 948 | 168 948 | .. | 85 |
| Currency and deposits | 0 | 0 | 0 | .. | 0 |
| Debt securities | 8 | 8 | 8 | .. | 0 |
| Debt securities, short term | 0 | 0 | 0 | .. | 0 |
| Debt securities, long term | 8 | 8 | 8 | .. | 0 |
| Loans | 706 | 706 | 706 | .. | 0 |
| Loans, short-term | 622 | 622 | 622 | .. | 0 |
| Loans, long-term | 85 | 85 | 85 | .. | 0 |
| Equity and investment fund shares/units | 168 314 | 168 230 | 168 230 | .. | 85 |
| Insurance pension and standardised guaratees | 0 | 0 | 0 | .. | 0 |
| Financial derivatives and employee stock options | 4 | 4 | 4 | .. | 0 |
| Other accounts payable | 0 | 0 | 0 | .. | 0 |

| | Total | Insurance corporations and pension funds | | | |
|---|---|---|---|---|---|
| | | Insurance corporations | | | Pension funds |
| | | Total | Life insurance corporations | Non-life insurance corporations | Total |
| Financial assets | 140 364 | 120 440 | .. | .. | 19 924 |
| Currency and deposits | 5 421 | 4 866 | .. | .. | 555 |
| Debt securities | 53 957 | 53 521 | .. | .. | 435 |
| Debt securities, short-term | 6 | 5 | .. | .. | 1 |
| Debt securities, long term | 53 950 | 53 516 | .. | .. | 434 |
| Debt securities issued by residents | 18 402 | 18 224 | .. | .. | 179 |
| Debt securities issued by non-residents | 35 554 | 35 297 | .. | .. | 257 |
| Loans | 6 334 | 6 325 | .. | .. | 9 |
| Loans, short-term | 1 773 | 1 773 | .. | .. | 0 |
| Loans, long-term | 4 561 | 4 553 | .. | .. | 9 |
| Loans granted to residents | 4 884 | 4 884 | .. | .. | 0 |
| Loans granted to non-residents | 1 450 | 1 441 | .. | .. | 9 |
| Equity and investment fund shares/units | 67 462 | 48 576 | .. | .. | 18 886 |
| Equity and investment fund shares/units issued by residents | 55 550 | 38 769 | .. | .. | 16 781 |
| Equity and investment fund shares/units issued by non residents | 11 912 | 9 807 | .. | .. | 2 106 |
| Other accounts receivable | 1 633 | 1 593 | .. | .. | 40 |

| | Total | Insurance corporations and pension funds | | | |
|---|---|---|---|---|---|
| | | Insurance corporations | | | Pension funds |
| | | Total | Life insurance corporations | Non-life insurance corporations | Total |
| Financial liabilities | 136 368 | 117 257 | .. | .. | 19 112 |
| Currency and deposits | 0 | 0 | .. | .. | 0 |
| Debt securities | 4 039 | 4 039 | .. | .. | 0 |
| Debt securities, short term | 0 | 0 | .. | .. | 0 |
| Debt securities, long term | 4 039 | 4 039 | .. | .. | 0 |
| Loans | 2 918 | 2 910 | .. | .. | 9 |
| Loans, short-term | 1 809 | 1 808 | .. | .. | 1 |
| Loans, long-term | 1 109 | 1 102 | .. | .. | 7 |
| Equity and investment fund shares/units | 14 916 | 14 733 | .. | .. | 183 |
| Insurance pension and standardised guarantees | 113 010 | 94 091 | .. | .. | 18 920 |
| Financial derivatives and employee stock options | 0 | 0 | .. | .. | 0 |
| Other accounts payable | 1 484 | 1 484 | .. | .. | 0 |

*Note:* Detailed metadata at: http://metalinks.oecd.org/instinv/20170516/667f

## Table 2. Financial assets and liabilities of investment funds

*Million EUR*

| | 2008 | 2009 | 2010 | 2011 | 2012 | 2013 | 2014 | 2015 |
|---|---|---|---|---|---|---|---|---|
| **Investment funds** | | | | | | | | |
| Financial net worth | 708 | -409 | -1 088 | -1 274 | -1 767 | -2 036 | -2 027 | -2 717 |
| Financial assets | 133 726 | 143 131 | 150 643 | 137 655 | 147 443 | 148 711 | 161 627 | 166 316 |
| Currency and deposits | 14 051 | 10 336 | 10 102 | 9 409 | 8 083 | 8 038 | 8 116 | 9 302 |
| Debt securities | 72 993 | 78 291 | 77 731 | 75 377 | 81 185 | 79 164 | 85 113 | 83 937 |
| Loans | 541 | 0 | 14 | 14 | 15 | 16 | 17 | 13 |
| Equity and investment fund shares | 45 898 | 54 431 | 62 576 | 52 660 | 57 950 | 61 455 | 68 350 | 73 016 |
| Equity | 12 208 | 16 878 | 20 168 | 16 402 | 19 207 | 21 330 | 22 904 | 23 650 |
| Investment fund shares | 33 690 | 37 553 | 42 408 | 36 258 | 38 744 | 40 126 | 45 446 | 49 365 |
| Money market fund shares | 1 842 | 912 | 680 | 1 035 | 123 | 135 | 313 | 304 |
| Non-Money market fund shares | 31 848 | 36 641 | 41 728 | 35 223 | 38 621 | 39 991 | 45 133 | 49 062 |
| Insurance pension and standardised guarantees | 0 | 0 | 0 | 0 | 0 | 0 | 0 | 0 |
| Financial derivatives and employee stock options | 118 | 73 | 221 | 193 | 209 | 38 | 32 | 49 |
| Other accounts receivable | 125 | 0 | 0 | 0 | 0 | 0 | 0 | 0 |
| Financial liabilities | 133 018 | 143 541 | 151 731 | 138 929 | 149 210 | 150 747 | 163 654 | 169 033 |
| Debt securities | 0 | 0 | 0 | 0 | 0 | 0 | 8 | 8 |
| Short-term debt securities | 0 | 0 | 0 | 0 | 0 | 0 | 0 | 0 |
| Long-term debt securities | 0 | 0 | 0 | 0 | 0 | 0 | 8 | 8 |
| Loans | 5 067 | 4 892 | 4 006 | 1 372 | 1 399 | 1 310 | 946 | 706 |
| Short-term loans | 4 902 | 4 625 | 3 782 | 1 153 | 1 210 | 1 124 | 786 | 622 |
| Long-term loans | 165 | 267 | 224 | 220 | 190 | 185 | 159 | 85 |
| Equity and investment fund shares | 127 941 | 138 649 | 147 701 | 137 509 | 147 805 | 149 435 | 162 677 | 168 314 |
| Insurance pension and standardised guarantees | 0 | 0 | 0 | 0 | 0 | 0 | 0 | 0 |
| Financial derivatives and employee stock options | 10 | 0 | 24 | 48 | 6 | 3 | 24 | 4 |
| Other accounts payable | 0 | 0 | 0 | 0 | 0 | 0 | 0 | 0 |
| Non-financial assets | 2 014 | 1 937 | 2 268 | 2 873 | 3 195 | 3 377 | 3 832 | 4 364 |
| **Money market funds** | | | | | | | | |
| Financial net worth | -804 | -272 | -180 | -98 | -50 | -28 | -11 | -5 |
| Financial assets | 3 672 | 2 613 | 2 400 | 1 196 | 400 | 188 | 145 | 80 |
| Currency and deposits | 0 | 0 | 0 | 0 | 0 | 0 | 0 | 8 |
| Debt securities | 3 564 | 2 526 | 2 330 | 1 179 | 397 | 188 | 145 | 72 |
| Loans | 0 | 0 | 0 | 0 | 0 | 0 | 0 | 0 |
| Equity and investment fund shares | 108 | 87 | 70 | 17 | 3 | 0 | 0 | 0 |
| Equity | 43 | 4 | 0 | 0 | 0 | 0 | 0 | 0 |
| Investment fund shares | 65 | 83 | 70 | 17 | 3 | 0 | 0 | 0 |
| Money market fund shares | 12 | 32 | 17 | 6 | 0 | 0 | 0 | 0 |
| Non-Money market fund shares | 52 | 50 | 53 | 11 | 3 | 0 | 0 | 0 |
| Insurance pension and standardised guarantees | 0 | 0 | 0 | 0 | 0 | 0 | 0 | 0 |
| Financial derivatives and employee stock options | 0 | 0 | 0 | 0 | 0 | 0 | 0 | 0 |
| Other accounts receivable | 0 | 0 | 0 | 0 | 0 | 0 | 0 | 0 |
| Financial liabilities | 4 476 | 2 885 | 2 581 | 1 294 | 450 | 216 | 156 | 85 |
| Debt securities | 0 | 0 | 0 | 0 | 0 | 0 | 0 | 0 |
| Short-term debt securities | 0 | 0 | 0 | 0 | 0 | 0 | 0 | 0 |
| Long-term debt securities | 0 | 0 | 0 | 0 | 0 | 0 | 0 | 0 |
| Loans | 0 | 0 | 0 | 0 | 0 | 0 | 0 | 0 |
| Short-term loans | 0 | 0 | 0 | 0 | 0 | 0 | 0 | 0 |
| Long-term loans | 0 | 0 | 0 | 0 | 0 | 0 | 0 | 0 |
| Equity and investment fund shares | 4 475 | 2 885 | 2 581 | 1 294 | 450 | 216 | 156 | 85 |
| Insurance pension and standardised guarantees | 0 | 0 | 0 | 0 | 0 | 0 | 0 | 0 |
| Financial derivatives and employee stock options | 1 | 0 | 0 | 0 | 0 | 0 | 0 | 0 |
| Other accounts payable | 0 | 0 | 0 | 0 | 0 | 0 | 0 | 0 |
| Non-financial assets | .. | .. | .. | .. | .. | .. | .. | .. |
| **Non-money market funds** | | | | | | | | |
| Financial net worth | 1 512 | -138 | -908 | -1 176 | -1 717 | -2 008 | -2 016 | -2 712 |
| Financial assets | 130 054 | 140 518 | 148 243 | 136 459 | 147 043 | 148 522 | 161 481 | 166 236 |
| Currency and deposits | 14 051 | 10 336 | 10 102 | 9 409 | 8 083 | 8 038 | 8 116 | 9 294 |
| Debt securities | 69 429 | 75 765 | 75 401 | 74 199 | 80 788 | 78 976 | 84 968 | 83 865 |
| Loans | 541 | 0 | 14 | 14 | 15 | 16 | 17 | 13 |
| Equity and investment fund shares | 45 790 | 54 344 | 62 506 | 52 643 | 57 948 | 61 455 | 68 350 | 73 016 |
| Equity | 12 164 | 16 874 | 20 168 | 16 402 | 19 207 | 21 330 | 22 904 | 23 650 |
| Investment fund shares | 33 626 | 37 470 | 42 338 | 36 241 | 38 741 | 40 126 | 45 446 | 49 365 |
| Money market fund shares | 1 830 | 879 | 663 | 1 028 | 123 | 135 | 313 | 304 |
| Non-Money market fund shares | 31 796 | 36 591 | 41 675 | 35 213 | 38 618 | 39 991 | 45 133 | 49 062 |
| Insurance pension and standardised guarantees | 0 | 0 | 0 | 0 | 0 | 0 | 0 | 0 |
| Financial derivatives and employee stock options | 118 | 73 | 221 | 193 | 209 | 38 | 32 | 49 |
| Other accounts receivable | 125 | 0 | 0 | 0 | 0 | 0 | 0 | 0 |
| Financial liabilities | 128 542 | 140 656 | 149 150 | 137 635 | 148 760 | 150 531 | 163 498 | 168 948 |
| Debt securities | 0 | 0 | 0 | 0 | 0 | 0 | 8 | 8 |
| Short-term debt securities | 0 | 0 | 0 | 0 | 0 | 0 | 0 | 0 |
| Long-term debt securities | 0 | 0 | 0 | 0 | 0 | 0 | 8 | 8 |
| Loans | 5 067 | 4 892 | 4 006 | 1 372 | 1 399 | 1 310 | 946 | 706 |
| Short-term loans | 4 902 | 4 625 | 3 782 | 1 153 | 1 210 | 1 124 | 786 | 622 |
| Long-term loans | 165 | 267 | 224 | 220 | 190 | 185 | 159 | 85 |
| Equity and investment fund shares | 123 466 | 135 764 | 145 120 | 136 215 | 147 355 | 149 218 | 162 520 | 168 230 |
| Insurance pension and standardised guarantees | 0 | 0 | 0 | 0 | 0 | 0 | 0 | 0 |
| Financial derivatives and employee stock options | 9 | 0 | 24 | 48 | 6 | 3 | 24 | 4 |
| Other accounts payable | 0 | 0 | 0 | 0 | 0 | 0 | 0 | 0 |
| Non-financial assets | .. | .. | .. | .. | .. | .. | .. | .. |
| **Open-end non-money market funds** | | | | | | | | |
| Financial net worth | 1 512 | -138 | -908 | -1 176 | -1 717 | -2 008 | -2 016 | -2 712 |
| Financial assets | 130 054 | 140 518 | 148 243 | 136 459 | 147 043 | 148 522 | 161 481 | 166 236 |

## Table 2. Financial assets and liabilities of investment funds *(cont.)*

*Million EUR*

| | 2008 | 2009 | 2010 | 2011 | 2012 | 2013 | 2014 | 2015 |
|---|---|---|---|---|---|---|---|---|
| Currency and deposits | 14 051 | 10 336 | 10 102 | 9 409 | 8 083 | 8 038 | 8 116 | 9 294 |
| Debt securities | 69 429 | 75 765 | 75 401 | 74 199 | 80 788 | 78 976 | 84 968 | 83 865 |
| Loans | 541 | 0 | 14 | 14 | 15 | 16 | 17 | 13 |
| Equity and investment fund shares | 45 790 | 54 344 | 62 506 | 52 643 | 57 948 | 61 455 | 68 350 | 73 016 |
| Equity | 12 164 | 16 874 | 20 168 | 16 402 | 19 207 | 21 330 | 22 904 | 23 650 |
| Investment fund shares | 33 626 | 37 470 | 42 338 | 36 241 | 38 741 | 40 126 | 45 446 | 49 365 |
| Money market fund shares | 1 830 | 879 | 663 | 1 028 | 123 | 135 | 313 | 304 |
| Non-Money market fund shares | 31 796 | 36 591 | 41 675 | 35 213 | 38 618 | 39 991 | 45 133 | 49 062 |
| Insurance pension and standardised guarantees | 0 | 0 | 0 | 0 | 0 | 0 | 0 | 0 |
| Financial derivatives and employee stock options | 118 | 73 | 221 | 193 | 209 | 38 | 32 | 49 |
| Other accounts receivable | 125 | 0 | 0 | 0 | 0 | 0 | 0 | 0 |
| Financial liabilities | 128 542 | 140 656 | 149 150 | 137 635 | 148 760 | 150 531 | 163 498 | 168 948 |
| Debt securities | 0 | 0 | 0 | 0 | 0 | 0 | 8 | 8 |
| Short-term debt securities | 0 | 0 | 0 | 0 | 0 | 0 | 0 | 0 |
| Long-term debt securities | 0 | 0 | 0 | 0 | 0 | 0 | 8 | 8 |
| Loans | 5 067 | 4 892 | 4 006 | 1 372 | 1 399 | 1 310 | 946 | 706 |
| Short-term loans | 4 902 | 4 625 | 3 782 | 1 153 | 1 210 | 1 124 | 786 | 622 |
| Long-term loans | 165 | 267 | 224 | 220 | 190 | 185 | 159 | 85 |
| Equity and investment fund shares | 123 466 | 135 764 | 145 120 | 136 215 | 147 355 | 149 218 | 162 520 | 168 230 |
| Insurance pension and standardised guarantees | 0 | 0 | 0 | 0 | 0 | 0 | 0 | 0 |
| Financial derivatives and employee stock options | 9 | 0 | 24 | 48 | 6 | 3 | 24 | 4 |
| Other accounts payable | 0 | 0 | 0 | 0 | 0 | 0 | 0 | 0 |
| Non-financial assets | 2 014 | 1 937 | 2 268 | 2 873 | 3 195 | 3 377 | 3 832 | 4 364 |
| **Open-end investment funds** | | | | | | | | |
| Financial net worth | 708 | -410 | -1 088 | -1 274 | -1 767 | -2 036 | -2 027 | -2 717 |
| Financial assets | 133 726 | 143 131 | 150 643 | 137 655 | 147 443 | 148 710 | 161 626 | 166 316 |
| Currency and deposits | 14 051 | 10 336 | 10 102 | 9 409 | 8 083 | 8 038 | 8 116 | 9 302 |
| Debt securities | 72 993 | 78 291 | 77 731 | 75 378 | 81 185 | 79 164 | 85 113 | 83 937 |
| Loans | 541 | 0 | 14 | 14 | 15 | 16 | 17 | 13 |
| Equity and investment fund shares | 45 898 | 54 431 | 62 576 | 52 660 | 57 951 | 61 455 | 68 350 | 73 016 |
| Equity | 12 207 | 16 878 | 20 168 | 16 402 | 19 207 | 21 330 | 22 904 | 23 650 |
| Investment fund shares | 33 691 | 37 553 | 42 408 | 36 258 | 38 744 | 40 126 | 45 446 | 49 365 |
| Money market fund shares | 1 842 | 911 | 680 | 1 034 | 123 | 135 | 313 | 304 |
| Non-Money market fund shares | 31 848 | 36 641 | 41 728 | 35 224 | 38 621 | 39 991 | 45 133 | 49 062 |
| Insurance pension and standardised guarantees | 0 | 0 | 0 | 0 | 0 | 0 | 0 | 0 |
| Financial derivatives and employee stock options | 118 | 73 | 221 | 193 | 209 | 38 | 32 | 49 |
| Other accounts receivable | 125 | 0 | 0 | 0 | 0 | 0 | 0 | 0 |
| Financial liabilities | 133 018 | 143 541 | 151 731 | 138 929 | 149 210 | 150 747 | 163 654 | 169 033 |
| Debt securities | 0 | 0 | 0 | 0 | 0 | 0 | 8 | 8 |
| Short-term debt securities | 0 | 0 | 0 | 0 | 0 | 0 | 0 | 0 |
| Long-term debt securities | 0 | 0 | 0 | 0 | 0 | 0 | 8 | 8 |
| Loans | 5 067 | 4 892 | 4 006 | 1 372 | 1 399 | 1 310 | 946 | 706 |
| Short-term loans | 4 902 | 4 625 | 3 782 | 1 153 | 1 210 | 1 124 | 786 | 622 |
| Long-term loans | 165 | 267 | 224 | 220 | 190 | 185 | 159 | 85 |
| Equity and investment fund shares | 127 941 | 138 649 | 147 701 | 137 509 | 147 805 | 149 434 | 162 676 | 168 315 |
| Insurance pension and standardised guarantees | 0 | 0 | 0 | 0 | 0 | 0 | 0 | 0 |
| Financial derivatives and employee stock options | 10 | 0 | 24 | 48 | 6 | 3 | 24 | 4 |
| Other accounts payable | 0 | 0 | 0 | 0 | 0 | 0 | 0 | 0 |
| Non-financial assets | .. | .. | .. | .. | .. | .. | .. | .. |

*Note:* Detailed metadata at: http://metalinks.oecd.org/instinv/20170516/667f

## Table 3. Financial assets and liabilities of insurance corporations and pension funds

*Million EUR*

| | 2008 | 2009 | 2010 | 2011 | 2012 | 2013 | 2014 | 2015 |
|---|---|---|---|---|---|---|---|---|
| **Insurance corporations and pension funds** | | | | | | | | |
| Financial net worth | -8 612 | -5 030 | -6 206 | -6 810 | -2 004 | -1 950 | 2 103 | 3 996 |
| Financial assets | 104 542 | 114 256 | 119 266 | 118 939 | 129 497 | 131 705 | 139 412 | 140 364 |
| Currency and deposits | 5 176 | 4 077 | 3 085 | 4 288 | 4 264 | 5 455 | 4 495 | 5 421 |
| Debt securities | 37 620 | 40 900 | 43 456 | 43 306 | 47 163 | 49 162 | 55 185 | 53 957 |
| Loans | 6 181 | 7 151 | 7 256 | 7 024 | 7 410 | 6 142 | 6 643 | 6 334 |
| Equity and investment fund shares | 46 383 | 52 939 | 57 477 | 56 363 | 62 213 | 63 129 | 65 669 | 67 462 |
| Equity | 14 095 | 15 185 | 15 120 | 14 720 | 14 695 | 14 885 | 14 514 | 14 959 |
| Investment fund shares | 32 288 | 37 754 | 42 358 | 41 642 | 47 518 | 48 243 | 51 155 | 52 503 |
| Money market fund shares | 293 | 250 | 269 | 165 | 76 | 44 | 105 | 240 |
| Non-Money market fund shares | 31 995 | 37 504 | 42 089 | 41 478 | 47 443 | 48 200 | 51 050 | 52 263 |
| Insurance pension and standardised guarantees | 7 461 | 7 497 | 6 353 | 6 610 | 6 997 | 6 283 | 5 683 | 5 535 |
| Financial derivatives and employee stock options | 63 | 39 | 70 | 66 | 48 | 13 | 30 | 24 |
| Other accounts receivable | 1 656 | 1 654 | 1 568 | 1 283 | 1 402 | 1 521 | 1 707 | 1 633 |
| Financial liabilities | 113 154 | 119 286 | 125 471 | 125 748 | 131 501 | 133 655 | 137 309 | 136 368 |
| Debt securities | 1 863 | 2 178 | 2 531 | 2 529 | 2 510 | 3 300 | 3 239 | 4 039 |
| Short-term debt securities | 0 | 0 | 0 | 0 | 0 | 0 | 0 | 0 |
| Long-term debt securities | 1 863 | 2 178 | 2 531 | 2 529 | 2 510 | 3 300 | 3 239 | 4 039 |
| Loans | 4 898 | 4 711 | 4 446 | 4 587 | 4 701 | 3 266 | 2 820 | 2 918 |
| Short-term loans | 4 362 | 4 312 | 3 469 | 3 381 | 3 688 | 2 374 | 1 988 | 1 809 |
| Long-term loans | 536 | 399 | 978 | 1 206 | 1 013 | 892 | 831 | 1 109 |
| Equity and investment fund shares | 13 799 | 14 963 | 16 306 | 14 373 | 16 125 | 17 645 | 16 426 | 14 916 |
| Insurance pension and standardised guarantees | 91 167 | 96 148 | 100 848 | 103 104 | 107 095 | 108 525 | 113 167 | 113 010 |
| Financial derivatives and employee stock options | 0 | 0 | 0 | 0 | 0 | 0 | 0 | 0 |
| Other accounts payable | 1 427 | 1 286 | 1 340 | 1 155 | 1 070 | 919 | 1 658 | 1 484 |
| Non-financial assets | .. | .. | .. | .. | .. | .. | .. | .. |
| **Insurance corporations** | | | | | | | | |
| Financial net worth | -7 535 | -4 931 | -7 052 | -6 621 | -2 476 | -2 625 | 1 493 | 3 183 |
| Financial assets | 92 944 | 100 602 | 104 246 | 104 124 | 113 085 | 114 005 | 120 089 | 120 440 |
| Currency and deposits | 4 386 | 3 538 | 2 663 | 3 644 | 3 689 | 4 205 | 3 885 | 4 866 |
| Debt securities | 37 334 | 40 516 | 43 005 | 42 854 | 46 787 | 48 707 | 54 735 | 53 521 |
| Loans | 6 181 | 7 151 | 7 256 | 7 024 | 7 379 | 6 098 | 6 643 | 6 325 |
| Equity and investment fund shares | 35 960 | 40 261 | 43 407 | 42 714 | 46 840 | 47 222 | 47 445 | 48 576 |
| Equity | 14 075 | 15 159 | 15 097 | 14 699 | 14 655 | 14 825 | 14 482 | 14 927 |
| Investment fund shares | 21 885 | 25 102 | 28 310 | 28 014 | 32 185 | 32 397 | 32 963 | 33 649 |
| Money market fund shares | 286 | 235 | 256 | 142 | 76 | 44 | 105 | 233 |
| Non-Money market fund shares | 21 599 | 24 867 | 28 054 | 27 872 | 32 109 | 32 353 | 32 858 | 33 416 |
| Insurance pension and standardised guarantees | 7 461 | 7 497 | 6 353 | 6 610 | 6 997 | 6 283 | 5 683 | 5 535 |
| Financial derivatives and employee stock options | 63 | 39 | 69 | 66 | 48 | 13 | 30 | 24 |
| Other accounts receivable | 1 558 | 1 601 | 1 492 | 1 213 | 1 345 | 1 476 | 1 668 | 1 593 |
| Financial liabilities | 100 479 | 105 533 | 111 297 | 110 744 | 115 561 | 116 630 | 118 596 | 117 257 |
| Debt securities | 1 852 | 2 167 | 2 520 | 2 518 | 2 499 | 3 289 | 3 239 | 4 039 |
| Short-term debt securities | 0 | 0 | 0 | 0 | 0 | 0 | 0 | 0 |
| Long-term debt securities | 1 852 | 2 167 | 2 520 | 2 518 | 2 499 | 3 289 | 3 239 | 4 039 |
| Loans | 4 898 | 4 711 | 4 446 | 4 587 | 4 701 | 3 266 | 2 811 | 2 910 |
| Short-term loans | 4 362 | 4 312 | 3 469 | 3 381 | 3 688 | 2 374 | 1 981 | 1 808 |
| Long-term loans | 536 | 399 | 978 | 1 206 | 1 013 | 892 | 830 | 1 102 |
| Equity and investment fund shares | 13 523 | 14 704 | 16 110 | 14 177 | 15 929 | 17 463 | 16 243 | 14 733 |
| Insurance pension and standardised guarantees | 78 779 | 82 665 | 86 881 | 88 308 | 91 362 | 91 693 | 94 645 | 94 091 |
| Financial derivatives and employee stock options | 0 | 0 | 0 | 0 | 0 | 0 | 0 | 0 |
| Other accounts payable | 1 427 | 1 286 | 1 340 | 1 155 | 1 070 | 919 | 1 658 | 1 484 |
| Non-financial assets | 3 487 | 3 725 | 3 689 | 3 735 | 3 792 | 3 983 | 4 199 | 4 260 |
| **Pension funds** | | | | | | | | |
| Financial net worth | -1 077 | -99 | 846 | -189 | 472 | 675 | 610 | 813 |
| Financial assets | 11 598 | 13 654 | 15 020 | 14 815 | 16 412 | 17 700 | 19 323 | 19 924 |
| Currency and deposits | 790 | 539 | 422 | 644 | 575 | 1 250 | 610 | 555 |
| Debt securities | 286 | 384 | 451 | 452 | 375 | 455 | 450 | 435 |
| Loans | 0 | 0 | 0 | 0 | 31 | 44 | 0 | 9 |
| Equity and investment fund shares | 10 423 | 12 678 | 14 070 | 13 649 | 15 373 | 15 907 | 18 224 | 18 886 |
| Equity | 20 | 26 | 23 | 21 | 40 | 60 | 31 | 32 |
| Investment fund shares | 10 403 | 12 652 | 14 048 | 13 628 | 15 333 | 15 847 | 18 192 | 18 854 |
| Money market fund shares | 7 | 15 | 13 | 23 | 0 | 0 | 0 | 7 |
| Non-Money market fund shares | 10 396 | 12 637 | 14 035 | 13 605 | 15 333 | 15 847 | 18 192 | 18 847 |
| Insurance pension and standardised guarantees | 0 | 0 | 0 | 0 | 0 | 0 | 0 | 0 |
| Financial derivatives and employee stock options | 0 | 0 | 1 | 0 | 0 | 0 | 0 | 0 |
| Other accounts receivable | 98 | 53 | 76 | 70 | 58 | 44 | 39 | 40 |
| Financial liabilities | 12 675 | 13 753 | 14 174 | 15 004 | 15 941 | 17 025 | 18 713 | 19 112 |
| Debt securities | 11 | 11 | 11 | 11 | 11 | 11 | 0 | 0 |
| Short-term debt securities | 0 | 0 | 0 | 0 | 0 | 0 | 0 | 0 |
| Long-term debt securities | 11 | 11 | 11 | 11 | 11 | 11 | 0 | 0 |
| Loans | 0 | 0 | 0 | 0 | 0 | 0 | 8 | 9 |
| Short-term loans | 0 | 0 | 0 | 0 | 0 | 0 | 7 | 1 |
| Long-term loans | 0 | 0 | 0 | 0 | 0 | 0 | 1 | 7 |
| Equity and investment fund shares | 276 | 259 | 196 | 196 | 196 | 182 | 183 | 183 |
| Insurance pension and standardised guarantees | 12 388 | 13 483 | 13 967 | 14 796 | 15 733 | 16 831 | 18 521 | 18 920 |
| Financial derivatives and employee stock options | 0 | 0 | 0 | 0 | 0 | 0 | 0 | 0 |
| Other accounts payable | 0 | 0 | 0 | 0 | 0 | 0 | 0 | 0 |
| Non-financial assets | .. | .. | .. | .. | .. | .. | .. | .. |

*Note:* Detailed metadata at: http://metalinks.oecd.org/instinv/20170516/667f

## Table 4. Portfolio composition by type of investor

As percentage of financial assets and of financial liabilities

*Per cent*

| | 2008 | 2009 | 2010 | 2011 | 2012 | 2013 | 2014 | 2015 |
|---|---|---|---|---|---|---|---|---|
| **Investment funds** | | | | | | | | |
| Financial assets | 100.0 | 100.0 | 100.0 | 100.0 | 100.0 | 100.0 | 100.0 | 100.0 |
| Currency and deposits | 10.5 | 7.2 | 6.7 | 6.8 | 5.5 | 5.4 | 5.0 | 5.6 |
| Debt securities | 54.6 | 54.7 | 51.6 | 54.8 | 55.1 | 53.2 | 52.7 | 50.5 |
| Loans | 0.4 | 0.0 | 0.0 | 0.0 | 0.0 | 0.0 | 0.0 | 0.0 |
| Equity and investment fund shares | 34.3 | 38.0 | 41.5 | 38.3 | 39.3 | 41.3 | 42.3 | 43.9 |
| Insurance pension and standardised guarantee schemes | 0.0 | 0.0 | 0.0 | 0.0 | 0.0 | 0.0 | 0.0 | 0.0 |
| Financial derivatives and employee stock options | 0.1 | 0.1 | 0.1 | 0.1 | 0.1 | 0.0 | 0.0 | 0.0 |
| Other accounts receivable | 0.1 | 0.0 | 0.0 | 0.0 | 0.0 | 0.0 | 0.0 | 0.0 |
| Financial liabilities | 100.0 | 100.0 | 100.0 | 100.0 | 100.0 | 100.0 | 100.0 | 100.0 |
| Currency and deposits | 0.0 | 0.0 | 0.0 | 0.0 | 0.0 | 0.0 | 0.0 | 0.0 |
| Debt securities | 0.0 | 0.0 | 0.0 | 0.0 | 0.0 | 0.0 | 0.0 | 0.0 |
| Loans | 3.8 | 3.4 | 2.6 | 1.0 | 0.9 | 0.9 | 0.6 | 0.4 |
| Equity and investment fund shares | 96.2 | 96.6 | 97.3 | 99.0 | 99.1 | 99.1 | 99.4 | 99.6 |
| Insurance pension and standardised guarantee schemes | 0.0 | 0.0 | 0.0 | 0.0 | 0.0 | 0.0 | 0.0 | 0.0 |
| Financial derivatives and employee stock options | 0.0 | 0.0 | 0.0 | 0.0 | 0.0 | 0.0 | 0.0 | 0.0 |
| Other accounts receivable | 0.0 | 0.0 | 0.0 | 0.0 | 0.0 | 0.0 | 0.0 | 0.0 |
| **Insurance corporations** | | | | | | | | |
| Financial assets | 100.0 | 100.0 | 100.0 | 100.0 | 100.0 | 100.0 | 100.0 | 100.0 |
| Currency and deposits | 4.7 | 3.5 | 2.6 | 3.5 | 3.3 | 3.7 | 3.2 | 4.0 |
| Debt securities | 40.2 | 40.3 | 41.3 | 41.2 | 41.4 | 42.7 | 45.6 | 44.4 |
| Loans | 6.7 | 7.1 | 7.0 | 6.7 | 6.5 | 5.3 | 5.5 | 5.3 |
| Equity and investment fund shares | 38.7 | 40.0 | 41.6 | 41.0 | 41.4 | 41.4 | 39.5 | 40.3 |
| Insurance pension and standardised guarantee schemes | 8.0 | 7.5 | 6.1 | 6.3 | 6.2 | 5.5 | 4.7 | 4.6 |
| Financial derivatives and employee stock options | 0.1 | 0.0 | 0.1 | 0.1 | 0.0 | 0.0 | 0.0 | 0.0 |
| Other accounts receivable | 1.7 | 1.6 | 1.4 | 1.2 | 1.2 | 1.3 | 1.4 | 1.3 |
| Financial liabilities | 100.0 | 100.0 | 100.0 | 100.0 | 100.0 | 100.0 | 100.0 | 100.0 |
| Currency and deposits | 0.0 | 0.0 | 0.0 | 0.0 | 0.0 | 0.0 | 0.0 | 0.0 |
| Debt securities | 1.8 | 2.1 | 2.3 | 2.3 | 2.2 | 2.8 | 2.7 | 3.4 |
| Loans | 4.9 | 4.5 | 4.0 | 4.1 | 4.1 | 2.8 | 2.4 | 2.5 |
| Equity and investment fund shares | 13.5 | 13.9 | 14.5 | 12.8 | 13.8 | 15.0 | 13.7 | 12.6 |
| Insurance pension and standardised guarantee schemes | 78.4 | 78.3 | 78.1 | 79.7 | 79.1 | 78.6 | 79.8 | 80.2 |
| Financial derivatives and employee stock options | 0.0 | 0.0 | 0.0 | 0.0 | 0.0 | 0.0 | 0.0 | 0.0 |
| Other accounts receivable | 1.4 | 1.2 | 1.2 | 1.0 | 0.9 | 0.8 | 1.4 | 1.3 |
| **Pension funds** | | | | | | | | |
| Financial assets | 100.0 | 100.0 | 100.0 | 100.0 | 100.0 | 100.0 | 100.0 | 100.0 |
| Currency and deposits | 6.8 | 3.9 | 2.8 | 4.3 | 3.5 | 7.1 | 3.2 | 2.8 |
| Debt securities | 2.5 | 2.8 | 3.0 | 3.1 | 2.3 | 2.6 | 2.3 | 2.2 |
| Loans | 0.0 | 0.0 | 0.0 | 0.0 | 0.2 | 0.2 | 0.0 | 0.0 |
| Equity and investment fund shares | 89.9 | 92.9 | 93.7 | 92.1 | 93.7 | 89.9 | 94.3 | 94.8 |
| Insurance pension and standardised guarantee schemes | 0.0 | 0.0 | 0.0 | 0.0 | 0.0 | 0.0 | 0.0 | 0.0 |
| Financial derivatives and employee stock options | 0.0 | 0.0 | 0.0 | 0.0 | 0.0 | 0.0 | 0.0 | 0.0 |
| Other accounts receivable | 0.8 | 0.4 | 0.5 | 0.5 | 0.4 | 0.2 | 0.2 | 0.2 |
| Financial liabilities | 100.0 | 100.0 | 100.0 | 100.0 | 100.0 | 100.0 | 100.0 | 100.0 |
| Currency and deposits | 0.0 | 0.0 | 0.0 | 0.0 | 0.0 | 0.0 | 0.0 | 0.0 |
| Debt securities | 0.1 | 0.1 | 0.1 | 0.1 | 0.1 | 0.1 | 0.0 | 0.0 |
| Loans | 0.0 | 0.0 | 0.0 | 0.0 | 0.0 | 0.0 | 0.0 | 0.0 |
| Equity and investment fund shares | 2.2 | 1.9 | 1.4 | 1.3 | 1.2 | 1.1 | 1.0 | 1.0 |
| Insurance pension and standardised guarantee schemes | 97.7 | 98.0 | 98.5 | 98.6 | 98.7 | 98.9 | 99.0 | 99.0 |
| Financial derivatives and employee stock options | 0.0 | 0.0 | 0.0 | 0.0 | 0.0 | 0.0 | 0.0 | 0.0 |
| Other accounts receivable | 0.0 | 0.0 | 0.0 | 0.0 | 0.0 | 0.0 | 0.0 | 0.0 |

*Note:* Detailed metadata at: http://metalinks.oecd.org/instinv/20170516/f09d

## Table 1. Financial assets and liabilities of institutional investors, 2015

*Million EUR (1999 BEF euro)*

| | Investment funds | | | | |
|---|---|---|---|---|---|
| | | Non-money market funds | | | Money market funds |
| | Total | Total | Open-end non-money market funds | Closed-end non-money market funds | Total |
| Financial assets | 148 177 | 135 904 | 135 904 | .. | 12 273 |
| Currency and deposits | 9 153 | 7 129 | 7 129 | .. | 2 025 |
| Debt securities | 40 030 | 29 814 | 29 814 | .. | 10 216 |
| Debt securities, short term | 10 190 | 2 241 | 2 241 | .. | 7 949 |
| Debt securities, long term | 29 840 | 27 573 | 27 573 | .. | 2 267 |
| Debt securities issued by residents | 4 639 | 2 128 | 2 128 | .. | 2 512 |
| Debt securities issued by non-residents | 35 391 | 27 686 | 27 686 | .. | 7 704 |
| Loans | 0 | 0 | 0 | .. | 0 |
| Loans, short-term | 0 | 0 | 0 | .. | 0 |
| Loans, long-term | 0 | 0 | 0 | .. | 0 |
| Loans granted to residents | 0 | 0 | 0 | .. | 0 |
| Loans granted to non-residents | 0 | 0 | 0 | .. | 0 |
| Equity and investment fund shares/units | 94 423 | 94 423 | 94 423 | .. | 0 |
| Equity and investment fund shares issued/units by residents | 20 827 | 20 827 | 20 827 | .. | 0 |
| Equity and investment fund shares/units issued by non residents | 73 596 | 73 596 | 73 596 | .. | 0 |
| Other accounts receivable | 3 512 | 3 479 | 3 479 | .. | 33 |

| | Investment funds | | | | |
|---|---|---|---|---|---|
| | | Non-money market funds | | | Money market funds |
| | Total | Total | Open-end non-money market funds | Closed-end non-money market funds | Total |
| Financial liabilities | 148 475 | 136 202 | 136 202 | .. | 12 273 |
| Currency and deposits | 0 | 0 | 0 | .. | 0 |
| Debt securities | 0 | 0 | 0 | .. | 0 |
| Debt securities, short term | 0 | 0 | 0 | .. | 0 |
| Debt securities, long term | 0 | 0 | 0 | .. | 0 |
| Loans | 181 | 181 | 181 | .. | 0 |
| Loans, short-term | 3 | 3 | 3 | .. | 0 |
| Loans, long-term | 178 | 178 | 178 | .. | 0 |
| Equity and investment fund shares/units | 145 672 | 133 417 | 133 417 | .. | 12 255 |
| Insurance pension and standardised guaratees | 0 | 0 | 0 | .. | 0 |
| Financial derivatives and employee stock options | 12 | 12 | 12 | .. | 0 |
| Other accounts payable | 2 611 | 2 592 | 2 592 | .. | 19 |

| | Insurance corporations and pension funds | | | | |
|---|---|---|---|---|---|
| | | Insurance corporations | | | Pension funds |
| | Total | Total | Life insurance corporations | Non-life insurance corporations | Total |
| Financial assets | 341 074 | 317 482 | .. | .. | 23 592 |
| Currency and deposits | 10 067 | 9 385 | .. | .. | 682 |
| Debt securities | 210 821 | 208 174 | .. | .. | 2 647 |
| Debt securities, short-term | 1 201 | 1 201 | .. | .. | 0 |
| Debt securities, long term | 209 620 | 206 973 | .. | .. | 2 647 |
| Debt securities issued by residents | 85 927 | 85 148 | .. | .. | 779 |
| Debt securities issued by non-residents | 124 894 | 123 026 | .. | .. | 1 868 |
| Loans | 27 974 | 27 718 | .. | .. | 255 |
| Loans, short-term | 11 570 | 11 570 | .. | .. | 0 |
| Loans, long-term | 16 404 | 16 149 | .. | .. | 255 |
| Loans granted to residents | 27 875 | 27 620 | .. | .. | 255 |
| Loans granted to non-residents | 99 | 99 | .. | .. | 0 |
| Equity and investment fund shares/units | 77 617 | 58 387 | .. | .. | 19 229 |
| Equity and investment fund shares/units issued by residents | 32 598 | 25 038 | .. | .. | 7 560 |
| Equity and investment fund shares/units issued by non residents | 45 019 | 33 350 | .. | .. | 11 669 |
| Other accounts receivable | 4 496 | 4 263 | .. | .. | 233 |

| | Insurance corporations and pension funds | | | | |
|---|---|---|---|---|---|
| | | Insurance corporations | | | Pension funds |
| | Total | Total | Life insurance corporations | Non-life insurance corporations | Total |
| Financial liabilities | 310 930 | 286 709 | .. | .. | 24 222 |
| Currency and deposits | 0 | 0 | .. | .. | 0 |
| Debt securities | 3 997 | 3 997 | .. | .. | 0 |
| Debt securities, short term | 0 | 0 | .. | .. | 0 |
| Debt securities, long term | 3 997 | 3 997 | .. | .. | 0 |
| Loans | 17 292 | 17 290 | .. | .. | 2 |
| Loans, short-term | 9 163 | 9 160 | .. | .. | 2 |
| Loans, long-term | 8 129 | 8 129 | .. | .. | 0 |
| Equity and investment fund shares/units | 16 372 | 16 372 | .. | .. | 0 |
| Insurance pension and standardised guarantees | 267 082 | 242 863 | .. | .. | 24 219 |
| Financial derivatives and employee stock options | 0 | 0 | .. | .. | 0 |
| Other accounts payable | 6 188 | 6 188 | .. | .. | 0 |

*Note:* Detailed metadata at: http://metalinks.oecd.org/instinv/20170516/667f

## Table 2. Financial assets and liabilities of investment funds

*Million EUR*

| | 2008 | 2009 | 2010 | 2011 | 2012 | 2013 | 2014 | 2015 |
|---|---|---|---|---|---|---|---|---|
| **Investment funds** | | | | | | | | |
| Financial net worth | -749 | -814 | 33 | -604 | -575 | -646 | -343 | -298 |
| Financial assets | 89 398 | 96 446 | 96 163 | 83 424 | 87 177 | 104 752 | 124 934 | 148 177 |
| Currency and deposits | 19 281 | 15 562 | 11 621 | 9 936 | 7 804 | 6 786 | 6 665 | 9 153 |
| Debt securities | 34 174 | 32 445 | 31 617 | 30 112 | 25 492 | 25 873 | 28 318 | 40 030 |
| Loans | 0 | 0 | 0 | 0 | 0 | 0 | 0 | 0 |
| Equity and investment fund shares | 29 632 | 42 488 | 47 438 | 38 711 | 49 400 | 67 552 | 84 484 | 94 423 |
| Equity | 18 442 | 28 236 | 28 772 | 20 412 | 28 073 | 34 533 | 41 579 | 39 006 |
| Investment fund shares | 11 191 | 14 252 | 18 666 | 18 299 | 21 327 | 33 020 | 42 905 | 55 416 |
| Money market fund shares | 693 | 682 | 504 | 789 | 312 | 284 | 714 | 10 717 |
| Non-Money market fund shares | 10 497 | 13 570 | 18 162 | 17 510 | 21 015 | 32 735 | 42 191 | 44 699 |
| Insurance pension and standardised guarantees | 0 | 0 | 0 | 0 | 0 | 0 | 0 | 0 |
| Financial derivatives and employee stock options | 1 634 | 2 399 | 2 247 | 1 914 | 2 057 | 1 678 | 1 614 | 1 059 |
| Other accounts receivable | 4 676 | 3 551 | 3 240 | 2 751 | 2 424 | 2 863 | 3 854 | 3 512 |
| Financial liabilities | 90 147 | 97 260 | 96 129 | 84 028 | 87 752 | 105 398 | 125 277 | 148 475 |
| Debt securities | 0 | 0 | 0 | 0 | 0 | 0 | 0 | 0 |
| Short-term debt securities | 0 | 0 | 0 | 0 | 0 | 0 | 0 | 0 |
| Long-term debt securities | 0 | 0 | 0 | 0 | 0 | 0 | 0 | 0 |
| Loans | 86 | 93 | 90 | 78 | 90 | 89 | 150 | 181 |
| Short-term loans | 0 | 0 | 0 | 0 | 0 | 0 | 2 | 3 |
| Long-term loans | 86 | 93 | 90 | 78 | 90 | 89 | 149 | 178 |
| Equity and investment fund shares | 88 466 | 94 867 | 94 258 | 82 483 | 86 345 | 103 240 | 122 673 | 145 672 |
| Insurance pension and standardised guarantees | 0 | 0 | 0 | 0 | 0 | 0 | 0 | 0 |
| Financial derivatives and employee stock options | 0 | 0 | 13 | 53 | 0 | 4 | 14 | 12 |
| Other accounts payable | 1 595 | 2 300 | 1 768 | 1 415 | 1 317 | 2 065 | 2 440 | 2 611 |
| Non-financial assets | .. | .. | .. | .. | .. | .. | .. | .. |
| **Money market funds** | | | | | | | | |
| Financial net worth | 0 | 0 | 0 | 0 | 0 | -22 | 0 | 0 |
| Financial assets | 5 535 | 1 945 | 1 917 | 4 373 | 996 | 994 | 800 | 12 273 |
| Currency and deposits | 812 | 287 | 250 | 535 | 147 | 142 | 147 | 2 025 |
| Debt securities | 4 539 | 1 593 | 1 627 | 3 755 | 829 | 847 | 650 | 10 216 |
| Loans | 0 | 0 | 0 | 0 | 0 | 0 | 0 | 0 |
| Equity and investment fund shares | 0 | 29 | 21 | 0 | 5 | 0 | 0 | 0 |
| Equity | 0 | 0 | 0 | 0 | 0 | 0 | 0 | 0 |
| Investment fund shares | 0 | 29 | 21 | 0 | 5 | 0 | 0 | 0 |
| Money market fund shares | 0 | 2 | 9 | 0 | 2 | 0 | 0 | 0 |
| Non-Money market fund shares | 0 | 27 | 12 | 0 | 3 | 0 | 0 | 0 |
| Insurance pension and standardised guarantees | 0 | 0 | 0 | 0 | 0 | 0 | 0 | 0 |
| Financial derivatives and employee stock options | 1 | 0 | 0 | 0 | 0 | 0 | 0 | 0 |
| Other accounts receivable | 184 | 36 | 19 | 83 | 14 | 5 | 3 | 33 |
| Financial liabilities | 5 535 | 1 945 | 1 917 | 4 373 | 996 | 1 016 | 800 | 12 273 |
| Debt securities | 0 | 0 | 0 | 0 | 0 | 0 | 0 | 0 |
| Short-term debt securities | 0 | 0 | 0 | 0 | 0 | 0 | 0 | 0 |
| Long-term debt securities | 0 | 0 | 0 | 0 | 0 | 0 | 0 | 0 |
| Loans | 2 | 0 | 14 | 0 | 0 | 1 | 19 | 0 |
| Short-term loans | 0 | 0 | 0 | 0 | 0 | 0 | 0 | 0 |
| Long-term loans | 2 | 0 | 14 | 0 | 0 | 1 | 19 | 0 |
| Equity and investment fund shares | 5 525 | 1 926 | 1 902 | 4 366 | 991 | 1 012 | 780 | 12 255 |
| Insurance pension and standardised guarantees | 0 | 0 | 0 | 0 | 0 | 0 | 0 | 0 |
| Financial derivatives and employee stock options | 0 | 0 | 0 | 0 | 0 | 2 | 0 | 0 |
| Other accounts payable | 8 | 19 | 2 | 6 | 5 | 1 | 0 | 19 |
| Non-financial assets | .. | .. | .. | .. | .. | .. | .. | .. |
| **Non-money market funds** | | | | | | | | |
| Financial net worth | -749 | -814 | 33 | -604 | -575 | -624 | -343 | -298 |
| Financial assets | 83 863 | 94 501 | 94 245 | 79 052 | 86 181 | 103 759 | 124 134 | 135 904 |
| Currency and deposits | 18 469 | 15 275 | 11 371 | 9 402 | 7 656 | 6 644 | 6 517 | 7 129 |
| Debt securities | 29 635 | 30 852 | 29 990 | 26 356 | 24 662 | 25 026 | 27 668 | 29 814 |
| Loans | 0 | 0 | 0 | 0 | 0 | 0 | 0 | 0 |
| Equity and investment fund shares | 29 632 | 42 459 | 47 417 | 38 711 | 49 395 | 67 552 | 84 484 | 94 423 |
| Equity | 18 442 | 28 236 | 28 772 | 20 412 | 28 073 | 34 533 | 41 579 | 39 006 |
| Investment fund shares | 11 191 | 14 222 | 18 645 | 18 299 | 21 322 | 33 020 | 42 905 | 55 416 |
| Money market fund shares | 693 | 679 | 495 | 789 | 310 | 284 | 714 | 10 717 |
| Non-Money market fund shares | 10 497 | 13 543 | 18 150 | 17 510 | 21 012 | 32 735 | 42 191 | 44 699 |
| Insurance pension and standardised guarantees | 0 | 0 | 0 | 0 | 0 | 0 | 0 | 0 |
| Financial derivatives and employee stock options | 1 634 | 2 399 | 2 247 | 1 914 | 2 057 | 1 678 | 1 614 | 1 059 |
| Other accounts receivable | 4 493 | 3 516 | 3 221 | 2 669 | 2 410 | 2 858 | 3 851 | 3 479 |
| Financial liabilities | 84 612 | 95 315 | 94 212 | 79 656 | 86 756 | 104 382 | 124 477 | 136 202 |
| Debt securities | 0 | 0 | 0 | 0 | 0 | 0 | 0 | 0 |
| Short-term debt securities | 0 | 0 | 0 | 0 | 0 | 0 | 0 | 0 |
| Long-term debt securities | 0 | 0 | 0 | 0 | 0 | 0 | 0 | 0 |
| Loans | 84 | 93 | 76 | 78 | 90 | 88 | 131 | 181 |
| Short-term loans | 0 | 0 | 0 | 0 | 0 | 0 | 2 | 3 |
| Long-term loans | 84 | 93 | 76 | 78 | 90 | 88 | 129 | 178 |
| Equity and investment fund shares | 82 941 | 92 940 | 92 357 | 78 118 | 85 354 | 102 228 | 121 893 | 133 417 |
| Insurance pension and standardised guarantees | 0 | 0 | 0 | 0 | 0 | 0 | 0 | 0 |
| Financial derivatives and employee stock options | 0 | 0 | 13 | 52 | 0 | 2 | 14 | 12 |
| Other accounts payable | 1 587 | 2 281 | 1 767 | 1 409 | 1 312 | 2 064 | 2 440 | 2 592 |
| Non-financial assets | .. | .. | .. | .. | .. | .. | .. | .. |
| **Open-end non-money market funds** | | | | | | | | |
| Financial net worth | -749 | -814 | 33 | -604 | -575 | -624 | -343 | -298 |
| Financial assets | 83 863 | 94 501 | 94 245 | 79 052 | 86 181 | 103 759 | 124 134 | 135 904 |

## Table 2. Financial assets and liabilities of investment funds *(cont.)*

*Million EUR*

| | 2008 | 2009 | 2010 | 2011 | 2012 | 2013 | 2014 | 2015 |
|---|---|---|---|---|---|---|---|---|
| Currency and deposits | 18 469 | 15 275 | 11 371 | 9 402 | 7 656 | 6 644 | 6 517 | 7 129 |
| Debt securities | 29 635 | 30 852 | 29 990 | 26 356 | 24 662 | 25 026 | 27 668 | 29 814 |
| Loans | 0 | 0 | 0 | 0 | 0 | 0 | 0 | 0 |
| Equity and investment fund shares | 29 632 | 42 459 | 47 417 | 38 711 | 49 395 | 67 552 | 84 484 | 94 423 |
| Equity | 18 442 | 28 236 | 28 772 | 20 412 | 28 073 | 34 533 | 41 579 | 39 006 |
| Investment fund shares | 11 191 | 14 222 | 18 645 | 18 299 | 21 322 | 33 020 | 42 905 | 55 416 |
| Money market fund shares | 693 | 679 | 495 | 789 | 310 | 284 | 714 | 10 717 |
| Non-Money market fund shares | 10 497 | 13 543 | 18 150 | 17 510 | 21 012 | 32 735 | 42 191 | 44 699 |
| Insurance pension and standardised guarantees | 0 | 0 | 0 | 0 | 0 | 0 | 0 | 0 |
| Financial derivatives and employee stock options | 1 634 | 2 399 | 2 247 | 1 914 | 2 057 | 1 678 | 1 614 | 1 059 |
| Other accounts receivable | 4 493 | 3 516 | 3 221 | 2 669 | 2 410 | 2 858 | 3 851 | 3 479 |
| Financial liabilities | 84 612 | 95 315 | 94 212 | 79 656 | 86 756 | 104 382 | 124 477 | 136 202 |
| Debt securities | 0 | 0 | 0 | 0 | 0 | 0 | 0 | 0 |
| Short-term debt securities | 0 | 0 | 0 | 0 | 0 | 0 | 0 | 0 |
| Long-term debt securities | 0 | 0 | 0 | 0 | 0 | 0 | 0 | 0 |
| Loans | 84 | 93 | 76 | 78 | 90 | 88 | 131 | 181 |
| Short-term loans | 0 | 0 | 0 | 0 | 0 | 0 | 2 | 3 |
| Long-term loans | 84 | 93 | 76 | 78 | 90 | 88 | 129 | 178 |
| Equity and investment fund shares | 82 941 | 92 940 | 92 357 | 78 118 | 85 354 | 102 228 | 121 893 | 133 417 |
| Insurance pension and standardised guarantees | 0 | 0 | 0 | 0 | 0 | 0 | 0 | 0 |
| Financial derivatives and employee stock options | 0 | 0 | 13 | 52 | 0 | 2 | 14 | 12 |
| Other accounts payable | 1 587 | 2 281 | 1 767 | 1 409 | 1 312 | 2 064 | 2 440 | 2 592 |
| Non-financial assets | .. | .. | .. | .. | .. | .. | .. | .. |
| **Open-end investment funds** | | | | | | | | |
| Financial net worth | -749 | -814 | 33 | -604 | -575 | -646 | -343 | -298 |
| Financial assets | 89 398 | 96 446 | 96 163 | 83 424 | 87 177 | 104 752 | 124 934 | 148 177 |
| Currency and deposits | 19 281 | 15 562 | 11 621 | 9 936 | 7 804 | 6 786 | 6 665 | 9 153 |
| Debt securities | 34 174 | 32 445 | 31 617 | 30 112 | 25 492 | 25 873 | 28 318 | 40 030 |
| Loans | 0 | 0 | 0 | 0 | 0 | 0 | 0 | 0 |
| Equity and investment fund shares | 29 632 | 42 488 | 47 438 | 38 711 | 49 400 | 67 552 | 84 484 | 94 423 |
| Equity | 18 442 | 28 236 | 28 772 | 20 412 | 28 073 | 34 533 | 41 579 | 39 006 |
| Investment fund shares | 11 191 | 14 252 | 18 666 | 18 299 | 21 327 | 33 020 | 42 905 | 55 416 |
| Money market fund shares | 693 | 682 | 504 | 789 | 312 | 284 | 714 | 10 717 |
| Non-Money market fund shares | 10 497 | 13 570 | 18 162 | 17 510 | 21 015 | 32 735 | 42 191 | 44 699 |
| Insurance pension and standardised guarantees | 0 | 0 | 0 | 0 | 0 | 0 | 0 | 0 |
| Financial derivatives and employee stock options | 1 634 | 2 399 | 2 247 | 1 914 | 2 057 | 1 678 | 1 614 | 1 059 |
| Other accounts receivable | 4 676 | 3 551 | 3 240 | 2 751 | 2 424 | 2 863 | 3 854 | 3 512 |
| Financial liabilities | 90 147 | 97 260 | 96 129 | 84 028 | 87 752 | 105 398 | 125 277 | 148 475 |
| Debt securities | 0 | 0 | 0 | 0 | 0 | 0 | 0 | 0 |
| Short-term debt securities | 0 | 0 | 0 | 0 | 0 | 0 | 0 | 0 |
| Long-term debt securities | 0 | 0 | 0 | 0 | 0 | 0 | 0 | 0 |
| Loans | 86 | 93 | 90 | 78 | 90 | 89 | 150 | 181 |
| Short-term loans | 0 | 0 | 0 | 0 | 0 | 0 | 2 | 3 |
| Long-term loans | 86 | 93 | 90 | 78 | 90 | 89 | 149 | 178 |
| Equity and investment fund shares | 88 466 | 94 867 | 94 258 | 82 483 | 86 345 | 103 240 | 122 673 | 145 672 |
| Insurance pension and standardised guarantees | 0 | 0 | 0 | 0 | 0 | 0 | 0 | 0 |
| Financial derivatives and employee stock options | 0 | 0 | 13 | 53 | 0 | 4 | 14 | 12 |
| Other accounts payable | 1 595 | 2 300 | 1 768 | 1 415 | 1 317 | 2 065 | 2 440 | 2 611 |
| Non-financial assets | .. | .. | .. | .. | .. | .. | .. | .. |

*Note:* Detailed metadata at: http://metalinks.oecd.org/instinv/20170516/667f

## Table 3. Financial assets and liabilities of insurance corporations and pension funds

*Million EUR*

| | 2008 | 2009 | 2010 | 2011 | 2012 | 2013 | 2014 | 2015 |
|---|---|---|---|---|---|---|---|---|
| **Insurance corporations and pension funds** | | | | | | | | |
| Financial net worth | -6 002 | 1 750 | -1 026 | -909 | 17 084 | 13 975 | 35 004 | 30 144 |
| Financial assets | 226 121 | 248 806 | 262 677 | 269 800 | 299 788 | 304 391 | 339 351 | 341 074 |
| Currency and deposits | 12 747 | 9 573 | 8 505 | 11 191 | 9 569 | 8 658 | 9 899 | 10 067 |
| Debt securities | 142 764 | 161 973 | 174 908 | 182 196 | 203 027 | 196 077 | 217 785 | 210 821 |
| Loans | 11 972 | 12 755 | 13 185 | 13 665 | 18 025 | 22 092 | 26 035 | 27 974 |
| Equity and investment fund shares | 48 972 | 54 623 | 55 692 | 50 442 | 57 352 | 66 204 | 73 954 | 77 617 |
| Equity | 17 879 | 19 775 | 20 118 | 18 760 | 22 941 | 27 428 | 28 736 | 29 700 |
| Investment fund shares | 31 093 | 34 848 | 35 574 | 31 681 | 34 411 | 38 776 | 45 218 | 47 917 |
| Money market fund shares | 677 | 556 | 611 | 486 | 373 | 482 | 481 | 985 |
| Non-Money market fund shares | 30 416 | 34 292 | 34 963 | 31 195 | 34 038 | 38 295 | 44 737 | 46 931 |
| Insurance pension and standardised guarantees | 6 172 | 6 490 | 6 204 | 6 823 | 7 368 | 6 465 | 7 241 | 9 911 |
| Financial derivatives and employee stock options | 228 | 189 | 173 | 169 | 242 | 157 | 219 | 190 |
| Other accounts receivable | 3 265 | 3 204 | 4 011 | 5 313 | 4 206 | 4 738 | 4 218 | 4 496 |
| Financial liabilities | 232 123 | 247 057 | 263 703 | 270 708 | 282 705 | 290 416 | 304 347 | 310 930 |
| Debt securities | 1 956 | 2 352 | 1 971 | 2 156 | 2 290 | 2 551 | 2 649 | 3 997 |
| Short-term debt securities | 0 | 0 | 0 | 0 | 0 | 0 | 0 | 0 |
| Long-term debt securities | 1 956 | 2 352 | 1 971 | 2 156 | 2 290 | 2 551 | 2 649 | 3 997 |
| Loans | 11 273 | 11 952 | 12 645 | 15 109 | 13 499 | 14 418 | 14 708 | 17 292 |
| Short-term loans | 6 805 | 6 784 | 7 235 | 8 497 | 7 227 | 8 648 | 9 075 | 9 163 |
| Long-term loans | 4 468 | 5 168 | 5 410 | 6 612 | 6 272 | 5 770 | 5 632 | 8 129 |
| Equity and investment fund shares | 14 509 | 16 361 | 18 012 | 15 598 | 17 347 | 15 940 | 17 887 | 16 372 |
| Insurance pension and standardised guarantees | 198 890 | 211 367 | 226 555 | 232 833 | 244 380 | 251 603 | 263 263 | 267 082 |
| Financial derivatives and employee stock options | 0 | 0 | 0 | 0 | 0 | 0 | 0 | 0 |
| Other accounts payable | 5 495 | 5 025 | 4 520 | 5 012 | 5 188 | 5 904 | 5 840 | 6 188 |
| Non-financial assets | 3 451 | 3 426 | 3 400 | 3 571 | 3 776 | 3 522 | 3 666 | 3 636 |
| **Insurance corporations** | | | | | | | | |
| Financial net worth | -4 850 | 2 637 | 71 | 74 | 18 901 | 14 439 | 35 821 | 30 773 |
| Financial assets | 215 691 | 236 140 | 248 564 | 255 547 | 283 940 | 284 806 | 317 141 | 317 482 |
| Currency and deposits | 12 235 | 9 134 | 7 974 | 10 845 | 9 049 | 8 143 | 9 274 | 9 385 |
| Debt securities | 141 809 | 160 842 | 173 291 | 180 160 | 201 043 | 193 863 | 215 202 | 208 174 |
| Loans | 11 833 | 12 609 | 13 074 | 13 543 | 17 903 | 21 931 | 25 828 | 27 718 |
| Equity and investment fund shares | 40 328 | 43 755 | 43 910 | 38 950 | 44 189 | 50 397 | 56 010 | 58 387 |
| Equity | 17 041 | 18 698 | 18 835 | 17 373 | 21 463 | 25 567 | 27 160 | 27 362 |
| Investment fund shares | 23 287 | 25 057 | 25 075 | 21 577 | 22 726 | 24 829 | 28 851 | 31 026 |
| Money market fund shares | 204 | 235 | 235 | 190 | 206 | 233 | 217 | 618 |
| Non-Money market fund shares | 23 084 | 24 822 | 24 840 | 21 387 | 22 521 | 24 596 | 28 633 | 30 408 |
| Insurance pension and standardised guarantees | 6 172 | 6 490 | 6 204 | 6 823 | 7 368 | 6 047 | 6 646 | 9 365 |
| Financial derivatives and employee stock options | 228 | 189 | 173 | 169 | 242 | 157 | 219 | 190 |
| Other accounts receivable | 3 086 | 3 122 | 3 937 | 5 058 | 4 146 | 4 269 | 3 963 | 4 263 |
| Financial liabilities | 220 541 | 233 503 | 248 494 | 255 473 | 265 039 | 270 367 | 281 320 | 286 709 |
| Debt securities | 1 956 | 2 352 | 1 971 | 2 156 | 2 290 | 2 551 | 2 649 | 3 997 |
| Short-term debt securities | 0 | 0 | 0 | 0 | 0 | 0 | 0 | 0 |
| Long-term debt securities | 1 956 | 2 352 | 1 971 | 2 156 | 2 290 | 2 551 | 2 649 | 3 997 |
| Loans | 11 273 | 11 952 | 12 645 | 15 109 | 13 499 | 14 418 | 14 708 | 17 290 |
| Short-term loans | 6 805 | 6 784 | 7 235 | 8 497 | 7 227 | 8 648 | 9 075 | 9 160 |
| Long-term loans | 4 468 | 5 168 | 5 410 | 6 612 | 6 272 | 5 770 | 5 632 | 8 129 |
| Equity and investment fund shares | 14 509 | 16 361 | 18 012 | 15 598 | 17 347 | 15 940 | 17 887 | 16 372 |
| Insurance pension and standardised guarantees | 187 308 | 197 813 | 211 345 | 217 597 | 226 714 | 231 554 | 240 236 | 242 863 |
| Financial derivatives and employee stock options | 0 | 0 | 0 | 0 | 0 | 0 | 0 | 0 |
| Other accounts payable | 5 495 | 5 025 | 4 520 | 5 012 | 5 188 | 5 904 | 5 840 | 6 188 |
| Non-financial assets | 3 394 | 3 362 | 3 338 | 3 505 | 3 715 | 3 461 | 3 598 | 3 559 |
| **Pension funds** | | | | | | | | |
| Financial net worth | -1 151 | -887 | -1 097 | -983 | -1 818 | -464 | -817 | -629 |
| Financial assets | 10 431 | 12 667 | 14 113 | 14 252 | 15 848 | 19 585 | 22 210 | 23 592 |
| Currency and deposits | 512 | 439 | 531 | 347 | 520 | 515 | 625 | 682 |
| Debt securities | 955 | 1 131 | 1 617 | 2 036 | 1 984 | 2 214 | 2 583 | 2 647 |
| Loans | 139 | 147 | 111 | 122 | 122 | 160 | 207 | 255 |
| Equity and investment fund shares | 8 644 | 10 868 | 11 782 | 11 492 | 13 163 | 15 808 | 17 944 | 19 229 |
| Equity | 838 | 1 077 | 1 283 | 1 387 | 1 478 | 1 861 | 1 577 | 2 338 |
| Investment fund shares | 7 806 | 9 792 | 10 499 | 10 105 | 11 685 | 13 947 | 16 367 | 16 891 |
| Money market fund shares | 474 | 321 | 376 | 296 | 167 | 249 | 263 | 368 |
| Non-Money market fund shares | 7 332 | 9 471 | 10 123 | 9 808 | 11 517 | 13 698 | 16 104 | 16 523 |
| Insurance pension and standardised guarantees | 0 | 0 | 0 | 0 | 0 | 419 | 595 | 545 |
| Financial derivatives and employee stock options | 0 | 0 | 0 | 0 | 0 | 0 | 0 | 0 |
| Other accounts receivable | 180 | 81 | 73 | 255 | 60 | 469 | 255 | 233 |
| Financial liabilities | 11 582 | 13 554 | 15 210 | 15 235 | 17 666 | 20 049 | 23 027 | 24 222 |
| Debt securities | 0 | 0 | 0 | 0 | 0 | 0 | 0 | 0 |
| Short-term debt securities | 0 | 0 | 0 | 0 | 0 | 0 | 0 | 0 |
| Long-term debt securities | 0 | 0 | 0 | 0 | 0 | 0 | 0 | 0 |
| Loans | 0 | 0 | 0 | 0 | 0 | 0 | 0 | 2 |
| Short-term loans | 0 | 0 | 0 | 0 | 0 | 0 | 0 | 2 |
| Long-term loans | 0 | 0 | 0 | 0 | 0 | 0 | 0 | 0 |
| Equity and investment fund shares | 0 | 0 | 0 | 0 | 0 | 0 | 0 | 0 |
| Insurance pension and standardised guarantees | 11 582 | 13 554 | 15 210 | 15 235 | 17 666 | 20 049 | 23 027 | 24 219 |
| Financial derivatives and employee stock options | 0 | 0 | 0 | 0 | 0 | 0 | 0 | 0 |
| Other accounts payable | 0 | 0 | 0 | 0 | 0 | 0 | 0 | 0 |
| Non-financial assets | 57 | 64 | 62 | 66 | 61 | 61 | 68 | 77 |

*Note:* Detailed metadata at: http://metalinks.oecd.org/instinv/20170516/667f

## Table 4. Portfolio composition by type of investor

As percentage of financial assets and of financial liabilities

*Per cent*

| | 2008 | 2009 | 2010 | 2011 | 2012 | 2013 | 2014 | 2015 |
|---|---|---|---|---|---|---|---|---|
| **Investment funds** | | | | | | | | |
| Financial assets | 100.0 | 100.0 | 100.0 | 100.0 | 100.0 | 100.0 | 100.0 | 100.0 |
| Currency and deposits | 21.6 | 16.1 | 12.1 | 11.9 | 9.0 | 6.5 | 5.3 | 6.2 |
| Debt securities | 38.2 | 33.6 | 32.9 | 36.1 | 29.2 | 24.7 | 22.7 | 27.0 |
| Loans | 0.0 | 0.0 | 0.0 | 0.0 | 0.0 | 0.0 | 0.0 | 0.0 |
| Equity and investment fund shares | 33.1 | 44.1 | 49.3 | 46.4 | 56.7 | 64.5 | 67.6 | 63.7 |
| Insurance pension and standardised guarantee schemes | 0.0 | 0.0 | 0.0 | 0.0 | 0.0 | 0.0 | 0.0 | 0.0 |
| Financial derivatives and employee stock options | 1.8 | 2.5 | 2.3 | 2.3 | 2.4 | 1.6 | 1.3 | 0.7 |
| Other accounts receivable | 5.2 | 3.7 | 3.4 | 3.3 | 2.8 | 2.7 | 3.1 | 2.4 |
| Financial liabilities | 100.0 | 100.0 | 100.0 | 100.0 | 100.0 | 100.0 | 100.0 | 100.0 |
| Currency and deposits | 0.0 | 0.0 | 0.0 | 0.0 | 0.0 | 0.0 | 0.0 | 0.0 |
| Debt securities | 0.0 | 0.0 | 0.0 | 0.0 | 0.0 | 0.0 | 0.0 | 0.0 |
| Loans | 0.1 | 0.1 | 0.1 | 0.1 | 0.1 | 0.1 | 0.1 | 0.1 |
| Equity and investment fund shares | 98.1 | 97.5 | 98.1 | 98.2 | 98.4 | 98.0 | 97.9 | 98.1 |
| Insurance pension and standardised guarantee schemes | 0.0 | 0.0 | 0.0 | 0.0 | 0.0 | 0.0 | 0.0 | 0.0 |
| Financial derivatives and employee stock options | 0.0 | 0.0 | 0.0 | 0.1 | 0.0 | 0.0 | 0.0 | 0.0 |
| Other accounts receivable | 1.8 | 2.4 | 1.8 | 1.7 | 1.5 | 2.0 | 1.9 | 1.8 |
| **Insurance corporations** | | | | | | | | |
| Financial assets | 100.0 | 100.0 | 100.0 | 100.0 | 100.0 | 100.0 | 100.0 | 100.0 |
| Currency and deposits | 5.7 | 3.9 | 3.2 | 4.2 | 3.2 | 2.9 | 2.9 | 3.0 |
| Debt securities | 65.7 | 68.1 | 69.7 | 70.5 | 70.8 | 68.1 | 67.9 | 65.6 |
| Loans | 5.5 | 5.3 | 5.3 | 5.3 | 6.3 | 7.7 | 8.1 | 8.7 |
| Equity and investment fund shares | 18.7 | 18.5 | 17.7 | 15.2 | 15.6 | 17.7 | 17.7 | 18.4 |
| Insurance pension and standardised guarantee schemes | 2.9 | 2.7 | 2.5 | 2.7 | 2.6 | 2.1 | 2.1 | 2.9 |
| Financial derivatives and employee stock options | 0.1 | 0.1 | 0.1 | 0.1 | 0.1 | 0.1 | 0.1 | 0.1 |
| Other accounts receivable | 1.4 | 1.3 | 1.6 | 2.0 | 1.5 | 1.5 | 1.2 | 1.3 |
| Financial liabilities | 100.0 | 100.0 | 100.0 | 100.0 | 100.0 | 100.0 | 100.0 | 100.0 |
| Currency and deposits | 0.0 | 0.0 | 0.0 | 0.0 | 0.0 | 0.0 | 0.0 | 0.0 |
| Debt securities | 0.9 | 1.0 | 0.8 | 0.8 | 0.9 | 0.9 | 0.9 | 1.4 |
| Loans | 5.1 | 5.1 | 5.1 | 5.9 | 5.1 | 5.3 | 5.2 | 6.0 |
| Equity and investment fund shares | 6.6 | 7.0 | 7.2 | 6.1 | 6.5 | 5.9 | 6.4 | 5.7 |
| Insurance pension and standardised guarantee schemes | 84.9 | 84.7 | 85.1 | 85.2 | 85.5 | 85.6 | 85.4 | 84.7 |
| Financial derivatives and employee stock options | 0.0 | 0.0 | 0.0 | 0.0 | 0.0 | 0.0 | 0.0 | 0.0 |
| Other accounts receivable | 2.5 | 2.2 | 1.8 | 2.0 | 2.0 | 2.2 | 2.1 | 2.2 |
| **Pension funds** | | | | | | | | |
| Financial assets | 100.0 | 100.0 | 100.0 | 100.0 | 100.0 | 100.0 | 100.0 | 100.0 |
| Currency and deposits | 4.9 | 3.5 | 3.8 | 2.4 | 3.3 | 2.6 | 2.8 | 2.9 |
| Debt securities | 9.2 | 8.9 | 11.5 | 14.3 | 12.5 | 11.3 | 11.6 | 11.2 |
| Loans | 1.3 | 1.2 | 0.8 | 0.9 | 0.8 | 0.8 | 0.9 | 1.1 |
| Equity and investment fund shares | 82.9 | 85.8 | 83.5 | 80.6 | 83.1 | 80.7 | 80.8 | 81.5 |
| Insurance pension and standardised guarantee schemes | 0.0 | 0.0 | 0.0 | 0.0 | 0.0 | 2.1 | 2.7 | 2.3 |
| Financial derivatives and employee stock options | 0.0 | 0.0 | 0.0 | 0.0 | 0.0 | 0.0 | 0.0 | 0.0 |
| Other accounts receivable | 1.7 | 0.6 | 0.5 | 1.8 | 0.4 | 2.4 | 1.2 | 1.0 |
| Financial liabilities | 100.0 | 100.0 | 100.0 | 100.0 | 100.0 | 100.0 | 100.0 | 100.0 |
| Currency and deposits | 0.0 | 0.0 | 0.0 | 0.0 | 0.0 | 0.0 | 0.0 | 0.0 |
| Debt securities | 0.0 | 0.0 | 0.0 | 0.0 | 0.0 | 0.0 | 0.0 | 0.0 |
| Loans | 0.0 | 0.0 | 0.0 | 0.0 | 0.0 | 0.0 | 0.0 | 0.0 |
| Equity and investment fund shares | 0.0 | 0.0 | 0.0 | 0.0 | 0.0 | 0.0 | 0.0 | 0.0 |
| Insurance pension and standardised guarantee schemes | 100.0 | 100.0 | 100.0 | 100.0 | 100.0 | 100.0 | 100.0 | 100.0 |
| Financial derivatives and employee stock options | 0.0 | 0.0 | 0.0 | 0.0 | 0.0 | 0.0 | 0.0 | 0.0 |
| Other accounts receivable | 0.0 | 0.0 | 0.0 | 0.0 | 0.0 | 0.0 | 0.0 | 0.0 |

*Note:* Detailed metadata at: http://metalinks.oecd.org/instinv/20170516/f09d

## Table 1. Financial assets and liabilities of institutional investors, 2015

*Million CAD*

| | Investment funds | | | | |
|---|---|---|---|---|---|
| | Total | Non-money market funds | | | Money market funds |
| | | Total | Open-end non-money market funds | Closed-end non-money market funds | Total |
| Financial assets | 1 772 508 | 1 743 014 | .. | .. | 29 494 |
| Currency and deposits | 10 387 | 10 015 | .. | .. | 372 |
| Debt securities | 425 610 | 397 529 | .. | .. | 28 081 |
| Debt securities, short term | 45 530 | 24 554 | .. | .. | 20 976 |
| Debt securities, long term | 380 080 | 372 975 | .. | .. | 7 105 |
| Debt securities issued by residents | 315 284 | 288 062 | .. | .. | 27 222 |
| Debt securities issued by non-residents | 110 326 | 109 467 | .. | .. | 859 |
| Loans | 5 045 | 5 045 | .. | .. | 0 |
| Loans, short-term | .. | .. | .. | .. | .. |
| Loans, long-term | .. | .. | .. | .. | .. |
| Loans granted to residents | .. | .. | .. | .. | .. |
| Loans granted to non-residents | .. | .. | .. | .. | .. |
| Equity and investment fund shares/units | 1 210 045 | 1 209 633 | .. | .. | 412 |
| Equity and investment fund shares issued/units by residents | 786 966 | 786 554 | .. | .. | 412 |
| Equity and investment fund shares/units issued by non residents | 423 079 | 423 079 | .. | .. | 0 |
| Other accounts receivable | 121 421 | 120 792 | .. | .. | 629 |

| | Investment funds | | | | |
|---|---|---|---|---|---|
| | Total | Non-money market funds | | | Money market funds |
| | | Total | Open-end non-money market funds | Closed-end non-money market funds | Total |
| Financial liabilities | 1 772 508 | 1 743 014 | .. | .. | 29 494 |
| Currency and deposits | .. | .. | .. | .. | .. |
| Debt securities | .. | .. | .. | .. | .. |
| Debt securities, short term | .. | .. | .. | .. | .. |
| Debt securities, long term | .. | .. | .. | .. | .. |
| Loans | 0 | 0 | .. | .. | 0 |
| Loans, short-term | .. | .. | .. | .. | .. |
| Loans, long-term | .. | .. | .. | .. | .. |
| Equity and investment fund shares/units | 1 759 837 | 1 730 524 | .. | .. | 29 313 |
| Insurance pension and standardised guaratees | .. | .. | .. | .. | .. |
| Financial derivatives and employee stock options | .. | .. | .. | .. | .. |
| Other accounts payable | 12 671 | 12 490 | .. | .. | 181 |

| | Insurance corporations and pension funds | | | | |
|---|---|---|---|---|---|
| | Total | Insurance corporations | | | Pension funds |
| | | Total | Life insurance corporations | Non-life insurance corporations | Total |
| Financial assets | 2 664 821 | 854 955 | 709 406 | 145 549 | 1 809 866 |
| Currency and deposits | 45 818 | 11 171 | 7 476 | 3 695 | 34 647 |
| Debt securities | 1 009 969 | 376 135 | 284 404 | 91 731 | 633 834 |
| Debt securities, short-term | 61 706 | 14 093 | 12 051 | 2 042 | 47 613 |
| Debt securities, long term | 948 263 | 362 042 | 272 353 | 89 689 | 586 221 |
| Debt securities issued by residents | 901 918 | 356 459 | 267 317 | 89 142 | 545 459 |
| Debt securities issued by non-residents | 108 051 | 19 676 | 17 087 | 2 589 | 88 375 |
| Loans | 124 933 | 70 361 | 69 043 | 1 318 | 54 572 |
| Loans, short-term | .. | .. | .. | .. | .. |
| Loans, long-term | .. | .. | .. | .. | .. |
| Loans granted to residents | .. | .. | .. | .. | .. |
| Loans granted to non-residents | .. | .. | .. | .. | .. |
| Equity and investment fund shares/units | 1 180 663 | 309 215 | 286 111 | 23 104 | 871 448 |
| Equity and investment fund shares/units issued by residents | 708 728 | 287 708 | 267 506 | 20 202 | 421 020 |
| Equity and investment fund shares/units issued by non residents | 471 935 | 21 507 | 18 605 | 2 902 | 450 428 |
| Other accounts receivable | 142 859 | 88 073 | 62 372 | 25 701 | 54 786 |

| | Insurance corporations and pension funds | | | | |
|---|---|---|---|---|---|
| | Total | Insurance corporations | | | Pension funds |
| | | Total | Life insurance corporations | Non-life insurance corporations | Total |
| Financial liabilities | 2 684 494 | 874 628 | 715 390 | 159 238 | 1 809 866 |
| Currency and deposits | .. | .. | .. | .. | .. |
| Debt securities | 10 945 | 10 945 | 10 945 | .. | .. |
| Debt securities, short term | .. | .. | .. | .. | .. |
| Debt securities, long term | 10 945 | 10 945 | 10 945 | .. | .. |
| Loans | 15 588 | 14 633 | 12 659 | 1 974 | 955 |
| Loans, short-term | .. | .. | .. | .. | .. |
| Loans, long-term | .. | .. | .. | .. | .. |
| Equity and investment fund shares/units | 248 036 | 248 036 | 187 572 | 60 464 | .. |
| Insurance pension and standardised guarantees | 2 125 935 | 468 630 | 468 630 | .. | 1 657 305 |
| Financial derivatives and employee stock options | .. | .. | .. | .. | .. |
| Other accounts payable | 283 990 | 132 384 | 35 584 | 96 800 | 151 606 |

*Note:* Detailed metadata at: http://metalinks.oecd.org/instinv/20170516/667f

## Table 2. Financial assets and liabilities of investment funds

*Million CAD*

| | 2008 | 2009 | 2010 | 2011 | 2012 | 2013 | 2014 | 2015 |
|---|---|---|---|---|---|---|---|---|
| **Investment funds** | | | | | | | | |
| Financial net worth | 0 | 0 | 0 | 0 | 0 | 0 | 0 | 0 |
| Financial assets | 715 079 | 855 592 | 962 804 | 997 350 | 1 130 261 | 1 358 462 | 1 591 784 | 1 772 508 |
| Currency and deposits | 5 229 | 6 080 | 4 565 | 7 286 | 10 025 | 9 646 | 10 906 | 10 387 |
| Debt securities | 233 447 | 243 973 | 260 333 | 301 290 | 337 161 | 355 880 | 406 477 | 425 610 |
| Loans | 2 961 | 4 622 | 5 380 | 5 407 | 5 275 | 5 114 | 5 553 | 5 045 |
| Equity and investment fund shares | 436 501 | 572 426 | 666 146 | 649 595 | 734 187 | 917 937 | 1 084 425 | 1 210 045 |
| Equity | 337 322 | 443 519 | 503 196 | 465 043 | 510 588 | 617 291 | 717 366 | 760 707 |
| Investment fund shares | 99 179 | 128 907 | 162 950 | 184 552 | 223 599 | 300 646 | 367 059 | 449 338 |
| Money market fund shares | .. | .. | .. | .. | .. | .. | .. | .. |
| Non-Money market fund shares | .. | .. | .. | .. | .. | .. | .. | .. |
| Insurance pension and standardised guarantees | .. | .. | .. | .. | .. | .. | .. | .. |
| Financial derivatives and employee stock options | .. | .. | .. | .. | .. | .. | .. | .. |
| Other accounts receivable | 36 941 | 28 491 | 26 380 | 33 772 | 43 613 | 69 885 | 84 423 | 121 421 |
| Financial liabilities | 715 079 | 855 592 | 962 804 | 997 350 | 1 130 261 | 1 358 462 | 1 591 784 | 1 772 508 |
| Debt securities | .. | .. | .. | .. | .. | .. | .. | .. |
| Short-term debt securities | .. | .. | .. | .. | .. | .. | .. | .. |
| Long-term debt securities | .. | .. | .. | .. | .. | .. | .. | .. |
| Loans | 0 | 0 | 0 | 0 | 0 | 0 | 0 | 0 |
| Short-term loans | .. | .. | .. | .. | .. | .. | .. | .. |
| Long-term loans | .. | .. | .. | .. | .. | .. | .. | .. |
| Equity and investment fund shares | 709 210 | 852 184 | 959 108 | 991 637 | 1 122 100 | 1 348 995 | 1 580 288 | 1 759 837 |
| Insurance pension and standardised guarantees | .. | .. | .. | .. | .. | .. | .. | .. |
| Financial derivatives and employee stock options | .. | .. | .. | .. | .. | .. | .. | .. |
| Other accounts payable | 5 869 | 3 408 | 3 696 | 5 713 | 8 161 | 9 467 | 11 496 | 12 671 |
| Non-financial assets | 0 | 0 | 0 | 0 | 0 | 0 | 0 | 0 |
| **Money market funds** | | | | | | | | |
| Financial net worth | 0 | 0 | 0 | 0 | 0 | 0 | 0 | 0 |
| Financial assets | 78 172 | 61 423 | 42 242 | 39 590 | 33 331 | 30 532 | 27 936 | 29 494 |
| Currency and deposits | 1 757 | 1 223 | 617 | 842 | 189 | 197 | 186 | 372 |
| Debt securities | 74 564 | 59 442 | 40 529 | 37 855 | 31 799 | 29 768 | 26 688 | 28 081 |
| Loans | 0 | 0 | 0 | 0 | 0 | 0 | 0 | 0 |
| Equity and investment fund shares | 1 344 | 585 | 398 | 332 | 383 | 295 | 346 | 412 |
| Equity | 123 | 282 | 199 | 111 | 144 | 53 | 0 | 0 |
| Investment fund shares | 1 221 | 303 | 199 | 221 | 239 | 242 | 346 | 412 |
| Money market fund shares | .. | .. | .. | .. | .. | .. | .. | .. |
| Non-Money market fund shares | .. | .. | .. | .. | .. | .. | .. | .. |
| Insurance pension and standardised guarantees | .. | .. | .. | .. | .. | .. | .. | .. |
| Financial derivatives and employee stock options | .. | .. | .. | .. | .. | .. | .. | .. |
| Other accounts receivable | 507 | 173 | 698 | 561 | 960 | 272 | 716 | 629 |
| Financial liabilities | 78 172 | 61 423 | 42 242 | 39 590 | 33 331 | 30 532 | 27 936 | 29 494 |
| Debt securities | .. | .. | .. | .. | .. | .. | .. | .. |
| Short-term debt securities | .. | .. | .. | .. | .. | .. | .. | .. |
| Long-term debt securities | .. | .. | .. | .. | .. | .. | .. | .. |
| Loans | 0 | 0 | 0 | 0 | 0 | 0 | 0 | 0 |
| Short-term loans | .. | .. | .. | .. | .. | .. | .. | .. |
| Long-term loans | .. | .. | .. | .. | .. | .. | .. | .. |
| Equity and investment fund shares | 77 962 | 61 192 | 41 974 | 39 372 | 33 124 | 30 346 | 27 762 | 29 313 |
| Insurance pension and standardised guarantees | .. | .. | .. | .. | .. | .. | .. | .. |
| Financial derivatives and employee stock options | .. | .. | .. | .. | .. | .. | .. | .. |
| Other accounts payable | 210 | 231 | 268 | 218 | 207 | 186 | 174 | 181 |
| Non-financial assets | 0 | 0 | 0 | 0 | 0 | 0 | 0 | 0 |
| **Non-money market funds** | | | | | | | | |
| Financial net worth | 0 | 0 | 0 | 0 | 0 | 0 | 0 | 0 |
| Financial assets | 636 907 | 794 169 | 920 562 | 957 760 | 1 096 930 | 1 327 930 | 1 563 848 | 1 743 014 |
| Currency and deposits | 3 472 | 4 857 | 3 948 | 6 444 | 9 836 | 9 449 | 10 720 | 10 015 |
| Debt securities | 158 883 | 184 531 | 219 804 | 263 435 | 305 362 | 326 112 | 379 789 | 397 529 |
| Loans | 2 961 | 4 622 | 5 380 | 5 407 | 5 275 | 5 114 | 5 553 | 5 045 |
| Equity and investment fund shares | 435 157 | 571 841 | 665 748 | 649 263 | 733 804 | 917 642 | 1 084 079 | 1 209 633 |
| Equity | 337 199 | 443 237 | 502 997 | 464 932 | 510 444 | 617 238 | 717 366 | 760 707 |
| Investment fund shares | 97 958 | 128 604 | 162 751 | 184 331 | 223 360 | 300 404 | 366 713 | 448 926 |
| Money market fund shares | .. | .. | .. | .. | .. | .. | .. | .. |
| Non-Money market fund shares | .. | .. | .. | .. | .. | .. | .. | .. |
| Insurance pension and standardised guarantees | .. | .. | .. | .. | .. | .. | .. | .. |
| Financial derivatives and employee stock options | .. | .. | .. | .. | .. | .. | .. | .. |
| Other accounts receivable | 36 434 | 28 318 | 25 682 | 33 211 | 42 653 | 69 613 | 83 707 | 120 792 |
| Financial liabilities | 636 907 | 794 169 | 920 562 | 957 760 | 1 096 930 | 1 327 930 | 1 563 848 | 1 743 014 |
| Debt securities | .. | .. | .. | .. | .. | .. | .. | .. |
| Short-term debt securities | .. | .. | .. | .. | .. | .. | .. | .. |
| Long-term debt securities | .. | .. | .. | .. | .. | .. | .. | .. |
| Loans | 0 | 0 | 0 | 0 | 0 | 0 | 0 | 0 |
| Short-term loans | .. | .. | .. | .. | .. | .. | .. | .. |
| Long-term loans | .. | .. | .. | .. | .. | .. | .. | .. |
| Equity and investment fund shares | 631 248 | 790 992 | 917 134 | 952 265 | 1 088 976 | 1 318 649 | 1 552 526 | 1 730 524 |
| Insurance pension and standardised guarantees | .. | .. | .. | .. | .. | .. | .. | .. |
| Financial derivatives and employee stock options | .. | .. | .. | .. | .. | .. | .. | .. |
| Other accounts payable | 5 659 | 3 177 | 3 428 | 5 495 | 7 954 | 9 281 | 11 322 | 12 490 |
| Non-financial assets | 0 | 0 | 0 | 0 | 0 | 0 | 0 | 0 |
| **Open-end non-money market funds** | | | | | | | | |
| Financial net worth | .. | .. | .. | .. | .. | .. | .. | .. |
| Financial assets | .. | .. | .. | .. | .. | .. | .. | .. |

## Table 2. Financial assets and liabilities of investment funds *(cont.)*

*Million CAD*

| | 2008 | 2009 | 2010 | 2011 | 2012 | 2013 | 2014 | 2015 |
|---|---|---|---|---|---|---|---|---|
| Currency and deposits | .. | .. | .. | .. | .. | .. | .. | .. |
| Debt securities | .. | .. | .. | .. | .. | .. | .. | .. |
| Loans | .. | .. | .. | .. | .. | .. | .. | .. |
| Equity and investment fund shares | .. | .. | .. | .. | .. | .. | .. | .. |
| Equity | .. | .. | .. | .. | .. | .. | .. | .. |
| Investment fund shares | .. | .. | .. | .. | .. | .. | .. | .. |
| Money market fund shares | .. | .. | .. | .. | .. | .. | .. | .. |
| Non-Money market fund shares | .. | .. | .. | .. | .. | .. | .. | .. |
| Insurance pension and standardised guarantees | .. | .. | .. | .. | .. | .. | .. | .. |
| Financial derivatives and employee stock options | .. | .. | .. | .. | .. | .. | .. | .. |
| Other accounts receivable | .. | .. | .. | .. | .. | .. | .. | .. |
| Financial liabilities | .. | .. | .. | .. | .. | .. | .. | .. |
| Debt securities | .. | .. | .. | .. | .. | .. | .. | .. |
| Short-term debt securities | .. | .. | .. | .. | .. | .. | .. | .. |
| Long-term debt securities | .. | .. | .. | .. | .. | .. | .. | .. |
| Loans | .. | .. | .. | .. | .. | .. | .. | .. |
| Short-term loans | .. | .. | .. | .. | .. | .. | .. | .. |
| Long-term loans | .. | .. | .. | .. | .. | .. | .. | .. |
| Equity and investment fund shares | .. | .. | .. | .. | .. | .. | .. | .. |
| Insurance pension and standardised guarantees | .. | .. | .. | .. | .. | .. | .. | .. |
| Financial derivatives and employee stock options | .. | .. | .. | .. | .. | .. | .. | .. |
| Other accounts payable | .. | .. | .. | .. | .. | .. | .. | .. |
| Non-financial assets | .. | .. | .. | .. | .. | .. | .. | .. |
| **Open-end investment funds** | | | | | | | | |
| Financial net worth | .. | .. | .. | .. | .. | .. | .. | .. |
| Financial assets | .. | .. | .. | .. | .. | .. | .. | .. |
| Currency and deposits | .. | .. | .. | .. | .. | .. | .. | .. |
| Debt securities | .. | .. | .. | .. | .. | .. | .. | .. |
| Loans | .. | .. | .. | .. | .. | .. | .. | .. |
| Equity and investment fund shares | .. | .. | .. | .. | .. | .. | .. | .. |
| Equity | .. | .. | .. | .. | .. | .. | .. | .. |
| Investment fund shares | .. | .. | .. | .. | .. | .. | .. | .. |
| Money market fund shares | .. | .. | .. | .. | .. | .. | .. | .. |
| Non-Money market fund shares | .. | .. | .. | .. | .. | .. | .. | .. |
| Insurance pension and standardised guarantees | .. | .. | .. | .. | .. | .. | .. | .. |
| Financial derivatives and employee stock options | .. | .. | .. | .. | .. | .. | .. | .. |
| Other accounts receivable | .. | .. | .. | .. | .. | .. | .. | .. |
| Financial liabilities | .. | .. | .. | .. | .. | .. | .. | .. |
| Debt securities | .. | .. | .. | .. | .. | .. | .. | .. |
| Short-term debt securities | .. | .. | .. | .. | .. | .. | .. | .. |
| Long-term debt securities | .. | .. | .. | .. | .. | .. | .. | .. |
| Loans | .. | .. | .. | .. | .. | .. | .. | .. |
| Short-term loans | .. | .. | .. | .. | .. | .. | .. | .. |
| Long-term loans | .. | .. | .. | .. | .. | .. | .. | .. |
| Equity and investment fund shares | .. | .. | .. | .. | .. | .. | .. | .. |
| Insurance pension and standardised guarantees | .. | .. | .. | .. | .. | .. | .. | .. |
| Financial derivatives and employee stock options | .. | .. | .. | .. | .. | .. | .. | .. |
| Other accounts payable | .. | .. | .. | .. | .. | .. | .. | .. |
| Non-financial assets | .. | .. | .. | .. | .. | .. | .. | .. |

*Note:* Detailed metadata at: http://metalinks.oecd.org/instinv/20170516/667f

## Table 3. Financial assets and liabilities of insurance corporations and pension funds

*Million CAD*

| | 2008 | 2009 | 2010 | 2011 | 2012 | 2013 | 2014 | 2015 |
|---|---|---|---|---|---|---|---|---|
| **Insurance corporations and pension funds** | | | | | | | | |
| Financial net worth | -4 699 | -28 061 | -31 105 | -33 005 | -30 467 | -25 045 | -28 927 | -19 673 |
| Financial assets | 1 533 329 | 1 630 081 | 1 816 590 | 1 940 085 | 2 089 545 | 2 250 175 | 2 505 780 | 2 664 821 |
| Currency and deposits | 16 443 | 14 462 | 18 373 | 24 123 | 27 429 | 32 455 | 38 928 | 45 818 |
| Debt securities | 612 812 | 670 083 | 711 117 | 799 616 | 846 025 | 855 960 | 960 943 | 1 009 969 |
| Loans | 93 575 | 98 466 | 102 127 | 102 133 | 103 921 | 106 274 | 114 099 | 124 933 |
| Equity and investment fund shares | 550 074 | 653 620 | 752 944 | 742 381 | 829 760 | 986 656 | 1 119 315 | 1 180 663 |
| Equity | 470 058 | 546 690 | 626 533 | 613 218 | 688 599 | 820 591 | 929 592 | 981 152 |
| Investment fund shares | 80 016 | 106 930 | 126 411 | 129 163 | 141 161 | 166 065 | 189 723 | 199 511 |
| Money market fund shares | .. | .. | .. | .. | .. | .. | .. | .. |
| Non-Money market fund shares | .. | .. | .. | .. | .. | .. | .. | .. |
| Insurance pension and standardised guarantees | .. | .. | .. | .. | .. | .. | .. | .. |
| Financial derivatives and employee stock options | .. | .. | .. | .. | .. | .. | .. | .. |
| Other accounts receivable | 84 760 | 56 677 | 88 083 | 100 581 | 109 255 | 121 533 | 124 397 | 142 859 |
| Financial liabilities | 1 538 028 | 1 658 142 | 1 847 695 | 1 973 090 | 2 120 012 | 2 275 220 | 2 534 707 | 2 684 494 |
| Debt securities | 5 985 | 7 144 | 7 071 | 7 561 | 7 662 | 8 008 | 9 225 | 10 945 |
| Short-term debt securities | .. | .. | .. | .. | .. | .. | .. | .. |
| Long-term debt securities | 5 985 | 7 144 | 7 071 | 7 561 | 7 662 | 8 008 | 9 225 | 10 945 |
| Loans | 14 600 | 19 049 | 21 796 | 20 239 | 20 754 | 16 098 | 19 471 | 15 588 |
| Short-term loans | .. | .. | .. | .. | .. | .. | .. | .. |
| Long-term loans | .. | .. | .. | .. | .. | .. | .. | .. |
| Equity and investment fund shares | 134 148 | 214 566 | 235 614 | 220 915 | 238 979 | 253 787 | 280 569 | 248 036 |
| Insurance pension and standardised guarantees | 1 215 882 | 1 262 178 | 1 395 833 | 1 527 809 | 1 654 645 | 1 786 279 | 1 985 289 | 2 125 935 |
| Financial derivatives and employee stock options | .. | .. | .. | .. | .. | .. | .. | .. |
| Other accounts payable | 167 413 | 155 205 | 187 381 | 196 566 | 197 972 | 211 048 | 240 153 | 283 990 |
| Non-financial assets | 6 657 | 6 764 | 6 991 | 7 401 | 7 924 | 8 026 | 8 150 | 8 173 |
| **Insurance corporations** | | | | | | | | |
| Financial net worth | -4 699 | -28 061 | -31 105 | -33 005 | -30 467 | -25 045 | -28 927 | -19 673 |
| Financial assets | 530 618 | 579 323 | 629 539 | 680 990 | 723 118 | 767 135 | 840 036 | 854 955 |
| Currency and deposits | 10 130 | 7 390 | 7 285 | 7 795 | 9 478 | 7 889 | 10 076 | 11 171 |
| Debt securities | 260 840 | 283 365 | 299 569 | 311 260 | 340 470 | 340 703 | 372 663 | 376 135 |
| Loans | 64 951 | 67 797 | 70 348 | 72 718 | 71 993 | 68 205 | 73 986 | 70 361 |
| Equity and investment fund shares | 156 273 | 192 635 | 219 569 | 218 176 | 242 225 | 280 157 | 305 251 | 309 215 |
| Equity | 76 257 | 85 705 | 93 158 | 89 013 | 101 064 | 114 092 | 115 528 | 109 704 |
| Investment fund shares | 80 016 | 106 930 | 126 411 | 129 163 | 141 161 | 166 065 | 189 723 | 199 511 |
| Money market fund shares | .. | .. | .. | .. | .. | .. | .. | .. |
| Non-Money market fund shares | .. | .. | .. | .. | .. | .. | .. | .. |
| Insurance pension and standardised guarantees | .. | .. | .. | .. | .. | .. | .. | .. |
| Financial derivatives and employee stock options | .. | .. | .. | .. | .. | .. | .. | .. |
| Other accounts receivable | 38 424 | 28 136 | 32 768 | 71 041 | 58 952 | 70 181 | 78 060 | 88 073 |
| Financial liabilities | 535 317 | 607 384 | 660 644 | 713 995 | 753 585 | 792 180 | 868 963 | 874 628 |
| Debt securities | 5 985 | 7 144 | 7 071 | 7 561 | 7 662 | 8 008 | 9 225 | 10 945 |
| Short-term debt securities | .. | .. | .. | .. | .. | .. | .. | .. |
| Long-term debt securities | 5 985 | 7 144 | 7 071 | 7 561 | 7 662 | 8 008 | 9 225 | 10 945 |
| Loans | 14 352 | 18 871 | 21 685 | 20 157 | 20 667 | 16 065 | 18 604 | 14 633 |
| Short-term loans | .. | .. | .. | .. | .. | .. | .. | .. |
| Long-term loans | .. | .. | .. | .. | .. | .. | .. | .. |
| Equity and investment fund shares | 134 148 | 214 566 | 235 614 | 220 915 | 238 979 | 253 787 | 280 569 | 248 036 |
| Insurance pension and standardised guarantees | 280 539 | 268 562 | 294 064 | 359 326 | 378 422 | 399 383 | 438 221 | 468 630 |
| Financial derivatives and employee stock options | .. | .. | .. | .. | .. | .. | .. | .. |
| Other accounts payable | 100 293 | 98 241 | 102 210 | 106 036 | 107 855 | 114 937 | 122 344 | 132 384 |
| Non-financial assets | 6 657 | 6 764 | 6 991 | 7 401 | 7 924 | 8 026 | 8 150 | 8 173 |
| **Pension funds** | | | | | | | | |
| Financial net worth | 0 | 0 | 0 | 0 | 0 | 0 | 0 | 0 |
| Financial assets | 1 002 711 | 1 050 758 | 1 187 051 | 1 259 095 | 1 366 427 | 1 483 040 | 1 665 744 | 1 809 866 |
| Currency and deposits | 6 313 | 7 072 | 11 088 | 16 328 | 17 951 | 24 566 | 28 852 | 34 647 |
| Debt securities | 351 972 | 386 718 | 411 548 | 488 356 | 505 555 | 515 257 | 588 280 | 633 834 |
| Loans | 28 624 | 30 669 | 31 779 | 29 415 | 31 928 | 38 069 | 40 113 | 54 572 |
| Equity and investment fund shares | 393 801 | 460 985 | 533 375 | 524 205 | 587 535 | 706 499 | 814 064 | 871 448 |
| Equity | 393 801 | 460 985 | 533 375 | 524 205 | 587 535 | 706 499 | 814 064 | 871 448 |
| Investment fund shares | .. | .. | .. | .. | .. | .. | .. | .. |
| Money market fund shares | .. | .. | .. | .. | .. | .. | .. | .. |
| Non-Money market fund shares | .. | .. | .. | .. | .. | .. | .. | .. |
| Insurance pension and standardised guarantees | .. | .. | .. | .. | .. | .. | .. | .. |
| Financial derivatives and employee stock options | .. | .. | .. | .. | .. | .. | .. | .. |
| Other accounts receivable | 46 336 | 28 541 | 55 315 | 29 540 | 50 303 | 51 352 | 46 337 | 54 786 |
| Financial liabilities | 1 002 711 | 1 050 758 | 1 187 051 | 1 259 095 | 1 366 427 | 1 483 040 | 1 665 744 | 1 809 866 |
| Debt securities | .. | .. | .. | .. | .. | .. | .. | .. |
| Short-term debt securities | .. | .. | .. | .. | .. | .. | .. | .. |
| Long-term debt securities | .. | .. | .. | .. | .. | .. | .. | .. |
| Loans | 248 | 178 | 111 | 82 | 87 | 33 | 867 | 955 |
| Short-term loans | .. | .. | .. | .. | .. | .. | .. | .. |
| Long-term loans | .. | .. | .. | .. | .. | .. | .. | .. |
| Equity and investment fund shares | 0 | 0 | 0 | 0 | 0 | .. | .. | .. |
| Insurance pension and standardised guarantees | 935 343 | 993 616 | 1 101 769 | 1 168 483 | 1 276 223 | 1 386 896 | 1 547 068 | 1 657 305 |
| Financial derivatives and employee stock options | .. | .. | .. | .. | .. | .. | .. | .. |
| Other accounts payable | 67 120 | 56 964 | 85 171 | 90 530 | 90 117 | 96 111 | 117 809 | 151 606 |
| Non-financial assets | 0 | 0 | 0 | 0 | 0 | 0 | 0 | 0 |

*Note:* Detailed metadata at: http://metalinks.oecd.org/instinv/20170516/667f

## Table 4. Portfolio composition by type of investor

As percentage of financial assets and of financial liabilities

*Per cent*

| | 2008 | 2009 | 2010 | 2011 | 2012 | 2013 | 2014 | 2015 |
|---|---|---|---|---|---|---|---|---|
| **Investment funds** | | | | | | | | |
| Financial assets | 100.0 | 100.0 | 100.0 | 100.0 | 100.0 | 100.0 | 100.0 | 100.0 |
| Currency and deposits | 0.7 | 0.7 | 0.5 | 0.7 | 0.9 | 0.7 | 0.7 | 0.6 |
| Debt securities | 32.6 | 28.5 | 27.0 | 30.2 | 29.8 | 26.2 | 25.5 | 24.0 |
| Loans | 0.4 | 0.5 | 0.6 | 0.5 | 0.5 | 0.4 | 0.3 | 0.3 |
| Equity and investment fund shares | 61.0 | 66.9 | 69.2 | 65.1 | 65.0 | 67.6 | 68.1 | 68.3 |
| Insurance pension and standardised guarantee schemes | 0.0 | 0.0 | 0.0 | 0.0 | 0.0 | 0.0 | 0.0 | 0.0 |
| Financial derivatives and employee stock options | 0.0 | 0.0 | 0.0 | 0.0 | 0.0 | 0.0 | 0.0 | 0.0 |
| Other accounts receivable | 5.2 | 3.3 | 2.7 | 3.4 | 3.9 | 5.1 | 5.3 | 6.9 |
| Financial liabilities | 100.0 | 100.0 | 100.0 | 100.0 | 100.0 | 100.0 | 100.0 | 100.0 |
| Currency and deposits | 0.0 | 0.0 | 0.0 | 0.0 | 0.0 | 0.0 | 0.0 | 0.0 |
| Debt securities | 0.0 | 0.0 | 0.0 | 0.0 | 0.0 | 0.0 | 0.0 | 0.0 |
| Loans | 0.0 | 0.0 | 0.0 | 0.0 | 0.0 | 0.0 | 0.0 | 0.0 |
| Equity and investment fund shares | 99.2 | 99.6 | 99.6 | 99.4 | 99.3 | 99.3 | 99.3 | 99.3 |
| Insurance pension and standardised guarantee schemes | 0.0 | 0.0 | 0.0 | 0.0 | 0.0 | 0.0 | 0.0 | 0.0 |
| Financial derivatives and employee stock options | 0.0 | 0.0 | 0.0 | 0.0 | 0.0 | 0.0 | 0.0 | 0.0 |
| Other accounts receivable | 0.8 | 0.4 | 0.4 | 0.6 | 0.7 | 0.7 | 0.7 | 0.7 |
| **Insurance corporations** | | | | | | | | |
| Financial assets | 100.0 | 100.0 | 100.0 | 100.0 | 100.0 | 100.0 | 100.0 | 100.0 |
| Currency and deposits | 1.9 | 1.3 | 1.2 | 1.1 | 1.3 | 1.0 | 1.2 | 1.3 |
| Debt securities | 49.2 | 48.9 | 47.6 | 45.7 | 47.1 | 44.4 | 44.4 | 44.0 |
| Loans | 12.2 | 11.7 | 11.2 | 10.7 | 10.0 | 8.9 | 8.8 | 8.2 |
| Equity and investment fund shares | 29.5 | 33.3 | 34.9 | 32.0 | 33.5 | 36.5 | 36.3 | 36.2 |
| Insurance pension and standardised guarantee schemes | 0.0 | 0.0 | 0.0 | 0.0 | 0.0 | 0.0 | 0.0 | 0.0 |
| Financial derivatives and employee stock options | 0.0 | 0.0 | 0.0 | 0.0 | 0.0 | 0.0 | 0.0 | 0.0 |
| Other accounts receivable | 7.2 | 4.9 | 5.2 | 10.4 | 8.2 | 9.1 | 9.3 | 10.3 |
| Financial liabilities | 100.0 | 100.0 | 100.0 | 100.0 | 100.0 | 100.0 | 100.0 | 100.0 |
| Currency and deposits | 0.0 | 0.0 | 0.0 | 0.0 | 0.0 | 0.0 | 0.0 | 0.0 |
| Debt securities | 1.1 | 1.2 | 1.1 | 1.1 | 1.0 | 1.0 | 1.1 | 1.3 |
| Loans | 2.7 | 3.1 | 3.3 | 2.8 | 2.7 | 2.0 | 2.1 | 1.7 |
| Equity and investment fund shares | 25.1 | 35.3 | 35.7 | 30.9 | 31.7 | 32.0 | 32.3 | 28.4 |
| Insurance pension and standardised guarantee schemes | 52.4 | 44.2 | 44.5 | 50.3 | 50.2 | 50.4 | 50.4 | 53.6 |
| Financial derivatives and employee stock options | 0.0 | 0.0 | 0.0 | 0.0 | 0.0 | 0.0 | 0.0 | 0.0 |
| Other accounts receivable | 18.7 | 16.2 | 15.5 | 14.9 | 14.3 | 14.5 | 14.1 | 15.1 |
| **Pension funds** | | | | | | | | |
| Financial assets | 100.0 | 100.0 | 100.0 | 100.0 | 100.0 | 100.0 | 100.0 | 100.0 |
| Currency and deposits | 0.6 | 0.7 | 0.9 | 1.3 | 1.3 | 1.7 | 1.7 | 1.9 |
| Debt securities | 35.1 | 36.8 | 34.7 | 38.8 | 37.0 | 34.7 | 35.3 | 35.0 |
| Loans | 2.9 | 2.9 | 2.7 | 2.3 | 2.3 | 2.6 | 2.4 | 3.0 |
| Equity and investment fund shares | 39.3 | 43.9 | 44.9 | 41.6 | 43.0 | 47.6 | 48.9 | 48.1 |
| Insurance pension and standardised guarantee schemes | .. | .. | .. | .. | .. | .. | .. | .. |
| Financial derivatives and employee stock options | .. | .. | .. | .. | .. | .. | .. | .. |
| Other accounts receivable | 4.6 | 2.7 | 4.7 | 2.3 | 3.7 | 3.5 | 2.8 | 3.0 |
| Financial liabilities | 100.0 | 100.0 | 100.0 | 100.0 | 100.0 | 100.0 | 100.0 | 100.0 |
| Currency and deposits | 0.0 | 0.0 | 0.0 | 0.0 | 0.0 | 0.0 | 0.0 | 0.0 |
| Debt securities | 0.0 | 0.0 | 0.0 | 0.0 | 0.0 | 0.0 | 0.0 | 0.0 |
| Loans | 0.0 | 0.0 | 0.0 | 0.0 | 0.0 | 0.0 | 0.1 | 0.1 |
| Equity and investment fund shares | 0.0 | 0.0 | 0.0 | 0.0 | 0.0 | 0.0 | 0.0 | 0.0 |
| Insurance pension and standardised guarantee schemes | 93.3 | 94.6 | 92.8 | 92.8 | 93.4 | 93.5 | 92.9 | 91.6 |
| Financial derivatives and employee stock options | 0.0 | 0.0 | 0.0 | 0.0 | 0.0 | 0.0 | 0.0 | 0.0 |
| Other accounts receivable | 6.7 | 5.4 | 7.2 | 7.2 | 6.6 | 6.5 | 7.1 | 8.4 |

*Note:* Detailed metadata at: http://metalinks.oecd.org/instinv/20170516/f09d

# CHILE

## Table 1. Financial assets and liabilities of institutional investors, 2015

*Million CLP*

| | Total | Investment funds | | | |
|---|---|---|---|---|---|
| | | Non-money market funds | | | Money market funds |
| | | Total | Open-end non-money market funds | Closed-end non-money market funds | Total |
| Financial assets | 35 914 898 | 23 488 221 | 15 879 662 | 7 608 559 | 12 426 677 |
| Currency and deposits | .. | .. | 144 523 | .. | 171 319 |
| Debt securities | .. | .. | 11 676 251 | .. | 12 255 358 |
| Debt securities, short term | .. | .. | 2 823 934 | .. | 11 967 229 |
| Debt securities, long term | .. | .. | 8 852 316 | .. | 288 129 |
| Debt securities issued by residents | .. | .. | 11 413 329 | .. | 12 250 021 |
| Debt securities issued by non-residents | .. | .. | 262 922 | .. | 5 337 |
| Loans | .. | .. | .. | .. | .. |
| Loans, short-term | .. | .. | .. | .. | .. |
| Loans, long-term | .. | .. | .. | .. | .. |
| Loans granted to residents | .. | .. | .. | .. | .. |
| Loans granted to non-residents | .. | .. | .. | .. | .. |
| Equity and investment fund shares/units | .. | .. | 4 058 888 | .. | .. |
| Equity and investment fund shares issued/units by residents | .. | .. | 816 858 | .. | .. |
| Equity and investment fund shares/units issued by non residents | .. | .. | 3 242 030 | .. | .. |
| Other accounts receivable | .. | .. | .. | .. | .. |

| | Total | Investment funds | | | |
|---|---|---|---|---|---|
| | | Non-money market funds | | | Money market funds |
| | | Total | Open-end non-money market funds | Closed-end non-money market funds | Total |
| Financial liabilities | 752 740 | 752 687 | 8 613 | 744 074 | 53 |
| Currency and deposits | .. | .. | .. | .. | .. |
| Debt securities | .. | .. | .. | .. | .. |
| Debt securities, short term | .. | .. | .. | .. | .. |
| Debt securities, long term | .. | .. | .. | .. | .. |
| Loans | .. | .. | .. | .. | .. |
| Loans, short-term | .. | .. | .. | .. | .. |
| Loans, long-term | .. | .. | .. | .. | .. |
| Equity and investment fund shares/units | .. | .. | .. | .. | .. |
| Insurance pension and standardised guaratees | .. | .. | .. | .. | .. |
| Financial derivatives and employee stock options | .. | .. | .. | .. | .. |
| Other accounts payable | .. | .. | .. | .. | .. |

| | Total | Insurance corporations and pension funds | | | |
|---|---|---|---|---|---|
| | | Insurance corporations | | | Pension funds |
| | | Total | Life insurance corporations | Non-life insurance corporations | Total |
| Financial assets | 139 498 064 | 30 064 643 | 28 900 827 | 1 163 816 | 109 433 421 |
| Currency and deposits | 8 668 098 | 401 273 | 253 759 | 147 514 | 8 266 825 |
| Debt securities | 66 300 575 | 21 727 444 | 20 831 043 | 896 400 | 44 573 132 |
| Debt securities, short-term | .. | .. | .. | .. | 1 598 837 |
| Debt securities, long term | .. | .. | .. | .. | 42 974 294 |
| Debt securities issued by residents | 61 123 180 | 18 471 464 | 17 580 696 | 890 768 | 42 651 716 |
| Debt securities issued by non-residents | 5 177 396 | 3 255 980 | 3 250 348 | 5 632 | 1 921 416 |
| Loans | 3 718 752 | 3 139 873 | 3 137 795 | 2 078 | 578 879 |
| Loans, short-term | 455 468 | 421 357 | 421 357 | 0 | 34 110 |
| Loans, long-term | 3 263 284 | 2 718 516 | 2 716 438 | 2 078 | 544 769 |
| Loans granted to residents | .. | .. | .. | .. | 578 879 |
| Loans granted to non-residents | .. | .. | .. | .. | .. |
| Equity and investment fund shares/units | 59 196 576 | 3 261 873 | 3 215 689 | 46 184 | 55 934 703 |
| Equity and investment fund shares/units issued by residents | 14 746 091 | 2 645 534 | 2 608 719 | 36 815 | 12 100 557 |
| Equity and investment fund shares/units issued by non residents | 44 450 485 | 616 339 | 606 970 | 9 369 | 43 834 146 |
| Other accounts receivable | .. | 2 021 209 | 1 949 462 | 71 747 | .. |

| | Total | Insurance corporations and pension funds | | | |
|---|---|---|---|---|---|
| | | Insurance corporations | | | Pension funds |
| | | Total | Life insurance corporations | Non-life insurance corporations | Total |
| Financial liabilities | 2 234 314 | 1 004 459 | 999 105 | 5 355 | 1 229 855 |
| Currency and deposits | .. | .. | .. | .. | .. |
| Debt securities | .. | .. | .. | .. | .. |
| Debt securities, short term | .. | .. | .. | .. | .. |
| Debt securities, long term | .. | .. | .. | .. | .. |
| Loans | .. | .. | .. | .. | .. |
| Loans, short-term | .. | .. | .. | .. | .. |
| Loans, long-term | .. | .. | .. | .. | .. |
| Equity and investment fund shares/units | .. | .. | .. | .. | .. |
| Insurance pension and standardised guaratees | .. | .. | .. | .. | .. |
| Financial derivatives and employee stock options | .. | .. | .. | .. | .. |
| Other accounts payable | .. | .. | .. | .. | 1 229 855 |

*Note:* Detailed metadata at: http://metalinks.oecd.org/instinv/20170516/8c51

# CHILE

## Table 2. Financial assets and liabilities of investment funds

*Million CLP*

| | 2008 | 2009 | 2010 | 2011 | 2012 | 2013 | 2014 | 2015 |
|---|---|---|---|---|---|---|---|---|
| **Investment funds** | | | | | | | | |
| Financial net worth | .. | .. | .. | .. | .. | .. | 29 671 577 | 35 162 158 |
| Financial assets | .. | .. | .. | .. | .. | .. | 30 061 688 | 35 914 898 |
| Currency and deposits | .. | .. | .. | .. | .. | .. | .. | .. |
| Debt securities | .. | .. | .. | .. | .. | .. | .. | .. |
| Loans | .. | .. | .. | .. | .. | .. | .. | .. |
| Equity and investment fund shares | .. | .. | .. | .. | .. | .. | .. | .. |
| Equity | .. | .. | .. | .. | .. | .. | .. | .. |
| Investment fund shares | .. | .. | .. | .. | .. | .. | .. | .. |
| Money market fund shares | .. | .. | .. | .. | .. | .. | .. | .. |
| Non-Money market fund shares | .. | .. | .. | .. | .. | .. | .. | .. |
| Insurance pension and standardised guarantees | .. | .. | .. | .. | .. | .. | .. | .. |
| Financial derivatives and employee stock options | .. | .. | .. | .. | .. | .. | .. | .. |
| Other accounts receivable | .. | .. | .. | .. | .. | .. | .. | .. |
| Financial liabilities | .. | .. | .. | .. | .. | .. | 390 112 | 752 740 |
| Debt securities | .. | .. | .. | .. | .. | .. | .. | .. |
| Short-term debt securities | .. | .. | .. | .. | .. | .. | .. | .. |
| Long-term debt securities | .. | .. | .. | .. | .. | .. | .. | .. |
| Loans | .. | .. | .. | .. | .. | .. | .. | .. |
| Short-term loans | .. | .. | .. | .. | .. | .. | .. | .. |
| Long-term loans | .. | .. | .. | .. | .. | .. | .. | .. |
| Equity and investment fund shares | .. | .. | .. | .. | .. | .. | .. | .. |
| Insurance pension and standardised guarantees | .. | .. | .. | .. | .. | .. | .. | .. |
| Financial derivatives and employee stock options | .. | .. | .. | .. | .. | .. | .. | .. |
| Other accounts payable | .. | .. | .. | .. | .. | .. | .. | .. |
| Non-financial assets | .. | .. | .. | .. | .. | .. | 727 934 | 932 960 |
| **Money market funds** | | | | | | | | |
| Financial net worth | .. | .. | .. | .. | .. | .. | 11 926 154 | 12 426 624 |
| Financial assets | .. | .. | .. | .. | .. | .. | 11 979 017 | 12 426 677 |
| Currency and deposits | .. | .. | .. | .. | .. | .. | 43 760 | 171 319 |
| Debt securities | .. | .. | .. | .. | .. | .. | 11 935 257 | 12 255 358 |
| Loans | .. | .. | .. | .. | .. | .. | .. | .. |
| Equity and investment fund shares | .. | .. | .. | .. | .. | .. | .. | .. |
| Equity | .. | .. | .. | .. | .. | .. | .. | .. |
| Investment fund shares | .. | .. | .. | .. | .. | .. | .. | .. |
| Money market fund shares | .. | .. | .. | .. | .. | .. | .. | .. |
| Non-Money market fund shares | .. | .. | .. | .. | .. | .. | .. | .. |
| Insurance pension and standardised guarantees | .. | .. | .. | .. | .. | .. | .. | .. |
| Financial derivatives and employee stock options | .. | .. | .. | .. | .. | .. | .. | .. |
| Other accounts receivable | .. | .. | .. | .. | .. | .. | .. | .. |
| Financial liabilities | .. | .. | .. | .. | .. | .. | 52 863 | 53 |
| Debt securities | .. | .. | .. | .. | .. | .. | .. | .. |
| Short-term debt securities | .. | .. | .. | .. | .. | .. | .. | .. |
| Long-term debt securities | .. | .. | .. | .. | .. | .. | .. | .. |
| Loans | .. | .. | .. | .. | .. | .. | .. | .. |
| Short-term loans | .. | .. | .. | .. | .. | .. | .. | .. |
| Long-term loans | .. | .. | .. | .. | .. | .. | .. | .. |
| Equity and investment fund shares | .. | .. | .. | .. | .. | .. | .. | .. |
| Insurance pension and standardised guarantees | .. | .. | .. | .. | .. | .. | .. | .. |
| Financial derivatives and employee stock options | .. | .. | .. | .. | .. | .. | .. | .. |
| Other accounts payable | .. | .. | .. | .. | .. | .. | .. | .. |
| Non-financial assets | .. | .. | .. | .. | .. | .. | 32 431 | 46 075 |
| **Non-money market funds** | | | | | | | | |
| Financial net worth | .. | .. | .. | .. | .. | .. | 17 745 423 | 22 735 534 |
| Financial assets | .. | .. | .. | .. | .. | .. | 18 082 672 | 23 488 221 |
| Currency and deposits | .. | .. | .. | .. | .. | .. | .. | .. |
| Debt securities | .. | .. | .. | .. | .. | .. | .. | .. |
| Loans | .. | .. | .. | .. | .. | .. | .. | .. |
| Equity and investment fund shares | .. | .. | .. | .. | .. | .. | .. | .. |
| Equity | .. | .. | .. | .. | .. | .. | .. | .. |
| Investment fund shares | .. | .. | .. | .. | .. | .. | .. | .. |
| Money market fund shares | .. | .. | .. | .. | .. | .. | .. | .. |
| Non-Money market fund shares | .. | .. | .. | .. | .. | .. | .. | .. |
| Insurance pension and standardised guarantees | .. | .. | .. | .. | .. | .. | .. | .. |
| Financial derivatives and employee stock options | .. | .. | .. | .. | .. | .. | .. | .. |
| Other accounts receivable | .. | .. | .. | .. | .. | .. | .. | .. |
| Financial liabilities | .. | .. | .. | .. | .. | .. | 337 249 | 752 687 |
| Debt securities | .. | .. | .. | .. | .. | .. | .. | .. |
| Short-term debt securities | .. | .. | .. | .. | .. | .. | .. | .. |
| Long-term debt securities | .. | .. | .. | .. | .. | .. | .. | .. |
| Loans | .. | .. | .. | .. | .. | .. | .. | .. |
| Short-term loans | .. | .. | .. | .. | .. | .. | .. | .. |
| Long-term loans | .. | .. | .. | .. | .. | .. | .. | .. |
| Equity and investment fund shares | .. | .. | .. | .. | .. | .. | .. | .. |
| Insurance pension and standardised guarantees | .. | .. | .. | .. | .. | .. | .. | .. |
| Financial derivatives and employee stock options | .. | .. | .. | .. | .. | .. | .. | .. |
| Other accounts payable | .. | .. | .. | .. | .. | .. | .. | .. |
| Non-financial assets | .. | .. | .. | .. | .. | .. | 695 502 | 886 886 |
| **Open-end non-money market funds** | | | | | | | | |
| Financial net worth | .. | .. | .. | .. | .. | .. | 14 734 438 | 15 871 049 |
| Financial assets | .. | .. | .. | .. | .. | .. | 14 740 401 | 15 879 662 |

## Table 2. Financial assets and liabilities of investment funds *(cont.)*

*Million CLP*

| | 2008 | 2009 | 2010 | 2011 | 2012 | 2013 | 2014 | 2015 |
|---|---|---|---|---|---|---|---|---|
| Currency and deposits | .. | .. | .. | .. | .. | .. | 110 999 | 144 523 |
| Debt securities | .. | .. | .. | .. | .. | .. | 11 457 419 | 11 676 251 |
| Loans | .. | .. | .. | .. | .. | .. | .. | .. |
| Equity and investment fund shares | .. | .. | .. | .. | .. | .. | 3 171 984 | 4 058 888 |
| Equity | .. | .. | .. | .. | .. | .. | 883 211 | 821 190 |
| Investment fund shares | .. | .. | .. | .. | .. | .. | 2 288 773 | 3 237 698 |
| Money market fund shares | .. | .. | .. | .. | .. | .. | .. | .. |
| Non-Money market fund shares | .. | .. | .. | .. | .. | .. | .. | .. |
| Insurance pension and standardised guarantees | .. | .. | .. | .. | .. | .. | .. | .. |
| Financial derivatives and employee stock options | .. | .. | .. | .. | .. | .. | .. | .. |
| Other accounts receivable | .. | .. | .. | .. | .. | .. | .. | .. |
| Financial liabilities | .. | .. | .. | .. | .. | .. | 5 963 | 8 613 |
| Debt securities | .. | .. | .. | .. | .. | .. | .. | .. |
| Short-term debt securities | .. | .. | .. | .. | .. | .. | .. | .. |
| Long-term debt securities | .. | .. | .. | .. | .. | .. | .. | .. |
| Loans | .. | .. | .. | .. | .. | .. | .. | .. |
| Short-term loans | .. | .. | .. | .. | .. | .. | .. | .. |
| Long-term loans | .. | .. | .. | .. | .. | .. | .. | .. |
| Equity and investment fund shares | .. | .. | .. | .. | .. | .. | .. | .. |
| Insurance pension and standardised guarantees | .. | .. | .. | .. | .. | .. | .. | .. |
| Financial derivatives and employee stock options | .. | .. | .. | .. | .. | .. | .. | .. |
| Other accounts payable | .. | .. | .. | .. | .. | .. | .. | .. |
| Non-financial assets | .. | .. | .. | .. | .. | .. | 20 826 | 52 731 |
| **Open-end investment funds** | | | | | | | | |
| Financial net worth | .. | .. | .. | .. | .. | .. | 26 660 592 | 28 297 673 |
| Financial assets | .. | .. | .. | .. | .. | .. | 26 719 418 | 28 306 339 |
| Currency and deposits | .. | .. | .. | .. | .. | .. | 154 759 | 315 842 |
| Debt securities | .. | .. | .. | .. | .. | .. | 23 392 675 | 23 931 609 |
| Loans | .. | .. | .. | .. | .. | .. | .. | .. |
| Equity and investment fund shares | .. | .. | .. | .. | .. | .. | .. | .. |
| Equity | .. | .. | .. | .. | .. | .. | .. | .. |
| Investment fund shares | .. | .. | .. | .. | .. | .. | .. | .. |
| Money market fund shares | .. | .. | .. | .. | .. | .. | .. | .. |
| Non-Money market fund shares | .. | .. | .. | .. | .. | .. | .. | .. |
| Insurance pension and standardised guarantees | .. | .. | .. | .. | .. | .. | .. | .. |
| Financial derivatives and employee stock options | .. | .. | .. | .. | .. | .. | .. | .. |
| Other accounts receivable | .. | .. | .. | .. | .. | .. | .. | .. |
| Financial liabilities | .. | .. | .. | .. | .. | .. | 58 826 | 8 666 |
| Debt securities | .. | .. | .. | .. | .. | .. | .. | .. |
| Short-term debt securities | .. | .. | .. | .. | .. | .. | .. | .. |
| Long-term debt securities | .. | .. | .. | .. | .. | .. | .. | .. |
| Loans | .. | .. | .. | .. | .. | .. | .. | .. |
| Short-term loans | .. | .. | .. | .. | .. | .. | .. | .. |
| Long-term loans | .. | .. | .. | .. | .. | .. | .. | .. |
| Equity and investment fund shares | .. | .. | .. | .. | .. | .. | .. | .. |
| Insurance pension and standardised guarantees | .. | .. | .. | .. | .. | .. | .. | .. |
| Financial derivatives and employee stock options | .. | .. | .. | .. | .. | .. | .. | .. |
| Other accounts payable | .. | .. | .. | .. | .. | .. | .. | .. |
| Non-financial assets | .. | .. | .. | .. | .. | .. | 53 257 | 98 805 |

*Note:* Detailed metadata at: http://metalinks.oecd.org/instinv/20170516/8c51

## Table 3. Financial assets and liabilities of insurance corporations and pension funds

*Million CLP*

| | 2008 | 2009 | 2010 | 2011 | 2012 | 2013 | 2014 | 2015 |
|---|---|---|---|---|---|---|---|---|
| **Insurance corporations and pension funds** | | | | | | | | |
| Financial net worth | .. | .. | .. | .. | .. | .. | 125 953 303 | 137 263 750 |
| Financial assets | .. | .. | .. | .. | .. | .. | 127 702 283 | 139 498 064 |
| Currency and deposits | .. | .. | .. | .. | .. | .. | 7 423 782 | 8 668 098 |
| Debt securities | .. | .. | .. | .. | .. | .. | 58 422 149 | 66 300 575 |
| Loans | .. | .. | .. | .. | .. | .. | 3 622 921 | 3 718 752 |
| Equity and investment fund shares | .. | .. | .. | .. | .. | .. | 56 235 414 | 59 196 576 |
| Equity | .. | .. | .. | .. | .. | .. | 8 954 179 | 8 399 011 |
| Investment fund shares | .. | .. | .. | .. | .. | .. | 47 281 235 | 50 797 565 |
| Money market fund shares | .. | .. | .. | .. | .. | .. | .. | .. |
| Non-Money market fund shares | .. | .. | .. | .. | .. | .. | .. | .. |
| Insurance pension and standardised guarantees | .. | .. | .. | .. | .. | .. | .. | .. |
| Financial derivatives and employee stock options | .. | .. | .. | .. | .. | .. | -195 142 | -407 146 |
| Other accounts receivable | .. | .. | .. | .. | .. | .. | .. | .. |
| Financial liabilities | .. | .. | .. | .. | .. | .. | 1 748 980 | 2 234 314 |
| Debt securities | .. | .. | .. | .. | .. | .. | .. | .. |
| Short-term debt securities | .. | .. | .. | .. | .. | .. | .. | .. |
| Long-term debt securities | .. | .. | .. | .. | .. | .. | .. | .. |
| Loans | .. | .. | .. | .. | .. | .. | .. | .. |
| Short-term loans | .. | .. | .. | .. | .. | .. | .. | .. |
| Long-term loans | .. | .. | .. | .. | .. | .. | .. | .. |
| Equity and investment fund shares | .. | .. | .. | .. | .. | .. | .. | .. |
| Insurance pension and standardised guarantees | .. | .. | .. | .. | .. | .. | .. | .. |
| Financial derivatives and employee stock options | .. | .. | .. | .. | .. | .. | .. | .. |
| Other accounts payable | .. | .. | .. | .. | .. | .. | .. | .. |
| Non-financial assets | .. | .. | .. | .. | .. | .. | .. | 3 791 125 |
| **Insurance corporations** | | | | | | | | |
| Financial net worth | .. | .. | .. | .. | .. | .. | 26 554 708 | 29 060 184 |
| Financial assets | .. | .. | .. | .. | .. | .. | 27 222 468 | 30 064 643 |
| Currency and deposits | .. | .. | .. | .. | .. | .. | 457 706 | 401 273 |
| Debt securities | .. | .. | .. | .. | .. | .. | 18 966 501 | 21 727 444 |
| Loans | .. | .. | .. | .. | .. | .. | 2 946 519 | 3 139 873 |
| Equity and investment fund shares | .. | .. | .. | .. | .. | .. | 2 849 529 | 3 261 873 |
| Equity | .. | .. | .. | .. | .. | .. | 433 578 | 367 160 |
| Investment fund shares | .. | .. | .. | .. | .. | .. | 2 415 952 | 2 894 713 |
| Money market fund shares | .. | .. | .. | .. | .. | .. | .. | .. |
| Non-Money market fund shares | .. | .. | .. | .. | .. | .. | .. | .. |
| Insurance pension and standardised guarantees | .. | .. | .. | .. | .. | .. | .. | 0 |
| Financial derivatives and employee stock options | .. | .. | .. | .. | .. | .. | -190 947 | -487 029 |
| Other accounts receivable | .. | .. | .. | .. | .. | .. | 2 193 159 | 2 021 209 |
| Financial liabilities | .. | .. | .. | .. | .. | .. | 667 760 | 1 004 459 |
| Debt securities | .. | .. | .. | .. | .. | .. | .. | .. |
| Short-term debt securities | .. | .. | .. | .. | .. | .. | .. | .. |
| Long-term debt securities | .. | .. | .. | .. | .. | .. | .. | .. |
| Loans | .. | .. | .. | .. | .. | .. | .. | .. |
| Short-term loans | .. | .. | .. | .. | .. | .. | .. | .. |
| Long-term loans | .. | .. | .. | .. | .. | .. | .. | .. |
| Equity and investment fund shares | .. | .. | .. | .. | .. | .. | .. | .. |
| Insurance pension and standardised guarantees | .. | .. | .. | .. | .. | .. | .. | .. |
| Financial derivatives and employee stock options | .. | .. | .. | .. | .. | .. | .. | .. |
| Other accounts payable | .. | .. | .. | .. | .. | .. | .. | .. |
| Non-financial assets | .. | .. | .. | .. | .. | .. | 3 297 155 | 3 791 125 |
| **Pension funds** | | | | | | | | |
| Financial net worth | .. | .. | .. | .. | .. | .. | 99 398 595 | 108 203 566 |
| Financial assets | .. | .. | .. | .. | .. | .. | 100 479 815 | 109 433 421 |
| Currency and deposits | .. | .. | .. | .. | .. | .. | 6 966 076 | 8 266 825 |
| Debt securities | .. | .. | .. | .. | .. | .. | 39 455 648 | 44 573 132 |
| Loans | .. | .. | .. | .. | .. | .. | 676 402 | 578 879 |
| Equity and investment fund shares | .. | .. | .. | .. | .. | .. | 53 385 885 | 55 934 703 |
| Equity | .. | .. | .. | .. | .. | .. | 8 520 602 | 8 031 851 |
| Investment fund shares | .. | .. | .. | .. | .. | .. | 44 865 284 | 47 902 852 |
| Money market fund shares | .. | .. | .. | .. | .. | .. | .. | .. |
| Non-Money market fund shares | .. | .. | .. | .. | .. | .. | .. | .. |
| Insurance pension and standardised guarantees | .. | .. | .. | .. | .. | .. | .. | .. |
| Financial derivatives and employee stock options | .. | .. | .. | .. | .. | .. | -4 196 | 79 882 |
| Other accounts receivable | .. | .. | .. | .. | .. | .. | .. | .. |
| Financial liabilities | .. | .. | .. | .. | .. | .. | 1 081 220 | 1 229 855 |
| Debt securities | .. | .. | .. | .. | .. | .. | .. | .. |
| Short-term debt securities | .. | .. | .. | .. | .. | .. | .. | .. |
| Long-term debt securities | .. | .. | .. | .. | .. | .. | .. | .. |
| Loans | .. | .. | .. | .. | .. | .. | .. | .. |
| Short-term loans | .. | .. | .. | .. | .. | .. | .. | .. |
| Long-term loans | .. | .. | .. | .. | .. | .. | .. | .. |
| Equity and investment fund shares | .. | .. | .. | .. | .. | .. | .. | .. |
| Insurance pension and standardised guarantees | .. | .. | .. | .. | .. | .. | .. | .. |
| Financial derivatives and employee stock options | .. | .. | .. | .. | .. | .. | .. | .. |
| Other accounts payable | .. | .. | .. | .. | .. | .. | 1 081 220 | 1 229 855 |
| Non-financial assets | .. | .. | .. | .. | .. | .. | .. | .. |

*Note:* Detailed metadata at: http://metalinks.oecd.org/instinv/20170516/8c51

## Table 4. Portfolio composition by type of investor

As percentage of financial assets and of financial liabilities

*Per cent*

| | 2008 | 2009 | 2010 | 2011 | 2012 | 2013 | 2014 | 2015 |
|---|---|---|---|---|---|---|---|---|
| **Investment funds** | | | | | | | | |
| Financial assets | .. | .. | .. | .. | .. | .. | 100.0 | 100.0 |
| Currency and deposits | .. | .. | .. | .. | .. | .. | .. | .. |
| Debt securities | .. | .. | .. | .. | .. | .. | .. | .. |
| Loans | .. | .. | .. | .. | .. | .. | .. | .. |
| Equity and investment fund shares | .. | .. | .. | .. | .. | .. | .. | .. |
| Insurance pension and standardised guarantee schemes | .. | .. | .. | .. | .. | .. | .. | .. |
| Financial derivatives and employee stock options | .. | .. | .. | .. | .. | .. | .. | .. |
| Other accounts receivable | .. | .. | .. | .. | .. | .. | .. | .. |
| Financial liabilities | .. | .. | .. | .. | .. | .. | 100.0 | 100.0 |
| Currency and deposits | .. | .. | .. | .. | .. | .. | .. | .. |
| Debt securities | .. | .. | .. | .. | .. | .. | .. | .. |
| Loans | .. | .. | .. | .. | .. | .. | .. | .. |
| Equity and investment fund shares | .. | .. | .. | .. | .. | .. | .. | .. |
| Insurance pension and standardised guarantee schemes | .. | .. | .. | .. | .. | .. | .. | .. |
| Financial derivatives and employee stock options | .. | .. | .. | .. | .. | .. | .. | .. |
| Other accounts receivable | .. | .. | .. | .. | .. | .. | .. | .. |
| **Insurance corporations** | | | | | | | | |
| Financial assets | .. | .. | .. | .. | .. | .. | 100.0 | 100.0 |
| Currency and deposits | .. | .. | .. | .. | .. | .. | 1.7 | 1.3 |
| Debt securities | .. | .. | .. | .. | .. | .. | 69.7 | 72.3 |
| Loans | .. | .. | .. | .. | .. | .. | 10.8 | 10.4 |
| Equity and investment fund shares | .. | .. | .. | .. | .. | .. | 10.5 | 10.8 |
| Insurance pension and standardised guarantee schemes | .. | .. | .. | .. | .. | .. | 0.0 | 0.0 |
| Financial derivatives and employee stock options | .. | .. | .. | .. | .. | .. | -0.7 | -1.6 |
| Other accounts receivable | .. | .. | .. | .. | .. | .. | 8.1 | 6.7 |
| Financial liabilities | .. | .. | .. | .. | .. | .. | 100.0 | 100.0 |
| Currency and deposits | .. | .. | .. | .. | .. | .. | .. | .. |
| Debt securities | .. | .. | .. | .. | .. | .. | .. | .. |
| Loans | .. | .. | .. | .. | .. | .. | .. | .. |
| Equity and investment fund shares | .. | .. | .. | .. | .. | .. | .. | .. |
| Insurance pension and standardised guarantee schemes | .. | .. | .. | .. | .. | .. | .. | .. |
| Financial derivatives and employee stock options | .. | .. | .. | .. | .. | .. | .. | .. |
| Other accounts receivable | .. | .. | .. | .. | .. | .. | .. | .. |
| **Pension funds** | | | | | | | | |
| Financial assets | .. | .. | .. | .. | .. | .. | 100.0 | 100.0 |
| Currency and deposits | .. | .. | .. | .. | .. | .. | 6.9 | 7.6 |
| Debt securities | .. | .. | .. | .. | .. | .. | 39.3 | 40.7 |
| Loans | .. | .. | .. | .. | .. | .. | 0.7 | 0.5 |
| Equity and investment fund shares | .. | .. | .. | .. | .. | .. | 53.1 | 51.1 |
| Insurance pension and standardised guarantee schemes | .. | .. | .. | .. | .. | .. | 0.0 | 0.0 |
| Financial derivatives and employee stock options | .. | .. | .. | .. | .. | .. | 0.0 | 0.1 |
| Other accounts receivable | .. | .. | .. | .. | .. | .. | 0.0 | 0.0 |
| Financial liabilities | .. | .. | .. | .. | .. | .. | 100.0 | 100.0 |
| Currency and deposits | .. | .. | .. | .. | .. | .. | 0.0 | 0.0 |
| Debt securities | .. | .. | .. | .. | .. | .. | 0.0 | 0.0 |
| Loans | .. | .. | .. | .. | .. | .. | 0.0 | 0.0 |
| Equity and investment fund shares | .. | .. | .. | .. | .. | .. | 0.0 | 0.0 |
| Insurance pension and standardised guarantee schemes | .. | .. | .. | .. | .. | .. | 0.0 | 0.0 |
| Financial derivatives and employee stock options | .. | .. | .. | .. | .. | .. | 0.0 | 0.0 |
| Other accounts receivable | .. | .. | .. | .. | .. | .. | 100.0 | 100.0 |

*Note:* Detailed metadata at: http://metalinks.oecd.org/instinv/20170516/f09d

## Table 1. Financial assets and liabilities of institutional investors, 2015

*Million CZK*

| | Total | Investment funds | | | |
|---|---|---|---|---|---|
| | | Non-money market funds | | | Money market funds |
| | | Total | Open-end non-money market funds | Closed-end non-money market funds | Total |
| Financial assets | 245 739 | 244 323 | 244 323 | .. | 1 416 |
| Currency and deposits | 24 122 | 23 667 | 23 667 | .. | 455 |
| Debt securities | 86 582 | 85 622 | 85 622 | .. | 960 |
| Debt securities, short term | 2 776 | 2 603 | 2 603 | .. | 173 |
| Debt securities, long term | 83 806 | 83 019 | 83 019 | .. | 787 |
| Debt securities issued by residents | 55 570 | 54 687 | 54 687 | .. | 883 |
| Debt securities issued by non-residents | 31 012 | 30 935 | 30 935 | .. | 77 |
| Loans | 21 001 | 21 001 | 21 001 | .. | 0 |
| Loans, short-term | 2 682 | 2 682 | 2 682 | .. | 0 |
| Loans, long-term | 18 319 | 18 319 | 18 319 | .. | 0 |
| Loans granted to residents | 17 216 | .. | 17 216 | .. | 0 |
| Loans granted to non-residents | 3 785 | .. | 3 785 | .. | 0 |
| Equity and investment fund shares/units | 107 258 | 107 258 | 107 258 | .. | 0 |
| Equity and investment fund shares issued/units by residents | 14 923 | .. | 14 923 | .. | 0 |
| Equity and investment fund shares/units issued by non residents | 92 335 | .. | 92 335 | .. | 0 |
| Other accounts receivable | 6 264 | 6 264 | 6 264 | .. | 0 |

| | Total | Investment funds | | | |
|---|---|---|---|---|---|
| | | Non-money market funds | | | Money market funds |
| | | Total | Open-end non-money market funds | Closed-end non-money market funds | Total |
| Financial liabilities | 334 336 | 333 516 | 333 516 | .. | 820 |
| Currency and deposits | 0 | .. | 0 | .. | 0 |
| Debt securities | 237 | 237 | 237 | .. | 0 |
| Debt securities, short term | 0 | 0 | 0 | .. | 0 |
| Debt securities, long term | 237 | 237 | 237 | .. | 0 |
| Loans | 9 210 | 9 089 | 9 089 | .. | 121 |
| Loans, short-term | 587 | 585 | 585 | .. | 2 |
| Loans, long-term | 8 623 | 8 504 | 8 504 | .. | 119 |
| Equity and investment fund shares/units | 307 698 | 306 999 | 306 999 | .. | 699 |
| Insurance pension and standardised guaratees | 0 | 0 | 0 | .. | 0 |
| Financial derivatives and employee stock options | 528 | 528 | 528 | .. | 0 |
| Other accounts payable | 16 663 | 16 663 | 16 663 | .. | 0 |

| | Total | Insurance corporations and pension funds | | | |
|---|---|---|---|---|---|
| | | Insurance corporations | | | Pension funds |
| | | Total | Life insurance corporations | Non-life insurance corporations | Total |
| Financial assets | 915 226 | 543 663 | .. | .. | 371 563 |
| Currency and deposits | 55 120 | 31 237 | .. | .. | 23 883 |
| Debt securities | 673 391 | 334 282 | .. | .. | 339 109 |
| Debt securities, short-term | 5 271 | 579 | .. | .. | 4 692 |
| Debt securities, long term | 668 120 | 333 703 | .. | .. | 334 417 |
| Debt securities issued by residents | 521 498 | 232 385 | .. | .. | 289 113 |
| Debt securities issued by non-residents | 151 893 | 101 897 | .. | .. | 49 996 |
| Loans | 1 398 | 1 373 | .. | .. | 25 |
| Loans, short-term | 0 | 0 | .. | .. | 0 |
| Loans, long-term | 1 398 | 1 373 | .. | .. | 25 |
| Loans granted to residents | 1 365 | 1 340 | .. | .. | 25 |
| Loans granted to non-residents | 33 | 33 | .. | .. | 0 |
| Equity and investment fund shares/units | 110 508 | 103 238 | .. | .. | 7 270 |
| Equity and investment fund shares/units issued by residents | 47 689 | 47 232 | .. | .. | 457 |
| Equity and investment fund shares/units issued by non residents | 62 819 | 56 006 | .. | .. | 6 813 |
| Other accounts receivable | 35 164 | 34 043 | .. | .. | 1 121 |

| | Total | Insurance corporations and pension funds | | | |
|---|---|---|---|---|---|
| | | Insurance corporations | | | Pension funds |
| | | Total | Life insurance corporations | Non-life insurance corporations | Total |
| Financial liabilities | 915 594 | 542 525 | .. | .. | 373 069 |
| Currency and deposits | 0 | 0 | .. | .. | 0 |
| Debt securities | 502 | 502 | .. | .. | 0 |
| Debt securities, short term | 0 | 0 | .. | .. | 0 |
| Debt securities, long term | 502 | 502 | .. | .. | 0 |
| Loans | 576 | 576 | .. | .. | 0 |
| Loans, short-term | 1 | 1 | .. | .. | 0 |
| Loans, long-term | 575 | 575 | .. | .. | 0 |
| Equity and investment fund shares/units | 105 128 | 87 251 | .. | .. | 17 877 |
| Insurance pension and standardised guarantees | 760 091 | 408 993 | .. | .. | 351 098 |
| Financial derivatives and employee stock options | 6 488 | 3 906 | .. | .. | 2 582 |
| Other accounts payable | 42 809 | 41 297 | .. | .. | 1 512 |

*Note:* Detailed metadata at: http://metalinks.oecd.org/instinv/20170516/667f

## Table 2. Financial assets and liabilities of investment funds

*Million CZK*

| | 2008 | 2009 | 2010 | 2011 | 2012 | 2013 | 2014 | 2015 |
|---|---|---|---|---|---|---|---|---|
| **Investment funds** | | | | | | | | |
| Financial net worth | 4 105 | -807 | -3 630 | -19 802 | -58 881 | -60 679 | -77 595 | -88 597 |
| Financial assets | 156 954 | 150 872 | 164 771 | 150 453 | 164 431 | 187 843 | 215 862 | 245 739 |
| Currency and deposits | 21 865 | 24 381 | 23 806 | 26 539 | 32 135 | 32 867 | 25 835 | 24 122 |
| Debt securities | 98 809 | 80 648 | 87 755 | 74 728 | 73 416 | 82 644 | 86 384 | 86 582 |
| Loans | 935 | 915 | 1 888 | 3 848 | 7 667 | 11 335 | 17 097 | 21 001 |
| Equity and investment fund shares | 31 216 | 40 147 | 49 014 | 41 725 | 45 337 | 56 293 | 80 967 | 107 258 |
| Equity | 14 125 | 23 916 | 29 562 | 24 396 | 26 537 | 27 063 | 31 029 | 39 403 |
| Investment fund shares | 17 091 | 16 231 | 19 452 | 17 329 | 18 800 | 29 230 | 49 938 | 67 855 |
| Money market fund shares | 5 389 | 5 164 | 4 150 | 2 775 | 362 | 594 | 791 | 246 |
| Non-Money market fund shares | 11 702 | 11 067 | 15 302 | 14 554 | 18 438 | 28 636 | 49 147 | 67 609 |
| Insurance pension and standardised guarantees | 12 | 13 | 12 | 15 | 14 | 17 | 20 | 16 |
| Financial derivatives and employee stock options | 999 | 573 | 575 | 189 | 513 | 387 | 101 | 496 |
| Other accounts receivable | 3 118 | 4 195 | 1 721 | 3 409 | 5 349 | 4 300 | 5 458 | 6 264 |
| Financial liabilities | 152 849 | 151 679 | 168 401 | 170 255 | 223 312 | 248 522 | 293 457 | 334 336 |
| Debt securities | 0 | 0 | 0 | 0 | 205 | 68 | 0 | 237 |
| Short-term debt securities | 0 | 0 | 0 | 0 | 0 | 0 | 0 | 0 |
| Long-term debt securities | 0 | 0 | 0 | 0 | 205 | 68 | 0 | 237 |
| Loans | 265 | 358 | 1 672 | 4 217 | 25 359 | 13 918 | 15 594 | 9 210 |
| Short-term loans | 265 | 358 | 0 | 0 | 5 448 | 0 | 1 137 | 587 |
| Long-term loans | 0 | 0 | 1 672 | 4 217 | 19 911 | 13 918 | 14 457 | 8 623 |
| Equity and investment fund shares | 143 925 | 142 408 | 160 194 | 158 057 | 183 146 | 220 804 | 261 751 | 307 698 |
| Insurance pension and standardised guarantees | 0 | 0 | 0 | 0 | 0 | 0 | 0 | 0 |
| Financial derivatives and employee stock options | 1 243 | 1 139 | 620 | 1 497 | 414 | 1 041 | 1 275 | 528 |
| Other accounts payable | 7 416 | 7 774 | 5 915 | 6 484 | 14 188 | 12 691 | 14 837 | 16 663 |
| Non-financial assets | .. | .. | .. | .. | .. | .. | .. | .. |
| **Money market funds** | | | | | | | | |
| Financial net worth | 5 009 | 2 403 | 818 | 594 | -1 398 | -1 368 | -153 | 596 |
| Financial assets | 61 012 | 49 397 | 44 381 | 14 840 | 1 948 | 1 121 | 1 176 | 1 416 |
| Currency and deposits | 11 594 | 13 005 | 13 716 | 3 801 | 1 566 | 875 | 495 | 455 |
| Debt securities | 49 078 | 36 035 | 30 247 | 11 038 | 234 | 244 | 680 | 960 |
| Loans | 0 | 0 | 0 | 0 | 146 | 0 | 0 | 0 |
| Equity and investment fund shares | 216 | 315 | 313 | 0 | 0 | 0 | 0 | 0 |
| Equity | 0 | 0 | 0 | 0 | 0 | 0 | 0 | 0 |
| Investment fund shares | 216 | 315 | 313 | 0 | 0 | 0 | 0 | 0 |
| Money market fund shares | 148 | 110 | 68 | 0 | 0 | 0 | 0 | 0 |
| Non-Money market fund shares | 68 | 205 | 245 | 0 | 0 | 0 | 0 | 0 |
| Insurance pension and standardised guarantees | 1 | 1 | 1 | 1 | 1 | 1 | 1 | 1 |
| Financial derivatives and employee stock options | 123 | 41 | 104 | 0 | 1 | 1 | 0 | 0 |
| Other accounts receivable | 0 | 0 | 0 | 0 | 0 | 0 | 0 | 0 |
| Financial liabilities | 56 003 | 46 994 | 43 563 | 14 246 | 3 346 | 2 489 | 1 329 | 820 |
| Debt securities | 0 | 0 | 0 | 0 | 196 | 56 | 0 | 0 |
| Short-term debt securities | 0 | 0 | 0 | 0 | 0 | 0 | 0 | 0 |
| Long-term debt securities | 0 | 0 | 0 | 0 | 196 | 56 | 0 | 0 |
| Loans | 0 | 0 | 0 | 0 | 0 | 0 | 44 | 121 |
| Short-term loans | 0 | 0 | 0 | 0 | 0 | 0 | 31 | 2 |
| Long-term loans | 0 | 0 | 0 | 0 | 0 | 0 | 13 | 119 |
| Equity and investment fund shares | 55 603 | 46 707 | 43 232 | 14 219 | 3 148 | 2 423 | 1 283 | 699 |
| Insurance pension and standardised guarantees | 0 | 0 | 0 | 0 | 0 | 0 | 0 | 0 |
| Financial derivatives and employee stock options | 400 | 287 | 331 | 27 | 2 | 10 | 1 | 0 |
| Other accounts payable | 0 | 0 | 0 | 0 | 0 | 0 | 1 | 0 |
| Non-financial assets | .. | .. | .. | .. | .. | .. | .. | .. |
| **Non-money market funds** | | | | | | | | |
| Financial net worth | -904 | -3 210 | -4 448 | -20 396 | -57 483 | -59 311 | -77 442 | -89 193 |
| Financial assets | 95 942 | 101 475 | 120 390 | 135 613 | 162 483 | 186 722 | 214 686 | 244 323 |
| Currency and deposits | 10 271 | 11 376 | 10 090 | 22 738 | 30 569 | 31 992 | 25 340 | 23 667 |
| Debt securities | 49 731 | 44 613 | 57 508 | 63 690 | 73 182 | 82 400 | 85 704 | 85 622 |
| Loans | 935 | 915 | 1 888 | 3 848 | 7 521 | 11 335 | 17 097 | 21 001 |
| Equity and investment fund shares | 31 000 | 39 832 | 48 701 | 41 725 | 45 337 | 56 293 | 80 967 | 107 258 |
| Equity | 14 125 | 23 916 | 29 562 | 24 396 | 26 537 | 27 063 | 31 029 | 39 403 |
| Investment fund shares | 16 875 | 15 916 | 19 139 | 17 329 | 18 800 | 29 230 | 49 938 | 67 855 |
| Money market fund shares | 5 241 | 5 054 | 4 082 | 2 775 | 362 | 594 | 791 | 246 |
| Non-Money market fund shares | 11 634 | 10 862 | 15 057 | 14 554 | 18 438 | 28 636 | 49 147 | 67 609 |
| Insurance pension and standardised guarantees | 11 | 12 | 11 | 14 | 13 | 16 | 19 | 15 |
| Financial derivatives and employee stock options | 876 | 532 | 471 | 189 | 512 | 386 | 101 | 496 |
| Other accounts receivable | 3 118 | 4 195 | 1 721 | 3 409 | 5 349 | 4 300 | 5 458 | 6 264 |
| Financial liabilities | 96 846 | 104 685 | 124 838 | 156 009 | 219 966 | 246 033 | 292 128 | 333 516 |
| Debt securities | 0 | 0 | 0 | 0 | 9 | 12 | 0 | 237 |
| Short-term debt securities | 0 | 0 | 0 | 0 | 0 | 0 | 0 | 0 |
| Long-term debt securities | 0 | 0 | 0 | 0 | 9 | 12 | 0 | 237 |
| Loans | 265 | 358 | 1 672 | 4 217 | 25 359 | 13 918 | 15 550 | 9 089 |
| Short-term loans | 265 | 358 | 0 | 0 | 5 448 | 0 | 1 106 | 585 |
| Long-term loans | 0 | 0 | 1 672 | 4 217 | 19 911 | 13 918 | 14 444 | 8 504 |
| Equity and investment fund shares | 88 322 | 95 701 | 116 962 | 143 838 | 179 998 | 218 381 | 260 468 | 306 999 |
| Insurance pension and standardised guarantees | 0 | 0 | 0 | 0 | 0 | 0 | 0 | 0 |
| Financial derivatives and employee stock options | 843 | 852 | 289 | 1 470 | 412 | 1 031 | 1 274 | 528 |
| Other accounts payable | 7 416 | 7 774 | 5 915 | 6 484 | 14 188 | 12 691 | 14 836 | 16 663 |
| Non-financial assets | .. | .. | .. | .. | .. | .. | .. | .. |
| **Open-end non-money market funds** | | | | | | | | |
| Financial net worth | -904 | -3 210 | -4 448 | -20 396 | -57 483 | -59 311 | -77 442 | -89 193 |
| Financial assets | 95 942 | 101 475 | 120 390 | 135 613 | 162 483 | 186 722 | 214 686 | 244 323 |

## Table 2. Financial assets and liabilities of investment funds *(cont.)*

*Million CZK*

| | 2008 | 2009 | 2010 | 2011 | 2012 | 2013 | 2014 | 2015 |
|---|---|---|---|---|---|---|---|---|
| Currency and deposits | 10 271 | 11 376 | 10 090 | 22 738 | 30 569 | 31 992 | 25 340 | 23 667 |
| Debt securities | 49 731 | 44 613 | 57 508 | 63 690 | 73 182 | 82 400 | 85 704 | 85 622 |
| Loans | 935 | 915 | 1 888 | 3 848 | 7 521 | 11 335 | 17 097 | 21 001 |
| Equity and investment fund shares | 31 000 | 39 832 | 48 701 | 41 725 | 45 337 | 56 293 | 80 967 | 107 258 |
| Equity | 14 125 | 23 916 | 29 562 | 24 396 | 26 537 | 27 063 | 31 029 | 39 403 |
| Investment fund shares | 16 875 | 15 916 | 19 139 | 17 329 | 18 800 | 29 230 | 49 938 | 67 855 |
| Money market fund shares | 5 241 | 5 054 | 4 082 | 2 775 | 362 | 594 | 791 | 246 |
| Non-Money market fund shares | 11 634 | 10 862 | 15 057 | 14 554 | 18 438 | 28 636 | 49 147 | 67 609 |
| Insurance pension and standardised guarantees | 11 | 12 | 11 | 14 | 13 | 16 | 19 | 15 |
| Financial derivatives and employee stock options | 876 | 532 | 471 | 189 | 512 | 386 | 101 | 496 |
| Other accounts receivable | 3 118 | 4 195 | 1 721 | 3 409 | 5 349 | 4 300 | 5 458 | 6 264 |
| Financial liabilities | 96 846 | 104 685 | 124 838 | 156 009 | 219 966 | 246 033 | 292 128 | 333 516 |
| Debt securities | 0 | 0 | 0 | 0 | 9 | 12 | 0 | 237 |
| Short-term debt securities | 0 | 0 | 0 | 0 | 0 | 0 | 0 | 0 |
| Long-term debt securities | 0 | 0 | 0 | 0 | 9 | 12 | 0 | 237 |
| Loans | 265 | 358 | 1 672 | 4 217 | 25 359 | 13 918 | 15 550 | 9 089 |
| Short-term loans | 265 | 358 | 0 | 0 | 5 448 | 0 | 1 106 | 585 |
| Long-term loans | 0 | 0 | 1 672 | 4 217 | 19 911 | 13 918 | 14 444 | 8 504 |
| Equity and investment fund shares | 88 322 | 95 701 | 116 962 | 143 838 | 179 998 | 218 381 | 260 468 | 306 999 |
| Insurance pension and standardised guarantees | 0 | 0 | 0 | 0 | 0 | 0 | 0 | 0 |
| Financial derivatives and employee stock options | 843 | 852 | 289 | 1 470 | 412 | 1 031 | 1 274 | 528 |
| Other accounts payable | 7 416 | 7 774 | 5 915 | 6 484 | 14 188 | 12 691 | 14 836 | 16 663 |
| Non-financial assets | .. | .. | .. | .. | .. | .. | .. | .. |
| **Open-end investment funds** | | | | | | | | |
| Financial net worth | 4 105 | -807 | -3 630 | -19 802 | -58 881 | -60 679 | -77 595 | -88 597 |
| Financial assets | 156 954 | 150 872 | 164 771 | 150 453 | 164 431 | 187 843 | 215 862 | 245 739 |
| Currency and deposits | 21 865 | 24 381 | 23 806 | 26 539 | 32 135 | 32 867 | 25 835 | 24 122 |
| Debt securities | 98 809 | 80 648 | 87 755 | 74 728 | 73 416 | 82 644 | 86 384 | 86 582 |
| Loans | 935 | 915 | 1 888 | 3 848 | 7 667 | 11 335 | 17 097 | 21 001 |
| Equity and investment fund shares | 31 216 | 40 147 | 49 014 | 41 725 | 45 337 | 56 293 | 80 967 | 107 258 |
| Equity | 14 125 | 23 916 | 29 562 | 24 396 | 26 537 | 27 063 | 31 029 | 39 403 |
| Investment fund shares | 17 091 | 16 231 | 19 452 | 17 329 | 18 800 | 29 230 | 49 938 | 67 855 |
| Money market fund shares | 5 389 | 5 164 | 4 150 | 2 775 | 362 | 594 | 791 | 246 |
| Non-Money market fund shares | 11 702 | 11 067 | 15 302 | 14 554 | 18 438 | 28 636 | 49 147 | 67 609 |
| Insurance pension and standardised guarantees | 12 | 13 | 12 | 15 | 14 | 17 | 20 | 16 |
| Financial derivatives and employee stock options | 999 | 573 | 575 | 189 | 513 | 387 | 101 | 496 |
| Other accounts receivable | 3 118 | 4 195 | 1 721 | 3 409 | 5 349 | 4 300 | 5 458 | 6 264 |
| Financial liabilities | 152 849 | 151 679 | 168 401 | 170 255 | 223 312 | 248 522 | 293 457 | 334 336 |
| Debt securities | 0 | 0 | 0 | 0 | 205 | 68 | 0 | 237 |
| Short-term debt securities | 0 | 0 | 0 | 0 | 0 | 0 | 0 | 0 |
| Long-term debt securities | 0 | 0 | 0 | 0 | 205 | 68 | 0 | 237 |
| Loans | 265 | 358 | 1 672 | 4 217 | 25 359 | 13 918 | 15 594 | 9 210 |
| Short-term loans | 265 | 358 | 0 | 0 | 5 448 | 0 | 1 137 | 587 |
| Long-term loans | 0 | 0 | 1 672 | 4 217 | 19 911 | 13 918 | 14 457 | 8 623 |
| Equity and investment fund shares | 143 925 | 142 408 | 160 194 | 158 057 | 183 146 | 220 804 | 261 751 | 307 698 |
| Insurance pension and standardised guarantees | 0 | 0 | 0 | 0 | 0 | 0 | 0 | 0 |
| Financial derivatives and employee stock options | 1 243 | 1 139 | 620 | 1 497 | 414 | 1 041 | 1 275 | 528 |
| Other accounts payable | 7 416 | 7 774 | 5 915 | 6 484 | 14 188 | 12 691 | 14 837 | 16 663 |
| Non-financial assets | .. | .. | .. | .. | .. | .. | .. | .. |

*Note:* Detailed metadata at: http://metalinks.oecd.org/instinv/20170516/667f

# CZECH REPUBLIC

## Table 3. Financial assets and liabilities of insurance corporations and pension funds

*Million CZK*

| | 2008 | 2009 | 2010 | 2011 | 2012 | 2013 | 2014 | 2015 |
|---|---|---|---|---|---|---|---|---|
| **Insurance corporations and pension funds** | | | | | | | | |
| Financial net worth | 7 409 | 6 875 | -20 615 | -23 539 | -38 068 | -26 933 | -29 417 | -368 |
| Financial assets | 596 336 | 662 692 | 685 952 | 706 705 | 752 759 | 798 759 | 856 215 | 915 226 |
| Currency and deposits | 54 855 | 57 701 | 50 542 | 48 750 | 60 860 | 67 832 | 54 507 | 55 120 |
| Debt securities | 394 131 | 462 373 | 468 043 | 494 623 | 523 698 | 550 041 | 611 360 | 673 391 |
| Loans | 3 445 | 2 624 | 2 707 | 828 | 763 | 644 | 5 916 | 1 398 |
| Equity and investment fund shares | 73 741 | 71 496 | 87 012 | 87 910 | 98 590 | 105 483 | 107 927 | 110 508 |
| Equity | 37 466 | 24 793 | 26 080 | 23 313 | 22 139 | 19 219 | 23 385 | 19 132 |
| Investment fund shares | 36 275 | 46 703 | 60 932 | 64 597 | 76 451 | 86 264 | 84 542 | 91 376 |
| Money market fund shares | 11 181 | 14 062 | 12 145 | 1 406 | 1 545 | 1 126 | 645 | 694 |
| Non-Money market fund shares | 25 094 | 32 641 | 48 787 | 63 191 | 74 906 | 85 138 | 83 897 | 90 682 |
| Insurance pension and standardised guarantees | 32 345 | 32 106 | 36 861 | 35 948 | 32 037 | 36 797 | 37 853 | 38 928 |
| Financial derivatives and employee stock options | 1 160 | 677 | 936 | 447 | 754 | 636 | 394 | 717 |
| Other accounts receivable | 36 659 | 35 715 | 39 851 | 38 199 | 36 057 | 37 326 | 38 258 | 35 164 |
| Financial liabilities | 588 927 | 655 817 | 706 567 | 730 244 | 790 827 | 825 692 | 885 632 | 915 594 |
| Debt securities | 493 | 493 | 521 | 511 | 466 | 479 | 505 | 502 |
| Short-term debt securities | 0 | 0 | 0 | 0 | 0 | 0 | 0 | 0 |
| Long-term debt securities | 493 | 493 | 521 | 511 | 466 | 479 | 505 | 502 |
| Loans | 1 315 | 890 | 143 | 119 | 107 | 1 280 | 575 | 576 |
| Short-term loans | 1 127 | 801 | 89 | 79 | 78 | 972 | 1 | 1 |
| Long-term loans | 188 | 89 | 54 | 40 | 29 | 308 | 574 | 575 |
| Equity and investment fund shares | 64 783 | 90 175 | 99 339 | 90 950 | 111 490 | 89 743 | 101 058 | 105 128 |
| Insurance pension and standardised guarantees | 492 358 | 532 890 | 576 781 | 605 323 | 641 036 | 689 110 | 733 547 | 760 091 |
| Financial derivatives and employee stock options | 2 115 | 1 725 | 1 519 | 4 243 | 3 086 | 3 195 | 8 128 | 6 488 |
| Other accounts payable | 27 863 | 29 644 | 28 264 | 29 098 | 34 642 | 41 885 | 41 819 | 42 809 |
| Non-financial assets | .. | .. | .. | .. | .. | .. | .. | .. |
| **Insurance corporations** | | | | | | | | |
| Financial net worth | 12 456 | 11 675 | -15 823 | -19 998 | -62 831 | -56 798 | -24 515 | 1 138 |
| Financial assets | 409 659 | 451 621 | 458 228 | 462 621 | 454 744 | 477 104 | 523 199 | 543 663 |
| Currency and deposits | 37 285 | 33 965 | 32 814 | 29 375 | 34 198 | 33 234 | 31 098 | 31 237 |
| Debt securities | 242 895 | 288 633 | 271 733 | 280 312 | 259 510 | 272 306 | 309 375 | 334 282 |
| Loans | 3 445 | 2 624 | 2 707 | 828 | 763 | 644 | 5 916 | 1 373 |
| Equity and investment fund shares | 63 057 | 61 835 | 77 151 | 81 349 | 95 311 | 101 060 | 102 085 | 103 238 |
| Equity | 34 143 | 21 778 | 24 206 | 22 308 | 21 552 | 18 237 | 22 168 | 17 737 |
| Investment fund shares | 28 914 | 40 057 | 52 945 | 59 041 | 73 759 | 82 823 | 79 917 | 85 501 |
| Money market fund shares | 9 144 | 12 287 | 11 160 | 1 406 | 1 545 | 1 126 | 640 | 692 |
| Non-Money market fund shares | 19 770 | 27 770 | 41 785 | 57 635 | 72 214 | 81 697 | 79 277 | 84 809 |
| Insurance pension and standardised guarantees | 32 343 | 32 104 | 36 859 | 35 946 | 32 035 | 36 795 | 37 850 | 38 925 |
| Financial derivatives and employee stock options | 1 130 | 627 | 697 | 353 | 541 | 358 | 327 | 565 |
| Other accounts receivable | 29 504 | 31 833 | 36 267 | 34 458 | 32 386 | 32 707 | 36 548 | 34 043 |
| Financial liabilities | 397 203 | 439 946 | 474 051 | 482 619 | 517 575 | 533 902 | 547 714 | 542 525 |
| Debt securities | 493 | 493 | 521 | 511 | 466 | 479 | 505 | 502 |
| Short-term debt securities | 0 | 0 | 0 | 0 | 0 | 0 | 0 | 0 |
| Long-term debt securities | 493 | 493 | 521 | 511 | 466 | 479 | 505 | 502 |
| Loans | 1 315 | 890 | 143 | 119 | 107 | 1 280 | 575 | 576 |
| Short-term loans | 1 127 | 801 | 89 | 79 | 78 | 972 | 1 | 1 |
| Long-term loans | 188 | 89 | 54 | 40 | 29 | 308 | 574 | 575 |
| Equity and investment fund shares | 61 130 | 76 686 | 84 871 | 78 306 | 88 468 | 86 142 | 85 739 | 87 251 |
| Insurance pension and standardised guarantees | 305 587 | 332 059 | 360 556 | 373 152 | 394 298 | 405 867 | 415 501 | 408 993 |
| Financial derivatives and employee stock options | 1 520 | 1 048 | 620 | 2 233 | 1 929 | 1 546 | 5 149 | 3 906 |
| Other accounts payable | 27 158 | 28 770 | 27 340 | 28 298 | 32 307 | 38 588 | 40 245 | 41 297 |
| Non-financial assets | .. | .. | .. | .. | .. | .. | .. | .. |
| **Pension funds** | | | | | | | | |
| Financial net worth | -5 047 | -4 800 | -4 792 | -3 541 | 24 763 | 29 865 | -4 902 | -1 506 |
| Financial assets | 186 677 | 211 071 | 227 724 | 244 084 | 298 015 | 321 655 | 333 016 | 371 563 |
| Currency and deposits | 17 570 | 23 736 | 17 728 | 19 375 | 26 662 | 34 598 | 23 409 | 23 883 |
| Debt securities | 151 236 | 173 740 | 196 310 | 214 311 | 264 188 | 277 735 | 301 985 | 339 109 |
| Loans | 0 | 0 | 0 | 0 | 0 | 0 | 0 | 25 |
| Equity and investment fund shares | 10 684 | 9 661 | 9 861 | 6 561 | 3 279 | 4 423 | 5 842 | 7 270 |
| Equity | 3 323 | 3 015 | 1 874 | 1 005 | 587 | 982 | 1 217 | 1 395 |
| Investment fund shares | 7 361 | 6 646 | 7 987 | 5 556 | 2 692 | 3 441 | 4 625 | 5 875 |
| Money market fund shares | 2 037 | 1 775 | 985 | 0 | 0 | 0 | 5 | 2 |
| Non-Money market fund shares | 5 324 | 4 871 | 7 002 | 5 556 | 2 692 | 3 441 | 4 620 | 5 873 |
| Insurance pension and standardised guarantees | 2 | 2 | 2 | 2 | 2 | 2 | 3 | 3 |
| Financial derivatives and employee stock options | 30 | 50 | 239 | 94 | 213 | 278 | 67 | 152 |
| Other accounts receivable | 7 155 | 3 882 | 3 584 | 3 741 | 3 671 | 4 619 | 1 710 | 1 121 |
| Financial liabilities | 191 724 | 215 871 | 232 516 | 247 625 | 273 252 | 291 790 | 337 918 | 373 069 |
| Debt securities | 0 | 0 | 0 | 0 | 0 | 0 | 0 | 0 |
| Short-term debt securities | 0 | 0 | 0 | 0 | 0 | 0 | 0 | 0 |
| Long-term debt securities | 0 | 0 | 0 | 0 | 0 | 0 | 0 | 0 |
| Loans | 0 | 0 | 0 | 0 | 0 | 0 | 0 | 0 |
| Short-term loans | 0 | 0 | 0 | 0 | 0 | 0 | 0 | 0 |
| Long-term loans | 0 | 0 | 0 | 0 | 0 | 0 | 0 | 0 |
| Equity and investment fund shares | 3 653 | 13 489 | 14 468 | 12 644 | 23 022 | 3 601 | 15 319 | 17 877 |
| Insurance pension and standardised guarantees | 186 771 | 200 831 | 216 225 | 232 171 | 246 738 | 283 243 | 318 046 | 351 098 |
| Financial derivatives and employee stock options | 595 | 677 | 899 | 2 010 | 1 157 | 1 649 | 2 979 | 2 582 |
| Other accounts payable | 705 | 874 | 924 | 800 | 2 335 | 3 297 | 1 574 | 1 512 |
| Non-financial assets | .. | .. | .. | .. | .. | .. | .. | .. |

*Note:* Detailed metadata at: http://metalinks.oecd.org/instinv/20170516/667f

## Table 4. Portfolio composition by type of investor

As percentage of financial assets and of financial liabilities

*Per cent*

| | 2008 | 2009 | 2010 | 2011 | 2012 | 2013 | 2014 | 2015 |
|---|---|---|---|---|---|---|---|---|
| **Investment funds** | | | | | | | | |
| Financial assets | 100.0 | 100.0 | 100.0 | 100.0 | 100.0 | 100.0 | 100.0 | 100.0 |
| Currency and deposits | 13.9 | 16.2 | 14.4 | 17.6 | 19.5 | 17.5 | 12.0 | 9.8 |
| Debt securities | 63.0 | 53.5 | 53.3 | 49.7 | 44.6 | 44.0 | 40.0 | 35.2 |
| Loans | 0.6 | 0.6 | 1.1 | 2.6 | 4.7 | 6.0 | 7.9 | 8.5 |
| Equity and investment fund shares | 19.9 | 26.6 | 29.7 | 27.7 | 27.6 | 30.0 | 37.5 | 43.6 |
| Insurance pension and standardised guarantee schemes | 0.0 | 0.0 | 0.0 | 0.0 | 0.0 | 0.0 | 0.0 | 0.0 |
| Financial derivatives and employee stock options | 0.6 | 0.4 | 0.3 | 0.1 | 0.3 | 0.2 | 0.0 | 0.2 |
| Other accounts receivable | 2.0 | 2.8 | 1.0 | 2.3 | 3.3 | 2.3 | 2.5 | 2.5 |
| Financial liabilities | 100.0 | 100.0 | 100.0 | 100.0 | 100.0 | 100.0 | 100.0 | 100.0 |
| Currency and deposits | 0.0 | 0.0 | 0.0 | 0.0 | 0.0 | 0.0 | 0.0 | 0.0 |
| Debt securities | 0.0 | 0.0 | 0.0 | 0.0 | 0.1 | 0.0 | 0.0 | 0.1 |
| Loans | 0.2 | 0.2 | 1.0 | 2.5 | 11.4 | 5.6 | 5.3 | 2.8 |
| Equity and investment fund shares | 94.2 | 93.9 | 95.1 | 92.8 | 82.0 | 88.8 | 89.2 | 92.0 |
| Insurance pension and standardised guarantee schemes | 0.0 | 0.0 | 0.0 | 0.0 | 0.0 | 0.0 | 0.0 | 0.0 |
| Financial derivatives and employee stock options | 0.8 | 0.8 | 0.4 | 0.9 | 0.2 | 0.4 | 0.4 | 0.2 |
| Other accounts receivable | 4.9 | 5.1 | 3.5 | 3.8 | 6.4 | 5.1 | 5.1 | 5.0 |
| **Insurance corporations** | | | | | | | | |
| Financial assets | 100.0 | 100.0 | 100.0 | 100.0 | 100.0 | 100.0 | 100.0 | 100.0 |
| Currency and deposits | 9.1 | 7.5 | 7.2 | 6.3 | 7.5 | 7.0 | 5.9 | 5.7 |
| Debt securities | 59.3 | 63.9 | 59.3 | 60.6 | 57.1 | 57.1 | 59.1 | 61.5 |
| Loans | 0.8 | 0.6 | 0.6 | 0.2 | 0.2 | 0.1 | 1.1 | 0.3 |
| Equity and investment fund shares | 15.4 | 13.7 | 16.8 | 17.6 | 21.0 | 21.2 | 19.5 | 19.0 |
| Insurance pension and standardised guarantee schemes | 7.9 | 7.1 | 8.0 | 7.8 | 7.0 | 7.7 | 7.2 | 7.2 |
| Financial derivatives and employee stock options | 0.3 | 0.1 | 0.2 | 0.1 | 0.1 | 0.1 | 0.1 | 0.1 |
| Other accounts receivable | 7.2 | 7.0 | 7.9 | 7.4 | 7.1 | 6.9 | 7.0 | 6.3 |
| Financial liabilities | 100.0 | 100.0 | 100.0 | 100.0 | 100.0 | 100.0 | 100.0 | 100.0 |
| Currency and deposits | 0.0 | 0.0 | 0.0 | 0.0 | 0.0 | 0.0 | 0.0 | 0.0 |
| Debt securities | 0.1 | 0.1 | 0.1 | 0.1 | 0.1 | 0.1 | 0.1 | 0.1 |
| Loans | 0.3 | 0.2 | 0.0 | 0.0 | 0.0 | 0.2 | 0.1 | 0.1 |
| Equity and investment fund shares | 15.4 | 17.4 | 17.9 | 16.2 | 17.1 | 16.1 | 15.7 | 16.1 |
| Insurance pension and standardised guarantee schemes | 76.9 | 75.5 | 76.1 | 77.3 | 76.2 | 76.0 | 75.9 | 75.4 |
| Financial derivatives and employee stock options | 0.4 | 0.2 | 0.1 | 0.5 | 0.4 | 0.3 | 0.9 | 0.7 |
| Other accounts receivable | 6.8 | 6.5 | 5.8 | 5.9 | 6.2 | 7.2 | 7.3 | 7.6 |
| **Pension funds** | | | | | | | | |
| Financial assets | 100.0 | 100.0 | 100.0 | 100.0 | 100.0 | 100.0 | 100.0 | 100.0 |
| Currency and deposits | 9.4 | 11.2 | 7.8 | 7.9 | 8.9 | 10.8 | 7.0 | 6.4 |
| Debt securities | 81.0 | 82.3 | 86.2 | 87.8 | 88.6 | 86.3 | 90.7 | 91.3 |
| Loans | 0.0 | 0.0 | 0.0 | 0.0 | 0.0 | 0.0 | 0.0 | 0.0 |
| Equity and investment fund shares | 5.7 | 4.6 | 4.3 | 2.7 | 1.1 | 1.4 | 1.8 | 2.0 |
| Insurance pension and standardised guarantee schemes | 0.0 | 0.0 | 0.0 | 0.0 | 0.0 | 0.0 | 0.0 | 0.0 |
| Financial derivatives and employee stock options | 0.0 | 0.0 | 0.1 | 0.0 | 0.1 | 0.1 | 0.0 | 0.0 |
| Other accounts receivable | 3.8 | 1.8 | 1.6 | 1.5 | 1.2 | 1.4 | 0.5 | 0.3 |
| Financial liabilities | 100.0 | 100.0 | 100.0 | 100.0 | 100.0 | 100.0 | 100.0 | 100.0 |
| Currency and deposits | 0.0 | 0.0 | 0.0 | 0.0 | 0.0 | 0.0 | 0.0 | 0.0 |
| Debt securities | 0.0 | 0.0 | 0.0 | 0.0 | 0.0 | 0.0 | 0.0 | 0.0 |
| Loans | 0.0 | 0.0 | 0.0 | 0.0 | 0.0 | 0.0 | 0.0 | 0.0 |
| Equity and investment fund shares | 1.9 | 6.2 | 6.2 | 5.1 | 8.4 | 1.2 | 4.5 | 4.8 |
| Insurance pension and standardised guarantee schemes | 97.4 | 93.0 | 93.0 | 93.8 | 90.3 | 97.1 | 94.1 | 94.1 |
| Financial derivatives and employee stock options | 0.3 | 0.3 | 0.4 | 0.8 | 0.4 | 0.6 | 0.9 | 0.7 |
| Other accounts receivable | 0.4 | 0.4 | 0.4 | 0.3 | 0.9 | 1.1 | 0.5 | 0.4 |

*Note:* Detailed metadata at: http://metalinks.oecd.org/instinv/20170516/f09d

# DENMARK

## Table 1. Financial assets and liabilities of institutional investors, 2015

*Million DKK*

| | Total | Investment funds | | | |
|---|---|---|---|---|---|
| | | Non-money market funds | | | Money market funds |
| | | Total | Open-end non-money market funds | Closed-end non-money market funds | Total |
| Financial assets | 2 063 099 | 2 063 099 | 2 063 099 | .. | .. |
| Currency and deposits | 42 025 | 42 025 | 42 025 | .. | .. |
| Debt securities | 1 043 789 | 1 043 789 | 1 043 789 | .. | .. |
| Debt securities, short term | 337 | 337 | 337 | .. | .. |
| Debt securities, long term | 1 043 452 | 1 043 452 | 1 043 452 | .. | .. |
| Debt securities issued by residents | 571 612 | 571 612 | 571 612 | .. | .. |
| Debt securities issued by non-residents | 472 177 | 472 177 | 472 177 | .. | .. |
| Loans | 482 | 482 | 482 | .. | .. |
| Loans, short-term | 49 | 49 | 49 | .. | .. |
| Loans, long-term | 433 | 433 | 433 | .. | .. |
| Loans granted to residents | 0 | 0 | 0 | .. | .. |
| Loans granted to non-residents | 482 | 482 | 482 | .. | .. |
| Equity and investment fund shares/units | 964 874 | 964 874 | 964 874 | .. | .. |
| Equity and investment fund shares issued/units by residents | 257 916 | 257 916 | 257 916 | .. | .. |
| Equity and investment fund shares/units issued by non residents | 706 958 | 706 958 | 706 958 | .. | .. |
| Other accounts receivable | .. | .. | .. | .. | .. |

| | Total | Investment funds | | | |
|---|---|---|---|---|---|
| | | Non-money market funds | | | Money market funds |
| | | Total | Open-end non-money market funds | Closed-end non-money market funds | Total |
| Financial liabilities | 2 064 971 | 2 064 971 | 2 064 971 | .. | .. |
| Currency and deposits | .. | .. | .. | .. | .. |
| Debt securities | .. | .. | .. | .. | .. |
| Debt securities, short term | .. | .. | .. | .. | .. |
| Debt securities, long term | .. | .. | .. | .. | .. |
| Loans | 124 317 | 124 317 | 124 317 | .. | .. |
| Loans, short-term | 123 245 | 123 245 | 123 245 | .. | .. |
| Loans, long-term | 1 072 | 1 072 | 1 072 | .. | .. |
| Equity and investment fund shares/units | 1 927 411 | 1 927 411 | 1 927 411 | .. | .. |
| Insurance pension and standardised guaratees | .. | .. | .. | .. | .. |
| Financial derivatives and employee stock options | 13 243 | 13 243 | 13 243 | .. | .. |
| Other accounts payable | .. | .. | .. | .. | .. |

| | Total | Insurance corporations and pension funds | | | |
|---|---|---|---|---|---|
| | | Insurance corporations | | | Pension funds |
| | | Total | Life insurance corporations | Non-life insurance corporations | Total |
| Financial assets | 3 615 700 | 2 127 190 | .. | .. | 1 488 510 |
| Currency and deposits | 72 285 | 28 265 | .. | .. | 44 020 |
| Debt securities | 1 514 491 | 789 557 | .. | .. | 724 934 |
| Debt securities, short-term | 11 550 | 7 665 | .. | .. | 3 885 |
| Debt securities, long term | 1 502 941 | 781 892 | .. | .. | 721 049 |
| Debt securities issued by residents | 1 020 591 | 578 625 | .. | .. | 441 966 |
| Debt securities issued by non-residents | 493 900 | 210 932 | .. | .. | 282 968 |
| Loans | 53 415 | 21 603 | .. | .. | 31 812 |
| Loans, short-term | 20 584 | 5 276 | .. | .. | 15 308 |
| Loans, long-term | 32 831 | 16 327 | .. | .. | 16 504 |
| Loans granted to residents | 40 742 | 19 835 | .. | .. | 20 907 |
| Loans granted to non-residents | 12 673 | 1 768 | .. | .. | 10 905 |
| Equity and investment fund shares/units | 1 764 305 | 1 164 702 | .. | .. | 599 603 |
| Equity and investment fund shares/units issued by residents | 1 263 488 | 779 896 | .. | .. | 483 592 |
| Equity and investment fund shares/units issued by non residents | 500 817 | 384 806 | .. | .. | 116 011 |
| Other accounts receivable | 61 525 | 36 296 | .. | .. | 25 229 |

| | Total | Insurance corporations and pension funds | | | |
|---|---|---|---|---|---|
| | | Insurance corporations | | | Pension funds |
| | | Total | Life insurance corporations | Non-life insurance corporations | Total |
| Financial liabilities | 3 673 933 | 2 228 101 | .. | .. | 1 445 832 |
| Currency and deposits | .. | .. | .. | .. | .. |
| Debt securities | 5 939 | 6 011 | .. | .. | -72 |
| Debt securities, short term | .. | .. | .. | .. | .. |
| Debt securities, long term | 5 939 | 6 011 | .. | .. | -72 |
| Loans | 211 106 | 182 821 | .. | .. | 28 285 |
| Loans, short-term | 191 505 | 165 160 | .. | .. | 26 345 |
| Loans, long-term | 19 601 | 17 661 | .. | .. | 1 940 |
| Equity and investment fund shares/units | 287 949 | 203 643 | .. | .. | 84 306 |
| Insurance pension and standardised guarantees | 3 036 048 | 1 763 136 | .. | .. | 1 272 912 |
| Financial derivatives and employee stock options | 67 655 | 27 343 | .. | .. | 40 312 |
| Other accounts payable | 65 236 | 45 147 | .. | .. | 20 089 |

*Note:* Detailed metadata at: http://metalinks.oecd.org/instinv/20170516/667f

# DENMARK

## Table 2. Financial assets and liabilities of investment funds

*Million DKK*

| | 2008 | 2009 | 2010 | 2011 | 2012 | 2013 | 2014 | 2015 |
|---|---|---|---|---|---|---|---|---|
| **Investment funds** | | | | | | | | |
| Financial net worth | .. | .. | .. | .. | -38 247 | -744 | 2 732 | -1 872 |
| Financial assets | .. | .. | .. | .. | 1 638 793 | 1 871 135 | 2 083 549 | 2 063 099 |
| Currency and deposits | .. | .. | .. | .. | 22 930 | 34 265 | 41 594 | 42 025 |
| Debt securities | .. | .. | .. | .. | 905 026 | 1 035 617 | 1 108 380 | 1 043 789 |
| Loans | .. | .. | .. | .. | 362 | 589 | 725 | 482 |
| Equity and investment fund shares | .. | .. | .. | .. | 705 778 | 790 138 | 915 561 | 964 874 |
| Equity | .. | .. | .. | .. | 564 017 | 631 378 | 738 568 | 773 694 |
| Investment fund shares | .. | .. | .. | .. | 141 761 | 158 760 | 176 993 | 191 180 |
| Money market fund shares | .. | .. | .. | .. | .. | .. | .. | .. |
| Non-Money market fund shares | .. | .. | .. | .. | 141 761 | 158 760 | 176 993 | 191 180 |
| Insurance pension and standardised guarantees | .. | .. | .. | .. | .. | .. | .. | .. |
| Financial derivatives and employee stock options | .. | .. | .. | .. | 4 697 | 10 526 | 17 289 | 11 929 |
| Other accounts receivable | .. | .. | .. | .. | .. | .. | .. | .. |
| Financial liabilities | .. | .. | .. | .. | 1 677 040 | 1 871 879 | 2 080 817 | 2 064 971 |
| Debt securities | .. | .. | .. | .. | .. | .. | .. | .. |
| Short-term debt securities | .. | .. | .. | .. | .. | .. | .. | .. |
| Long-term debt securities | .. | .. | .. | .. | .. | .. | .. | .. |
| Loans | .. | .. | .. | .. | 107 393 | 127 347 | 136 068 | 124 317 |
| Short-term loans | .. | .. | .. | .. | 106 941 | 126 780 | 134 777 | 123 245 |
| Long-term loans | .. | .. | .. | .. | 452 | 567 | 1 291 | 1 072 |
| Equity and investment fund shares | .. | .. | .. | .. | 1 565 455 | 1 738 111 | 1 918 956 | 1 927 411 |
| Insurance pension and standardised guarantees | .. | .. | .. | .. | .. | .. | .. | .. |
| Financial derivatives and employee stock options | .. | .. | .. | .. | 4 192 | 6 421 | 25 793 | 13 243 |
| Other accounts payable | .. | .. | .. | .. | .. | .. | .. | .. |
| Non-financial assets | .. | .. | .. | .. | 0 | 0 | 0 | 0 |
| **Money market funds** | | | | | | | | |
| Financial net worth | .. | .. | .. | .. | .. | .. | .. | .. |
| Financial assets | .. | .. | .. | .. | .. | .. | .. | .. |
| Currency and deposits | .. | .. | .. | .. | .. | .. | .. | .. |
| Debt securities | .. | .. | .. | .. | .. | .. | .. | .. |
| Loans | .. | .. | .. | .. | .. | .. | .. | .. |
| Equity and investment fund shares | .. | .. | .. | .. | .. | .. | .. | .. |
| Equity | .. | .. | .. | .. | .. | .. | .. | .. |
| Investment fund shares | .. | .. | .. | .. | .. | .. | .. | .. |
| Money market fund shares | .. | .. | .. | .. | .. | .. | .. | .. |
| Non-Money market fund shares | .. | .. | .. | .. | .. | .. | .. | .. |
| Insurance pension and standardised guarantees | .. | .. | .. | .. | .. | .. | .. | .. |
| Financial derivatives and employee stock options | .. | .. | .. | .. | .. | .. | .. | .. |
| Other accounts receivable | .. | .. | .. | .. | .. | .. | .. | .. |
| Financial liabilities | .. | .. | .. | .. | .. | .. | .. | .. |
| Debt securities | .. | .. | .. | .. | .. | .. | .. | .. |
| Short-term debt securities | .. | .. | .. | .. | .. | .. | .. | .. |
| Long-term debt securities | .. | .. | .. | .. | .. | .. | .. | .. |
| Loans | .. | .. | .. | .. | .. | .. | .. | .. |
| Short-term loans | .. | .. | .. | .. | .. | .. | .. | .. |
| Long-term loans | .. | .. | .. | .. | .. | .. | .. | .. |
| Equity and investment fund shares | .. | .. | .. | .. | .. | .. | .. | .. |
| Insurance pension and standardised guarantees | .. | .. | .. | .. | .. | .. | .. | .. |
| Financial derivatives and employee stock options | .. | .. | .. | .. | .. | .. | .. | .. |
| Other accounts payable | .. | .. | .. | .. | .. | .. | .. | .. |
| Non-financial assets | .. | .. | .. | .. | .. | .. | .. | .. |
| **Non-money market funds** | | | | | | | | |
| Financial net worth | .. | .. | .. | .. | -38 247 | -744 | 2 732 | -1 872 |
| Financial assets | .. | .. | .. | .. | 1 638 793 | 1 871 135 | 2 083 549 | 2 063 099 |
| Currency and deposits | .. | .. | .. | .. | 22 930 | 34 265 | 41 594 | 42 025 |
| Debt securities | .. | .. | .. | .. | 905 026 | 1 035 617 | 1 108 380 | 1 043 789 |
| Loans | .. | .. | .. | .. | 362 | 589 | 725 | 482 |
| Equity and investment fund shares | .. | .. | .. | .. | 705 778 | 790 138 | 915 561 | 964 874 |
| Equity | .. | .. | .. | .. | 564 017 | 631 378 | 738 568 | 773 694 |
| Investment fund shares | .. | .. | .. | .. | 141 761 | 158 760 | 176 993 | 191 180 |
| Money market fund shares | .. | .. | .. | .. | .. | .. | .. | .. |
| Non-Money market fund shares | .. | .. | .. | .. | 141 761 | 158 760 | 176 993 | 191 180 |
| Insurance pension and standardised guarantees | .. | .. | .. | .. | .. | .. | .. | .. |
| Financial derivatives and employee stock options | .. | .. | .. | .. | 4 697 | 10 526 | 17 289 | 11 929 |
| Other accounts receivable | .. | .. | .. | .. | .. | .. | .. | .. |
| Financial liabilities | .. | .. | .. | .. | 1 677 040 | 1 871 879 | 2 080 817 | 2 064 971 |
| Debt securities | .. | .. | .. | .. | .. | .. | .. | .. |
| Short-term debt securities | .. | .. | .. | .. | .. | .. | .. | .. |
| Long-term debt securities | .. | .. | .. | .. | .. | .. | .. | .. |
| Loans | .. | .. | .. | .. | 107 393 | 127 347 | 136 068 | 124 317 |
| Short-term loans | .. | .. | .. | .. | 106 941 | 126 780 | 134 777 | 123 245 |
| Long-term loans | .. | .. | .. | .. | 452 | 567 | 1 291 | 1 072 |
| Equity and investment fund shares | .. | .. | .. | .. | 1 565 455 | 1 738 111 | 1 918 956 | 1 927 411 |
| Insurance pension and standardised guarantees | .. | .. | .. | .. | .. | .. | .. | .. |
| Financial derivatives and employee stock options | .. | .. | .. | .. | 4 192 | 6 421 | 25 793 | 13 243 |
| Other accounts payable | .. | .. | .. | .. | .. | .. | .. | .. |
| Non-financial assets | .. | .. | .. | .. | 0 | 0 | 0 | 0 |
| **Open-end non-money market funds** | | | | | | | | |
| Financial net worth | .. | .. | .. | .. | -38 247 | -744 | 2 732 | -1 872 |
| Financial assets | .. | .. | .. | .. | 1 638 793 | 1 871 135 | 2 083 549 | 2 063 099 |

## Table 2. Financial assets and liabilities of investment funds *(cont.)*

*Million DKK*

| | 2008 | 2009 | 2010 | 2011 | 2012 | 2013 | 2014 | 2015 |
|---|---|---|---|---|---|---|---|---|
| Currency and deposits | .. | .. | .. | .. | 22 930 | 34 265 | 41 594 | 42 025 |
| Debt securities | .. | .. | .. | .. | 905 026 | 1 035 617 | 1 108 380 | 1 043 789 |
| Loans | .. | .. | .. | .. | 362 | 589 | 725 | 482 |
| Equity and investment fund shares | .. | .. | .. | .. | 705 778 | 790 138 | 915 561 | 964 874 |
| Equity | .. | .. | .. | .. | 564 017 | 631 378 | 738 568 | 773 694 |
| Investment fund shares | .. | .. | .. | .. | 141 761 | 158 760 | 176 993 | 191 180 |
| Money market fund shares | .. | .. | .. | .. | .. | .. | .. | .. |
| Non-Money market fund shares | .. | .. | .. | .. | 141 761 | 158 760 | 176 993 | 191 180 |
| Insurance pension and standardised guarantees | .. | .. | .. | .. | .. | .. | .. | .. |
| Financial derivatives and employee stock options | .. | .. | .. | .. | 4 697 | 10 526 | 17 289 | 11 929 |
| Other accounts receivable | .. | .. | .. | .. | .. | .. | .. | .. |
| Financial liabilities | .. | .. | .. | .. | 1 677 040 | 1 871 879 | 2 080 817 | 2 064 971 |
| Debt securities | .. | .. | .. | .. | .. | .. | .. | .. |
| Short-term debt securities | .. | .. | .. | .. | .. | .. | .. | .. |
| Long-term debt securities | .. | .. | .. | .. | .. | .. | .. | .. |
| Loans | .. | .. | .. | .. | 107 393 | 127 347 | 136 068 | 124 317 |
| Short-term loans | .. | .. | .. | .. | 106 941 | 126 780 | 134 777 | 123 245 |
| Long-term loans | .. | .. | .. | .. | 452 | 567 | 1 291 | 1 072 |
| Equity and investment fund shares | .. | .. | .. | .. | 1 565 455 | 1 738 111 | 1 918 956 | 1 927 411 |
| Insurance pension and standardised guarantees | .. | .. | .. | .. | .. | .. | .. | .. |
| Financial derivatives and employee stock options | .. | .. | .. | .. | 4 192 | 6 421 | 25 793 | 13 243 |
| Other accounts payable | .. | .. | .. | .. | .. | .. | .. | .. |
| Non-financial assets | .. | .. | .. | .. | 0 | 0 | 0 | 0 |
| **Open-end investment funds** | | | | | | | | |
| Financial net worth | .. | .. | .. | .. | -38 247 | -744 | 2 732 | -1 872 |
| Financial assets | .. | .. | .. | .. | 1 638 793 | 1 871 135 | 2 083 549 | 2 063 099 |
| Currency and deposits | .. | .. | .. | .. | 22 930 | 34 265 | 41 594 | 42 025 |
| Debt securities | .. | .. | .. | .. | 905 026 | 1 035 617 | 1 108 380 | 1 043 789 |
| Loans | .. | .. | .. | .. | 362 | 589 | 725 | 482 |
| Equity and investment fund shares | .. | .. | .. | .. | 705 778 | 790 138 | 915 561 | 964 874 |
| Equity | .. | .. | .. | .. | 564 017 | 631 378 | 738 568 | 773 694 |
| Investment fund shares | .. | .. | .. | .. | 141 761 | 158 760 | 176 993 | 191 180 |
| Money market fund shares | .. | .. | .. | .. | .. | .. | .. | .. |
| Non-Money market fund shares | .. | .. | .. | .. | 141 761 | 158 760 | 176 993 | 191 180 |
| Insurance pension and standardised guarantees | .. | .. | .. | .. | .. | .. | .. | .. |
| Financial derivatives and employee stock options | .. | .. | .. | .. | 4 697 | 10 526 | 17 289 | 11 929 |
| Other accounts receivable | .. | .. | .. | .. | .. | .. | .. | .. |
| Financial liabilities | .. | .. | .. | .. | 1 677 040 | 1 871 879 | 2 080 817 | 2 064 971 |
| Debt securities | .. | .. | .. | .. | .. | .. | .. | .. |
| Short-term debt securities | .. | .. | .. | .. | .. | .. | .. | .. |
| Long-term debt securities | .. | .. | .. | .. | .. | .. | .. | .. |
| Loans | .. | .. | .. | .. | 107 393 | 127 347 | 136 068 | 124 317 |
| Short-term loans | .. | .. | .. | .. | 106 941 | 126 780 | 134 777 | 123 245 |
| Long-term loans | .. | .. | .. | .. | 452 | 567 | 1 291 | 1 072 |
| Equity and investment fund shares | .. | .. | .. | .. | 1 565 455 | 1 738 111 | 1 918 956 | 1 927 411 |
| Insurance pension and standardised guarantees | .. | .. | .. | .. | .. | .. | .. | .. |
| Financial derivatives and employee stock options | .. | .. | .. | .. | 4 192 | 6 421 | 25 793 | 13 243 |
| Other accounts payable | .. | .. | .. | .. | .. | .. | .. | .. |
| Non-financial assets | .. | .. | .. | .. | 0 | 0 | 0 | 0 |

*Note:* Detailed metadata at: http://metalinks.oecd.org/instinv/20170516/667f

## Table 3. Financial assets and liabilities of insurance corporations and pension funds

*Million DKK*

| | 2008 | 2009 | 2010 | 2011 | 2012 | 2013 | 2014 | 2015 |
|---|---|---|---|---|---|---|---|---|
| **Insurance corporations and pension funds** | | | | | | | | |
| Financial net worth | .. | .. | .. | .. | 42 448 | 42 862 | 53 513 | -58 233 |
| Financial assets | .. | .. | .. | .. | 3 267 838 | 3 161 765 | 3 578 250 | 3 615 700 |
| Currency and deposits | .. | .. | .. | .. | 93 246 | 82 199 | 95 482 | 72 285 |
| Debt securities | .. | .. | .. | .. | 1 432 204 | 1 296 070 | 1 420 253 | 1 514 491 |
| Loans | .. | .. | .. | .. | 33 964 | 31 148 | 49 425 | 53 415 |
| Equity and investment fund shares | .. | .. | .. | .. | 1 589 070 | 1 631 966 | 1 729 955 | 1 764 305 |
| Equity | .. | .. | .. | .. | 670 938 | 602 235 | 581 266 | 708 262 |
| Investment fund shares | .. | .. | .. | .. | 917 557 | 1 029 731 | 1 148 689 | 1 056 043 |
| Money market fund shares | .. | .. | .. | .. | .. | .. | .. | .. |
| Non-Money market fund shares | .. | .. | .. | .. | 917 557 | 1 029 731 | 1 148 689 | 1 056 043 |
| Insurance pension and standardised guarantees | .. | .. | .. | .. | 11 533 | 13 816 | 7 947 | 8 751 |
| Financial derivatives and employee stock options | .. | .. | .. | .. | 52 566 | 36 318 | 207 980 | 140 928 |
| Other accounts receivable | .. | .. | .. | .. | 55 255 | 70 248 | 67 208 | 61 525 |
| Financial liabilities | .. | .. | .. | .. | 3 225 390 | 3 118 903 | 3 524 737 | 3 673 933 |
| Debt securities | .. | .. | .. | .. | -25 | -34 | 2 253 | 5 939 |
| Short-term debt securities | .. | .. | .. | .. | .. | .. | .. | .. |
| Long-term debt securities | .. | .. | .. | .. | -25 | -34 | 2 253 | 5 939 |
| Loans | .. | .. | .. | .. | 182 053 | 131 093 | 160 856 | 211 106 |
| Short-term loans | .. | .. | .. | .. | 162 701 | 114 962 | 138 295 | 191 505 |
| Long-term loans | .. | .. | .. | .. | 19 352 | 16 131 | 22 561 | 19 601 |
| Equity and investment fund shares | .. | .. | .. | .. | 216 031 | 219 112 | 206 670 | 287 949 |
| Insurance pension and standardised guarantees | .. | .. | .. | .. | 2 641 560 | 2 616 404 | 2 959 354 | 3 036 048 |
| Financial derivatives and employee stock options | .. | .. | .. | .. | 32 554 | 24 167 | 84 390 | 67 655 |
| Other accounts payable | .. | .. | .. | .. | 153 217 | 128 161 | 111 214 | 65 236 |
| Non-financial assets | .. | .. | .. | .. | 0 | 0 | 0 | 0 |
| **Insurance corporations** | | | | | | | | |
| Financial net worth | .. | .. | .. | .. | -838 | 8 988 | 10 762 | -100 911 |
| Financial assets | .. | .. | .. | .. | 1 867 615 | 1 879 145 | 2 117 955 | 2 127 190 |
| Currency and deposits | .. | .. | .. | .. | 38 520 | 37 419 | 33 378 | 28 265 |
| Debt securities | .. | .. | .. | .. | 645 801 | 633 400 | 686 144 | 789 557 |
| Loans | .. | .. | .. | .. | 23 689 | 20 074 | 22 646 | 21 603 |
| Equity and investment fund shares | .. | .. | .. | .. | 1 066 074 | 1 106 899 | 1 185 942 | 1 164 702 |
| Equity | .. | .. | .. | .. | 423 876 | 366 629 | 351 670 | 428 762 |
| Investment fund shares | .. | .. | .. | .. | 641 623 | 740 270 | 834 272 | 735 940 |
| Money market fund shares | .. | .. | .. | .. | .. | .. | .. | .. |
| Non-Money market fund shares | .. | .. | .. | .. | 641 623 | 740 270 | 834 272 | 735 940 |
| Insurance pension and standardised guarantees | .. | .. | .. | .. | 11 247 | 13 530 | 7 949 | 8 753 |
| Financial derivatives and employee stock options | .. | .. | .. | .. | 48 041 | 33 097 | 142 251 | 78 014 |
| Other accounts receivable | .. | .. | .. | .. | 34 243 | 34 726 | 39 645 | 36 296 |
| Financial liabilities | .. | .. | .. | .. | 1 868 453 | 1 870 157 | 2 107 193 | 2 228 101 |
| Debt securities | .. | .. | .. | .. | 47 | 38 | 2 325 | 6 011 |
| Short-term debt securities | .. | .. | .. | .. | .. | .. | .. | .. |
| Long-term debt securities | .. | .. | .. | .. | 47 | 38 | 2 325 | 6 011 |
| Loans | .. | .. | .. | .. | 74 351 | 94 129 | 123 952 | 182 821 |
| Short-term loans | .. | .. | .. | .. | 57 368 | 79 777 | 109 768 | 165 160 |
| Long-term loans | .. | .. | .. | .. | 16 983 | 14 352 | 14 184 | 17 661 |
| Equity and investment fund shares | .. | .. | .. | .. | 136 747 | 137 226 | 126 125 | 203 643 |
| Insurance pension and standardised guarantees | .. | .. | .. | .. | 1 534 037 | 1 537 895 | 1 703 944 | 1 763 136 |
| Financial derivatives and employee stock options | .. | .. | .. | .. | 29 301 | 21 833 | 66 440 | 27 343 |
| Other accounts payable | .. | .. | .. | .. | 93 970 | 79 036 | 84 407 | 45 147 |
| Non-financial assets | .. | .. | .. | .. | 0 | 0 | 0 | 0 |
| **Pension funds** | | | | | | | | |
| Financial net worth | .. | .. | .. | .. | 43 286 | 33 874 | 42 751 | 42 678 |
| Financial assets | .. | .. | .. | .. | 1 400 223 | 1 282 620 | 1 460 295 | 1 488 510 |
| Currency and deposits | .. | .. | .. | .. | 54 726 | 44 780 | 62 104 | 44 020 |
| Debt securities | .. | .. | .. | .. | 786 403 | 662 670 | 734 109 | 724 934 |
| Loans | .. | .. | .. | .. | 10 275 | 11 074 | 26 779 | 31 812 |
| Equity and investment fund shares | .. | .. | .. | .. | 522 996 | 525 067 | 544 013 | 599 603 |
| Equity | .. | .. | .. | .. | 247 062 | 235 606 | 229 596 | 279 500 |
| Investment fund shares | .. | .. | .. | .. | 275 934 | 289 461 | 314 417 | 320 103 |
| Money market fund shares | .. | .. | .. | .. | .. | .. | .. | .. |
| Non-Money market fund shares | .. | .. | .. | .. | 275 934 | 289 461 | 314 417 | 320 103 |
| Insurance pension and standardised guarantees | .. | .. | .. | .. | 286 | 286 | -2 | -2 |
| Financial derivatives and employee stock options | .. | .. | .. | .. | 4 525 | 3 221 | 65 729 | 62 914 |
| Other accounts receivable | .. | .. | .. | .. | 21 012 | 35 522 | 27 563 | 25 229 |
| Financial liabilities | .. | .. | .. | .. | 1 356 937 | 1 248 746 | 1 417 544 | 1 445 832 |
| Debt securities | .. | .. | .. | .. | -72 | -72 | -72 | -72 |
| Short-term debt securities | .. | .. | .. | .. | .. | .. | .. | .. |
| Long-term debt securities | .. | .. | .. | .. | -72 | -72 | -72 | -72 |
| Loans | .. | .. | .. | .. | 107 702 | 36 964 | 36 904 | 28 285 |
| Short-term loans | .. | .. | .. | .. | 105 333 | 35 185 | 28 527 | 26 345 |
| Long-term loans | .. | .. | .. | .. | 2 369 | 1 779 | 8 377 | 1 940 |
| Equity and investment fund shares | .. | .. | .. | .. | 79 284 | 81 886 | 80 545 | 84 306 |
| Insurance pension and standardised guarantees | .. | .. | .. | .. | 1 107 523 | 1 078 509 | 1 255 410 | 1 272 912 |
| Financial derivatives and employee stock options | .. | .. | .. | .. | 3 253 | 2 334 | 17 950 | 40 312 |
| Other accounts payable | .. | .. | .. | .. | 59 247 | 49 125 | 26 807 | 20 089 |
| Non-financial assets | .. | .. | .. | .. | 0 | 0 | 0 | 0 |

*Note:* Detailed metadata at: http://metalinks.oecd.org/instinv/20170516/667f

## Table 4. Portfolio composition by type of investor

As percentage of financial assets and of financial liabilities

*Per cent*

| | 2008 | 2009 | 2010 | 2011 | 2012 | 2013 | 2014 | 2015 |
|---|---|---|---|---|---|---|---|---|
| **Investment funds** | | | | | | | | |
| Financial assets | .. | .. | .. | .. | 100.0 | 100.0 | 100.0 | 100.0 |
| Currency and deposits | .. | .. | .. | .. | 1.4 | 1.8 | 2.0 | 2.0 |
| Debt securities | .. | .. | .. | .. | 55.2 | 55.3 | 53.2 | 50.6 |
| Loans | .. | .. | .. | .. | 0.0 | 0.0 | 0.0 | 0.0 |
| Equity and investment fund shares | .. | .. | .. | .. | 43.1 | 42.2 | 43.9 | 46.8 |
| Insurance pension and standardised guarantee schemes | .. | .. | .. | .. | 0.0 | 0.0 | 0.0 | 0.0 |
| Financial derivatives and employee stock options | .. | .. | .. | .. | 0.3 | 0.6 | 0.8 | 0.6 |
| Other accounts receivable | .. | .. | .. | .. | 0.0 | 0.0 | 0.0 | 0.0 |
| Financial liabilities | .. | .. | .. | .. | 100.0 | 100.0 | 100.0 | 100.0 |
| Currency and deposits | .. | .. | .. | .. | 0.0 | 0.0 | 0.0 | 0.0 |
| Debt securities | .. | .. | .. | .. | 0.0 | 0.0 | 0.0 | 0.0 |
| Loans | .. | .. | .. | .. | 6.4 | 6.8 | 6.5 | 6.0 |
| Equity and investment fund shares | .. | .. | .. | .. | 93.3 | 92.9 | 92.2 | 93.3 |
| Insurance pension and standardised guarantee schemes | .. | .. | .. | .. | 0.0 | 0.0 | 0.0 | 0.0 |
| Financial derivatives and employee stock options | .. | .. | .. | .. | 0.2 | 0.3 | 1.2 | 0.6 |
| Other accounts receivable | .. | .. | .. | .. | 0.0 | 0.0 | 0.0 | 0.0 |
| **Insurance corporations** | | | | | | | | |
| Financial assets | .. | .. | .. | .. | 100.0 | 100.0 | 100.0 | 100.0 |
| Currency and deposits | .. | .. | .. | .. | 2.1 | 2.0 | 1.6 | 1.3 |
| Debt securities | .. | .. | .. | .. | 34.6 | 33.7 | 32.4 | 37.1 |
| Loans | .. | .. | .. | .. | 1.3 | 1.1 | 1.1 | 1.0 |
| Equity and investment fund shares | .. | .. | .. | .. | 57.1 | 58.9 | 56.0 | 54.8 |
| Insurance pension and standardised guarantee schemes | .. | .. | .. | .. | 0.6 | 0.7 | 0.4 | 0.4 |
| Financial derivatives and employee stock options | .. | .. | .. | .. | 2.6 | 1.8 | 6.7 | 3.7 |
| Other accounts receivable | .. | .. | .. | .. | 1.8 | 1.8 | 1.9 | 1.7 |
| Financial liabilities | .. | .. | .. | .. | 100.0 | 100.0 | 100.0 | 100.0 |
| Currency and deposits | .. | .. | .. | .. | 0.0 | 0.0 | 0.0 | 0.0 |
| Debt securities | .. | .. | .. | .. | 0.0 | 0.0 | 0.1 | 0.3 |
| Loans | .. | .. | .. | .. | 4.0 | 5.0 | 5.9 | 8.2 |
| Equity and investment fund shares | .. | .. | .. | .. | 7.3 | 7.3 | 6.0 | 9.1 |
| Insurance pension and standardised guarantee schemes | .. | .. | .. | .. | 82.1 | 82.2 | 80.9 | 79.1 |
| Financial derivatives and employee stock options | .. | .. | .. | .. | 1.6 | 1.2 | 3.2 | 1.2 |
| Other accounts receivable | .. | .. | .. | .. | 5.0 | 4.2 | 4.0 | 2.0 |
| **Pension funds** | | | | | | | | |
| Financial assets | .. | .. | .. | .. | 100.0 | 100.0 | 100.0 | 100.0 |
| Currency and deposits | .. | .. | .. | .. | 3.9 | 3.5 | 4.3 | 3.0 |
| Debt securities | .. | .. | .. | .. | 56.2 | 51.7 | 50.3 | 48.7 |
| Loans | .. | .. | .. | .. | 0.7 | 0.9 | 1.8 | 2.1 |
| Equity and investment fund shares | .. | .. | .. | .. | 37.4 | 40.9 | 37.3 | 40.3 |
| Insurance pension and standardised guarantee schemes | .. | .. | .. | .. | 0.0 | 0.0 | 0.0 | 0.0 |
| Financial derivatives and employee stock options | .. | .. | .. | .. | 0.3 | 0.3 | 4.5 | 4.2 |
| Other accounts receivable | .. | .. | .. | .. | 1.5 | 2.8 | 1.9 | 1.7 |
| Financial liabilities | .. | .. | .. | .. | 100.0 | 100.0 | 100.0 | 100.0 |
| Currency and deposits | .. | .. | .. | .. | 0.0 | 0.0 | 0.0 | 0.0 |
| Debt securities | .. | .. | .. | .. | 0.0 | 0.0 | 0.0 | 0.0 |
| Loans | .. | .. | .. | .. | 7.9 | 3.0 | 2.6 | 2.0 |
| Equity and investment fund shares | .. | .. | .. | .. | 5.8 | 6.6 | 5.7 | 5.8 |
| Insurance pension and standardised guarantee schemes | .. | .. | .. | .. | 81.6 | 86.4 | 88.6 | 88.0 |
| Financial derivatives and employee stock options | .. | .. | .. | .. | 0.2 | 0.2 | 1.3 | 2.8 |
| Other accounts receivable | .. | .. | .. | .. | 4.4 | 3.9 | 1.9 | 1.4 |

*Note:* Detailed metadata at: http://metalinks.oecd.org/instinv/20170516/f09d

## Table 1. Financial assets and liabilities of institutional investors, 2015

*Million EUR (2011 EEK euro)*

| | Total | Investment funds | | | |
|---|---|---|---|---|---|
| | | Non-money market funds | | | Money market funds |
| | | Total | Open-end non-money market funds | Closed-end non-money market funds | Total |
| Financial assets | 607 | 607 | 341 | 266 | 0 |
| Currency and deposits | 46 | 46 | 24 | 22 | 0 |
| Debt securities | 62 | 62 | 54 | 8 | 0 |
| Debt securities, short term | 0 | 0 | 0 | 0 | 0 |
| Debt securities, long term | 62 | 62 | 53 | 8 | 0 |
| Debt securities issued by residents | 10 | 10 | 2 | 8 | 0 |
| Debt securities issued by non-residents | 52 | 52 | 51 | 1 | 0 |
| Loans | 33 | 33 | 0 | 33 | 0 |
| Loans, short-term | 3 | 3 | 0 | 3 | 0 |
| Loans, long-term | 30 | 30 | 0 | 30 | 0 |
| Loans granted to residents | 14 | 14 | 0 | 14 | 0 |
| Loans granted to non-residents | 19 | 19 | 0 | 19 | 0 |
| Equity and investment fund shares/units | 464 | 464 | 263 | 201 | 0 |
| Equity and investment fund shares issued/units by residents | 130 | 130 | 7 | 123 | 0 |
| Equity and investment fund shares/units issued by non residents | 333 | 333 | 256 | 78 | 0 |
| Other accounts receivable | 2 | 2 | 0 | 2 | 0 |

| | Total | Investment funds | | | |
|---|---|---|---|---|---|
| | | Non-money market funds | | | Money market funds |
| | | Total | Open-end non-money market funds | Closed-end non-money market funds | Total |
| Financial liabilities | 605 | 605 | 341 | 264 | 0 |
| Currency and deposits | 0 | 0 | 0 | 0 | 0 |
| Debt securities | 0 | 0 | 0 | 0 | 0 |
| Debt securities, short term | 0 | 0 | .. | .. | 0 |
| Debt securities, long term | 0 | 0 | .. | .. | 0 |
| Loans | 21 | 21 | 0 | 21 | 0 |
| Loans, short-term | 8 | 8 | .. | .. | 0 |
| Loans, long-term | 14 | 14 | .. | .. | 0 |
| Equity and investment fund shares/units | 580 | 580 | 339 | 242 | 0 |
| Insurance pension and standardised guaratees | 0 | 0 | 0 | 0 | 0 |
| Financial derivatives and employee stock options | 0 | 0 | 0 | 0 | 0 |
| Other accounts payable | 3 | 3 | 2 | 1 | 0 |

| | Total | Insurance corporations and pension funds | | | |
|---|---|---|---|---|---|
| | | Insurance corporations | | | Pension funds |
| | | Total | Life insurance corporations | Non-life insurance corporations | Total |
| Financial assets | 3 813 | 1 074 | .. | .. | 2 739 |
| Currency and deposits | 651 | 102 | .. | .. | 549 |
| Debt securities | 1 031 | 432 | .. | .. | 599 |
| Debt securities, short-term | 7 | 7 | .. | .. | 0 |
| Debt securities, long term | 1 025 | 426 | .. | .. | 599 |
| Debt securities issued by residents | 49 | 9 | .. | .. | 40 |
| Debt securities issued by non-residents | 982 | 423 | .. | .. | 559 |
| Loans | 3 | 3 | .. | .. | 0 |
| Loans, short-term | 0 | 0 | .. | .. | 0 |
| Loans, long-term | 3 | 3 | .. | .. | 0 |
| Loans granted to residents | 1 | 1 | .. | .. | 0 |
| Loans granted to non-residents | 2 | 2 | .. | .. | 0 |
| Equity and investment fund shares/units | 2 072 | 483 | .. | .. | 1 590 |
| Equity and investment fund shares/units issued by residents | 183 | 65 | .. | .. | 118 |
| Equity and investment fund shares/units issued by non residents | 1 889 | 417 | .. | .. | 1 472 |
| Other accounts receivable | 36 | 35 | .. | .. | 2 |

| | Total | Insurance corporations and pension funds | | | |
|---|---|---|---|---|---|
| | | Insurance corporations | | | Pension funds |
| | | Total | Life insurance corporations | Non-life insurance corporations | Total |
| Financial liabilities | 3 828 | 1 087 | .. | .. | 2 740 |
| Currency and deposits | 0 | 0 | .. | .. | 0 |
| Debt securities | 0 | 0 | .. | .. | 0 |
| Debt securities, short term | 0 | 0 | .. | .. | 0 |
| Debt securities, long term | 0 | 0 | .. | .. | 0 |
| Loans | 4 | 4 | .. | .. | 0 |
| Loans, short-term | 0 | 0 | .. | .. | 0 |
| Loans, long-term | 4 | 4 | .. | .. | 0 |
| Equity and investment fund shares/units | 373 | 373 | .. | .. | 0 |
| Insurance pension and standardised guaratees | 3 403 | 666 | .. | .. | 2 737 |
| Financial derivatives and employee stock options | 0 | 0 | .. | .. | 0 |
| Other accounts payable | 47 | 44 | .. | .. | 3 |

*Note:* Detailed metadata at: http://metalinks.oecd.org/instinv/20170516/92e5

## Table 2. Financial assets and liabilities of investment funds

*Million EUR*

| | 2008 | 2009 | 2010 | 2011 | 2012 | 2013 | 2014 | 2015 |
|---|---|---|---|---|---|---|---|---|
| **Investment funds** | | | | | | | | |
| Financial net worth | 0 | -11 | -6 | -10 | -1 | 19 | 29 | 2 |
| Financial assets | 569 | 552 | 585 | 447 | 514 | 631 | 603 | 607 |
| Currency and deposits | 99 | 63 | 27 | 22 | 48 | 56 | 53 | 46 |
| Debt securities | 139 | 79 | 67 | 67 | 75 | 70 | 70 | 62 |
| Loans | 0 | 36 | 20 | 18 | 14 | 32 | 27 | 33 |
| Equity and investment fund shares | 257 | 366 | 462 | 337 | 369 | 460 | 435 | 464 |
| Equity | 182 | 247 | 315 | 207 | 224 | 314 | 287 | 323 |
| Investment fund shares | 75 | 118 | 147 | 130 | 144 | 147 | 148 | 140 |
| Money market fund shares | .. | .. | .. | .. | .. | .. | .. | .. |
| Non-Money market fund shares | .. | .. | .. | .. | .. | .. | .. | .. |
| Insurance pension and standardised guarantees | 0 | 0 | 0 | 0 | 0 | 0 | 0 | 0 |
| Financial derivatives and employee stock options | 2 | 0 | 4 | 0 | 1 | 4 | 6 | 0 |
| Other accounts receivable | 72 | 8 | 5 | 2 | 6 | 10 | 11 | 2 |
| Financial liabilities | 569 | 562 | 592 | 457 | 514 | 612 | 574 | 605 |
| Debt securities | 0 | 22 | 19 | 12 | 0 | 0 | 0 | 0 |
| Short-term debt securities | .. | 0 | 0 | 0 | 0 | 0 | 0 | 0 |
| Long-term debt securities | .. | 22 | 19 | 12 | 0 | 0 | 0 | 0 |
| Loans | 24 | 10 | 4 | 13 | 26 | 24 | 27 | 21 |
| Short-term loans | .. | 1 | 1 | 1 | 1 | 0 | 27 | 8 |
| Long-term loans | .. | 9 | 3 | 12 | 25 | 24 | 0 | 14 |
| Equity and investment fund shares | 539 | 520 | 564 | 429 | 485 | 583 | 538 | 580 |
| Insurance pension and standardised guarantees | 0 | 0 | 0 | 0 | 0 | 0 | 0 | 0 |
| Financial derivatives and employee stock options | 0 | 0 | 0 | 0 | 0 | 0 | 1 | 0 |
| Other accounts payable | 7 | 10 | 5 | 3 | 3 | 5 | 7 | 3 |
| Non-financial assets | 0 | 12 | 12 | 13 | 14 | 0 | 0 | 0 |
| **Money market funds** | | | | | | | | |
| Financial net worth | 0 | 0 | 0 | 0 | 0 | 0 | 0 | 0 |
| Financial assets | 41 | 0 | 0 | 0 | 0 | 0 | 0 | 0 |
| Currency and deposits | 30 | 0 | 0 | 0 | 0 | 0 | 0 | 0 |
| Debt securities | 11 | 0 | 0 | 0 | 0 | 0 | 0 | 0 |
| Loans | 0 | 0 | 0 | 0 | 0 | 0 | 0 | 0 |
| Equity and investment fund shares | 0 | 0 | 0 | 0 | 0 | 0 | 0 | 0 |
| Equity | 0 | 0 | 0 | 0 | 0 | 0 | 0 | 0 |
| Investment fund shares | 0 | 0 | 0 | 0 | 0 | 0 | 0 | 0 |
| Money market fund shares | .. | .. | .. | .. | .. | .. | .. | .. |
| Non-Money market fund shares | .. | .. | .. | .. | .. | .. | .. | .. |
| Insurance pension and standardised guarantees | 0 | 0 | 0 | 0 | 0 | 0 | 0 | 0 |
| Financial derivatives and employee stock options | 0 | 0 | 0 | 0 | 0 | 0 | 0 | 0 |
| Other accounts receivable | 0 | 0 | 0 | 0 | 0 | 0 | 0 | 0 |
| Financial liabilities | 41 | 0 | 0 | 0 | 0 | 0 | 0 | 0 |
| Debt securities | 0 | 0 | 0 | 0 | 0 | 0 | 0 | 0 |
| Short-term debt securities | .. | 0 | 0 | 0 | 0 | 0 | 0 | 0 |
| Long-term debt securities | .. | 0 | 0 | 0 | 0 | 0 | 0 | 0 |
| Loans | 0 | 0 | 0 | 0 | 0 | 0 | 0 | 0 |
| Short-term loans | .. | 0 | 0 | 0 | 0 | 0 | 0 | 0 |
| Long-term loans | .. | 0 | 0 | 0 | 0 | 0 | 0 | 0 |
| Equity and investment fund shares | 40 | 0 | 0 | 0 | 0 | 0 | 0 | 0 |
| Insurance pension and standardised guarantees | 0 | 0 | 0 | 0 | 0 | 0 | 0 | 0 |
| Financial derivatives and employee stock options | 0 | 0 | 0 | 0 | 0 | 0 | 0 | 0 |
| Other accounts payable | 1 | 0 | 0 | 0 | 0 | 0 | 0 | 0 |
| Non-financial assets | 0 | 0 | 0 | 0 | 0 | 0 | 0 | 0 |
| **Non-money market funds** | | | | | | | | |
| Financial net worth | 0 | -11 | -6 | -10 | -1 | 19 | 29 | 2 |
| Financial assets | 528 | 552 | 585 | 447 | 514 | 631 | 603 | 607 |
| Currency and deposits | 69 | 63 | 27 | 22 | 48 | 56 | 53 | 46 |
| Debt securities | 127 | 79 | 67 | 67 | 75 | 70 | 70 | 62 |
| Loans | 0 | 36 | 20 | 18 | 14 | 32 | 27 | 33 |
| Equity and investment fund shares | 257 | 366 | 462 | 337 | 369 | 460 | 435 | 464 |
| Equity | 182 | 247 | 315 | 207 | 224 | 314 | 287 | 323 |
| Investment fund shares | 75 | 118 | 147 | 130 | 144 | 147 | 148 | 140 |
| Money market fund shares | .. | 0 | 0 | 0 | 0 | 0 | 0 | 0 |
| Non-Money market fund shares | .. | 118 | 147 | 130 | 144 | 147 | 148 | 140 |
| Insurance pension and standardised guarantees | 0 | 0 | 0 | 0 | 0 | 0 | 0 | 0 |
| Financial derivatives and employee stock options | 2 | 0 | 4 | 0 | 1 | 4 | 6 | 0 |
| Other accounts receivable | 72 | 8 | 5 | 2 | 6 | 10 | 11 | 2 |
| Financial liabilities | 528 | 562 | 592 | 457 | 514 | 612 | 574 | 605 |
| Debt securities | 0 | 22 | 19 | 12 | 0 | 0 | 0 | 0 |
| Short-term debt securities | .. | 0 | 0 | 0 | 0 | 0 | 0 | 0 |
| Long-term debt securities | .. | 22 | 19 | 12 | 0 | 0 | 0 | 0 |
| Loans | 24 | 10 | 4 | 13 | 26 | 24 | 27 | 21 |
| Short-term loans | .. | 1 | 1 | 1 | 1 | 0 | 27 | 8 |
| Long-term loans | .. | 9 | 3 | 12 | 25 | 24 | 0 | 14 |
| Equity and investment fund shares | 499 | 520 | 564 | 429 | 485 | 583 | 538 | 580 |
| Insurance pension and standardised guarantees | 0 | 0 | 0 | 0 | 0 | 0 | 0 | 0 |
| Financial derivatives and employee stock options | 0 | 0 | 0 | 0 | 0 | 0 | 1 | 0 |
| Other accounts payable | 6 | 10 | 5 | 3 | 3 | 5 | 7 | 3 |
| Non-financial assets | 0 | 12 | 12 | 13 | 14 | 0 | 0 | 0 |
| **Open-end non-money market funds** | | | | | | | | |
| Financial net worth | 0 | 0 | 0 | 0 | -1 | -1 | 0 | 0 |
| Financial assets | 314 | 437 | 506 | 362 | 384 | 438 | 389 | 341 |

## Table 2. Financial assets and liabilities of investment funds *(cont.)*

*Million EUR*

| | 2008 | 2009 | 2010 | 2011 | 2012 | 2013 | 2014 | 2015 |
|---|---|---|---|---|---|---|---|---|
| Currency and deposits | 54 | 49 | 19 | 13 | 12 | 21 | 32 | 24 |
| Debt securities | 53 | 50 | 58 | 59 | 72 | 68 | 64 | 54 |
| Loans | 0 | 0 | 0 | 0 | 0 | 0 | 0 | 0 |
| Equity and investment fund shares | 193 | 334 | 424 | 288 | 297 | 344 | 288 | 263 |
| Equity | 121 | 216 | 277 | 159 | 159 | 206 | 151 | 131 |
| Investment fund shares | 72 | 118 | 147 | 129 | 137 | 138 | 138 | 131 |
| Money market fund shares | .. | .. | .. | .. | .. | .. | .. | .. |
| Non-Money market fund shares | .. | .. | .. | .. | .. | .. | .. | .. |
| Insurance pension and standardised guarantees | 0 | 0 | 0 | 0 | 0 | 0 | 0 | 0 |
| Financial derivatives and employee stock options | 2 | 0 | 2 | 0 | 1 | 4 | 4 | 0 |
| Other accounts receivable | 12 | 4 | 3 | 2 | 1 | 1 | 1 | 0 |
| Financial liabilities | 314 | 437 | 506 | 362 | 384 | 439 | 389 | 341 |
| Debt securities | 0 | 0 | 0 | 0 | 0 | 0 | 0 | 0 |
| Short-term debt securities | .. | .. | .. | .. | .. | .. | .. | .. |
| Long-term debt securities | .. | .. | .. | .. | .. | .. | .. | .. |
| Loans | 0 | 0 | 0 | 0 | 0 | 0 | 0 | 0 |
| Short-term loans | .. | .. | .. | .. | .. | .. | .. | .. |
| Long-term loans | .. | .. | .. | .. | .. | .. | .. | .. |
| Equity and investment fund shares | 310 | 427 | 501 | 360 | 383 | 435 | 383 | 339 |
| Insurance pension and standardised guarantees | 0 | 0 | 0 | 0 | 0 | 0 | 0 | 0 |
| Financial derivatives and employee stock options | 0 | 0 | 0 | 0 | 0 | 0 | 0 | 0 |
| Other accounts payable | 4 | 10 | 4 | 2 | 1 | 4 | 6 | 2 |
| Non-financial assets | 0 | 0 | 0 | 0 | 0 | 0 | 0 | 0 |
| **Open-end investment funds** | | | | | | | | |
| Financial net worth | 0 | 0 | 0 | 0 | -1 | -1 | 0 | 0 |
| Financial assets | 356 | 437 | 506 | 362 | 384 | 438 | 389 | 341 |
| Currency and deposits | 83 | 49 | 19 | 13 | 12 | 21 | 32 | 24 |
| Debt securities | 65 | 50 | 58 | 59 | 72 | 68 | 64 | 54 |
| Loans | 0 | 0 | 0 | 0 | 0 | 0 | 0 | 0 |
| Equity and investment fund shares | 193 | 334 | 424 | 288 | 297 | 344 | 288 | 263 |
| Equity | 121 | 216 | 277 | 159 | 159 | 206 | 151 | 131 |
| Investment fund shares | 72 | 118 | 147 | 129 | 137 | 138 | 138 | 131 |
| Money market fund shares | .. | .. | .. | .. | .. | .. | .. | .. |
| Non-Money market fund shares | .. | .. | .. | .. | .. | .. | .. | .. |
| Insurance pension and standardised guarantees | 0 | 0 | 0 | 0 | 0 | 0 | 0 | 0 |
| Financial derivatives and employee stock options | 2 | 0 | 2 | 0 | 1 | 4 | 4 | 0 |
| Other accounts receivable | 12 | 4 | 3 | 2 | 1 | 1 | 1 | 0 |
| Financial liabilities | 356 | 437 | 506 | 362 | 384 | 439 | 389 | 341 |
| Debt securities | 0 | 0 | 0 | 0 | 0 | 0 | 0 | 0 |
| Short-term debt securities | .. | .. | .. | .. | .. | .. | .. | .. |
| Long-term debt securities | .. | .. | .. | .. | .. | .. | .. | .. |
| Loans | 0 | 0 | 0 | 0 | 0 | 0 | 0 | 0 |
| Short-term loans | .. | .. | .. | .. | .. | .. | .. | .. |
| Long-term loans | .. | .. | .. | .. | .. | .. | .. | .. |
| Equity and investment fund shares | 350 | 427 | 501 | 360 | 383 | 435 | 383 | 339 |
| Insurance pension and standardised guarantees | 0 | 0 | 0 | 0 | 0 | 0 | 0 | 0 |
| Financial derivatives and employee stock options | 0 | 0 | 0 | 0 | 0 | 0 | 0 | 0 |
| Other accounts payable | 5 | 10 | 4 | 2 | 1 | 4 | 6 | 2 |
| Non-financial assets | 0 | 0 | 0 | 0 | 0 | 0 | 0 | 0 |

*Note:* Detailed metadata at: http://metalinks.oecd.org/instinv/20170516/92e5

## Table 3. Financial assets and liabilities of insurance corporations and pension funds

*Million EUR*

| | 2008 | 2009 | 2010 | 2011 | 2012 | 2013 | 2014 | 2015 |
|---|---|---|---|---|---|---|---|---|
| **Insurance corporations and pension funds** | | | | | | | | |
| Financial net worth | -43 | 24 | 103 | 22 | 31 | 60 | 20 | -14 |
| Financial assets | 1 464 | 1 821 | 2 158 | 2 148 | 2 564 | 2 855 | 3 336 | 3 813 |
| Currency and deposits | 314 | 328 | 285 | 347 | 420 | 475 | 498 | 651 |
| Debt securities | 510 | 637 | 532 | 631 | 689 | 688 | 890 | 1 031 |
| Loans | 7 | 8 | 1 | 17 | 1 | 4 | 2 | 3 |
| Equity and investment fund shares | 547 | 774 | 1 224 | 1 091 | 1 407 | 1 628 | 1 894 | 2 072 |
| Equity | 60 | 192 | 214 | 241 | 325 | 314 | 300 | 286 |
| Investment fund shares | 487 | 582 | 1 009 | 850 | 1 082 | 1 314 | 1 594 | 1 786 |
| Money market fund shares | 0 | 0 | 0 | 0 | 0 | 0 | 0 | 0 |
| Non-Money market fund shares | 487 | 582 | 1 009 | 850 | 1 082 | 1 314 | 1 594 | 1 786 |
| Insurance pension and standardised guarantees | 27 | 31 | 26 | 23 | 16 | 14 | 16 | 20 |
| Financial derivatives and employee stock options | 6 | 2 | 1 | 0 | 0 | 1 | 0 | 1 |
| Other accounts receivable | 54 | 41 | 88 | 39 | 30 | 46 | 35 | 36 |
| Financial liabilities | 1 507 | 1 797 | 2 055 | 2 126 | 2 533 | 2 796 | 3 316 | 3 828 |
| Debt securities | 0 | 0 | 0 | 0 | 0 | 0 | 0 | 0 |
| Short-term debt securities | 0 | 0 | 0 | 0 | 0 | 0 | 0 | 0 |
| Long-term debt securities | 0 | 0 | 0 | 0 | 0 | 0 | 0 | 0 |
| Loans | 3 | 4 | 4 | 4 | 16 | 13 | 4 | 4 |
| Short-term loans | 0 | 0 | 0 | 0 | 0 | 0 | 0 | 0 |
| Long-term loans | 3 | 4 | 4 | 4 | 16 | 13 | 4 | 4 |
| Equity and investment fund shares | 238 | 276 | 342 | 370 | 374 | 296 | 312 | 373 |
| Insurance pension and standardised guarantees | 1 204 | 1 465 | 1 653 | 1 711 | 2 089 | 2 436 | 2 937 | 3 403 |
| Financial derivatives and employee stock options | 3 | 1 | 0 | 1 | 0 | 0 | 1 | 0 |
| Other accounts payable | 59 | 50 | 55 | 40 | 54 | 51 | 62 | 47 |
| Non-financial assets | 17 | 17 | 19 | 18 | 19 | 19 | 13 | 13 |
| **Insurance corporations** | | | | | | | | |
| Financial net worth | -40 | 28 | 105 | 21 | 33 | 61 | 19 | -13 |
| Financial assets | 677 | 799 | 999 | 927 | 1 002 | 981 | 1 012 | 1 074 |
| Currency and deposits | 204 | 176 | 179 | 153 | 178 | 158 | 114 | 102 |
| Debt securities | 263 | 287 | 336 | 327 | 296 | 302 | 391 | 432 |
| Loans | 7 | 8 | 1 | 17 | 1 | 4 | 2 | 3 |
| Equity and investment fund shares | 126 | 263 | 411 | 375 | 481 | 458 | 456 | 483 |
| Equity | 16 | 150 | 170 | 184 | 250 | 193 | 178 | 192 |
| Investment fund shares | 110 | 113 | 241 | 191 | 231 | 265 | 278 | 291 |
| Money market fund shares | .. | 0 | 0 | 0 | 0 | 0 | 0 | 0 |
| Non-Money market fund shares | .. | 113 | 241 | 191 | 231 | 265 | 278 | 291 |
| Insurance pension and standardised guarantees | 27 | 31 | 26 | 23 | 16 | 14 | 16 | 20 |
| Financial derivatives and employee stock options | 2 | 0 | 0 | 0 | 0 | 0 | 0 | 0 |
| Other accounts receivable | 49 | 34 | 46 | 31 | 30 | 45 | 33 | 35 |
| Financial liabilities | 717 | 772 | 894 | 906 | 968 | 920 | 993 | 1 087 |
| Debt securities | 0 | 0 | 0 | 0 | 0 | 0 | 0 | 0 |
| Short-term debt securities | .. | 0 | 0 | 0 | 0 | 0 | 0 | 0 |
| Long-term debt securities | .. | 0 | 0 | 0 | 0 | 0 | 0 | 0 |
| Loans | 3 | 4 | 4 | 4 | 16 | 13 | 4 | 4 |
| Short-term loans | .. | 0 | 0 | 0 | 0 | 0 | 0 | 0 |
| Long-term loans | .. | 4 | 4 | 4 | 16 | 13 | 4 | 4 |
| Equity and investment fund shares | 238 | 276 | 342 | 370 | 374 | 296 | 312 | 373 |
| Insurance pension and standardised guarantees | 426 | 467 | 519 | 496 | 527 | 562 | 624 | 666 |
| Financial derivatives and employee stock options | 3 | 1 | 0 | 0 | 0 | 0 | 0 | 0 |
| Other accounts payable | 48 | 23 | 29 | 36 | 51 | 48 | 54 | 44 |
| Non-financial assets | 15 | 15 | 18 | 18 | 19 | 19 | 13 | 13 |
| **Pension funds** | | | | | | | | |
| Financial net worth | -3 | -3 | -2 | 1 | -2 | -2 | 1 | -1 |
| Financial assets | 787 | 1 022 | 1 159 | 1 220 | 1 562 | 1 875 | 2 324 | 2 739 |
| Currency and deposits | 110 | 152 | 106 | 193 | 242 | 317 | 384 | 549 |
| Debt securities | 247 | 350 | 197 | 303 | 393 | 386 | 499 | 599 |
| Loans | 0 | 0 | 0 | 0 | 0 | 0 | 0 | 0 |
| Equity and investment fund shares | 421 | 511 | 813 | 716 | 927 | 1 170 | 1 438 | 1 590 |
| Equity | 44 | 41 | 45 | 57 | 75 | 121 | 122 | 95 |
| Investment fund shares | 377 | 469 | 768 | 659 | 852 | 1 049 | 1 317 | 1 495 |
| Money market fund shares | .. | 0 | 0 | 0 | 0 | 0 | 0 | 0 |
| Non-Money market fund shares | .. | 469 | 768 | 659 | 852 | 1 049 | 1 317 | 1 495 |
| Insurance pension and standardised guarantees | 0 | 0 | 0 | 0 | 0 | 0 | 0 | 0 |
| Financial derivatives and employee stock options | 4 | 1 | 1 | 0 | 0 | 1 | 0 | 1 |
| Other accounts receivable | 5 | 8 | 41 | 8 | 0 | 1 | 3 | 2 |
| Financial liabilities | 789 | 1 025 | 1 161 | 1 219 | 1 564 | 1 876 | 2 323 | 2 740 |
| Debt securities | 0 | 0 | 0 | 0 | 0 | 0 | 0 | 0 |
| Short-term debt securities | .. | 0 | 0 | 0 | 0 | 0 | 0 | 0 |
| Long-term debt securities | .. | 0 | 0 | 0 | 0 | 0 | 0 | 0 |
| Loans | 0 | 0 | 0 | 0 | 0 | 0 | 0 | 0 |
| Short-term loans | .. | 0 | 0 | 0 | 0 | 0 | 0 | 0 |
| Long-term loans | .. | 0 | 0 | 0 | 0 | 0 | 0 | 0 |
| Equity and investment fund shares | 0 | 0 | 0 | 0 | 0 | 0 | 0 | 0 |
| Insurance pension and standardised guarantees | 779 | 998 | 1 134 | 1 215 | 1 562 | 1 873 | 2 314 | 2 737 |
| Financial derivatives and employee stock options | 0 | 0 | 0 | 1 | 0 | 0 | 1 | 0 |
| Other accounts payable | 11 | 27 | 26 | 4 | 2 | 3 | 9 | 3 |
| Non-financial assets | 2 | 2 | 1 | 0 | 0 | 0 | 0 | 0 |

*Note:* Detailed metadata at: http://metalinks.oecd.org/instinv/20170516/92e5

## Table 4. Portfolio composition by type of investor

As percentage of financial assets and of financial liabilities

*Per cent*

| | 2008 | 2009 | 2010 | 2011 | 2012 | 2013 | 2014 | 2015 |
|---|---|---|---|---|---|---|---|---|
| **Investment funds** | | | | | | | | |
| Financial assets | 100.0 | 100.0 | 100.0 | 100.0 | 100.0 | 100.0 | 100.0 | 100.0 |
| Currency and deposits | 17.3 | 11.4 | 4.7 | 5.0 | 9.4 | 8.8 | 8.8 | 7.6 |
| Debt securities | 24.4 | 14.4 | 11.5 | 15.0 | 14.7 | 11.1 | 11.7 | 10.2 |
| Loans | 0.0 | 6.4 | 3.5 | 4.1 | 2.7 | 5.0 | 4.5 | 5.4 |
| Equity and investment fund shares | 45.1 | 66.3 | 78.9 | 75.4 | 71.8 | 72.9 | 72.2 | 76.4 |
| Insurance pension and standardised guarantee schemes | 0.0 | 0.0 | 0.0 | 0.0 | 0.0 | 0.0 | 0.0 | 0.0 |
| Financial derivatives and employee stock options | 0.4 | 0.0 | 0.6 | 0.0 | 0.2 | 0.6 | 1.0 | 0.0 |
| Other accounts receivable | 12.7 | 1.5 | 0.8 | 0.5 | 1.2 | 1.5 | 1.9 | 0.3 |
| Financial liabilities | 100.0 | 100.0 | 100.0 | 100.0 | 100.0 | 100.0 | 100.0 | 100.0 |
| Currency and deposits | 0.0 | 0.0 | 0.0 | 0.0 | 0.0 | 0.0 | 0.0 | 0.0 |
| Debt securities | 0.0 | 3.9 | 3.1 | 2.7 | 0.0 | 0.0 | 0.0 | 0.0 |
| Loans | 4.2 | 1.8 | 0.7 | 2.9 | 5.1 | 3.9 | 4.7 | 3.5 |
| Equity and investment fund shares | 94.6 | 92.5 | 95.4 | 93.8 | 94.4 | 95.3 | 93.8 | 95.9 |
| Insurance pension and standardised guarantee schemes | 0.0 | 0.0 | 0.0 | 0.0 | 0.0 | 0.0 | 0.0 | 0.0 |
| Financial derivatives and employee stock options | 0.0 | 0.0 | 0.0 | 0.0 | 0.0 | 0.0 | 0.2 | 0.0 |
| Other accounts receivable | 1.2 | 1.8 | 0.8 | 0.6 | 0.5 | 0.8 | 1.2 | 0.5 |
| **Insurance corporations** | | | | | | | | |
| Financial assets | 100.0 | 100.0 | 100.0 | 100.0 | 100.0 | 100.0 | 100.0 | 100.0 |
| Currency and deposits | 30.0 | 22.0 | 17.9 | 16.5 | 17.8 | 16.1 | 11.3 | 9.5 |
| Debt securities | 38.9 | 35.8 | 33.6 | 35.3 | 29.6 | 30.8 | 38.7 | 40.2 |
| Loans | 1.1 | 1.0 | 0.1 | 1.9 | 0.1 | 0.4 | 0.2 | 0.3 |
| Equity and investment fund shares | 18.6 | 32.9 | 41.1 | 40.5 | 48.0 | 46.7 | 45.0 | 44.9 |
| Insurance pension and standardised guarantee schemes | 4.0 | 3.9 | 2.6 | 2.4 | 1.6 | 1.4 | 1.6 | 1.9 |
| Financial derivatives and employee stock options | 0.3 | 0.0 | 0.0 | 0.0 | 0.0 | 0.0 | 0.0 | 0.0 |
| Other accounts receivable | 7.2 | 4.2 | 4.6 | 3.4 | 3.0 | 4.6 | 3.2 | 3.2 |
| Financial liabilities | 100.0 | 100.0 | 100.0 | 100.0 | 100.0 | 100.0 | 100.0 | 100.0 |
| Currency and deposits | 0.0 | 0.0 | 0.0 | 0.0 | 0.0 | 0.0 | 0.0 | 0.0 |
| Debt securities | 0.0 | 0.0 | 0.0 | 0.0 | 0.0 | 0.0 | 0.0 | 0.0 |
| Loans | 0.4 | 0.5 | 0.4 | 0.4 | 1.7 | 1.5 | 0.4 | 0.3 |
| Equity and investment fund shares | 33.2 | 35.8 | 38.3 | 40.9 | 38.6 | 32.1 | 31.4 | 34.3 |
| Insurance pension and standardised guarantee schemes | 59.3 | 60.5 | 58.0 | 54.8 | 54.4 | 61.1 | 62.8 | 61.3 |
| Financial derivatives and employee stock options | 0.3 | 0.1 | 0.0 | 0.0 | 0.0 | 0.0 | 0.0 | 0.0 |
| Other accounts receivable | 6.7 | 3.0 | 3.2 | 3.9 | 5.3 | 5.3 | 5.4 | 4.1 |
| **Pension funds** | | | | | | | | |
| Financial assets | 100.0 | 100.0 | 100.0 | 100.0 | 100.0 | 100.0 | 100.0 | 100.0 |
| Currency and deposits | 14.0 | 14.8 | 9.2 | 15.8 | 15.5 | 16.9 | 16.5 | 20.0 |
| Debt securities | 31.4 | 34.3 | 17.0 | 24.8 | 25.2 | 20.6 | 21.5 | 21.9 |
| Loans | 0.0 | 0.0 | 0.0 | 0.0 | 0.0 | 0.0 | 0.0 | 0.0 |
| Equity and investment fund shares | 53.5 | 50.0 | 70.2 | 58.7 | 59.3 | 62.4 | 61.9 | 58.0 |
| Insurance pension and standardised guarantee schemes | 0.0 | 0.0 | 0.0 | 0.0 | 0.0 | 0.0 | 0.0 | 0.0 |
| Financial derivatives and employee stock options | 0.4 | 0.1 | 0.1 | 0.0 | 0.0 | 0.0 | 0.0 | 0.0 |
| Other accounts receivable | 0.6 | 0.7 | 3.6 | 0.6 | 0.0 | 0.1 | 0.1 | 0.1 |
| Financial liabilities | 100.0 | 100.0 | 100.0 | 100.0 | 100.0 | 100.0 | 100.0 | 100.0 |
| Currency and deposits | 0.0 | 0.0 | 0.0 | 0.0 | 0.0 | 0.0 | 0.0 | 0.0 |
| Debt securities | 0.0 | 0.0 | 0.0 | 0.0 | 0.0 | 0.0 | 0.0 | 0.0 |
| Loans | 0.0 | 0.0 | 0.0 | 0.0 | 0.0 | 0.0 | 0.0 | 0.0 |
| Equity and investment fund shares | 0.0 | 0.0 | 0.0 | 0.0 | 0.0 | 0.0 | 0.0 | 0.0 |
| Insurance pension and standardised guarantee schemes | 98.6 | 97.4 | 97.7 | 99.6 | 99.9 | 99.9 | 99.6 | 99.9 |
| Financial derivatives and employee stock options | 0.0 | 0.0 | 0.0 | 0.0 | 0.0 | 0.0 | 0.0 | 0.0 |
| Other accounts receivable | 1.4 | 2.6 | 2.3 | 0.3 | 0.1 | 0.1 | 0.4 | 0.1 |

*Note:* Detailed metadata at: http://metalinks.oecd.org/instinv/20170516/f09d

## Table 1. Financial assets and liabilities of institutional investors, 2015

*Million EUR (1999 FIM euro)*

| | | Investment funds | | | |
|---|---|---|---|---|---|
| | | Non-money market funds | | | Money market funds |
| | Total | Total | Open-end non-money market funds | Closed-end non-money market funds | Total |
| Financial assets | 108 876 | 105 418 | .. | .. | 3 458 |
| Currency and deposits | 4 135 | 3 782 | .. | .. | 353 |
| Debt securities | 35 811 | 32 722 | .. | .. | 3 089 |
| Debt securities, short term | 1 814 | 1 375 | .. | .. | 439 |
| Debt securities, long term | 33 997 | 31 347 | .. | .. | 2 650 |
| Debt securities issued by residents | 4 888 | 4 352 | .. | .. | 536 |
| Debt securities issued by non-residents | 30 923 | 28 370 | .. | .. | 2 553 |
| Loans | 1 045 | 1 045 | .. | .. | 0 |
| Loans, short-term | 20 | 20 | .. | .. | 0 |
| Loans, long-term | 1 025 | 1 025 | .. | .. | 0 |
| Loans granted to residents | 874 | 874 | .. | .. | 0 |
| Loans granted to non-residents | 171 | 171 | .. | .. | 0 |
| Equity and investment fund shares/units | 64 623 | 64 623 | .. | .. | 0 |
| Equity and investment fund shares issued/units by residents | 26 662 | 26 662 | .. | .. | 0 |
| Equity and investment fund shares/units issued by non residents | 37 961 | 37 961 | .. | .. | 0 |
| Other accounts receivable | 909 | 893 | .. | .. | 16 |

| | | Investment funds | | | |
|---|---|---|---|---|---|
| | | Non-money market funds | | | Money market funds |
| | Total | Total | Open-end non-money market funds | Closed-end non-money market funds | Total |
| Financial liabilities | 108 879 | 105 400 | .. | .. | 3 479 |
| Currency and deposits | .. | .. | .. | .. | .. |
| Debt securities | 0 | .. | .. | .. | 0 |
| Debt securities, short term | .. | .. | .. | .. | .. |
| Debt securities, long term | 0 | .. | .. | .. | 0 |
| Loans | 2 008 | 2 008 | .. | .. | 0 |
| Loans, short-term | 42 | 42 | .. | .. | 0 |
| Loans, long-term | 1 966 | 1 966 | .. | .. | 0 |
| Equity and investment fund shares/units | 104 251 | 100 805 | .. | .. | 3 446 |
| Insurance pension and standardised guaratees | .. | .. | .. | .. | .. |
| Financial derivatives and employee stock options | 2 154 | 2 154 | .. | .. | 0 |
| Other accounts payable | 466 | 433 | .. | .. | 33 |

| | | Insurance corporations and pension funds | | | |
|---|---|---|---|---|---|
| | | Insurance corporations | | | Pension funds |
| | Total | Total | Life insurance corporations | Non-life insurance corporations | Total |
| Financial assets | 74 849 | 71 889 | .. | .. | 2 960 |
| Currency and deposits | 3 524 | 3 467 | .. | .. | 57 |
| Debt securities | 24 530 | 23 800 | .. | .. | 730 |
| Debt securities, short-term | 1 515 | 1 467 | .. | .. | 48 |
| Debt securities, long term | 23 015 | 22 333 | .. | .. | 682 |
| Debt securities issued by residents | 8 214 | 7 780 | .. | .. | 434 |
| Debt securities issued by non-residents | 16 316 | 16 020 | .. | .. | 296 |
| Loans | 1 941 | 1 769 | .. | .. | 172 |
| Loans, short-term | 34 | 34 | .. | .. | 0 |
| Loans, long-term | 1 907 | 1 735 | .. | .. | 172 |
| Loans granted to residents | 1 904 | 1 732 | .. | .. | 172 |
| Loans granted to non-residents | 37 | 37 | .. | .. | 0 |
| Equity and investment fund shares/units | 42 527 | 40 558 | .. | .. | 1 969 |
| Equity and investment fund shares/units issued by residents | 30 340 | 29 309 | .. | .. | 1 031 |
| Equity and investment fund shares/units issued by non residents | 12 187 | 11 249 | .. | .. | 938 |
| Other accounts receivable | 2 247 | 2 215 | .. | .. | 32 |

| | | Insurance corporations and pension funds | | | |
|---|---|---|---|---|---|
| | | Insurance corporations | | | Pension funds |
| | Total | Total | Life insurance corporations | Non-life insurance corporations | Total |
| Financial liabilities | 71 309 | 67 668 | .. | .. | 3 641 |
| Currency and deposits | 0 | 0 | .. | .. | .. |
| Debt securities | 515 | 515 | .. | .. | 0 |
| Debt securities, short term | 19 | 19 | .. | .. | 0 |
| Debt securities, long term | 496 | 496 | .. | .. | 0 |
| Loans | 124 | 124 | .. | .. | 0 |
| Loans, short-term | 20 | 20 | .. | .. | 0 |
| Loans, long-term | 104 | 104 | .. | .. | 0 |
| Equity and investment fund shares/units | 5 335 | 5 335 | .. | .. | .. |
| Insurance pension and standardised guarantees | 64 148 | 60 540 | .. | .. | 3 608 |
| Financial derivatives and employee stock options | 138 | 138 | .. | .. | 0 |
| Other accounts payable | 1 049 | 1 016 | .. | .. | 33 |

*Note:* Detailed metadata at: http://metalinks.oecd.org/instinv/20170516/667f

# FINLAND

## Table 2. Financial assets and liabilities of investment funds

*Million EUR*

| | 2008 | 2009 | 2010 | 2011 | 2012 | 2013 | 2014 | 2015 |
|---|---|---|---|---|---|---|---|---|
| **Investment funds** | | | | | | | | |
| Financial net worth | 355 | 199 | 35 | 369 | -81 | -273 | 280 | -3 |
| Financial assets | 45 278 | 57 892 | 66 600 | 60 223 | 72 745 | 82 503 | 94 435 | 108 876 |
| Currency and deposits | 2 192 | 2 047 | 2 154 | 2 430 | 2 905 | 4 544 | 4 003 | 4 135 |
| Debt securities | 25 081 | 26 138 | 25 281 | 25 684 | 28 865 | 30 822 | 34 447 | 35 811 |
| Loans | 1 296 | 1 352 | 1 250 | 1 356 | 1 403 | 1 385 | 1 643 | 1 045 |
| Equity and investment fund shares | 16 365 | 28 167 | 36 679 | 29 569 | 37 988 | 43 956 | 51 962 | 64 623 |
| Equity | 9 967 | 18 287 | 23 773 | 17 884 | 21 864 | 27 083 | 32 155 | 38 499 |
| Investment fund shares | 6 398 | 9 880 | 12 906 | 11 685 | 16 124 | 16 873 | 19 807 | 26 124 |
| Money market fund shares | 1 258 | 1 277 | 1 092 | 1 147 | 577 | 834 | 772 | 657 |
| Non-Money market fund shares | 5 140 | 8 603 | 11 814 | 10 538 | 15 547 | 16 039 | 19 035 | 25 467 |
| Insurance pension and standardised guarantees | .. | .. | .. | .. | .. | .. | .. | .. |
| Financial derivatives and employee stock options | 13 | 1 | 387 | 713 | 1 048 | 1 256 | 1 704 | 2 353 |
| Other accounts receivable | 331 | 187 | 849 | 471 | 536 | 540 | 676 | 909 |
| Financial liabilities | 44 923 | 57 693 | 66 565 | 59 854 | 72 826 | 82 776 | 94 155 | 108 879 |
| Debt securities | 0 | 0 | 0 | 0 | 0 | 0 | 0 | 0 |
| Short-term debt securities | .. | .. | .. | .. | .. | .. | .. | .. |
| Long-term debt securities | 0 | 0 | 0 | 0 | 0 | 0 | 0 | 0 |
| Loans | 0 | 3 | 3 | 8 | 6 | 1 921 | 1 329 | 2 008 |
| Short-term loans | 0 | 0 | 0 | 0 | 0 | 0 | 16 | 42 |
| Long-term loans | 0 | 3 | 3 | 8 | 6 | 1 921 | 1 313 | 1 966 |
| Equity and investment fund shares | 43 915 | 57 249 | 64 973 | 58 475 | 70 447 | 79 022 | 90 284 | 104 251 |
| Insurance pension and standardised guarantees | .. | .. | .. | .. | .. | .. | .. | .. |
| Financial derivatives and employee stock options | 524 | 74 | 615 | 885 | 1 793 | 1 228 | 1 968 | 2 154 |
| Other accounts payable | 484 | 367 | 974 | 486 | 580 | 605 | 574 | 466 |
| Non-financial assets | .. | .. | .. | .. | .. | .. | .. | .. |
| **Money market funds** | | | | | | | | |
| Financial net worth | 29 | 186 | 180 | 0 | -250 | -564 | -39 | -21 |
| Financial assets | 12 372 | 11 953 | 10 480 | 11 418 | 3 244 | 3 546 | 3 450 | 3 458 |
| Currency and deposits | 530 | 296 | 331 | 401 | 293 | 335 | 412 | 353 |
| Debt securities | 11 700 | 11 433 | 9 942 | 10 849 | 2 844 | 3 105 | 3 020 | 3 089 |
| Loans | 0 | 0 | 0 | 0 | 0 | 0 | 0 | 0 |
| Equity and investment fund shares | 0 | 209 | 178 | 14 | 12 | 2 | 2 | 0 |
| Equity | 0 | 0 | 0 | 0 | 0 | 0 | 0 | 0 |
| Investment fund shares | 0 | 209 | 178 | 14 | 12 | 2 | 2 | 0 |
| Money market fund shares | 0 | 32 | 0 | 14 | 12 | 2 | 2 | 0 |
| Non-Money market fund shares | 0 | 177 | 178 | 0 | 0 | 0 | 0 | 0 |
| Insurance pension and standardised guarantees | .. | .. | .. | .. | .. | .. | .. | .. |
| Financial derivatives and employee stock options | 0 | 0 | 0 | 0 | 25 | 0 | 0 | 0 |
| Other accounts receivable | 142 | 15 | 29 | 154 | 70 | 104 | 16 | 16 |
| Financial liabilities | 12 343 | 11 767 | 10 300 | 11 418 | 3 494 | 4 110 | 3 489 | 3 479 |
| Debt securities | 0 | 0 | 0 | 0 | 0 | 0 | 0 | 0 |
| Short-term debt securities | .. | .. | .. | .. | .. | .. | .. | .. |
| Long-term debt securities | 0 | 0 | 0 | 0 | 0 | 0 | 0 | 0 |
| Loans | 0 | 0 | 0 | 0 | 0 | 136 | 0 | 0 |
| Short-term loans | 0 | 0 | 0 | 0 | 0 | 0 | 0 | 0 |
| Long-term loans | 0 | 0 | 0 | 0 | 0 | 136 | 0 | 0 |
| Equity and investment fund shares | 12 181 | 11 722 | 10 222 | 11 347 | 3 494 | 3 974 | 3 398 | 3 446 |
| Insurance pension and standardised guarantees | .. | .. | .. | .. | .. | .. | .. | .. |
| Financial derivatives and employee stock options | 0 | 0 | 0 | 0 | 0 | 0 | 0 | 0 |
| Other accounts payable | 162 | 45 | 78 | 71 | 0 | 0 | 91 | 33 |
| Non-financial assets | 0 | 0 | 0 | 0 | 0 | 0 | 0 | 0 |
| **Non-money market funds** | | | | | | | | |
| Financial net worth | 326 | 13 | -145 | 369 | 169 | 291 | 319 | 18 |
| Financial assets | 32 906 | 45 939 | 56 120 | 48 805 | 69 501 | 78 957 | 90 985 | 105 418 |
| Currency and deposits | 1 662 | 1 751 | 1 823 | 2 029 | 2 612 | 4 209 | 3 591 | 3 782 |
| Debt securities | 13 381 | 14 705 | 15 339 | 14 835 | 26 021 | 27 717 | 31 427 | 32 722 |
| Loans | 1 296 | 1 352 | 1 250 | 1 356 | 1 403 | 1 385 | 1 643 | 1 045 |
| Equity and investment fund shares | 16 365 | 27 958 | 36 501 | 29 555 | 37 976 | 43 954 | 51 960 | 64 623 |
| Equity | 9 967 | 18 287 | 23 773 | 17 884 | 21 864 | 27 083 | 32 155 | 38 499 |
| Investment fund shares | 6 398 | 9 671 | 12 728 | 11 671 | 16 112 | 16 871 | 19 805 | 26 124 |
| Money market fund shares | 1 258 | 1 245 | 1 092 | 1 133 | 565 | 832 | 770 | 657 |
| Non-Money market fund shares | 5 140 | 8 426 | 11 636 | 10 538 | 15 547 | 16 039 | 19 035 | 25 467 |
| Insurance pension and standardised guarantees | .. | .. | .. | .. | .. | .. | .. | .. |
| Financial derivatives and employee stock options | 13 | 1 | 387 | 713 | 1 023 | 1 256 | 1 704 | 2 353 |
| Other accounts receivable | 189 | 172 | 820 | 317 | 466 | 436 | 660 | 893 |
| Financial liabilities | 32 580 | 45 926 | 56 265 | 48 436 | 69 332 | 78 666 | 90 666 | 105 400 |
| Debt securities | .. | .. | .. | .. | .. | .. | .. | .. |
| Short-term debt securities | .. | .. | .. | .. | .. | .. | .. | .. |
| Long-term debt securities | .. | .. | .. | .. | .. | .. | .. | .. |
| Loans | 0 | 3 | 3 | 8 | 6 | 1 785 | 1 329 | 2 008 |
| Short-term loans | 0 | 0 | 0 | 0 | 0 | 0 | 16 | 42 |
| Long-term loans | 0 | 3 | 3 | 8 | 6 | 1 785 | 1 313 | 1 966 |
| Equity and investment fund shares | 31 734 | 45 527 | 54 751 | 47 128 | 66 953 | 75 048 | 86 886 | 100 805 |
| Insurance pension and standardised guarantees | .. | .. | .. | .. | .. | .. | .. | .. |
| Financial derivatives and employee stock options | 524 | 74 | 615 | 885 | 1 793 | 1 228 | 1 968 | 2 154 |
| Other accounts payable | 322 | 322 | 896 | 415 | 580 | 605 | 483 | 433 |
| Non-financial assets | 0 | 0 | 0 | 0 | 0 | 0 | 0 | 0 |
| **Open-end non-money market funds** | | | | | | | | |
| Financial net worth | .. | .. | .. | .. | .. | .. | .. | .. |
| Financial assets | .. | .. | .. | .. | .. | .. | .. | .. |

## Table 2. Financial assets and liabilities of investment funds *(cont.)*

*Million EUR*

| | 2008 | 2009 | 2010 | 2011 | 2012 | 2013 | 2014 | 2015 |
|---|---|---|---|---|---|---|---|---|
| Currency and deposits | .. | .. | .. | .. | .. | .. | .. | .. |
| Debt securities | .. | .. | .. | .. | .. | .. | .. | .. |
| Loans | .. | .. | .. | .. | .. | .. | .. | .. |
| Equity and investment fund shares | .. | .. | .. | .. | .. | .. | .. | .. |
| Equity | .. | .. | .. | .. | .. | .. | .. | .. |
| Investment fund shares | .. | .. | .. | .. | .. | .. | .. | .. |
| Money market fund shares | .. | .. | .. | .. | .. | .. | .. | .. |
| Non-Money market fund shares | .. | .. | .. | .. | .. | .. | .. | .. |
| Insurance pension and standardised guarantees | .. | .. | .. | .. | .. | .. | .. | .. |
| Financial derivatives and employee stock options | .. | .. | .. | .. | .. | .. | .. | .. |
| Other accounts receivable | .. | .. | .. | .. | .. | .. | .. | .. |
| Financial liabilities | .. | .. | .. | .. | .. | .. | .. | .. |
| Debt securities | .. | .. | .. | .. | .. | .. | .. | .. |
| Short-term debt securities | .. | .. | .. | .. | .. | .. | .. | .. |
| Long-term debt securities | .. | .. | .. | .. | .. | .. | .. | .. |
| Loans | .. | .. | .. | .. | .. | .. | .. | .. |
| Short-term loans | .. | .. | .. | .. | .. | .. | .. | .. |
| Long-term loans | .. | .. | .. | .. | .. | .. | .. | .. |
| Equity and investment fund shares | .. | .. | .. | .. | .. | .. | .. | .. |
| Insurance pension and standardised guarantees | .. | .. | .. | .. | .. | .. | .. | .. |
| Financial derivatives and employee stock options | .. | .. | .. | .. | .. | .. | .. | .. |
| Other accounts payable | .. | .. | .. | .. | .. | .. | .. | .. |
| Non-financial assets | .. | .. | .. | .. | .. | .. | .. | .. |
| **Open-end investment funds** | | | | | | | | |
| Financial net worth | .. | .. | .. | .. | .. | .. | .. | .. |
| Financial assets | .. | .. | .. | .. | .. | .. | .. | .. |
| Currency and deposits | .. | .. | .. | .. | .. | .. | .. | .. |
| Debt securities | .. | .. | .. | .. | .. | .. | .. | .. |
| Loans | .. | .. | .. | .. | .. | .. | .. | .. |
| Equity and investment fund shares | .. | .. | .. | .. | .. | .. | .. | .. |
| Equity | .. | .. | .. | .. | .. | .. | .. | .. |
| Investment fund shares | .. | .. | .. | .. | .. | .. | .. | .. |
| Money market fund shares | .. | .. | .. | .. | .. | .. | .. | .. |
| Non-Money market fund shares | .. | .. | .. | .. | .. | .. | .. | .. |
| Insurance pension and standardised guarantees | .. | .. | .. | .. | .. | .. | .. | .. |
| Financial derivatives and employee stock options | .. | .. | .. | .. | .. | .. | .. | .. |
| Other accounts receivable | .. | .. | .. | .. | .. | .. | .. | .. |
| Financial liabilities | .. | .. | .. | .. | .. | .. | .. | .. |
| Debt securities | .. | .. | .. | .. | .. | .. | .. | .. |
| Short-term debt securities | .. | .. | .. | .. | .. | .. | .. | .. |
| Long-term debt securities | .. | .. | .. | .. | .. | .. | .. | .. |
| Loans | .. | .. | .. | .. | .. | .. | .. | .. |
| Short-term loans | .. | .. | .. | .. | .. | .. | .. | .. |
| Long-term loans | .. | .. | .. | .. | .. | .. | .. | .. |
| Equity and investment fund shares | .. | .. | .. | .. | .. | .. | .. | .. |
| Insurance pension and standardised guarantees | .. | .. | .. | .. | .. | .. | .. | .. |
| Financial derivatives and employee stock options | .. | .. | .. | .. | .. | .. | .. | .. |
| Other accounts payable | .. | .. | .. | .. | .. | .. | .. | .. |
| Non-financial assets | .. | .. | .. | .. | .. | .. | .. | .. |

*Note:* Detailed metadata at: http://metalinks.oecd.org/instinv/20170516/667f

## Table 3. Financial assets and liabilities of insurance corporations and pension funds

*Million EUR*

| | 2008 | 2009 | 2010 | 2011 | 2012 | 2013 | 2014 | 2015 |
|---|---|---|---|---|---|---|---|---|
| **Insurance corporations and pension funds** | | | | | | | | |
| Financial net worth | 485 | 43 | 3 224 | 3 160 | 3 415 | 1 553 | 3 148 | 3 540 |
| Financial assets | 46 278 | 51 590 | 57 381 | 56 438 | 61 770 | 64 156 | 71 096 | 74 849 |
| Currency and deposits | 1 445 | 1 577 | 2 238 | 2 108 | 2 497 | 2 818 | 3 498 | 3 524 |
| Debt securities | 21 946 | 21 367 | 22 245 | 21 177 | 23 505 | 24 582 | 24 852 | 24 530 |
| Loans | 1 689 | 1 735 | 1 816 | 1 824 | 1 680 | 1 667 | 1 584 | 1 941 |
| Equity and investment fund shares | 19 454 | 25 075 | 29 211 | 29 524 | 31 919 | 33 479 | 38 641 | 42 527 |
| Equity | 5 845 | 6 071 | 5 155 | 5 027 | 4 877 | 4 870 | 4 945 | 5 386 |
| Investment fund shares | 13 609 | 19 004 | 24 056 | 24 497 | 27 042 | 28 609 | 33 696 | 37 141 |
| Money market fund shares | 1 720 | 1 558 | 1 268 | 2 532 | 966 | 1 188 | 1 511 | 1 521 |
| Non-Money market fund shares | 11 889 | 17 446 | 22 788 | 21 965 | 26 076 | 27 421 | 32 185 | 35 620 |
| Insurance pension and standardised guarantees | 0 | 0 | 0 | 0 | 0 | 0 | 0 | 0 |
| Financial derivatives and employee stock options | 0 | 0 | 173 | 46 | 310 | 132 | 145 | 80 |
| Other accounts receivable | 1 744 | 1 836 | 1 698 | 1 759 | 1 859 | 1 478 | 2 376 | 2 247 |
| Financial liabilities | 45 793 | 51 547 | 54 157 | 53 278 | 58 355 | 62 603 | 67 948 | 71 309 |
| Debt securities | 345 | 294 | 315 | 273 | 280 | 210 | 554 | 515 |
| Short-term debt securities | 3 | 6 | 9 | 17 | 13 | 5 | 24 | 19 |
| Long-term debt securities | 342 | 288 | 306 | 256 | 267 | 205 | 530 | 496 |
| Loans | 367 | 477 | 362 | 452 | 182 | 106 | 286 | 124 |
| Short-term loans | 0 | 1 | 1 | 1 | 44 | 23 | 65 | 20 |
| Long-term loans | 367 | 476 | 361 | 451 | 138 | 83 | 221 | 104 |
| Equity and investment fund shares | 2 930 | 4 040 | 4 640 | 4 380 | 5 162 | 5 447 | 5 510 | 5 335 |
| Insurance pension and standardised guarantees | 41 300 | 45 178 | 47 651 | 46 957 | 51 347 | 55 448 | 59 665 | 64 148 |
| Financial derivatives and employee stock options | 10 | 10 | 128 | 316 | 66 | 91 | 290 | 138 |
| Other accounts payable | 841 | 1 548 | 1 061 | 900 | 1 318 | 1 301 | 1 643 | 1 049 |
| Non-financial assets | .. | .. | .. | .. | .. | .. | .. | .. |
| **Insurance corporations** | | | | | | | | |
| Financial net worth | 1 404 | 768 | 2 716 | 2 903 | 3 525 | 2 381 | 3 960 | 4 221 |
| Financial assets | 42 797 | 47 947 | 53 120 | 52 543 | 58 247 | 61 194 | 68 175 | 71 889 |
| Currency and deposits | 1 325 | 1 445 | 2 142 | 1 893 | 2 372 | 2 604 | 3 439 | 3 467 |
| Debt securities | 20 718 | 20 325 | 21 403 | 20 211 | 22 707 | 23 720 | 23 971 | 23 800 |
| Loans | 1 200 | 1 251 | 1 518 | 1 514 | 1 428 | 1 502 | 1 426 | 1 769 |
| Equity and investment fund shares | 17 875 | 23 136 | 26 221 | 27 178 | 29 688 | 31 799 | 36 853 | 40 558 |
| Equity | 5 183 | 5 469 | 4 232 | 4 144 | 4 332 | 4 360 | 4 262 | 4 798 |
| Investment fund shares | 12 692 | 17 667 | 21 989 | 23 034 | 25 356 | 27 439 | 32 591 | 35 760 |
| Money market fund shares | 1 720 | 1 400 | 1 207 | 2 439 | 864 | 1 066 | 1 435 | 1 415 |
| Non-Money market fund shares | 10 972 | 16 267 | 20 782 | 20 595 | 24 492 | 26 373 | 31 156 | 34 345 |
| Insurance pension and standardised guarantees | 0 | 0 | 0 | 0 | 0 | 0 | 0 | 0 |
| Financial derivatives and employee stock options | 0 | 0 | 173 | 46 | 308 | 130 | 145 | 80 |
| Other accounts receivable | 1 679 | 1 790 | 1 663 | 1 701 | 1 744 | 1 439 | 2 341 | 2 215 |
| Financial liabilities | 41 393 | 47 179 | 50 404 | 49 640 | 54 722 | 58 813 | 64 215 | 67 668 |
| Debt securities | 345 | 294 | 315 | 273 | 280 | 210 | 554 | 515 |
| Short-term debt securities | 3 | 6 | 9 | 17 | 13 | 5 | 24 | 19 |
| Long-term debt securities | 342 | 288 | 306 | 256 | 267 | 205 | 530 | 496 |
| Loans | 367 | 477 | 362 | 426 | 182 | 106 | 286 | 124 |
| Short-term loans | 0 | 1 | 1 | 1 | 44 | 23 | 65 | 20 |
| Long-term loans | 367 | 476 | 361 | 425 | 138 | 83 | 221 | 104 |
| Equity and investment fund shares | 2 930 | 4 040 | 4 640 | 4 380 | 5 162 | 5 447 | 5 510 | 5 335 |
| Insurance pension and standardised guarantees | 36 924 | 40 843 | 43 924 | 43 370 | 47 739 | 51 684 | 55 980 | 60 540 |
| Financial derivatives and employee stock options | 10 | 10 | 128 | 316 | 66 | 91 | 290 | 138 |
| Other accounts payable | 817 | 1 515 | 1 035 | 875 | 1 293 | 1 275 | 1 595 | 1 016 |
| Non-financial assets | 884 | 949 | 894 | 877 | 881 | 851 | 836 | 814 |
| **Pension funds** | | | | | | | | |
| Financial net worth | -919 | -725 | 508 | 257 | -110 | -828 | -812 | -681 |
| Financial assets | 3 481 | 3 643 | 4 261 | 3 895 | 3 523 | 2 962 | 2 921 | 2 960 |
| Currency and deposits | 120 | 132 | 96 | 215 | 125 | 214 | 59 | 57 |
| Debt securities | 1 228 | 1 042 | 842 | 966 | 798 | 862 | 881 | 730 |
| Loans | 489 | 484 | 298 | 310 | 252 | 165 | 158 | 172 |
| Equity and investment fund shares | 1 579 | 1 939 | 2 990 | 2 346 | 2 231 | 1 680 | 1 788 | 1 969 |
| Equity | 662 | 602 | 923 | 883 | 545 | 510 | 683 | 588 |
| Investment fund shares | 917 | 1 337 | 2 067 | 1 463 | 1 686 | 1 170 | 1 105 | 1 381 |
| Money market fund shares | 0 | 158 | 61 | 93 | 102 | 122 | 76 | 106 |
| Non-Money market fund shares | 917 | 1 179 | 2 006 | 1 370 | 1 584 | 1 048 | 1 029 | 1 275 |
| Insurance pension and standardised guarantees | .. | .. | .. | .. | .. | .. | .. | .. |
| Financial derivatives and employee stock options | 0 | 0 | 0 | 0 | 2 | 2 | 0 | 0 |
| Other accounts receivable | 65 | 46 | 35 | 58 | 115 | 39 | 35 | 32 |
| Financial liabilities | 4 400 | 4 368 | 3 753 | 3 638 | 3 633 | 3 790 | 3 733 | 3 641 |
| Debt securities | 0 | 0 | 0 | 0 | 0 | 0 | 0 | 0 |
| Short-term debt securities | 0 | 0 | 0 | 0 | 0 | 0 | 0 | 0 |
| Long-term debt securities | 0 | 0 | 0 | 0 | 0 | 0 | 0 | 0 |
| Loans | 0 | 0 | 0 | 26 | 0 | 0 | 0 | 0 |
| Short-term loans | 0 | 0 | 0 | 0 | 0 | 0 | 0 | 0 |
| Long-term loans | 0 | 0 | 0 | 26 | 0 | 0 | 0 | 0 |
| Equity and investment fund shares | .. | .. | .. | .. | .. | .. | .. | .. |
| Insurance pension and standardised guarantees | 4 376 | 4 335 | 3 727 | 3 587 | 3 608 | 3 764 | 3 685 | 3 608 |
| Financial derivatives and employee stock options | 0 | 0 | 0 | 0 | 0 | 0 | 0 | 0 |
| Other accounts payable | 24 | 33 | 26 | 25 | 25 | 26 | 48 | 33 |
| Non-financial assets | 0 | 0 | 0 | 0 | 0 | 0 | 0 | 0 |

*Note:* Detailed metadata at: http://metalinks.oecd.org/instinv/20170516/667f

## Table 4. Portfolio composition by type of investor

As percentage of financial assets and of financial liabilities

*Per cent*

| | 2008 | 2009 | 2010 | 2011 | 2012 | 2013 | 2014 | 2015 |
|---|---|---|---|---|---|---|---|---|
| **Investment funds** | | | | | | | | |
| Financial assets | 100.0 | 100.0 | 100.0 | 100.0 | 100.0 | 100.0 | 100.0 | 100.0 |
| Currency and deposits | 4.8 | 3.5 | 3.2 | 4.0 | 4.0 | 5.5 | 4.2 | 3.8 |
| Debt securities | 55.4 | 45.1 | 38.0 | 42.6 | 39.7 | 37.4 | 36.5 | 32.9 |
| Loans | 2.9 | 2.3 | 1.9 | 2.3 | 1.9 | 1.7 | 1.7 | 1.0 |
| Equity and investment fund shares | 36.1 | 48.7 | 55.1 | 49.1 | 52.2 | 53.3 | 55.0 | 59.4 |
| Insurance pension and standardised guarantee schemes | 0.0 | 0.0 | 0.0 | 0.0 | 0.0 | 0.0 | 0.0 | 0.0 |
| Financial derivatives and employee stock options | 0.0 | 0.0 | 0.6 | 1.2 | 1.4 | 1.5 | 1.8 | 2.2 |
| Other accounts receivable | 0.7 | 0.3 | 1.3 | 0.8 | 0.7 | 0.7 | 0.7 | 0.8 |
| Financial liabilities | 100.0 | 100.0 | 100.0 | 100.0 | 100.0 | 100.0 | 100.0 | 100.0 |
| Currency and deposits | 0.0 | 0.0 | 0.0 | 0.0 | 0.0 | 0.0 | 0.0 | 0.0 |
| Debt securities | 0.0 | 0.0 | 0.0 | 0.0 | 0.0 | 0.0 | 0.0 | 0.0 |
| Loans | 0.0 | 0.0 | 0.0 | 0.0 | 0.0 | 2.3 | 1.4 | 1.8 |
| Equity and investment fund shares | 97.8 | 99.2 | 97.6 | 97.7 | 96.7 | 95.5 | 95.9 | 95.7 |
| Insurance pension and standardised guarantee schemes | 0.0 | 0.0 | 0.0 | 0.0 | 0.0 | 0.0 | 0.0 | 0.0 |
| Financial derivatives and employee stock options | 1.2 | 0.1 | 0.9 | 1.5 | 2.5 | 1.5 | 2.1 | 2.0 |
| Other accounts receivable | 1.1 | 0.6 | 1.5 | 0.8 | 0.8 | 0.7 | 0.6 | 0.4 |
| **Insurance corporations** | | | | | | | | |
| Financial assets | 100.0 | 100.0 | 100.0 | 100.0 | 100.0 | 100.0 | 100.0 | 100.0 |
| Currency and deposits | 3.1 | 3.0 | 4.0 | 3.6 | 4.1 | 4.3 | 5.0 | 4.8 |
| Debt securities | 48.4 | 42.4 | 40.3 | 38.5 | 39.0 | 38.8 | 35.2 | 33.1 |
| Loans | 2.8 | 2.6 | 2.9 | 2.9 | 2.5 | 2.5 | 2.1 | 2.5 |
| Equity and investment fund shares | 41.8 | 48.3 | 49.4 | 51.7 | 51.0 | 52.0 | 54.1 | 56.4 |
| Insurance pension and standardised guarantee schemes | 0.0 | 0.0 | 0.0 | 0.0 | 0.0 | 0.0 | 0.0 | 0.0 |
| Financial derivatives and employee stock options | 0.0 | 0.0 | 0.3 | 0.1 | 0.5 | 0.2 | 0.2 | 0.1 |
| Other accounts receivable | 3.9 | 3.7 | 3.1 | 3.2 | 3.0 | 2.4 | 3.4 | 3.1 |
| Financial liabilities | 100.0 | 100.0 | 100.0 | 100.0 | 100.0 | 100.0 | 100.0 | 100.0 |
| Currency and deposits | 0.0 | 0.0 | 0.0 | 0.0 | 0.0 | 0.0 | 0.0 | 0.0 |
| Debt securities | 0.8 | 0.6 | 0.6 | 0.5 | 0.5 | 0.4 | 0.9 | 0.8 |
| Loans | 0.9 | 1.0 | 0.7 | 0.9 | 0.3 | 0.2 | 0.4 | 0.2 |
| Equity and investment fund shares | 7.1 | 8.6 | 9.2 | 8.8 | 9.4 | 9.3 | 8.6 | 7.9 |
| Insurance pension and standardised guarantee schemes | 89.2 | 86.6 | 87.1 | 87.4 | 87.2 | 87.9 | 87.2 | 89.5 |
| Financial derivatives and employee stock options | 0.0 | 0.0 | 0.3 | 0.6 | 0.1 | 0.2 | 0.5 | 0.2 |
| Other accounts receivable | 2.0 | 3.2 | 2.1 | 1.8 | 2.4 | 2.2 | 2.5 | 1.5 |
| **Pension funds** | | | | | | | | |
| Financial assets | 100.0 | 100.0 | 100.0 | 100.0 | 100.0 | 100.0 | 100.0 | 100.0 |
| Currency and deposits | 3.4 | 3.6 | 2.3 | 5.5 | 3.5 | 7.2 | 2.0 | 1.9 |
| Debt securities | 35.3 | 28.6 | 19.8 | 24.8 | 22.7 | 29.1 | 30.2 | 24.7 |
| Loans | 14.0 | 13.3 | 7.0 | 8.0 | 7.2 | 5.6 | 5.4 | 5.8 |
| Equity and investment fund shares | 45.4 | 53.2 | 70.2 | 60.2 | 63.3 | 56.7 | 61.2 | 66.5 |
| Insurance pension and standardised guarantee schemes | 0.0 | 0.0 | 0.0 | 0.0 | 0.0 | 0.0 | 0.0 | 0.0 |
| Financial derivatives and employee stock options | 0.0 | 0.0 | 0.0 | 0.0 | 0.1 | 0.1 | 0.0 | 0.0 |
| Other accounts receivable | 1.9 | 1.3 | 0.8 | 1.5 | 3.3 | 1.3 | 1.2 | 1.1 |
| Financial liabilities | 100.0 | 100.0 | 100.0 | 100.0 | 100.0 | 100.0 | 100.0 | 100.0 |
| Currency and deposits | 0.0 | 0.0 | 0.0 | 0.0 | 0.0 | 0.0 | 0.0 | 0.0 |
| Debt securities | 0.0 | 0.0 | 0.0 | 0.0 | 0.0 | 0.0 | 0.0 | 0.0 |
| Loans | 0.0 | 0.0 | 0.0 | 0.7 | 0.0 | 0.0 | 0.0 | 0.0 |
| Equity and investment fund shares | 0.0 | 0.0 | 0.0 | 0.0 | 0.0 | 0.0 | 0.0 | 0.0 |
| Insurance pension and standardised guarantee schemes | 99.5 | 99.2 | 99.3 | 98.6 | 99.3 | 99.3 | 98.7 | 99.1 |
| Financial derivatives and employee stock options | 0.0 | 0.0 | 0.0 | 0.0 | 0.0 | 0.0 | 0.0 | 0.0 |
| Other accounts receivable | 0.5 | 0.8 | 0.7 | 0.7 | 0.7 | 0.7 | 1.3 | 0.9 |

*Note:* Detailed metadata at: http://metalinks.oecd.org/instinv/20170516/f09d

# FRANCE

## Table 1. Financial assets and liabilities of institutional investors, 2015

*Million EUR (1999 FRF euro)*

| | Total | Investment funds | | | |
|---|---|---|---|---|---|
| | | Non-money market funds | | | Money market funds |
| | | Total | Open-end non-money market funds | Closed-end non-money market funds | Total |
| Financial assets | 1 539 889 | 1 221 229 | 1 221 229 | 0 | 318 661 |
| Currency and deposits | 87 221 | 43 291 | 43 291 | 0 | 43 930 |
| Debt securities | 601 667 | 361 702 | 361 702 | 0 | 239 966 |
| Debt securities, short term | 160 684 | 21 524 | 21 524 | 0 | 139 159 |
| Debt securities, long term | 440 984 | 340 177 | 340 177 | 0 | 100 807 |
| Debt securities issued by residents | 213 195 | 113 089 | 113 089 | 0 | 100 106 |
| Debt securities issued by non-residents | 388 473 | 248 613 | 248 613 | 0 | 139 860 |
| Loans | 2 301 | 1 261 | 1 261 | 0 | 1 041 |
| Loans, short-term | 2 145 | 1 114 | 1 114 | 0 | 1 032 |
| Loans, long-term | 156 | 147 | 147 | 0 | 9 |
| Loans granted to residents | 2 031 | 1 003 | 1 003 | 0 | 1 028 |
| Loans granted to non-residents | 271 | 258 | 258 | 0 | 13 |
| Equity and investment fund shares/units | 701 899 | 673 894 | 673 894 | 0 | 28 004 |
| Equity and investment fund shares issued/units by residents | 398 200 | 370 301 | 370 301 | 0 | 27 899 |
| Equity and investment fund shares/units issued by non residents | 303 699 | 303 593 | 303 593 | 0 | 106 |
| Other accounts receivable | 119 923 | 116 702 | 116 702 | 0 | 3 221 |

| | Total | Investment funds | | | |
|---|---|---|---|---|---|
| | | Non-money market funds | | | Money market funds |
| | | Total | Open-end non-money market funds | Closed-end non-money market funds | Total |
| Financial liabilities | 1 600 857 | 1 282 196 | 1 282 196 | 0 | 318 661 |
| Currency and deposits | 6 409 | 5 676 | 5 676 | 0 | 734 |
| Debt securities | 0 | 0 | 0 | 0 | 0 |
| Debt securities, short term | 0 | 0 | 0 | 0 | 0 |
| Debt securities, long term | 0 | 0 | 0 | 0 | 0 |
| Loans | 4 190 | 4 190 | 4 190 | 0 | 0 |
| Loans, short-term | 1 930 | 1 930 | 1 930 | 0 | 0 |
| Loans, long-term | 2 260 | 2 260 | 2 260 | 0 | 0 |
| Equity and investment fund shares/units | 1 441 675 | 1 130 001 | 1 130 001 | 0 | 311 674 |
| Insurance pension and standardised guaratees | 0 | 0 | 0 | 0 | 0 |
| Financial derivatives and employee stock options | 30 534 | 27 954 | 27 954 | 0 | 2 580 |
| Other accounts payable | 118 049 | 114 376 | 114 376 | 0 | 3 673 |

| | Total | Insurance corporations and pension funds | | | |
|---|---|---|---|---|---|
| | | Insurance corporations | | | Pension funds |
| | | Total | Life insurance corporations | Non-life insurance corporations | Total |
| Financial assets | 2 469 679 | 2 469 679 | 2 087 120 | 382 559 | .. |
| Currency and deposits | 36 878 | 36 878 | 29 651 | 7 227 | .. |
| Debt securities | 1 464 553 | 1 464 553 | 1 285 797 | 178 756 | .. |
| Debt securities, short-term | 26 519 | 26 519 | 25 127 | 1 392 | .. |
| Debt securities, long term | 1 438 034 | 1 438 034 | 1 260 670 | 177 364 | .. |
| Debt securities issued by residents | 795 879 | 795 879 | 691 457 | 104 422 | .. |
| Debt securities issued by non-residents | 668 674 | 668 674 | 594 340 | 74 334 | .. |
| Loans | 38 632 | 38 632 | 31 061 | 7 571 | .. |
| Loans, short-term | 20 804 | 20 804 | 16 727 | 4 077 | .. |
| Loans, long-term | 17 828 | 17 828 | 14 334 | 3 494 | .. |
| Loans granted to residents | 35 630 | 35 630 | 28 648 | 6 983 | .. |
| Loans granted to non-residents | 3 001 | 3 001 | 2 413 | 588 | .. |
| Equity and investment fund shares/units | 806 263 | 806 263 | 641 433 | 164 830 | .. |
| Equity and investment fund shares/units issued by residents | 688 201 | 688 201 | 537 405 | 150 797 | .. |
| Equity and investment fund shares/units issued by non residents | 118 062 | 118 062 | 104 028 | 14 034 | .. |
| Other accounts receivable | 54 | 54 | 43 | 11 | .. |

| | Total | Insurance corporations and pension funds | | | |
|---|---|---|---|---|---|
| | | Insurance corporations | | | Pension funds |
| | | Total | Life insurance corporations | Non-life insurance corporations | Total |
| Financial liabilities | 2 251 385 | 2 251 385 | 1 810 164 | 441 221 | .. |
| Currency and deposits | 0 | 0 | 0 | 0 | .. |
| Debt securities | 17 338 | 17 338 | 13 940 | 3 398 | .. |
| Debt securities, short term | 123 | 123 | 99 | 24 | .. |
| Debt securities, long term | 17 215 | 17 215 | 13 841 | 3 374 | .. |
| Loans | 104 029 | 104 029 | 83 642 | 20 387 | .. |
| Loans, short-term | 66 476 | 66 476 | 53 449 | 13 028 | .. |
| Loans, long-term | 37 552 | 37 552 | 30 193 | 7 359 | .. |
| Equity and investment fund shares/units | 118 884 | 118 884 | 95 585 | 23 299 | .. |
| Insurance pension and standardised guarantees | 1 976 939 | 1 976 939 | 1 589 503 | 387 436 | .. |
| Financial derivatives and employee stock options | 386 | 386 | 310 | 76 | .. |
| Other accounts payable | 33 809 | 33 809 | 27 183 | 6 626 | .. |

*Note:* Detailed metadata at: http://metalinks.oecd.org/instinv/20170516/667f

## Table 2. Financial assets and liabilities of investment funds

*Million EUR*

| | 2008 | 2009 | 2010 | 2011 | 2012 | 2013 | 2014 | 2015 |
|---|---|---|---|---|---|---|---|---|
| **Investment funds** | | | | | | | | |
| Financial net worth | -18 737 | -20 857 | -23 789 | -30 834 | -38 900 | -43 614 | -51 435 | -60 968 |
| Financial assets | 1 349 244 | 1 493 726 | 1 479 830 | 1 326 157 | 1 399 454 | 1 399 994 | 1 454 248 | 1 539 889 |
| Currency and deposits | 105 338 | 91 350 | 83 360 | 84 017 | 86 872 | 83 589 | 85 309 | 87 221 |
| Debt securities | 586 723 | 631 444 | 595 379 | 558 349 | 590 121 | 552 979 | 575 387 | 601 667 |
| Loans | 6 135 | 4 622 | 5 746 | 1 600 | 1 439 | 2 331 | 2 362 | 2 301 |
| Equity and investment fund shares | 536 167 | 638 115 | 656 077 | 556 097 | 595 237 | 640 391 | 650 694 | 701 899 |
| Equity | 262 388 | 350 302 | 376 584 | 312 815 | 332 447 | 375 711 | 385 051 | 413 225 |
| Investment fund shares | 273 778 | 287 813 | 279 493 | 243 282 | 262 789 | 264 681 | 265 643 | 288 674 |
| Money market fund shares | 128 288 | 114 653 | 97 541 | 91 967 | 98 446 | 87 471 | 75 992 | 84 530 |
| Non-Money market fund shares | 145 491 | 173 160 | 181 952 | 151 315 | 164 343 | 177 210 | 189 651 | 204 144 |
| Insurance pension and standardised guarantees | 0 | 0 | 0 | 0 | 0 | 0 | 0 | 0 |
| Financial derivatives and employee stock options | 18 767 | 13 800 | 13 481 | 25 137 | 25 916 | 26 096 | 27 903 | 26 878 |
| Other accounts receivable | 96 114 | 114 394 | 125 786 | 100 956 | 99 870 | 94 608 | 112 593 | 119 923 |
| Financial liabilities | 1 367 981 | 1 514 582 | 1 503 620 | 1 356 990 | 1 438 354 | 1 443 608 | 1 505 683 | 1 600 857 |
| Debt securities | 0 | 0 | 0 | 0 | 0 | 0 | 0 | 0 |
| Short-term debt securities | 0 | 0 | 0 | 0 | 0 | 0 | 0 | 0 |
| Long-term debt securities | 0 | 0 | 0 | 0 | 0 | 0 | 0 | 0 |
| Loans | 1 193 | 554 | 4 170 | 588 | 3 912 | 3 020 | 4 050 | 4 190 |
| Short-term loans | 1 190 | 548 | 4 167 | 584 | 2 300 | 1 466 | 2 491 | 1 930 |
| Long-term loans | 3 | 5 | 3 | 4 | 1 612 | 1 555 | 1 559 | 2 260 |
| Equity and investment fund shares | 1 252 029 | 1 384 469 | 1 357 039 | 1 220 785 | 1 293 864 | 1 307 054 | 1 349 244 | 1 441 675 |
| Insurance pension and standardised guarantees | 0 | 0 | 0 | 0 | 0 | 0 | 0 | 0 |
| Financial derivatives and employee stock options | 8 446 | 10 801 | 8 685 | 24 275 | 26 667 | 28 154 | 31 214 | 30 534 |
| Other accounts payable | 94 287 | 110 466 | 124 820 | 100 643 | 101 346 | 96 127 | 113 677 | 118 049 |
| Non-financial assets | 18 739 | 20 859 | 23 790 | 30 837 | 38 903 | 43 614 | 51 435 | 60 970 |
| **Money market funds** | | | | | | | | |
| Financial net worth | 0 | 0 | 0 | 0 | 0 | 0 | 0 | 0 |
| Financial assets | 489 169 | 501 628 | 413 885 | 369 359 | 370 535 | 324 945 | 294 317 | 318 661 |
| Currency and deposits | 73 776 | 56 673 | 47 050 | 41 234 | 40 832 | 46 812 | 43 546 | 43 930 |
| Debt securities | 326 206 | 347 523 | 295 112 | 273 595 | 277 341 | 237 529 | 220 601 | 239 966 |
| Loans | 3 117 | 2 022 | 1 048 | 487 | 758 | 795 | 891 | 1 041 |
| Equity and investment fund shares | 82 510 | 72 532 | 53 389 | 38 223 | 48 547 | 35 595 | 26 317 | 28 004 |
| Equity | 2 504 | 2 419 | 1 942 | 63 | 0 | 0 | 0 | 0 |
| Investment fund shares | 80 006 | 70 113 | 51 447 | 38 160 | 48 547 | 35 595 | 26 317 | 28 004 |
| Money market fund shares | 78 643 | 67 048 | 48 598 | 37 055 | 48 127 | 35 232 | 25 949 | 27 898 |
| Non-Money market fund shares | 1 363 | 3 065 | 2 849 | 1 105 | 420 | 363 | 368 | 106 |
| Insurance pension and standardised guarantees | 0 | 0 | 0 | 0 | 0 | 0 | 0 | 0 |
| Financial derivatives and employee stock options | 2 139 | 1 172 | 787 | 371 | 729 | 703 | 935 | 2 499 |
| Other accounts receivable | 1 421 | 21 706 | 16 499 | 15 449 | 2 328 | 3 510 | 2 027 | 3 221 |
| Financial liabilities | 489 169 | 501 628 | 413 885 | 369 359 | 370 535 | 324 945 | 294 317 | 318 661 |
| Debt securities | 0 | 0 | 0 | 0 | 0 | 0 | 0 | 0 |
| Short-term debt securities | 0 | 0 | 0 | 0 | 0 | 0 | 0 | 0 |
| Long-term debt securities | 0 | 0 | 0 | 0 | 0 | 0 | 0 | 0 |
| Loans | 136 | 16 | 3 | 96 | 140 | 0 | 1 | 0 |
| Short-term loans | 136 | 16 | 3 | 96 | 140 | 0 | 1 | 0 |
| Long-term loans | 0 | 0 | 0 | 0 | 0 | 0 | 0 | 0 |
| Equity and investment fund shares | 483 260 | 479 225 | 394 337 | 351 070 | 365 755 | 318 228 | 288 903 | 311 674 |
| Insurance pension and standardised guarantees | 0 | 0 | 0 | 0 | 0 | 0 | 0 | 0 |
| Financial derivatives and employee stock options | 1 464 | 1 100 | 705 | 461 | 515 | 781 | 992 | 2 580 |
| Other accounts payable | 2 272 | 20 474 | 17 279 | 16 917 | 3 213 | 4 897 | 2 704 | 3 673 |
| Non-financial assets | 0 | 0 | 0 | 0 | 0 | 0 | 0 | 0 |
| **Non-money market funds** | | | | | | | | |
| Financial net worth | -18 737 | -20 857 | -23 789 | -30 834 | -38 900 | -43 614 | -51 435 | -60 968 |
| Financial assets | 860 075 | 992 098 | 1 065 945 | 956 798 | 1 028 920 | 1 075 049 | 1 159 930 | 1 221 229 |
| Currency and deposits | 31 562 | 34 677 | 36 310 | 42 783 | 46 040 | 36 777 | 41 764 | 43 291 |
| Debt securities | 260 518 | 283 921 | 300 267 | 284 754 | 312 780 | 315 450 | 354 785 | 361 702 |
| Loans | 3 017 | 2 600 | 4 698 | 1 113 | 681 | 1 536 | 1 471 | 1 261 |
| Equity and investment fund shares | 453 657 | 565 583 | 602 688 | 517 874 | 546 690 | 604 796 | 624 377 | 673 894 |
| Equity | 259 884 | 347 883 | 374 643 | 312 752 | 332 447 | 375 711 | 385 051 | 413 225 |
| Investment fund shares | 193 772 | 217 700 | 228 046 | 205 122 | 214 243 | 229 086 | 239 326 | 260 670 |
| Money market fund shares | 49 645 | 47 606 | 48 943 | 54 912 | 50 319 | 52 239 | 50 043 | 56 632 |
| Non-Money market fund shares | 144 127 | 170 094 | 179 103 | 150 210 | 163 923 | 176 846 | 189 283 | 204 037 |
| Insurance pension and standardised guarantees | 0 | 0 | 0 | 0 | 0 | 0 | 0 | 0 |
| Financial derivatives and employee stock options | 16 629 | 12 629 | 12 695 | 24 766 | 25 187 | 25 392 | 26 968 | 24 379 |
| Other accounts receivable | 94 693 | 92 688 | 109 288 | 85 507 | 97 542 | 91 098 | 110 566 | 116 702 |
| Financial liabilities | 878 812 | 1 012 954 | 1 089 735 | 987 631 | 1 067 819 | 1 118 664 | 1 211 365 | 1 282 196 |
| Debt securities | 0 | 0 | 0 | 0 | 0 | 0 | 0 | 0 |
| Short-term debt securities | 0 | 0 | 0 | 0 | 0 | 0 | 0 | 0 |
| Long-term debt securities | 0 | 0 | 0 | 0 | 0 | 0 | 0 | 0 |
| Loans | 1 057 | 537 | 4 167 | 492 | 3 772 | 3 020 | 4 049 | 4 190 |
| Short-term loans | 1 054 | 532 | 4 164 | 488 | 2 160 | 1 466 | 2 490 | 1 930 |
| Long-term loans | 3 | 5 | 3 | 4 | 1 612 | 1 555 | 1 559 | 2 260 |
| Equity and investment fund shares | 768 769 | 905 244 | 962 702 | 869 715 | 928 109 | 988 826 | 1 060 342 | 1 130 001 |
| Insurance pension and standardised guarantees | 0 | 0 | 0 | 0 | 0 | 0 | 0 | 0 |
| Financial derivatives and employee stock options | 6 982 | 9 702 | 7 980 | 23 814 | 26 152 | 27 373 | 30 222 | 27 954 |
| Other accounts payable | 92 015 | 89 992 | 107 541 | 83 726 | 98 133 | 91 230 | 110 973 | 114 376 |
| Non-financial assets | 18 739 | 20 859 | 23 790 | 30 837 | 38 903 | 43 614 | 51 435 | 60 970 |
| **Open-end non-money market funds** | | | | | | | | |
| Financial net worth | -18 737 | -20 857 | -23 789 | -30 834 | -38 900 | -43 614 | -51 435 | -60 968 |
| Financial assets | 860 075 | 992 098 | 1 065 945 | 956 798 | 1 028 920 | 1 075 049 | 1 159 930 | 1 221 229 |

## Table 2. Financial assets and liabilities of investment funds *(cont.)*

*Million EUR*

| | 2008 | 2009 | 2010 | 2011 | 2012 | 2013 | 2014 | 2015 |
|---|---|---|---|---|---|---|---|---|
| Currency and deposits | 31 562 | 34 677 | 36 310 | 42 783 | 46 040 | 36 777 | 41 764 | 43 291 |
| Debt securities | 260 518 | 283 921 | 300 267 | 284 754 | 312 780 | 315 450 | 354 785 | 361 702 |
| Loans | 3 017 | 2 600 | 4 698 | 1 113 | 681 | 1 536 | 1 471 | 1 261 |
| Equity and investment fund shares | 453 657 | 565 583 | 602 688 | 517 874 | 546 690 | 604 796 | 624 377 | 673 894 |
| Equity | 259 884 | 347 883 | 374 643 | 312 752 | 332 447 | 375 711 | 385 051 | 413 225 |
| Investment fund shares | 193 772 | 217 700 | 228 046 | 205 122 | 214 243 | 229 086 | 239 326 | 260 670 |
| Money market fund shares | 49 645 | 47 606 | 48 943 | 54 912 | 50 319 | 52 239 | 50 043 | 56 632 |
| Non-Money market fund shares | 144 127 | 170 094 | 179 103 | 150 210 | 163 923 | 176 846 | 189 283 | 204 037 |
| Insurance pension and standardised guarantees | 0 | 0 | 0 | 0 | 0 | 0 | 0 | 0 |
| Financial derivatives and employee stock options | 16 629 | 12 629 | 12 695 | 24 766 | 25 187 | 25 392 | 26 968 | 24 379 |
| Other accounts receivable | 94 693 | 92 688 | 109 288 | 85 507 | 97 542 | 91 098 | 110 566 | 116 702 |
| Financial liabilities | 878 812 | 1 012 954 | 1 089 735 | 987 631 | 1 067 819 | 1 118 664 | 1 211 365 | 1 282 196 |
| Debt securities | 0 | 0 | 0 | 0 | 0 | 0 | 0 | 0 |
| Short-term debt securities | 0 | 0 | 0 | 0 | 0 | 0 | 0 | 0 |
| Long-term debt securities | 0 | 0 | 0 | 0 | 0 | 0 | 0 | 0 |
| Loans | 1 057 | 537 | 4 167 | 492 | 3 772 | 3 020 | 4 049 | 4 190 |
| Short-term loans | 1 054 | 532 | 4 164 | 488 | 2 160 | 1 466 | 2 490 | 1 930 |
| Long-term loans | 3 | 5 | 3 | 4 | 1 612 | 1 555 | 1 559 | 2 260 |
| Equity and investment fund shares | 768 769 | 905 244 | 962 702 | 869 715 | 928 109 | 988 826 | 1 060 342 | 1 130 001 |
| Insurance pension and standardised guarantees | 0 | 0 | 0 | 0 | 0 | 0 | 0 | 0 |
| Financial derivatives and employee stock options | 6 982 | 9 702 | 7 980 | 23 814 | 26 152 | 27 373 | 30 222 | 27 954 |
| Other accounts payable | 92 015 | 89 992 | 107 541 | 83 726 | 98 133 | 91 230 | 110 973 | 114 376 |
| Non-financial assets | 18 739 | 20 859 | 23 790 | 30 837 | 38 903 | 43 614 | 51 435 | 60 970 |
| **Open-end investment funds** | | | | | | | | |
| Financial net worth | -18 737 | -20 857 | -23 789 | -30 834 | -38 900 | -43 614 | -51 435 | -60 968 |
| Financial assets | 1 349 244 | 1 493 726 | 1 479 830 | 1 326 157 | 1 399 454 | 1 399 994 | 1 454 248 | 1 539 889 |
| Currency and deposits | 105 338 | 91 350 | 83 360 | 84 017 | 86 872 | 83 589 | 85 309 | 87 221 |
| Debt securities | 586 723 | 631 444 | 595 379 | 558 349 | 590 121 | 552 979 | 575 387 | 601 667 |
| Loans | 6 135 | 4 622 | 5 746 | 1 600 | 1 439 | 2 331 | 2 362 | 2 301 |
| Equity and investment fund shares | 536 167 | 638 115 | 656 077 | 556 097 | 595 237 | 640 391 | 650 694 | 701 899 |
| Equity | 262 388 | 350 302 | 376 584 | 312 815 | 332 447 | 375 711 | 385 051 | 413 225 |
| Investment fund shares | 273 778 | 287 813 | 279 493 | 243 282 | 262 789 | 264 681 | 265 643 | 288 674 |
| Money market fund shares | 128 288 | 114 653 | 97 541 | 91 967 | 98 446 | 87 471 | 75 992 | 84 530 |
| Non-Money market fund shares | 145 491 | 173 160 | 181 952 | 151 315 | 164 343 | 177 210 | 189 651 | 204 144 |
| Insurance pension and standardised guarantees | 0 | 0 | 0 | 0 | 0 | 0 | 0 | 0 |
| Financial derivatives and employee stock options | 18 767 | 13 800 | 13 481 | 25 137 | 25 916 | 26 096 | 27 903 | 26 878 |
| Other accounts receivable | 96 114 | 114 394 | 125 786 | 100 956 | 99 870 | 94 608 | 112 593 | 119 923 |
| Financial liabilities | 1 367 981 | 1 514 582 | 1 503 620 | 1 356 990 | 1 438 354 | 1 443 608 | 1 505 683 | 1 600 857 |
| Debt securities | 0 | 0 | 0 | 0 | 0 | 0 | 0 | 0 |
| Short-term debt securities | 0 | 0 | 0 | 0 | 0 | 0 | 0 | 0 |
| Long-term debt securities | 0 | 0 | 0 | 0 | 0 | 0 | 0 | 0 |
| Loans | 1 193 | 554 | 4 170 | 588 | 3 912 | 3 020 | 4 050 | 4 190 |
| Short-term loans | 1 190 | 548 | 4 167 | 584 | 2 300 | 1 466 | 2 491 | 1 930 |
| Long-term loans | 3 | 5 | 3 | 4 | 1 612 | 1 555 | 1 559 | 2 260 |
| Equity and investment fund shares | 1 252 029 | 1 384 469 | 1 357 039 | 1 220 785 | 1 293 864 | 1 307 054 | 1 349 244 | 1 441 675 |
| Insurance pension and standardised guarantees | 0 | 0 | 0 | 0 | 0 | 0 | 0 | 0 |
| Financial derivatives and employee stock options | 8 446 | 10 801 | 8 685 | 24 275 | 26 667 | 28 154 | 31 214 | 30 534 |
| Other accounts payable | 94 287 | 110 466 | 124 820 | 100 643 | 101 346 | 96 127 | 113 677 | 118 049 |
| Non-financial assets | 18 739 | 20 859 | 23 790 | 30 837 | 38 903 | 43 614 | 51 435 | 60 970 |

Note: Detailed metadata at: http://metalinks.oecd.org/instinv/20170516/667f

## Table 3. Financial assets and liabilities of insurance corporations and pension funds

*Million EUR*

| | 2008 | 2009 | 2010 | 2011 | 2012 | 2013 | 2014 | 2015 |
|---|---|---|---|---|---|---|---|---|
| **Insurance corporations and pension funds** | | | | | | | | |
| Financial net worth | -52 192 | 7 673 | 14 353 | -9 339 | 120 316 | 128 281 | 231 981 | 218 294 |
| Financial assets | 1 580 683 | 1 760 513 | 1 895 553 | 1 874 710 | 2 076 202 | 2 182 607 | 2 398 823 | 2 469 679 |
| Currency and deposits | 16 385 | 15 322 | 17 513 | 19 010 | 24 992 | 29 306 | 34 039 | 36 878 |
| Debt securities | 919 586 | 1 018 877 | 1 147 206 | 1 139 217 | 1 275 546 | 1 319 433 | 1 461 006 | 1 464 553 |
| Loans | 30 435 | 34 976 | 35 546 | 37 501 | 35 278 | 36 169 | 37 266 | 38 632 |
| Equity and investment fund shares | 538 918 | 612 297 | 610 397 | 584 317 | 642 192 | 682 792 | 746 752 | 806 263 |
| Equity | 178 912 | 209 951 | 211 909 | 205 339 | 208 716 | 232 519 | 252 642 | 281 492 |
| Investment fund shares | 360 006 | 402 346 | 398 487 | 378 979 | 433 476 | 450 273 | 494 110 | 524 771 |
| Money market fund shares | 62 703 | 58 479 | 50 769 | 64 562 | 84 812 | 61 604 | 66 067 | 65 965 |
| Non-Money market fund shares | 297 303 | 343 866 | 347 719 | 314 416 | 348 664 | 388 669 | 428 043 | 458 806 |
| Insurance pension and standardised guarantees | 68 840 | 74 426 | 80 196 | 86 621 | 92 866 | 111 346 | 115 443 | 119 887 |
| Financial derivatives and employee stock options | 6 462 | 4 551 | 4 642 | 7 994 | 5 276 | 3 507 | 4 263 | 3 412 |
| Other accounts receivable | 57 | 63 | 54 | 51 | 53 | 54 | 54 | 54 |
| Financial liabilities | 1 632 875 | 1 752 840 | 1 881 201 | 1 884 050 | 1 955 886 | 2 054 326 | 2 166 842 | 2 251 385 |
| Debt securities | 6 797 | 6 827 | 6 603 | 8 522 | 9 335 | 11 235 | 15 892 | 17 338 |
| Short-term debt securities | 750 | 866 | 673 | 215 | 237 | 107 | 107 | 123 |
| Long-term debt securities | 6 047 | 5 961 | 5 930 | 8 307 | 9 098 | 11 128 | 15 785 | 17 215 |
| Loans | 72 074 | 67 644 | 76 284 | 70 690 | 77 126 | 88 206 | 99 616 | 104 029 |
| Short-term loans | 35 715 | 37 982 | 45 246 | 36 843 | 43 042 | 53 029 | 63 907 | 66 476 |
| Long-term loans | 36 359 | 29 662 | 31 038 | 33 846 | 34 084 | 35 177 | 35 709 | 37 552 |
| Equity and investment fund shares | 94 288 | 100 689 | 107 449 | 96 243 | 99 615 | 109 596 | 117 869 | 118 884 |
| Insurance pension and standardised guarantees | 1 423 215 | 1 542 953 | 1 655 957 | 1 680 705 | 1 735 678 | 1 811 041 | 1 897 780 | 1 976 939 |
| Financial derivatives and employee stock options | 1 312 | 466 | 225 | 324 | 138 | 426 | 1 895 | 386 |
| Other accounts payable | 35 189 | 34 261 | 34 682 | 27 566 | 33 995 | 33 822 | 33 790 | 33 809 |
| Non-financial assets | 26 460 | 24 402 | 25 683 | 25 225 | 26 309 | 27 356 | 27 785 | 28 618 |
| **Insurance corporations** | | | | | | | | |
| Financial net worth | -52 192 | 7 673 | 14 353 | -9 339 | 120 316 | 128 281 | 231 981 | 218 294 |
| Financial assets | 1 580 683 | 1 760 513 | 1 895 553 | 1 874 710 | 2 076 202 | 2 182 607 | 2 398 823 | 2 469 679 |
| Currency and deposits | 16 385 | 15 322 | 17 513 | 19 010 | 24 992 | 29 306 | 34 039 | 36 878 |
| Debt securities | 919 586 | 1 018 877 | 1 147 206 | 1 139 217 | 1 275 546 | 1 319 433 | 1 461 006 | 1 464 553 |
| Loans | 30 435 | 34 976 | 35 546 | 37 501 | 35 278 | 36 169 | 37 266 | 38 632 |
| Equity and investment fund shares | 538 918 | 612 297 | 610 397 | 584 317 | 642 192 | 682 792 | 746 752 | 806 263 |
| Equity | 178 912 | 209 951 | 211 909 | 205 339 | 208 716 | 232 519 | 252 642 | 281 492 |
| Investment fund shares | 360 006 | 402 346 | 398 487 | 378 979 | 433 476 | 450 273 | 494 110 | 524 771 |
| Money market fund shares | 62 703 | 58 479 | 50 769 | 64 562 | 84 812 | 61 604 | 66 067 | 65 965 |
| Non-Money market fund shares | 297 303 | 343 866 | 347 719 | 314 416 | 348 664 | 388 669 | 428 043 | 458 806 |
| Insurance pension and standardised guarantees | 68 840 | 74 426 | 80 196 | 86 621 | 92 866 | 111 346 | 115 443 | 119 887 |
| Financial derivatives and employee stock options | 6 462 | 4 551 | 4 642 | 7 994 | 5 276 | 3 507 | 4 263 | 3 412 |
| Other accounts receivable | 57 | 63 | 54 | 51 | 53 | 54 | 54 | 54 |
| Financial liabilities | 1 632 875 | 1 752 840 | 1 881 201 | 1 884 050 | 1 955 886 | 2 054 326 | 2 166 842 | 2 251 385 |
| Debt securities | 6 797 | 6 827 | 6 603 | 8 522 | 9 335 | 11 235 | 15 892 | 17 338 |
| Short-term debt securities | 750 | 866 | 673 | 215 | 237 | 107 | 107 | 123 |
| Long-term debt securities | 6 047 | 5 961 | 5 930 | 8 307 | 9 098 | 11 128 | 15 785 | 17 215 |
| Loans | 72 074 | 67 644 | 76 284 | 70 690 | 77 126 | 88 206 | 99 616 | 104 029 |
| Short-term loans | 35 715 | 37 982 | 45 246 | 36 843 | 43 042 | 53 029 | 63 907 | 66 476 |
| Long-term loans | 36 359 | 29 662 | 31 038 | 33 846 | 34 084 | 35 177 | 35 709 | 37 552 |
| Equity and investment fund shares | 94 288 | 100 689 | 107 449 | 96 243 | 99 615 | 109 596 | 117 869 | 118 884 |
| Insurance pension and standardised guarantees | 1 423 215 | 1 542 953 | 1 655 957 | 1 680 705 | 1 735 678 | 1 811 041 | 1 897 780 | 1 976 939 |
| Financial derivatives and employee stock options | 1 312 | 466 | 225 | 324 | 138 | 426 | 1 895 | 386 |
| Other accounts payable | 35 189 | 34 261 | 34 682 | 27 566 | 33 995 | 33 822 | 33 790 | 33 809 |
| Non-financial assets | 26 460 | 24 402 | 25 683 | 25 225 | 26 309 | 27 356 | 27 785 | 28 618 |
| **Pension funds** | | | | | | | | |
| Financial net worth | .. | .. | .. | .. | .. | .. | .. | .. |
| Financial assets | .. | .. | .. | .. | .. | .. | .. | .. |
| Currency and deposits | .. | .. | .. | .. | .. | .. | .. | .. |
| Debt securities | .. | .. | .. | .. | .. | .. | .. | .. |
| Loans | .. | .. | .. | .. | .. | .. | .. | .. |
| Equity and investment fund shares | .. | .. | .. | .. | .. | .. | .. | .. |
| Equity | .. | .. | .. | .. | .. | .. | .. | .. |
| Investment fund shares | .. | .. | .. | .. | .. | .. | .. | .. |
| Money market fund shares | .. | .. | .. | .. | .. | .. | .. | .. |
| Non-Money market fund shares | .. | .. | .. | .. | .. | .. | .. | .. |
| Insurance pension and standardised guarantees | .. | .. | .. | .. | .. | .. | .. | .. |
| Financial derivatives and employee stock options | .. | .. | .. | .. | .. | .. | .. | .. |
| Other accounts receivable | .. | .. | .. | .. | .. | .. | .. | .. |
| Financial liabilities | .. | .. | .. | .. | .. | .. | .. | .. |
| Debt securities | .. | .. | .. | .. | .. | .. | .. | .. |
| Short-term debt securities | .. | .. | .. | .. | .. | .. | .. | .. |
| Long-term debt securities | .. | .. | .. | .. | .. | .. | .. | .. |
| Loans | .. | .. | .. | .. | .. | .. | .. | .. |
| Short-term loans | .. | .. | .. | .. | .. | .. | .. | .. |
| Long-term loans | .. | .. | .. | .. | .. | .. | .. | .. |
| Equity and investment fund shares | .. | .. | .. | .. | .. | .. | .. | .. |
| Insurance pension and standardised guarantees | .. | .. | .. | .. | .. | .. | .. | .. |
| Financial derivatives and employee stock options | .. | .. | .. | .. | .. | .. | .. | .. |
| Other accounts payable | .. | .. | .. | .. | .. | .. | .. | .. |
| Non-financial assets | .. | .. | .. | .. | .. | .. | .. | .. |

*Note:* Detailed metadata at: http://metalinks.oecd.org/instinv/20170516/667f

## Table 4. Portfolio composition by type of investor

As percentage of financial assets and of financial liabilities

*Per cent*

| | 2008 | 2009 | 2010 | 2011 | 2012 | 2013 | 2014 | 2015 |
|---|---|---|---|---|---|---|---|---|
| **Investment funds** | | | | | | | | |
| Financial assets | 100.0 | 100.0 | 100.0 | 100.0 | 100.0 | 100.0 | 100.0 | 100.0 |
| Currency and deposits | 7.8 | 6.1 | 5.6 | 6.3 | 6.2 | 6.0 | 5.9 | 5.7 |
| Debt securities | 43.5 | 42.3 | 40.2 | 42.1 | 42.2 | 39.5 | 39.6 | 39.1 |
| Loans | 0.5 | 0.3 | 0.4 | 0.1 | 0.1 | 0.2 | 0.2 | 0.1 |
| Equity and investment fund shares | 39.7 | 42.7 | 44.3 | 41.9 | 42.5 | 45.7 | 44.7 | 45.6 |
| Insurance pension and standardised guarantee schemes | 0.0 | 0.0 | 0.0 | 0.0 | 0.0 | 0.0 | 0.0 | 0.0 |
| Financial derivatives and employee stock options | 1.4 | 0.9 | 0.9 | 1.9 | 1.9 | 1.9 | 1.9 | 1.7 |
| Other accounts receivable | 7.1 | 7.7 | 8.5 | 7.6 | 7.1 | 6.8 | 7.7 | 7.8 |
| Financial liabilities | 100.0 | 100.0 | 100.0 | 100.0 | 100.0 | 100.0 | 100.0 | 100.0 |
| Currency and deposits | 0.9 | 0.5 | 0.6 | 0.8 | 0.9 | 0.6 | 0.5 | 0.4 |
| Debt securities | 0.0 | 0.0 | 0.0 | 0.0 | 0.0 | 0.0 | 0.0 | 0.0 |
| Loans | 0.1 | 0.0 | 0.3 | 0.0 | 0.3 | 0.2 | 0.3 | 0.3 |
| Equity and investment fund shares | 91.5 | 91.4 | 90.3 | 90.0 | 90.0 | 90.5 | 89.6 | 90.1 |
| Insurance pension and standardised guarantee schemes | 0.0 | 0.0 | 0.0 | 0.0 | 0.0 | 0.0 | 0.0 | 0.0 |
| Financial derivatives and employee stock options | 0.6 | 0.7 | 0.6 | 1.8 | 1.9 | 2.0 | 2.1 | 1.9 |
| Other accounts receivable | 6.9 | 7.3 | 8.3 | 7.4 | 7.0 | 6.7 | 7.5 | 7.4 |
| **Insurance corporations** | | | | | | | | |
| Financial assets | 100.0 | 100.0 | 100.0 | 100.0 | 100.0 | 100.0 | 100.0 | 100.0 |
| Currency and deposits | 1.0 | 0.9 | 0.9 | 1.0 | 1.2 | 1.3 | 1.4 | 1.5 |
| Debt securities | 58.2 | 57.9 | 60.5 | 60.8 | 61.4 | 60.5 | 60.9 | 59.3 |
| Loans | 1.9 | 2.0 | 1.9 | 2.0 | 1.7 | 1.7 | 1.6 | 1.6 |
| Equity and investment fund shares | 34.1 | 34.8 | 32.2 | 31.2 | 30.9 | 31.3 | 31.1 | 32.6 |
| Insurance pension and standardised guarantee schemes | 4.4 | 4.2 | 4.2 | 4.6 | 4.5 | 5.1 | 4.8 | 4.9 |
| Financial derivatives and employee stock options | 0.4 | 0.3 | 0.2 | 0.4 | 0.3 | 0.2 | 0.2 | 0.1 |
| Other accounts receivable | 0.0 | 0.0 | 0.0 | 0.0 | 0.0 | 0.0 | 0.0 | 0.0 |
| Financial liabilities | 100.0 | 100.0 | 100.0 | 100.0 | 100.0 | 100.0 | 100.0 | 100.0 |
| Currency and deposits | 0.0 | 0.0 | 0.0 | 0.0 | 0.0 | 0.0 | 0.0 | 0.0 |
| Debt securities | 0.4 | 0.4 | 0.4 | 0.5 | 0.5 | 0.5 | 0.7 | 0.8 |
| Loans | 4.4 | 3.9 | 4.1 | 3.8 | 3.9 | 4.3 | 4.6 | 4.6 |
| Equity and investment fund shares | 5.8 | 5.7 | 5.7 | 5.1 | 5.1 | 5.3 | 5.4 | 5.3 |
| Insurance pension and standardised guarantee schemes | 87.2 | 88.0 | 88.0 | 89.2 | 88.7 | 88.2 | 87.6 | 87.8 |
| Financial derivatives and employee stock options | 0.1 | 0.0 | 0.0 | 0.0 | 0.0 | 0.0 | 0.1 | 0.0 |
| Other accounts receivable | 2.2 | 2.0 | 1.8 | 1.5 | 1.7 | 1.6 | 1.6 | 1.5 |
| **Pension funds** | | | | | | | | |
| Financial assets | .. | .. | .. | .. | .. | .. | .. | .. |
| Currency and deposits | .. | .. | .. | .. | .. | .. | .. | .. |
| Debt securities | .. | .. | .. | .. | .. | .. | .. | .. |
| Loans | .. | .. | .. | .. | .. | .. | .. | .. |
| Equity and investment fund shares | .. | .. | .. | .. | .. | .. | .. | .. |
| Insurance pension and standardised guarantee schemes | .. | .. | .. | .. | .. | .. | .. | .. |
| Financial derivatives and employee stock options | .. | .. | .. | .. | .. | .. | .. | .. |
| Other accounts receivable | .. | .. | .. | .. | .. | .. | .. | .. |
| Financial liabilities | .. | .. | .. | .. | .. | .. | .. | .. |
| Currency and deposits | .. | .. | .. | .. | .. | .. | .. | .. |
| Debt securities | .. | .. | .. | .. | .. | .. | .. | .. |
| Loans | .. | .. | .. | .. | .. | .. | .. | .. |
| Equity and investment fund shares | .. | .. | .. | .. | .. | .. | .. | .. |
| Insurance pension and standardised guarantee schemes | .. | .. | .. | .. | .. | .. | .. | .. |
| Financial derivatives and employee stock options | .. | .. | .. | .. | .. | .. | .. | .. |
| Other accounts receivable | .. | .. | .. | .. | .. | .. | .. | .. |

*Note:* Detailed metadata at: http://metalinks.oecd.org/instinv/20170516/f09d

## Table 1. Financial assets and liabilities of institutional investors, 2015

*Million EUR (1999 DEM euro)*

| | Investment funds | | | | |
|---|---|---|---|---|---|
| | Total | Non-money market funds | | | Money market funds |
| | | Total | Open-end non-money market funds | Closed-end non-money market funds | Total |
| Financial assets | 1 695 238 | 1 691 402 | .. | .. | 3 836 |
| Currency and deposits | 81 075 | 80 720 | .. | .. | 355 |
| Debt securities | 845 544 | 842 082 | .. | .. | 3 462 |
| Debt securities, short term | 7 147 | 6 227 | .. | .. | 920 |
| Debt securities, long term | 838 396 | 835 854 | .. | .. | 2 542 |
| Debt securities issued by residents | 137 599 | 137 081 | .. | .. | 518 |
| Debt securities issued by non-residents | 707 944 | 704 999 | .. | .. | 2 945 |
| Loans | 15 551 | 15 551 | .. | .. | 0 |
| Loans, short-term | 0 | 0 | .. | .. | 0 |
| Loans, long-term | 15 551 | 15 551 | .. | .. | 0 |
| Loans granted to residents | 1 833 | 1 833 | .. | .. | 0 |
| Loans granted to non-residents | 13 718 | 13 718 | .. | .. | 0 |
| Equity and investment fund shares/units | 708 259 | 708 252 | .. | .. | 7 |
| Equity and investment fund shares issued/units by residents | .. | .. | .. | .. | .. |
| Equity and investment fund shares/units issued by non residents | .. | .. | .. | .. | .. |
| Other accounts receivable | 29 306 | 29 294 | .. | .. | 12 |

| | Investment funds | | | | |
|---|---|---|---|---|---|
| | Total | Non-money market funds | | | Money market funds |
| | | Total | Open-end non-money market funds | Closed-end non-money market funds | Total |
| Financial liabilities | 1 798 491 | 1 794 655 | .. | .. | 3 836 |
| Currency and deposits | .. | .. | .. | .. | .. |
| Debt securities | .. | 0 | .. | .. | .. |
| Debt securities, short term | .. | 0 | .. | .. | .. |
| Debt securities, long term | .. | 0 | .. | .. | .. |
| Loans | 30 197 | 30 197 | .. | .. | .. |
| Loans, short-term | 0 | 0 | .. | .. | .. |
| Loans, long-term | 30 197 | 30 197 | .. | .. | .. |
| Equity and investment fund shares/units | 1 743 031 | 1 739 197 | .. | .. | 3 834 |
| Insurance pension and standardised guaratees | .. | 0 | .. | .. | .. |
| Financial derivatives and employee stock options | 12 469 | 12 469 | .. | .. | 0 |
| Other accounts payable | 12 794 | 12 792 | .. | .. | 2 |

| | Insurance corporations and pension funds | | | | |
|---|---|---|---|---|---|
| | Total | Insurance corporations | | | Pension funds |
| | | Total | Life insurance corporations | Non-life insurance corporations | Total |
| Financial assets | 2 424 947 | 1 906 361 | .. | .. | 518 586 |
| Currency and deposits | 488 321 | 370 531 | .. | .. | 117 790 |
| Debt securities | 382 686 | 346 790 | .. | .. | 35 896 |
| Debt securities, short-term | 2 236 | 2 109 | .. | .. | 127 |
| Debt securities, long term | 380 450 | 344 681 | .. | .. | 35 769 |
| Debt securities issued by residents | 104 729 | 97 198 | .. | .. | 7 531 |
| Debt securities issued by non-residents | 277 958 | 249 594 | .. | .. | 28 364 |
| Loans | 321 975 | 291 735 | .. | .. | 30 240 |
| Loans, short-term | 61 052 | 60 898 | .. | .. | 154 |
| Loans, long-term | 260 923 | 230 837 | .. | .. | 30 086 |
| Loans granted to residents | 260 548 | 231 700 | .. | .. | 28 848 |
| Loans granted to non-residents | 61 427 | 60 035 | .. | .. | 1 392 |
| Equity and investment fund shares/units | 1 085 308 | 772 133 | .. | .. | 313 175 |
| Equity and investment fund shares/units issued by residents | .. | .. | .. | .. | .. |
| Equity and investment fund shares/units issued by non residents | .. | .. | .. | .. | .. |
| Other accounts receivable | 65 148 | 49 070 | .. | .. | 16 078 |

| | Insurance corporations and pension funds | | | | |
|---|---|---|---|---|---|
| | Total | Insurance corporations | | | Pension funds |
| | | Total | Life insurance corporations | Non-life insurance corporations | Total |
| Financial liabilities | 2 427 703 | 1 937 461 | .. | .. | 490 242 |
| Currency and deposits | .. | .. | .. | .. | .. |
| Debt securities | 20 138 | 20 116 | .. | .. | 22 |
| Debt securities, short term | 1 558 | 1 558 | .. | .. | 0 |
| Debt securities, long term | 18 580 | 18 558 | .. | .. | 22 |
| Loans | 81 869 | 76 645 | .. | .. | 5 224 |
| Loans, short-term | 49 058 | 45 032 | .. | .. | 4 026 |
| Loans, long-term | 32 811 | 31 613 | .. | .. | 1 198 |
| Equity and investment fund shares/units | 255 480 | 255 480 | .. | .. | 0 |
| Insurance pension and standardised guarantees | 1 968 013 | 1 484 188 | .. | .. | 483 825 |
| Financial derivatives and employee stock options | 896 | 896 | .. | .. | 0 |
| Other accounts payable | 101 307 | 100 136 | .. | .. | 1 171 |

*Note:* Detailed metadata at: http://metalinks.oecd.org/instinv/20170516/8b90

## Table 2. Financial assets and liabilities of investment funds

*Million EUR*

| | 2008 | 2009 | 2010 | 2011 | 2012 | 2013 | 2014 | 2015 |
|---|---|---|---|---|---|---|---|---|
| **Investment funds** | | | | | | | | |
| Financial net worth | -80 027 | -91 714 | -94 052 | -95 013 | -96 695 | -97 653 | -98 074 | -103 253 |
| Financial assets | 880 533 | 980 597 | 1 088 601 | 1 091 094 | 1 261 524 | 1 368 048 | 1 555 369 | 1 695 238 |
| Currency and deposits | 141 954 | 63 164 | 56 311 | 74 226 | 68 417 | 70 050 | 70 131 | 81 075 |
| Debt securities | 475 181 | 558 331 | 599 292 | 607 744 | 693 135 | 715 174 | 824 795 | 845 544 |
| Loans | 3 541 | 8 244 | 9 813 | 9 676 | 11 773 | 12 082 | 13 905 | 15 551 |
| Equity and investment fund shares | 246 367 | 326 191 | 397 787 | 372 637 | 458 299 | 541 704 | 606 113 | 708 259 |
| Equity | 190 401 | 219 063 | 253 168 | 222 201 | 252 402 | 307 204 | 329 351 | 388 457 |
| Investment fund shares | 55 966 | 107 128 | 144 619 | 150 436 | 205 897 | 234 500 | 276 762 | 319 802 |
| Money market fund shares | 4 | 88 | 145 | 72 | 2 025 | 1 671 | 1 894 | 3 152 |
| Non-Money market fund shares | 55 962 | 107 040 | 144 474 | 150 364 | 203 872 | 232 830 | 274 867 | 316 650 |
| Insurance pension and standardised guarantees | 0 | 0 | 0 | 0 | 0 | 0 | 0 | 0 |
| Financial derivatives and employee stock options | 13 225 | 7 594 | 6 727 | 8 008 | 10 889 | 9 256 | 14 586 | 15 504 |
| Other accounts receivable | 266 | 17 073 | 18 672 | 18 802 | 19 010 | 19 782 | 25 839 | 29 306 |
| Financial liabilities | 960 561 | 1 072 312 | 1 182 653 | 1 186 107 | 1 358 219 | 1 465 700 | 1 653 443 | 1 798 491 |
| Debt securities | .. | .. | .. | .. | .. | .. | .. | .. |
| Short-term debt securities | .. | .. | .. | .. | .. | .. | .. | .. |
| Long-term debt securities | .. | .. | .. | .. | .. | .. | .. | .. |
| Loans | 41 956 | 28 132 | 30 037 | 29 447 | 32 143 | 29 222 | 30 753 | 30 197 |
| Short-term loans | 16 364 | 0 | 0 | 0 | 0 | 0 | 0 | 0 |
| Long-term loans | 25 592 | 28 132 | 30 037 | 29 447 | 32 143 | 29 222 | 30 753 | 30 197 |
| Equity and investment fund shares | 909 604 | 1 027 377 | 1 136 949 | 1 138 727 | 1 309 466 | 1 421 287 | 1 597 283 | 1 743 031 |
| Insurance pension and standardised guarantees | .. | .. | .. | .. | .. | .. | .. | .. |
| Financial derivatives and employee stock options | 8 768 | 6 501 | 6 086 | 8 794 | 4 647 | 4 175 | 12 041 | 12 469 |
| Other accounts payable | 233 | 10 302 | 9 581 | 9 139 | 11 963 | 11 017 | 13 367 | 12 794 |
| Non-financial assets | .. | .. | .. | .. | .. | .. | .. | .. |
| **Money market funds** | | | | | | | | |
| Financial net worth | 0 | 0 | 0 | 0 | 0 | 0 | 0 | 0 |
| Financial assets | 17 274 | 12 260 | 10 376 | 6 622 | 7 824 | 4 516 | 3 895 | 3 836 |
| Currency and deposits | 4 484 | 2 723 | 2 286 | 544 | 322 | 315 | 240 | 355 |
| Debt securities | 12 500 | 9 367 | 7 880 | 5 927 | 5 414 | 4 129 | 3 633 | 3 462 |
| Loans | .. | .. | .. | .. | .. | 10 | 0 | 0 |
| Equity and investment fund shares | 4 | 88 | 145 | 72 | 2 025 | 24 | 9 | 7 |
| Equity | .. | .. | .. | .. | .. | .. | .. | .. |
| Investment fund shares | 4 | 88 | 145 | 72 | 2 025 | 24 | 9 | 7 |
| Money market fund shares | 4 | 88 | 145 | 72 | 2 025 | 5 | 9 | 7 |
| Non-Money market fund shares | 0 | 0 | 0 | 0 | 0 | 19 | 0 | 0 |
| Insurance pension and standardised guarantees | .. | .. | .. | .. | .. | .. | .. | .. |
| Financial derivatives and employee stock options | 1 | 2 | 0 | 2 | 1 | 0 | 0 | 0 |
| Other accounts receivable | 266 | 80 | 66 | 76 | 37 | 38 | 13 | 12 |
| Financial liabilities | 17 275 | 12 261 | 10 376 | 6 622 | 7 824 | 4 515 | 3 895 | 3 836 |
| Debt securities | .. | .. | .. | .. | .. | .. | .. | .. |
| Short-term debt securities | .. | .. | .. | .. | .. | .. | .. | .. |
| Long-term debt securities | .. | .. | .. | .. | .. | .. | .. | .. |
| Loans | .. | .. | .. | .. | .. | .. | .. | .. |
| Short-term loans | .. | .. | .. | .. | .. | .. | .. | .. |
| Long-term loans | .. | .. | .. | .. | .. | .. | .. | .. |
| Equity and investment fund shares | 17 039 | 11 951 | 10 274 | 6 577 | 7 703 | 4 510 | 3 884 | 3 834 |
| Insurance pension and standardised guarantees | .. | .. | .. | .. | .. | .. | .. | .. |
| Financial derivatives and employee stock options | 3 | 158 | 2 | 1 | 0 | 0 | 0 | 0 |
| Other accounts payable | 233 | 152 | 100 | 44 | 121 | 6 | 12 | 2 |
| Non-financial assets | .. | .. | .. | .. | .. | .. | .. | .. |
| **Non-money market funds** | | | | | | | | |
| Financial net worth | -80 027 | -91 714 | -94 052 | -95 013 | -96 695 | -97 653 | -98 074 | -103 253 |
| Financial assets | 863 259 | 968 337 | 1 078 225 | 1 084 472 | 1 253 700 | 1 363 532 | 1 551 474 | 1 691 402 |
| Currency and deposits | 137 470 | 60 441 | 54 025 | 73 682 | 68 095 | 69 735 | 69 891 | 80 720 |
| Debt securities | 462 681 | 548 964 | 591 412 | 601 817 | 687 721 | 711 045 | 821 162 | 842 082 |
| Loans | 3 521 | 8 244 | 9 813 | 9 676 | 11 749 | 12 072 | 13 905 | 15 551 |
| Equity and investment fund shares | 246 363 | 326 103 | 397 642 | 372 565 | 456 274 | 541 680 | 606 104 | 708 252 |
| Equity | 190 401 | 219 063 | 253 168 | 222 201 | 252 402 | 307 204 | 329 351 | 388 457 |
| Investment fund shares | 55 962 | 107 040 | 144 474 | 150 364 | 203 872 | 234 476 | 276 753 | 319 795 |
| Money market fund shares | 0 | 0 | 0 | 0 | 0 | 1 666 | 1 885 | 3 145 |
| Non-Money market fund shares | 55 962 | 107 040 | 144 474 | 150 364 | 203 872 | 232 811 | 274 867 | 316 650 |
| Insurance pension and standardised guarantees | 0 | 0 | 0 | 0 | 0 | 0 | 0 | 0 |
| Financial derivatives and employee stock options | 13 224 | 7 592 | 6 727 | 8 006 | 10 888 | 9 256 | 14 586 | 15 504 |
| Other accounts receivable | 0 | 16 993 | 18 606 | 18 726 | 18 973 | 19 744 | 25 826 | 29 294 |
| Financial liabilities | 943 286 | 1 060 051 | 1 172 277 | 1 179 485 | 1 350 395 | 1 461 185 | 1 649 548 | 1 794 655 |
| Debt securities | 0 | 0 | 0 | 0 | 0 | 0 | 0 | 0 |
| Short-term debt securities | 0 | 0 | 0 | 0 | 0 | 0 | 0 | 0 |
| Long-term debt securities | 0 | 0 | 0 | 0 | 0 | 0 | 0 | 0 |
| Loans | 41 956 | 28 132 | 30 037 | 29 447 | 32 143 | 29 222 | 30 753 | 30 197 |
| Short-term loans | 16 364 | 0 | 0 | 0 | 0 | 0 | 0 | 0 |
| Long-term loans | 25 592 | 28 132 | 30 037 | 29 447 | 32 143 | 29 222 | 30 753 | 30 197 |
| Equity and investment fund shares | 892 565 | 1 015 426 | 1 126 675 | 1 132 150 | 1 301 763 | 1 416 777 | 1 593 399 | 1 739 197 |
| Insurance pension and standardised guarantees | 0 | 0 | 0 | 0 | 0 | 0 | 0 | 0 |
| Financial derivatives and employee stock options | 8 765 | 6 343 | 6 084 | 8 793 | 4 647 | 4 175 | 12 041 | 12 469 |
| Other accounts payable | 0 | 10 150 | 9 481 | 9 095 | 11 842 | 11 011 | 13 355 | 12 792 |
| Non-financial assets | .. | .. | .. | .. | .. | .. | .. | .. |
| **Open-end non-money market funds** | | | | | | | | |
| Financial net worth | .. | .. | .. | .. | .. | .. | .. | .. |
| Financial assets | .. | .. | .. | .. | .. | .. | .. | .. |

## Table 2. Financial assets and liabilities of investment funds *(cont.)*

*Million EUR*

| | 2008 | 2009 | 2010 | 2011 | 2012 | 2013 | 2014 | 2015 |
|---|---|---|---|---|---|---|---|---|
| Currency and deposits | .. | .. | .. | .. | .. | .. | .. | .. |
| Debt securities | .. | .. | .. | .. | .. | .. | .. | .. |
| Loans | .. | .. | .. | .. | .. | .. | .. | .. |
| Equity and investment fund shares | .. | .. | .. | .. | .. | .. | .. | .. |
| Equity | .. | .. | .. | .. | .. | .. | .. | .. |
| Investment fund shares | .. | .. | .. | .. | .. | .. | .. | .. |
| Money market fund shares | .. | .. | .. | .. | .. | .. | .. | .. |
| Non-Money market fund shares | .. | .. | .. | .. | .. | .. | .. | .. |
| Insurance pension and standardised guarantees | .. | .. | .. | .. | .. | .. | .. | .. |
| Financial derivatives and employee stock options | .. | .. | .. | .. | .. | .. | .. | .. |
| Other accounts receivable | .. | .. | .. | .. | .. | .. | .. | .. |
| Financial liabilities | .. | .. | .. | .. | .. | .. | .. | .. |
| Debt securities | .. | .. | .. | .. | .. | .. | .. | .. |
| Short-term debt securities | .. | .. | .. | .. | .. | .. | .. | .. |
| Long-term debt securities | .. | .. | .. | .. | .. | .. | .. | .. |
| Loans | .. | .. | .. | .. | .. | .. | .. | .. |
| Short-term loans | .. | .. | .. | .. | .. | .. | .. | .. |
| Long-term loans | .. | .. | .. | .. | .. | .. | .. | .. |
| Equity and investment fund shares | .. | .. | .. | .. | .. | .. | .. | .. |
| Insurance pension and standardised guarantees | .. | .. | .. | .. | .. | .. | .. | .. |
| Financial derivatives and employee stock options | .. | .. | .. | .. | .. | .. | .. | .. |
| Other accounts payable | .. | .. | .. | .. | .. | .. | .. | .. |
| Non-financial assets | .. | .. | .. | .. | .. | .. | .. | .. |
| **Open-end investment funds** | | | | | | | | |
| Financial net worth | .. | .. | .. | .. | .. | .. | .. | .. |
| Financial assets | .. | .. | .. | .. | .. | .. | .. | .. |
| Currency and deposits | .. | .. | .. | .. | .. | .. | .. | .. |
| Debt securities | .. | .. | .. | .. | .. | .. | .. | .. |
| Loans | .. | .. | .. | .. | .. | .. | .. | .. |
| Equity and investment fund shares | .. | .. | .. | .. | .. | .. | .. | .. |
| Equity | .. | .. | .. | .. | .. | .. | .. | .. |
| Investment fund shares | .. | .. | .. | .. | .. | .. | .. | .. |
| Money market fund shares | .. | .. | .. | .. | .. | .. | .. | .. |
| Non-Money market fund shares | .. | .. | .. | .. | .. | .. | .. | .. |
| Insurance pension and standardised guarantees | .. | .. | .. | .. | .. | .. | .. | .. |
| Financial derivatives and employee stock options | .. | .. | .. | .. | .. | .. | .. | .. |
| Other accounts receivable | .. | .. | .. | .. | .. | .. | .. | .. |
| Financial liabilities | .. | .. | .. | .. | .. | .. | .. | .. |
| Debt securities | .. | .. | .. | .. | .. | .. | .. | .. |
| Short-term debt securities | .. | .. | .. | .. | .. | .. | .. | .. |
| Long-term debt securities | .. | .. | .. | .. | .. | .. | .. | .. |
| Loans | .. | .. | .. | .. | .. | .. | .. | .. |
| Short-term loans | .. | .. | .. | .. | .. | .. | .. | .. |
| Long-term loans | .. | .. | .. | .. | .. | .. | .. | .. |
| Equity and investment fund shares | .. | .. | .. | .. | .. | .. | .. | .. |
| Insurance pension and standardised guarantees | .. | .. | .. | .. | .. | .. | .. | .. |
| Financial derivatives and employee stock options | .. | .. | .. | .. | .. | .. | .. | .. |
| Other accounts payable | .. | .. | .. | .. | .. | .. | .. | .. |
| Non-financial assets | .. | .. | .. | .. | .. | .. | .. | .. |

*Note:* Detailed metadata at: http://metalinks.oecd.org/instinv/20170516/8b90

## Table 3. Financial assets and liabilities of insurance corporations and pension funds

*Million EUR*

| | 2008 | 2009 | 2010 | 2011 | 2012 | 2013 | 2014 | 2015 |
|---|---|---|---|---|---|---|---|---|
| **Insurance corporations and pension funds** | | | | | | | | |
| Financial net worth | -47 465 | -38 111 | -20 078 | 5 843 | 35 411 | -13 721 | 79 227 | -2 756 |
| Financial assets | 1 685 974 | 1 745 556 | 1 845 571 | 1 899 067 | 2 068 570 | 2 139 328 | 2 353 017 | 2 424 947 |
| Currency and deposits | 574 664 | 588 867 | 570 834 | 576 218 | 560 467 | 541 269 | 522 664 | 488 321 |
| Debt securities | 175 257 | 180 238 | 203 255 | 218 696 | 281 003 | 303 382 | 372 741 | 382 686 |
| Loans | 249 371 | 266 258 | 276 338 | 282 144 | 288 668 | 294 355 | 310 037 | 321 975 |
| Equity and investment fund shares | 554 978 | 587 614 | 668 535 | 694 381 | 808 638 | 870 968 | 1 007 538 | 1 085 308 |
| Equity | 203 969 | 192 208 | 202 594 | 197 270 | 205 400 | 196 041 | 201 679 | 211 596 |
| Investment fund shares | 351 009 | 395 406 | 465 941 | 497 111 | 603 238 | 674 927 | 805 859 | 873 712 |
| Money market fund shares | 9 | 7 | 8 | 8 | 1 986 | 614 | 702 | 1 443 |
| Non-Money market fund shares | 351 000 | 395 399 | 465 933 | 497 103 | 601 252 | 674 313 | 805 158 | 872 269 |
| Insurance pension and standardised guarantees | 65 798 | 58 550 | 59 930 | 62 247 | 63 082 | 64 175 | 68 801 | 76 989 |
| Financial derivatives and employee stock options | 4 830 | 4 728 | 4 936 | 5 366 | 6 138 | 5 979 | 6 417 | 4 520 |
| Other accounts receivable | 61 076 | 59 301 | 61 743 | 60 015 | 60 574 | 59 200 | 64 819 | 65 148 |
| Financial liabilities | 1 733 439 | 1 783 667 | 1 865 649 | 1 893 224 | 2 033 159 | 2 153 049 | 2 273 790 | 2 427 703 |
| Debt securities | 17 432 | 17 254 | 18 771 | 19 527 | 24 361 | 17 635 | 18 511 | 20 138 |
| Short-term debt securities | 2 812 | 1 337 | 1 894 | 767 | 1 404 | 598 | 686 | 1 558 |
| Long-term debt securities | 14 620 | 15 917 | 16 877 | 18 760 | 22 957 | 17 037 | 17 825 | 18 580 |
| Loans | 72 063 | 67 377 | 66 081 | 64 289 | 67 923 | 66 031 | 71 284 | 81 869 |
| Short-term loans | 40 043 | 36 486 | 40 599 | 38 384 | 40 862 | 36 487 | 40 193 | 49 058 |
| Long-term loans | 32 020 | 30 891 | 25 482 | 25 905 | 27 061 | 29 544 | 31 091 | 32 811 |
| Equity and investment fund shares | 136 019 | 136 216 | 137 616 | 111 799 | 158 942 | 197 652 | 202 695 | 255 480 |
| Insurance pension and standardised guarantees | 1 409 087 | 1 472 570 | 1 552 555 | 1 605 346 | 1 688 032 | 1 772 406 | 1 878 720 | 1 968 013 |
| Financial derivatives and employee stock options | 2 817 | 1 154 | 1 073 | 1 045 | 789 | 924 | 1 077 | 896 |
| Other accounts payable | 96 021 | 89 096 | 89 553 | 91 218 | 93 112 | 98 401 | 101 503 | 101 307 |
| Non-financial assets | .. | .. | .. | .. | .. | .. | .. | .. |
| **Insurance corporations** | | | | | | | | |
| Financial net worth | -36 453 | -38 917 | -18 410 | 8 620 | 7 012 | -4 556 | 56 567 | -31 100 |
| Financial assets | 1 390 531 | 1 414 901 | 1 491 692 | 1 526 640 | 1 637 864 | 1 722 403 | 1 868 162 | 1 906 361 |
| Currency and deposits | 441 526 | 447 988 | 431 593 | 437 875 | 427 202 | 407 614 | 404 895 | 370 531 |
| Debt securities | 148 138 | 152 182 | 173 816 | 185 244 | 238 228 | 280 251 | 340 530 | 346 790 |
| Loans | 228 343 | 243 383 | 252 735 | 256 599 | 262 728 | 266 829 | 280 755 | 291 735 |
| Equity and investment fund shares | 451 374 | 459 767 | 518 705 | 532 244 | 593 685 | 652 551 | 723 016 | 772 133 |
| Equity | 195 450 | 182 858 | 190 431 | 185 358 | 191 386 | 186 376 | 189 863 | 198 704 |
| Investment fund shares | 255 924 | 276 909 | 328 274 | 346 886 | 402 299 | 466 175 | 533 153 | 573 429 |
| Money market fund shares | 0 | 0 | 0 | 0 | 0 | 543 | 601 | 1 327 |
| Non-Money market fund shares | 255 924 | 276 909 | 328 274 | 346 886 | 402 299 | 465 632 | 532 552 | 572 102 |
| Insurance pension and standardised guarantees | 63 415 | 55 552 | 56 473 | 58 424 | 58 984 | 59 802 | 63 942 | 71 582 |
| Financial derivatives and employee stock options | 4 830 | 4 728 | 4 936 | 5 366 | 6 138 | 5 979 | 6 417 | 4 520 |
| Other accounts receivable | 52 905 | 51 301 | 53 434 | 50 888 | 50 899 | 49 377 | 48 607 | 49 070 |
| Financial liabilities | 1 426 984 | 1 453 818 | 1 510 102 | 1 518 020 | 1 630 852 | 1 726 959 | 1 811 595 | 1 937 461 |
| Debt securities | 17 432 | 17 254 | 18 771 | 19 527 | 24 361 | 17 635 | 18 490 | 20 116 |
| Short-term debt securities | 2 812 | 1 337 | 1 894 | 767 | 1 404 | 598 | 686 | 1 558 |
| Long-term debt securities | 14 620 | 15 917 | 16 877 | 18 760 | 22 957 | 17 037 | 17 804 | 18 558 |
| Loans | 69 391 | 63 936 | 62 322 | 60 261 | 63 682 | 61 607 | 66 438 | 76 645 |
| Short-term loans | 37 951 | 34 002 | 37 755 | 35 308 | 37 602 | 33 031 | 36 370 | 45 032 |
| Long-term loans | 31 440 | 29 934 | 24 567 | 24 954 | 26 080 | 28 576 | 30 068 | 31 613 |
| Equity and investment fund shares | 136 019 | 136 216 | 137 616 | 111 799 | 158 942 | 197 652 | 202 695 | 255 480 |
| Insurance pension and standardised guarantees | 1 106 465 | 1 147 262 | 1 201 983 | 1 235 237 | 1 291 113 | 1 351 920 | 1 422 747 | 1 484 188 |
| Financial derivatives and employee stock options | 2 817 | 1 154 | 1 073 | 1 045 | 789 | 924 | 1 077 | 896 |
| Other accounts payable | 94 860 | 87 996 | 88 337 | 90 151 | 91 965 | 97 221 | 100 148 | 100 136 |
| Non-financial assets | .. | .. | .. | .. | .. | .. | .. | .. |
| **Pension funds** | | | | | | | | |
| Financial net worth | -11 013 | 806 | -1 668 | -2 774 | 28 399 | -9 166 | 22 660 | 28 344 |
| Financial assets | 295 443 | 330 656 | 353 879 | 372 428 | 430 706 | 416 925 | 484 856 | 518 586 |
| Currency and deposits | 133 138 | 140 879 | 139 241 | 138 344 | 133 265 | 133 654 | 117 769 | 117 790 |
| Debt securities | 27 119 | 28 056 | 29 439 | 33 452 | 42 775 | 23 131 | 32 211 | 35 896 |
| Loans | 21 028 | 22 875 | 23 603 | 25 545 | 25 940 | 27 526 | 29 282 | 30 240 |
| Equity and investment fund shares | 103 604 | 127 847 | 149 830 | 162 137 | 214 953 | 218 417 | 284 523 | 313 175 |
| Equity | 8 519 | 9 350 | 12 163 | 11 912 | 14 014 | 9 665 | 11 816 | 12 892 |
| Investment fund shares | 95 085 | 118 497 | 137 667 | 150 225 | 200 939 | 208 752 | 272 707 | 300 283 |
| Money market fund shares | 9 | 7 | 8 | 8 | 1 986 | 71 | 100 | 115 |
| Non-Money market fund shares | 95 076 | 118 490 | 137 659 | 150 217 | 198 953 | 208 681 | 272 606 | 300 167 |
| Insurance pension and standardised guarantees | 2 383 | 2 999 | 3 457 | 3 823 | 4 098 | 4 374 | 4 859 | 5 407 |
| Financial derivatives and employee stock options | 0 | 0 | 0 | 0 | 0 | 0 | 0 | 0 |
| Other accounts receivable | 8 171 | 8 000 | 8 309 | 9 127 | 9 675 | 9 823 | 16 212 | 16 078 |
| Financial liabilities | 306 456 | 329 850 | 355 547 | 375 202 | 402 307 | 426 091 | 462 196 | 490 242 |
| Debt securities | 0 | 0 | 0 | 0 | 0 | 0 | 21 | 22 |
| Short-term debt securities | 0 | 0 | 0 | 0 | 0 | 0 | 0 | 0 |
| Long-term debt securities | 0 | 0 | 0 | 0 | 0 | 0 | 21 | 22 |
| Loans | 2 673 | 3 442 | 3 759 | 4 026 | 4 241 | 4 425 | 4 847 | 5 224 |
| Short-term loans | 2 092 | 2 484 | 2 844 | 3 076 | 3 260 | 3 457 | 3 824 | 4 026 |
| Long-term loans | 581 | 958 | 915 | 950 | 981 | 968 | 1 023 | 1 198 |
| Equity and investment fund shares | 0 | 0 | 0 | 0 | 0 | 0 | 0 | 0 |
| Insurance pension and standardised guarantees | 302 622 | 325 308 | 350 572 | 370 109 | 396 919 | 420 486 | 455 973 | 483 825 |
| Financial derivatives and employee stock options | 0 | 0 | 0 | 0 | 0 | 0 | 0 | 0 |
| Other accounts payable | 1 161 | 1 100 | 1 216 | 1 067 | 1 147 | 1 180 | 1 355 | 1 171 |
| Non-financial assets | .. | .. | .. | .. | .. | .. | .. | .. |

*Note:* Detailed metadata at: http://metalinks.oecd.org/instinv/20170516/8b90

## Table 4. Portfolio composition by type of investor

As percentage of financial assets and of financial liabilities

*Per cent*

| | 2008 | 2009 | 2010 | 2011 | 2012 | 2013 | 2014 | 2015 |
|---|---|---|---|---|---|---|---|---|
| **Investment funds** | | | | | | | | |
| Financial assets | 100.0 | 100.0 | 100.0 | 100.0 | 100.0 | 100.0 | 100.0 | 100.0 |
| Currency and deposits | 16.1 | 6.4 | 5.2 | 6.8 | 5.4 | 5.1 | 4.5 | 4.8 |
| Debt securities | 54.0 | 56.9 | 55.1 | 55.7 | 54.9 | 52.3 | 53.0 | 49.9 |
| Loans | 0.4 | 0.8 | 0.9 | 0.9 | 0.9 | 0.9 | 0.9 | 0.9 |
| Equity and investment fund shares | 28.0 | 33.3 | 36.5 | 34.2 | 36.3 | 39.6 | 39.0 | 41.8 |
| Insurance pension and standardised guarantee schemes | 0.0 | 0.0 | 0.0 | 0.0 | 0.0 | 0.0 | 0.0 | 0.0 |
| Financial derivatives and employee stock options | 1.5 | 0.8 | 0.6 | 0.7 | 0.9 | 0.7 | 0.9 | 0.9 |
| Other accounts receivable | 0.0 | 1.7 | 1.7 | 1.7 | 1.5 | 1.4 | 1.7 | 1.7 |
| Financial liabilities | 100.0 | 100.0 | 100.0 | 100.0 | 100.0 | 100.0 | 100.0 | 100.0 |
| Currency and deposits | 0.0 | 0.0 | 0.0 | 0.0 | 0.0 | 0.0 | 0.0 | 0.0 |
| Debt securities | 0.0 | 0.0 | 0.0 | 0.0 | 0.0 | 0.0 | 0.0 | 0.0 |
| Loans | 4.4 | 2.6 | 2.5 | 2.5 | 2.4 | 2.0 | 1.9 | 1.7 |
| Equity and investment fund shares | 94.7 | 95.8 | 96.1 | 96.0 | 96.4 | 97.0 | 96.6 | 96.9 |
| Insurance pension and standardised guarantee schemes | 0.0 | 0.0 | 0.0 | 0.0 | 0.0 | 0.0 | 0.0 | 0.0 |
| Financial derivatives and employee stock options | 0.9 | 0.6 | 0.5 | 0.7 | 0.3 | 0.3 | 0.7 | 0.7 |
| Other accounts receivable | 0.0 | 1.0 | 0.8 | 0.8 | 0.9 | 0.8 | 0.8 | 0.7 |
| **Insurance corporations** | | | | | | | | |
| Financial assets | 100.0 | 100.0 | 100.0 | 100.0 | 100.0 | 100.0 | 100.0 | 100.0 |
| Currency and deposits | 31.8 | 31.7 | 28.9 | 28.7 | 26.1 | 23.7 | 21.7 | 19.4 |
| Debt securities | 10.7 | 10.8 | 11.7 | 12.1 | 14.5 | 16.3 | 18.2 | 18.2 |
| Loans | 16.4 | 17.2 | 16.9 | 16.8 | 16.0 | 15.5 | 15.0 | 15.3 |
| Equity and investment fund shares | 32.5 | 32.5 | 34.8 | 34.9 | 36.2 | 37.9 | 38.7 | 40.5 |
| Insurance pension and standardised guarantee schemes | 4.6 | 3.9 | 3.8 | 3.8 | 3.6 | 3.5 | 3.4 | 3.8 |
| Financial derivatives and employee stock options | 0.3 | 0.3 | 0.3 | 0.4 | 0.4 | 0.3 | 0.3 | 0.2 |
| Other accounts receivable | 3.8 | 3.6 | 3.6 | 3.3 | 3.1 | 2.9 | 2.6 | 2.6 |
| Financial liabilities | 100.0 | 100.0 | 100.0 | 100.0 | 100.0 | 100.0 | 100.0 | 100.0 |
| Currency and deposits | 0.0 | 0.0 | 0.0 | 0.0 | 0.0 | 0.0 | 0.0 | 0.0 |
| Debt securities | 1.2 | 1.2 | 1.2 | 1.3 | 1.5 | 1.0 | 1.0 | 1.0 |
| Loans | 4.9 | 4.4 | 4.1 | 4.0 | 3.9 | 3.6 | 3.7 | 4.0 |
| Equity and investment fund shares | 9.5 | 9.4 | 9.1 | 7.4 | 9.7 | 11.4 | 11.2 | 13.2 |
| Insurance pension and standardised guarantee schemes | 77.5 | 78.9 | 79.6 | 81.4 | 79.2 | 78.3 | 78.5 | 76.6 |
| Financial derivatives and employee stock options | 0.2 | 0.1 | 0.1 | 0.1 | 0.0 | 0.1 | 0.1 | 0.0 |
| Other accounts receivable | 6.6 | 6.1 | 5.8 | 5.9 | 5.6 | 5.6 | 5.5 | 5.2 |
| **Pension funds** | | | | | | | | |
| Financial assets | 100.0 | 100.0 | 100.0 | 100.0 | 100.0 | 100.0 | 100.0 | 100.0 |
| Currency and deposits | 45.1 | 42.6 | 39.3 | 37.1 | 30.9 | 32.1 | 24.3 | 22.7 |
| Debt securities | 9.2 | 8.5 | 8.3 | 9.0 | 9.9 | 5.5 | 6.6 | 6.9 |
| Loans | 7.1 | 6.9 | 6.7 | 6.9 | 6.0 | 6.6 | 6.0 | 5.8 |
| Equity and investment fund shares | 35.1 | 38.7 | 42.3 | 43.5 | 49.9 | 52.4 | 58.7 | 60.4 |
| Insurance pension and standardised guarantee schemes | 0.8 | 0.9 | 1.0 | 1.0 | 1.0 | 1.0 | 1.0 | 1.0 |
| Financial derivatives and employee stock options | 0.0 | 0.0 | 0.0 | 0.0 | 0.0 | 0.0 | 0.0 | 0.0 |
| Other accounts receivable | 2.8 | 2.4 | 2.3 | 2.5 | 2.2 | 2.4 | 3.3 | 3.1 |
| Financial liabilities | 100.0 | 100.0 | 100.0 | 100.0 | 100.0 | 100.0 | 100.0 | 100.0 |
| Currency and deposits | 0.0 | 0.0 | 0.0 | 0.0 | 0.0 | 0.0 | 0.0 | 0.0 |
| Debt securities | 0.0 | 0.0 | 0.0 | 0.0 | 0.0 | 0.0 | 0.0 | 0.0 |
| Loans | 0.9 | 1.0 | 1.1 | 1.1 | 1.1 | 1.0 | 1.0 | 1.1 |
| Equity and investment fund shares | 0.0 | 0.0 | 0.0 | 0.0 | 0.0 | 0.0 | 0.0 | 0.0 |
| Insurance pension and standardised guarantee schemes | 98.7 | 98.6 | 98.6 | 98.6 | 98.7 | 98.7 | 98.7 | 98.7 |
| Financial derivatives and employee stock options | 0.0 | 0.0 | 0.0 | 0.0 | 0.0 | 0.0 | 0.0 | 0.0 |
| Other accounts receivable | 0.4 | 0.3 | 0.3 | 0.3 | 0.3 | 0.3 | 0.3 | 0.2 |

*Note:* Detailed metadata at: http://metalinks.oecd.org/instinv/20170516/f09d

## Table 1. Financial assets and liabilities of institutional investors, 2015

*Million EUR (2001 GRD euro)*

| | Total | Investment funds: Non-money market funds: Total | Open-end non-money market funds | Closed-end non-money market funds | Money market funds: Total |
|---|---|---|---|---|---|
| Financial assets | 4 235 | 3 723 | 3 138 | 585 | 512 |
| Currency and deposits | 595 | 434 | 254 | 180 | 161 |
| Debt securities | 1 671 | 1 320 | 1 319 | 1 | 351 |
| Debt securities, short term | 461 | 147 | 147 | 0 | 314 |
| Debt securities, long term | 1 210 | 1 173 | 1 172 | 1 | 37 |
| Debt securities issued by residents | 911 | 594 | 593 | 1 | 317 |
| Debt securities issued by non-residents | 760 | 726 | 726 | 0 | 34 |
| Loans | .. | .. | .. | .. | .. |
| Loans, short-term | .. | .. | .. | .. | .. |
| Loans, long-term | .. | .. | .. | .. | .. |
| Loans granted to residents | .. | .. | .. | .. | .. |
| Loans granted to non-residents | .. | .. | .. | .. | .. |
| Equity and investment fund shares/units | 1 821 | 1 821 | 1 486 | 335 | 0 |
| Equity and investment fund shares issued/units by residents | 836 | 836 | 722 | 114 | 0 |
| Equity and investment fund shares/units issued by non residents | 988 | 988 | 767 | 221 | 0 |
| Other accounts receivable | .. | .. | .. | .. | 0 |

| | Total | Investment funds: Non-money market funds: Total | Open-end non-money market funds | Closed-end non-money market funds | Money market funds: Total |
|---|---|---|---|---|---|
| Financial liabilities | 6 143 | 5 630 | 3 139 | 2 491 | 513 |
| Currency and deposits | .. | .. | .. | .. | .. |
| Debt securities | .. | .. | .. | .. | .. |
| Debt securities, short term | .. | .. | .. | .. | .. |
| Debt securities, long term | .. | .. | .. | .. | .. |
| Loans | 301 | 301 | 0 | 301 | .. |
| Loans, short-term | 2 | 2 | 0 | 2 | .. |
| Loans, long-term | 299 | 299 | 0 | 299 | .. |
| Equity and investment fund shares/units | 5 765 | 5 252 | 3 089 | 2 163 | 513 |
| Insurance pension and standardised guaratees | .. | .. | .. | .. | .. |
| Financial derivatives and employee stock options | .. | .. | .. | .. | 0 |
| Other accounts payable | .. | .. | .. | .. | 0 |

| | Total | Insurance corporations and pension funds: Insurance corporations: Total | Life insurance corporations | Non-life insurance corporations | Pension funds: Total |
|---|---|---|---|---|---|
| Financial assets | 15 969 | 15 647 | 10 916 | 4 731 | 322 |
| Currency and deposits | 1 943 | 1 836 | 1 281 | 555 | 107 |
| Debt securities | 8 323 | 8 176 | 5 704 | 2 472 | 146 |
| Debt securities, short-term | 1 294 | 1 258 | 878 | 380 | 36 |
| Debt securities, long term | 7 028 | 6 918 | 4 826 | 2 092 | 111 |
| Debt securities issued by residents | 2 014 | 1 943 | 1 355 | 587 | 71 |
| Debt securities issued by non-residents | 6 309 | 6 234 | 4 349 | 1 885 | 75 |
| Loans | 160 | 154 | 107 | 47 | 6 |
| Loans, short-term | 17 | 11 | 8 | 3 | 6 |
| Loans, long-term | 143 | 143 | 100 | 43 | 0 |
| Loans granted to residents | 123 | 117 | 82 | 35 | 6 |
| Loans granted to non-residents | 37 | 37 | 26 | 11 | 0 |
| Equity and investment fund shares/units | 3 321 | 3 260 | 2 274 | 986 | 61 |
| Equity and investment fund shares/units issued by residents | 1 398 | 1 367 | 954 | 413 | 32 |
| Equity and investment fund shares/units issued by non residents | 1 923 | 1 893 | 1 321 | 572 | 30 |
| Other accounts receivable | 1 746 | 1 746 | 1 218 | 528 | 1 |

| | Total | Insurance corporations and pension funds: Insurance corporations: Total | Life insurance corporations | Non-life insurance corporations | Pension funds: Total |
|---|---|---|---|---|---|
| Financial liabilities | 16 971 | 16 649 | 11 615 | 5 034 | 322 |
| Currency and deposits | .. | .. | .. | .. | .. |
| Debt securities | .. | 29 | 20 | 9 | .. |
| Debt securities, short term | .. | 0 | 0 | 0 | .. |
| Debt securities, long term | .. | 29 | 20 | 9 | .. |
| Loans | .. | 165 | 115 | 50 | .. |
| Loans, short-term | .. | 57 | 40 | 17 | .. |
| Loans, long-term | .. | 109 | 76 | 33 | .. |
| Equity and investment fund shares/units | .. | 3 451 | 2 408 | 1 044 | .. |
| Insurance pension and standardised guaratees | 12 523 | 12 202 | 8 512 | 3 689 | 322 |
| Financial derivatives and employee stock options | 0 | 0 | 0 | 0 | .. |
| Other accounts payable | 802 | 802 | 560 | 243 | .. |

Note: Detailed metadata at: http://metalinks.oecd.org/instinv/20170516/fc8e

## Table 2. Financial assets and liabilities of investment funds

*Million EUR*

| | 2008 | 2009 | 2010 | 2011 | 2012 | 2013 | 2014 | 2015 |
|---|---|---|---|---|---|---|---|---|
| **Investment funds** | | | | | | | | |
| Financial net worth | -641 | -677 | -1 535 | -1 466 | -1 399 | -1 325 | -1 849 | -1 908 |
| Financial assets | 8 986 | 8 680 | 6 879 | 4 380 | 4 866 | 5 129 | 4 868 | 4 235 |
| Currency and deposits | 2 997 | 2 401 | 1 706 | 1 304 | 1 534 | 1 099 | 1 332 | 595 |
| Debt securities | 3 101 | 2 758 | 2 279 | 1 471 | 1 465 | 1 768 | 1 382 | 1 671 |
| Loans | .. | .. | .. | .. | .. | .. | .. | .. |
| Equity and investment fund shares | 2 429 | 3 168 | 2 468 | 1 435 | 1 695 | 2 097 | 1 827 | 1 821 |
| Equity | 1 930 | 2 622 | 1 882 | 1 037 | 1 322 | 1 748 | 1 328 | 1 288 |
| Investment fund shares | 499 | 546 | 586 | 398 | 373 | 349 | 499 | 533 |
| Money market fund shares | 15 | 16 | 3 | 9 | 21 | 16 | 15 | 10 |
| Non-Money market fund shares | 484 | 530 | 583 | 389 | 352 | 333 | 484 | 523 |
| Insurance pension and standardised guarantees | .. | .. | .. | .. | .. | .. | .. | .. |
| Financial derivatives and employee stock options | .. | .. | .. | .. | .. | .. | .. | .. |
| Other accounts receivable | .. | .. | .. | .. | .. | .. | .. | .. |
| Financial liabilities | 9 627 | 9 357 | 8 414 | 5 846 | 6 265 | 6 454 | 6 717 | 6 143 |
| Debt securities | .. | .. | .. | .. | .. | .. | .. | .. |
| Short-term debt securities | .. | .. | .. | .. | .. | .. | .. | .. |
| Long-term debt securities | .. | .. | .. | .. | .. | .. | .. | .. |
| Loans | 19 | 9 | 16 | 59 | 86 | 81 | 312 | 301 |
| Short-term loans | 0 | 0 | 0 | 0 | 0 | 0 | 2 | 2 |
| Long-term loans | 19 | 9 | 16 | 59 | 86 | 81 | 310 | 299 |
| Equity and investment fund shares | 8 809 | 8 878 | 7 760 | 5 133 | 5 641 | 6 234 | 6 261 | 5 765 |
| Insurance pension and standardised guarantees | .. | .. | .. | .. | .. | .. | .. | .. |
| Financial derivatives and employee stock options | .. | .. | .. | .. | .. | .. | .. | .. |
| Other accounts payable | .. | .. | .. | .. | .. | .. | .. | .. |
| Non-financial assets | 627 | 676 | 1 536 | 1 462 | 1 397 | 1 322 | 1 845 | 1 905 |
| **Money market funds** | | | | | | | | |
| Financial net worth | -9 | -2 | -2 | -1 | 0 | 0 | -1 | -1 |
| Financial assets | 2 534 | 1 777 | 1 183 | 744 | 840 | 719 | 773 | 512 |
| Currency and deposits | 1 906 | 1 610 | 1 013 | 627 | 772 | 365 | 539 | 161 |
| Debt securities | 616 | 162 | 167 | 108 | 61 | 346 | 228 | 351 |
| Loans | .. | .. | .. | .. | .. | .. | .. | .. |
| Equity and investment fund shares | 0 | 0 | 0 | 5 | 2 | 2 | 2 | 0 |
| Equity | 0 | 0 | 0 | 0 | 0 | 0 | 0 | 0 |
| Investment fund shares | 0 | 0 | 0 | 5 | 2 | 2 | 2 | 0 |
| Money market fund shares | 0 | 0 | 0 | 5 | 2 | 2 | 2 | 0 |
| Non-Money market fund shares | 0 | 0 | 0 | 0 | 0 | 0 | 0 | 0 |
| Insurance pension and standardised guarantees | .. | .. | .. | .. | .. | .. | .. | .. |
| Financial derivatives and employee stock options | 0 | 0 | 0 | 0 | 0 | 0 | 0 | 0 |
| Other accounts receivable | 12 | 5 | 3 | 4 | 5 | 6 | 4 | 0 |
| Financial liabilities | 2 543 | 1 779 | 1 185 | 745 | 840 | 719 | 774 | 513 |
| Debt securities | .. | .. | .. | .. | .. | .. | .. | .. |
| Short-term debt securities | .. | .. | .. | .. | .. | .. | .. | .. |
| Long-term debt securities | .. | .. | .. | .. | .. | .. | .. | .. |
| Loans | .. | .. | .. | .. | .. | .. | .. | .. |
| Short-term loans | .. | .. | .. | .. | .. | .. | .. | .. |
| Long-term loans | .. | .. | .. | .. | .. | .. | .. | .. |
| Equity and investment fund shares | 2 509 | 1 775 | 1 182 | 739 | 835 | 711 | 762 | 513 |
| Insurance pension and standardised guarantees | .. | .. | .. | .. | .. | .. | .. | .. |
| Financial derivatives and employee stock options | 0 | 0 | 0 | 0 | 0 | 0 | 0 | 0 |
| Other accounts payable | 34 | 4 | 3 | 6 | 5 | 8 | 12 | 0 |
| Non-financial assets | .. | .. | .. | .. | .. | .. | .. | .. |
| **Non-money market funds** | | | | | | | | |
| Financial net worth | -632 | -675 | -1 533 | -1 465 | -1 399 | -1 325 | -1 848 | -1 907 |
| Financial assets | 6 452 | 6 903 | 5 696 | 3 636 | 4 026 | 4 410 | 4 095 | 3 723 |
| Currency and deposits | 1 091 | 791 | 693 | 677 | 762 | 734 | 793 | 434 |
| Debt securities | 2 485 | 2 596 | 2 112 | 1 363 | 1 404 | 1 422 | 1 154 | 1 320 |
| Loans | .. | .. | .. | .. | .. | .. | .. | .. |
| Equity and investment fund shares | 2 429 | 3 168 | 2 468 | 1 430 | 1 693 | 2 095 | 1 825 | 1 821 |
| Equity | 1 930 | 2 622 | 1 882 | 1 037 | 1 322 | 1 748 | 1 328 | 1 288 |
| Investment fund shares | 499 | 546 | 586 | 393 | 371 | 347 | 497 | 533 |
| Money market fund shares | 15 | 16 | 3 | 4 | 19 | 14 | 13 | 10 |
| Non-Money market fund shares | 484 | 530 | 583 | 389 | 352 | 333 | 484 | 523 |
| Insurance pension and standardised guarantees | .. | .. | .. | .. | .. | .. | .. | .. |
| Financial derivatives and employee stock options | .. | .. | .. | .. | .. | .. | .. | .. |
| Other accounts receivable | .. | .. | .. | .. | .. | .. | .. | .. |
| Financial liabilities | 7 084 | 7 578 | 7 229 | 5 101 | 5 425 | 5 735 | 5 943 | 5 630 |
| Debt securities | .. | .. | .. | .. | .. | .. | .. | .. |
| Short-term debt securities | .. | .. | .. | .. | .. | .. | .. | .. |
| Long-term debt securities | .. | .. | .. | .. | .. | .. | .. | .. |
| Loans | 19 | 9 | 16 | 59 | 86 | 81 | 312 | 301 |
| Short-term loans | 0 | 0 | 0 | 0 | 0 | 0 | 2 | 2 |
| Long-term loans | 19 | 9 | 16 | 59 | 86 | 81 | 310 | 299 |
| Equity and investment fund shares | 6 300 | 7 103 | 6 578 | 4 394 | 4 806 | 5 523 | 5 499 | 5 252 |
| Insurance pension and standardised guarantees | .. | .. | .. | .. | .. | .. | .. | .. |
| Financial derivatives and employee stock options | .. | .. | .. | .. | .. | .. | .. | .. |
| Other accounts payable | .. | .. | .. | .. | .. | .. | .. | .. |
| Non-financial assets | 627 | 676 | 1 536 | 1 462 | 1 397 | 1 322 | 1 845 | 1 905 |
| **Open-end non-money market funds** | | | | | | | | |
| Financial net worth | -5 | 0 | 2 | -2 | -2 | -2 | -2 | -1 |
| Financial assets | 5 975 | 6 453 | 5 190 | 3 262 | 3 572 | 3 797 | 3 344 | 3 138 |

## Table 2. Financial assets and liabilities of investment funds *(cont.)*

*Million EUR*

| | 2008 | 2009 | 2010 | 2011 | 2012 | 2013 | 2014 | 2015 |
|---|---|---|---|---|---|---|---|---|
| Currency and deposits | 831 | 573 | 478 | 392 | 405 | 363 | 580 | 254 |
| Debt securities | 2 485 | 2 596 | 2 112 | 1 363 | 1 404 | 1 420 | 1 151 | 1 319 |
| Loans | .. | .. | .. | .. | .. | .. | .. | .. |
| Equity and investment fund shares | 2 323 | 3 041 | 2 355 | 1 372 | 1 635 | 1 890 | 1 499 | 1 486 |
| Equity | 1 824 | 2 495 | 1 769 | 979 | 1 264 | 1 544 | 1 083 | 1 033 |
| Investment fund shares | 499 | 546 | 586 | 393 | 371 | 346 | 416 | 453 |
| Money market fund shares | 15 | 16 | 3 | 4 | 19 | 14 | 13 | 10 |
| Non-Money market fund shares | 484 | 530 | 583 | 389 | 352 | 332 | 403 | 443 |
| Insurance pension and standardised guarantees | .. | .. | .. | .. | .. | .. | .. | .. |
| Financial derivatives and employee stock options | .. | .. | .. | .. | .. | .. | .. | .. |
| Other accounts receivable | .. | .. | .. | .. | .. | .. | .. | .. |
| Financial liabilities | 5 980 | 6 453 | 5 188 | 3 264 | 3 574 | 3 799 | 3 346 | 3 139 |
| Debt securities | .. | .. | .. | .. | .. | .. | .. | .. |
| Short-term debt securities | .. | .. | .. | .. | .. | .. | .. | .. |
| Long-term debt securities | .. | .. | .. | .. | .. | .. | .. | .. |
| Loans | 0 | 0 | 0 | 0 | 0 | 0 | 0 | 0 |
| Short-term loans | 0 | 0 | 0 | 0 | 0 | 0 | 0 | 0 |
| Long-term loans | 0 | 0 | 0 | 0 | 0 | 0 | 0 | 0 |
| Equity and investment fund shares | 5 700 | 6 296 | 5 008 | 3 161 | 3 467 | 3 696 | 3 254 | 3 089 |
| Insurance pension and standardised guarantees | .. | .. | .. | .. | .. | .. | .. | .. |
| Financial derivatives and employee stock options | .. | .. | .. | .. | .. | .. | .. | .. |
| Other accounts payable | .. | .. | .. | .. | .. | .. | .. | .. |
| Non-financial assets | 0 | 0 | 0 | 0 | 0 | 0 | 0 | 0 |
| **Open-end investment funds** | | | | | | | | |
| Financial net worth | -14 | -2 | 0 | -3 | -2 | -2 | -3 | -2 |
| Financial assets | 8 509 | 8 230 | 6 373 | 4 006 | 4 412 | 4 516 | 4 117 | 3 650 |
| Currency and deposits | 2 737 | 2 183 | 1 491 | 1 019 | 1 177 | 728 | 1 119 | 415 |
| Debt securities | 3 101 | 2 758 | 2 279 | 1 471 | 1 465 | 1 766 | 1 379 | 1 670 |
| Loans | .. | .. | .. | .. | .. | .. | .. | .. |
| Equity and investment fund shares | 2 323 | 3 041 | 2 355 | 1 377 | 1 637 | 1 892 | 1 501 | 1 486 |
| Equity | 1 824 | 2 495 | 1 769 | 979 | 1 264 | 1 544 | 1 083 | 1 033 |
| Investment fund shares | 499 | 546 | 586 | 398 | 373 | 348 | 418 | 453 |
| Money market fund shares | 15 | 16 | 3 | 9 | 21 | 16 | 15 | 10 |
| Non-Money market fund shares | 484 | 530 | 583 | 389 | 352 | 332 | 403 | 443 |
| Insurance pension and standardised guarantees | .. | .. | .. | .. | .. | .. | .. | .. |
| Financial derivatives and employee stock options | .. | .. | .. | .. | .. | .. | .. | .. |
| Other accounts receivable | .. | .. | .. | .. | .. | .. | .. | .. |
| Financial liabilities | 8 523 | 8 232 | 6 373 | 4 009 | 4 414 | 4 518 | 4 120 | 3 652 |
| Debt securities | .. | .. | .. | .. | .. | .. | .. | .. |
| Short-term debt securities | .. | .. | .. | .. | .. | .. | .. | .. |
| Long-term debt securities | .. | .. | .. | .. | .. | .. | .. | .. |
| Loans | 0 | 0 | 0 | 0 | 0 | 0 | 0 | 0 |
| Short-term loans | 0 | 0 | 0 | 0 | 0 | 0 | 0 | 0 |
| Long-term loans | 0 | 0 | 0 | 0 | 0 | 0 | 0 | 0 |
| Equity and investment fund shares | 8 209 | 8 071 | 6 190 | 3 900 | 4 302 | 4 407 | 4 016 | 3 602 |
| Insurance pension and standardised guarantees | .. | .. | .. | .. | .. | .. | .. | .. |
| Financial derivatives and employee stock options | .. | .. | .. | .. | .. | .. | .. | .. |
| Other accounts payable | .. | .. | .. | .. | .. | .. | .. | .. |
| Non-financial assets | 0 | 0 | 0 | 0 | 0 | 0 | 0 | 0 |

*Note:* Detailed metadata at: http://metalinks.oecd.org/instinv/20170516/fc8e

# GREECE

## Table 3. Financial assets and liabilities of insurance corporations and pension funds

*Million EUR*

| | 2008 | 2009 | 2010 | 2011 | 2012 | 2013 | 2014 | 2015 |
|---|---|---|---|---|---|---|---|---|
| **Insurance corporations and pension funds** | | | | | | | | |
| Financial net worth | .. | .. | .. | .. | .. | -921 | -879 | -1 002 |
| Financial assets | .. | .. | .. | .. | .. | 15 509 | 15 893 | 15 969 |
| Currency and deposits | .. | .. | .. | .. | .. | 3 772 | 2 575 | 1 943 |
| Debt securities | .. | .. | .. | .. | .. | 6 713 | 8 243 | 8 323 |
| Loans | .. | .. | .. | .. | .. | 132 | 140 | 160 |
| Equity and investment fund shares | .. | .. | .. | .. | .. | 2 628 | 2 880 | 3 321 |
| Equity | .. | .. | .. | .. | .. | 365 | 404 | 545 |
| Investment fund shares | .. | .. | .. | .. | .. | 2 264 | 2 476 | 2 776 |
| Money market fund shares | .. | .. | .. | .. | .. | 367 | 416 | 509 |
| Non-Money market fund shares | .. | .. | .. | .. | .. | 1 896 | 2 060 | 2 267 |
| Insurance pension and standardised guarantees | .. | .. | .. | .. | .. | 390 | 375 | 471 |
| Financial derivatives and employee stock options | .. | .. | .. | .. | .. | 8 | 4 | 4 |
| Other accounts receivable | .. | .. | .. | .. | .. | 1 866 | 1 676 | 1 746 |
| Financial liabilities | .. | .. | .. | .. | .. | 16 430 | 16 772 | 16 971 |
| Debt securities | .. | .. | .. | .. | .. | .. | .. | .. |
| Short-term debt securities | .. | .. | .. | .. | .. | .. | .. | .. |
| Long-term debt securities | .. | .. | .. | .. | .. | .. | .. | .. |
| Loans | .. | .. | .. | .. | .. | .. | .. | .. |
| Short-term loans | .. | .. | .. | .. | .. | .. | .. | .. |
| Long-term loans | .. | .. | .. | .. | .. | .. | .. | .. |
| Equity and investment fund shares | .. | .. | .. | .. | .. | .. | .. | .. |
| Insurance pension and standardised guarantees | .. | .. | .. | .. | .. | 12 146 | 12 213 | 12 523 |
| Financial derivatives and employee stock options | .. | .. | .. | .. | .. | 0 | 0 | 0 |
| Other accounts payable | .. | .. | .. | .. | .. | 977 | 1 198 | 802 |
| Non-financial assets | .. | .. | .. | .. | .. | 921 | 879 | 1 002 |
| **Insurance corporations** | | | | | | | | |
| Financial net worth | -1 526 | -1 236 | -1 041 | -987 | -865 | -921 | -879 | -1 002 |
| Financial assets | 13 531 | 14 344 | 14 662 | 13 906 | 14 689 | 15 284 | 15 453 | 15 647 |
| Currency and deposits | 1 956 | 1 988 | 2 837 | 2 771 | 2 800 | 3 547 | 2 439 | 1 836 |
| Debt securities | 5 837 | 6 587 | 6 605 | 6 256 | 6 589 | 6 713 | 7 985 | 8 176 |
| Loans | 108 | 102 | 101 | 97 | 145 | 132 | 132 | 154 |
| Equity and investment fund shares | 2 732 | 2 809 | 2 331 | 2 150 | 2 632 | 2 628 | 2 842 | 3 260 |
| Equity | 687 | 508 | 352 | 284 | 341 | 365 | 399 | 532 |
| Investment fund shares | 2 046 | 2 300 | 1 979 | 1 865 | 2 291 | 2 264 | 2 444 | 2 728 |
| Money market fund shares | 162 | 114 | 108 | 174 | 468 | 367 | 416 | 509 |
| Non-Money market fund shares | 1 884 | 2 186 | 1 871 | 1 692 | 1 823 | 1 896 | 2 028 | 2 218 |
| Insurance pension and standardised guarantees | 333 | 372 | 419 | 404 | 426 | 390 | 375 | 471 |
| Financial derivatives and employee stock options | 4 | 3 | 0 | 0 | 6 | 8 | 4 | 4 |
| Other accounts receivable | 2 562 | 2 484 | 2 369 | 2 228 | 2 091 | 1 866 | 1 675 | 1 746 |
| Financial liabilities | 15 058 | 15 580 | 15 703 | 14 893 | 15 554 | 16 205 | 16 332 | 16 649 |
| Debt securities | 53 | 37 | 16 | 15 | 15 | 29 | 29 | 29 |
| Short-term debt securities | 0 | 0 | 0 | 0 | 0 | 0 | 0 | 0 |
| Long-term debt securities | 53 | 37 | 16 | 15 | 15 | 29 | 29 | 29 |
| Loans | 183 | 247 | 1 033 | 673 | 332 | 482 | 127 | 165 |
| Short-term loans | 109 | 83 | 837 | 469 | 275 | 435 | 65 | 57 |
| Long-term loans | 74 | 165 | 196 | 204 | 57 | 47 | 62 | 109 |
| Equity and investment fund shares | 1 523 | 1 904 | 1 092 | 878 | 1 956 | 2 796 | 3 206 | 3 451 |
| Insurance pension and standardised guarantees | 11 990 | 12 289 | 12 522 | 12 319 | 12 256 | 11 921 | 11 773 | 12 202 |
| Financial derivatives and employee stock options | 0 | 6 | 2 | 1 | 1 | 0 | 0 | 0 |
| Other accounts payable | 1 309 | 1 097 | 1 038 | 1 007 | 995 | 977 | 1 198 | 802 |
| Non-financial assets | 1 526 | 1 236 | 1 041 | 987 | 865 | 921 | 879 | 1 002 |
| **Pension funds** | | | | | | | | |
| Financial net worth | .. | .. | .. | .. | .. | 0 | 0 | 0 |
| Financial assets | .. | .. | .. | .. | .. | 225 | 440 | 322 |
| Currency and deposits | .. | .. | .. | .. | .. | 225 | 136 | 107 |
| Debt securities | .. | .. | .. | .. | .. | 0 | 258 | 146 |
| Loans | .. | .. | .. | .. | .. | 0 | 8 | 6 |
| Equity and investment fund shares | .. | .. | .. | .. | .. | 0 | 38 | 61 |
| Equity | .. | .. | .. | .. | .. | 0 | 6 | 12 |
| Investment fund shares | .. | .. | .. | .. | .. | 0 | 32 | 49 |
| Money market fund shares | .. | .. | .. | .. | .. | 0 | 0 | 0 |
| Non-Money market fund shares | .. | .. | .. | .. | .. | 0 | 32 | 49 |
| Insurance pension and standardised guarantees | .. | .. | .. | .. | .. | 0 | 0 | 0 |
| Financial derivatives and employee stock options | .. | .. | .. | .. | .. | 0 | 0 | 0 |
| Other accounts receivable | .. | .. | .. | .. | .. | 0 | 1 | 1 |
| Financial liabilities | .. | .. | .. | .. | .. | 225 | 440 | 322 |
| Debt securities | .. | .. | .. | .. | .. | .. | .. | .. |
| Short-term debt securities | .. | .. | .. | .. | .. | .. | .. | .. |
| Long-term debt securities | .. | .. | .. | .. | .. | .. | .. | .. |
| Loans | .. | .. | .. | .. | .. | .. | .. | .. |
| Short-term loans | .. | .. | .. | .. | .. | .. | .. | .. |
| Long-term loans | .. | .. | .. | .. | .. | .. | .. | .. |
| Equity and investment fund shares | .. | .. | .. | .. | .. | .. | .. | .. |
| Insurance pension and standardised guarantees | .. | .. | .. | .. | .. | 225 | 440 | 322 |
| Financial derivatives and employee stock options | .. | .. | .. | .. | .. | .. | .. | .. |
| Other accounts payable | .. | .. | .. | .. | .. | .. | .. | .. |
| Non-financial assets | .. | .. | .. | .. | .. | 0 | 0 | 0 |

*Note:* Detailed metadata at: http://metalinks.oecd.org/instinv/20170516/fc8e

## Table 4. Portfolio composition by type of investor

As percentage of financial assets and of financial liabilities

*Per cent*

| | 2008 | 2009 | 2010 | 2011 | 2012 | 2013 | 2014 | 2015 |
|---|---|---|---|---|---|---|---|---|
| **Investment funds** | | | | | | | | |
| Financial assets | 100.0 | 100.0 | 100.0 | 100.0 | 100.0 | 100.0 | 100.0 | 100.0 |
| Currency and deposits | 33.4 | 27.7 | 24.8 | 29.8 | 31.5 | 21.4 | 27.4 | 14.0 |
| Debt securities | 34.5 | 31.8 | 33.1 | 33.6 | 30.1 | 34.5 | 28.4 | 39.5 |
| Loans | .. | .. | .. | .. | .. | .. | .. | .. |
| Equity and investment fund shares | 27.0 | 36.5 | 35.9 | 32.8 | 34.8 | 40.9 | 37.5 | 43.0 |
| Insurance pension and standardised guarantee schemes | .. | .. | .. | .. | .. | .. | .. | .. |
| Financial derivatives and employee stock options | .. | .. | .. | .. | .. | .. | .. | .. |
| Other accounts receivable | .. | .. | .. | .. | .. | .. | .. | .. |
| Financial liabilities | 100.0 | 100.0 | 100.0 | 100.0 | 100.0 | 100.0 | 100.0 | 100.0 |
| Currency and deposits | .. | .. | .. | .. | .. | .. | .. | .. |
| Debt securities | .. | .. | .. | .. | .. | .. | .. | .. |
| Loans | 0.2 | 0.1 | 0.2 | 1.0 | 1.4 | 1.3 | 4.6 | 4.9 |
| Equity and investment fund shares | 91.5 | 94.9 | 92.2 | 87.8 | 90.0 | 96.6 | 93.2 | 93.8 |
| Insurance pension and standardised guarantee schemes | .. | .. | .. | .. | .. | .. | .. | .. |
| Financial derivatives and employee stock options | .. | .. | .. | .. | .. | .. | .. | .. |
| Other accounts receivable | .. | .. | .. | .. | .. | .. | .. | .. |
| **Insurance corporations** | | | | | | | | |
| Financial assets | 100.0 | 100.0 | 100.0 | 100.0 | 100.0 | 100.0 | 100.0 | 100.0 |
| Currency and deposits | 14.5 | 13.9 | 19.3 | 19.9 | 19.1 | 23.2 | 15.8 | 11.7 |
| Debt securities | 43.1 | 45.9 | 45.1 | 45.0 | 44.9 | 43.9 | 51.7 | 52.3 |
| Loans | 0.8 | 0.7 | 0.7 | 0.7 | 1.0 | 0.9 | 0.9 | 1.0 |
| Equity and investment fund shares | 20.2 | 19.6 | 15.9 | 15.5 | 17.9 | 17.2 | 18.4 | 20.8 |
| Insurance pension and standardised guarantee schemes | 2.5 | 2.6 | 2.9 | 2.9 | 2.9 | 2.6 | 2.4 | 3.0 |
| Financial derivatives and employee stock options | 0.0 | 0.0 | 0.0 | 0.0 | 0.0 | 0.1 | 0.0 | 0.0 |
| Other accounts receivable | 18.9 | 17.3 | 16.2 | 16.0 | 14.2 | 12.2 | 10.8 | 11.2 |
| Financial liabilities | 100.0 | 100.0 | 100.0 | 100.0 | 100.0 | 100.0 | 100.0 | 100.0 |
| Currency and deposits | 0.0 | 0.0 | 0.0 | 0.0 | 0.0 | 0.0 | 0.0 | 0.0 |
| Debt securities | 0.4 | 0.2 | 0.1 | 0.1 | 0.1 | 0.2 | 0.2 | 0.2 |
| Loans | 1.2 | 1.6 | 6.6 | 4.5 | 2.1 | 3.0 | 0.8 | 1.0 |
| Equity and investment fund shares | 10.1 | 12.2 | 7.0 | 5.9 | 12.6 | 17.3 | 19.6 | 20.7 |
| Insurance pension and standardised guarantee schemes | 79.6 | 78.9 | 79.7 | 82.7 | 78.8 | 73.6 | 72.1 | 73.3 |
| Financial derivatives and employee stock options | 0.0 | 0.0 | 0.0 | 0.0 | 0.0 | 0.0 | 0.0 | 0.0 |
| Other accounts receivable | 8.7 | 7.0 | 6.6 | 6.8 | 6.4 | 6.0 | 7.3 | 4.8 |
| **Pension funds** | | | | | | | | |
| Financial assets | .. | .. | .. | .. | .. | 100.0 | 100.0 | 100.0 |
| Currency and deposits | .. | .. | .. | .. | .. | 100.0 | 30.8 | 33.4 |
| Debt securities | .. | .. | .. | .. | .. | 0.0 | 58.5 | 45.5 |
| Loans | .. | .. | .. | .. | .. | 0.0 | 1.7 | 2.0 |
| Equity and investment fund shares | .. | .. | .. | .. | .. | 0.0 | 8.6 | 19.0 |
| Insurance pension and standardised guarantee schemes | .. | .. | .. | .. | .. | 0.0 | 0.0 | 0.0 |
| Financial derivatives and employee stock options | .. | .. | .. | .. | .. | 0.0 | 0.0 | 0.0 |
| Other accounts receivable | .. | .. | .. | .. | .. | 0.0 | 0.3 | 0.2 |
| Financial liabilities | .. | .. | .. | .. | .. | 100.0 | 100.0 | 100.0 |
| Currency and deposits | .. | .. | .. | .. | .. | 0.0 | 0.0 | 0.0 |
| Debt securities | .. | .. | .. | .. | .. | 0.0 | 0.0 | 0.0 |
| Loans | .. | .. | .. | .. | .. | 0.0 | 0.0 | 0.0 |
| Equity and investment fund shares | .. | .. | .. | .. | .. | 0.0 | 0.0 | 0.0 |
| Insurance pension and standardised guarantee schemes | .. | .. | .. | .. | .. | 100.0 | 100.0 | 100.0 |
| Financial derivatives and employee stock options | .. | .. | .. | .. | .. | 0.0 | 0.0 | 0.0 |
| Other accounts receivable | .. | .. | .. | .. | .. | 0.0 | 0.0 | 0.0 |

*Note:* Detailed metadata at: http://metalinks.oecd.org/instinv/20170516/f09d

## Table 1. Financial assets and liabilities of institutional investors, 2015

*Million HUF*

| | Total | Investment funds | | | |
|---|---|---|---|---|---|
| | | Non-money market funds | | | Money market funds |
| | | Total | Open-end non-money market funds | Closed-end non-money market funds | Total |
| Financial assets | 5 539 867 | 4 366 440 | .. | .. | 1 173 427 |
| Currency and deposits | 2 237 355 | 1 257 378 | .. | .. | 979 977 |
| Debt securities | 1 919 808 | 1 731 941 | .. | .. | 187 867 |
| Debt securities, short term | 294 357 | 154 178 | .. | .. | 140 179 |
| Debt securities, long term | 1 625 451 | 1 577 763 | .. | .. | 47 688 |
| Debt securities issued by residents | 1 691 305 | 1 503 601 | .. | .. | 187 704 |
| Debt securities issued by non-residents | 228 503 | 228 340 | .. | .. | 163 |
| Loans | 0 | 0 | .. | .. | 0 |
| Loans, short-term | 0 | 0 | .. | .. | 0 |
| Loans, long-term | 0 | 0 | .. | .. | 0 |
| Loans granted to residents | 0 | 0 | .. | .. | 0 |
| Loans granted to non-residents | 0 | 0 | .. | .. | 0 |
| Equity and investment fund shares/units | 1 238 349 | 1 235 183 | .. | .. | 3 166 |
| Equity and investment fund shares issued/units by residents | 667 100 | 663 934 | .. | .. | 3 166 |
| Equity and investment fund shares/units issued by non residents | 571 249 | 571 249 | .. | .. | 0 |
| Other accounts receivable | 112 545 | 110 128 | .. | .. | 2 417 |

| | Total | Investment funds | | | |
|---|---|---|---|---|---|
| | | Non-money market funds | | | Money market funds |
| | | Total | Open-end non-money market funds | Closed-end non-money market funds | Total |
| Financial liabilities | 5 844 989 | 4 677 300 | .. | .. | 1 167 689 |
| Currency and deposits | 0 | 0 | .. | .. | 0 |
| Debt securities | 0 | 0 | .. | .. | 0 |
| Debt securities, short term | 0 | 0 | .. | .. | 0 |
| Debt securities, long term | 0 | 0 | .. | .. | 0 |
| Loans | 50 867 | 50 800 | .. | .. | 67 |
| Loans, short-term | 33 031 | 32 964 | .. | .. | 67 |
| Loans, long-term | 17 836 | 17 836 | .. | .. | 0 |
| Equity and investment fund shares/units | 5 778 120 | 4 610 557 | .. | .. | 1 167 563 |
| Insurance pension and standardised guaratees | 0 | 0 | .. | .. | 0 |
| Financial derivatives and employee stock options | 10 961 | 10 961 | .. | .. | 0 |
| Other accounts payable | 5 041 | 4 982 | .. | .. | 59 |

| | Total | Insurance corporations and pension funds | | | |
|---|---|---|---|---|---|
| | | Insurance corporations | | | Pension funds |
| | | Total | Life insurance corporations | Non-life insurance corporations | Total |
| Financial assets | 4 129 322 | 2 697 667 | .. | .. | 1 431 655 |
| Currency and deposits | 259 368 | 175 799 | .. | .. | 83 569 |
| Debt securities | 2 385 013 | 1 443 686 | .. | .. | 941 327 |
| Debt securities, short-term | 180 630 | 93 316 | .. | .. | 87 314 |
| Debt securities, long term | 2 204 383 | 1 350 370 | .. | .. | 854 013 |
| Debt securities issued by residents | 2 289 284 | 1 360 766 | .. | .. | 928 518 |
| Debt securities issued by non-residents | 95 729 | 82 920 | .. | .. | 12 809 |
| Loans | 8 102 | 6 384 | .. | .. | 1 718 |
| Loans, short-term | 2 440 | 2 440 | .. | .. | 0 |
| Loans, long-term | 5 662 | 3 944 | .. | .. | 1 718 |
| Loans granted to residents | 5 487 | 3 769 | .. | .. | 1 718 |
| Loans granted to non-residents | 2 615 | 2 615 | .. | .. | 0 |
| Equity and investment fund shares/units | 1 309 289 | 904 283 | .. | .. | 405 006 |
| Equity and investment fund shares/units issued by residents | 616 454 | 387 301 | .. | .. | 229 153 |
| Equity and investment fund shares/units issued by non residents | 692 835 | 516 982 | .. | .. | 175 853 |
| Other accounts receivable | 63 643 | 63 608 | .. | .. | 35 |

| | Total | Insurance corporations and pension funds | | | |
|---|---|---|---|---|---|
| | | Insurance corporations | | | Pension funds |
| | | Total | Life insurance corporations | Non-life insurance corporations | Total |
| Financial liabilities | 4 160 746 | 2 697 669 | .. | .. | 1 463 077 |
| Currency and deposits | 0 | 0 | .. | .. | 0 |
| Debt securities | 0 | 0 | .. | .. | 0 |
| Debt securities, short term | 0 | 0 | .. | .. | 0 |
| Debt securities, long term | 0 | 0 | .. | .. | 0 |
| Loans | 21 332 | 21 332 | .. | .. | 0 |
| Loans, short-term | 14 836 | 14 836 | .. | .. | 0 |
| Loans, long-term | 6 496 | 6 496 | .. | .. | 0 |
| Equity and investment fund shares/units | 314 955 | 295 339 | .. | .. | 19 616 |
| Insurance pension and standardised guarantees | 3 730 129 | 2 287 118 | .. | .. | 1 443 011 |
| Financial derivatives and employee stock options | 3 684 | 3 684 | .. | .. | 0 |
| Other accounts payable | 90 646 | 90 196 | .. | .. | 450 |

*Note:* Detailed metadata at: http://metalinks.oecd.org/instinv/20170516/667f

## Table 2. Financial assets and liabilities of investment funds

*Million HUF*

| | 2008 | 2009 | 2010 | 2011 | 2012 | 2013 | 2014 | 2015 |
|---|---|---|---|---|---|---|---|---|
| **Investment funds** | | | | | | | | |
| Financial net worth | -161 219 | -147 569 | -237 433 | -284 097 | -319 083 | -322 019 | -312 020 | -305 122 |
| Financial assets | 2 510 624 | 3 028 570 | 3 732 362 | 3 109 859 | 3 283 329 | 4 415 435 | 5 334 967 | 5 539 867 |
| Currency and deposits | 1 180 570 | 1 347 686 | 1 400 659 | 1 582 965 | 1 725 967 | 1 973 716 | 2 328 539 | 2 237 355 |
| Debt securities | 543 398 | 772 975 | 1 060 369 | 745 223 | 823 020 | 1 438 362 | 1 754 128 | 1 919 808 |
| Loans | 0 | 0 | 0 | 0 | 0 | 0 | 0 | 0 |
| Equity and investment fund shares | 547 791 | 851 263 | 1 180 774 | 681 357 | 612 122 | 772 543 | 1 103 523 | 1 238 349 |
| Equity | 206 360 | 319 629 | 472 378 | 180 100 | 197 861 | 165 187 | 210 271 | 254 708 |
| Investment fund shares | 341 431 | 531 634 | 708 396 | 501 257 | 414 261 | 607 356 | 893 252 | 983 641 |
| Money market fund shares | 33 613 | 42 399 | 45 855 | 41 749 | 27 455 | 47 197 | 59 753 | 130 626 |
| Non-Money market fund shares | 307 818 | 489 235 | 662 541 | 459 508 | 386 806 | 560 159 | 833 499 | 853 015 |
| Insurance pension and standardised guarantees | 0 | 0 | 0 | 0 | 0 | 0 | 0 | 0 |
| Financial derivatives and employee stock options | 41 812 | 45 725 | 49 155 | 27 389 | 41 238 | 55 009 | 45 041 | 31 810 |
| Other accounts receivable | 197 053 | 10 921 | 41 405 | 72 925 | 80 982 | 175 805 | 103 736 | 112 545 |
| Financial liabilities | 2 671 843 | 3 176 139 | 3 969 795 | 3 393 956 | 3 602 412 | 4 737 454 | 5 646 987 | 5 844 989 |
| Debt securities | 0 | 0 | 0 | 0 | 0 | 0 | 0 | 0 |
| Short-term debt securities | 0 | 0 | 0 | 0 | 0 | 0 | 0 | 0 |
| Long-term debt securities | 0 | 0 | 0 | 0 | 0 | 0 | 0 | 0 |
| Loans | 100 581 | 71 890 | 68 096 | 77 994 | 71 011 | 66 700 | 81 145 | 50 867 |
| Short-term loans | 37 310 | 17 635 | 24 495 | 27 991 | 25 836 | 23 824 | 45 686 | 33 031 |
| Long-term loans | 63 271 | 54 255 | 43 601 | 50 003 | 45 175 | 42 876 | 35 459 | 17 836 |
| Equity and investment fund shares | 2 560 321 | 3 098 940 | 3 895 195 | 3 302 829 | 3 463 811 | 4 662 549 | 5 528 624 | 5 778 120 |
| Insurance pension and standardised guarantees | 0 | 0 | 0 | 0 | 0 | 0 | 0 | 0 |
| Financial derivatives and employee stock options | 8 131 | 3 867 | 6 142 | 8 604 | 9 006 | 3 269 | 33 897 | 10 961 |
| Other accounts payable | 2 810 | 1 442 | 362 | 4 529 | 58 584 | 4 936 | 3 321 | 5 041 |
| Non-financial assets | .. | .. | .. | .. | .. | .. | .. | .. |
| **Money market funds** | | | | | | | | |
| Financial net worth | -43 779 | -31 343 | -17 659 | 1 262 | 43 912 | 20 044 | -21 629 | 5 738 |
| Financial assets | 833 606 | 1 121 760 | 1 359 714 | 1 360 019 | 1 270 751 | 1 455 722 | 1 224 273 | 1 173 427 |
| Currency and deposits | 508 060 | 830 650 | 850 942 | 1 012 598 | 1 002 548 | 1 020 375 | 980 265 | 979 977 |
| Debt securities | 199 122 | 285 112 | 477 397 | 284 129 | 201 169 | 353 790 | 241 201 | 187 867 |
| Loans | 0 | 0 | 0 | 0 | 0 | 0 | 0 | 0 |
| Equity and investment fund shares | 1 222 | 4 477 | 4 248 | 666 | 4 303 | 3 001 | 1 116 | 3 166 |
| Equity | 0 | 0 | 0 | 0 | 0 | 0 | 0 | 0 |
| Investment fund shares | 1 222 | 4 477 | 4 248 | 666 | 4 303 | 3 001 | 1 116 | 3 166 |
| Money market fund shares | 1 222 | 4 477 | 4 248 | 666 | 4 303 | 3 001 | 1 116 | 3 166 |
| Non-Money market fund shares | 0 | 0 | 0 | 0 | 0 | 0 | 0 | 0 |
| Insurance pension and standardised guarantees | 0 | 0 | 0 | 0 | 0 | 0 | 0 | 0 |
| Financial derivatives and employee stock options | 0 | 0 | 0 | 0 | 0 | 0 | 0 | 0 |
| Other accounts receivable | 125 202 | 1 521 | 27 127 | 62 626 | 62 731 | 78 556 | 1 691 | 2 417 |
| Financial liabilities | 877 385 | 1 153 103 | 1 377 373 | 1 358 757 | 1 226 839 | 1 435 678 | 1 245 902 | 1 167 689 |
| Debt securities | 0 | 0 | 0 | 0 | 0 | 0 | 0 | 0 |
| Short-term debt securities | 0 | 0 | 0 | 0 | 0 | 0 | 0 | 0 |
| Long-term debt securities | 0 | 0 | 0 | 0 | 0 | 0 | 0 | 0 |
| Loans | 50 | 72 | 9 | 14 | 33 | 42 | 59 | 67 |
| Short-term loans | 50 | 72 | 9 | 14 | 33 | 42 | 59 | 67 |
| Long-term loans | 0 | 0 | 0 | 0 | 0 | 0 | 0 | 0 |
| Equity and investment fund shares | 876 694 | 1 152 781 | 1 377 347 | 1 358 175 | 1 226 331 | 1 435 555 | 1 245 738 | 1 167 563 |
| Insurance pension and standardised guarantees | 0 | 0 | 0 | 0 | 0 | 0 | 0 | 0 |
| Financial derivatives and employee stock options | 0 | 0 | 0 | 0 | 0 | 0 | 0 | 0 |
| Other accounts payable | 641 | 250 | 17 | 568 | 475 | 81 | 105 | 59 |
| Non-financial assets | .. | .. | .. | .. | .. | .. | .. | .. |
| **Non-money market funds** | | | | | | | | |
| Financial net worth | -117 440 | -116 226 | -219 774 | -285 359 | -362 995 | -342 063 | -290 391 | -310 860 |
| Financial assets | 1 677 018 | 1 906 810 | 2 372 648 | 1 749 840 | 2 012 578 | 2 959 713 | 4 110 694 | 4 366 440 |
| Currency and deposits | 672 510 | 517 036 | 549 717 | 570 367 | 723 419 | 953 341 | 1 348 274 | 1 257 378 |
| Debt securities | 344 276 | 487 863 | 582 972 | 461 094 | 621 851 | 1 084 572 | 1 512 927 | 1 731 941 |
| Loans | 0 | 0 | 0 | 0 | 0 | 0 | 0 | 0 |
| Equity and investment fund shares | 546 569 | 846 786 | 1 176 526 | 680 691 | 607 819 | 769 542 | 1 102 407 | 1 235 183 |
| Equity | 206 360 | 319 629 | 472 378 | 180 100 | 197 861 | 165 187 | 210 271 | 254 708 |
| Investment fund shares | 340 209 | 527 157 | 704 148 | 500 591 | 409 958 | 604 355 | 892 136 | 980 475 |
| Money market fund shares | 32 391 | 37 922 | 41 607 | 41 083 | 23 152 | 44 196 | 58 637 | 127 460 |
| Non-Money market fund shares | 307 818 | 489 235 | 662 541 | 459 508 | 386 806 | 560 159 | 833 499 | 853 015 |
| Insurance pension and standardised guarantees | 0 | 0 | 0 | 0 | 0 | 0 | 0 | 0 |
| Financial derivatives and employee stock options | 41 812 | 45 725 | 49 155 | 27 389 | 41 238 | 55 009 | 45 041 | 31 810 |
| Other accounts receivable | 71 851 | 9 400 | 14 278 | 10 299 | 18 251 | 97 249 | 102 045 | 110 128 |
| Financial liabilities | 1 794 458 | 2 023 036 | 2 592 422 | 2 035 199 | 2 375 573 | 3 301 776 | 4 401 085 | 4 677 300 |
| Debt securities | 0 | 0 | 0 | 0 | 0 | 0 | 0 | 0 |
| Short-term debt securities | 0 | 0 | 0 | 0 | 0 | 0 | 0 | 0 |
| Long-term debt securities | 0 | 0 | 0 | 0 | 0 | 0 | 0 | 0 |
| Loans | 100 531 | 71 818 | 68 087 | 77 980 | 70 978 | 66 658 | 81 086 | 50 800 |
| Short-term loans | 37 260 | 17 563 | 24 486 | 27 977 | 25 803 | 23 782 | 45 627 | 32 964 |
| Long-term loans | 63 271 | 54 255 | 43 601 | 50 003 | 45 175 | 42 876 | 35 459 | 17 836 |
| Equity and investment fund shares | 1 683 627 | 1 946 159 | 2 517 848 | 1 944 654 | 2 237 480 | 3 226 994 | 4 282 886 | 4 610 557 |
| Insurance pension and standardised guarantees | 0 | 0 | 0 | 0 | 0 | 0 | 0 | 0 |
| Financial derivatives and employee stock options | 8 131 | 3 867 | 6 142 | 8 604 | 9 006 | 3 269 | 33 897 | 10 961 |
| Other accounts payable | 2 169 | 1 192 | 345 | 3 961 | 58 109 | 4 855 | 3 216 | 4 982 |
| Non-financial assets | .. | .. | .. | .. | .. | .. | .. | .. |
| **Open-end non-money market funds** | | | | | | | | |
| Financial net worth | .. | .. | .. | .. | .. | .. | .. | .. |
| Financial assets | .. | .. | .. | .. | .. | .. | .. | .. |

## Table 2. Financial assets and liabilities of investment funds *(cont.)*

*Million HUF*

| | 2008 | 2009 | 2010 | 2011 | 2012 | 2013 | 2014 | 2015 |
|---|---|---|---|---|---|---|---|---|
| Currency and deposits | .. | .. | .. | .. | .. | .. | .. | .. |
| Debt securities | .. | .. | .. | .. | .. | .. | .. | .. |
| Loans | .. | .. | .. | .. | .. | .. | .. | .. |
| Equity and investment fund shares | .. | .. | .. | .. | .. | .. | .. | .. |
| Equity | .. | .. | .. | .. | .. | .. | .. | .. |
| Investment fund shares | .. | .. | .. | .. | .. | .. | .. | .. |
| Money market fund shares | .. | .. | .. | .. | .. | .. | .. | .. |
| Non-Money market fund shares | .. | .. | .. | .. | .. | .. | .. | .. |
| Insurance pension and standardised guarantees | .. | .. | .. | .. | .. | .. | .. | .. |
| Financial derivatives and employee stock options | .. | .. | .. | .. | .. | .. | .. | .. |
| Other accounts receivable | .. | .. | .. | .. | .. | .. | .. | .. |
| Financial liabilities | .. | .. | .. | .. | .. | .. | .. | .. |
| Debt securities | .. | .. | .. | .. | .. | .. | .. | .. |
| Short-term debt securities | .. | .. | .. | .. | .. | .. | .. | .. |
| Long-term debt securities | .. | .. | .. | .. | .. | .. | .. | .. |
| Loans | .. | .. | .. | .. | .. | .. | .. | .. |
| Short-term loans | .. | .. | .. | .. | .. | .. | .. | .. |
| Long-term loans | .. | .. | .. | .. | .. | .. | .. | .. |
| Equity and investment fund shares | .. | .. | .. | .. | .. | .. | .. | .. |
| Insurance pension and standardised guarantees | .. | .. | .. | .. | .. | .. | .. | .. |
| Financial derivatives and employee stock options | .. | .. | .. | .. | .. | .. | .. | .. |
| Other accounts payable | .. | .. | .. | .. | .. | .. | .. | .. |
| Non-financial assets | .. | .. | .. | .. | .. | .. | .. | .. |
| **Open-end investment funds** | | | | | | | | |
| Financial net worth | .. | .. | .. | .. | .. | .. | .. | .. |
| Financial assets | .. | .. | .. | .. | .. | .. | .. | .. |
| Currency and deposits | .. | .. | .. | .. | .. | .. | .. | .. |
| Debt securities | .. | .. | .. | .. | .. | .. | .. | .. |
| Loans | .. | .. | .. | .. | .. | .. | .. | .. |
| Equity and investment fund shares | .. | .. | .. | .. | .. | .. | .. | .. |
| Equity | .. | .. | .. | .. | .. | .. | .. | .. |
| Investment fund shares | .. | .. | .. | .. | .. | .. | .. | .. |
| Money market fund shares | .. | .. | .. | .. | .. | .. | .. | .. |
| Non-Money market fund shares | .. | .. | .. | .. | .. | .. | .. | .. |
| Insurance pension and standardised guarantees | .. | .. | .. | .. | .. | .. | .. | .. |
| Financial derivatives and employee stock options | .. | .. | .. | .. | .. | .. | .. | .. |
| Other accounts receivable | .. | .. | .. | .. | .. | .. | .. | .. |
| Financial liabilities | .. | .. | .. | .. | .. | .. | .. | .. |
| Debt securities | .. | .. | .. | .. | .. | .. | .. | .. |
| Short-term debt securities | .. | .. | .. | .. | .. | .. | .. | .. |
| Long-term debt securities | .. | .. | .. | .. | .. | .. | .. | .. |
| Loans | .. | .. | .. | .. | .. | .. | .. | .. |
| Short-term loans | .. | .. | .. | .. | .. | .. | .. | .. |
| Long-term loans | .. | .. | .. | .. | .. | .. | .. | .. |
| Equity and investment fund shares | .. | .. | .. | .. | .. | .. | .. | .. |
| Insurance pension and standardised guarantees | .. | .. | .. | .. | .. | .. | .. | .. |
| Financial derivatives and employee stock options | .. | .. | .. | .. | .. | .. | .. | .. |
| Other accounts payable | .. | .. | .. | .. | .. | .. | .. | .. |
| Non-financial assets | .. | .. | .. | .. | .. | .. | .. | .. |

*Note:* Detailed metadata at: http://metalinks.oecd.org/instinv/20170516/667f

## Table 3. Financial assets and liabilities of insurance corporations and pension funds

*Million HUF*

| | 2008 | 2009 | 2010 | 2011 | 2012 | 2013 | 2014 | 2015 |
|---|---|---|---|---|---|---|---|---|
| **Insurance corporations and pension funds** | | | | | | | | |
| Financial net worth | -136 636 | -75 208 | -78 569 | -177 740 | -71 410 | -45 878 | -48 679 | -31 424 |
| Financial assets | 4 778 687 | 5 878 928 | 6 485 845 | 3 410 329 | 3 543 272 | 3 700 742 | 3 977 513 | 4 129 322 |
| Currency and deposits | 221 631 | 278 375 | 239 809 | 210 811 | 170 518 | 207 871 | 248 991 | 259 368 |
| Debt securities | 3 088 709 | 3 475 654 | 3 654 838 | 2 030 279 | 2 174 370 | 2 273 595 | 2 386 935 | 2 385 013 |
| Loans | 31 017 | 23 977 | 18 228 | 16 658 | 10 449 | 7 755 | 7 992 | 8 102 |
| Equity and investment fund shares | 1 278 100 | 1 938 728 | 2 392 998 | 1 003 348 | 1 027 638 | 1 054 997 | 1 177 150 | 1 309 289 |
| Equity | 426 682 | 484 040 | 448 869 | 133 573 | 120 920 | 112 582 | 125 361 | 145 827 |
| Investment fund shares | 851 418 | 1 454 688 | 1 944 129 | 869 775 | 906 718 | 942 415 | 1 051 789 | 1 163 462 |
| Money market fund shares | 19 034 | 64 163 | 78 548 | 77 130 | 72 978 | 77 076 | 54 223 | 68 926 |
| Non-Money market fund shares | 832 384 | 1 390 525 | 1 865 581 | 792 645 | 833 740 | 865 339 | 997 566 | 1 094 536 |
| Insurance pension and standardised guarantees | 64 234 | 79 689 | 88 503 | 89 953 | 93 929 | 88 982 | 92 294 | 100 164 |
| Financial derivatives and employee stock options | 0 | 0 | 78 | 75 | 2 | 218 | 4 226 | 3 743 |
| Other accounts receivable | 94 996 | 82 505 | 91 391 | 59 205 | 66 366 | 67 324 | 59 925 | 63 643 |
| Financial liabilities | 4 915 323 | 5 954 136 | 6 564 414 | 3 588 069 | 3 614 682 | 3 746 620 | 4 026 192 | 4 160 746 |
| Debt securities | 0 | 0 | 0 | 0 | 0 | 26 | 25 | 0 |
| Short-term debt securities | 0 | 0 | 0 | 0 | 0 | 0 | 0 | 0 |
| Long-term debt securities | 0 | 0 | 0 | 0 | 0 | 26 | 25 | 0 |
| Loans | 3 387 | 4 465 | 4 187 | 7 853 | 6 577 | 5 832 | 8 111 | 21 332 |
| Short-term loans | 1 203 | 1 501 | 1 149 | 1 533 | 3 341 | 1 239 | 1 818 | 14 836 |
| Long-term loans | 2 184 | 2 964 | 3 038 | 6 320 | 3 236 | 4 593 | 6 293 | 6 496 |
| Equity and investment fund shares | 347 516 | 366 674 | 360 627 | 335 647 | 302 188 | 309 957 | 312 801 | 314 955 |
| Insurance pension and standardised guarantees | 4 480 253 | 5 511 962 | 6 132 265 | 3 163 128 | 3 217 327 | 3 339 065 | 3 608 519 | 3 730 129 |
| Financial derivatives and employee stock options | 0 | 0 | 85 | 1 228 | 336 | 56 | 4 955 | 3 684 |
| Other accounts payable | 84 167 | 71 035 | 67 250 | 80 213 | 88 254 | 91 684 | 91 781 | 90 646 |
| Non-financial assets | .. | .. | .. | .. | .. | .. | .. | .. |
| **Insurance corporations** | | | | | | | | |
| Financial net worth | -101 871 | -90 361 | -116 700 | -152 200 | -34 913 | -5 610 | -19 659 | -2 |
| Financial assets | 2 132 160 | 2 331 655 | 2 411 337 | 2 297 550 | 2 386 170 | 2 472 606 | 2 618 814 | 2 697 667 |
| Currency and deposits | 124 784 | 170 151 | 155 843 | 147 468 | 107 862 | 119 017 | 156 882 | 175 799 |
| Debt securities | 1 457 252 | 1 366 811 | 1 281 553 | 1 314 391 | 1 426 933 | 1 478 042 | 1 498 223 | 1 443 686 |
| Loans | 29 944 | 22 715 | 16 571 | 15 019 | 8 873 | 6 150 | 6 337 | 6 384 |
| Equity and investment fund shares | 392 575 | 639 429 | 777 476 | 671 512 | 682 243 | 712 903 | 800 962 | 904 283 |
| Equity | 111 942 | 116 334 | 83 432 | 64 131 | 57 800 | 55 435 | 58 561 | 56 065 |
| Investment fund shares | 280 633 | 523 095 | 694 044 | 607 381 | 624 443 | 657 468 | 742 401 | 848 218 |
| Money market fund shares | 16 773 | 59 826 | 73 257 | 73 575 | 70 532 | 74 389 | 51 016 | 67 718 |
| Non-Money market fund shares | 263 860 | 463 269 | 620 787 | 533 806 | 553 911 | 583 079 | 691 385 | 780 500 |
| Insurance pension and standardised guarantees | 64 234 | 79 689 | 88 503 | 89 953 | 93 929 | 88 982 | 92 294 | 100 164 |
| Financial derivatives and employee stock options | 0 | 0 | 78 | 75 | 2 | 218 | 4 226 | 3 743 |
| Other accounts receivable | 63 371 | 52 860 | 91 313 | 59 132 | 66 328 | 67 294 | 59 890 | 63 608 |
| Financial liabilities | 2 234 031 | 2 422 016 | 2 528 037 | 2 449 750 | 2 421 083 | 2 478 216 | 2 638 473 | 2 697 669 |
| Debt securities | 0 | 0 | 0 | 0 | 0 | 26 | 25 | 0 |
| Short-term debt securities | 0 | 0 | 0 | 0 | 0 | 0 | 0 | 0 |
| Long-term debt securities | 0 | 0 | 0 | 0 | 0 | 26 | 25 | 0 |
| Loans | 3 387 | 4 465 | 4 187 | 7 853 | 6 577 | 5 832 | 8 111 | 21 332 |
| Short-term loans | 1 203 | 1 501 | 1 149 | 1 533 | 3 341 | 1 239 | 1 818 | 14 836 |
| Long-term loans | 2 184 | 2 964 | 3 038 | 6 320 | 3 236 | 4 593 | 6 293 | 6 496 |
| Equity and investment fund shares | 331 833 | 351 334 | 344 771 | 319 481 | 285 855 | 293 327 | 295 138 | 295 339 |
| Insurance pension and standardised guarantees | 1 830 434 | 2 015 735 | 2 113 867 | 2 045 389 | 2 042 932 | 2 088 549 | 2 238 849 | 2 287 118 |
| Financial derivatives and employee stock options | 0 | 0 | 85 | 1 228 | 336 | 56 | 4 955 | 3 684 |
| Other accounts payable | 68 377 | 50 482 | 65 127 | 75 799 | 85 383 | 90 426 | 91 395 | 90 196 |
| Non-financial assets | .. | .. | .. | .. | .. | .. | .. | .. |
| **Pension funds** | | | | | | | | |
| Financial net worth | -34 765 | 15 153 | 38 131 | -25 540 | -36 497 | -40 268 | -29 020 | -31 422 |
| Financial assets | 2 646 527 | 3 547 273 | 4 074 508 | 1 112 779 | 1 157 102 | 1 228 136 | 1 358 699 | 1 431 655 |
| Currency and deposits | 96 847 | 108 224 | 83 966 | 63 343 | 62 656 | 88 854 | 92 109 | 83 569 |
| Debt securities | 1 631 457 | 2 108 843 | 2 373 285 | 715 888 | 747 437 | 795 553 | 888 712 | 941 327 |
| Loans | 1 073 | 1 262 | 1 657 | 1 639 | 1 576 | 1 605 | 1 655 | 1 718 |
| Equity and investment fund shares | 885 525 | 1 299 299 | 1 615 522 | 331 836 | 345 395 | 342 094 | 376 188 | 405 006 |
| Equity | 314 740 | 367 706 | 365 437 | 69 442 | 63 120 | 57 147 | 66 800 | 89 762 |
| Investment fund shares | 570 785 | 931 593 | 1 250 085 | 262 394 | 282 275 | 284 947 | 309 388 | 315 244 |
| Money market fund shares | 2 261 | 4 337 | 5 291 | 3 555 | 2 446 | 2 687 | 3 207 | 1 208 |
| Non-Money market fund shares | 568 524 | 927 256 | 1 244 794 | 258 839 | 279 829 | 282 260 | 306 181 | 314 036 |
| Insurance pension and standardised guarantees | 0 | 0 | 0 | 0 | 0 | 0 | 0 | 0 |
| Financial derivatives and employee stock options | 0 | 0 | 0 | 0 | 0 | 0 | 0 | 0 |
| Other accounts receivable | 31 625 | 29 645 | 78 | 73 | 38 | 30 | 35 | 35 |
| Financial liabilities | 2 681 292 | 3 532 120 | 4 036 377 | 1 138 319 | 1 193 599 | 1 268 404 | 1 387 719 | 1 463 077 |
| Debt securities | 0 | 0 | 0 | 0 | 0 | 0 | 0 | 0 |
| Short-term debt securities | 0 | 0 | 0 | 0 | 0 | 0 | 0 | 0 |
| Long-term debt securities | 0 | 0 | 0 | 0 | 0 | 0 | 0 | 0 |
| Loans | 0 | 0 | 0 | 0 | 0 | 0 | 0 | 0 |
| Short-term loans | 0 | 0 | 0 | 0 | 0 | 0 | 0 | 0 |
| Long-term loans | 0 | 0 | 0 | 0 | 0 | 0 | 0 | 0 |
| Equity and investment fund shares | 15 683 | 15 340 | 15 856 | 16 166 | 16 333 | 16 630 | 17 663 | 19 616 |
| Insurance pension and standardised guarantees | 2 649 819 | 3 496 227 | 4 018 398 | 1 117 739 | 1 174 395 | 1 250 516 | 1 369 670 | 1 443 011 |
| Financial derivatives and employee stock options | 0 | 0 | 0 | 0 | 0 | 0 | 0 | 0 |
| Other accounts payable | 15 790 | 20 553 | 2 123 | 4 414 | 2 871 | 1 258 | 386 | 450 |
| Non-financial assets | .. | .. | .. | .. | .. | .. | .. | .. |

*Note:* Detailed metadata at: http://metalinks.oecd.org/instinv/20170516/667f

## Table 4. Portfolio composition by type of investor

As percentage of financial assets and of financial liabilities

*Per cent*

| | 2008 | 2009 | 2010 | 2011 | 2012 | 2013 | 2014 | 2015 |
|---|---|---|---|---|---|---|---|---|
| **Investment funds** | | | | | | | | |
| Financial assets | 100.0 | 100.0 | 100.0 | 100.0 | 100.0 | 100.0 | 100.0 | 100.0 |
| Currency and deposits | 47.0 | 44.5 | 37.5 | 50.9 | 52.6 | 44.7 | 43.6 | 40.4 |
| Debt securities | 21.6 | 25.5 | 28.4 | 24.0 | 25.1 | 32.6 | 32.9 | 34.7 |
| Loans | 0.0 | 0.0 | 0.0 | 0.0 | 0.0 | 0.0 | 0.0 | 0.0 |
| Equity and investment fund shares | 21.8 | 28.1 | 31.6 | 21.9 | 18.6 | 17.5 | 20.7 | 22.4 |
| Insurance pension and standardised guarantee schemes | 0.0 | 0.0 | 0.0 | 0.0 | 0.0 | 0.0 | 0.0 | 0.0 |
| Financial derivatives and employee stock options | 1.7 | 1.5 | 1.3 | 0.9 | 1.3 | 1.2 | 0.8 | 0.6 |
| Other accounts receivable | 7.8 | 0.4 | 1.1 | 2.3 | 2.5 | 4.0 | 1.9 | 2.0 |
| Financial liabilities | 100.0 | 100.0 | 100.0 | 100.0 | 100.0 | 100.0 | 100.0 | 100.0 |
| Currency and deposits | 0.0 | 0.0 | 0.0 | 0.0 | 0.0 | 0.0 | 0.0 | 0.0 |
| Debt securities | 0.0 | 0.0 | 0.0 | 0.0 | 0.0 | 0.0 | 0.0 | 0.0 |
| Loans | 3.8 | 2.3 | 1.7 | 2.3 | 2.0 | 1.4 | 1.4 | 0.9 |
| Equity and investment fund shares | 95.8 | 97.6 | 98.1 | 97.3 | 96.2 | 98.4 | 97.9 | 98.9 |
| Insurance pension and standardised guarantee schemes | 0.0 | 0.0 | 0.0 | 0.0 | 0.0 | 0.0 | 0.0 | 0.0 |
| Financial derivatives and employee stock options | 0.3 | 0.1 | 0.2 | 0.3 | 0.2 | 0.1 | 0.6 | 0.2 |
| Other accounts receivable | 0.1 | 0.0 | 0.0 | 0.1 | 1.6 | 0.1 | 0.1 | 0.1 |
| **Insurance corporations** | | | | | | | | |
| Financial assets | 100.0 | 100.0 | 100.0 | 100.0 | 100.0 | 100.0 | 100.0 | 100.0 |
| Currency and deposits | 5.9 | 7.3 | 6.5 | 6.4 | 4.5 | 4.8 | 6.0 | 6.5 |
| Debt securities | 68.3 | 58.6 | 53.1 | 57.2 | 59.8 | 59.8 | 57.2 | 53.5 |
| Loans | 1.4 | 1.0 | 0.7 | 0.7 | 0.4 | 0.2 | 0.2 | 0.2 |
| Equity and investment fund shares | 18.4 | 27.4 | 32.2 | 29.2 | 28.6 | 28.8 | 30.6 | 33.5 |
| Insurance pension and standardised guarantee schemes | 3.0 | 3.4 | 3.7 | 3.9 | 3.9 | 3.6 | 3.5 | 3.7 |
| Financial derivatives and employee stock options | 0.0 | 0.0 | 0.0 | 0.0 | 0.0 | 0.0 | 0.2 | 0.1 |
| Other accounts receivable | 3.0 | 2.3 | 3.8 | 2.6 | 2.8 | 2.7 | 2.3 | 2.4 |
| Financial liabilities | 100.0 | 100.0 | 100.0 | 100.0 | 100.0 | 100.0 | 100.0 | 100.0 |
| Currency and deposits | 0.0 | 0.0 | 0.0 | 0.0 | 0.0 | 0.0 | 0.0 | 0.0 |
| Debt securities | 0.0 | 0.0 | 0.0 | 0.0 | 0.0 | 0.0 | 0.0 | 0.0 |
| Loans | 0.2 | 0.2 | 0.2 | 0.3 | 0.3 | 0.2 | 0.3 | 0.8 |
| Equity and investment fund shares | 14.9 | 14.5 | 13.6 | 13.0 | 11.8 | 11.8 | 11.2 | 10.9 |
| Insurance pension and standardised guarantee schemes | 81.9 | 83.2 | 83.6 | 83.5 | 84.4 | 84.3 | 84.9 | 84.8 |
| Financial derivatives and employee stock options | 0.0 | 0.0 | 0.0 | 0.1 | 0.0 | 0.0 | 0.2 | 0.1 |
| Other accounts receivable | 3.1 | 2.1 | 2.6 | 3.1 | 3.5 | 3.6 | 3.5 | 3.3 |
| **Pension funds** | | | | | | | | |
| Financial assets | 100.0 | 100.0 | 100.0 | 100.0 | 100.0 | 100.0 | 100.0 | 100.0 |
| Currency and deposits | 3.7 | 3.1 | 2.1 | 5.7 | 5.4 | 7.2 | 6.8 | 5.8 |
| Debt securities | 61.6 | 59.4 | 58.2 | 64.3 | 64.6 | 64.8 | 65.4 | 65.8 |
| Loans | 0.0 | 0.0 | 0.0 | 0.1 | 0.1 | 0.1 | 0.1 | 0.1 |
| Equity and investment fund shares | 33.5 | 36.6 | 39.6 | 29.8 | 29.9 | 27.9 | 27.7 | 28.3 |
| Insurance pension and standardised guarantee schemes | 0.0 | 0.0 | 0.0 | 0.0 | 0.0 | 0.0 | 0.0 | 0.0 |
| Financial derivatives and employee stock options | 0.0 | 0.0 | 0.0 | 0.0 | 0.0 | 0.0 | 0.0 | 0.0 |
| Other accounts receivable | 1.2 | 0.8 | 0.0 | 0.0 | 0.0 | 0.0 | 0.0 | 0.0 |
| Financial liabilities | 100.0 | 100.0 | 100.0 | 100.0 | 100.0 | 100.0 | 100.0 | 100.0 |
| Currency and deposits | 0.0 | 0.0 | 0.0 | 0.0 | 0.0 | 0.0 | 0.0 | 0.0 |
| Debt securities | 0.0 | 0.0 | 0.0 | 0.0 | 0.0 | 0.0 | 0.0 | 0.0 |
| Loans | 0.0 | 0.0 | 0.0 | 0.0 | 0.0 | 0.0 | 0.0 | 0.0 |
| Equity and investment fund shares | 0.6 | 0.4 | 0.4 | 1.4 | 1.4 | 1.3 | 1.3 | 1.3 |
| Insurance pension and standardised guarantee schemes | 98.8 | 99.0 | 99.6 | 98.2 | 98.4 | 98.6 | 98.7 | 98.6 |
| Financial derivatives and employee stock options | 0.0 | 0.0 | 0.0 | 0.0 | 0.0 | 0.0 | 0.0 | 0.0 |
| Other accounts receivable | 0.6 | 0.6 | 0.1 | 0.4 | 0.2 | 0.1 | 0.0 | 0.0 |

*Note:* Detailed metadata at: http://metalinks.oecd.org/instinv/20170516/f09d

## Table 1. Financial assets and liabilities of institutional investors, 2015

*Million ISK*

| | Total | Investment funds | | | |
|---|---|---|---|---|---|
| | | Non-money market funds | | | Money market funds |
| | | Total | Open-end non-money market funds | Closed-end non-money market funds | Total |
| Financial assets | 598 476 | 505 943 | 368 304 | 137 639 | 92 534 |
| Currency and deposits | 117 278 | 30 975 | 16 667 | 14 308 | 86 303 |
| Debt securities | 257 126 | 251 066 | 197 031 | 54 035 | 6 060 |
| Debt securities, short term | 10 160 | 7 716 | 5 238 | 2 477 | 2 445 |
| Debt securities, long term | 246 965 | 243 350 | 191 792 | 51 558 | 3 615 |
| Debt securities issued by residents | 256 898 | 250 838 | 197 031 | 53 807 | 6 060 |
| Debt securities issued by non-residents | 228 | 228 | 0 | 228 | 0 |
| Loans | 1 425 | 1 425 | 0 | 1 425 | 0 |
| Loans, short-term | .. | .. | .. | .. | .. |
| Loans, long-term | .. | .. | .. | .. | .. |
| Loans granted to residents | .. | .. | .. | .. | .. |
| Loans granted to non-residents | .. | .. | .. | .. | .. |
| Equity and investment fund shares/units | 213 701 | 213 701 | 153 403 | 60 299 | 0 |
| Equity and investment fund shares issued/units by residents | 193 238 | 193 238 | 146 426 | 46 813 | 0 |
| Equity and investment fund shares/units issued by non residents | 20 463 | 20 463 | 6 977 | 13 486 | 0 |
| Other accounts receivable | 4 418 | 4 247 | 1 153 | 3 094 | 170 |

| | Total | Investment funds | | | |
|---|---|---|---|---|---|
| | | Non-money market funds | | | Money market funds |
| | | Total | Open-end non-money market funds | Closed-end non-money market funds | Total |
| Financial liabilities | 598 648 | 506 115 | 368 381 | 137 734 | 92 534 |
| Currency and deposits | .. | .. | .. | .. | .. |
| Debt securities | 57 924 | 57 924 | 0 | 57 924 | 0 |
| Debt securities, short term | 0 | 0 | 0 | 0 | 0 |
| Debt securities, long term | 57 924 | 57 924 | 0 | 57 924 | 0 |
| Loans | 6 082 | 6 082 | 0 | 6 082 | 0 |
| Loans, short-term | 5 230 | 5 230 | 0 | 5 230 | 0 |
| Loans, long-term | 852 | 852 | 0 | 852 | 0 |
| Equity and investment fund shares/units | 530 398 | 438 187 | 366 534 | 71 653 | .. |
| Insurance pension and standardised guaratees | .. | .. | .. | .. | .. |
| Financial derivatives and employee stock options | 753 | 753 | 13 | 741 | 0 |
| Other accounts payable | 3 491 | 3 168 | 1 834 | 1 335 | 323 |

| | Total | Insurance corporations and pension funds | | | |
|---|---|---|---|---|---|
| | | Insurance corporations | | | Pension funds |
| | | Total | Life insurance corporations | Non-life insurance corporations | Total |
| Financial assets | 3 454 444 | 169 075 | 17 234 | 151 840 | 3 285 369 |
| Currency and deposits | 170 737 | 10 406 | 1 402 | 9 004 | 160 331 |
| Debt securities | 1 581 297 | 70 091 | 5 397 | 64 694 | 1 511 206 |
| Debt securities, short-term | 11 591 | 1 692 | 315 | 1 377 | 9 899 |
| Debt securities, long term | 1 569 706 | 68 399 | 5 081 | 63 318 | 1 501 307 |
| Debt securities issued by residents | 1 575 520 | 66 092 | 5 386 | 60 706 | 1 509 429 |
| Debt securities issued by non-residents | 5 776 | 3 999 | 11 | 3 989 | 1 777 |
| Loans | 180 881 | 1 485 | 7 | 1 478 | 179 396 |
| Loans, short-term | 4 | .. | .. | .. | 4 |
| Loans, long-term | 180 876 | 1 485 | 7 | 1 478 | 179 391 |
| Loans granted to residents | 180 800 | 1 485 | 7 | 1 478 | 179 316 |
| Loans granted to non-residents | 81 | 0 | 0 | 0 | 80 |
| Equity and investment fund shares/units | 1 476 685 | 59 878 | 3 295 | 56 584 | 1 416 807 |
| Equity and investment fund shares/units issued by residents | 745 688 | 53 421 | 2 861 | 50 560 | 692 267 |
| Equity and investment fund shares/units issued by non residents | 730 997 | 6 457 | 433 | 6 024 | 724 540 |
| Other accounts receivable | 5 878 | 2 564 | 3 | 2 561 | 3 314 |

| | Total | Insurance corporations and pension funds | | | |
|---|---|---|---|---|---|
| | | Insurance corporations | | | Pension funds |
| | | Total | Life insurance corporations | Non-life insurance corporations | Total |
| Financial liabilities | 3 459 486 | 171 093 | 17 424 | 153 669 | 3 288 393 |
| Currency and deposits | .. | .. | .. | .. | .. |
| Debt securities | 2 026 | 2 026 | 0 | 2 026 | .. |
| Debt securities, short term | 0 | 0 | 0 | 0 | .. |
| Debt securities, long term | 2 026 | 2 026 | 0 | 2 026 | .. |
| Loans | 0 | 0 | 0 | 0 | 0 |
| Loans, short-term | .. | 0 | 0 | 0 | 0 |
| Loans, long-term | 0 | 0 | 0 | 0 | 0 |
| Equity and investment fund shares/units | 86 984 | 86 984 | 7 165 | 79 818 | .. |
| Insurance pension and standardised guarantees | 3 351 115 | 75 215 | 9 601 | 65 613 | 3 275 901 |
| Financial derivatives and employee stock options | 13 | 0 | .. | .. | 13 |
| Other accounts payable | 19 348 | 6 869 | 657 | 6 211 | 12 480 |

*Note:* Detailed metadata at: http://metalinks.oecd.org/instinv/20170516/667f

## Table 2. Financial assets and liabilities of investment funds

*Million ISK*

| | 2008 | 2009 | 2010 | 2011 | 2012 | 2013 | 2014 | 2015 |
|---|---|---|---|---|---|---|---|---|
| **Investment funds** | | | | | | | | |
| Financial net worth | 0 | 0 | 0 | -3 577 | -1 510 | -714 | -124 | -172 |
| Financial assets | 212 133 | 195 242 | 284 249 | 386 382 | 427 809 | 468 126 | 502 500 | 598 476 |
| Currency and deposits | 18 168 | 18 306 | 18 087 | 41 917 | 35 503 | 51 558 | 78 987 | 117 278 |
| Debt securities | 178 327 | 159 973 | 236 679 | 279 886 | 305 040 | 285 132 | 262 187 | 257 126 |
| Loans | .. | .. | 0 | 0 | 0 | 0 | 0 | 1 425 |
| Equity and investment fund shares | 13 946 | 16 318 | 28 234 | 58 147 | 85 288 | 129 033 | 158 331 | 213 701 |
| Equity | 6 105 | 6 560 | 8 832 | 19 953 | 39 615 | 77 810 | 102 435 | 152 482 |
| Investment fund shares | 7 840 | 9 758 | 19 402 | 38 194 | 45 673 | 51 223 | 55 897 | 61 220 |
| Money market fund shares | .. | .. | .. | .. | .. | .. | .. | 6 706 |
| Non-Money market fund shares | .. | .. | .. | .. | .. | .. | .. | 54 514 |
| Insurance pension and standardised guarantees | .. | .. | .. | .. | .. | .. | .. | .. |
| Financial derivatives and employee stock options | .. | .. | 0 | 1 492 | 1 455 | 2 016 | 2 138 | 4 529 |
| Other accounts receivable | 1 691 | 646 | 1 249 | 4 941 | 523 | 387 | 856 | 4 418 |
| Financial liabilities | 212 133 | 195 242 | 284 249 | 389 960 | 429 319 | 468 840 | 502 624 | 598 648 |
| Debt securities | .. | .. | 0 | 4 789 | 26 608 | 32 451 | 56 263 | 57 924 |
| Short-term debt securities | .. | .. | .. | .. | .. | .. | .. | 0 |
| Long-term debt securities | .. | .. | .. | .. | .. | .. | .. | 57 924 |
| Loans | .. | .. | 0 | 10 071 | 3 115 | 3 654 | 4 416 | 6 082 |
| Short-term loans | .. | .. | .. | .. | .. | .. | .. | 5 230 |
| Long-term loans | .. | .. | .. | .. | .. | .. | .. | 852 |
| Equity and investment fund shares | 206 548 | 190 788 | 280 414 | 347 714 | 378 034 | 414 466 | 422 661 | 530 398 |
| Insurance pension and standardised guarantees | .. | .. | .. | .. | .. | .. | .. | .. |
| Financial derivatives and employee stock options | .. | .. | 0 | 1 555 | 96 | 190 | 224 | 753 |
| Other accounts payable | 5 585 | 4 454 | 3 835 | 25 832 | 21 466 | 18 077 | 19 061 | 3 491 |
| Non-financial assets | .. | .. | 0 | 3 577 | 1 510 | 714 | 124 | 172 |
| **Money market funds** | | | | | | | | |
| Financial net worth | 0 | 0 | 0 | 0 | 0 | 0 | 0 | 0 |
| Financial assets | .. | .. | 13 391 | 18 294 | 19 624 | 26 449 | 50 837 | 92 534 |
| Currency and deposits | .. | .. | 6 138 | 11 479 | 14 872 | 22 584 | 47 838 | 86 303 |
| Debt securities | .. | .. | 7 251 | 6 801 | 4 715 | 3 798 | 2 890 | 6 060 |
| Loans | .. | .. | 0 | 0 | 0 | 0 | 0 | 0 |
| Equity and investment fund shares | 0 | 0 | 0 | 0 | 0 | 0 | 0 | 0 |
| Equity | 0 | 0 | 0 | 0 | 0 | 0 | 0 | 0 |
| Investment fund shares | 0 | 0 | 0 | 0 | 0 | 0 | 0 | 0 |
| Money market fund shares | .. | .. | .. | .. | .. | .. | .. | 0 |
| Non-Money market fund shares | .. | .. | .. | .. | .. | .. | .. | 0 |
| Insurance pension and standardised guarantees | .. | .. | .. | .. | .. | .. | .. | .. |
| Financial derivatives and employee stock options | .. | .. | 0 | 0 | 0 | 0 | 0 | 0 |
| Other accounts receivable | .. | .. | 2 | 13 | 37 | 67 | 110 | 170 |
| Financial liabilities | .. | .. | 13 391 | 18 294 | 19 624 | 26 449 | 50 837 | 92 534 |
| Debt securities | .. | .. | 0 | 0 | 0 | 0 | 0 | 0 |
| Short-term debt securities | .. | .. | .. | .. | .. | .. | .. | 0 |
| Long-term debt securities | .. | .. | .. | .. | .. | .. | .. | 0 |
| Loans | .. | .. | 0 | 0 | 93 | 0 | 0 | 0 |
| Short-term loans | .. | .. | .. | .. | .. | .. | .. | 0 |
| Long-term loans | .. | .. | .. | .. | .. | .. | .. | 0 |
| Equity and investment fund shares | .. | .. | 13 377 | 18 270 | 19 497 | 26 422 | .. | .. |
| Insurance pension and standardised guarantees | .. | .. | .. | .. | .. | .. | .. | .. |
| Financial derivatives and employee stock options | .. | .. | 0 | 0 | 0 | 0 | 0 | 0 |
| Other accounts payable | 0 | 11 | 15 | 24 | 34 | 26 | 53 | 323 |
| Non-financial assets | .. | .. | 0 | 0 | 0 | 0 | 0 | 0 |
| **Non-money market funds** | | | | | | | | |
| Financial net worth | 0 | 0 | 0 | -3 577 | -1 510 | -714 | -124 | -172 |
| Financial assets | 212 133 | 190 512 | 270 858 | 368 089 | 408 185 | 441 677 | 451 663 | 505 943 |
| Currency and deposits | 18 168 | 15 537 | 11 949 | 30 437 | 20 631 | 28 975 | 31 149 | 30 975 |
| Debt securities | 178 327 | 158 013 | 229 428 | 273 085 | 300 325 | 281 333 | 259 297 | 251 066 |
| Loans | .. | .. | 0 | 0 | 0 | 0 | 0 | 1 425 |
| Equity and investment fund shares | 13 946 | 16 318 | 28 234 | 58 147 | 85 288 | 129 033 | 158 331 | 213 701 |
| Equity | 6 105 | 6 560 | 8 832 | 19 953 | 39 615 | 77 810 | 102 435 | 152 482 |
| Investment fund shares | 7 840 | 9 758 | 19 402 | 38 194 | 45 673 | 51 223 | 55 897 | 61 220 |
| Money market fund shares | .. | .. | .. | .. | .. | .. | .. | 6 706 |
| Non-Money market fund shares | .. | .. | .. | .. | .. | .. | .. | 54 514 |
| Insurance pension and standardised guarantees | .. | .. | .. | .. | .. | .. | .. | .. |
| Financial derivatives and employee stock options | .. | .. | 0 | 1 492 | 1 455 | 2 016 | 2 138 | 4 529 |
| Other accounts receivable | 1 691 | 645 | 1 247 | 4 928 | 485 | 320 | 747 | 4 247 |
| Financial liabilities | 212 133 | 190 512 | 270 858 | 371 666 | 409 695 | 442 391 | 451 787 | 506 115 |
| Debt securities | .. | .. | 0 | 4 789 | 26 608 | 32 451 | 56 263 | 57 924 |
| Short-term debt securities | .. | .. | .. | .. | .. | .. | .. | 0 |
| Long-term debt securities | .. | .. | .. | .. | .. | .. | .. | 57 924 |
| Loans | .. | .. | 0 | 10 071 | 3 022 | 3 654 | 4 416 | 6 082 |
| Short-term loans | .. | .. | .. | .. | .. | .. | .. | 5 230 |
| Long-term loans | .. | .. | .. | .. | .. | .. | .. | 852 |
| Equity and investment fund shares | 206 548 | 186 068 | 267 037 | 329 444 | 358 537 | 388 044 | 371 876 | 438 187 |
| Insurance pension and standardised guarantees | .. | .. | .. | .. | .. | .. | .. | .. |
| Financial derivatives and employee stock options | .. | .. | 0 | 1 555 | 96 | 190 | 224 | 753 |
| Other accounts payable | 5 585 | 4 444 | 3 820 | 25 808 | 21 431 | 18 051 | 19 008 | 3 168 |
| Non-financial assets | .. | .. | 0 | 3 577 | 1 510 | 714 | 124 | 172 |
| **Open-end non-money market funds** | | | | | | | | |
| Financial net worth | 0 | 0 | 0 | -1 070 | -447 | -110 | -20 | -77 |
| Financial assets | 212 133 | 190 512 | 270 858 | 296 547 | 319 872 | 340 054 | 323 700 | 368 304 |

## Table 2. Financial assets and liabilities of investment funds *(cont.)*

*Million ISK*

| | 2008 | 2009 | 2010 | 2011 | 2012 | 2013 | 2014 | 2015 |
|---|---|---|---|---|---|---|---|---|
| Currency and deposits | 18 168 | 15 537 | 11 949 | 14 510 | 14 152 | 22 560 | 15 162 | 16 667 |
| Debt securities | 178 327 | 158 013 | 229 428 | 246 295 | 252 614 | 225 847 | 199 817 | 197 031 |
| Loans | .. | .. | 0 | 0 | 0 | 0 | 0 | 0 |
| Equity and investment fund shares | 13 946 | 16 318 | 28 234 | 33 465 | 52 696 | 91 383 | 108 011 | 153 403 |
| Equity | 6 105 | 6 560 | 8 832 | 11 177 | 27 168 | 59 541 | 73 907 | 112 890 |
| Investment fund shares | 7 840 | 9 758 | 19 402 | 22 287 | 25 528 | 31 842 | 34 104 | 40 513 |
| Money market fund shares | .. | .. | .. | .. | .. | .. | .. | 1 838 |
| Non-Money market fund shares | .. | .. | .. | .. | .. | .. | .. | 38 675 |
| Insurance pension and standardised guarantees | .. | .. | .. | .. | .. | .. | .. | .. |
| Financial derivatives and employee stock options | .. | .. | 0 | 703 | 0 | 12 | 13 | 50 |
| Other accounts receivable | 1 691 | 645 | 1 247 | 1 573 | 409 | 252 | 698 | 1 153 |
| Financial liabilities | 212 133 | 190 512 | 270 858 | 297 617 | 320 318 | 340 164 | 323 721 | 368 381 |
| Debt securities | .. | .. | 0 | 0 | 0 | 0 | 0 | 0 |
| Short-term debt securities | .. | .. | .. | .. | .. | .. | .. | 0 |
| Long-term debt securities | .. | .. | .. | .. | .. | .. | .. | 0 |
| Loans | .. | .. | 0 | 1 883 | 669 | 1 | 161 | 0 |
| Short-term loans | .. | .. | .. | .. | .. | .. | .. | 0 |
| Long-term loans | .. | .. | .. | .. | .. | .. | .. | 0 |
| Equity and investment fund shares | 206 548 | 186 068 | 267 037 | 279 654 | 307 669 | 330 434 | 315 716 | 366 534 |
| Insurance pension and standardised guarantees | .. | .. | .. | .. | .. | .. | .. | .. |
| Financial derivatives and employee stock options | .. | .. | 0 | 1 554 | 0 | 0 | 9 | 13 |
| Other accounts payable | 5 585 | 4 444 | 3 820 | 14 525 | 11 980 | 9 729 | 7 836 | 1 834 |
| Non-financial assets | .. | .. | 0 | 1 070 | 447 | 110 | 20 | 77 |
| **Open-end investment funds** | | | | | | | | |
| Financial net worth | 0 | 0 | 0 | -1 070 | -447 | -110 | -20 | -77 |
| Financial assets | 212 133 | 195 242 | 284 249 | 314 840 | 339 496 | 366 503 | 374 538 | 460 837 |
| Currency and deposits | 18 168 | 18 306 | 18 087 | 25 990 | 29 024 | 45 143 | 63 000 | 102 970 |
| Debt securities | 178 327 | 159 973 | 236 679 | 253 096 | 257 330 | 229 645 | 202 706 | 203 091 |
| Loans | .. | .. | 0 | 0 | 0 | 0 | 0 | 0 |
| Equity and investment fund shares | 13 946 | 16 318 | 28 234 | 33 465 | 52 696 | 91 383 | 108 011 | 153 403 |
| Equity | 6 105 | 6 560 | 8 832 | 11 177 | 27 168 | 59 541 | 73 907 | 112 890 |
| Investment fund shares | 7 840 | 9 758 | 19 402 | 22 287 | 25 528 | 31 842 | 34 104 | 40 513 |
| Money market fund shares | .. | .. | .. | .. | .. | .. | .. | 1 838 |
| Non-Money market fund shares | .. | .. | .. | .. | .. | .. | .. | 38 675 |
| Insurance pension and standardised guarantees | .. | .. | .. | .. | .. | .. | .. | .. |
| Financial derivatives and employee stock options | .. | .. | 0 | 703 | 0 | 12 | 13 | 50 |
| Other accounts receivable | 1 691 | 646 | 1 249 | 1 586 | 446 | 319 | 808 | 1 323 |
| Financial liabilities | 212 133 | 195 242 | 284 249 | 315 911 | 339 943 | 366 613 | 374 558 | 460 914 |
| Debt securities | .. | .. | 0 | 0 | 0 | 0 | 0 | 0 |
| Short-term debt securities | .. | .. | .. | .. | .. | .. | .. | 0 |
| Long-term debt securities | .. | .. | .. | .. | .. | .. | .. | 0 |
| Loans | .. | .. | 0 | 1 883 | 762 | 1 | 161 | 0 |
| Short-term loans | .. | .. | .. | .. | .. | .. | .. | 0 |
| Long-term loans | .. | .. | .. | .. | .. | .. | .. | 0 |
| Equity and investment fund shares | 206 548 | 190 788 | 280 414 | 297 924 | 327 166 | 356 856 | 366 500 | 458 745 |
| Insurance pension and standardised guarantees | .. | .. | .. | .. | .. | .. | .. | .. |
| Financial derivatives and employee stock options | .. | .. | 0 | 1 554 | 0 | 0 | 9 | 13 |
| Other accounts payable | 5 585 | 4 454 | 3 835 | 14 549 | 12 015 | 9 756 | 7 888 | 2 156 |
| Non-financial assets | .. | .. | 0 | 1 070 | 447 | 110 | 20 | 77 |

*Note:* Detailed metadata at: http://metalinks.oecd.org/instinv/20170516/667f

## Table 3. Financial assets and liabilities of insurance corporations and pension funds

*Million ISK*

| | 2008 | 2009 | 2010 | 2011 | 2012 | 2013 | 2014 | 2015 |
|---|---|---|---|---|---|---|---|---|
| **Insurance corporations and pension funds** | | | | | | | | |
| Financial net worth | -1 289 | -2 860 | -2 733 | -5 042 | -11 693 | -10 335 | -10 336 | -5 042 |
| Financial assets | 120 871 | 1 977 202 | 2 124 243 | 2 315 595 | 2 587 644 | 2 855 350 | 3 098 164 | 3 454 444 |
| Currency and deposits | 17 211 | 175 635 | 171 342 | 170 368 | 183 380 | 179 613 | 144 010 | 170 737 |
| Debt securities | 24 131 | 923 791 | 1 094 265 | 1 208 952 | 1 305 933 | 1 401 813 | 1 486 747 | 1 581 297 |
| Loans | 12 419 | 181 726 | 177 135 | 186 050 | 184 357 | 184 620 | 178 808 | 180 881 |
| Equity and investment fund shares | 43 376 | 647 969 | 633 917 | 710 263 | 877 334 | 1 048 642 | 1 247 478 | 1 476 685 |
| Equity | 29 773 | 124 997 | 142 187 | 205 831 | 264 612 | 378 316 | 506 991 | 685 575 |
| Investment fund shares | 13 603 | 522 973 | 491 730 | 504 433 | 612 722 | 670 326 | 740 486 | 791 110 |
| Money market fund shares | .. | .. | .. | .. | .. | .. | .. | .. |
| Non-Money market fund shares | .. | .. | .. | .. | .. | .. | .. | .. |
| Insurance pension and standardised guarantees | 23 734 | 40 862 | 40 392 | 36 159 | 31 627 | 34 942 | 36 004 | 38 967 |
| Financial derivatives and employee stock options | .. | 172 | 0 | 0 | 0 | 0 | 0 | 0 |
| Other accounts receivable | 0 | 7 048 | 7 190 | 3 802 | 5 013 | 5 720 | 5 117 | 5 878 |
| Financial liabilities | 122 160 | 1 980 063 | 2 126 976 | 2 320 637 | 2 599 338 | 2 865 685 | 3 108 500 | 3 459 486 |
| Debt securities | 0 | 3 976 | 4 078 | 0 | 0 | 0 | 0 | 2 026 |
| Short-term debt securities | 0 | 0 | 0 | 0 | 0 | 0 | 0 | 0 |
| Long-term debt securities | 0 | 3 976 | 4 078 | 0 | 0 | 0 | 0 | 2 026 |
| Loans | 12 384 | 585 | 455 | 844 | 516 | 151 | 118 | 0 |
| Short-term loans | 0 | .. | .. | .. | .. | .. | .. | .. |
| Long-term loans | 12 384 | 308 | 238 | 271 | 82 | 70 | 95 | 0 |
| Equity and investment fund shares | 23 510 | 53 177 | 57 988 | 64 995 | 72 184 | 79 851 | 84 610 | 86 984 |
| Insurance pension and standardised guarantees | 71 446 | 1 843 957 | 1 981 275 | 2 173 761 | 2 469 525 | 2 740 835 | 3 003 095 | 3 351 115 |
| Financial derivatives and employee stock options | 0 | 69 865 | 72 165 | 60 162 | 31 941 | 21 575 | 2 171 | 13 |
| Other accounts payable | 14 820 | 8 503 | 11 016 | 20 874 | 25 171 | 23 273 | 18 506 | 19 348 |
| Non-financial assets | 1 289 | 2 860 | 2 733 | 5 042 | 11 693 | 10 335 | 10 336 | 5 042 |
| **Insurance corporations** | | | | | | | | |
| Financial net worth | -1 289 | -1 722 | -1 598 | -1 647 | -6 691 | -6 083 | -6 615 | -2 018 |
| Financial assets | 120 871 | 129 004 | 136 528 | 143 748 | 147 901 | 158 612 | 161 950 | 169 075 |
| Currency and deposits | 17 211 | 13 106 | 12 698 | 13 060 | 15 493 | 14 849 | 8 463 | 10 406 |
| Debt securities | 24 131 | 45 459 | 54 920 | 60 754 | 65 643 | 72 049 | 75 073 | 70 091 |
| Loans | 12 419 | 7 290 | 5 246 | 4 698 | 3 418 | 3 078 | 2 881 | 1 485 |
| Equity and investment fund shares | 43 376 | 32 540 | 34 723 | 39 904 | 41 358 | 44 514 | 50 677 | 59 878 |
| Equity | 29 773 | 14 866 | 16 372 | 20 241 | 22 153 | 25 514 | 35 394 | 46 244 |
| Investment fund shares | 13 603 | 17 673 | 18 351 | 19 663 | 19 205 | 18 999 | 15 283 | 13 634 |
| Money market fund shares | .. | .. | .. | .. | .. | .. | .. | .. |
| Non-Money market fund shares | .. | .. | .. | .. | .. | .. | .. | .. |
| Insurance pension and standardised guarantees | 23 734 | 27 030 | 27 990 | 24 272 | 19 675 | 21 728 | 22 714 | 24 650 |
| Financial derivatives and employee stock options | .. | .. | .. | .. | .. | .. | .. | .. |
| Other accounts receivable | 0 | 3 579 | 951 | 1 060 | 2 315 | 2 394 | 2 143 | 2 564 |
| Financial liabilities | 122 160 | 130 726 | 138 126 | 145 395 | 154 592 | 164 694 | 168 565 | 171 093 |
| Debt securities | 0 | 3 976 | 4 078 | 0 | 0 | 0 | 0 | 2 026 |
| Short-term debt securities | 0 | 0 | 0 | 0 | 0 | 0 | 0 | 0 |
| Long-term debt securities | 0 | 3 976 | 4 078 | 0 | 0 | 0 | 0 | 2 026 |
| Loans | 12 384 | 308 | 238 | 271 | 82 | 70 | 95 | 0 |
| Short-term loans | 0 | 0 | 0 | 0 | 0 | 0 | 0 | 0 |
| Long-term loans | 12 384 | 308 | 238 | 271 | 82 | 70 | 95 | 0 |
| Equity and investment fund shares | 23 510 | 53 177 | 57 988 | 64 995 | 72 184 | 79 851 | 84 610 | 86 984 |
| Insurance pension and standardised guarantees | 71 446 | 69 233 | 71 758 | 75 913 | 77 383 | 80 216 | 78 703 | 75 215 |
| Financial derivatives and employee stock options | 0 | 0 | 0 | 0 | 0 | 0 | 0 | 0 |
| Other accounts payable | 14 820 | 4 032 | 4 065 | 4 216 | 4 943 | 4 557 | 5 156 | 6 869 |
| Non-financial assets | 1 289 | 1 722 | 1 598 | 1 647 | 6 691 | 6 083 | 6 615 | 2 018 |
| **Pension funds** | | | | | | | | |
| Financial net worth | .. | -1 138 | -1 135 | -3 395 | -5 002 | -4 253 | -3 721 | -3 024 |
| Financial assets | .. | 1 848 199 | 1 987 715 | 2 171 846 | 2 439 744 | 2 696 738 | 2 936 214 | 3 285 369 |
| Currency and deposits | .. | 162 529 | 158 644 | 157 308 | 167 887 | 164 764 | 135 548 | 160 331 |
| Debt securities | .. | 878 331 | 1 039 345 | 1 148 198 | 1 240 290 | 1 329 764 | 1 411 674 | 1 511 206 |
| Loans | .. | 174 436 | 171 889 | 181 352 | 180 939 | 181 543 | 175 927 | 179 396 |
| Equity and investment fund shares | .. | 615 430 | 599 195 | 670 360 | 835 977 | 1 004 128 | 1 196 801 | 1 416 807 |
| Equity | .. | 110 130 | 125 816 | 185 590 | 242 459 | 352 802 | 471 597 | 639 331 |
| Investment fund shares | .. | 505 299 | 473 379 | 484 770 | 593 517 | 651 326 | 725 204 | 777 476 |
| Money market fund shares | .. | .. | .. | .. | .. | .. | .. | .. |
| Non-Money market fund shares | .. | .. | .. | .. | .. | .. | .. | .. |
| Insurance pension and standardised guarantees | .. | 13 832 | 12 402 | 11 887 | 11 953 | 13 214 | 13 291 | 14 316 |
| Financial derivatives and employee stock options | 119 | 172 | 0 | 0 | 0 | 0 | 0 | 0 |
| Other accounts receivable | .. | 3 469 | 6 239 | 2 742 | 2 698 | 3 326 | 2 974 | 3 314 |
| Financial liabilities | .. | 1 849 337 | 1 988 850 | 2 175 242 | 2 444 746 | 2 700 991 | 2 939 935 | 3 288 393 |
| Debt securities | .. | .. | .. | .. | .. | .. | .. | .. |
| Short-term debt securities | .. | .. | .. | .. | .. | .. | .. | .. |
| Long-term debt securities | .. | .. | .. | .. | .. | .. | .. | .. |
| Loans | .. | 277 | 217 | 574 | 435 | 81 | 22 | 0 |
| Short-term loans | .. | 277 | 217 | 574 | 435 | 81 | 22 | 0 |
| Long-term loans | .. | 0 | 0 | 0 | 0 | 0 | 0 | 0 |
| Equity and investment fund shares | .. | .. | .. | .. | .. | .. | .. | .. |
| Insurance pension and standardised guarantees | .. | 1 774 723 | 1 909 517 | 2 097 849 | 2 392 142 | 2 660 618 | 2 924 392 | 3 275 901 |
| Financial derivatives and employee stock options | .. | 69 865 | 72 165 | 60 162 | 31 941 | 21 575 | 2 171 | 13 |
| Other accounts payable | .. | 4 471 | 6 951 | 16 658 | 20 228 | 18 716 | 13 350 | 12 480 |
| Non-financial assets | .. | 1 138 | 1 135 | 3 395 | 5 002 | 4 253 | 3 721 | 3 024 |

*Note:* Detailed metadata at: http://metalinks.oecd.org/instinv/20170516/667f

## Table 4. Portfolio composition by type of investor

As percentage of financial assets and of financial liabilities

*Per cent*

| | 2008 | 2009 | 2010 | 2011 | 2012 | 2013 | 2014 | 2015 |
|---|---|---|---|---|---|---|---|---|
| **Investment funds** | | | | | | | | |
| Financial assets | 100.0 | 100.0 | 100.0 | 100.0 | 100.0 | 100.0 | 100.0 | 100.0 |
| Currency and deposits | 8.6 | 9.4 | 6.4 | 10.8 | 8.3 | 11.0 | 15.7 | 19.6 |
| Debt securities | 84.1 | 81.9 | 83.3 | 72.4 | 71.3 | 60.9 | 52.2 | 43.0 |
| Loans | 0.0 | 0.0 | 0.0 | 0.0 | 0.0 | 0.0 | 0.0 | 0.2 |
| Equity and investment fund shares | 6.6 | 8.4 | 9.9 | 15.0 | 19.9 | 27.6 | 31.5 | 35.7 |
| Insurance pension and standardised guarantee schemes | 0.0 | 0.0 | 0.0 | 0.0 | 0.0 | 0.0 | 0.0 | 0.0 |
| Financial derivatives and employee stock options | 0.0 | 0.0 | 0.0 | 0.4 | 0.3 | 0.4 | 0.4 | 0.8 |
| Other accounts receivable | 0.8 | 0.3 | 0.4 | 1.3 | 0.1 | 0.1 | 0.2 | 0.7 |
| Financial liabilities | 100.0 | 100.0 | 100.0 | 100.0 | 100.0 | 100.0 | 100.0 | 100.0 |
| Currency and deposits | 0.0 | 0.0 | 0.0 | 0.0 | 0.0 | 0.0 | 0.0 | 0.0 |
| Debt securities | 0.0 | 0.0 | 0.0 | 1.2 | 6.2 | 6.9 | 11.2 | 9.7 |
| Loans | 0.0 | 0.0 | 0.0 | 2.6 | 0.7 | 0.8 | 0.9 | 1.0 |
| Equity and investment fund shares | 97.4 | 97.7 | 98.7 | 89.2 | 88.1 | 88.4 | 84.1 | 88.6 |
| Insurance pension and standardised guarantee schemes | 0.0 | 0.0 | 0.0 | 0.0 | 0.0 | 0.0 | 0.0 | 0.0 |
| Financial derivatives and employee stock options | 0.0 | 0.0 | 0.0 | 0.4 | 0.0 | 0.0 | 0.0 | 0.1 |
| Other accounts receivable | 2.6 | 2.3 | 1.3 | 6.6 | 5.0 | 3.9 | 3.8 | 0.6 |
| **Insurance corporations** | | | | | | | | |
| Financial assets | 100.0 | 100.0 | 100.0 | 100.0 | 100.0 | 100.0 | 100.0 | 100.0 |
| Currency and deposits | 14.2 | 10.2 | 9.3 | 9.1 | 10.5 | 9.4 | 5.2 | 6.2 |
| Debt securities | 20.0 | 35.2 | 40.2 | 42.3 | 44.4 | 45.4 | 46.4 | 41.5 |
| Loans | 10.3 | 5.7 | 3.8 | 3.3 | 2.3 | 1.9 | 1.8 | 0.9 |
| Equity and investment fund shares | 35.9 | 25.2 | 25.4 | 27.8 | 28.0 | 28.1 | 31.3 | 35.4 |
| Insurance pension and standardised guarantee schemes | 19.6 | 21.0 | 20.5 | 16.9 | 13.3 | 13.7 | 14.0 | 14.6 |
| Financial derivatives and employee stock options | 0.0 | 0.0 | 0.0 | 0.0 | 0.0 | 0.0 | 0.0 | 0.0 |
| Other accounts receivable | 0.0 | 2.8 | 0.7 | 0.7 | 1.6 | 1.5 | 1.3 | 1.5 |
| Financial liabilities | 100.0 | 100.0 | 100.0 | 100.0 | 100.0 | 100.0 | 100.0 | 100.0 |
| Currency and deposits | 0.0 | 0.0 | 0.0 | 0.0 | 0.0 | 0.0 | 0.0 | 0.0 |
| Debt securities | 0.0 | 3.0 | 3.0 | 0.0 | 0.0 | 0.0 | 0.0 | 1.2 |
| Loans | 10.1 | 0.2 | 0.2 | 0.2 | 0.1 | 0.0 | 0.1 | 0.0 |
| Equity and investment fund shares | 19.2 | 40.7 | 42.0 | 44.7 | 46.7 | 48.5 | 50.2 | 50.8 |
| Insurance pension and standardised guarantee schemes | 58.5 | 53.0 | 52.0 | 52.2 | 50.1 | 48.7 | 46.7 | 44.0 |
| Financial derivatives and employee stock options | 0.0 | 0.0 | 0.0 | 0.0 | 0.0 | 0.0 | 0.0 | 0.0 |
| Other accounts receivable | 12.1 | 3.1 | 2.9 | 2.9 | 3.2 | 2.8 | 3.1 | 4.0 |
| **Pension funds** | | | | | | | | |
| Financial assets | .. | 100.0 | 100.0 | 100.0 | 100.0 | 100.0 | 100.0 | 100.0 |
| Currency and deposits | .. | 8.8 | 8.0 | 7.2 | 6.9 | 6.1 | 4.6 | 4.9 |
| Debt securities | .. | 47.5 | 52.3 | 52.9 | 50.8 | 49.3 | 48.1 | 46.0 |
| Loans | .. | 9.4 | 8.6 | 8.4 | 7.4 | 6.7 | 6.0 | 5.5 |
| Equity and investment fund shares | .. | 33.3 | 30.1 | 30.9 | 34.3 | 37.2 | 40.8 | 43.1 |
| Insurance pension and standardised guarantee schemes | .. | 0.7 | 0.6 | 0.5 | 0.5 | 0.5 | 0.5 | 0.4 |
| Financial derivatives and employee stock options | .. | 0.0 | 0.0 | 0.0 | 0.0 | 0.0 | 0.0 | 0.0 |
| Other accounts receivable | .. | 0.2 | 0.3 | 0.1 | 0.1 | 0.1 | 0.1 | 0.1 |
| Financial liabilities | .. | 100.0 | 100.0 | 100.0 | 100.0 | 100.0 | 100.0 | 100.0 |
| Currency and deposits | .. | 0.0 | 0.0 | 0.0 | 0.0 | 0.0 | 0.0 | 0.0 |
| Debt securities | .. | 0.0 | 0.0 | 0.0 | 0.0 | 0.0 | 0.0 | 0.0 |
| Loans | .. | 0.0 | 0.0 | 0.0 | 0.0 | 0.0 | 0.0 | 0.0 |
| Equity and investment fund shares | .. | 0.0 | 0.0 | 0.0 | 0.0 | 0.0 | 0.0 | 0.0 |
| Insurance pension and standardised guarantee schemes | .. | 96.0 | 96.0 | 96.4 | 97.8 | 98.5 | 99.5 | 99.6 |
| Financial derivatives and employee stock options | .. | 3.8 | 3.6 | 2.8 | 1.3 | 0.8 | 0.1 | 0.0 |
| Other accounts receivable | .. | 0.2 | 0.3 | 0.8 | 0.8 | 0.7 | 0.5 | 0.4 |

*Note:* Detailed metadata at: http://metalinks.oecd.org/instinv/20170516/f09d

# IRELAND

## Table 1. Financial assets and liabilities of institutional investors, 2015

*Million EUR (1999 IEP euro)*

| | Investment funds | | | | |
|---|---|---|---|---|---|
| | Total | Non-money market funds | | | Money market funds |
| | | Total | Open-end non-money market funds | Closed-end non-money market funds | Total |
| Financial assets | .. | 1 799 366 e | .. | .. | .. |
| Currency and deposits | .. | 70 416 e | .. | .. | .. |
| Debt securities | .. | 615 838 e | .. | .. | .. |
| Debt securities, short term | .. | 43 569 e | .. | .. | .. |
| Debt securities, long term | .. | 572 269 e | .. | .. | .. |
| Debt securities issued by residents | .. | .. | .. | .. | .. |
| Debt securities issued by non-residents | .. | .. | .. | .. | .. |
| Loans | .. | 31 342 e | .. | .. | .. |
| Loans, short-term | .. | .. | .. | .. | .. |
| Loans, long-term | .. | 31 342 e | .. | .. | .. |
| Loans granted to residents | .. | .. | .. | .. | .. |
| Loans granted to non-residents | .. | .. | .. | .. | .. |
| Equity and investment fund shares/units | .. | 808 260 e | .. | .. | .. |
| Equity and investment fund shares issued/units by residents | .. | .. | .. | .. | .. |
| Equity and investment fund shares/units issued by non residents | .. | .. | .. | .. | .. |
| Other accounts receivable | .. | 105 132 e | .. | .. | .. |

| | Investment funds | | | | |
|---|---|---|---|---|---|
| | Total | Non-money market funds | | | Money market funds |
| | | Total | Open-end non-money market funds | Closed-end non-money market funds | Total |
| Financial liabilities | .. | 1 777 481 e | .. | .. | .. |
| Currency and deposits | .. | .. | .. | .. | .. |
| Debt securities | .. | 0 e | .. | .. | .. |
| Debt securities, short term | .. | 0 e | .. | .. | .. |
| Debt securities, long term | .. | 0 e | .. | .. | .. |
| Loans | .. | 95 623 e | .. | .. | .. |
| Loans, short-term | .. | 86 342 e | .. | .. | .. |
| Loans, long-term | .. | 9 281 e | .. | .. | .. |
| Equity and investment fund shares/units | .. | 1 419 740 e | .. | .. | .. |
| Insurance pension and standardised guaratees | .. | 0 e | .. | .. | .. |
| Financial derivatives and employee stock options | .. | 161 926 e | .. | .. | .. |
| Other accounts payable | .. | 100 192 e | .. | .. | .. |

| | Insurance corporations and pension funds | | | | |
|---|---|---|---|---|---|
| | Total | Insurance corporations | | | Pension funds |
| | | Total | Life insurance corporations | Non-life insurance corporations | Total |
| Financial assets | 370 007 e | 259 277 e | .. | .. | 110 730 e |
| Currency and deposits | 27 160 e | 22 433 e | .. | .. | 4 727 e |
| Debt securities | 92 423 e | 46 079 e | .. | .. | 46 344 e |
| Debt securities, short-term | 9 718 e | 6 359 e | .. | .. | 3 359 e |
| Debt securities, long term | 82 704 e | 39 719 e | .. | .. | 42 985 e |
| Debt securities issued by residents | .. | .. | .. | .. | .. |
| Debt securities issued by non-residents | .. | .. | .. | .. | .. |
| Loans | 1 349 e | 1 349 e | .. | .. | 0 e |
| Loans, short-term | 989 e | 989 e | .. | .. | 0 e |
| Loans, long-term | 360 e | 360 e | .. | .. | 0 e |
| Loans granted to residents | .. | .. | .. | .. | .. |
| Loans granted to non-residents | .. | .. | .. | .. | .. |
| Equity and investment fund shares/units | 191 024 e | 133 682 e | .. | .. | 57 342 e |
| Equity and investment fund shares/units issued by residents | .. | .. | .. | .. | .. |
| Equity and investment fund shares/units issued by non residents | .. | .. | .. | .. | .. |
| Other accounts receivable | 22 532 e | 20 353 e | .. | .. | 2 179 e |

| | Insurance corporations and pension funds | | | | |
|---|---|---|---|---|---|
| | Total | Insurance corporations | | | Pension funds |
| | | Total | Life insurance corporations | Non-life insurance corporations | Total |
| Financial liabilities | 380 082 e | 269 463 e | .. | .. | 110 619 e |
| Currency and deposits | 0 e | 0 e | .. | .. | 0 e |
| Debt securities | 1 710 e | 1 710 e | .. | .. | 0 e |
| Debt securities, short term | 0 e | 0 e | .. | .. | 0 e |
| Debt securities, long term | 1 710 e | 1 710 e | .. | .. | 0 e |
| Loans | 3 395 e | 3 364 e | .. | .. | 31 e |
| Loans, short-term | 197 e | 184 e | .. | .. | 13 e |
| Loans, long-term | 3 198 e | 3 180 e | .. | .. | 18 e |
| Equity and investment fund shares/units | 29 191 e | 29 191 e | .. | .. | 0 e |
| Insurance pension and standardised guarantees | 327 749 e | 217 161 e | .. | .. | 110 588 e |
| Financial derivatives and employee stock options | 0 e | 0 e | .. | .. | 0 e |
| Other accounts payable | 18 037 e | 18 037 e | .. | .. | 0 e |

*Note:* Detailed metadata at: http://metalinks.oecd.org/instinv/20170516/667f

## Table 2. Financial assets and liabilities of investment funds

*Million EUR*

| | 2008 | 2009 | 2010 | 2011 | 2012 | 2013 | 2014 | 2015 |
|---|---|---|---|---|---|---|---|---|
| **Investment funds** | | | | | | | | |
| Financial net worth | .. | .. | .. | .. | .. | .. | .. | .. |
| Financial assets | .. | .. | .. | .. | .. | .. | .. | .. |
| Currency and deposits | .. | .. | .. | .. | .. | .. | .. | .. |
| Debt securities | .. | .. | .. | .. | .. | .. | .. | .. |
| Loans | .. | .. | .. | .. | .. | .. | .. | .. |
| Equity and investment fund shares | .. | .. | .. | .. | .. | .. | .. | .. |
| Equity | .. | .. | .. | .. | .. | .. | .. | .. |
| Investment fund shares | .. | .. | .. | .. | .. | .. | .. | .. |
| Money market fund shares | .. | .. | .. | .. | .. | .. | .. | .. |
| Non-Money market fund shares | .. | .. | .. | .. | .. | .. | .. | .. |
| Insurance pension and standardised guarantees | .. | .. | .. | .. | .. | .. | .. | .. |
| Financial derivatives and employee stock options | .. | .. | .. | .. | .. | .. | .. | .. |
| Other accounts receivable | .. | .. | .. | .. | .. | .. | .. | .. |
| Financial liabilities | .. | .. | .. | .. | .. | .. | .. | .. |
| Debt securities | .. | .. | .. | .. | .. | .. | .. | .. |
| Short-term debt securities | .. | .. | .. | .. | .. | .. | .. | .. |
| Long-term debt securities | .. | .. | .. | .. | .. | .. | .. | .. |
| Loans | .. | .. | .. | .. | .. | .. | .. | .. |
| Short-term loans | .. | .. | .. | .. | .. | .. | .. | .. |
| Long-term loans | .. | .. | .. | .. | .. | .. | .. | .. |
| Equity and investment fund shares | .. | .. | .. | .. | .. | .. | .. | .. |
| Insurance pension and standardised guarantees | .. | .. | .. | .. | .. | .. | .. | .. |
| Financial derivatives and employee stock options | .. | .. | .. | .. | .. | .. | .. | .. |
| Other accounts payable | .. | .. | .. | .. | .. | .. | .. | .. |
| Non-financial assets | .. | .. | .. | .. | .. | .. | .. | .. |
| **Money market funds** | | | | | | | | |
| Financial net worth | .. | .. | .. | .. | .. | .. | .. | .. |
| Financial assets | .. | .. | .. | .. | .. | .. | .. | .. |
| Currency and deposits | .. | .. | .. | .. | .. | .. | .. | .. |
| Debt securities | .. | .. | .. | .. | .. | .. | .. | .. |
| Loans | .. | .. | .. | .. | .. | .. | .. | .. |
| Equity and investment fund shares | .. | .. | .. | .. | .. | .. | .. | .. |
| Equity | .. | .. | .. | .. | .. | .. | .. | .. |
| Investment fund shares | .. | .. | .. | .. | .. | .. | .. | .. |
| Money market fund shares | .. | .. | .. | .. | .. | .. | .. | .. |
| Non-Money market fund shares | .. | .. | .. | .. | .. | .. | .. | .. |
| Insurance pension and standardised guarantees | .. | .. | .. | .. | .. | .. | .. | .. |
| Financial derivatives and employee stock options | .. | .. | .. | .. | .. | .. | .. | .. |
| Other accounts receivable | .. | .. | .. | .. | .. | .. | .. | .. |
| Financial liabilities | .. | .. | .. | .. | .. | .. | .. | .. |
| Debt securities | .. | .. | .. | .. | .. | .. | .. | .. |
| Short-term debt securities | .. | .. | .. | .. | .. | .. | .. | .. |
| Long-term debt securities | .. | .. | .. | .. | .. | .. | .. | .. |
| Loans | .. | .. | .. | .. | .. | .. | .. | .. |
| Short-term loans | .. | .. | .. | .. | .. | .. | .. | .. |
| Long-term loans | .. | .. | .. | .. | .. | .. | .. | .. |
| Equity and investment fund shares | .. | .. | .. | .. | .. | .. | .. | .. |
| Insurance pension and standardised guarantees | .. | .. | .. | .. | .. | .. | .. | .. |
| Financial derivatives and employee stock options | .. | .. | .. | .. | .. | .. | .. | .. |
| Other accounts payable | .. | .. | .. | .. | .. | .. | .. | .. |
| Non-financial assets | .. | .. | .. | .. | .. | .. | .. | .. |
| **Non-money market funds** | | | | | | | | |
| Financial net worth | .. | .. | .. | .. | .. | .. | .. | .. |
| Financial assets | .. | .. | .. | .. | 1 027 388 e | 1 203 652 e | 1 523 206 e | 1 799 366 e |
| Currency and deposits | .. | .. | .. | .. | 49 293 e | 52 075 e | 55 251 e | 70 416 e |
| Debt securities | .. | .. | .. | .. | 459 271 e | 517 807 e | 553 867 e | 615 838 e |
| Loans | .. | .. | .. | .. | 31 131 e | 23 290 e | 15 114 e | 31 342 e |
| Equity and investment fund shares | .. | .. | .. | .. | 417 650 e | 523 363 e | 686 494 e | 808 260 e |
| Equity | .. | .. | .. | .. | 330 884 e | 412 859 e | 500 825 e | 589 875 e |
| Investment fund shares | .. | .. | .. | .. | 86 766 e | 110 504 e | 185 668 e | 218 386 e |
| Money market fund shares | .. | .. | .. | .. | 1 356 e | 1 670 e | 17 786 e | 27 097 e |
| Non-Money market fund shares | .. | .. | .. | .. | 85 410 e | 108 834 e | 167 883 e | 191 289 e |
| Insurance pension and standardised guarantees | .. | .. | .. | .. | 0 e | 0 e | 0 e | .. |
| Financial derivatives and employee stock options | .. | .. | .. | .. | 32 231 e | 39 759 e | 139 229 e | 168 378 e |
| Other accounts receivable | .. | .. | .. | .. | 37 813 e | 47 357 e | 73 252 e | 105 132 e |
| Financial liabilities | .. | .. | .. | .. | 1 015 896 e | 1 191 829 e | 1 551 833 e | 1 777 481 e |
| Debt securities | .. | .. | .. | .. | 0 e | 0 e | 0 e | 0 e |
| Short-term debt securities | .. | .. | .. | .. | 0 e | 0 e | 0 e | 0 e |
| Long-term debt securities | .. | .. | .. | .. | 0 e | 0 e | 0 e | 0 e |
| Loans | .. | .. | .. | .. | 22 179 e | 36 093 e | 57 556 e | 95 623 e |
| Short-term loans | .. | .. | .. | .. | 21 744 e | 33 183 e | 52 446 e | 86 342 e |
| Long-term loans | .. | .. | .. | .. | 435 e | 2 911 e | 5 110 e | 9 281 e |
| Equity and investment fund shares | .. | .. | .. | .. | 921 025 e | 1 062 907 e | 1 285 078 e | 1 419 740 e |
| Insurance pension and standardised guarantees | .. | .. | .. | .. | 0 e | 0 e | 0 e | 0 e |
| Financial derivatives and employee stock options | .. | .. | .. | .. | 34 873 e | 40 270 e | 131 161 e | 161 926 e |
| Other accounts payable | .. | .. | .. | .. | 37 819 e | 52 559 e | 78 039 e | 100 192 e |
| Non-financial assets | .. | .. | .. | .. | .. | .. | .. | .. |
| **Open-end non-money market funds** | | | | | | | | |
| Financial net worth | .. | .. | .. | .. | .. | .. | .. | .. |
| Financial assets | .. | .. | .. | .. | .. | .. | .. | .. |

## Table 2. Financial assets and liabilities of investment funds *(cont.)*

*Million EUR*

| | 2008 | 2009 | 2010 | 2011 | 2012 | 2013 | 2014 | 2015 |
|---|---|---|---|---|---|---|---|---|
| Currency and deposits | .. | .. | .. | .. | .. | .. | .. | .. |
| Debt securities | .. | .. | .. | .. | .. | .. | .. | .. |
| Loans | .. | .. | .. | .. | .. | .. | .. | .. |
| Equity and investment fund shares | .. | .. | .. | .. | .. | .. | .. | .. |
| Equity | .. | .. | .. | .. | .. | .. | .. | .. |
| Investment fund shares | .. | .. | .. | .. | .. | .. | .. | .. |
| Money market fund shares | .. | .. | .. | .. | .. | .. | .. | .. |
| Non-Money market fund shares | .. | .. | .. | .. | .. | .. | .. | .. |
| Insurance pension and standardised guarantees | .. | .. | .. | .. | .. | .. | .. | .. |
| Financial derivatives and employee stock options | .. | .. | .. | .. | .. | .. | .. | .. |
| Other accounts receivable | .. | .. | .. | .. | .. | .. | .. | .. |
| Financial liabilities | .. | .. | .. | .. | .. | .. | .. | .. |
| Debt securities | .. | .. | .. | .. | .. | .. | .. | .. |
| Short-term debt securities | .. | .. | .. | .. | .. | .. | .. | .. |
| Long-term debt securities | .. | .. | .. | .. | .. | .. | .. | .. |
| Loans | .. | .. | .. | .. | .. | .. | .. | .. |
| Short-term loans | .. | .. | .. | .. | .. | .. | .. | .. |
| Long-term loans | .. | .. | .. | .. | .. | .. | .. | .. |
| Equity and investment fund shares | .. | .. | .. | .. | .. | .. | .. | .. |
| Insurance pension and standardised guarantees | .. | .. | .. | .. | .. | .. | .. | .. |
| Financial derivatives and employee stock options | .. | .. | .. | .. | .. | .. | .. | .. |
| Other accounts payable | .. | .. | .. | .. | .. | .. | .. | .. |
| Non-financial assets | .. | .. | .. | .. | .. | .. | .. | .. |
| **Open-end investment funds** | | | | | | | | |
| Financial net worth | .. | .. | .. | .. | .. | .. | .. | .. |
| Financial assets | .. | .. | .. | .. | .. | .. | .. | .. |
| Currency and deposits | .. | .. | .. | .. | .. | .. | .. | .. |
| Debt securities | .. | .. | .. | .. | .. | .. | .. | .. |
| Loans | .. | .. | .. | .. | .. | .. | .. | .. |
| Equity and investment fund shares | .. | .. | .. | .. | .. | .. | .. | .. |
| Equity | .. | .. | .. | .. | .. | .. | .. | .. |
| Investment fund shares | .. | .. | .. | .. | .. | .. | .. | .. |
| Money market fund shares | .. | .. | .. | .. | .. | .. | .. | .. |
| Non-Money market fund shares | .. | .. | .. | .. | .. | .. | .. | .. |
| Insurance pension and standardised guarantees | .. | .. | .. | .. | .. | .. | .. | .. |
| Financial derivatives and employee stock options | .. | .. | .. | .. | .. | .. | .. | .. |
| Other accounts receivable | .. | .. | .. | .. | .. | .. | .. | .. |
| Financial liabilities | .. | .. | .. | .. | .. | .. | .. | .. |
| Debt securities | .. | .. | .. | .. | .. | .. | .. | .. |
| Short-term debt securities | .. | .. | .. | .. | .. | .. | .. | .. |
| Long-term debt securities | .. | .. | .. | .. | .. | .. | .. | .. |
| Loans | .. | .. | .. | .. | .. | .. | .. | .. |
| Short-term loans | .. | .. | .. | .. | .. | .. | .. | .. |
| Long-term loans | .. | .. | .. | .. | .. | .. | .. | .. |
| Equity and investment fund shares | .. | .. | .. | .. | .. | .. | .. | .. |
| Insurance pension and standardised guarantees | .. | .. | .. | .. | .. | .. | .. | .. |
| Financial derivatives and employee stock options | .. | .. | .. | .. | .. | .. | .. | .. |
| Other accounts payable | .. | .. | .. | .. | .. | .. | .. | .. |
| Non-financial assets | .. | .. | .. | .. | .. | .. | .. | .. |

*Note:* Detailed metadata at: http://metalinks.oecd.org/instinv/20170516/667f

## Table 3. Financial assets and liabilities of insurance corporations and pension funds

*Million EUR*

| | 2008 | 2009 | 2010 | 2011 | 2012 | 2013 | 2014 | 2015 |
|---|---|---|---|---|---|---|---|---|
| **Insurance corporations and pension funds** | | | | | | | | |
| Financial net worth | .. | .. | .. | .. | .. | .. | .. | .. |
| Financial assets | .. | .. | .. | .. | 296 717 e | 307 803 e | 343 199 e | 370 007 e |
| Currency and deposits | .. | .. | .. | .. | 25 444 e | 24 061 e | 24 091 e | 27 160 e |
| Debt securities | .. | .. | .. | .. | 83 276 e | 79 530 e | 88 796 e | 92 423 e |
| Loans | .. | .. | .. | .. | 2 785 e | 1 290 e | 1 515 e | 1 349 e |
| Equity and investment fund shares | .. | .. | .. | .. | 138 204 e | 152 008 e | 176 131 e | 191 024 e |
| Equity | .. | .. | .. | .. | 67 598 e | 70 048 e | 76 673 e | 76 362 e |
| Investment fund shares | .. | .. | .. | .. | 70 606 e | 81 960 e | 99 458 e | 114 661 e |
| Money market fund shares | .. | .. | .. | .. | 4 305 e | 3 211 e | 1 550 e | 1 467 e |
| Non-Money market fund shares | .. | .. | .. | .. | 66 301 e | 78 748 e | 97 908 e | 113 195 e |
| Insurance pension and standardised guarantees | .. | .. | .. | .. | 28 352 e | 26 698 e | 31 991 e | 33 734 e |
| Financial derivatives and employee stock options | .. | .. | .. | .. | 2 461 e | 1 769 e | 2 443 e | 1 786 e |
| Other accounts receivable | .. | .. | .. | .. | 16 196 e | 22 448 e | 18 232 e | 22 532 e |
| Financial liabilities | .. | .. | .. | .. | 303 791 e | 309 358 e | 352 952 e | 380 082 e |
| Debt securities | .. | .. | .. | .. | 1 152 e | 634 e | 1 126 e | 1 710 e |
| Short-term debt securities | .. | .. | .. | .. | 0 e | 0 e | 0 e | 0 e |
| Long-term debt securities | .. | .. | .. | .. | 1 152 e | 634 e | 1 126 e | 1 710 e |
| Loans | .. | .. | .. | .. | 4 236 e | 3 163 e | 3 204 e | 3 395 e |
| Short-term loans | .. | .. | .. | .. | 887 e | 207 e | 143 e | 197 e |
| Long-term loans | .. | .. | .. | .. | 3 348 e | 2 956 e | 3 061 e | 3 198 e |
| Equity and investment fund shares | .. | .. | .. | .. | 27 241 e | 25 156 e | 26 949 e | 29 191 e |
| Insurance pension and standardised guarantees | .. | .. | .. | .. | 257 654 e | 265 223 e | 305 924 e | 327 749 e |
| Financial derivatives and employee stock options | .. | .. | .. | .. | 0 e | 0 e | 0 e | 0 e |
| Other accounts payable | .. | .. | .. | .. | 13 508 e | 15 184 e | 15 748 e | 18 037 e |
| Non-financial assets | .. | .. | .. | .. | .. | .. | .. | .. |
| **Insurance corporations** | | | | | | | | |
| Financial net worth | .. | .. | .. | .. | .. | .. | .. | .. |
| Financial assets | .. | .. | .. | .. | 219 876 e | 217 800 e | 242 516 e | 259 277 e |
| Currency and deposits | .. | .. | .. | .. | 22 139 e | 20 735 e | 19 872 e | 22 433 e |
| Debt securities | .. | .. | .. | .. | 55 247 e | 47 534 e | 48 649 e | 46 079 e |
| Loans | .. | .. | .. | .. | 2 785 e | 1 290 e | 1 515 e | 1 349 e |
| Equity and investment fund shares | .. | .. | .. | .. | 93 656 e | 100 662 e | 121 172 e | 133 682 e |
| Equity | .. | .. | .. | .. | 30 185 e | 24 962 e | 27 598 e | 24 097 e |
| Investment fund shares | .. | .. | .. | .. | 63 471 e | 75 700 e | 93 574 e | 109 584 e |
| Money market fund shares | .. | .. | .. | .. | 4 198 e | 3 131 e | 1 216 e | 1 174 e |
| Non-Money market fund shares | .. | .. | .. | .. | 59 273 e | 72 568 e | 92 358 e | 108 411 e |
| Insurance pension and standardised guarantees | .. | .. | .. | .. | 28 352 e | 26 698 e | 31 991 e | 33 734 e |
| Financial derivatives and employee stock options | .. | .. | .. | .. | 2 235 e | 1 619 e | 2 316 e | 1 649 e |
| Other accounts receivable | .. | .. | .. | .. | 15 462 e | 19 262 e | 17 001 e | 20 353 e |
| Financial liabilities | .. | .. | .. | .. | 226 701 e | 221 685 e | 252 371 e | 269 463 e |
| Debt securities | .. | .. | .. | .. | 1 152 e | 634 e | 1 126 e | 1 710 e |
| Short-term debt securities | .. | .. | .. | .. | 0 e | 0 e | 0 e | 0 e |
| Long-term debt securities | .. | .. | .. | .. | 1 152 e | 634 e | 1 126 e | 1 710 e |
| Loans | .. | .. | .. | .. | 3 987 e | 3 017 e | 3 184 e | 3 364 e |
| Short-term loans | .. | .. | .. | .. | 887 e | 207 e | 123 e | 184 e |
| Long-term loans | .. | .. | .. | .. | 3 099 e | 2 810 e | 3 061 e | 3 180 e |
| Equity and investment fund shares | .. | .. | .. | .. | 27 241 e | 25 137 e | 26 930 e | 29 191 e |
| Insurance pension and standardised guarantees | .. | .. | .. | .. | 180 813 e | 177 714 e | 205 382 e | 217 161 e |
| Financial derivatives and employee stock options | .. | .. | .. | .. | 0 e | 0 e | 0 e | 0 e |
| Other accounts payable | .. | .. | .. | .. | 13 508 e | 15 184 e | 15 748 e | 18 037 e |
| Non-financial assets | .. | .. | .. | .. | .. | .. | .. | .. |
| **Pension funds** | | | | | | | | |
| Financial net worth | .. | .. | .. | .. | .. | .. | .. | .. |
| Financial assets | .. | .. | .. | .. | 76 841 e | 90 003 e | 100 683 e | 110 730 e |
| Currency and deposits | .. | .. | .. | .. | 3 305 e | 3 326 e | 4 219 e | 4 727 e |
| Debt securities | .. | .. | .. | .. | 28 029 e | 31 996 e | 40 147 e | 46 344 e |
| Loans | .. | .. | .. | .. | 0 e | 0 e | 0 e | 0 e |
| Equity and investment fund shares | .. | .. | .. | .. | 44 548 e | 51 346 e | 54 959 e | 57 342 e |
| Equity | .. | .. | .. | .. | 37 413 e | 45 086 e | 49 075 e | 52 265 e |
| Investment fund shares | .. | .. | .. | .. | 7 135 e | 6 260 e | 5 884 e | 5 077 e |
| Money market fund shares | .. | .. | .. | .. | 107 e | 80 e | 334 e | 293 e |
| Non-Money market fund shares | .. | .. | .. | .. | 7 028 e | 6 180 e | 5 550 e | 4 784 e |
| Insurance pension and standardised guarantees | .. | .. | .. | .. | 0 e | 0 e | 0 e | 0 e |
| Financial derivatives and employee stock options | .. | .. | .. | .. | 226 e | 150 e | 127 e | 137 e |
| Other accounts receivable | .. | .. | .. | .. | 734 e | 3 186 e | 1 231 e | 2 179 e |
| Financial liabilities | .. | .. | .. | .. | 77 090 e | 87 673 e | 100 581 e | 110 619 e |
| Debt securities | .. | .. | .. | .. | 0 e | 0 e | 0 e | 0 e |
| Short-term debt securities | .. | .. | .. | .. | 0 e | 0 e | 0 e | 0 e |
| Long-term debt securities | .. | .. | .. | .. | 0 e | 0 e | 0 e | 0 e |
| Loans | .. | .. | .. | .. | 249 e | 146 e | 20 e | 31 e |
| Short-term loans | .. | .. | .. | .. | 0 e | 0 e | 20 e | 13 e |
| Long-term loans | .. | .. | .. | .. | 249 e | 146 e | 0 e | 18 e |
| Equity and investment fund shares | .. | .. | .. | .. | 0 e | 19 e | 19 e | 0 e |
| Insurance pension and standardised guarantees | .. | .. | .. | .. | 76 841 e | 87 509 e | 100 542 e | 110 588 e |
| Financial derivatives and employee stock options | .. | .. | .. | .. | 0 e | 0 e | 0 e | 0 e |
| Other accounts payable | .. | .. | .. | .. | 0 e | 0 e | 0 e | 0 e |
| Non-financial assets | .. | .. | .. | .. | .. | .. | .. | .. |

*Note:* Detailed metadata at: http://metalinks.oecd.org/instinv/20170516/667f

## Table 4. Portfolio composition by type of investor

As percentage of financial assets and of financial liabilities

*Per cent*

| | 2008 | 2009 | 2010 | 2011 | 2012 | 2013 | 2014 | 2015 |
|---|---|---|---|---|---|---|---|---|
| **Investment funds** | | | | | | | | |
| Financial assets | .. | .. | .. | .. | .. | .. | .. | .. |
| Currency and deposits | .. | .. | .. | .. | .. | .. | .. | .. |
| Debt securities | .. | .. | .. | .. | .. | .. | .. | .. |
| Loans | .. | .. | .. | .. | .. | .. | .. | .. |
| Equity and investment fund shares | .. | .. | .. | .. | .. | .. | .. | .. |
| Insurance pension and standardised guarantee schemes | .. | .. | .. | .. | .. | .. | .. | .. |
| Financial derivatives and employee stock options | .. | .. | .. | .. | .. | .. | .. | .. |
| Other accounts receivable | .. | .. | .. | .. | .. | .. | .. | .. |
| Financial liabilities | .. | .. | .. | .. | .. | .. | .. | .. |
| Currency and deposits | .. | .. | .. | .. | .. | .. | .. | .. |
| Debt securities | .. | .. | .. | .. | .. | .. | .. | .. |
| Loans | .. | .. | .. | .. | .. | .. | .. | .. |
| Equity and investment fund shares | .. | .. | .. | .. | .. | .. | .. | .. |
| Insurance pension and standardised guarantee schemes | .. | .. | .. | .. | .. | .. | .. | .. |
| Financial derivatives and employee stock options | .. | .. | .. | .. | .. | .. | .. | .. |
| Other accounts receivable | .. | .. | .. | .. | .. | .. | .. | .. |
| **Insurance corporations** | | | | | | | | |
| Financial assets | .. | .. | .. | .. | 100.0 | 100.0 | 100.0 | 100.0 |
| Currency and deposits | .. | .. | .. | .. | 10.1 | 9.5 | 8.2 | 8.7 |
| Debt securities | .. | .. | .. | .. | 25.1 | 21.8 | 20.1 | 17.8 |
| Loans | .. | .. | .. | .. | 1.3 | 0.6 | 0.6 | 0.5 |
| Equity and investment fund shares | .. | .. | .. | .. | 42.6 | 46.2 | 50.0 | 51.6 |
| Insurance pension and standardised guarantee schemes | .. | .. | .. | .. | 12.9 | 12.3 | 13.2 | 13.0 |
| Financial derivatives and employee stock options | .. | .. | .. | .. | 1.0 | 0.7 | 1.0 | 0.6 |
| Other accounts receivable | .. | .. | .. | .. | 7.0 | 8.8 | 7.0 | 7.8 |
| Financial liabilities | .. | .. | .. | .. | 100.0 | 100.0 | 100.0 | 100.0 |
| Currency and deposits | .. | .. | .. | .. | 0.0 | 0.0 | 0.0 | 0.0 |
| Debt securities | .. | .. | .. | .. | 0.5 | 0.3 | 0.4 | 0.6 |
| Loans | .. | .. | .. | .. | 1.8 | 1.4 | 1.3 | 1.2 |
| Equity and investment fund shares | .. | .. | .. | .. | 12.0 | 11.3 | 10.7 | 10.8 |
| Insurance pension and standardised guarantee schemes | .. | .. | .. | .. | 79.8 | 80.2 | 81.4 | 80.6 |
| Financial derivatives and employee stock options | .. | .. | .. | .. | 0.0 | 0.0 | 0.0 | 0.0 |
| Other accounts receivable | .. | .. | .. | .. | 6.0 | 6.8 | 6.2 | 6.7 |
| **Pension funds** | | | | | | | | |
| Financial assets | .. | .. | .. | .. | 100.0 | 100.0 | 100.0 | 100.0 |
| Currency and deposits | .. | .. | .. | .. | 4.3 | 3.7 | 4.2 | 4.3 |
| Debt securities | .. | .. | .. | .. | 36.5 | 35.5 | 39.9 | 41.9 |
| Loans | .. | .. | .. | .. | 0.0 | 0.0 | 0.0 | 0.0 |
| Equity and investment fund shares | .. | .. | .. | .. | 58.0 | 57.0 | 54.6 | 51.8 |
| Insurance pension and standardised guarantee schemes | .. | .. | .. | .. | 0.0 | 0.0 | 0.0 | 0.0 |
| Financial derivatives and employee stock options | .. | .. | .. | .. | 0.3 | 0.2 | 0.1 | 0.1 |
| Other accounts receivable | .. | .. | .. | .. | 1.0 | 3.5 | 1.2 | 2.0 |
| Financial liabilities | .. | .. | .. | .. | 100.0 | 100.0 | 100.0 | 100.0 |
| Currency and deposits | .. | .. | .. | .. | 0.0 | 0.0 | 0.0 | 0.0 |
| Debt securities | .. | .. | .. | .. | 0.0 | 0.0 | 0.0 | 0.0 |
| Loans | .. | .. | .. | .. | 0.3 | 0.2 | 0.0 | 0.0 |
| Equity and investment fund shares | .. | .. | .. | .. | 0.0 | 0.0 | 0.0 | 0.0 |
| Insurance pension and standardised guarantee schemes | .. | .. | .. | .. | 99.7 | 99.8 | 100.0 | 100.0 |
| Financial derivatives and employee stock options | .. | .. | .. | .. | 0.0 | 0.0 | 0.0 | 0.0 |
| Other accounts receivable | .. | .. | .. | .. | 0.0 | 0.0 | 0.0 | 0.0 |

*Note:* Detailed metadata at: http://metalinks.oecd.org/instinv/20170516/f09d

## Table 1. Financial assets and liabilities of institutional investors, 2015

*Million ILS*

| | Investment funds | | | | |
|---|---|---|---|---|---|
| | Total | Non-money market funds | | | Money market funds |
| | | Total | Open-end non-money market funds | Closed-end non-money market funds | Total |
| Financial assets | 229 155 | 201 771 | 201 771 | .. | 27 383 |
| Currency and deposits | 28 026 | 13 197 | 13 197 | .. | 14 830 |
| Debt securities | 174 598 | 162 045 | 162 045 | .. | 12 553 |
| Debt securities, short term | 25 877 | 16 019 | 16 019 | .. | 9 858 |
| Debt securities, long term | 148 721 | 146 026 | 146 026 | .. | 2 695 |
| Debt securities issued by residents | 160 579 | 148 812 | 148 812 | .. | 11 767 |
| Debt securities issued by non-residents | 14 019 | 13 232 | 13 232 | .. | 786 |
| Loans | 0 | 0 | 0 | .. | 0 |
| Loans, short-term | 0 | 0 | 0 | .. | 0 |
| Loans, long-term | 0 | 0 | 0 | .. | 0 |
| Loans granted to residents | 0 | 0 | 0 | .. | 0 |
| Loans granted to non-residents | 0 | 0 | 0 | .. | 0 |
| Equity and investment fund shares/units | 26 690 | 26 690 | 26 690 | .. | 0 |
| Equity and investment fund shares issued/units by residents | 16 708 | 16 708 | 16 708 | .. | 0 |
| Equity and investment fund shares/units issued by non residents | 9 982 | 9 982 | 9 982 | .. | 0 |
| Other accounts receivable | .. | .. | .. | .. | .. |

| | Investment funds | | | | |
|---|---|---|---|---|---|
| | Total | Non-money market funds | | | Money market funds |
| | | Total | Open-end non-money market funds | Closed-end non-money market funds | Total |
| Financial liabilities | .. | .. | .. | .. | .. |
| Currency and deposits | .. | .. | .. | .. | .. |
| Debt securities | .. | .. | .. | .. | .. |
| Debt securities, short term | .. | .. | .. | .. | .. |
| Debt securities, long term | .. | .. | .. | .. | .. |
| Loans | .. | .. | .. | .. | .. |
| Loans, short-term | .. | .. | .. | .. | .. |
| Loans, long-term | .. | .. | .. | .. | .. |
| Equity and investment fund shares/units | .. | .. | .. | .. | .. |
| Insurance pension and standardised guaratees | .. | .. | .. | .. | .. |
| Financial derivatives and employee stock options | .. | .. | .. | .. | .. |
| Other accounts payable | .. | .. | .. | .. | .. |

| | Insurance corporations and pension funds | | | | |
|---|---|---|---|---|---|
| | Total | Insurance corporations | | | Pension funds |
| | | Total | Life insurance corporations | Non-life insurance corporations | Total |
| Financial assets | 1 302 591 | 419 748 | .. | .. | 882 843 |
| Currency and deposits | 100 245 | 34 952 | .. | .. | 65 293 |
| Debt securities | 722 299 | 200 576 | .. | .. | 521 723 |
| Debt securities, short-term | 38 211 | 6 662 | .. | .. | 31 549 |
| Debt securities, long term | 684 088 | 193 914 | .. | .. | 490 173 |
| Debt securities issued by residents | 666 581 | 183 006 | .. | .. | 483 575 |
| Debt securities issued by non-residents | 55 718 | 17 570 | .. | .. | 38 148 |
| Loans | 73 731 | 30 733 | .. | .. | 42 998 |
| Loans, short-term | .. | .. | .. | .. | .. |
| Loans, long-term | .. | .. | .. | .. | .. |
| Loans granted to residents | 68 857 | 28 537 | .. | .. | 40 319 |
| Loans granted to non-residents | 4 874 | 2 195 | .. | .. | 2 679 |
| Equity and investment fund shares/units | 360 762 | 116 783 | .. | .. | 243 979 |
| Equity and investment fund shares/units issued by residents | 165 555 | 55 814 | .. | .. | 109 740 |
| Equity and investment fund shares/units issued by non residents | 195 207 | 60 969 | .. | .. | 134 238 |
| Other accounts receivable | 29 682 | 21 628 | .. | .. | 8 053 |

| | Insurance corporations and pension funds | | | | |
|---|---|---|---|---|---|
| | Total | Insurance corporations | | | Pension funds |
| | | Total | Life insurance corporations | Non-life insurance corporations | Total |
| Financial liabilities | .. | .. | .. | .. | .. |
| Currency and deposits | .. | .. | .. | .. | .. |
| Debt securities | .. | .. | .. | .. | .. |
| Debt securities, short term | .. | .. | .. | .. | .. |
| Debt securities, long term | .. | .. | .. | .. | .. |
| Loans | .. | .. | .. | .. | .. |
| Loans, short-term | .. | .. | .. | .. | .. |
| Loans, long-term | .. | .. | .. | .. | .. |
| Equity and investment fund shares/units | .. | .. | .. | .. | .. |
| Insurance pension and standardised guaratees | .. | .. | .. | .. | .. |
| Financial derivatives and employee stock options | .. | .. | .. | .. | .. |
| Other accounts payable | .. | .. | .. | .. | .. |

*Note:* Detailed metadata at: http://metalinks.oecd.org/instinv/20170516/5032
Information on data for Israel: http://oe.cd/israel-disclaimer

## Table 2. Financial assets and liabilities of investment funds

*Million ILS*

| | 2008 | 2009 | 2010 | 2011 | 2012 | 2013 | 2014 | 2015 |
|---|---|---|---|---|---|---|---|---|
| **Investment funds** | | | | | | | | |
| Financial net worth | .. | .. | .. | .. | .. | .. | .. | .. |
| Financial assets | 98 099 | 133 200 | 156 582 | 142 353 | 170 099 | 230 785 | 261 522 | 229 155 |
| Currency and deposits | 23 194 | 13 932 | 14 926 | 17 173 | 23 524 | 42 730 | 42 192 | 28 026 |
| Debt securities | 68 881 | 104 230 | 120 707 | 112 183 | 133 809 | 167 843 | 194 131 | 174 598 |
| Loans | 0 | 0 | 0 | 0 | 0 | 0 | 0 | 0 |
| Equity and investment fund shares | 6 274 | 15 020 | 21 079 | 13 198 | 12 863 | 20 295 | 25 218 | 26 690 |
| Equity | 6 218 | 14 726 | 19 958 | 12 469 | 12 028 | 19 845 | 24 395 | 26 130 |
| Investment fund shares | 56 | 294 | 1 121 | 729 | 835 | 450 | 822 | 560 |
| Money market fund shares | .. | .. | .. | .. | .. | .. | .. | .. |
| Non-Money market fund shares | .. | .. | .. | .. | .. | .. | .. | .. |
| Insurance pension and standardised guarantees | .. | .. | .. | .. | .. | .. | .. | .. |
| Financial derivatives and employee stock options | -251 | 18 | -129 | -201 | -97 | -83 | -17 | -160 |
| Other accounts receivable | .. | .. | .. | .. | .. | .. | .. | .. |
| Financial liabilities | .. | .. | .. | .. | .. | .. | .. | .. |
| Debt securities | .. | .. | .. | .. | .. | .. | .. | .. |
| Short-term debt securities | .. | .. | .. | .. | .. | .. | .. | .. |
| Long-term debt securities | .. | .. | .. | .. | .. | .. | .. | .. |
| Loans | .. | .. | .. | .. | .. | .. | .. | .. |
| Short-term loans | .. | .. | .. | .. | .. | .. | .. | .. |
| Long-term loans | .. | .. | .. | .. | .. | .. | .. | .. |
| Equity and investment fund shares | .. | .. | .. | .. | .. | .. | .. | .. |
| Insurance pension and standardised guarantees | .. | .. | .. | .. | .. | .. | .. | .. |
| Financial derivatives and employee stock options | .. | .. | .. | .. | .. | .. | .. | .. |
| Other accounts payable | .. | .. | .. | .. | .. | .. | .. | .. |
| Non-financial assets | 0 | 0 | 0 | 0 | 0 | 0 | 0 | 0 |
| **Money market funds** | | | | | | | | |
| Financial net worth | .. | .. | .. | .. | .. | .. | .. | .. |
| Financial assets | 31 773 | 16 959 | 17 941 | 34 076 | 35 688 | 61 079 | 54 035 | 27 383 |
| Currency and deposits | 17 644 | 7 104 | 7 736 | 12 934 | 16 635 | 31 060 | 28 956 | 14 830 |
| Debt securities | 14 130 | 9 855 | 10 204 | 21 141 | 19 053 | 30 019 | 25 078 | 12 553 |
| Loans | 0 | 0 | 0 | 0 | 0 | 0 | 0 | 0 |
| Equity and investment fund shares | 0 | 0 | 0 | 0 | 0 | 0 | 0 | 0 |
| Equity | 0 | 0 | 0 | 0 | 0 | 0 | 0 | 0 |
| Investment fund shares | 0 | 0 | 0 | 0 | 0 | 0 | 0 | 0 |
| Money market fund shares | .. | .. | .. | .. | .. | .. | .. | .. |
| Non-Money market fund shares | .. | .. | .. | .. | .. | .. | .. | .. |
| Insurance pension and standardised guarantees | .. | .. | .. | .. | .. | .. | .. | .. |
| Financial derivatives and employee stock options | 0 | 0 | 0 | 0 | 0 | 0 | 0 | 0 |
| Other accounts receivable | .. | .. | .. | .. | .. | .. | .. | .. |
| Financial liabilities | .. | .. | .. | .. | .. | .. | .. | .. |
| Debt securities | .. | .. | .. | .. | .. | .. | .. | .. |
| Short-term debt securities | .. | .. | .. | .. | .. | .. | .. | .. |
| Long-term debt securities | .. | .. | .. | .. | .. | .. | .. | .. |
| Loans | .. | .. | .. | .. | .. | .. | .. | .. |
| Short-term loans | .. | .. | .. | .. | .. | .. | .. | .. |
| Long-term loans | .. | .. | .. | .. | .. | .. | .. | .. |
| Equity and investment fund shares | .. | .. | .. | .. | .. | .. | .. | .. |
| Insurance pension and standardised guarantees | .. | .. | .. | .. | .. | .. | .. | .. |
| Financial derivatives and employee stock options | .. | .. | .. | .. | .. | .. | .. | .. |
| Other accounts payable | .. | .. | .. | .. | .. | .. | .. | .. |
| Non-financial assets | 0 | 0 | 0 | 0 | 0 | 0 | 0 | 0 |
| **Non-money market funds** | | | | | | | | |
| Financial net worth | .. | .. | .. | .. | .. | .. | .. | .. |
| Financial assets | 66 325 | 116 240 | 138 641 | 108 277 | 134 411 | 169 705 | 207 488 | 201 771 |
| Currency and deposits | 5 551 | 6 828 | 7 189 | 4 239 | 6 889 | 11 670 | 13 235 | 13 197 |
| Debt securities | 54 751 | 94 375 | 110 503 | 91 042 | 114 756 | 137 824 | 169 053 | 162 045 |
| Loans | 0 | 0 | 0 | 0 | 0 | 0 | 0 | 0 |
| Equity and investment fund shares | 6 274 | 15 020 | 21 079 | 13 198 | 12 863 | 20 295 | 25 218 | 26 690 |
| Equity | 6 218 | 14 726 | 19 958 | 12 469 | 12 028 | 19 845 | 24 395 | 26 130 |
| Investment fund shares | 56 | 294 | 1 121 | 729 | 835 | 450 | 822 | 560 |
| Money market fund shares | .. | .. | .. | .. | .. | .. | .. | .. |
| Non-Money market fund shares | .. | .. | .. | .. | .. | .. | .. | .. |
| Insurance pension and standardised guarantees | .. | .. | .. | .. | .. | .. | .. | .. |
| Financial derivatives and employee stock options | -251 | 18 | -129 | -201 | -97 | -83 | -17 | -160 |
| Other accounts receivable | .. | .. | .. | .. | .. | .. | .. | .. |
| Financial liabilities | .. | .. | .. | .. | .. | .. | .. | .. |
| Debt securities | .. | .. | .. | .. | .. | .. | .. | .. |
| Short-term debt securities | .. | .. | .. | .. | .. | .. | .. | .. |
| Long-term debt securities | .. | .. | .. | .. | .. | .. | .. | .. |
| Loans | .. | .. | .. | .. | .. | .. | .. | .. |
| Short-term loans | .. | .. | .. | .. | .. | .. | .. | .. |
| Long-term loans | .. | .. | .. | .. | .. | .. | .. | .. |
| Equity and investment fund shares | .. | .. | .. | .. | .. | .. | .. | .. |
| Insurance pension and standardised guarantees | .. | .. | .. | .. | .. | .. | .. | .. |
| Financial derivatives and employee stock options | .. | .. | .. | .. | .. | .. | .. | .. |
| Other accounts payable | .. | .. | .. | .. | .. | .. | .. | .. |
| Non-financial assets | 0 | 0 | 0 | 0 | 0 | 0 | 0 | 0 |
| **Open-end non-money market funds** | | | | | | | | |
| Financial net worth | .. | .. | .. | .. | .. | .. | .. | .. |
| Financial assets | 66 325 | 116 240 | 138 641 | 108 277 | 134 411 | 169 705 | 207 488 | 201 771 |

## Table 2. Financial assets and liabilities of investment funds *(cont.)*

*Million ILS*

| | 2008 | 2009 | 2010 | 2011 | 2012 | 2013 | 2014 | 2015 |
|---|---|---|---|---|---|---|---|---|
| Currency and deposits | 5 551 | 6 828 | 7 189 | 4 239 | 6 889 | 11 670 | 13 235 | 13 197 |
| Debt securities | 54 751 | 94 375 | 110 503 | 91 042 | 114 756 | 137 824 | 169 053 | 162 045 |
| Loans | 0 | 0 | 0 | 0 | 0 | 0 | 0 | 0 |
| Equity and investment fund shares | 6 274 | 15 020 | 21 079 | 13 198 | 12 863 | 20 295 | 25 218 | 26 690 |
| Equity | 6 218 | 14 726 | 19 958 | 12 469 | 12 028 | 19 845 | 24 395 | 26 130 |
| Investment fund shares | 56 | 294 | 1 121 | 729 | 835 | 450 | 822 | 560 |
| Money market fund shares | .. | .. | .. | .. | .. | .. | .. | .. |
| Non-Money market fund shares | .. | .. | .. | .. | .. | .. | .. | .. |
| Insurance pension and standardised guarantees | .. | .. | .. | .. | .. | .. | .. | .. |
| Financial derivatives and employee stock options | -251 | 18 | -129 | -201 | -97 | -83 | -17 | -160 |
| Other accounts receivable | .. | .. | .. | .. | .. | .. | .. | .. |
| Financial liabilities | .. | .. | .. | .. | .. | .. | .. | .. |
| Debt securities | .. | .. | .. | .. | .. | .. | .. | .. |
| Short-term debt securities | .. | .. | .. | .. | .. | .. | .. | .. |
| Long-term debt securities | .. | .. | .. | .. | .. | .. | .. | .. |
| Loans | .. | .. | .. | .. | .. | .. | .. | .. |
| Short-term loans | .. | .. | .. | .. | .. | .. | .. | .. |
| Long-term loans | .. | .. | .. | .. | .. | .. | .. | .. |
| Equity and investment fund shares | .. | .. | .. | .. | .. | .. | .. | .. |
| Insurance pension and standardised guarantees | .. | .. | .. | .. | .. | .. | .. | .. |
| Financial derivatives and employee stock options | .. | .. | .. | .. | .. | .. | .. | .. |
| Other accounts payable | .. | .. | .. | .. | .. | .. | .. | .. |
| Non-financial assets | 0 | 0 | 0 | 0 | 0 | 0 | 0 | 0 |
| **Open-end investment funds** | | | | | | | | |
| Financial net worth | .. | .. | .. | .. | .. | .. | .. | .. |
| Financial assets | 98 099 | 133 200 | 156 582 | 142 353 | 170 099 | 230 785 | 261 522 | 229 155 |
| Currency and deposits | 23 194 | 13 932 | 14 926 | 17 173 | 23 524 | 42 730 | 42 192 | 28 026 |
| Debt securities | 68 881 | 104 230 | 120 707 | 112 183 | 133 809 | 167 843 | 194 131 | 174 598 |
| Loans | 0 | 0 | 0 | 0 | 0 | 0 | 0 | 0 |
| Equity and investment fund shares | 6 274 | 15 020 | 21 079 | 13 198 | 12 863 | 20 295 | 25 218 | 26 690 |
| Equity | 6 218 | 14 726 | 19 958 | 12 469 | 12 028 | 19 845 | 24 395 | 26 130 |
| Investment fund shares | 56 | 294 | 1 121 | 729 | 835 | 450 | 822 | 560 |
| Money market fund shares | .. | .. | .. | .. | .. | .. | .. | .. |
| Non-Money market fund shares | .. | .. | .. | .. | .. | .. | .. | .. |
| Insurance pension and standardised guarantees | .. | .. | .. | .. | .. | .. | .. | .. |
| Financial derivatives and employee stock options | -251 | 18 | -129 | -201 | -97 | -83 | -17 | -160 |
| Other accounts receivable | .. | .. | .. | .. | .. | .. | .. | .. |
| Financial liabilities | .. | .. | .. | .. | .. | .. | .. | .. |
| Debt securities | .. | .. | .. | .. | .. | .. | .. | .. |
| Short-term debt securities | .. | .. | .. | .. | .. | .. | .. | .. |
| Long-term debt securities | .. | .. | .. | .. | .. | .. | .. | .. |
| Loans | .. | .. | .. | .. | .. | .. | .. | .. |
| Short-term loans | .. | .. | .. | .. | .. | .. | .. | .. |
| Long-term loans | .. | .. | .. | .. | .. | .. | .. | .. |
| Equity and investment fund shares | .. | .. | .. | .. | .. | .. | .. | .. |
| Insurance pension and standardised guarantees | .. | .. | .. | .. | .. | .. | .. | .. |
| Financial derivatives and employee stock options | .. | .. | .. | .. | .. | .. | .. | .. |
| Other accounts payable | .. | .. | .. | .. | .. | .. | .. | .. |
| Non-financial assets | 0 | 0 | 0 | 0 | 0 | 0 | 0 | 0 |

*Note:* Detailed metadata at: http://metalinks.oecd.org/instinv/20170516/5032
Information on data for Israel: http://oe.cd/israel-disclaimer

## Table 3. Financial assets and liabilities of insurance corporations and pension funds

*Million ILS*

| | 2008 | 2009 | 2010 | 2011 | 2012 | 2013 | 2014 | 2015 |
|---|---|---|---|---|---|---|---|---|
| **Insurance corporations and pension funds** | | | | | | | | |
| Financial net worth | .. | .. | .. | .. | .. | .. | .. | .. |
| Financial assets | 649 659 | 810 580 | 897 183 | 906 865 | 1 011 560 | 1 117 101 | 1 221 043 | 1 302 591 |
| Currency and deposits | 62 736 | 74 364 | 75 010 | 68 910 | 73 576 | 78 134 | 82 003 | 100 245 |
| Debt securities | 448 188 | 511 832 | 543 987 | 561 429 | 607 790 | 642 423 | 690 205 | 722 299 |
| Loans | 15 381 | 19 789 | 23 405 | 31 599 | 41 079 | 51 951 | 60 459 | 73 731 |
| Equity and investment fund shares | 88 217 | 168 253 | 217 104 | 208 026 | 247 784 | 300 937 | 343 806 | 360 762 |
| Equity | 66 872 | 133 935 | 166 584 | 149 408 | 181 334 | 221 469 | 250 003 | 259 311 |
| Investment fund shares | 21 345 | 34 319 | 50 521 | 58 618 | 66 450 | 79 468 | 93 803 | 101 451 |
| Money market fund shares | .. | .. | .. | .. | .. | .. | .. | .. |
| Non-Money market fund shares | .. | .. | .. | .. | .. | .. | .. | .. |
| Insurance pension and standardised guarantees | 10 980 | 12 521 | 13 704 | 14 386 | 14 639 | 14 997 | 14 819 | 14 015 |
| Financial derivatives and employee stock options | 139 | 597 | 2 745 | -504 | 2 358 | 4 691 | 2 154 | 1 857 |
| Other accounts receivable | 24 018 | 23 225 | 21 228 | 23 018 | 24 334 | 23 968 | 27 597 | 29 682 |
| Financial liabilities | .. | .. | .. | .. | .. | .. | .. | .. |
| Debt securities | .. | .. | .. | .. | .. | .. | .. | .. |
| Short-term debt securities | .. | .. | .. | .. | .. | .. | .. | .. |
| Long-term debt securities | .. | .. | .. | .. | .. | .. | .. | .. |
| Loans | .. | .. | .. | .. | .. | .. | .. | .. |
| Short-term loans | .. | .. | .. | .. | .. | .. | .. | .. |
| Long-term loans | .. | .. | .. | .. | .. | .. | .. | .. |
| Equity and investment fund shares | .. | .. | .. | .. | .. | .. | .. | .. |
| Insurance pension and standardised guarantees | .. | .. | .. | .. | .. | .. | .. | .. |
| Financial derivatives and employee stock options | .. | .. | .. | .. | .. | .. | .. | .. |
| Other accounts payable | .. | .. | .. | .. | .. | .. | .. | .. |
| Non-financial assets | 10 463 | 10 814 | 12 396 | 15 151 | 17 111 | 19 996 | 22 771 | 24 408 |
| **Insurance corporations** | | | | | | | | |
| Financial net worth | .. | .. | .. | .. | .. | .. | .. | .. |
| Financial assets | 202 213 | 251 815 | 282 779 | 292 257 | 328 405 | 363 866 | 395 785 | 419 748 |
| Currency and deposits | 21 522 | 22 041 | 22 201 | 24 361 | 25 111 | 26 780 | 25 346 | 34 952 |
| Debt securities | 112 632 | 131 346 | 144 142 | 149 944 | 167 129 | 180 900 | 194 668 | 200 576 |
| Loans | 10 692 | 12 598 | 13 503 | 16 885 | 19 832 | 23 579 | 25 704 | 30 733 |
| Equity and investment fund shares | 30 630 | 57 384 | 72 661 | 69 613 | 82 930 | 97 803 | 113 666 | 116 783 |
| Equity | 21 298 | 43 062 | 52 716 | 50 347 | 61 276 | 71 969 | 83 613 | 83 647 |
| Investment fund shares | 9 333 | 14 322 | 19 945 | 19 266 | 21 654 | 25 835 | 30 052 | 33 136 |
| Money market fund shares | .. | .. | .. | .. | .. | .. | .. | .. |
| Non-Money market fund shares | .. | .. | .. | .. | .. | .. | .. | .. |
| Insurance pension and standardised guarantees | 10 980 | 12 521 | 13 704 | 14 386 | 14 639 | 14 997 | 14 819 | 14 015 |
| Financial derivatives and employee stock options | 181 | 391 | 1 035 | 373 | 1 407 | 1 664 | 1 486 | 1 060 |
| Other accounts receivable | 15 577 | 15 535 | 15 533 | 16 696 | 17 358 | 18 142 | 20 097 | 21 628 |
| Financial liabilities | .. | .. | .. | .. | .. | .. | .. | .. |
| Debt securities | .. | .. | .. | .. | .. | .. | .. | .. |
| Short-term debt securities | .. | .. | .. | .. | .. | .. | .. | .. |
| Long-term debt securities | .. | .. | .. | .. | .. | .. | .. | .. |
| Loans | .. | .. | .. | .. | .. | .. | .. | .. |
| Short-term loans | .. | .. | .. | .. | .. | .. | .. | .. |
| Long-term loans | .. | .. | .. | .. | .. | .. | .. | .. |
| Equity and investment fund shares | .. | .. | .. | .. | .. | .. | .. | .. |
| Insurance pension and standardised guarantees | .. | .. | .. | .. | .. | .. | .. | .. |
| Financial derivatives and employee stock options | .. | .. | .. | .. | .. | .. | .. | .. |
| Other accounts payable | .. | .. | .. | .. | .. | .. | .. | .. |
| Non-financial assets | 8 522 | 8 599 | 9 937 | 12 093 | 13 654 | 15 955 | 18 156 | 19 581 |
| **Pension funds** | | | | | | | | |
| Financial net worth | .. | .. | .. | .. | .. | .. | .. | .. |
| Financial assets | 447 446 | 558 765 | 614 404 | 614 608 | 683 155 | 753 235 | 825 258 | 882 843 |
| Currency and deposits | 41 214 | 52 322 | 52 809 | 44 550 | 48 465 | 51 354 | 56 657 | 65 293 |
| Debt securities | 335 556 | 380 486 | 399 845 | 411 485 | 440 661 | 461 523 | 495 537 | 521 723 |
| Loans | 4 689 | 7 191 | 9 901 | 14 715 | 21 247 | 28 372 | 34 755 | 42 998 |
| Equity and investment fund shares | 57 587 | 110 870 | 144 443 | 138 413 | 164 854 | 203 134 | 230 140 | 243 979 |
| Equity | 45 574 | 90 873 | 113 867 | 99 061 | 120 058 | 149 501 | 166 389 | 175 664 |
| Investment fund shares | 12 013 | 19 997 | 30 576 | 39 352 | 44 796 | 53 633 | 63 751 | 68 315 |
| Money market fund shares | .. | .. | .. | .. | .. | .. | .. | .. |
| Non-Money market fund shares | .. | .. | .. | .. | .. | .. | .. | .. |
| Insurance pension and standardised guarantees | 0 | 0 | 0 | 0 | 0 | 0 | 0 | 0 |
| Financial derivatives and employee stock options | -42 | 206 | 1 710 | -877 | 951 | 3 027 | 668 | 797 |
| Other accounts receivable | 8 441 | 7 691 | 5 695 | 6 322 | 6 977 | 5 826 | 7 500 | 8 053 |
| Financial liabilities | .. | .. | .. | .. | .. | .. | .. | .. |
| Debt securities | .. | .. | .. | .. | .. | .. | .. | .. |
| Short-term debt securities | .. | .. | .. | .. | .. | .. | .. | .. |
| Long-term debt securities | .. | .. | .. | .. | .. | .. | .. | .. |
| Loans | .. | .. | .. | .. | .. | .. | .. | .. |
| Short-term loans | .. | .. | .. | .. | .. | .. | .. | .. |
| Long-term loans | .. | .. | .. | .. | .. | .. | .. | .. |
| Equity and investment fund shares | .. | .. | .. | .. | .. | .. | .. | .. |
| Insurance pension and standardised guarantees | .. | .. | .. | .. | .. | .. | .. | .. |
| Financial derivatives and employee stock options | .. | .. | .. | .. | .. | .. | .. | .. |
| Other accounts payable | .. | .. | .. | .. | .. | .. | .. | .. |
| Non-financial assets | 1 941 | 2 214 | 2 459 | 3 059 | 3 457 | 4 041 | 4 616 | 4 828 |

*Note:* Detailed metadata at: http://metalinks.oecd.org/instinv/20170516/5032
Information on data for Israel: http://oe.cd/israel-disclaimer

## Table 4. Portfolio composition by type of investor

As percentage of financial assets and of financial liabilities

*Per cent*

| | 2008 | 2009 | 2010 | 2011 | 2012 | 2013 | 2014 | 2015 |
|---|---|---|---|---|---|---|---|---|
| **Investment funds** | | | | | | | | |
| Financial assets | 100.0 | 100.0 | 100.0 | 100.0 | 100.0 | 100.0 | 100.0 | 100.0 |
| Currency and deposits | 23.6 | 10.5 | 9.5 | 12.1 | 13.8 | 18.5 | 16.1 | 12.2 |
| Debt securities | 70.2 | 78.3 | 77.1 | 78.8 | 78.7 | 72.7 | 74.2 | 76.2 |
| Loans | 0.0 | 0.0 | 0.0 | 0.0 | 0.0 | 0.0 | 0.0 | 0.0 |
| Equity and investment fund shares | 6.4 | 11.3 | 13.5 | 9.3 | 7.6 | 8.8 | 9.6 | 11.6 |
| Insurance pension and standardised guarantee schemes | 0.0 | 0.0 | 0.0 | 0.0 | 0.0 | 0.0 | 0.0 | 0.0 |
| Financial derivatives and employee stock options | -0.3 | 0.0 | -0.1 | -0.1 | -0.1 | 0.0 | 0.0 | -0.1 |
| Other accounts receivable | 0.0 | 0.0 | 0.0 | 0.0 | 0.0 | 0.0 | 0.0 | 0.0 |
| Financial liabilities | .. | .. | .. | .. | .. | .. | .. | .. |
| Currency and deposits | .. | .. | .. | .. | .. | .. | .. | .. |
| Debt securities | .. | .. | .. | .. | .. | .. | .. | .. |
| Loans | .. | .. | .. | .. | .. | .. | .. | .. |
| Equity and investment fund shares | .. | .. | .. | .. | .. | .. | .. | .. |
| Insurance pension and standardised guarantee schemes | .. | .. | .. | .. | .. | .. | .. | .. |
| Financial derivatives and employee stock options | .. | .. | .. | .. | .. | .. | .. | .. |
| Other accounts receivable | .. | .. | .. | .. | .. | .. | .. | .. |
| **Insurance corporations** | | | | | | | | |
| Financial assets | 100.0 | 100.0 | 100.0 | 100.0 | 100.0 | 100.0 | 100.0 | 100.0 |
| Currency and deposits | 10.6 | 8.8 | 7.9 | 8.3 | 7.6 | 7.4 | 6.4 | 8.3 |
| Debt securities | 55.7 | 52.2 | 51.0 | 51.3 | 50.9 | 49.7 | 49.2 | 47.8 |
| Loans | 5.3 | 5.0 | 4.8 | 5.8 | 6.0 | 6.5 | 6.5 | 7.3 |
| Equity and investment fund shares | 15.1 | 22.8 | 25.7 | 23.8 | 25.3 | 26.9 | 28.7 | 27.8 |
| Insurance pension and standardised guarantee schemes | 5.4 | 5.0 | 4.8 | 4.9 | 4.5 | 4.1 | 3.7 | 3.3 |
| Financial derivatives and employee stock options | 0.1 | 0.2 | 0.4 | 0.1 | 0.4 | 0.5 | 0.4 | 0.3 |
| Other accounts receivable | 7.7 | 6.2 | 5.5 | 5.7 | 5.3 | 5.0 | 5.1 | 5.2 |
| Financial liabilities | .. | .. | .. | .. | .. | .. | .. | .. |
| Currency and deposits | .. | .. | .. | .. | .. | .. | .. | .. |
| Debt securities | .. | .. | .. | .. | .. | .. | .. | .. |
| Loans | .. | .. | .. | .. | .. | .. | .. | .. |
| Equity and investment fund shares | .. | .. | .. | .. | .. | .. | .. | .. |
| Insurance pension and standardised guarantee schemes | .. | .. | .. | .. | .. | .. | .. | .. |
| Financial derivatives and employee stock options | .. | .. | .. | .. | .. | .. | .. | .. |
| Other accounts receivable | .. | .. | .. | .. | .. | .. | .. | .. |
| **Pension funds** | | | | | | | | |
| Financial assets | 100.0 | 100.0 | 100.0 | 100.0 | 100.0 | 100.0 | 100.0 | 100.0 |
| Currency and deposits | 9.2 | 9.4 | 8.6 | 7.2 | 7.1 | 6.8 | 6.9 | 7.4 |
| Debt securities | 75.0 | 68.1 | 65.1 | 67.0 | 64.5 | 61.3 | 60.0 | 59.1 |
| Loans | 1.0 | 1.3 | 1.6 | 2.4 | 3.1 | 3.8 | 4.2 | 4.9 |
| Equity and investment fund shares | 12.9 | 19.8 | 23.5 | 22.5 | 24.1 | 27.0 | 27.9 | 27.6 |
| Insurance pension and standardised guarantee schemes | 0.0 | 0.0 | 0.0 | 0.0 | 0.0 | 0.0 | 0.0 | 0.0 |
| Financial derivatives and employee stock options | 0.0 | 0.0 | 0.3 | -0.1 | 0.1 | 0.4 | 0.1 | 0.1 |
| Other accounts receivable | 1.9 | 1.4 | 0.9 | 1.0 | 1.0 | 0.8 | 0.9 | 0.9 |
| Financial liabilities | .. | .. | .. | .. | .. | .. | .. | .. |
| Currency and deposits | .. | .. | .. | .. | .. | .. | .. | .. |
| Debt securities | .. | .. | .. | .. | .. | .. | .. | .. |
| Loans | .. | .. | .. | .. | .. | .. | .. | .. |
| Equity and investment fund shares | .. | .. | .. | .. | .. | .. | .. | .. |
| Insurance pension and standardised guarantee schemes | .. | .. | .. | .. | .. | .. | .. | .. |
| Financial derivatives and employee stock options | .. | .. | .. | .. | .. | .. | .. | .. |
| Other accounts receivable | .. | .. | .. | .. | .. | .. | .. | .. |

*Note:* Detailed metadata at: http://metalinks.oecd.org/instinv/20170516/f09d
Information on data for Israel: http://oe.cd/israel-disclaimer

## Table 1. Financial assets and liabilities of institutional investors, 2015

*Million EUR (1999 ITL euro)*

| | Investment funds | | | | |
|---|---|---|---|---|---|
| | Total | Non-money market funds | | | Money market funds |
| | | Total | Open-end non-money market funds | Closed-end non-money market funds | Total |
| Financial assets | 285 696 | 279 663 | 264 161 | 15 502 | 6 033 |
| Currency and deposits | .. | 22 305 | 18 131 | 4 174 | .. |
| Debt securities | 136 672 | 130 845 | 130 645 | 201 | 5 826 |
| Debt securities, short term | 6 390 | 6 390 | 6 237 | 153 | 0 |
| Debt securities, long term | 130 282 | 124 456 | 124 408 | 48 | 5 826 |
| Debt securities issued by residents | 70 749 | 70 658 | 69 808 | 850 | 90 |
| Debt securities issued by non-residents | 65 923 | 60 187 | 60 837 | -649 | 5 736 |
| Loans | 168 | 0 | 0 | 0 | 168 |
| Loans, short-term | 168 | 0 | 0 | 0 | 168 |
| Loans, long-term | 0 | 0 | 0 | 0 | 0 |
| Loans granted to residents | 168 | 0 | 0 | 0 | 168 |
| Loans granted to non-residents | 0 | 0 | 0 | 0 | 0 |
| Equity and investment fund shares/units | 125 165 | 125 127 | 114 000 | 11 127 | 38 |
| Equity and investment fund shares issued/units by residents | 28 962 | 28 962 | 20 262 | 8 700 | 0 |
| Equity and investment fund shares/units issued by non residents | 96 203 | 96 165 | 93 738 | 2 427 | 38 |
| Other accounts receivable | 0 | 0 | 0 | 0 | 0 |

| | Investment funds | | | | |
|---|---|---|---|---|---|
| | Total | Non-money market funds | | | Money market funds |
| | | Total | Open-end non-money market funds | Closed-end non-money market funds | Total |
| Financial liabilities | 286 218 | 280 285 | 248 552 | 31 733 | 5 933 |
| Currency and deposits | 0 | 0 | 0 | 0 | 0 |
| Debt securities | 0 | 0 | 0 | 0 | 0 |
| Debt securities, short term | 0 | 0 | 0 | 0 | 0 |
| Debt securities, long term | 0 | 0 | 0 | 0 | 0 |
| Loans | 0 | 0 | 0 | 0 | 0 |
| Loans, short-term | 0 | 0 | 0 | 0 | 0 |
| Loans, long-term | 0 | 0 | 0 | 0 | 0 |
| Equity and investment fund shares/units | 286 218 | 280 285 | 248 552 | 31 733 | 5 933 |
| Insurance pension and standardised guaratees | 0 | 0 | 0 | 0 | 0 |
| Financial derivatives and employee stock options | 0 | 0 | 0 | 0 | 0 |
| Other accounts payable | 0 | 0 | 0 | 0 | 0 |

| | Insurance corporations and pension funds | | | | |
|---|---|---|---|---|---|
| | Total | Insurance corporations | | | Pension funds |
| | | Total | Life insurance corporations | Non-life insurance corporations | Total |
| Financial assets | 838 107 | 751 858 | 675 073 | 76 785 | 86 249 |
| Currency and deposits | 29 038 | 24 750 | 22 222 | 2 528 | 4 287 |
| Debt securities | 556 238 | 501 671 | 450 437 | 51 234 | 54 566 |
| Debt securities, short-term | 8 825 | 8 602 | 7 723 | 878 | 224 |
| Debt securities, long term | 547 413 | 493 070 | 442 714 | 50 356 | 54 343 |
| Debt securities issued by residents | 397 706 | 382 777 | 343 685 | 39 092 | 14 929 |
| Debt securities issued by non-residents | 118 894 | 118 894 | 106 752 | 12 142 | 0 |
| Loans | 8 304 | 8 304 | 7 456 | 848 | 0 |
| Loans, short-term | 1 | 1 | 1 | 0 | 0 |
| Loans, long-term | 8 303 | 8 303 | 7 455 | 848 | 0 |
| Loans granted to residents | 633 | 632 | 567 | 65 | 2 |
| Loans granted to non-residents | 7 671 | 7 673 | 6 889 | 784 | -2 |
| Equity and investment fund shares/units | 241 481 | 214 086 | 192 222 | 21 864 | 27 395 |
| Equity and investment fund shares/units issued by residents | 39 581 | 22 850 | 20 517 | 2 334 | 16 731 |
| Equity and investment fund shares/units issued by non residents | .. | .. | .. | .. | .. |
| Other accounts receivable | 14 | 14 | 13 | 1 | 0 |

| | Insurance corporations and pension funds | | | | |
|---|---|---|---|---|---|
| | Total | Insurance corporations | | | Pension funds |
| | | Total | Life insurance corporations | Non-life insurance corporations | Total |
| Financial liabilities | 841 860 | 751 809 | 675 028 | 76 780 | 90 051 |
| Currency and deposits | 0 | 0 | 0 | 0 | 0 |
| Debt securities | 16 535 | 16 535 | 14 846 | 1 689 | 0 |
| Debt securities, short term | 0 | 0 | 0 | 0 | 0 |
| Debt securities, long term | 16 535 | 16 535 | 14 846 | 1 689 | 0 |
| Loans | 11 607 | 11 605 | 10 420 | 1 185 | 2 |
| Loans, short-term | 338 | 336 | 302 | 34 | 2 |
| Loans, long-term | 11 270 | 11 269 | 10 118 | 1 151 | 1 |
| Equity and investment fund shares/units | 69 827 | 69 827 | 62 696 | 7 131 | 0 |
| Insurance pension and standardised guarantees | 741 540 | 651 491 | 584 956 | 66 535 | 90 049 |
| Financial derivatives and employee stock options | 645 | 645 | 579 | 66 | 0 |
| Other accounts payable | 1 706 | 1 706 | 1 532 | 174 | 0 |

*Note:* Detailed metadata at: http://metalinks.oecd.org/instinv/20170516/667f

## Table 2. Financial assets and liabilities of investment funds

*Million EUR*

| | 2008 | 2009 | 2010 | 2011 | 2012 | 2013 | 2014 | 2015 |
|---|---|---|---|---|---|---|---|---|
| **Investment funds** | | | | | | | | |
| Financial net worth | -23 165 | -21 411 | -13 526 | -16 742 | -18 688 | -11 163 | -9 845 | -523 |
| Financial assets | 217 062 | 221 063 | 210 872 | 170 013 | 164 439 | 190 901 | 243 800 | 285 696 |
| Currency and deposits | .. | .. | .. | .. | .. | .. | .. | .. |
| Debt securities | 143 248 | 142 552 | 126 711 | 98 563 | 94 549 | 102 404 | 130 241 | 136 672 |
| Loans | 7 181 | 9 648 | 2 666 | 2 925 | 1 347 | 749 | 232 | 168 |
| Equity and investment fund shares | 55 045 | 56 773 | 69 174 | 55 161 | 52 278 | 68 666 | 94 144 | 125 165 |
| Equity | 53 124 | 54 523 | 57 128 | 44 935 | 43 478 | 51 060 | 68 232 | 93 951 |
| Investment fund shares | 1 922 | 2 250 | 12 046 | 10 226 | 8 800 | 17 606 | 25 912 | 31 213 |
| Money market fund shares | .. | .. | .. | .. | .. | .. | .. | .. |
| Non-Money market fund shares | .. | .. | .. | .. | .. | .. | .. | .. |
| Insurance pension and standardised guarantees | 0 | 0 | 0 | 0 | 0 | 0 | 0 | 0 |
| Financial derivatives and employee stock options | 565 | 464 | 361 | 335 | 449 | 884 | 1 266 | 1 385 |
| Other accounts receivable | 0 | 0 | 0 | 0 | 0 | 0 | 0 | 0 |
| Financial liabilities | 240 227 | 242 474 | 224 398 | 186 755 | 183 127 | 202 064 | 253 645 | 286 218 |
| Debt securities | 0 | 0 | 0 | 0 | 0 | 0 | 0 | 0 |
| Short-term debt securities | 0 | 0 | 0 | 0 | 0 | 0 | 0 | 0 |
| Long-term debt securities | 0 | 0 | 0 | 0 | 0 | 0 | 0 | 0 |
| Loans | 0 | 0 | 0 | 0 | 0 | 0 | 0 | 0 |
| Short-term loans | 0 | 0 | 0 | 0 | 0 | 0 | 0 | 0 |
| Long-term loans | 0 | 0 | 0 | 0 | 0 | 0 | 0 | 0 |
| Equity and investment fund shares | 240 227 | 242 474 | 224 398 | 186 755 | 183 127 | 202 064 | 253 645 | 286 218 |
| Insurance pension and standardised guarantees | 0 | 0 | 0 | 0 | 0 | 0 | 0 | 0 |
| Financial derivatives and employee stock options | 0 | 0 | 0 | 0 | 0 | 0 | 0 | 0 |
| Other accounts payable | 0 | 0 | 0 | 0 | 0 | 0 | 0 | 0 |
| Non-financial assets | .. | .. | .. | .. | .. | .. | .. | .. |
| **Money market funds** | | | | | | | | |
| Financial net worth | -100 | 369 | 319 | 604 | 31 | 114 | 22 | 99 |
| Financial assets | 57 495 | 55 221 | 38 664 | 27 537 | 9 154 | 9 636 | 7 325 | 6 033 |
| Currency and deposits | .. | .. | .. | .. | .. | .. | .. | .. |
| Debt securities | 50 183 | 45 393 | 35 878 | 24 485 | 7 770 | 8 775 | 7 093 | 5 826 |
| Loans | 7 181 | 9 648 | 2 666 | 2 925 | 1 347 | 749 | 232 | 168 |
| Equity and investment fund shares | 131 | 180 | 120 | 127 | 36 | 112 | 0 | 38 |
| Equity | 73 | 154 | 86 | 116 | 36 | 37 | 0 | 38 |
| Investment fund shares | 58 | 26 | 34 | 11 | 0 | 76 | 0 | 0 |
| Money market fund shares | .. | .. | .. | .. | .. | .. | .. | .. |
| Non-Money market fund shares | .. | .. | .. | .. | .. | .. | .. | .. |
| Insurance pension and standardised guarantees | 0 | 0 | 0 | 0 | 0 | 0 | 0 | 0 |
| Financial derivatives and employee stock options | 0 | 0 | 0 | 0 | 0 | 0 | 0 | 0 |
| Other accounts receivable | 0 | 0 | 0 | 0 | 0 | 0 | 0 | 0 |
| Financial liabilities | 57 596 | 54 852 | 38 345 | 26 933 | 9 123 | 9 522 | 7 303 | 5 933 |
| Debt securities | 0 | 0 | 0 | 0 | 0 | 0 | 0 | 0 |
| Short-term debt securities | 0 | 0 | 0 | 0 | 0 | 0 | 0 | 0 |
| Long-term debt securities | 0 | 0 | 0 | 0 | 0 | 0 | 0 | 0 |
| Loans | 0 | 0 | 0 | 0 | 0 | 0 | 0 | 0 |
| Short-term loans | 0 | 0 | 0 | 0 | 0 | 0 | 0 | 0 |
| Long-term loans | 0 | 0 | 0 | 0 | 0 | 0 | 0 | 0 |
| Equity and investment fund shares | 57 596 | 54 852 | 38 345 | 26 933 | 9 123 | 9 522 | 7 303 | 5 933 |
| Insurance pension and standardised guarantees | 0 | 0 | 0 | 0 | 0 | 0 | 0 | 0 |
| Financial derivatives and employee stock options | 0 | 0 | 0 | 0 | 0 | 0 | 0 | 0 |
| Other accounts payable | 0 | 0 | 0 | 0 | 0 | 0 | 0 | 0 |
| Non-financial assets | .. | .. | .. | .. | .. | .. | .. | .. |
| **Non-money market funds** | | | | | | | | |
| Financial net worth | -23 065 | -21 780 | -13 845 | -17 346 | -18 718 | -11 277 | -9 867 | -622 |
| Financial assets | 159 567 | 165 842 | 172 208 | 142 475 | 155 285 | 181 265 | 236 475 | 279 663 |
| Currency and deposits | 11 023 | 11 626 | 11 960 | 13 029 | 15 815 | 18 198 | 17 917 | 22 305 |
| Debt securities | 93 065 | 97 159 | 90 833 | 74 078 | 86 779 | 93 630 | 123 148 | 130 845 |
| Loans | 0 | 0 | 0 | 0 | 0 | 0 | 0 | 0 |
| Equity and investment fund shares | 54 914 | 56 593 | 69 054 | 55 034 | 52 242 | 68 554 | 94 144 | 125 127 |
| Equity | 53 051 | 54 369 | 57 042 | 44 819 | 43 442 | 51 024 | 68 232 | 93 914 |
| Investment fund shares | 1 863 | 2 224 | 12 013 | 10 215 | 8 800 | 17 530 | 25 912 | 31 213 |
| Money market fund shares | .. | .. | .. | .. | .. | .. | .. | .. |
| Non-Money market fund shares | .. | .. | .. | .. | .. | .. | .. | .. |
| Insurance pension and standardised guarantees | 0 | 0 | 0 | 0 | 0 | 0 | 0 | 0 |
| Financial derivatives and employee stock options | 565 | 464 | 361 | 335 | 449 | 884 | 1 266 | 1 385 |
| Other accounts receivable | 0 | 0 | 0 | 0 | 0 | 0 | 0 | 0 |
| Financial liabilities | 182 632 | 187 622 | 186 054 | 159 822 | 174 004 | 192 543 | 246 342 | 280 285 |
| Debt securities | 0 | 0 | 0 | 0 | 0 | 0 | 0 | 0 |
| Short-term debt securities | 0 | 0 | 0 | 0 | 0 | 0 | 0 | 0 |
| Long-term debt securities | 0 | 0 | 0 | 0 | 0 | 0 | 0 | 0 |
| Loans | 0 | 0 | 0 | 0 | 0 | 0 | 0 | 0 |
| Short-term loans | 0 | 0 | 0 | 0 | 0 | 0 | 0 | 0 |
| Long-term loans | 0 | 0 | 0 | 0 | 0 | 0 | 0 | 0 |
| Equity and investment fund shares | 182 632 | 187 622 | 186 054 | 159 822 | 174 004 | 192 543 | 246 342 | 280 285 |
| Insurance pension and standardised guarantees | 0 | 0 | 0 | 0 | 0 | 0 | 0 | 0 |
| Financial derivatives and employee stock options | 0 | 0 | 0 | 0 | 0 | 0 | 0 | 0 |
| Other accounts payable | 0 | 0 | 0 | 0 | 0 | 0 | 0 | 0 |
| Non-financial assets | .. | .. | .. | .. | .. | .. | .. | .. |
| **Open-end non-money market funds** | | | | | | | | |
| Financial net worth | -8 863 | -4 640 | 5 384 | 1 534 | -1 792 | 4 174 | 6 844 | 15 609 |
| Financial assets | 158 147 | 163 884 | 170 512 | 141 166 | 153 370 | 179 492 | 222 448 | 264 161 |

## Table 2. Financial assets and liabilities of investment funds *(cont.)*

*Million EUR*

| | 2008 | 2009 | 2010 | 2011 | 2012 | 2013 | 2014 | 2015 |
|---|---|---|---|---|---|---|---|---|
| Currency and deposits | 11 023 | 11 626 | 11 960 | 13 029 | 15 815 | 18 198 | 14 232 | 18 131 |
| Debt securities | 92 873 | 96 930 | 90 406 | 73 886 | 86 477 | 93 397 | 122 787 | 130 645 |
| Loans | 0 | 0 | 0 | 0 | 0 | 0 | 0 | 0 |
| Equity and investment fund shares | 53 686 | 54 865 | 67 785 | 53 916 | 50 629 | 67 013 | 84 163 | 114 000 |
| Equity | 53 051 | 54 369 | 57 042 | 44 819 | 43 442 | 51 024 | 61 554 | 86 569 |
| Investment fund shares | 636 | 497 | 10 744 | 9 097 | 7 187 | 15 989 | 22 609 | 27 431 |
| Money market fund shares | .. | .. | .. | .. | .. | .. | .. | .. |
| Non-Money market fund shares | .. | .. | .. | .. | .. | .. | .. | .. |
| Insurance pension and standardised guarantees | 0 | 0 | 0 | 0 | 0 | 0 | 0 | 0 |
| Financial derivatives and employee stock options | 565 | 464 | 361 | 335 | 449 | 884 | 1 266 | 1 385 |
| Other accounts receivable | 0 | 0 | 0 | 0 | 0 | 0 | 0 | 0 |
| Financial liabilities | 167 010 | 168 525 | 165 128 | 139 632 | 155 162 | 175 318 | 215 604 | 248 552 |
| Debt securities | 0 | 0 | 0 | 0 | 0 | 0 | 0 | 0 |
| Short-term debt securities | 0 | 0 | 0 | 0 | 0 | 0 | 0 | 0 |
| Long-term debt securities | 0 | 0 | 0 | 0 | 0 | 0 | 0 | 0 |
| Loans | 0 | 0 | 0 | 0 | 0 | 0 | 0 | 0 |
| Short-term loans | 0 | 0 | 0 | 0 | 0 | 0 | 0 | 0 |
| Long-term loans | 0 | 0 | 0 | 0 | 0 | 0 | 0 | 0 |
| Equity and investment fund shares | 167 010 | 168 525 | 165 128 | 139 632 | 155 162 | 175 318 | 215 604 | 248 552 |
| Insurance pension and standardised guarantees | 0 | 0 | 0 | 0 | 0 | 0 | 0 | 0 |
| Financial derivatives and employee stock options | 0 | 0 | 0 | 0 | 0 | 0 | 0 | 0 |
| Other accounts payable | 0 | 0 | 0 | 0 | 0 | 0 | 0 | 0 |
| Non-financial assets | .. | .. | .. | .. | .. | .. | .. | .. |
| **Open-end investment funds** | | | | | | | | |
| Financial net worth | -8 963 | -4 271 | 5 703 | 2 138 | -1 761 | 4 288 | 6 866 | 15 709 |
| Financial assets | 215 642 | 219 105 | 209 176 | 168 703 | 162 524 | 189 128 | 229 773 | 270 194 |
| Currency and deposits | 11 023 | 11 626 | 11 960 | 13 029 | 15 815 | 18 198 | 14 232 | 18 131 |
| Debt securities | 143 056 | 142 323 | 126 283 | 98 371 | 94 247 | 102 172 | 129 881 | 136 471 |
| Loans | 7 181 | 9 648 | 2 666 | 2 925 | 1 347 | 749 | 232 | 168 |
| Equity and investment fund shares | 53 818 | 55 045 | 67 905 | 54 043 | 50 665 | 67 125 | 84 163 | 114 038 |
| Equity | 53 124 | 54 523 | 57 128 | 44 935 | 43 478 | 51 060 | 61 554 | 86 607 |
| Investment fund shares | 694 | 523 | 10 778 | 9 108 | 7 187 | 16 065 | 22 609 | 27 431 |
| Money market fund shares | .. | .. | .. | .. | .. | .. | .. | .. |
| Non-Money market fund shares | .. | .. | .. | .. | .. | .. | .. | .. |
| Insurance pension and standardised guarantees | 0 | 0 | 0 | 0 | 0 | 0 | 0 | 0 |
| Financial derivatives and employee stock options | 565 | 464 | 361 | 335 | 449 | 884 | 1 266 | 1 385 |
| Other accounts receivable | 0 | 0 | 0 | 0 | 0 | 0 | 0 | 0 |
| Financial liabilities | 224 605 | 223 377 | 203 473 | 166 565 | 164 285 | 184 840 | 222 907 | 254 485 |
| Debt securities | 0 | 0 | 0 | 0 | 0 | 0 | 0 | 0 |
| Short-term debt securities | 0 | 0 | 0 | 0 | 0 | 0 | 0 | 0 |
| Long-term debt securities | 0 | 0 | 0 | 0 | 0 | 0 | 0 | 0 |
| Loans | 0 | 0 | 0 | 0 | 0 | 0 | 0 | 0 |
| Short-term loans | 0 | 0 | 0 | 0 | 0 | 0 | 0 | 0 |
| Long-term loans | 0 | 0 | 0 | 0 | 0 | 0 | 0 | 0 |
| Equity and investment fund shares | 224 605 | 223 377 | 203 473 | 166 565 | 164 285 | 184 840 | 222 907 | 254 485 |
| Insurance pension and standardised guarantees | 0 | 0 | 0 | 0 | 0 | 0 | 0 | 0 |
| Financial derivatives and employee stock options | 0 | 0 | 0 | 0 | 0 | 0 | 0 | 0 |
| Other accounts payable | 0 | 0 | 0 | 0 | 0 | 0 | 0 | 0 |
| Non-financial assets | .. | .. | .. | .. | .. | .. | .. | .. |

*Note:* Detailed metadata at: http://metalinks.oecd.org/instinv/20170516/667f

## Table 3. Financial assets and liabilities of insurance corporations and pension funds

*Million EUR*

| | 2008 | 2009 | 2010 | 2011 | 2012 | 2013 | 2014 | 2015 |
|---|---|---|---|---|---|---|---|---|
| **Insurance corporations and pension funds** | | | | | | | | |
| Financial net worth | -45 632 | -38 700 | -78 983 | -82 626 | -51 789 | -45 251 | -29 150 | -3 753 |
| Financial assets | 505 892 | 559 538 | 543 486 | 534 948 | 588 169 | 643 006 | 739 876 | 838 107 |
| Currency and deposits | 20 959 | 18 485 | 17 584 | 21 242 | 27 781 | 25 655 | 22 987 | 29 038 |
| Debt securities | 324 624 | 365 238 | 356 160 | 351 523 | 392 597 | 431 410 | 502 791 | 556 238 |
| Loans | 13 246 | 13 650 | 13 567 | 11 412 | 10 701 | 9 115 | 9 002 | 8 304 |
| Equity and investment fund shares | 143 234 | 158 102 | 152 728 | 146 904 | 153 467 | 173 493 | 202 907 | 241 481 |
| Equity | 78 340 | 85 872 | 72 631 | 66 320 | 65 095 | 75 028 | 77 513 | 82 966 |
| Investment fund shares | 64 894 | 72 230 | 80 097 | 80 584 | 88 372 | 98 465 | 125 394 | 158 515 |
| Money market fund shares | 449 | 559 | 403 | 292 | 127 | 180 | 160 | 331 |
| Non-Money market fund shares | 64 445 | 71 671 | 79 694 | 80 292 | 88 245 | 98 285 | 125 234 | 158 184 |
| Insurance pension and standardised guarantees | 2 200 | 2 148 | 2 153 | 2 146 | 2 122 | 1 973 | 1 533 | 2 555 |
| Financial derivatives and employee stock options | 1 340 | 1 689 | 1 085 | 1 567 | 1 391 | 1 321 | 653 | 477 |
| Other accounts receivable | 289 | 226 | 208 | 154 | 110 | 38 | 2 | 14 |
| Financial liabilities | 551 524 | 598 239 | 622 469 | 617 574 | 639 958 | 688 257 | 769 026 | 841 860 |
| Debt securities | 4 946 | 7 904 | 6 914 | 6 334 | 9 380 | 9 450 | 15 355 | 16 535 |
| Short-term debt securities | 0 | 0 | 0 | 0 | 0 | 0 | 0 | 0 |
| Long-term debt securities | 4 946 | 7 904 | 6 914 | 6 334 | 9 380 | 9 450 | 15 355 | 16 535 |
| Loans | 16 785 | 17 402 | 15 852 | 14 080 | 13 502 | 7 350 | 11 009 | 11 607 |
| Short-term loans | 2 393 | 444 | 403 | 622 | 154 | 314 | 489 | 338 |
| Long-term loans | 14 393 | 16 958 | 15 449 | 13 458 | 13 349 | 7 036 | 10 520 | 11 270 |
| Equity and investment fund shares | 65 947 | 59 415 | 46 770 | 39 538 | 41 082 | 60 330 | 60 520 | 69 827 |
| Insurance pension and standardised guarantees | 460 516 | 510 644 | 550 216 | 554 283 | 572 492 | 608 065 | 678 910 | 741 540 |
| Financial derivatives and employee stock options | 1 633 | 1 192 | 1 039 | 1 645 | 1 803 | 1 350 | 1 514 | 645 |
| Other accounts payable | 1 696 | 1 681 | 1 678 | 1 695 | 1 698 | 1 711 | 1 718 | 1 706 |
| Non-financial assets | .. | .. | .. | .. | .. | .. | .. | .. |
| **Insurance corporations** | | | | | | | | |
| Financial net worth | -24 246 | -14 764 | -53 221 | -53 688 | -44 129 | -34 593 | -22 838 | 50 |
| Financial assets | 484 928 | 533 622 | 512 825 | 503 318 | 526 152 | 576 840 | 660 208 | 751 858 |
| Currency and deposits | 17 086 | 15 369 | 13 037 | 17 710 | 24 126 | 22 254 | 19 099 | 24 750 |
| Debt securities | 316 690 | 355 269 | 345 598 | 339 906 | 353 113 | 388 515 | 452 235 | 501 671 |
| Loans | 13 246 | 13 650 | 13 567 | 11 412 | 10 701 | 9 115 | 9 002 | 8 304 |
| Equity and investment fund shares | 134 077 | 145 271 | 137 176 | 130 423 | 134 588 | 153 624 | 177 684 | 214 086 |
| Equity | 74 029 | 79 586 | 65 353 | 59 279 | 55 217 | 64 907 | 63 077 | 66 235 |
| Investment fund shares | 60 048 | 65 685 | 71 823 | 71 144 | 79 371 | 88 717 | 114 607 | 147 851 |
| Money market fund shares | 416 | 512 | 368 | 265 | 116 | 164 | 147 | 308 |
| Non-Money market fund shares | 59 632 | 65 173 | 71 455 | 70 879 | 79 255 | 88 553 | 114 460 | 147 543 |
| Insurance pension and standardised guarantees | 2 200 | 2 148 | 2 153 | 2 146 | 2 122 | 1 973 | 1 533 | 2 555 |
| Financial derivatives and employee stock options | 1 340 | 1 689 | 1 085 | 1 567 | 1 391 | 1 321 | 653 | 477 |
| Other accounts receivable | 289 | 226 | 208 | 154 | 110 | 38 | 2 | 14 |
| Financial liabilities | 509 174 | 548 387 | 566 046 | 557 006 | 570 280 | 611 434 | 683 045 | 751 809 |
| Debt securities | 4 946 | 7 904 | 6 914 | 6 334 | 9 380 | 9 450 | 15 355 | 16 535 |
| Short-term debt securities | 0 | 0 | 0 | 0 | 0 | 0 | 0 | 0 |
| Long-term debt securities | 4 946 | 7 904 | 6 914 | 6 334 | 9 380 | 9 450 | 15 355 | 16 535 |
| Loans | 16 564 | 17 399 | 15 847 | 14 072 | 13 477 | 7 348 | 11 005 | 11 605 |
| Short-term loans | 2 179 | 443 | 399 | 614 | 129 | 312 | 486 | 336 |
| Long-term loans | 14 385 | 16 956 | 15 448 | 13 458 | 13 348 | 7 035 | 10 519 | 11 269 |
| Equity and investment fund shares | 65 947 | 59 415 | 46 770 | 39 538 | 41 082 | 60 330 | 60 520 | 69 827 |
| Insurance pension and standardised guarantees | 418 387 | 460 795 | 493 798 | 493 723 | 502 839 | 531 244 | 592 933 | 651 491 |
| Financial derivatives and employee stock options | 1 633 | 1 192 | 1 039 | 1 645 | 1 803 | 1 350 | 1 514 | 645 |
| Other accounts payable | 1 696 | 1 681 | 1 678 | 1 695 | 1 698 | 1 711 | 1 718 | 1 706 |
| Non-financial assets | .. | .. | .. | .. | .. | .. | .. | .. |
| **Pension funds** | | | | | | | | |
| Financial net worth | -21 386 | -23 936 | -25 762 | -28 938 | -7 660 | -10 658 | -6 312 | -3 803 |
| Financial assets | 20 964 | 25 916 | 30 661 | 31 630 | 62 018 | 66 166 | 79 668 | 86 249 |
| Currency and deposits | 3 872 | 3 116 | 4 547 | 3 532 | 3 655 | 3 401 | 3 888 | 4 287 |
| Debt securities | 7 935 | 9 969 | 10 562 | 11 616 | 39 483 | 42 895 | 50 557 | 54 566 |
| Loans | 0 | 0 | 0 | 0 | 0 | 0 | 0 | 0 |
| Equity and investment fund shares | 9 157 | 12 831 | 15 552 | 16 481 | 18 879 | 19 869 | 25 223 | 27 395 |
| Equity | 4 311 | 6 286 | 7 278 | 7 041 | 9 878 | 10 121 | 14 436 | 16 731 |
| Investment fund shares | 4 846 | 6 545 | 8 274 | 9 440 | 9 001 | 9 748 | 10 787 | 10 664 |
| Money market fund shares | 34 | 47 | 35 | 27 | 11 | 16 | 13 | 23 |
| Non-Money market fund shares | 4 812 | 6 498 | 8 239 | 9 413 | 8 990 | 9 732 | 10 774 | 10 641 |
| Insurance pension and standardised guarantees | 0 | 0 | 0 | 0 | 0 | 0 | 0 | 0 |
| Financial derivatives and employee stock options | 0 | 0 | 0 | 0 | 0 | 0 | 0 | 0 |
| Other accounts receivable | 0 | 0 | 0 | 0 | 0 | 0 | 0 | 0 |
| Financial liabilities | 42 351 | 49 852 | 56 423 | 60 568 | 69 678 | 76 823 | 85 981 | 90 051 |
| Debt securities | 0 | 0 | 0 | 0 | 0 | 0 | 0 | 0 |
| Short-term debt securities | 0 | 0 | 0 | 0 | 0 | 0 | 0 | 0 |
| Long-term debt securities | 0 | 0 | 0 | 0 | 0 | 0 | 0 | 0 |
| Loans | 222 | 3 | 5 | 8 | 25 | 2 | 4 | 2 |
| Short-term loans | 214 | 1 | 4 | 8 | 24 | 2 | 3 | 2 |
| Long-term loans | 7 | 2 | 1 | 1 | 0 | 1 | 0 | 1 |
| Equity and investment fund shares | 0 | 0 | 0 | 0 | 0 | 0 | 0 | 0 |
| Insurance pension and standardised guarantees | 42 129 | 49 849 | 56 418 | 60 560 | 69 653 | 76 821 | 85 977 | 90 049 |
| Financial derivatives and employee stock options | 0 | 0 | 0 | 0 | 0 | 0 | 0 | 0 |
| Other accounts payable | 0 | 0 | 0 | 0 | 0 | 0 | 0 | 0 |
| Non-financial assets | .. | .. | .. | .. | .. | .. | .. | .. |

*Note:* Detailed metadata at: http://metalinks.oecd.org/instinv/20170516/667f

## Table 4. Portfolio composition by type of investor

As percentage of financial assets and of financial liabilities

*Per cent*

| | 2008 | 2009 | 2010 | 2011 | 2012 | 2013 | 2014 | 2015 |
|---|---|---|---|---|---|---|---|---|
| **Investment funds** | | | | | | | | |
| Financial assets | 100.0 | 100.0 | 100.0 | 100.0 | 100.0 | 100.0 | 100.0 | 100.0 |
| Currency and deposits | .. | .. | .. | .. | .. | .. | .. | .. |
| Debt securities | 66.0 | 64.5 | 60.1 | 58.0 | 57.5 | 53.6 | 53.4 | 47.8 |
| Loans | 3.3 | 4.4 | 1.3 | 1.7 | 0.8 | 0.4 | 0.1 | 0.1 |
| Equity and investment fund shares | 25.4 | 25.7 | 32.8 | 32.4 | 31.8 | 36.0 | 38.6 | 43.8 |
| Insurance pension and standardised guarantee schemes | 0.0 | 0.0 | 0.0 | 0.0 | 0.0 | 0.0 | 0.0 | 0.0 |
| Financial derivatives and employee stock options | 0.3 | 0.2 | 0.2 | 0.2 | 0.3 | 0.5 | 0.5 | 0.5 |
| Other accounts receivable | 0.0 | 0.0 | 0.0 | 0.0 | 0.0 | 0.0 | 0.0 | 0.0 |
| Financial liabilities | 100.0 | 100.0 | 100.0 | 100.0 | 100.0 | 100.0 | 100.0 | 100.0 |
| Currency and deposits | 0.0 | 0.0 | 0.0 | 0.0 | 0.0 | 0.0 | 0.0 | 0.0 |
| Debt securities | 0.0 | 0.0 | 0.0 | 0.0 | 0.0 | 0.0 | 0.0 | 0.0 |
| Loans | 0.0 | 0.0 | 0.0 | 0.0 | 0.0 | 0.0 | 0.0 | 0.0 |
| Equity and investment fund shares | 100.0 | 100.0 | 100.0 | 100.0 | 100.0 | 100.0 | 100.0 | 100.0 |
| Insurance pension and standardised guarantee schemes | 0.0 | 0.0 | 0.0 | 0.0 | 0.0 | 0.0 | 0.0 | 0.0 |
| Financial derivatives and employee stock options | 0.0 | 0.0 | 0.0 | 0.0 | 0.0 | 0.0 | 0.0 | 0.0 |
| Other accounts receivable | 0.0 | 0.0 | 0.0 | 0.0 | 0.0 | 0.0 | 0.0 | 0.0 |
| **Insurance corporations** | | | | | | | | |
| Financial assets | 100.0 | 100.0 | 100.0 | 100.0 | 100.0 | 100.0 | 100.0 | 100.0 |
| Currency and deposits | 3.5 | 2.9 | 2.5 | 3.5 | 4.6 | 3.9 | 2.9 | 3.3 |
| Debt securities | 65.3 | 66.6 | 67.4 | 67.5 | 67.1 | 67.4 | 68.5 | 66.7 |
| Loans | 2.7 | 2.6 | 2.6 | 2.3 | 2.0 | 1.6 | 1.4 | 1.1 |
| Equity and investment fund shares | 27.6 | 27.2 | 26.7 | 25.9 | 25.6 | 26.6 | 26.9 | 28.5 |
| Insurance pension and standardised guarantee schemes | 0.5 | 0.4 | 0.4 | 0.4 | 0.4 | 0.3 | 0.2 | 0.3 |
| Financial derivatives and employee stock options | 0.3 | 0.3 | 0.2 | 0.3 | 0.3 | 0.2 | 0.1 | 0.1 |
| Other accounts receivable | 0.1 | 0.0 | 0.0 | 0.0 | 0.0 | 0.0 | 0.0 | 0.0 |
| Financial liabilities | 100.0 | 100.0 | 100.0 | 100.0 | 100.0 | 100.0 | 100.0 | 100.0 |
| Currency and deposits | 0.0 | 0.0 | 0.0 | 0.0 | 0.0 | 0.0 | 0.0 | 0.0 |
| Debt securities | 1.0 | 1.4 | 1.2 | 1.1 | 1.6 | 1.5 | 2.2 | 2.2 |
| Loans | 3.3 | 3.2 | 2.8 | 2.5 | 2.4 | 1.2 | 1.6 | 1.5 |
| Equity and investment fund shares | 13.0 | 10.8 | 8.3 | 7.1 | 7.2 | 9.9 | 8.9 | 9.3 |
| Insurance pension and standardised guarantee schemes | 82.2 | 84.0 | 87.2 | 88.6 | 88.2 | 86.9 | 86.8 | 86.7 |
| Financial derivatives and employee stock options | 0.3 | 0.2 | 0.2 | 0.3 | 0.3 | 0.2 | 0.2 | 0.1 |
| Other accounts receivable | 0.3 | 0.3 | 0.3 | 0.3 | 0.3 | 0.3 | 0.3 | 0.2 |
| **Pension funds** | | | | | | | | |
| Financial assets | 100.0 | 100.0 | 100.0 | 100.0 | 100.0 | 100.0 | 100.0 | 100.0 |
| Currency and deposits | 18.5 | 12.0 | 14.8 | 11.2 | 5.9 | 5.1 | 4.9 | 5.0 |
| Debt securities | 37.9 | 38.5 | 34.4 | 36.7 | 63.7 | 64.8 | 63.5 | 63.3 |
| Loans | 0.0 | 0.0 | 0.0 | 0.0 | 0.0 | 0.0 | 0.0 | 0.0 |
| Equity and investment fund shares | 43.7 | 49.5 | 50.7 | 52.1 | 30.4 | 30.0 | 31.7 | 31.8 |
| Insurance pension and standardised guarantee schemes | 0.0 | 0.0 | 0.0 | 0.0 | 0.0 | 0.0 | 0.0 | 0.0 |
| Financial derivatives and employee stock options | 0.0 | 0.0 | 0.0 | 0.0 | 0.0 | 0.0 | 0.0 | 0.0 |
| Other accounts receivable | 0.0 | 0.0 | 0.0 | 0.0 | 0.0 | 0.0 | 0.0 | 0.0 |
| Financial liabilities | 100.0 | 100.0 | 100.0 | 100.0 | 100.0 | 100.0 | 100.0 | 100.0 |
| Currency and deposits | 0.0 | 0.0 | 0.0 | 0.0 | 0.0 | 0.0 | 0.0 | 0.0 |
| Debt securities | 0.0 | 0.0 | 0.0 | 0.0 | 0.0 | 0.0 | 0.0 | 0.0 |
| Loans | 0.5 | 0.0 | 0.0 | 0.0 | 0.0 | 0.0 | 0.0 | 0.0 |
| Equity and investment fund shares | 0.0 | 0.0 | 0.0 | 0.0 | 0.0 | 0.0 | 0.0 | 0.0 |
| Insurance pension and standardised guarantee schemes | 99.5 | 100.0 | 100.0 | 100.0 | 100.0 | 100.0 | 100.0 | 100.0 |
| Financial derivatives and employee stock options | 0.0 | 0.0 | 0.0 | 0.0 | 0.0 | 0.0 | 0.0 | 0.0 |
| Other accounts receivable | 0.0 | 0.0 | 0.0 | 0.0 | 0.0 | 0.0 | 0.0 | 0.0 |

*Note:* Detailed metadata at: http://metalinks.oecd.org/instinv/20170516/f09d

## Table 1. Financial assets and liabilities of institutional investors, 2015

*Billion JPY*

| | Investment funds | | | | |
|---|---|---|---|---|---|
| | Total | Non-money market funds | | | Money market funds |
| | | Total | Open-end non-money market funds | Closed-end non-money market funds | Total |
| Financial assets | 173 164 | 159 624 | .. | .. | 13 540 |
| Currency and deposits | 829 | 829 | .. | .. | 0 |
| Debt securities | 21 870 | 13 626 | .. | .. | 8 243 |
| Debt securities, short term | .. | .. | .. | .. | .. |
| Debt securities, long term | .. | .. | .. | .. | .. |
| Debt securities issued by residents | 21 870 | 13 626 | .. | .. | 8 243 |
| Debt securities issued by non-residents | .. | .. | .. | .. | .. |
| Loans | 13 389 | 9 393 | .. | .. | 3 997 |
| Loans, short-term | .. | .. | .. | .. | .. |
| Loans, long-term | .. | .. | .. | .. | .. |
| Loans granted to residents | .. | .. | .. | .. | .. |
| Loans granted to non-residents | .. | .. | .. | .. | .. |
| Equity and investment fund shares/units | 38 358 | 38 358 | .. | .. | 0 |
| Equity and investment fund shares issued/units by residents | 38 358 | 38 358 | .. | .. | 0 |
| Equity and investment fund shares/units issued by non residents | .. | .. | .. | .. | .. |
| Other accounts receivable | 98 234 | 96 934 | .. | .. | 1 300 |

| | Investment funds | | | | |
|---|---|---|---|---|---|
| | Total | Non-money market funds | | | Money market funds |
| | | Total | Open-end non-money market funds | Closed-end non-money market funds | Total |
| Financial liabilities | 173 164 | 159 624 | .. | .. | 13 540 |
| Currency and deposits | 0 | 0 | .. | .. | 0 |
| Debt securities | 0 | 0 | .. | .. | 0 |
| Debt securities, short term | .. | .. | .. | .. | .. |
| Debt securities, long term | .. | .. | .. | .. | .. |
| Loans | 0 | 0 | .. | .. | 0 |
| Loans, short-term | .. | .. | .. | .. | .. |
| Loans, long-term | .. | .. | .. | .. | .. |
| Equity and investment fund shares/units | 159 772 | 146 934 | .. | .. | 12 838 |
| Insurance pension and standardised guaratees | 0 | 0 | .. | .. | 0 |
| Financial derivatives and employee stock options | 720 | 720 | .. | .. | 0 |
| Other accounts payable | 12 672 | 11 970 | .. | .. | 702 |

| | Insurance corporations and pension funds | | | | |
|---|---|---|---|---|---|
| | Total | Insurance corporations | | | Pension funds |
| | | Total | Life insurance corporations | Non-life insurance corporations | Total |
| Financial assets | 627 964 | 468 383 | 421 468 | 46 916 | 159 581 |
| Currency and deposits | 25 669 | 16 203 | 4 936 | 11 267 | 9 466 |
| Debt securities | 303 341 | 260 317 | 248 290 | 12 027 | 43 024 |
| Debt securities, short-term | .. | .. | .. | .. | .. |
| Debt securities, long term | .. | .. | .. | .. | .. |
| Debt securities issued by residents | 303 341 | 260 317 | 248 290 | 12 027 | 43 024 |
| Debt securities issued by non-residents | .. | .. | .. | .. | .. |
| Loans | 53 623 | 48 261 | 45 295 | 2 966 | 5 362 |
| Loans, short-term | .. | .. | .. | .. | .. |
| Loans, long-term | .. | .. | .. | .. | .. |
| Loans granted to residents | .. | .. | .. | .. | .. |
| Loans granted to non-residents | .. | .. | .. | .. | .. |
| Equity and investment fund shares/units | 70 067 | 44 517 | 35 994 | 8 523 | 25 549 |
| Equity and investment fund shares/units issued by residents | 70 067 | 44 517 | 35 994 | 8 523 | 25 549 |
| Equity and investment fund shares/units issued by non residents | .. | .. | .. | .. | .. |
| Other accounts receivable | 143 664 | 96 576 | 86 169 | 10 407 | 47 088 |

| | Insurance corporations and pension funds | | | | |
|---|---|---|---|---|---|
| | Total | Insurance corporations | | | Pension funds |
| | | Total | Life insurance corporations | Non-life insurance corporations | Total |
| Financial liabilities | 573 705 | 415 822 | 378 920 | 36 902 | 157 882 |
| Currency and deposits | 0 | 0 | 0 | 0 | 0 |
| Debt securities | 2 413 | 1 928 | 1 413 | 516 | 485 |
| Debt securities, short term | .. | .. | .. | .. | .. |
| Debt securities, long term | .. | .. | .. | .. | .. |
| Loans | 13 585 | 13 495 | 12 034 | 1 461 | 90 |
| Loans, short-term | .. | .. | .. | .. | .. |
| Loans, long-term | .. | .. | .. | .. | .. |
| Equity and investment fund shares/units | 20 616 | 20 600 | 8 554 | 12 046 | 16 |
| Insurance pension and standardised guaratees | 525 294 | 370 618 | 351 005 | 19 613 | 154 676 |
| Financial derivatives and employee stock options | 2 327 | 1 198 | 1 063 | 135 | 1 129 |
| Other accounts payable | 9 470 | 7 984 | 4 852 | 3 132 | 1 487 |

*Note:* Detailed metadata at: http://metalinks.oecd.org/instinv/20170516/667f

## Table 2. Financial assets and liabilities of investment funds

*Billion JPY*

| | 2008 | 2009 | 2010 | 2011 | 2012 | 2013 | 2014 | 2015 |
|---|---|---|---|---|---|---|---|---|
| **Investment funds** | | | | | | | | |
| Financial net worth | 0 | 0 | -65 | 0 | 0 | 0 | 0 | 0 |
| Financial assets | 85 333 | 93 953 | 98 618 | 90 631 | 102 456 | 131 673 | 151 055 | 173 164 |
| Currency and deposits | 535 | 577 | 588 | 481 | 630 | 620 | 841 | 829 |
| Debt securities | 14 296 | 13 656 | 14 443 | 13 752 | 14 242 | 18 219 | 21 226 | 21 870 |
| Loans | 3 992 | 4 199 | 4 155 | 4 587 | 5 467 | 7 625 | 8 608 | 13 389 |
| Equity and investment fund shares | 16 441 | 17 798 | 17 560 | 14 975 | 17 796 | 27 284 | 28 929 | 38 358 |
| Equity | 14 456 | 14 695 | 14 712 | 12 695 | 15 103 | 24 124 | 24 849 | 33 409 |
| Investment fund shares | 1 985 | 3 103 | 2 849 | 2 281 | 2 693 | 3 160 | 4 080 | 4 949 |
| Money market fund shares | .. | .. | .. | .. | .. | .. | .. | .. |
| Non-Money market fund shares | .. | .. | .. | .. | .. | .. | .. | .. |
| Insurance pension and standardised guarantees | 0 | 0 | 0 | 0 | 0 | 0 | 0 | 0 |
| Financial derivatives and employee stock options | 233 | 192 | 173 | 141 | 264 | 355 | 424 | 485 |
| Other accounts receivable | 49 837 | 57 532 | 61 699 | 56 695 | 64 057 | 77 570 | 91 027 | 98 234 |
| Financial liabilities | 85 333 | 93 953 | 98 683 | 90 631 | 102 457 | 131 674 | 151 055 | 173 164 |
| Debt securities | 0 | 0 | 0 | 0 | 0 | 0 | 0 | 0 |
| Short-term debt securities | .. | .. | .. | .. | .. | .. | .. | .. |
| Long-term debt securities | .. | .. | .. | .. | .. | .. | .. | .. |
| Loans | 0 | 0 | 0 | 0 | 0 | 0 | 0 | 0 |
| Short-term loans | .. | .. | .. | .. | .. | .. | .. | .. |
| Long-term loans | .. | .. | .. | .. | .. | .. | .. | .. |
| Equity and investment fund shares | 77 767 | 91 099 | 94 407 | 85 930 | 95 944 | 122 003 | 140 435 | 159 772 |
| Insurance pension and standardised guarantees | 0 | 0 | 0 | 0 | 0 | 0 | 0 | 0 |
| Financial derivatives and employee stock options | 881 | 803 | 774 | 635 | 641 | 639 | 692 | 720 |
| Other accounts payable | 6 685 | 2 051 | 3 502 | 4 066 | 5 872 | 9 032 | 9 928 | 12 672 |
| Non-financial assets | .. | .. | .. | .. | .. | .. | .. | .. |
| **Money market funds** | | | | | | | | |
| Financial net worth | 0 | 0 | 0 | 0 | 0 | 0 | 0 | 0 |
| Financial assets | 8 647 | 8 543 | 8 639 | 8 075 | 8 610 | 14 237 | 13 888 | 13 540 |
| Currency and deposits | 37 | 25 | 14 | 32 | 15 | 13 | 0 | 0 |
| Debt securities | 6 340 | 6 562 | 6 933 | 6 002 | 6 628 | 9 498 | 9 946 | 8 243 |
| Loans | 1 570 | 1 424 | 1 262 | 1 423 | 1 454 | 2 587 | 2 522 | 3 997 |
| Equity and investment fund shares | 0 | 0 | 0 | 0 | 0 | 0 | 0 | 0 |
| Equity | 0 | 0 | 0 | 0 | 0 | 0 | 0 | 0 |
| Investment fund shares | 0 | 0 | 0 | 0 | 0 | 0 | 0 | 0 |
| Money market fund shares | .. | .. | .. | .. | .. | .. | .. | .. |
| Non-Money market fund shares | .. | .. | .. | .. | .. | .. | .. | .. |
| Insurance pension and standardised guarantees | 0 | 0 | 0 | 0 | 0 | 0 | 0 | 0 |
| Financial derivatives and employee stock options | 0 | 0 | 0 | 0 | 0 | 0 | 0 | 0 |
| Other accounts receivable | 700 | 533 | 430 | 618 | 514 | 2 138 | 1 420 | 1 300 |
| Financial liabilities | 8 647 | 8 543 | 8 639 | 8 075 | 8 610 | 14 237 | 13 888 | 13 540 |
| Debt securities | 0 | 0 | 0 | 0 | 0 | 0 | 0 | 0 |
| Short-term debt securities | .. | .. | .. | .. | .. | .. | .. | .. |
| Long-term debt securities | .. | .. | .. | .. | .. | .. | .. | .. |
| Loans | 0 | 0 | 0 | 0 | 0 | 0 | 0 | 0 |
| Short-term loans | .. | .. | .. | .. | .. | .. | .. | .. |
| Long-term loans | .. | .. | .. | .. | .. | .. | .. | .. |
| Equity and investment fund shares | 8 338 | 8 207 | 8 241 | 7 624 | 8 254 | 13 105 | 13 100 | 12 838 |
| Insurance pension and standardised guarantees | 0 | 0 | 0 | 0 | 0 | 0 | 0 | 0 |
| Financial derivatives and employee stock options | 0 | 0 | 0 | 0 | 0 | 0 | 0 | 0 |
| Other accounts payable | 308 | 336 | 398 | 451 | 357 | 1 132 | 788 | 702 |
| Non-financial assets | .. | .. | .. | .. | .. | .. | .. | .. |
| **Non-money market funds** | | | | | | | | |
| Financial net worth | 0 | 0 | -65 | 0 | 0 | 0 | 0 | 0 |
| Financial assets | 76 686 | 85 411 | 89 979 | 82 556 | 93 846 | 117 437 | 137 167 | 159 624 |
| Currency and deposits | 498 | 552 | 574 | 450 | 615 | 608 | 841 | 829 |
| Debt securities | 7 956 | 7 094 | 7 510 | 7 750 | 7 614 | 8 721 | 11 280 | 13 626 |
| Loans | 2 422 | 2 775 | 2 892 | 3 164 | 4 014 | 5 038 | 6 086 | 9 393 |
| Equity and investment fund shares | 16 441 | 17 798 | 17 560 | 14 975 | 17 796 | 27 284 | 28 929 | 38 358 |
| Equity | 14 456 | 14 695 | 14 712 | 12 695 | 15 103 | 24 124 | 24 849 | 33 409 |
| Investment fund shares | 1 985 | 3 103 | 2 849 | 2 281 | 2 693 | 3 160 | 4 080 | 4 949 |
| Money market fund shares | .. | .. | .. | .. | .. | .. | .. | .. |
| Non-Money market fund shares | .. | .. | .. | .. | .. | .. | .. | .. |
| Insurance pension and standardised guarantees | 0 | 0 | 0 | 0 | 0 | 0 | 0 | 0 |
| Financial derivatives and employee stock options | 233 | 192 | 173 | 141 | 264 | 355 | 424 | 485 |
| Other accounts receivable | 49 136 | 56 999 | 61 269 | 56 076 | 63 543 | 75 432 | 89 608 | 96 934 |
| Financial liabilities | 76 687 | 85 411 | 90 044 | 82 556 | 93 846 | 117 437 | 137 167 | 159 624 |
| Debt securities | 0 | 0 | 0 | 0 | 0 | 0 | 0 | 0 |
| Short-term debt securities | .. | .. | .. | .. | .. | .. | .. | .. |
| Long-term debt securities | .. | .. | .. | .. | .. | .. | .. | .. |
| Loans | 0 | 0 | 0 | 0 | 0 | 0 | 0 | 0 |
| Short-term loans | .. | .. | .. | .. | .. | .. | .. | .. |
| Long-term loans | .. | .. | .. | .. | .. | .. | .. | .. |
| Equity and investment fund shares | 69 429 | 82 892 | 86 166 | 78 307 | 87 690 | 108 898 | 127 335 | 146 934 |
| Insurance pension and standardised guarantees | 0 | 0 | 0 | 0 | 0 | 0 | 0 | 0 |
| Financial derivatives and employee stock options | 881 | 803 | 774 | 635 | 641 | 639 | 692 | 720 |
| Other accounts payable | 6 377 | 1 716 | 3 104 | 3 615 | 5 515 | 7 901 | 9 140 | 11 970 |
| Non-financial assets | .. | .. | .. | .. | .. | .. | .. | .. |
| **Open-end non-money market funds** | | | | | | | | |
| Financial net worth | .. | .. | .. | .. | .. | .. | .. | .. |
| Financial assets | .. | .. | .. | .. | .. | .. | .. | .. |

## Table 2. Financial assets and liabilities of investment funds *(cont.)*

*Billion JPY*

| | 2008 | 2009 | 2010 | 2011 | 2012 | 2013 | 2014 | 2015 |
|---|---|---|---|---|---|---|---|---|
| Currency and deposits | .. | .. | .. | .. | .. | .. | .. | .. |
| Debt securities | .. | .. | .. | .. | .. | .. | .. | .. |
| Loans | .. | .. | .. | .. | .. | .. | .. | .. |
| Equity and investment fund shares | .. | .. | .. | .. | .. | .. | .. | .. |
| Equity | .. | .. | .. | .. | .. | .. | .. | .. |
| Investment fund shares | .. | .. | .. | .. | .. | .. | .. | .. |
| Money market fund shares | .. | .. | .. | .. | .. | .. | .. | .. |
| Non-Money market fund shares | .. | .. | .. | .. | .. | .. | .. | .. |
| Insurance pension and standardised guarantees | .. | .. | .. | .. | .. | .. | .. | .. |
| Financial derivatives and employee stock options | .. | .. | .. | .. | .. | .. | .. | .. |
| Other accounts receivable | .. | .. | .. | .. | .. | .. | .. | .. |
| Financial liabilities | .. | .. | .. | .. | .. | .. | .. | .. |
| Debt securities | .. | .. | .. | .. | .. | .. | .. | .. |
| Short-term debt securities | .. | .. | .. | .. | .. | .. | .. | .. |
| Long-term debt securities | .. | .. | .. | .. | .. | .. | .. | .. |
| Loans | .. | .. | .. | .. | .. | .. | .. | .. |
| Short-term loans | .. | .. | .. | .. | .. | .. | .. | .. |
| Long-term loans | .. | .. | .. | .. | .. | .. | .. | .. |
| Equity and investment fund shares | .. | .. | .. | .. | .. | .. | .. | .. |
| Insurance pension and standardised guarantees | .. | .. | .. | .. | .. | .. | .. | .. |
| Financial derivatives and employee stock options | .. | .. | .. | .. | .. | .. | .. | .. |
| Other accounts payable | .. | .. | .. | .. | .. | .. | .. | .. |
| Non-financial assets | .. | .. | .. | .. | .. | .. | .. | .. |
| **Open-end investment funds** | | | | | | | | |
| Financial net worth | .. | .. | .. | .. | .. | .. | .. | .. |
| Financial assets | .. | .. | .. | .. | .. | .. | .. | .. |
| Currency and deposits | .. | .. | .. | .. | .. | .. | .. | .. |
| Debt securities | .. | .. | .. | .. | .. | .. | .. | .. |
| Loans | .. | .. | .. | .. | .. | .. | .. | .. |
| Equity and investment fund shares | .. | .. | .. | .. | .. | .. | .. | .. |
| Equity | .. | .. | .. | .. | .. | .. | .. | .. |
| Investment fund shares | .. | .. | .. | .. | .. | .. | .. | .. |
| Money market fund shares | .. | .. | .. | .. | .. | .. | .. | .. |
| Non-Money market fund shares | .. | .. | .. | .. | .. | .. | .. | .. |
| Insurance pension and standardised guarantees | .. | .. | .. | .. | .. | .. | .. | .. |
| Financial derivatives and employee stock options | .. | .. | .. | .. | .. | .. | .. | .. |
| Other accounts receivable | .. | .. | .. | .. | .. | .. | .. | .. |
| Financial liabilities | .. | .. | .. | .. | .. | .. | .. | .. |
| Debt securities | .. | .. | .. | .. | .. | .. | .. | .. |
| Short-term debt securities | .. | .. | .. | .. | .. | .. | .. | .. |
| Long-term debt securities | .. | .. | .. | .. | .. | .. | .. | .. |
| Loans | .. | .. | .. | .. | .. | .. | .. | .. |
| Short-term loans | .. | .. | .. | .. | .. | .. | .. | .. |
| Long-term loans | .. | .. | .. | .. | .. | .. | .. | .. |
| Equity and investment fund shares | .. | .. | .. | .. | .. | .. | .. | .. |
| Insurance pension and standardised guarantees | .. | .. | .. | .. | .. | .. | .. | .. |
| Financial derivatives and employee stock options | .. | .. | .. | .. | .. | .. | .. | .. |
| Other accounts payable | .. | .. | .. | .. | .. | .. | .. | .. |
| Non-financial assets | .. | .. | .. | .. | .. | .. | .. | .. |

*Note:* Detailed metadata at: http://metalinks.oecd.org/instinv/20170516/667f

## Table 3. Financial assets and liabilities of insurance corporations and pension funds

*Billion JPY*

| | 2008 | 2009 | 2010 | 2011 | 2012 | 2013 | 2014 | 2015 |
|---|---|---|---|---|---|---|---|---|
| **Insurance corporations and pension funds** | | | | | | | | |
| Financial net worth | 12 247 | 18 089 | 22 589 | 24 318 | 26 164 | 39 779 | 52 410 | 54 260 |
| Financial assets | 509 717 | 516 935 | 526 330 | 527 755 | 552 861 | 589 576 | 619 526 | 627 964 |
| Currency and deposits | 15 942 | 16 010 | 16 383 | 18 423 | 18 247 | 22 499 | 24 284 | 25 669 |
| Debt securities | 244 676 | 249 765 | 262 045 | 272 037 | 283 854 | 296 570 | 307 270 | 303 341 |
| Loans | 65 839 | 60 563 | 56 915 | 55 104 | 52 927 | 52 083 | 53 069 | 53 623 |
| Equity and investment fund shares | 47 485 | 59 284 | 58 164 | 48 841 | 53 253 | 67 932 | 68 373 | 70 067 |
| Equity | 32 776 | 37 553 | 35 838 | 28 300 | 30 513 | 41 313 | 41 769 | 43 843 |
| Investment fund shares | 14 709 | 21 732 | 22 326 | 20 541 | 22 740 | 26 619 | 26 604 | 26 223 |
| Money market fund shares | .. | .. | .. | .. | .. | .. | .. | .. |
| Non-Money market fund shares | .. | .. | .. | .. | .. | .. | .. | .. |
| Insurance pension and standardised guarantees | 46 101 | 43 079 | 41 667 | 46 543 | 43 036 | 27 126 | 27 518 | 29 605 |
| Financial derivatives and employee stock options | 1 277 | 1 242 | 1 238 | 1 788 | 2 088 | 1 134 | 1 650 | 1 995 |
| Other accounts receivable | 88 397 | 86 993 | 89 919 | 85 019 | 99 457 | 122 233 | 137 361 | 143 664 |
| Financial liabilities | 497 469 | 498 846 | 503 741 | 503 437 | 526 697 | 549 797 | 567 116 | 573 705 |
| Debt securities | 367 | 395 | 350 | 1 184 | 1 650 | 1 993 | 2 163 | 2 413 |
| Short-term debt securities | .. | .. | .. | .. | .. | .. | .. | .. |
| Long-term debt securities | .. | .. | .. | .. | .. | .. | .. | .. |
| Loans | 7 700 | 7 463 | 8 561 | 7 189 | 12 677 | 14 835 | 14 932 | 13 585 |
| Short-term loans | .. | .. | .. | .. | .. | .. | .. | .. |
| Long-term loans | .. | .. | .. | .. | .. | .. | .. | .. |
| Equity and investment fund shares | 11 953 | 11 340 | 13 326 | 11 401 | 13 137 | 17 110 | 18 029 | 20 616 |
| Insurance pension and standardised guarantees | 469 577 | 472 110 | 472 487 | 474 669 | 489 646 | 503 660 | 519 251 | 525 294 |
| Financial derivatives and employee stock options | 703 | 648 | 864 | 874 | 1 426 | 1 771 | 3 421 | 2 327 |
| Other accounts payable | 7 170 | 6 890 | 8 154 | 8 119 | 8 161 | 10 429 | 9 319 | 9 470 |
| Non-financial assets | .. | .. | .. | .. | .. | .. | .. | .. |
| **Insurance corporations** | | | | | | | | |
| Financial net worth | 12 669 | 18 976 | 23 744 | 25 289 | 26 833 | 38 821 | 51 048 | 52 561 |
| Financial assets | 366 154 | 374 358 | 385 323 | 386 623 | 407 830 | 440 909 | 461 977 | 468 383 |
| Currency and deposits | 8 930 | 9 894 | 10 903 | 12 225 | 11 790 | 14 718 | 15 875 | 16 203 |
| Debt securities | 207 105 | 212 867 | 224 275 | 234 233 | 245 341 | 253 711 | 262 932 | 260 317 |
| Loans | 63 192 | 57 968 | 54 402 | 51 591 | 49 422 | 47 913 | 48 183 | 48 261 |
| Equity and investment fund shares | 28 765 | 39 063 | 37 710 | 31 922 | 34 388 | 42 727 | 43 476 | 44 517 |
| Equity | 20 209 | 23 665 | 22 315 | 17 808 | 18 746 | 25 775 | 27 699 | 29 686 |
| Investment fund shares | 8 556 | 15 397 | 15 395 | 14 114 | 15 642 | 16 953 | 15 777 | 14 831 |
| Money market fund shares | .. | .. | .. | .. | .. | .. | .. | .. |
| Non-Money market fund shares | .. | .. | .. | .. | .. | .. | .. | .. |
| Insurance pension and standardised guarantees | 0 | 0 | 1 440 | 1 811 | 1 727 | 1 623 | 1 371 | 1 480 |
| Financial derivatives and employee stock options | 1 114 | 1 013 | 947 | 1 268 | 1 462 | 544 | 540 | 1 029 |
| Other accounts receivable | 57 047 | 53 554 | 55 647 | 53 574 | 63 700 | 79 673 | 89 599 | 96 576 |
| Financial liabilities | 353 486 | 355 382 | 361 579 | 361 334 | 380 997 | 402 088 | 410 928 | 415 822 |
| Debt securities | 367 | 395 | 350 | 514 | 980 | 1 386 | 1 614 | 1 928 |
| Short-term debt securities | .. | .. | .. | .. | .. | .. | .. | .. |
| Long-term debt securities | .. | .. | .. | .. | .. | .. | .. | .. |
| Loans | 7 700 | 7 463 | 8 561 | 7 087 | 12 575 | 14 747 | 14 843 | 13 495 |
| Short-term loans | .. | .. | .. | .. | .. | .. | .. | .. |
| Long-term loans | .. | .. | .. | .. | .. | .. | .. | .. |
| Equity and investment fund shares | 11 937 | 11 324 | 13 310 | 11 385 | 13 121 | 17 094 | 18 013 | 20 600 |
| Insurance pension and standardised guarantees | 328 006 | 330 719 | 332 250 | 335 365 | 346 707 | 358 727 | 365 964 | 370 618 |
| Financial derivatives and employee stock options | 264 | 328 | 483 | 277 | 721 | 1 080 | 2 131 | 1 198 |
| Other accounts payable | 5 211 | 5 152 | 6 625 | 6 706 | 6 894 | 9 054 | 8 363 | 7 984 |
| Non-financial assets | .. | .. | .. | .. | .. | .. | .. | .. |
| **Pension funds** | | | | | | | | |
| Financial net worth | -421 | -887 | -1 155 | -971 | -668 | 958 | 1 362 | 1 699 |
| Financial assets | 143 562 | 142 577 | 141 007 | 141 132 | 145 031 | 148 668 | 157 549 | 159 581 |
| Currency and deposits | 7 011 | 6 116 | 5 480 | 6 197 | 6 457 | 7 781 | 8 408 | 9 466 |
| Debt securities | 37 571 | 36 898 | 37 770 | 37 804 | 38 514 | 42 858 | 44 337 | 43 024 |
| Loans | 2 647 | 2 595 | 2 513 | 3 513 | 3 505 | 4 170 | 4 887 | 5 362 |
| Equity and investment fund shares | 18 720 | 20 222 | 20 454 | 16 919 | 18 865 | 25 205 | 24 898 | 25 549 |
| Equity | 12 567 | 13 887 | 13 523 | 10 492 | 11 767 | 15 539 | 14 070 | 14 157 |
| Investment fund shares | 6 153 | 6 334 | 6 931 | 6 427 | 7 098 | 9 666 | 10 828 | 11 392 |
| Money market fund shares | .. | .. | .. | .. | .. | .. | .. | .. |
| Non-Money market fund shares | .. | .. | .. | .. | .. | .. | .. | .. |
| Insurance pension and standardised guarantees | 46 101 | 43 079 | 40 227 | 44 733 | 41 309 | 25 504 | 26 147 | 28 125 |
| Financial derivatives and employee stock options | 163 | 229 | 291 | 520 | 626 | 590 | 1 110 | 967 |
| Other accounts receivable | 31 350 | 33 439 | 34 272 | 31 445 | 35 756 | 42 560 | 47 763 | 47 088 |
| Financial liabilities | 143 984 | 143 464 | 142 162 | 142 103 | 145 700 | 147 710 | 156 187 | 157 882 |
| Debt securities | 0 | 0 | 0 | 670 | 671 | 607 | 549 | 485 |
| Short-term debt securities | .. | .. | .. | .. | .. | .. | .. | .. |
| Long-term debt securities | .. | .. | .. | .. | .. | .. | .. | .. |
| Loans | 0 | 0 | 0 | 102 | 102 | 88 | 90 | 90 |
| Short-term loans | .. | .. | .. | .. | .. | .. | .. | .. |
| Long-term loans | .. | .. | .. | .. | .. | .. | .. | .. |
| Equity and investment fund shares | 16 | 16 | 16 | 16 | 16 | 16 | 16 | 16 |
| Insurance pension and standardised guarantees | 141 570 | 141 391 | 140 236 | 139 304 | 142 939 | 144 934 | 153 287 | 154 676 |
| Financial derivatives and employee stock options | 439 | 320 | 382 | 597 | 705 | 690 | 1 290 | 1 129 |
| Other accounts payable | 1 959 | 1 738 | 1 528 | 1 414 | 1 267 | 1 376 | 957 | 1 487 |
| Non-financial assets | .. | .. | .. | .. | .. | .. | .. | .. |

*Note:* Detailed metadata at: http://metalinks.oecd.org/instinv/20170516/667f

## Table 4. Portfolio composition by type of investor

As percentage of financial assets and of financial liabilities

*Per cent*

| | 2008 | 2009 | 2010 | 2011 | 2012 | 2013 | 2014 | 2015 |
|---|---|---|---|---|---|---|---|---|
| **Investment funds** | | | | | | | | |
| Financial assets | 100.0 | 100.0 | 100.0 | 100.0 | 100.0 | 100.0 | 100.0 | 100.0 |
| Currency and deposits | 0.6 | 0.6 | 0.6 | 0.5 | 0.6 | 0.5 | 0.6 | 0.5 |
| Debt securities | 16.8 | 14.5 | 14.6 | 15.2 | 13.9 | 13.8 | 14.1 | 12.6 |
| Loans | 4.7 | 4.5 | 4.2 | 5.1 | 5.3 | 5.8 | 5.7 | 7.7 |
| Equity and investment fund shares | 19.3 | 18.9 | 17.8 | 16.5 | 17.4 | 20.7 | 19.2 | 22.2 |
| Insurance pension and standardised guarantee schemes | 0.0 | 0.0 | 0.0 | 0.0 | 0.0 | 0.0 | 0.0 | 0.0 |
| Financial derivatives and employee stock options | 0.3 | 0.2 | 0.2 | 0.2 | 0.3 | 0.3 | 0.3 | 0.3 |
| Other accounts receivable | 58.4 | 61.2 | 62.6 | 62.6 | 62.5 | 58.9 | 60.3 | 56.7 |
| Financial liabilities | 100.0 | 100.0 | 100.0 | 100.0 | 100.0 | 100.0 | 100.0 | 100.0 |
| Currency and deposits | 0.0 | 0.0 | 0.0 | 0.0 | 0.0 | 0.0 | 0.0 | 0.0 |
| Debt securities | 0.0 | 0.0 | 0.0 | 0.0 | 0.0 | 0.0 | 0.0 | 0.0 |
| Loans | 0.0 | 0.0 | 0.0 | 0.0 | 0.0 | 0.0 | 0.0 | 0.0 |
| Equity and investment fund shares | 91.1 | 97.0 | 95.7 | 94.8 | 93.6 | 92.7 | 93.0 | 92.3 |
| Insurance pension and standardised guarantee schemes | 0.0 | 0.0 | 0.0 | 0.0 | 0.0 | 0.0 | 0.0 | 0.0 |
| Financial derivatives and employee stock options | 1.0 | 0.9 | 0.8 | 0.7 | 0.6 | 0.5 | 0.5 | 0.4 |
| Other accounts receivable | 7.8 | 2.2 | 3.5 | 4.5 | 5.7 | 6.9 | 6.6 | 7.3 |
| **Insurance corporations** | | | | | | | | |
| Financial assets | 100.0 | 100.0 | 100.0 | 100.0 | 100.0 | 100.0 | 100.0 | 100.0 |
| Currency and deposits | 2.4 | 2.6 | 2.8 | 3.2 | 2.9 | 3.3 | 3.4 | 3.5 |
| Debt securities | 56.6 | 56.9 | 58.2 | 60.6 | 60.2 | 57.5 | 56.9 | 55.6 |
| Loans | 17.3 | 15.5 | 14.1 | 13.3 | 12.1 | 10.9 | 10.4 | 10.3 |
| Equity and investment fund shares | 7.9 | 10.4 | 9.8 | 8.3 | 8.4 | 9.7 | 9.4 | 9.5 |
| Insurance pension and standardised guarantee schemes | 0.0 | 0.0 | 0.4 | 0.5 | 0.4 | 0.4 | 0.3 | 0.3 |
| Financial derivatives and employee stock options | 0.3 | 0.3 | 0.2 | 0.3 | 0.4 | 0.1 | 0.1 | 0.2 |
| Other accounts receivable | 15.6 | 14.3 | 14.4 | 13.9 | 15.6 | 18.1 | 19.4 | 20.6 |
| Financial liabilities | 100.0 | 100.0 | 100.0 | 100.0 | 100.0 | 100.0 | 100.0 | 100.0 |
| Currency and deposits | 0.0 | 0.0 | 0.0 | 0.0 | 0.0 | 0.0 | 0.0 | 0.0 |
| Debt securities | 0.1 | 0.1 | 0.1 | 0.1 | 0.3 | 0.3 | 0.4 | 0.5 |
| Loans | 2.2 | 2.1 | 2.4 | 2.0 | 3.3 | 3.7 | 3.6 | 3.2 |
| Equity and investment fund shares | 3.4 | 3.2 | 3.7 | 3.2 | 3.4 | 4.3 | 4.4 | 5.0 |
| Insurance pension and standardised guarantee schemes | 92.8 | 93.1 | 91.9 | 92.8 | 91.0 | 89.2 | 89.1 | 89.1 |
| Financial derivatives and employee stock options | 0.1 | 0.1 | 0.1 | 0.1 | 0.2 | 0.3 | 0.5 | 0.3 |
| Other accounts receivable | 1.5 | 1.4 | 1.8 | 1.9 | 1.8 | 2.3 | 2.0 | 1.9 |
| **Pension funds** | | | | | | | | |
| Financial assets | 100.0 | 100.0 | 100.0 | 100.0 | 100.0 | 100.0 | 100.0 | 100.0 |
| Currency and deposits | 4.9 | 4.3 | 3.9 | 4.4 | 4.5 | 5.2 | 5.3 | 5.9 |
| Debt securities | 26.2 | 25.9 | 26.8 | 26.8 | 26.6 | 28.8 | 28.1 | 27.0 |
| Loans | 1.8 | 1.8 | 1.8 | 2.5 | 2.4 | 2.8 | 3.1 | 3.4 |
| Equity and investment fund shares | 13.0 | 14.2 | 14.5 | 12.0 | 13.0 | 17.0 | 15.8 | 16.0 |
| Insurance pension and standardised guarantee schemes | 32.1 | 30.2 | 28.5 | 31.7 | 28.5 | 17.2 | 16.6 | 17.6 |
| Financial derivatives and employee stock options | 0.1 | 0.2 | 0.2 | 0.4 | 0.4 | 0.4 | 0.7 | 0.6 |
| Other accounts receivable | 21.8 | 23.5 | 24.3 | 22.3 | 24.7 | 28.6 | 30.3 | 29.5 |
| Financial liabilities | 100.0 | 100.0 | 100.0 | 100.0 | 100.0 | 100.0 | 100.0 | 100.0 |
| Currency and deposits | 0.0 | 0.0 | 0.0 | 0.0 | 0.0 | 0.0 | 0.0 | 0.0 |
| Debt securities | 0.0 | 0.0 | 0.0 | 0.5 | 0.5 | 0.4 | 0.4 | 0.3 |
| Loans | 0.0 | 0.0 | 0.0 | 0.1 | 0.1 | 0.1 | 0.1 | 0.1 |
| Equity and investment fund shares | 0.0 | 0.0 | 0.0 | 0.0 | 0.0 | 0.0 | 0.0 | 0.0 |
| Insurance pension and standardised guarantee schemes | 98.3 | 98.6 | 98.6 | 98.0 | 98.1 | 98.1 | 98.1 | 98.0 |
| Financial derivatives and employee stock options | 0.3 | 0.2 | 0.3 | 0.4 | 0.5 | 0.5 | 0.8 | 0.7 |
| Other accounts receivable | 1.4 | 1.2 | 1.1 | 1.0 | 0.9 | 0.9 | 0.6 | 0.9 |

*Note:* Detailed metadata at: http://metalinks.oecd.org/instinv/20170516/f09d

## Table 1. Financial assets and liabilities of institutional investors, 2015

*Billion KRW*

| | Total | Investment funds: Non-money market funds: Total | Open-end non-money market funds | Closed-end non-money market funds | Money market funds: Total |
|---|---|---|---|---|---|
| Financial assets | 425 426 | 332 246 | .. | .. | 93 180 |
| Currency and deposits | 37 432 | 12 778 | .. | .. | 24 654 |
| Debt securities | 181 109 | 115 392 | .. | .. | 65 717 |
| Debt securities, short term | 60 808 | 9 557 | .. | .. | 51 251 |
| Debt securities, long term | 120 301 | 105 835 | .. | .. | 14 466 |
| Debt securities issued by residents | 170 840 | 105 123 | .. | .. | 65 717 |
| Debt securities issued by non-residents | 10 269 | 10 269 | .. | .. | 0 |
| Loans | 17 052 | 14 796 | .. | .. | 2 256 |
| Loans, short-term | 7 052 | 4 795 | .. | .. | 2 256 |
| Loans, long-term | 10 001 | 10 001 | .. | .. | 0 |
| Loans granted to residents | 0 | 0 | .. | .. | 0 |
| Loans granted to non-residents | 0 | 0 | .. | .. | 0 |
| Equity and investment fund shares/units | 119 215 | 118 872 | .. | .. | 343 |
| Equity and investment fund shares issued/units by residents | 83 991 | 83 648 | .. | .. | 343 |
| Equity and investment fund shares/units issued by non residents | 35 224 | 35 224 | .. | .. | 0 |
| Other accounts receivable | 59 192 | 58 982 | .. | .. | 209 |

| | Total | Investment funds: Non-money market funds: Total | Open-end non-money market funds | Closed-end non-money market funds | Money market funds: Total |
|---|---|---|---|---|---|
| Financial liabilities | 427 925 | 333 794 | .. | .. | 94 131 |
| Currency and deposits | 5 881 | 5 881 | .. | .. | 0 |
| Debt securities | 257 | 257 | .. | .. | 0 |
| Debt securities, short term | 0 | 0 | .. | .. | 0 |
| Debt securities, long term | 257 | 257 | .. | .. | 0 |
| Loans | 346 | 346 | .. | .. | 0 |
| Loans, short-term | 216 | 216 | .. | .. | 0 |
| Loans, long-term | 130 | 130 | .. | .. | 0 |
| Equity and investment fund shares/units | 412 788 | 318 715 | .. | .. | 94 073 |
| Insurance pension and standardised guaratees | 0 | 0 | .. | .. | 0 |
| Financial derivatives and employee stock options | 0 | 0 | .. | .. | 0 |
| Other accounts payable | 8 652 | 8 594 | .. | .. | 58 |

| | Total | Insurance corporations and pension funds: Insurance corporations: Total | Life insurance corporations | Non-life insurance corporations | Pension funds: Total |
|---|---|---|---|---|---|
| Financial assets | 1 157 167 | 1 020 739 | 748 178 | 272 561 | 136 428 |
| Currency and deposits | 109 982 | 47 675 | 24 064 | 23 611 | 62 307 |
| Debt securities | 582 146 | 555 002 | 456 999 | 98 003 | 27 144 |
| Debt securities, short-term | 10 261 | 9 265 | 5 567 | 3 699 | 996 |
| Debt securities, long term | 571 885 | 545 737 | 451 432 | 94 305 | 26 148 |
| Debt securities issued by residents | 533 637 | 506 493 | 416 768 | 89 725 | 27 144 |
| Debt securities issued by non-residents | 48 509 | 48 509 | 40 231 | 8 278 | 0 |
| Loans | 181 328 | 171 971 | 112 133 | 59 838 | 9 357 |
| Loans, short-term | 17 794 | 14 141 | 11 444 | 2 698 | 3 653 |
| Loans, long-term | 163 534 | 157 830 | 100 690 | 57 140 | 5 705 |
| Loans granted to residents | 0 | 0 | 0 | 0 | 0 |
| Loans granted to non-residents | 0 | 0 | 0 | 0 | 0 |
| Equity and investment fund shares/units | 181 809 | 169 020 | 116 906 | 52 115 | 12 789 |
| Equity and investment fund shares/units issued by residents | 168 138 | 155 349 | 104 791 | 50 559 | 12 789 |
| Equity and investment fund shares/units issued by non residents | 13 671 | 13 671 | 12 115 | 1 556 | 0 |
| Other accounts receivable | 86 788 | 69 539 | 37 249 | 32 290 | 17 249 |

| | Total | Insurance corporations and pension funds: Insurance corporations: Total | Life insurance corporations | Non-life insurance corporations | Pension funds: Total |
|---|---|---|---|---|---|
| Financial liabilities | 1 149 745 | 1 012 988 | 736 363 | 276 625 | 136 757 |
| Currency and deposits | 60 | 60 | 0 | 60 | 0 |
| Debt securities | 2 730 | 2 730 | 969 | 1 761 | 0 |
| Debt securities, short term | 370 | 370 | 0 | 370 | 0 |
| Debt securities, long term | 2 360 | 2 360 | 969 | 1 391 | 0 |
| Loans | 792 | 792 | 138 | 655 | 0 |
| Loans, short-term | 16 | 16 | 15 | 2 | 0 |
| Loans, long-term | 776 | 776 | 123 | 653 | 0 |
| Equity and investment fund shares/units | 71 653 | 71 653 | 36 584 | 35 069 | 0 |
| Insurance pension and standardised guarantees | 1 021 266 | 887 977 | 663 105 | 224 872 | 133 289 |
| Financial derivatives and employee stock options | 4 042 | 3 902 | 3 038 | 863 | 140 |
| Other accounts payable | 49 202 | 45 875 | 32 529 | 13 346 | 3 327 |

*Note:* Detailed metadata at: http://metalinks.oecd.org/instinv/20170516/667f

## Table 2. Financial assets and liabilities of investment funds

*Billion KRW*

| | 2008 | 2009 | 2010 | 2011 | 2012 | 2013 | 2014 | 2015 |
|---|---|---|---|---|---|---|---|---|
| **Investment funds** | | | | | | | | |
| Financial net worth | -10 465 | -5 444 | -2 721 | -2 144 | -1 723 | -1 715 | -2 711 | -2 498 |
| Financial assets | 284 446 | 325 846 | 329 561 | 286 261 | 316 742 | 336 290 | 381 924 | 425 426 |
| Currency and deposits | 51 882 | 36 214 | 33 132 | 27 305 | 24 937 | 22 391 | 30 627 | 37 432 |
| Debt securities | 89 934 | 107 388 | 120 925 | 98 774 | 113 715 | 130 179 | 156 593 | 181 109 |
| Loans | 14 554 | 18 067 | 20 733 | 18 412 | 23 138 | 21 280 | 15 997 | 17 052 |
| Equity and investment fund shares | 92 883 | 132 223 | 125 010 | 109 094 | 114 341 | 118 247 | 116 741 | 119 215 |
| Equity | 92 153 | 131 097 | 121 928 | 107 167 | 112 499 | 115 279 | 114 730 | 117 804 |
| Investment fund shares | 730 | 1 126 | 3 083 | 1 927 | 1 842 | 2 968 | 2 012 | 1 411 |
| Money market fund shares | 111 | 98 | 73 | 120 | 204 | 291 | 440 | 350 |
| Non-Money market fund shares | 619 | 1 029 | 3 010 | 1 807 | 1 638 | 2 677 | 1 572 | 1 061 |
| Insurance pension and standardised guarantees | 0 | 0 | 0 | 0 | 0 | 0 | 0 | 0 |
| Financial derivatives and employee stock options | 11 051 | 11 114 | 10 871 | 10 663 | 10 774 | 11 302 | 11 428 | 11 426 |
| Other accounts receivable | 24 142 | 20 840 | 18 891 | 22 014 | 29 838 | 32 892 | 50 537 | 59 192 |
| Financial liabilities | 294 911 | 331 290 | 332 283 | 288 406 | 318 465 | 338 005 | 384 635 | 427 925 |
| Debt securities | 0 | 0 | 0 | 239 | 282 | 343 | 258 | 257 |
| Short-term debt securities | 0 | 0 | 0 | 0 | 0 | 0 | 0 | 0 |
| Long-term debt securities | 0 | 0 | 0 | 239 | 282 | 343 | 258 | 257 |
| Loans | 1 620 | 1 810 | 2 218 | 2 319 | 729 | 549 | 470 | 346 |
| Short-term loans | 0 | 27 | 203 | 171 | 214 | 276 | 291 | 216 |
| Long-term loans | 1 620 | 1 784 | 2 016 | 2 148 | 515 | 274 | 179 | 130 |
| Equity and investment fund shares | 290 845 | 319 004 | 318 652 | 278 824 | 308 632 | 329 843 | 372 366 | 412 788 |
| Insurance pension and standardised guarantees | 0 | 0 | 0 | 0 | 0 | 0 | 0 | 0 |
| Financial derivatives and employee stock options | 158 | 160 | 1 | 0 | 0 | 0 | 0 | 0 |
| Other accounts payable | 965 | 7 031 | 8 429 | 4 917 | 8 163 | 5 401 | 7 385 | 8 652 |
| Non-financial assets | .. | .. | .. | .. | .. | .. | .. | .. |
| **Money market funds** | | | | | | | | |
| Financial net worth | -6 683 | -3 590 | -1 146 | -560 | -240 | -707 | -1 091 | -951 |
| Financial assets | 84 239 | 69 485 | 67 123 | 54 077 | 64 183 | 66 742 | 82 422 | 93 180 |
| Currency and deposits | 34 525 | 23 782 | 22 768 | 16 709 | 17 059 | 14 159 | 20 087 | 24 654 |
| Debt securities | 46 953 | 42 631 | 40 944 | 34 371 | 42 570 | 48 285 | 59 874 | 65 717 |
| Loans | 2 176 | 2 436 | 2 670 | 1 636 | 3 732 | 2 118 | 966 | 2 256 |
| Equity and investment fund shares | 37 | 50 | 156 | 169 | 252 | 1 430 | 568 | 343 |
| Equity | 0 | 0 | 0 | 0 | 0 | 0 | 0 | 0 |
| Investment fund shares | 37 | 50 | 156 | 169 | 252 | 1 430 | 568 | 343 |
| Money market fund shares | 37 | 50 | 54 | 94 | 185 | 267 | 418 | 343 |
| Non-Money market fund shares | 0 | 0 | 102 | 75 | 67 | 1 163 | 150 | 0 |
| Insurance pension and standardised guarantees | 0 | 0 | 0 | 0 | 0 | 0 | 0 | 0 |
| Financial derivatives and employee stock options | 0 | 0 | 0 | 0 | 0 | 0 | 0 | 0 |
| Other accounts receivable | 547 | 586 | 585 | 1 192 | 570 | 750 | 929 | 209 |
| Financial liabilities | 90 922 | 73 075 | 68 269 | 54 637 | 64 424 | 67 448 | 83 514 | 94 131 |
| Debt securities | 0 | 0 | 0 | 0 | 0 | 0 | 0 | 0 |
| Short-term debt securities | 0 | 0 | 0 | 0 | 0 | 0 | 0 | 0 |
| Long-term debt securities | 0 | 0 | 0 | 0 | 0 | 0 | 0 | 0 |
| Loans | 0 | 0 | 0 | 0 | 0 | 0 | 0 | 0 |
| Short-term loans | 0 | 0 | 0 | 0 | 0 | 0 | 0 | 0 |
| Long-term loans | 0 | 0 | 0 | 0 | 0 | 0 | 0 | 0 |
| Equity and investment fund shares | 90 615 | 72 425 | 67 669 | 54 386 | 63 985 | 67 089 | 83 234 | 94 073 |
| Insurance pension and standardised guarantees | 0 | 0 | 0 | 0 | 0 | 0 | 0 | 0 |
| Financial derivatives and employee stock options | 0 | 0 | 0 | 0 | 0 | 0 | 0 | 0 |
| Other accounts payable | 306 | 606 | 600 | 251 | 439 | 359 | 280 | 58 |
| Non-financial assets | .. | .. | .. | .. | .. | .. | .. | .. |
| **Non-money market funds** | | | | | | | | |
| Financial net worth | -3 782 | -1 854 | -1 575 | -1 584 | -1 482 | -1 008 | -1 620 | -1 548 |
| Financial assets | 200 207 | 256 360 | 262 439 | 232 185 | 252 559 | 269 548 | 299 501 | 332 246 |
| Currency and deposits | 17 357 | 12 432 | 10 364 | 10 596 | 7 877 | 8 232 | 10 541 | 12 778 |
| Debt securities | 42 982 | 64 758 | 79 981 | 64 403 | 71 145 | 81 895 | 96 720 | 115 392 |
| Loans | 12 378 | 15 631 | 18 063 | 16 776 | 19 406 | 19 162 | 15 031 | 14 796 |
| Equity and investment fund shares | 92 845 | 132 172 | 124 855 | 108 925 | 114 089 | 116 816 | 116 174 | 118 872 |
| Equity | 92 153 | 131 097 | 121 928 | 107 167 | 112 499 | 115 279 | 114 730 | 117 804 |
| Investment fund shares | 693 | 1 076 | 2 927 | 1 759 | 1 591 | 1 537 | 1 444 | 1 068 |
| Money market fund shares | 74 | 47 | 19 | 27 | 19 | 24 | 22 | 7 |
| Non-Money market fund shares | 619 | 1 029 | 2 908 | 1 732 | 1 572 | 1 514 | 1 422 | 1 061 |
| Insurance pension and standardised guarantees | 0 | 0 | 0 | 0 | 0 | 0 | 0 | 0 |
| Financial derivatives and employee stock options | 11 051 | 11 114 | 10 871 | 10 663 | 10 774 | 11 302 | 11 428 | 11 426 |
| Other accounts receivable | 23 595 | 20 254 | 18 306 | 20 822 | 29 268 | 32 143 | 49 608 | 58 982 |
| Financial liabilities | 203 989 | 258 215 | 264 014 | 233 769 | 254 041 | 270 556 | 301 121 | 333 794 |
| Debt securities | 0 | 0 | 0 | 239 | 282 | 343 | 258 | 257 |
| Short-term debt securities | 0 | 0 | 0 | 0 | 0 | 0 | 0 | 0 |
| Long-term debt securities | 0 | 0 | 0 | 239 | 282 | 343 | 258 | 257 |
| Loans | 1 620 | 1 810 | 2 218 | 2 319 | 729 | 549 | 470 | 346 |
| Short-term loans | 0 | 27 | 203 | 171 | 214 | 276 | 291 | 216 |
| Long-term loans | 1 620 | 1 784 | 2 016 | 2 148 | 515 | 274 | 179 | 130 |
| Equity and investment fund shares | 200 230 | 246 579 | 250 984 | 224 438 | 244 647 | 262 754 | 289 132 | 318 715 |
| Insurance pension and standardised guarantees | 0 | 0 | 0 | 0 | 0 | 0 | 0 | 0 |
| Financial derivatives and employee stock options | 158 | 160 | 1 | 0 | 0 | 0 | 0 | 0 |
| Other accounts payable | 659 | 6 426 | 7 829 | 4 666 | 7 724 | 5 042 | 7 105 | 8 594 |
| Non-financial assets | .. | .. | .. | .. | .. | .. | .. | .. |
| **Open-end non-money market funds** | | | | | | | | |
| Financial net worth | .. | .. | .. | .. | .. | .. | .. | .. |
| Financial assets | .. | .. | .. | .. | .. | .. | .. | .. |

## Table 2. Financial assets and liabilities of investment funds *(cont.)*

*Billion KRW*

| | 2008 | 2009 | 2010 | 2011 | 2012 | 2013 | 2014 | 2015 |
|---|---|---|---|---|---|---|---|---|
| Currency and deposits | .. | .. | .. | .. | .. | .. | .. | .. |
| Debt securities | .. | .. | .. | .. | .. | .. | .. | .. |
| Loans | .. | .. | .. | .. | .. | .. | .. | .. |
| Equity and investment fund shares | .. | .. | .. | .. | .. | .. | .. | .. |
| Equity | .. | .. | .. | .. | .. | .. | .. | .. |
| Investment fund shares | .. | .. | .. | .. | .. | .. | .. | .. |
| Money market fund shares | .. | .. | .. | .. | .. | .. | .. | .. |
| Non-Money market fund shares | .. | .. | .. | .. | .. | .. | .. | .. |
| Insurance pension and standardised guarantees | .. | .. | .. | .. | .. | .. | .. | .. |
| Financial derivatives and employee stock options | .. | .. | .. | .. | .. | .. | .. | .. |
| Other accounts receivable | .. | .. | .. | .. | .. | .. | .. | .. |
| Financial liabilities | .. | .. | .. | .. | .. | .. | .. | .. |
| Debt securities | .. | .. | .. | .. | .. | .. | .. | .. |
| Short-term debt securities | .. | .. | .. | .. | .. | .. | .. | .. |
| Long-term debt securities | .. | .. | .. | .. | .. | .. | .. | .. |
| Loans | .. | .. | .. | .. | .. | .. | .. | .. |
| Short-term loans | .. | .. | .. | .. | .. | .. | .. | .. |
| Long-term loans | .. | .. | .. | .. | .. | .. | .. | .. |
| Equity and investment fund shares | .. | .. | .. | .. | .. | .. | .. | .. |
| Insurance pension and standardised guarantees | .. | .. | .. | .. | .. | .. | .. | .. |
| Financial derivatives and employee stock options | .. | .. | .. | .. | .. | .. | .. | .. |
| Other accounts payable | .. | .. | .. | .. | .. | .. | .. | .. |
| Non-financial assets | .. | .. | .. | .. | .. | .. | .. | .. |
| **Open-end investment funds** | | | | | | | | |
| Financial net worth | .. | .. | .. | .. | .. | .. | .. | .. |
| Financial assets | .. | .. | .. | .. | .. | .. | .. | .. |
| Currency and deposits | .. | .. | .. | .. | .. | .. | .. | .. |
| Debt securities | .. | .. | .. | .. | .. | .. | .. | .. |
| Loans | .. | .. | .. | .. | .. | .. | .. | .. |
| Equity and investment fund shares | .. | .. | .. | .. | .. | .. | .. | .. |
| Equity | .. | .. | .. | .. | .. | .. | .. | .. |
| Investment fund shares | .. | .. | .. | .. | .. | .. | .. | .. |
| Money market fund shares | .. | .. | .. | .. | .. | .. | .. | .. |
| Non-Money market fund shares | .. | .. | .. | .. | .. | .. | .. | .. |
| Insurance pension and standardised guarantees | .. | .. | .. | .. | .. | .. | .. | .. |
| Financial derivatives and employee stock options | .. | .. | .. | .. | .. | .. | .. | .. |
| Other accounts receivable | .. | .. | .. | .. | .. | .. | .. | .. |
| Financial liabilities | .. | .. | .. | .. | .. | .. | .. | .. |
| Debt securities | .. | .. | .. | .. | .. | .. | .. | .. |
| Short-term debt securities | .. | .. | .. | .. | .. | .. | .. | .. |
| Long-term debt securities | .. | .. | .. | .. | .. | .. | .. | .. |
| Loans | .. | .. | .. | .. | .. | .. | .. | .. |
| Short-term loans | .. | .. | .. | .. | .. | .. | .. | .. |
| Long-term loans | .. | .. | .. | .. | .. | .. | .. | .. |
| Equity and investment fund shares | .. | .. | .. | .. | .. | .. | .. | .. |
| Insurance pension and standardised guarantees | .. | .. | .. | .. | .. | .. | .. | .. |
| Financial derivatives and employee stock options | .. | .. | .. | .. | .. | .. | .. | .. |
| Other accounts payable | .. | .. | .. | .. | .. | .. | .. | .. |
| Non-financial assets | .. | .. | .. | .. | .. | .. | .. | .. |

*Note:* Detailed metadata at: http://metalinks.oecd.org/instinv/20170516/667f

## Table 3. Financial assets and liabilities of insurance corporations and pension funds

*Billion KRW*

| | 2008 | 2009 | 2010 | 2011 | 2012 | 2013 | 2014 | 2015 |
|---|---|---|---|---|---|---|---|---|
| **Insurance corporations and pension funds** | | | | | | | | |
| Financial net worth | -12 900 | 1 911 | -15 454 | -9 119 | 2 281 | -7 160 | 6 354 | 7 422 |
| Financial assets | 473 817 | 549 333 | 628 681 | 711 787 | 834 819 | 920 938 | 1 048 004 | 1 157 167 |
| Currency and deposits | 36 285 | 42 806 | 54 717 | 67 999 | 88 807 | 87 363 | 106 019 | 109 982 |
| Debt securities | 221 879 | 251 965 | 297 930 | 344 326 | 397 271 | 450 172 | 513 366 | 582 146 |
| Loans | 98 653 | 103 448 | 109 298 | 119 358 | 129 918 | 144 703 | 161 657 | 181 328 |
| Equity and investment fund shares | 67 866 | 93 663 | 108 203 | 110 390 | 140 967 | 156 595 | 172 577 | 181 809 |
| Equity | 36 213 | 49 065 | 56 746 | 56 999 | 67 072 | 73 378 | 79 874 | 81 348 |
| Investment fund shares | 31 654 | 44 598 | 51 457 | 53 391 | 73 895 | 83 217 | 92 703 | 100 461 |
| Money market fund shares | 2 739 | 6 404 | 4 893 | 4 404 | 8 359 | 10 217 | 15 870 | 15 327 |
| Non-Money market fund shares | 28 914 | 38 194 | 46 563 | 48 988 | 65 535 | 73 001 | 76 833 | 85 134 |
| Insurance pension and standardised guarantees | 115 | 116 | 177 | 5 234 | 5 739 | 7 015 | 11 261 | 14 449 |
| Financial derivatives and employee stock options | 508 | 840 | 1 159 | 609 | 1 844 | 2 326 | 808 | 666 |
| Other accounts receivable | 48 512 | 56 496 | 57 198 | 63 872 | 70 273 | 72 764 | 82 317 | 86 788 |
| Financial liabilities | 486 717 | 547 422 | 644 135 | 720 906 | 832 538 | 928 097 | 1 041 650 | 1 149 745 |
| Debt securities | 2 197 | 1 078 | 1 083 | 1 236 | 1 660 | 2 124 | 2 107 | 2 730 |
| Short-term debt securities | 1 457 | 669 | 548 | 686 | 611 | 296 | 386 | 370 |
| Long-term debt securities | 740 | 409 | 535 | 550 | 1 049 | 1 828 | 1 721 | 2 360 |
| Loans | 2 311 | 2 089 | 1 657 | 1 448 | 1 345 | 805 | 857 | 792 |
| Short-term loans | 19 | 280 | 76 | 247 | 343 | 63 | 9 | 16 |
| Long-term loans | 2 292 | 1 809 | 1 581 | 1 202 | 1 003 | 742 | 849 | 776 |
| Equity and investment fund shares | 27 305 | 31 471 | 58 791 | 56 521 | 62 221 | 65 835 | 69 200 | 71 653 |
| Insurance pension and standardised guarantees | 425 893 | 481 235 | 548 088 | 624 517 | 725 519 | 820 437 | 920 289 | 1 021 266 |
| Financial derivatives and employee stock options | 6 869 | 3 688 | 2 107 | 2 586 | 1 348 | 1 215 | 2 405 | 4 042 |
| Other accounts payable | 22 108 | 27 844 | 32 402 | 34 599 | 40 140 | 37 662 | 46 792 | 49 202 |
| Non-financial assets | .. | .. | .. | .. | .. | .. | .. | .. |
| **Insurance corporations** | | | | | | | | |
| Financial net worth | -12 989 | 1 753 | -15 562 | -9 511 | 2 618 | -6 590 | 6 773 | 7 751 |
| Financial assets | 440 037 | 511 068 | 584 595 | 654 944 | 764 577 | 834 616 | 933 197 | 1 020 739 |
| Currency and deposits | 25 624 | 29 529 | 35 099 | 36 934 | 47 676 | 40 385 | 49 670 | 47 675 |
| Debt securities | 206 622 | 237 521 | 285 206 | 332 210 | 383 966 | 432 224 | 490 660 | 555 002 |
| Loans | 97 059 | 102 103 | 108 082 | 118 248 | 128 313 | 142 015 | 156 647 | 171 971 |
| Equity and investment fund shares | 65 475 | 89 349 | 104 253 | 106 331 | 136 005 | 150 112 | 164 439 | 169 020 |
| Equity | 35 998 | 48 776 | 56 463 | 56 721 | 66 909 | 73 301 | 79 755 | 81 204 |
| Investment fund shares | 29 477 | 40 573 | 47 790 | 49 610 | 69 096 | 76 811 | 84 684 | 87 817 |
| Money market fund shares | 2 725 | 5 319 | 3 041 | 4 145 | 7 919 | 9 569 | 15 186 | 13 487 |
| Non-Money market fund shares | 26 752 | 35 254 | 44 749 | 45 465 | 61 177 | 67 242 | 69 498 | 74 330 |
| Insurance pension and standardised guarantees | 115 | 116 | 177 | 5 025 | 5 429 | 5 831 | 6 527 | 6 878 |
| Financial derivatives and employee stock options | 505 | 790 | 1 144 | 602 | 1 811 | 2 288 | 787 | 654 |
| Other accounts receivable | 44 637 | 51 660 | 50 634 | 55 595 | 61 378 | 61 762 | 64 468 | 69 539 |
| Financial liabilities | 453 026 | 509 315 | 600 157 | 664 455 | 761 959 | 841 206 | 926 424 | 1 012 988 |
| Debt securities | 2 197 | 1 078 | 1 083 | 1 236 | 1 660 | 2 124 | 2 107 | 2 730 |
| Short-term debt securities | 1 457 | 669 | 548 | 686 | 611 | 296 | 386 | 370 |
| Long-term debt securities | 740 | 409 | 535 | 550 | 1 049 | 1 828 | 1 721 | 2 360 |
| Loans | 2 311 | 2 089 | 1 657 | 1 445 | 1 342 | 805 | 857 | 792 |
| Short-term loans | 19 | 280 | 76 | 247 | 343 | 63 | 9 | 16 |
| Long-term loans | 2 292 | 1 809 | 1 581 | 1 198 | 999 | 742 | 849 | 776 |
| Equity and investment fund shares | 27 305 | 31 471 | 58 791 | 56 521 | 62 221 | 65 835 | 69 200 | 71 653 |
| Insurance pension and standardised guarantees | 393 496 | 445 419 | 506 361 | 570 438 | 656 952 | 735 656 | 809 993 | 887 977 |
| Financial derivatives and employee stock options | 6 865 | 3 688 | 2 104 | 2 582 | 1 348 | 1 210 | 2 351 | 3 902 |
| Other accounts payable | 20 818 | 25 553 | 30 154 | 32 235 | 38 131 | 35 556 | 41 917 | 45 875 |
| Non-financial assets | .. | .. | .. | .. | .. | .. | .. | .. |
| **Pension funds** | | | | | | | | |
| Financial net worth | 89 | 157 | 108 | 392 | -337 | -570 | -419 | -329 |
| Financial assets | 33 780 | 38 265 | 44 086 | 56 843 | 70 242 | 86 322 | 114 807 | 136 428 |
| Currency and deposits | 10 660 | 13 277 | 19 618 | 31 064 | 41 131 | 46 978 | 56 349 | 62 307 |
| Debt securities | 15 257 | 14 444 | 12 725 | 12 116 | 13 305 | 17 949 | 22 706 | 27 144 |
| Loans | 1 594 | 1 345 | 1 216 | 1 110 | 1 606 | 2 688 | 5 011 | 9 357 |
| Equity and investment fund shares | 2 392 | 4 314 | 3 950 | 4 060 | 4 962 | 6 483 | 8 138 | 12 789 |
| Equity | 215 | 289 | 283 | 279 | 163 | 77 | 119 | 144 |
| Investment fund shares | 2 177 | 4 025 | 3 667 | 3 781 | 4 799 | 6 407 | 8 019 | 12 645 |
| Money market fund shares | 15 | 1 085 | 1 853 | 259 | 440 | 648 | 684 | 1 840 |
| Non-Money market fund shares | 2 162 | 2 940 | 1 814 | 3 522 | 4 359 | 5 759 | 7 335 | 10 804 |
| Insurance pension and standardised guarantees | 0 | 0 | 0 | 209 | 310 | 1 184 | 4 734 | 7 571 |
| Financial derivatives and employee stock options | 3 | 50 | 15 | 8 | 33 | 38 | 21 | 11 |
| Other accounts receivable | 3 874 | 4 836 | 6 564 | 8 277 | 8 894 | 11 002 | 17 849 | 17 249 |
| Financial liabilities | 33 691 | 38 107 | 43 978 | 56 451 | 70 579 | 86 892 | 115 226 | 136 757 |
| Debt securities | 0 | 0 | 0 | 0 | 0 | 0 | 0 | 0 |
| Short-term debt securities | 0 | 0 | 0 | 0 | 0 | 0 | 0 | 0 |
| Long-term debt securities | 0 | 0 | 0 | 0 | 0 | 0 | 0 | 0 |
| Loans | 0 | 0 | 0 | 4 | 4 | 0 | 0 | 0 |
| Short-term loans | 0 | 0 | 0 | 0 | 0 | 0 | 0 | 0 |
| Long-term loans | 0 | 0 | 0 | 4 | 4 | 0 | 0 | 0 |
| Equity and investment fund shares | 0 | 0 | 0 | 0 | 0 | 0 | 0 | 0 |
| Insurance pension and standardised guarantees | 32 397 | 35 816 | 41 726 | 54 080 | 68 567 | 84 781 | 110 296 | 133 289 |
| Financial derivatives and employee stock options | 4 | 0 | 3 | 4 | 0 | 5 | 55 | 140 |
| Other accounts payable | 1 290 | 2 292 | 2 249 | 2 364 | 2 009 | 2 106 | 4 875 | 3 327 |
| Non-financial assets | .. | .. | .. | .. | .. | .. | .. | .. |

*Note:* Detailed metadata at: http://metalinks.oecd.org/instinv/20170516/667f

## Table 4. Portfolio composition by type of investor

As percentage of financial assets and of financial liabilities

*Per cent*

| | 2008 | 2009 | 2010 | 2011 | 2012 | 2013 | 2014 | 2015 |
|---|---|---|---|---|---|---|---|---|
| **Investment funds** | | | | | | | | |
| Financial assets | 100.0 | 100.0 | 100.0 | 100.0 | 100.0 | 100.0 | 100.0 | 100.0 |
| Currency and deposits | 18.2 | 11.1 | 10.1 | 9.5 | 7.9 | 6.7 | 8.0 | 8.8 |
| Debt securities | 31.6 | 33.0 | 36.7 | 34.5 | 35.9 | 38.7 | 41.0 | 42.6 |
| Loans | 5.1 | 5.5 | 6.3 | 6.4 | 7.3 | 6.3 | 4.2 | 4.0 |
| Equity and investment fund shares | 32.7 | 40.6 | 37.9 | 38.1 | 36.1 | 35.2 | 30.6 | 28.0 |
| Insurance pension and standardised guarantee schemes | 0.0 | 0.0 | 0.0 | 0.0 | 0.0 | 0.0 | 0.0 | 0.0 |
| Financial derivatives and employee stock options | 3.9 | 3.4 | 3.3 | 3.7 | 3.4 | 3.4 | 3.0 | 2.7 |
| Other accounts receivable | 8.5 | 6.4 | 5.7 | 7.7 | 9.4 | 9.8 | 13.2 | 13.9 |
| Financial liabilities | 100.0 | 100.0 | 100.0 | 100.0 | 100.0 | 100.0 | 100.0 | 100.0 |
| Currency and deposits | 0.4 | 1.0 | 0.9 | 0.7 | 0.2 | 0.6 | 1.1 | 1.4 |
| Debt securities | 0.0 | 0.0 | 0.0 | 0.1 | 0.1 | 0.1 | 0.1 | 0.1 |
| Loans | 0.5 | 0.5 | 0.7 | 0.8 | 0.2 | 0.2 | 0.1 | 0.1 |
| Equity and investment fund shares | 98.6 | 96.3 | 95.9 | 96.7 | 96.9 | 97.6 | 96.8 | 96.5 |
| Insurance pension and standardised guarantee schemes | 0.0 | 0.0 | 0.0 | 0.0 | 0.0 | 0.0 | 0.0 | 0.0 |
| Financial derivatives and employee stock options | 0.1 | 0.0 | 0.0 | 0.0 | 0.0 | 0.0 | 0.0 | 0.0 |
| Other accounts receivable | 0.3 | 2.1 | 2.5 | 1.7 | 2.6 | 1.6 | 1.9 | 2.0 |
| **Insurance corporations** | | | | | | | | |
| Financial assets | 100.0 | 100.0 | 100.0 | 100.0 | 100.0 | 100.0 | 100.0 | 100.0 |
| Currency and deposits | 5.8 | 5.8 | 6.0 | 5.6 | 6.2 | 4.8 | 5.3 | 4.7 |
| Debt securities | 47.0 | 46.5 | 48.8 | 50.7 | 50.2 | 51.8 | 52.6 | 54.4 |
| Loans | 22.1 | 20.0 | 18.5 | 18.1 | 16.8 | 17.0 | 16.8 | 16.8 |
| Equity and investment fund shares | 14.9 | 17.5 | 17.8 | 16.2 | 17.8 | 18.0 | 17.6 | 16.6 |
| Insurance pension and standardised guarantee schemes | 0.0 | 0.0 | 0.0 | 0.8 | 0.7 | 0.7 | 0.7 | 0.7 |
| Financial derivatives and employee stock options | 0.1 | 0.2 | 0.2 | 0.1 | 0.2 | 0.3 | 0.1 | 0.1 |
| Other accounts receivable | 10.1 | 10.1 | 8.7 | 8.5 | 8.0 | 7.4 | 6.9 | 6.8 |
| Financial liabilities | 100.0 | 100.0 | 100.0 | 100.0 | 100.0 | 100.0 | 100.0 | 100.0 |
| Currency and deposits | 0.0 | 0.0 | 0.0 | 0.0 | 0.0 | 0.0 | 0.0 | 0.0 |
| Debt securities | 0.5 | 0.2 | 0.2 | 0.2 | 0.2 | 0.3 | 0.2 | 0.3 |
| Loans | 0.5 | 0.4 | 0.3 | 0.2 | 0.2 | 0.1 | 0.1 | 0.1 |
| Equity and investment fund shares | 6.0 | 6.2 | 9.8 | 8.5 | 8.2 | 7.8 | 7.5 | 7.1 |
| Insurance pension and standardised guarantee schemes | 86.9 | 87.5 | 84.4 | 85.9 | 86.2 | 87.5 | 87.4 | 87.7 |
| Financial derivatives and employee stock options | 1.5 | 0.7 | 0.4 | 0.4 | 0.2 | 0.1 | 0.3 | 0.4 |
| Other accounts receivable | 4.6 | 5.0 | 5.0 | 4.9 | 5.0 | 4.2 | 4.5 | 4.5 |
| **Pension funds** | | | | | | | | |
| Financial assets | 100.0 | 100.0 | 100.0 | 100.0 | 100.0 | 100.0 | 100.0 | 100.0 |
| Currency and deposits | 31.6 | 34.7 | 44.5 | 54.6 | 58.6 | 54.4 | 49.1 | 45.7 |
| Debt securities | 45.2 | 37.7 | 28.9 | 21.3 | 18.9 | 20.8 | 19.8 | 19.9 |
| Loans | 4.7 | 3.5 | 2.8 | 2.0 | 2.3 | 3.1 | 4.4 | 6.9 |
| Equity and investment fund shares | 7.1 | 11.3 | 9.0 | 7.1 | 7.1 | 7.5 | 7.1 | 9.4 |
| Insurance pension and standardised guarantee schemes | 0.0 | 0.0 | 0.0 | 0.4 | 0.4 | 1.4 | 4.1 | 5.5 |
| Financial derivatives and employee stock options | 0.0 | 0.1 | 0.0 | 0.0 | 0.0 | 0.0 | 0.0 | 0.0 |
| Other accounts receivable | 11.5 | 12.6 | 14.9 | 14.6 | 12.7 | 12.7 | 15.5 | 12.6 |
| Financial liabilities | 100.0 | 100.0 | 100.0 | 100.0 | 100.0 | 100.0 | 100.0 | 100.0 |
| Currency and deposits | 0.0 | 0.0 | 0.0 | 0.0 | 0.0 | 0.0 | 0.0 | 0.0 |
| Debt securities | 0.0 | 0.0 | 0.0 | 0.0 | 0.0 | 0.0 | 0.0 | 0.0 |
| Loans | 0.0 | 0.0 | 0.0 | 0.0 | 0.0 | 0.0 | 0.0 | 0.0 |
| Equity and investment fund shares | 0.0 | 0.0 | 0.0 | 0.0 | 0.0 | 0.0 | 0.0 | 0.0 |
| Insurance pension and standardised guarantee schemes | 96.2 | 94.0 | 94.9 | 95.8 | 97.1 | 97.6 | 95.7 | 97.5 |
| Financial derivatives and employee stock options | 0.0 | 0.0 | 0.0 | 0.0 | 0.0 | 0.0 | 0.0 | 0.1 |
| Other accounts receivable | 3.8 | 6.0 | 5.1 | 4.2 | 2.8 | 2.4 | 4.2 | 2.4 |

*Note:* Detailed metadata at: http://metalinks.oecd.org/instinv/20170516/f09d

# LATVIA

## Table 1. Financial assets and liabilities of institutional investors, 2015

*Million EUR (2014)*

| | Total | Investment funds | | | |
|---|---|---|---|---|---|
| | | Non-money market funds | | | Money market funds |
| | | Total | Open-end non-money market funds | Closed-end non-money market funds | Total |
| Financial assets | .. | .. | .. | .. | .. |
| Currency and deposits | .. | .. | .. | .. | .. |
| Debt securities | .. | .. | .. | .. | .. |
| Debt securities, short term | .. | .. | .. | .. | .. |
| Debt securities, long term | .. | .. | .. | .. | .. |
| Debt securities issued by residents | .. | .. | .. | .. | .. |
| Debt securities issued by non-residents | .. | .. | .. | .. | .. |
| Loans | .. | .. | .. | .. | .. |
| Loans, short-term | .. | .. | .. | .. | .. |
| Loans, long-term | .. | .. | .. | .. | .. |
| Loans granted to residents | .. | .. | .. | .. | .. |
| Loans granted to non-residents | .. | .. | .. | .. | .. |
| Equity and investment fund shares/units | .. | .. | .. | .. | .. |
| Equity and investment fund shares issued/units by residents | .. | .. | .. | .. | .. |
| Equity and investment fund shares/units issued by non residents | .. | .. | .. | .. | .. |
| Other accounts receivable | .. | .. | .. | .. | .. |

| | Total | Investment funds | | | |
|---|---|---|---|---|---|
| | | Non-money market funds | | | Money market funds |
| | | Total | Open-end non-money market funds | Closed-end non-money market funds | Total |
| Financial liabilities | .. | .. | .. | .. | .. |
| Currency and deposits | .. | .. | .. | .. | .. |
| Debt securities | .. | .. | .. | .. | .. |
| Debt securities, short term | .. | .. | .. | .. | .. |
| Debt securities, long term | .. | .. | .. | .. | .. |
| Loans | .. | .. | .. | .. | .. |
| Loans, short-term | .. | .. | .. | .. | .. |
| Loans, long-term | .. | .. | .. | .. | .. |
| Equity and investment fund shares/units | .. | .. | .. | .. | .. |
| Insurance pension and standardised guaratees | .. | .. | .. | .. | .. |
| Financial derivatives and employee stock options | .. | .. | .. | .. | .. |
| Other accounts payable | .. | .. | .. | .. | .. |

| | Total | Insurance corporations and pension funds | | | |
|---|---|---|---|---|---|
| | | Insurance corporations | | | Pension funds |
| | | Total | Life insurance corporations | Non-life insurance corporations | Total |
| Financial assets | .. | .. | .. | .. | 2 667 |
| Currency and deposits | .. | .. | .. | .. | 519 |
| Debt securities | .. | .. | .. | .. | 1 229 |
| Debt securities, short-term | .. | .. | .. | .. | 1 |
| Debt securities, long term | .. | .. | .. | .. | 1 228 |
| Debt securities issued by residents | .. | .. | .. | .. | 632 |
| Debt securities issued by non-residents | .. | .. | .. | .. | 597 |
| Loans | .. | .. | .. | .. | 0 |
| Loans, short-term | .. | .. | .. | .. | 0 |
| Loans, long-term | .. | .. | .. | .. | 0 |
| Loans granted to residents | .. | .. | .. | .. | 0 |
| Loans granted to non-residents | .. | .. | .. | .. | 0 |
| Equity and investment fund shares/units | .. | .. | .. | .. | 919 |
| Equity and investment fund shares/units issued by residents | .. | .. | .. | .. | 35 |
| Equity and investment fund shares/units issued by non residents | .. | .. | .. | .. | 885 |
| Other accounts receivable | .. | .. | .. | .. | 1 |

| | Total | Insurance corporations and pension funds | | | |
|---|---|---|---|---|---|
| | | Insurance corporations | | | Pension funds |
| | | Total | Life insurance corporations | Non-life insurance corporations | Total |
| Financial liabilities | .. | .. | .. | .. | 2 672 |
| Currency and deposits | .. | .. | .. | .. | 0 |
| Debt securities | .. | .. | .. | .. | 0 |
| Debt securities, short term | .. | .. | .. | .. | 0 |
| Debt securities, long term | .. | .. | .. | .. | 0 |
| Loans | .. | .. | .. | .. | 0 |
| Loans, short-term | .. | .. | .. | .. | 0 |
| Loans, long-term | .. | .. | .. | .. | 0 |
| Equity and investment fund shares/units | .. | .. | .. | .. | 3 |
| Insurance pension and standardised guaratees | .. | .. | .. | .. | 2 656 |
| Financial derivatives and employee stock options | .. | .. | .. | .. | 0 |
| Other accounts payable | .. | .. | .. | .. | 13 |

*Note:* Detailed metadata at: http://metalinks.oecd.org/instinv/20170516/9be4

## Table 3. Financial assets and liabilities of insurance corporations and pension funds

*Million EUR*

| | 2008 | 2009 | 2010 | 2011 | 2012 | 2013 | 2014 | 2015 |
|---|---|---|---|---|---|---|---|---|
| **Insurance corporations and pension funds** | | | | | | | | |
| Financial net worth | .. | .. | .. | .. | .. | .. | .. | .. |
| Financial assets | .. | .. | .. | .. | .. | .. | .. | .. |
| Currency and deposits | .. | .. | .. | .. | .. | .. | .. | .. |
| Debt securities | .. | .. | .. | .. | .. | .. | .. | .. |
| Loans | .. | .. | .. | .. | .. | .. | .. | .. |
| Equity and investment fund shares | .. | .. | .. | .. | .. | .. | .. | .. |
| Equity | .. | .. | .. | .. | .. | .. | .. | .. |
| Investment fund shares | .. | .. | .. | .. | .. | .. | .. | .. |
| Money market fund shares | .. | .. | .. | .. | .. | .. | .. | .. |
| Non-Money market fund shares | .. | .. | .. | .. | .. | .. | .. | .. |
| Insurance pension and standardised guarantees | .. | .. | .. | .. | .. | .. | .. | .. |
| Financial derivatives and employee stock options | .. | .. | .. | .. | .. | .. | .. | .. |
| Other accounts receivable | .. | .. | .. | .. | .. | .. | .. | .. |
| Financial liabilities | .. | .. | .. | .. | .. | .. | .. | .. |
| Debt securities | .. | .. | .. | .. | .. | .. | .. | .. |
| Short-term debt securities | .. | .. | .. | .. | .. | .. | .. | .. |
| Long-term debt securities | .. | .. | .. | .. | .. | .. | .. | .. |
| Loans | .. | .. | .. | .. | .. | .. | .. | .. |
| Short-term loans | .. | .. | .. | .. | .. | .. | .. | .. |
| Long-term loans | .. | .. | .. | .. | .. | .. | .. | .. |
| Equity and investment fund shares | .. | .. | .. | .. | .. | .. | .. | .. |
| Insurance pension and standardised guarantees | .. | .. | .. | .. | .. | .. | .. | .. |
| Financial derivatives and employee stock options | .. | .. | .. | .. | .. | .. | .. | .. |
| Other accounts payable | .. | .. | .. | .. | .. | .. | .. | .. |
| Non-financial assets | .. | .. | .. | .. | .. | .. | .. | .. |
| **Insurance corporations** | | | | | | | | |
| Financial net worth | .. | .. | .. | .. | .. | .. | .. | .. |
| Financial assets | .. | .. | .. | .. | .. | .. | .. | .. |
| Currency and deposits | .. | .. | .. | .. | .. | .. | .. | .. |
| Debt securities | .. | .. | .. | .. | .. | .. | .. | .. |
| Loans | .. | .. | .. | .. | .. | .. | .. | .. |
| Equity and investment fund shares | .. | .. | .. | .. | .. | .. | .. | .. |
| Equity | .. | .. | .. | .. | .. | .. | .. | .. |
| Investment fund shares | .. | .. | .. | .. | .. | .. | .. | .. |
| Money market fund shares | .. | .. | .. | .. | .. | .. | .. | .. |
| Non-Money market fund shares | .. | .. | .. | .. | .. | .. | .. | .. |
| Insurance pension and standardised guarantees | .. | .. | .. | .. | .. | .. | .. | .. |
| Financial derivatives and employee stock options | .. | .. | .. | .. | .. | .. | .. | .. |
| Other accounts receivable | .. | .. | .. | .. | .. | .. | .. | .. |
| Financial liabilities | .. | .. | .. | .. | .. | .. | .. | .. |
| Debt securities | .. | .. | .. | .. | .. | .. | .. | .. |
| Short-term debt securities | .. | .. | .. | .. | .. | .. | .. | .. |
| Long-term debt securities | .. | .. | .. | .. | .. | .. | .. | .. |
| Loans | .. | .. | .. | .. | .. | .. | .. | .. |
| Short-term loans | .. | .. | .. | .. | .. | .. | .. | .. |
| Long-term loans | .. | .. | .. | .. | .. | .. | .. | .. |
| Equity and investment fund shares | .. | .. | .. | .. | .. | .. | .. | .. |
| Insurance pension and standardised guarantees | .. | .. | .. | .. | .. | .. | .. | .. |
| Financial derivatives and employee stock options | .. | .. | .. | .. | .. | .. | .. | .. |
| Other accounts payable | .. | .. | .. | .. | .. | .. | .. | .. |
| Non-financial assets | .. | .. | .. | .. | .. | .. | .. | .. |
| **Pension funds** | | | | | | | | |
| Financial net worth | -1 | 0 | 0 | 0 | 0 | 0 | 0 | -4 |
| Financial assets | 776 | 1 147 | 1 343 | 1 425 | 1 669 | 1 907 | 2 320 | 2 667 |
| Currency and deposits | 340 | 445 | 519 | 354 | 332 | 296 | 312 | 519 |
| Debt securities | 288 | 444 | 410 | 580 | 686 | 839 | 1 090 | 1 229 |
| Loans | 0 | 0 | 0 | 0 | 0 | 0 | 0 | 0 |
| Equity and investment fund shares | 146 | 257 | 413 | 488 | 649 | 735 | 916 | 919 |
| Equity | 4 | 7 | 15 | 10 | 12 | 18 | 25 | 44 |
| Investment fund shares | 142 | 249 | 397 | 478 | 637 | 718 | 891 | 875 |
| Money market fund shares | 20 | 37 | 73 | 82 | 2 | 2 | 6 | 0 |
| Non-Money market fund shares | 122 | 213 | 325 | 396 | 635 | 715 | 885 | 875 |
| Insurance pension and standardised guarantees | 0 | 0 | 0 | 0 | 0 | 0 | 0 | 0 |
| Financial derivatives and employee stock options | 1 | 0 | 0 | 0 | 0 | 0 | 0 | 0 |
| Other accounts receivable | 1 | 1 | 1 | 3 | 2 | 37 | 1 | 1 |
| Financial liabilities | 777 | 1 147 | 1 343 | 1 426 | 1 670 | 1 907 | 2 320 | 2 672 |
| Debt securities | 0 | 0 | 0 | 0 | 0 | 0 | 0 | 0 |
| Short-term debt securities | 0 | 0 | 0 | 0 | 0 | 0 | 0 | 0 |
| Long-term debt securities | 0 | 0 | 0 | 0 | 0 | 0 | 0 | 0 |
| Loans | 0 | 0 | 0 | 0 | 0 | 0 | 0 | 0 |
| Short-term loans | 0 | 0 | 0 | 0 | 0 | 0 | 0 | 0 |
| Long-term loans | 0 | 0 | 0 | 0 | 0 | 0 | 0 | 0 |
| Equity and investment fund shares | 2 | 2 | 2 | 2 | 3 | 2 | 3 | 3 |
| Insurance pension and standardised guarantees | 773 | 1 137 | 1 338 | 1 417 | 1 664 | 1 899 | 2 289 | 2 656 |
| Financial derivatives and employee stock options | 2 | 0 | 0 | 1 | 0 | 0 | 1 | 0 |
| Other accounts payable | 2 | 9 | 3 | 5 | 4 | 6 | 27 | 13 |
| Non-financial assets | .. | .. | .. | .. | .. | .. | .. | .. |

*Note:* Detailed metadata at: http://metalinks.oecd.org/instinv/20170516/9be4

## Table 4. Portfolio composition by type of investor

As percentage of financial assets and of financial liabilities

*Per cent*

| | 2008 | 2009 | 2010 | 2011 | 2012 | 2013 | 2014 | 2015 |
|---|---|---|---|---|---|---|---|---|
| **Investment funds** | | | | | | | | |
| Financial assets | 100.0 | 100.0 | 100.0 | 100.0 | 100.0 | 100.0 | 100.0 | .. |
| Currency and deposits | 53.5 | 53.3 | 45.9 | 32.8 | 25.1 | 25.6 | 19.5 | .. |
| Debt securities | 40.7 | 31.1 | 28.0 | 22.3 | 33.3 | 40.7 | 51.5 | .. |
| Loans | 0.0 | 0.0 | 0.0 | 6.4 | 7.6 | 3.0 | 5.9 | .. |
| Equity and investment fund shares | 4.8 | 8.2 | 19.5 | 37.6 | 33.4 | 20.2 | 21.3 | .. |
| Insurance pension and standardised guarantee schemes | 0.0 | 0.0 | 0.0 | 0.0 | 0.0 | 0.0 | 0.0 | .. |
| Financial derivatives and employee stock options | 0.2 | 0.0 | 0.0 | 0.0 | 0.1 | 0.1 | 0.0 | .. |
| Other accounts receivable | 0.9 | 7.4 | 6.5 | 0.9 | 0.6 | 10.3 | 1.7 | .. |
| Financial liabilities | 100.0 | 100.0 | 100.0 | 100.0 | 100.0 | 100.0 | 100.0 | .. |
| Currency and deposits | 0.1 | 0.0 | 0.0 | 0.0 | 0.0 | 0.0 | 0.0 | .. |
| Debt securities | 0.0 | 0.0 | 0.0 | 0.0 | 0.0 | 0.0 | 0.0 | .. |
| Loans | 0.1 | 0.1 | 0.1 | 0.0 | 1.5 | 0.0 | 0.0 | .. |
| Equity and investment fund shares | 98.8 | 99.3 | 99.3 | 99.1 | 98.1 | 90.9 | 96.0 | .. |
| Insurance pension and standardised guarantee schemes | 0.0 | 0.0 | 0.0 | 0.0 | 0.0 | 0.0 | 0.0 | .. |
| Financial derivatives and employee stock options | 0.6 | 0.2 | 0.1 | 0.2 | 0.0 | 0.0 | 0.3 | .. |
| Other accounts receivable | 0.6 | 0.4 | 0.6 | 0.7 | 0.4 | 9.1 | 3.6 | .. |
| **Insurance corporations** | | | | | | | | |
| Financial assets | .. | .. | .. | .. | .. | .. | .. | .. |
| Currency and deposits | .. | .. | .. | .. | .. | .. | .. | .. |
| Debt securities | .. | .. | .. | .. | .. | .. | .. | .. |
| Loans | .. | .. | .. | .. | .. | .. | .. | .. |
| Equity and investment fund shares | .. | .. | .. | .. | .. | .. | .. | .. |
| Insurance pension and standardised guarantee schemes | .. | .. | .. | .. | .. | .. | .. | .. |
| Financial derivatives and employee stock options | .. | .. | .. | .. | .. | .. | .. | .. |
| Other accounts receivable | .. | .. | .. | .. | .. | .. | .. | .. |
| Financial liabilities | .. | .. | .. | .. | .. | .. | .. | .. |
| Currency and deposits | .. | .. | .. | .. | .. | .. | .. | .. |
| Debt securities | .. | .. | .. | .. | .. | .. | .. | .. |
| Loans | .. | .. | .. | .. | .. | .. | .. | .. |
| Equity and investment fund shares | .. | .. | .. | .. | .. | .. | .. | .. |
| Insurance pension and standardised guarantee schemes | .. | .. | .. | .. | .. | .. | .. | .. |
| Financial derivatives and employee stock options | .. | .. | .. | .. | .. | .. | .. | .. |
| Other accounts receivable | .. | .. | .. | .. | .. | .. | .. | .. |
| **Pension funds** | | | | | | | | |
| Financial assets | 100.0 | 100.0 | 100.0 | 100.0 | 100.0 | 100.0 | 100.0 | 100.0 |
| Currency and deposits | 43.9 | 38.8 | 38.6 | 24.9 | 19.9 | 15.5 | 13.5 | 19.4 |
| Debt securities | 37.1 | 38.7 | 30.5 | 40.7 | 41.1 | 44.0 | 47.0 | 46.1 |
| Loans | 0.0 | 0.0 | 0.0 | 0.0 | 0.0 | 0.0 | 0.0 | 0.0 |
| Equity and investment fund shares | 18.8 | 22.4 | 30.8 | 34.3 | 38.9 | 38.6 | 39.5 | 34.5 |
| Insurance pension and standardised guarantee schemes | 0.0 | 0.0 | 0.0 | 0.0 | 0.0 | 0.0 | 0.0 | 0.0 |
| Financial derivatives and employee stock options | 0.1 | 0.0 | 0.0 | 0.0 | 0.0 | 0.0 | 0.0 | 0.0 |
| Other accounts receivable | 0.1 | 0.1 | 0.1 | 0.2 | 0.1 | 1.9 | 0.1 | 0.0 |
| Financial liabilities | 100.0 | 100.0 | 100.0 | 100.0 | 100.0 | 100.0 | 100.0 | 100.0 |
| Currency and deposits | 0.0 | 0.0 | 0.0 | 0.0 | 0.0 | 0.0 | 0.0 | 0.0 |
| Debt securities | 0.0 | 0.0 | 0.0 | 0.0 | 0.0 | 0.0 | 0.0 | 0.0 |
| Loans | 0.0 | 0.0 | 0.0 | 0.0 | 0.0 | 0.0 | 0.0 | 0.0 |
| Equity and investment fund shares | 0.2 | 0.2 | 0.2 | 0.2 | 0.1 | 0.1 | 0.1 | 0.1 |
| Insurance pension and standardised guarantee schemes | 99.4 | 99.1 | 99.6 | 99.4 | 99.6 | 99.6 | 98.7 | 99.4 |
| Financial derivatives and employee stock options | 0.2 | 0.0 | 0.0 | 0.1 | 0.0 | 0.0 | 0.0 | 0.0 |
| Other accounts receivable | 0.2 | 0.7 | 0.2 | 0.4 | 0.2 | 0.3 | 1.2 | 0.5 |

*Note:* Detailed metadata at: http://metalinks.oecd.org/instinv/20170516/f09d

## Table 1. Financial assets and liabilities of institutional investors, 2015

*Million EUR (1999 LUF euro)*

| | Investment funds | | | | |
|---|---|---|---|---|---|
| | | Non-money market funds | | | Money market funds |
| | Total | Total | Open-end non-money market funds | Closed-end non-money market funds | Total |
| Financial assets | 3 834 829 | 3 578 730 | 3 517 762 | 60 968 | 256 099 |
| Currency and deposits | 252 498 | 211 231 | 204 093 | 7 138 | 41 267 |
| Debt securities | 1 611 200 | 1 404 253 | 1 396 331 | 7 922 | 206 947 |
| Debt securities, short term | 278 748 | 116 966 | 116 937 | 29 | 161 783 |
| Debt securities, long term | 1 332 452 | 1 287 287 | 1 279 394 | 7 893 | 45 165 |
| Debt securities issued by residents | 60 903 | 57 425 | 51 011 | 6 415 | 3 478 |
| Debt securities issued by non-residents | 1 550 297 | 1 346 827 | 1 345 320 | 1 507 | 203 469 |
| Loans | 0 | 0 | 0 | 0 | 0 |
| Loans, short-term | 0 | 0 | 0 | 0 | 0 |
| Loans, long-term | 0 | 0 | 0 | 0 | 0 |
| Loans granted to residents | 0 | 0 | 0 | 0 | 0 |
| Loans granted to non-residents | 0 | 0 | 0 | 0 | 0 |
| Equity and investment fund shares/units | 1 691 409 | 1 686 254 | 1 644 756 | 41 498 | 5 155 |
| Equity and investment fund shares issued/units by residents | 290 744 | 286 842 | 269 407 | 17 435 | 3 902 |
| Equity and investment fund shares/units issued by non residents | 1 400 665 | 1 399 412 | 1 375 348 | 24 063 | 1 254 |
| Other accounts receivable | 112 551 | 109 936 | 106 169 | 3 767 | 2 615 |

| | Investment funds | | | | |
|---|---|---|---|---|---|
| | | Non-money market funds | | | Money market funds |
| | Total | Total | Open-end non-money market funds | Closed-end non-money market funds | Total |
| Financial liabilities | 3 844 184 | 3 588 085 | 3 526 499 | 61 586 | 256 099 |
| Currency and deposits | 0 | 0 | 0 | 0 | 0 |
| Debt securities | 3 424 | 3 424 | 3 248 | 175 | 0 |
| Debt securities, short term | 0 | 0 | 0 | 0 | 0 |
| Debt securities, long term | 3 424 | 3 424 | 3 248 | 175 | 0 |
| Loans | 48 082 | 47 559 | 44 813 | 2 746 | 523 |
| Loans, short-term | 43 267 | 42 744 | 41 187 | 1 557 | 523 |
| Loans, long-term | 4 815 | 4 815 | 3 625 | 1 189 | 0 |
| Equity and investment fund shares/units | 3 540 757 | 3 288 985 | 3 232 989 | 55 996 | 251 772 |
| Insurance pension and standardised guaratees | 0 | 0 | 0 | 0 | 0 |
| Financial derivatives and employee stock options | 147 727 | 147 629 | 147 610 | 19 | 98 |
| Other accounts payable | 104 195 | 100 488 | 97 839 | 2 649 | 3 707 |

| | Insurance corporations and pension funds | | | | |
|---|---|---|---|---|---|
| | | Insurance corporations | | | Pension funds |
| | Total | Total | Life insurance corporations | Non-life insurance corporations | Total |
| Financial assets | 177 355 | 175 518 | 149 759 | 25 759 | 1 837 |
| Currency and deposits | 15 577 | 15 507 | 11 262 | 4 245 | 70 |
| Debt securities | 40 665 | 39 908 | 31 061 | 8 848 | 757 |
| Debt securities, short-term | 548 | 548 | 265 | 283 | 0 |
| Debt securities, long term | 40 117 | 39 360 | 30 796 | 8 564 | 757 |
| Debt securities issued by residents | 3 725 | 3 665 | 3 186 | 479 | 60 |
| Debt securities issued by non-residents | 36 940 | 36 243 | 27 875 | 8 368 | 697 |
| Loans | 9 621 | 9 620 | 6 616 | 3 005 | 1 |
| Loans, short-term | 3 322 | 3 321 | 802 | 2 519 | 1 |
| Loans, long-term | 6 299 | 6 299 | 5 813 | 486 | 0 |
| Loans granted to residents | 1 358 | 1 357 | 29 | 1 328 | 1 |
| Loans granted to non-residents | 8 264 | 8 264 | 6 587 | 1 677 | 0 |
| Equity and investment fund shares/units | 87 517 | 86 549 | 80 425 | 6 124 | 968 |
| Equity and investment fund shares/units issued by residents | 40 811 | 39 911 | 35 105 | 4 806 | 900 |
| Equity and investment fund shares/units issued by non residents | 46 706 | 46 638 | 45 320 | 1 318 | 68 |
| Other accounts receivable | 5 265 | 5 223 | 3 671 | 1 553 | 42 |

| | Insurance corporations and pension funds | | | | |
|---|---|---|---|---|---|
| | | Insurance corporations | | | Pension funds |
| | Total | Total | Life insurance corporations | Non-life insurance corporations | Total |
| Financial liabilities | 177 528 | 175 696 | 149 824 | 25 873 | 1 832 |
| Currency and deposits | 0 | 0 | 0 | 0 | 0 |
| Debt securities | 267 | 267 | 262 | 4 | 0 |
| Debt securities, short term | 0 | 0 | 0 | 0 | 0 |
| Debt securities, long term | 267 | 267 | 262 | 4 | 0 |
| Loans | 7 447 | 7 447 | 6 997 | 450 | 0 |
| Loans, short-term | 7 447 | 7 447 | 6 997 | 450 | 0 |
| Loans, long-term | 0 | 0 | 0 | 0 | 0 |
| Equity and investment fund shares/units | 4 874 | 4 874 | 1 840 | 3 034 | 0 |
| Insurance pension and standardised guarantees | 148 722 | 146 919 | 136 582 | 10 337 | 1 803 |
| Financial derivatives and employee stock options | 55 | 55 | 55 | 0 | 0 |
| Other accounts payable | 16 163 | 16 134 | 4 087 | 12 047 | 29 |

*Note:* Detailed metadata at: http://metalinks.oecd.org/instinv/20170516/5cc5

## Table 2. Financial assets and liabilities of investment funds

*Million EUR*

| | 2008 | 2009 | 2010 | 2011 | 2012 | 2013 | 2014 | 2015 |
|---|---|---|---|---|---|---|---|---|
| **Investment funds** | | | | | | | | |
| Financial net worth | -7 851 | -6 853 | -11 742 | -7 799 | -7 776 | -8 065 | -10 528 | -9 354 |
| Financial assets | 1 741 727 | 2 009 510 | 2 415 359 | 2 361 149 | 2 650 942 | 2 921 807 | 3 377 964 | 3 834 829 |
| Currency and deposits | 238 715 | 159 614 | 181 513 | 216 250 | 204 793 | 230 406 | 263 317 | 252 498 |
| Debt securities | 727 552 | 867 292 | 984 497 | 1 004 787 | 1 175 833 | 1 206 105 | 1 461 367 | 1 611 200 |
| Loans | 0 | 0 | 0 | 0 | 0 | 0 | 0 | 0 |
| Equity and investment fund shares | 597 483 | 803 280 | 1 014 274 | 871 707 | 993 919 | 1 196 586 | 1 455 169 | 1 691 409 |
| Equity | 420 027 | 607 711 | 763 939 | 635 878 | 724 696 | 876 831 | 1 056 323 | 1 227 746 |
| Investment fund shares | 177 456 | 195 569 | 250 335 | 235 829 | 269 223 | 319 755 | 398 846 | 463 663 |
| Money market fund shares | 25 431 | 16 653 | 16 333 | 23 391 | 11 651 | 17 142 | 21 891 | 33 783 |
| Non-Money market fund shares | 152 025 | 178 916 | 234 002 | 212 438 | 257 572 | 302 614 | 376 956 | 429 880 |
| Insurance pension and standardised guarantees | 0 | 0 | 0 | 0 | 0 | 0 | 0 | 0 |
| Financial derivatives and employee stock options | 99 438 | 116 085 | 162 855 | 192 169 | 190 826 | 203 777 | 100 139 | 167 172 |
| Other accounts receivable | 78 538 | 63 238 | 72 221 | 76 236 | 85 572 | 84 933 | 97 972 | 112 551 |
| Financial liabilities | 1 749 577 | 2 016 363 | 2 427 101 | 2 368 949 | 2 658 718 | 2 929 872 | 3 388 492 | 3 844 184 |
| Debt securities | 538 | 1 277 | 1 243 | 1 691 | 1 582 | 2 449 | 3 303 | 3 424 |
| Short-term debt securities | 0 | 0 | 0 | 0 | 0 | 0 | 0 | 0 |
| Long-term debt securities | 538 | 1 277 | 1 243 | 1 691 | 1 582 | 2 449 | 3 303 | 3 424 |
| Loans | 46 193 | 22 077 | 25 759 | 27 744 | 30 116 | 48 442 | 60 707 | 48 082 |
| Short-term loans | 41 426 | 18 074 | 22 112 | 24 599 | 27 255 | 45 167 | 57 154 | 43 267 |
| Long-term loans | 4 767 | 4 004 | 3 646 | 3 145 | 2 861 | 3 275 | 3 553 | 4 815 |
| Equity and investment fund shares | 1 560 779 | 1 863 141 | 2 215 520 | 2 106 445 | 2 397 513 | 2 627 253 | 3 137 529 | 3 540 757 |
| Insurance pension and standardised guarantees | 0 | 0 | 0 | 0 | 0 | 0 | 0 | 0 |
| Financial derivatives and employee stock options | 75 742 | 55 274 | 110 672 | 148 761 | 142 402 | 161 744 | 63 948 | 147 727 |
| Other accounts payable | 66 325 | 74 594 | 73 907 | 84 306 | 87 103 | 89 984 | 123 005 | 104 195 |
| Non-financial assets | 7 851 | 6 853 | 11 742 | 7 799 | 7 776 | 8 065 | 10 528 | 9 354 |
| **Money market funds** | | | | | | | | |
| Financial net worth | 0 | 0 | 0 | 0 | 0 | 0 | 0 | 0 |
| Financial assets | 346 369 | 322 716 | 289 002 | 305 900 | 224 286 | 198 793 | 223 764 | 256 099 |
| Currency and deposits | 109 380 | 55 024 | 57 535 | 75 450 | 52 086 | 43 604 | 34 372 | 41 267 |
| Debt securities | 231 255 | 265 385 | 225 370 | 223 421 | 167 631 | 149 345 | 182 360 | 206 947 |
| Loans | 0 | 0 | 0 | 0 | 0 | 0 | 0 | 0 |
| Equity and investment fund shares | 97 | 486 | 786 | 858 | 647 | 3 555 | 4 157 | 5 155 |
| Equity | 42 | 0 | 44 | 20 | 0 | 5 | 0 | 0 |
| Investment fund shares | 55 | 486 | 742 | 838 | 647 | 3 550 | 4 157 | 5 155 |
| Money market fund shares | 44 | 391 | 505 | 782 | 549 | 3 547 | 4 157 | 5 155 |
| Non-Money market fund shares | 11 | 95 | 237 | 56 | 98 | 3 | 0 | 0 |
| Insurance pension and standardised guarantees | 0 | 0 | 0 | 0 | 0 | 0 | 0 | 0 |
| Financial derivatives and employee stock options | 368 | 171 | 1 047 | 821 | 28 | 25 | 53 | 114 |
| Other accounts receivable | 5 269 | 1 651 | 4 264 | 5 350 | 3 894 | 2 264 | 2 821 | 2 615 |
| Financial liabilities | 346 369 | 322 716 | 289 002 | 305 900 | 224 286 | 198 793 | 223 764 | 256 099 |
| Debt securities | 0 | 0 | 0 | 0 | 0 | 0 | 0 | 0 |
| Short-term debt securities | 0 | 0 | 0 | 0 | 0 | 0 | 0 | 0 |
| Long-term debt securities | 0 | 0 | 0 | 0 | 0 | 0 | 0 | 0 |
| Loans | 4 932 | 1 011 | 809 | 957 | 67 | 594 | 533 | 523 |
| Short-term loans | 4 932 | 1 011 | 809 | 957 | 67 | 594 | 533 | 523 |
| Long-term loans | 0 | 0 | 0 | 0 | 0 | 0 | 0 | 0 |
| Equity and investment fund shares | 328 388 | 317 849 | 283 252 | 298 168 | 220 251 | 194 787 | 214 284 | 251 772 |
| Insurance pension and standardised guarantees | 0 | 0 | 0 | 0 | 0 | 0 | 0 | 0 |
| Financial derivatives and employee stock options | 832 | 209 | 1 147 | 845 | 32 | 5 | 13 | 98 |
| Other accounts payable | 12 217 | 3 647 | 3 794 | 5 930 | 3 937 | 3 407 | 8 934 | 3 707 |
| Non-financial assets | 0 | 0 | 0 | 0 | 0 | 0 | 0 | 0 |
| **Non-money market funds** | | | | | | | | |
| Financial net worth | -7 851 | -6 853 | -11 742 | -7 799 | -7 776 | -8 065 | -10 528 | -9 354 |
| Financial assets | 1 395 358 | 1 686 793 | 2 126 357 | 2 055 249 | 2 426 656 | 2 723 014 | 3 154 200 | 3 578 730 |
| Currency and deposits | 129 336 | 104 591 | 123 978 | 140 800 | 152 707 | 186 802 | 228 945 | 211 231 |
| Debt securities | 496 297 | 601 908 | 759 126 | 781 366 | 1 008 202 | 1 056 760 | 1 279 007 | 1 404 253 |
| Loans | 0 | 0 | 0 | 0 | 0 | 0 | 0 | 0 |
| Equity and investment fund shares | 597 386 | 802 794 | 1 013 488 | 870 849 | 993 272 | 1 193 031 | 1 451 012 | 1 686 254 |
| Equity | 419 985 | 607 711 | 763 895 | 635 858 | 724 696 | 876 826 | 1 056 323 | 1 227 746 |
| Investment fund shares | 177 401 | 195 083 | 249 593 | 234 991 | 268 576 | 316 205 | 394 689 | 458 508 |
| Money market fund shares | 25 388 | 16 262 | 15 828 | 22 609 | 11 101 | 13 595 | 17 733 | 28 627 |
| Non-Money market fund shares | 152 014 | 178 822 | 233 765 | 212 382 | 257 474 | 302 610 | 376 956 | 429 880 |
| Insurance pension and standardised guarantees | 0 | 0 | 0 | 0 | 0 | 0 | 0 | 0 |
| Financial derivatives and employee stock options | 99 070 | 115 914 | 161 807 | 191 347 | 190 798 | 203 752 | 100 086 | 167 057 |
| Other accounts receivable | 73 269 | 61 587 | 67 957 | 70 887 | 81 678 | 82 669 | 95 150 | 109 936 |
| Financial liabilities | 1 403 209 | 1 693 647 | 2 138 099 | 2 063 048 | 2 434 432 | 2 731 079 | 3 164 728 | 3 588 085 |
| Debt securities | 538 | 1 277 | 1 243 | 1 691 | 1 582 | 2 449 | 3 303 | 3 424 |
| Short-term debt securities | 0 | 0 | 0 | 0 | 0 | 0 | 0 | 0 |
| Long-term debt securities | 538 | 1 277 | 1 243 | 1 691 | 1 582 | 2 449 | 3 303 | 3 424 |
| Loans | 41 262 | 21 066 | 24 949 | 26 787 | 30 050 | 47 848 | 60 174 | 47 559 |
| Short-term loans | 36 495 | 17 063 | 21 303 | 23 642 | 27 188 | 44 573 | 56 621 | 42 744 |
| Long-term loans | 4 767 | 4 004 | 3 646 | 3 145 | 2 861 | 3 275 | 3 553 | 4 815 |
| Equity and investment fund shares | 1 232 391 | 1 545 291 | 1 932 269 | 1 808 277 | 2 177 262 | 2 432 465 | 2 923 244 | 3 288 985 |
| Insurance pension and standardised guarantees | 0 | 0 | 0 | 0 | 0 | 0 | 0 | 0 |
| Financial derivatives and employee stock options | 74 910 | 55 065 | 109 524 | 147 917 | 142 371 | 161 739 | 63 935 | 147 629 |
| Other accounts payable | 54 108 | 70 947 | 70 113 | 78 376 | 83 167 | 86 577 | 114 071 | 100 488 |
| Non-financial assets | 7 851 | 6 853 | 11 742 | 7 799 | 7 776 | 8 065 | 10 528 | 9 354 |
| **Open-end non-money market funds** | | | | | | | | |
| Financial net worth | -7 144 | -6 528 | -11 348 | -7 691 | -7 755 | -8 037 | -9 339 | -8 736 |
| Financial assets | 1 390 355 | 1 680 418 | 2 118 365 | 2 042 949 | 2 412 370 | 2 706 977 | 3 099 713 | 3 517 762 |

## Table 2. Financial assets and liabilities of investment funds *(cont.)*

*Million EUR*

| | 2008 | 2009 | 2010 | 2011 | 2012 | 2013 | 2014 | 2015 |
|---|---|---|---|---|---|---|---|---|
| Currency and deposits | 128 462 | 103 527 | 122 783 | 138 057 | 149 686 | 184 463 | 221 298 | 204 093 |
| Debt securities | 495 944 | 601 089 | 756 885 | 779 035 | 1 005 479 | 1 054 245 | 1 272 404 | 1 396 331 |
| Loans | 0 | 0 | 0 | 0 | 0 | 0 | 0 | 0 |
| Equity and investment fund shares | 594 218 | 799 449 | 1 009 521 | 864 252 | 985 877 | 1 183 723 | 1 414 640 | 1 644 756 |
| Equity | 417 899 | 604 824 | 760 666 | 630 959 | 719 214 | 870 545 | 1 038 437 | 1 207 335 |
| Investment fund shares | 176 319 | 194 625 | 248 854 | 233 293 | 266 663 | 313 179 | 376 203 | 437 421 |
| Money market fund shares | 25 285 | 16 161 | 15 549 | 22 537 | 11 032 | 13 594 | 17 727 | 28 616 |
| Non-Money market fund shares | 151 034 | 178 464 | 233 305 | 210 756 | 255 631 | 299 585 | 358 476 | 408 806 |
| Insurance pension and standardised guarantees | 0 | 0 | 0 | 0 | 0 | 0 | 0 | 0 |
| Financial derivatives and employee stock options | 99 066 | 115 904 | 161 793 | 191 339 | 190 796 | 203 752 | 99 801 | 166 413 |
| Other accounts receivable | 72 664 | 60 449 | 67 383 | 70 267 | 80 531 | 80 794 | 91 570 | 106 169 |
| Financial liabilities | 1 397 499 | 1 686 946 | 2 129 713 | 2 050 640 | 2 420 124 | 2 715 014 | 3 109 052 | 3 526 499 |
| Debt securities | 538 | 1 277 | 1 243 | 1 691 | 1 582 | 2 449 | 3 274 | 3 248 |
| Short-term debt securities | 0 | 0 | 0 | 0 | 0 | 0 | 0 | 0 |
| Long-term debt securities | 538 | 1 277 | 1 243 | 1 691 | 1 582 | 2 449 | 3 274 | 3 248 |
| Loans | 40 608 | 20 518 | 24 436 | 26 437 | 29 135 | 47 282 | 58 190 | 44 813 |
| Short-term loans | 36 435 | 16 933 | 21 265 | 23 598 | 27 129 | 44 535 | 55 803 | 41 187 |
| Long-term loans | 4 172 | 3 585 | 3 171 | 2 839 | 2 006 | 2 747 | 2 386 | 3 625 |
| Equity and investment fund shares | 1 227 824 | 1 539 704 | 1 924 978 | 1 796 830 | 2 164 687 | 2 417 568 | 2 872 004 | 3 232 989 |
| Insurance pension and standardised guarantees | 0 | 0 | 0 | 0 | 0 | 0 | 0 | 0 |
| Financial derivatives and employee stock options | 74 891 | 55 027 | 109 469 | 147 887 | 142 352 | 161 739 | 63 903 | 147 610 |
| Other accounts payable | 53 638 | 70 421 | 69 587 | 77 795 | 82 368 | 85 976 | 111 682 | 97 839 |
| Non-financial assets | 7 144 | 6 528 | 11 348 | 7 691 | 7 755 | 8 037 | 9 339 | 8 736 |
| **Open-end investment funds** | | | | | | | | |
| Financial net worth | -7 144 | -6 528 | -11 348 | -7 691 | -7 755 | -8 037 | -9 339 | -8 736 |
| Financial assets | 1 736 723 | 2 003 134 | 2 407 367 | 2 348 850 | 2 636 655 | 2 905 770 | 3 323 477 | 3 773 861 |
| Currency and deposits | 237 842 | 158 551 | 180 318 | 213 507 | 201 772 | 228 067 | 255 670 | 245 360 |
| Debt securities | 727 199 | 866 474 | 982 256 | 1 002 456 | 1 173 110 | 1 203 590 | 1 454 764 | 1 603 278 |
| Loans | 0 | 0 | 0 | 0 | 0 | 0 | 0 | 0 |
| Equity and investment fund shares | 594 315 | 799 935 | 1 010 306 | 865 111 | 986 524 | 1 187 279 | 1 418 797 | 1 649 911 |
| Equity | 417 942 | 604 824 | 760 710 | 630 980 | 719 214 | 870 550 | 1 038 437 | 1 207 335 |
| Investment fund shares | 176 374 | 195 111 | 249 596 | 234 131 | 267 310 | 316 729 | 380 360 | 442 577 |
| Money market fund shares | 25 329 | 16 552 | 16 055 | 23 319 | 11 581 | 17 140 | 21 884 | 33 771 |
| Non-Money market fund shares | 151 045 | 178 559 | 233 542 | 210 812 | 255 729 | 299 589 | 358 476 | 408 806 |
| Insurance pension and standardised guarantees | 0 | 0 | 0 | 0 | 0 | 0 | 0 | 0 |
| Financial derivatives and employee stock options | 99 434 | 116 075 | 162 840 | 192 160 | 190 824 | 203 776 | 99 855 | 166 528 |
| Other accounts receivable | 77 934 | 62 100 | 71 646 | 75 616 | 84 425 | 83 058 | 94 391 | 108 784 |
| Financial liabilities | 1 743 867 | 2 009 662 | 2 418 715 | 2 356 541 | 2 644 410 | 2 913 807 | 3 332 816 | 3 782 598 |
| Debt securities | 538 | 1 277 | 1 243 | 1 691 | 1 582 | 2 449 | 3 274 | 3 248 |
| Short-term debt securities | 0 | 0 | 0 | 0 | 0 | 0 | 0 | 0 |
| Long-term debt securities | 538 | 1 277 | 1 243 | 1 691 | 1 582 | 2 449 | 3 274 | 3 248 |
| Loans | 45 539 | 21 529 | 25 245 | 27 394 | 29 202 | 47 876 | 58 723 | 45 335 |
| Short-term loans | 41 367 | 17 944 | 22 074 | 24 555 | 27 196 | 45 129 | 56 337 | 41 710 |
| Long-term loans | 4 172 | 3 585 | 3 171 | 2 839 | 2 006 | 2 747 | 2 386 | 3 625 |
| Equity and investment fund shares | 1 556 212 | 1 857 553 | 2 208 230 | 2 094 998 | 2 384 938 | 2 612 355 | 3 086 288 | 3 484 761 |
| Insurance pension and standardised guarantees | 0 | 0 | 0 | 0 | 0 | 0 | 0 | 0 |
| Financial derivatives and employee stock options | 75 723 | 55 236 | 110 616 | 148 732 | 142 383 | 161 744 | 63 915 | 147 708 |
| Other accounts payable | 65 855 | 74 068 | 73 381 | 83 726 | 86 305 | 89 383 | 120 617 | 101 546 |
| Non-financial assets | 7 144 | 6 528 | 11 348 | 7 691 | 7 755 | 8 037 | 9 339 | 8 736 |

*Note:* Detailed metadata at: http://metalinks.oecd.org/instinv/20170516/5cc5

## Table 3. Financial assets and liabilities of insurance corporations and pension funds

*Million EUR*

| | 2008 | 2009 | 2010 | 2011 | 2012 | 2013 | 2014 | 2015 |
|---|---|---|---|---|---|---|---|---|
| **Insurance corporations and pension funds** | | | | | | | | |
| Financial net worth | 349 | 341 | 174 | 626 | 913 | 880 | 2 094 | -173 |
| Financial assets | 81 724 | 102 048 | 121 917 | 123 153 | 135 052 | 143 835 | 164 411 | 177 355 |
| Currency and deposits | 8 086 | 9 457 | 9 385 | 10 830 | 11 748 | 12 210 | 12 993 | 15 577 |
| Debt securities | 25 447 | 29 815 | 36 510 | 37 256 | 40 096 | 39 994 | 44 641 | 40 665 |
| Loans | 1 884 | 1 504 | 1 625 | 1 786 | 2 076 | 1 739 | 1 982 | 9 621 |
| Equity and investment fund shares | 36 706 | 47 335 | 56 215 | 55 832 | 62 269 | 67 364 | 77 162 | 87 517 |
| Equity | 7 021 | 11 331 | 12 557 | 12 653 | 12 925 | 14 308 | 13 820 | 16 887 |
| Investment fund shares | 29 685 | 36 004 | 43 658 | 43 178 | 49 343 | 53 056 | 63 343 | 70 630 |
| Money market fund shares | 5 802 | 5 123 | 4 283 | 5 500 | 3 968 | 3 087 | 3 602 | 3 910 |
| Non-Money market fund shares | 23 883 | 30 881 | 39 375 | 37 679 | 45 375 | 49 969 | 59 740 | 66 720 |
| Insurance pension and standardised guarantees | 8 469 | 12 928 | 16 982 | 16 312 | 17 514 | 21 250 | 26 212 | 18 386 |
| Financial derivatives and employee stock options | 0 | 0 | 0 | 0 | 0 | 0 | 0 | 323 |
| Other accounts receivable | 1 132 | 1 009 | 1 200 | 1 137 | 1 350 | 1 279 | 1 421 | 5 265 |
| Financial liabilities | 81 375 | 101 706 | 121 742 | 122 527 | 134 139 | 142 955 | 162 317 | 177 528 |
| Debt securities | 9 | 8 | 4 | 6 | 6 | 3 | 3 | 267 |
| Short-term debt securities | 0 | 0 | 0 | 0 | 0 | 0 | 0 | 0 |
| Long-term debt securities | 9 | 8 | 4 | 6 | 6 | 3 | 3 | 267 |
| Loans | 6 679 | 9 090 | 11 371 | 8 729 | 6 204 | 6 284 | 7 764 | 7 447 |
| Short-term loans | 6 653 | 9 028 | 11 300 | 8 655 | 6 152 | 6 231 | 7 702 | 7 447 |
| Long-term loans | 26 | 62 | 71 | 75 | 52 | 53 | 62 | 0 |
| Equity and investment fund shares | 6 262 | 10 047 | 9 769 | 10 416 | 10 635 | 9 506 | 10 170 | 4 874 |
| Insurance pension and standardised guarantees | 67 849 | 82 120 | 100 096 | 102 714 | 116 546 | 126 414 | 143 409 | 148 722 |
| Financial derivatives and employee stock options | 0 | 0 | 0 | 0 | 0 | 0 | 0 | 55 |
| Other accounts payable | 577 | 440 | 503 | 662 | 748 | 747 | 971 | 16 163 |
| Non-financial assets | 205 | 240 | 268 | 291 | 230 | 235 | 335 | 178 |
| **Insurance corporations** | | | | | | | | |
| Financial net worth | 348 | 341 | 174 | 626 | 913 | 880 | 2 093 | -178 |
| Financial assets | 81 334 | 101 204 | 121 020 | 122 184 | 133 963 | 142 654 | 162 648 | 175 518 |
| Currency and deposits | 8 040 | 9 200 | 9 312 | 10 789 | 11 707 | 12 164 | 12 909 | 15 507 |
| Debt securities | 25 388 | 29 623 | 36 057 | 36 752 | 39 554 | 39 419 | 43 868 | 39 908 |
| Loans | 1 880 | 1 502 | 1 623 | 1 784 | 2 075 | 1 737 | 1 981 | 9 620 |
| Equity and investment fund shares | 36 430 | 46 947 | 55 857 | 55 425 | 61 776 | 66 820 | 76 274 | 86 549 |
| Equity | 7 020 | 11 329 | 12 555 | 12 652 | 12 924 | 14 260 | 13 820 | 16 887 |
| Investment fund shares | 29 410 | 35 618 | 43 302 | 42 772 | 48 852 | 52 560 | 62 454 | 69 663 |
| Money market fund shares | 5 748 | 5 068 | 4 249 | 5 448 | 3 929 | 3 058 | 3 552 | 3 849 |
| Non-Money market fund shares | 23 662 | 30 550 | 39 053 | 37 324 | 44 923 | 49 502 | 58 902 | 65 813 |
| Insurance pension and standardised guarantees | 8 469 | 12 928 | 16 982 | 16 312 | 17 514 | 21 250 | 26 212 | 18 386 |
| Financial derivatives and employee stock options | 0 | 0 | 0 | 0 | 0 | 0 | 0 | 323 |
| Other accounts receivable | 1 127 | 1 004 | 1 190 | 1 122 | 1 338 | 1 264 | 1 405 | 5 223 |
| Financial liabilities | 80 986 | 100 863 | 120 846 | 121 558 | 133 050 | 141 775 | 160 554 | 175 696 |
| Debt securities | 9 | 8 | 4 | 6 | 6 | 3 | 3 | 267 |
| Short-term debt securities | 0 | 0 | 0 | 0 | 0 | 0 | 0 | 0 |
| Long-term debt securities | 9 | 8 | 4 | 6 | 6 | 3 | 3 | 267 |
| Loans | 6 679 | 9 090 | 11 371 | 8 729 | 6 204 | 6 284 | 7 764 | 7 447 |
| Short-term loans | 6 653 | 9 028 | 11 300 | 8 655 | 6 152 | 6 231 | 7 702 | 7 447 |
| Long-term loans | 26 | 62 | 71 | 75 | 52 | 53 | 62 | 0 |
| Equity and investment fund shares | 6 262 | 10 047 | 9 769 | 10 416 | 10 635 | 9 506 | 10 170 | 4 874 |
| Insurance pension and standardised guarantees | 67 465 | 81 279 | 99 205 | 101 753 | 115 462 | 125 241 | 141 689 | 146 919 |
| Financial derivatives and employee stock options | 0 | 0 | 0 | 0 | 0 | 0 | 0 | 55 |
| Other accounts payable | 571 | 437 | 498 | 654 | 743 | 740 | 928 | 16 134 |
| Non-financial assets | 205 | 240 | 268 | 291 | 230 | 235 | 335 | 178 |
| **Pension funds** | | | | | | | | |
| Financial net worth | 1 | 0 | 0 | 0 | 0 | 0 | 0 | 5 |
| Financial assets | 390 | 844 | 896 | 969 | 1 089 | 1 181 | 1 763 | 1 837 |
| Currency and deposits | 47 | 256 | 73 | 41 | 41 | 46 | 84 | 70 |
| Debt securities | 58 | 193 | 453 | 503 | 542 | 575 | 773 | 757 |
| Loans | 4 | 2 | 2 | 2 | 1 | 1 | 1 | 1 |
| Equity and investment fund shares | 276 | 388 | 359 | 407 | 493 | 544 | 889 | 968 |
| Equity | 1 | 2 | 2 | 1 | 2 | 48 | 0 | 0 |
| Investment fund shares | 275 | 386 | 356 | 406 | 491 | 496 | 889 | 968 |
| Money market fund shares | 54 | 55 | 35 | 52 | 40 | 29 | 51 | 61 |
| Non-Money market fund shares | 221 | 331 | 321 | 355 | 452 | 467 | 838 | 907 |
| Insurance pension and standardised guarantees | 0 | 0 | 0 | 0 | 0 | 0 | 0 | 0 |
| Financial derivatives and employee stock options | 0 | 0 | 0 | 0 | 0 | 0 | 0 | 0 |
| Other accounts receivable | 5 | 5 | 11 | 16 | 12 | 15 | 17 | 42 |
| Financial liabilities | 390 | 843 | 896 | 968 | 1 089 | 1 180 | 1 763 | 1 832 |
| Debt securities | 0 | 0 | 0 | 0 | 0 | 0 | 0 | 0 |
| Short-term debt securities | 0 | 0 | 0 | 0 | 0 | 0 | 0 | 0 |
| Long-term debt securities | 0 | 0 | 0 | 0 | 0 | 0 | 0 | 0 |
| Loans | 0 | 0 | 0 | 0 | 0 | 0 | 0 | 0 |
| Short-term loans | 0 | 0 | 0 | 0 | 0 | 0 | 0 | 0 |
| Long-term loans | 0 | 0 | 0 | 0 | 0 | 0 | 0 | 0 |
| Equity and investment fund shares | 0 | 0 | 0 | 0 | 0 | 0 | 0 | 0 |
| Insurance pension and standardised guarantees | 384 | 841 | 891 | 961 | 1 084 | 1 173 | 1 720 | 1 803 |
| Financial derivatives and employee stock options | 0 | 0 | 0 | 0 | 0 | 0 | 0 | 0 |
| Other accounts payable | 5 | 2 | 5 | 8 | 5 | 7 | 43 | 29 |
| Non-financial assets | 0 | 0 | 0 | 0 | 0 | 0 | 0 | 0 |

*Note:* Detailed metadata at: http://metalinks.oecd.org/instinv/20170516/5cc5

## Table 4. Portfolio composition by type of investor

As percentage of financial assets and of financial liabilities

*Per cent*

| | 2008 | 2009 | 2010 | 2011 | 2012 | 2013 | 2014 | 2015 |
|---|---|---|---|---|---|---|---|---|
| **Investment funds** | | | | | | | | |
| Financial assets | 100.0 | 100.0 | 100.0 | 100.0 | 100.0 | 100.0 | 100.0 | 100.0 |
| Currency and deposits | 13.7 | 7.9 | 7.5 | 9.2 | 7.7 | 7.9 | 7.8 | 6.6 |
| Debt securities | 41.8 | 43.2 | 40.8 | 42.6 | 44.4 | 41.3 | 43.3 | 42.0 |
| Loans | 0.0 | 0.0 | 0.0 | 0.0 | 0.0 | 0.0 | 0.0 | 0.0 |
| Equity and investment fund shares | 34.3 | 40.0 | 42.0 | 36.9 | 37.5 | 41.0 | 43.1 | 44.1 |
| Insurance pension and standardised guarantee schemes | 0.0 | 0.0 | 0.0 | 0.0 | 0.0 | 0.0 | 0.0 | 0.0 |
| Financial derivatives and employee stock options | 5.7 | 5.8 | 6.7 | 8.1 | 7.2 | 7.0 | 3.0 | 4.4 |
| Other accounts receivable | 4.5 | 3.1 | 3.0 | 3.2 | 3.2 | 2.9 | 2.9 | 2.9 |
| Financial liabilities | 100.0 | 100.0 | 100.0 | 100.0 | 100.0 | 100.0 | 100.0 | 100.0 |
| Currency and deposits | 0.0 | 0.0 | 0.0 | 0.0 | 0.0 | 0.0 | 0.0 | 0.0 |
| Debt securities | 0.0 | 0.1 | 0.1 | 0.1 | 0.1 | 0.1 | 0.1 | 0.1 |
| Loans | 2.6 | 1.1 | 1.1 | 1.2 | 1.1 | 1.7 | 1.8 | 1.3 |
| Equity and investment fund shares | 89.2 | 92.4 | 91.3 | 88.9 | 90.2 | 89.7 | 92.6 | 92.1 |
| Insurance pension and standardised guarantee schemes | 0.0 | 0.0 | 0.0 | 0.0 | 0.0 | 0.0 | 0.0 | 0.0 |
| Financial derivatives and employee stock options | 4.3 | 2.7 | 4.6 | 6.3 | 5.4 | 5.5 | 1.9 | 3.8 |
| Other accounts receivable | 3.8 | 3.7 | 3.0 | 3.6 | 3.3 | 3.1 | 3.6 | 2.7 |
| **Insurance corporations** | | | | | | | | |
| Financial assets | 100.0 | 100.0 | 100.0 | 100.0 | 100.0 | 100.0 | 100.0 | 100.0 |
| Currency and deposits | 9.9 | 9.1 | 7.7 | 8.8 | 8.7 | 8.5 | 7.9 | 8.8 |
| Debt securities | 31.2 | 29.3 | 29.8 | 30.1 | 29.5 | 27.6 | 27.0 | 22.7 |
| Loans | 2.3 | 1.5 | 1.3 | 1.5 | 1.5 | 1.2 | 1.2 | 5.5 |
| Equity and investment fund shares | 44.8 | 46.4 | 46.2 | 45.4 | 46.1 | 46.8 | 46.9 | 49.3 |
| Insurance pension and standardised guarantee schemes | 10.4 | 12.8 | 14.0 | 13.4 | 13.1 | 14.9 | 16.1 | 10.5 |
| Financial derivatives and employee stock options | 0.0 | 0.0 | 0.0 | 0.0 | 0.0 | 0.0 | 0.0 | 0.2 |
| Other accounts receivable | 1.4 | 1.0 | 1.0 | 0.9 | 1.0 | 0.9 | 0.9 | 3.0 |
| Financial liabilities | 100.0 | 100.0 | 100.0 | 100.0 | 100.0 | 100.0 | 100.0 | 100.0 |
| Currency and deposits | 0.0 | 0.0 | 0.0 | 0.0 | 0.0 | 0.0 | 0.0 | 0.0 |
| Debt securities | 0.0 | 0.0 | 0.0 | 0.0 | 0.0 | 0.0 | 0.0 | 0.2 |
| Loans | 8.2 | 9.0 | 9.4 | 7.2 | 4.7 | 4.4 | 4.8 | 4.2 |
| Equity and investment fund shares | 7.7 | 10.0 | 8.1 | 8.6 | 8.0 | 6.7 | 6.3 | 2.8 |
| Insurance pension and standardised guarantee schemes | 83.3 | 80.6 | 82.1 | 83.7 | 86.8 | 88.3 | 88.2 | 83.6 |
| Financial derivatives and employee stock options | 0.0 | 0.0 | 0.0 | 0.0 | 0.0 | 0.0 | 0.0 | 0.0 |
| Other accounts receivable | 0.7 | 0.4 | 0.4 | 0.5 | 0.6 | 0.5 | 0.6 | 9.2 |
| **Pension funds** | | | | | | | | |
| Financial assets | 100.0 | 100.0 | 100.0 | 100.0 | 100.0 | 100.0 | 100.0 | 100.0 |
| Currency and deposits | 12.0 | 30.4 | 8.1 | 4.2 | 3.8 | 3.9 | 4.8 | 3.8 |
| Debt securities | 14.9 | 22.8 | 50.5 | 52.0 | 49.8 | 48.7 | 43.8 | 41.2 |
| Loans | 1.0 | 0.2 | 0.2 | 0.2 | 0.1 | 0.1 | 0.1 | 0.1 |
| Equity and investment fund shares | 70.7 | 46.0 | 40.0 | 42.0 | 45.3 | 46.1 | 50.4 | 52.7 |
| Insurance pension and standardised guarantee schemes | 0.0 | 0.0 | 0.0 | 0.0 | 0.0 | 0.0 | 0.0 | 0.0 |
| Financial derivatives and employee stock options | 0.0 | 0.0 | 0.0 | 0.0 | 0.0 | 0.0 | 0.0 | 0.0 |
| Other accounts receivable | 1.3 | 0.6 | 1.2 | 1.6 | 1.1 | 1.3 | 0.9 | 2.3 |
| Financial liabilities | 100.0 | 100.0 | 100.0 | 100.0 | 100.0 | 100.0 | 100.0 | 100.0 |
| Currency and deposits | 0.0 | 0.0 | 0.0 | 0.0 | 0.0 | 0.0 | 0.0 | 0.0 |
| Debt securities | 0.0 | 0.0 | 0.0 | 0.0 | 0.0 | 0.0 | 0.0 | 0.0 |
| Loans | 0.0 | 0.0 | 0.0 | 0.0 | 0.0 | 0.0 | 0.0 | 0.0 |
| Equity and investment fund shares | 0.0 | 0.0 | 0.0 | 0.0 | 0.0 | 0.0 | 0.0 | 0.0 |
| Insurance pension and standardised guarantee schemes | 98.6 | 99.7 | 99.5 | 99.2 | 99.5 | 99.4 | 97.6 | 98.4 |
| Financial derivatives and employee stock options | 0.0 | 0.0 | 0.0 | 0.0 | 0.0 | 0.0 | 0.0 | 0.0 |
| Other accounts receivable | 1.4 | 0.3 | 0.5 | 0.8 | 0.5 | 0.6 | 2.4 | 1.6 |

*Note:* Detailed metadata at: http://metalinks.oecd.org/instinv/20170516/f09d

## Table 1. Financial assets and liabilities of institutional investors, 2015

*Million EUR (1999 NLD euro)*

| | Total | Investment funds: Non-money market funds: Total | Open-end non-money market funds | Closed-end non-money market funds | Money market funds: Total |
|---|---|---|---|---|---|
| Financial assets | .. | 728 884 | .. | .. | .. |
| Currency and deposits | .. | 12 920 | .. | .. | .. |
| Debt securities | .. | 244 951 | .. | .. | .. |
| Debt securities, short term | .. | 1 291 | .. | .. | .. |
| Debt securities, long term | .. | 243 660 | .. | .. | .. |
| Debt securities issued by residents | .. | 20 891 | .. | .. | .. |
| Debt securities issued by non-residents | .. | 224 060 | .. | .. | .. |
| Loans | .. | 55 880 | .. | .. | .. |
| Loans, short-term | .. | 27 847 | .. | .. | .. |
| Loans, long-term | .. | 28 033 | .. | .. | .. |
| Loans granted to residents | .. | 44 852 | .. | .. | .. |
| Loans granted to non-residents | .. | 11 028 | .. | .. | .. |
| Equity and investment fund shares/units | .. | 408 837 | .. | .. | .. |
| Equity and investment fund shares issued/units by residents | .. | 41 455 | .. | .. | .. |
| Equity and investment fund shares/units issued by non residents | .. | 367 382 | .. | .. | .. |
| Other accounts receivable | .. | 5 243 | .. | .. | .. |

| | Total | Investment funds: Non-money market funds: Total | Open-end non-money market funds | Closed-end non-money market funds | Money market funds: Total |
|---|---|---|---|---|---|
| Financial liabilities | .. | 758 357 | .. | .. | .. |
| Currency and deposits | .. | .. | .. | .. | .. |
| Debt securities | .. | 1 300 | .. | .. | .. |
| Debt securities, short term | .. | 0 | .. | .. | .. |
| Debt securities, long term | .. | 1 300 | .. | .. | .. |
| Loans | .. | 17 597 | .. | .. | .. |
| Loans, short-term | .. | 8 869 | .. | .. | .. |
| Loans, long-term | .. | 8 728 | .. | .. | .. |
| Equity and investment fund shares/units | .. | 730 895 | .. | .. | .. |
| Insurance pension and standardised guaratees | .. | .. | .. | .. | .. |
| Financial derivatives and employee stock options | .. | 308 | .. | .. | .. |
| Other accounts payable | .. | 8 257 | .. | .. | .. |

| | Total | Insurance corporations and pension funds: Insurance corporations: Total | Life insurance corporations | Non-life insurance corporations | Pension funds: Total |
|---|---|---|---|---|---|
| Financial assets | 1 712 896 | 472 619 | .. | .. | 1 240 277 |
| Currency and deposits | 20 976 | 11 883 | .. | .. | 9 093 |
| Debt securities | 514 313 | 196 694 | .. | .. | 317 619 |
| Debt securities, short-term | 7 789 | 4 441 | .. | .. | 3 348 |
| Debt securities, long term | 506 524 | 192 253 | .. | .. | 314 271 |
| Debt securities issued by residents | 116 587 | 52 522 | .. | .. | 64 065 |
| Debt securities issued by non-residents | 397 726 | 144 172 | .. | .. | 253 554 |
| Loans | 115 556 | 87 406 | .. | .. | 28 150 |
| Loans, short-term | 16 695 | 5 783 | .. | .. | 10 912 |
| Loans, long-term | 98 861 | 81 623 | .. | .. | 17 238 |
| Loans granted to residents | 109 191 | 82 535 | .. | .. | 26 656 |
| Loans granted to non-residents | 6 365 | 4 871 | .. | .. | 1 494 |
| Equity and investment fund shares/units | 946 845 | 116 342 | .. | .. | 830 503 |
| Equity and investment fund shares/units issued by residents | 691 639 | 94 368 | .. | .. | 597 271 |
| Equity and investment fund shares/units issued by non residents | 255 206 | 21 974 | .. | .. | 233 232 |
| Other accounts receivable | 33 943 | 30 030 | .. | .. | 3 913 |

| | Total | Insurance corporations and pension funds: Insurance corporations: Total | Life insurance corporations | Non-life insurance corporations | Pension funds: Total |
|---|---|---|---|---|---|
| Financial liabilities | 1 693 943 | 481 704 | .. | .. | 1 212 239 |
| Currency and deposits | .. | .. | .. | .. | .. |
| Debt securities | 608 | 608 | .. | .. | 0 |
| Debt securities, short term | 0 | 0 | .. | .. | 0 |
| Debt securities, long term | 608 | 608 | .. | .. | 0 |
| Loans | 37 266 | 16 149 | .. | .. | 21 117 |
| Loans, short-term | 29 948 | 10 962 | .. | .. | 18 986 |
| Loans, long-term | 7 318 | 5 187 | .. | .. | 2 131 |
| Equity and investment fund shares/units | 63 305 | 63 305 | .. | .. | 0 |
| Insurance pension and standardised guarantees | 1 513 483 | 359 637 | .. | .. | 1 153 846 |
| Financial derivatives and employee stock options | 500 | 194 | .. | .. | 306 |
| Other accounts payable | 78 781 | 41 811 | .. | .. | 36 970 |

*Note:* Detailed metadata at: http://metalinks.oecd.org/instinv/20170516/667f

## Table 2. Financial assets and liabilities of investment funds

*Million EUR*

| | 2008 | 2009 | 2010 | 2011 | 2012 | 2013 | 2014 | 2015 |
|---|---|---|---|---|---|---|---|---|
| **Investment funds** | | | | | | | | |
| Financial net worth | .. | .. | .. | .. | .. | .. | .. | .. |
| Financial assets | .. | .. | .. | .. | .. | .. | .. | .. |
| Currency and deposits | .. | .. | .. | .. | .. | .. | .. | .. |
| Debt securities | .. | .. | .. | .. | .. | .. | .. | .. |
| Loans | .. | .. | .. | .. | .. | .. | .. | .. |
| Equity and investment fund shares | .. | .. | .. | .. | .. | .. | .. | .. |
| Equity | .. | .. | .. | .. | .. | .. | .. | .. |
| Investment fund shares | .. | .. | .. | .. | .. | .. | .. | .. |
| Money market fund shares | .. | .. | .. | .. | .. | .. | .. | .. |
| Non-Money market fund shares | .. | .. | .. | .. | .. | .. | .. | .. |
| Insurance pension and standardised guarantees | .. | .. | .. | .. | .. | .. | .. | .. |
| Financial derivatives and employee stock options | .. | .. | .. | .. | .. | .. | .. | .. |
| Other accounts receivable | .. | .. | .. | .. | .. | .. | .. | .. |
| Financial liabilities | .. | .. | .. | .. | .. | .. | .. | .. |
| Debt securities | .. | .. | .. | .. | .. | .. | .. | .. |
| Short-term debt securities | .. | .. | .. | .. | .. | .. | .. | .. |
| Long-term debt securities | .. | .. | .. | .. | .. | .. | .. | .. |
| Loans | .. | .. | .. | .. | .. | .. | .. | .. |
| Short-term loans | .. | .. | .. | .. | .. | .. | .. | .. |
| Long-term loans | .. | .. | .. | .. | .. | .. | .. | .. |
| Equity and investment fund shares | .. | .. | .. | .. | .. | .. | .. | .. |
| Insurance pension and standardised guarantees | .. | .. | .. | .. | .. | .. | .. | .. |
| Financial derivatives and employee stock options | .. | .. | .. | .. | .. | .. | .. | .. |
| Other accounts payable | .. | .. | .. | .. | .. | .. | .. | .. |
| Non-financial assets | .. | .. | .. | .. | .. | .. | .. | .. |
| **Money market funds** | | | | | | | | |
| Financial net worth | .. | .. | .. | .. | .. | .. | .. | .. |
| Financial assets | .. | .. | .. | .. | .. | .. | .. | .. |
| Currency and deposits | .. | .. | .. | .. | .. | .. | .. | .. |
| Debt securities | .. | .. | .. | .. | .. | .. | .. | .. |
| Loans | .. | .. | .. | .. | .. | .. | .. | .. |
| Equity and investment fund shares | .. | .. | .. | .. | .. | .. | .. | .. |
| Equity | .. | .. | .. | .. | .. | .. | .. | .. |
| Investment fund shares | .. | .. | .. | .. | .. | .. | .. | .. |
| Money market fund shares | .. | .. | .. | .. | .. | .. | .. | .. |
| Non-Money market fund shares | .. | .. | .. | .. | .. | .. | .. | .. |
| Insurance pension and standardised guarantees | .. | .. | .. | .. | .. | .. | .. | .. |
| Financial derivatives and employee stock options | .. | .. | .. | .. | .. | .. | .. | .. |
| Other accounts receivable | .. | .. | .. | .. | .. | .. | .. | .. |
| Financial liabilities | .. | .. | .. | .. | .. | .. | .. | .. |
| Debt securities | .. | .. | .. | .. | .. | .. | .. | .. |
| Short-term debt securities | .. | .. | .. | .. | .. | .. | .. | .. |
| Long-term debt securities | .. | .. | .. | .. | .. | .. | .. | .. |
| Loans | .. | .. | .. | .. | .. | .. | .. | .. |
| Short-term loans | .. | .. | .. | .. | .. | .. | .. | .. |
| Long-term loans | .. | .. | .. | .. | .. | .. | .. | .. |
| Equity and investment fund shares | .. | .. | .. | .. | .. | .. | .. | .. |
| Insurance pension and standardised guarantees | .. | .. | .. | .. | .. | .. | .. | .. |
| Financial derivatives and employee stock options | .. | .. | .. | .. | .. | .. | .. | .. |
| Other accounts payable | .. | .. | .. | .. | .. | .. | .. | .. |
| Non-financial assets | .. | .. | .. | .. | .. | .. | .. | .. |
| **Non-money market funds** | | | | | | | | |
| Financial net worth | -24 638 | -25 028 | -31 127 | -31 894 | -31 167 | -29 888 | -28 414 | -29 473 |
| Financial assets | 173 036 | 434 086 | 466 005 | 479 652 | 556 431 | 616 657 | 720 996 | 728 884 |
| Currency and deposits | 4 169 | 16 323 | 11 486 | 8 789 | 9 820 | 9 270 | 12 929 | 12 920 |
| Debt securities | 64 338 | 153 355 | 154 876 | 167 608 | 196 041 | 208 639 | 231 285 | 244 951 |
| Loans | 15 254 | 39 180 | 31 593 | 32 776 | 43 026 | 50 466 | 52 544 | 55 880 |
| Equity and investment fund shares | 85 121 | 218 215 | 258 366 | 264 236 | 300 387 | 331 791 | 412 865 | 408 837 |
| Equity | 49 083 | 171 162 | 187 927 | 195 746 | 229 323 | 255 922 | 310 486 | 297 629 |
| Investment fund shares | 36 038 | 47 053 | 70 439 | 68 490 | 71 064 | 75 869 | 102 379 | 111 208 |
| Money market fund shares | 187 | 203 | 957 | 1 111 | 1 182 | 1 144 | 5 608 | 6 696 |
| Non-Money market fund shares | 35 851 | 46 850 | 69 482 | 67 379 | 69 882 | 74 725 | 96 771 | 104 512 |
| Insurance pension and standardised guarantees | 0 | 0 | 0 | 0 | 0 | 0 | 0 | 0 |
| Financial derivatives and employee stock options | 1 611 | -883 | -473 | -356 | 2 312 | 584 | 72 | 1 053 |
| Other accounts receivable | 2 543 | 7 896 | 10 157 | 6 599 | 4 845 | 15 907 | 11 301 | 5 243 |
| Financial liabilities | 197 674 | 459 114 | 497 132 | 511 546 | 587 598 | 646 545 | 749 410 | 758 357 |
| Debt securities | 158 | 588 | 1 685 | 1 405 | 1 614 | 2 085 | 3 098 | 1 300 |
| Short-term debt securities | 0 | 0 | 0 | 0 | 0 | 0 | 271 | 0 |
| Long-term debt securities | 158 | 588 | 1 685 | 1 405 | 1 614 | 2 085 | 2 827 | 1 300 |
| Loans | 9 403 | 37 149 | 19 237 | 17 995 | 19 036 | 14 793 | 20 225 | 17 597 |
| Short-term loans | 1 414 | 26 927 | 7 916 | 7 113 | 8 951 | 4 747 | 11 496 | 8 869 |
| Long-term loans | 7 989 | 10 222 | 11 321 | 10 882 | 10 085 | 10 046 | 8 729 | 8 728 |
| Equity and investment fund shares | 185 375 | 410 455 | 464 002 | 486 282 | 560 157 | 613 143 | 713 411 | 730 895 |
| Insurance pension and standardised guarantees | .. | .. | .. | .. | .. | .. | .. | .. |
| Financial derivatives and employee stock options | 40 | 13 | 219 | 173 | 275 | 223 | 339 | 308 |
| Other accounts payable | 2 698 | 10 909 | 11 989 | 5 691 | 6 516 | 16 301 | 12 337 | 8 257 |
| Non-financial assets | 25 719 | 24 197 | 30 307 | 31 088 | 30 374 | 29 106 | 27 731 | 29 149 |
| **Open-end non-money market funds** | | | | | | | | |
| Financial net worth | .. | .. | .. | .. | .. | .. | .. | .. |
| Financial assets | .. | .. | .. | .. | .. | .. | .. | .. |

## Table 2. Financial assets and liabilities of investment funds *(cont.)*

*Million EUR*

| | 2008 | 2009 | 2010 | 2011 | 2012 | 2013 | 2014 | 2015 |
|---|---|---|---|---|---|---|---|---|
| Currency and deposits | .. | .. | .. | .. | .. | .. | .. | .. |
| Debt securities | .. | .. | .. | .. | .. | .. | .. | .. |
| Loans | .. | .. | .. | .. | .. | .. | .. | .. |
| Equity and investment fund shares | .. | .. | .. | .. | .. | .. | .. | .. |
| Equity | .. | .. | .. | .. | .. | .. | .. | .. |
| Investment fund shares | .. | .. | .. | .. | .. | .. | .. | .. |
| Money market fund shares | .. | .. | .. | .. | .. | .. | .. | .. |
| Non-Money market fund shares | .. | .. | .. | .. | .. | .. | .. | .. |
| Insurance pension and standardised guarantees | .. | .. | .. | .. | .. | .. | .. | .. |
| Financial derivatives and employee stock options | .. | .. | .. | .. | .. | .. | .. | .. |
| Other accounts receivable | .. | .. | .. | .. | .. | .. | .. | .. |
| Financial liabilities | .. | .. | .. | .. | .. | .. | .. | .. |
| Debt securities | .. | .. | .. | .. | .. | .. | .. | .. |
| Short-term debt securities | .. | .. | .. | .. | .. | .. | .. | .. |
| Long-term debt securities | .. | .. | .. | .. | .. | .. | .. | .. |
| Loans | .. | .. | .. | .. | .. | .. | .. | .. |
| Short-term loans | .. | .. | .. | .. | .. | .. | .. | .. |
| Long-term loans | .. | .. | .. | .. | .. | .. | .. | .. |
| Equity and investment fund shares | .. | .. | .. | .. | .. | .. | .. | .. |
| Insurance pension and standardised guarantees | .. | .. | .. | .. | .. | .. | .. | .. |
| Financial derivatives and employee stock options | .. | .. | .. | .. | .. | .. | .. | .. |
| Other accounts payable | .. | .. | .. | .. | .. | .. | .. | .. |
| Non-financial assets | .. | .. | .. | .. | .. | .. | .. | .. |
| **Open-end investment funds** | | | | | | | | |
| Financial net worth | .. | .. | .. | .. | .. | .. | .. | .. |
| Financial assets | .. | .. | .. | .. | .. | .. | .. | .. |
| Currency and deposits | .. | .. | .. | .. | .. | .. | .. | .. |
| Debt securities | .. | .. | .. | .. | .. | .. | .. | .. |
| Loans | .. | .. | .. | .. | .. | .. | .. | .. |
| Equity and investment fund shares | .. | .. | .. | .. | .. | .. | .. | .. |
| Equity | .. | .. | .. | .. | .. | .. | .. | .. |
| Investment fund shares | .. | .. | .. | .. | .. | .. | .. | .. |
| Money market fund shares | .. | .. | .. | .. | .. | .. | .. | .. |
| Non-Money market fund shares | .. | .. | .. | .. | .. | .. | .. | .. |
| Insurance pension and standardised guarantees | .. | .. | .. | .. | .. | .. | .. | .. |
| Financial derivatives and employee stock options | .. | .. | .. | .. | .. | .. | .. | .. |
| Other accounts receivable | .. | .. | .. | .. | .. | .. | .. | .. |
| Financial liabilities | .. | .. | .. | .. | .. | .. | .. | .. |
| Debt securities | .. | .. | .. | .. | .. | .. | .. | .. |
| Short-term debt securities | .. | .. | .. | .. | .. | .. | .. | .. |
| Long-term debt securities | .. | .. | .. | .. | .. | .. | .. | .. |
| Loans | .. | .. | .. | .. | .. | .. | .. | .. |
| Short-term loans | .. | .. | .. | .. | .. | .. | .. | .. |
| Long-term loans | .. | .. | .. | .. | .. | .. | .. | .. |
| Equity and investment fund shares | .. | .. | .. | .. | .. | .. | .. | .. |
| Insurance pension and standardised guarantees | .. | .. | .. | .. | .. | .. | .. | .. |
| Financial derivatives and employee stock options | .. | .. | .. | .. | .. | .. | .. | .. |
| Other accounts payable | .. | .. | .. | .. | .. | .. | .. | .. |
| Non-financial assets | .. | .. | .. | .. | .. | .. | .. | .. |

*Note:* Detailed metadata at: http://metalinks.oecd.org/instinv/20170516/667f

## Table 3. Financial assets and liabilities of insurance corporations and pension funds

*Million EUR*

| | 2008 | 2009 | 2010 | 2011 | 2012 | 2013 | 2014 | 2015 |
|---|---|---|---|---|---|---|---|---|
| **Insurance corporations and pension funds** | | | | | | | | |
| Financial net worth | -42 851 | 20 426 | 24 530 | -34 753 | -3 324 | 43 728 | 72 570 | 18 953 |
| Financial assets | 1 085 541 | 1 110 616 | 1 198 090 | 1 290 435 | 1 444 882 | 1 443 054 | 1 711 658 | 1 712 896 |
| Currency and deposits | 43 692 | 30 792 | 27 527 | 26 869 | 29 745 | 17 227 | 23 324 | 20 976 |
| Debt securities | 402 577 | 339 694 | 347 270 | 378 432 | 434 893 | 422 599 | 507 161 | 514 313 |
| Loans | 104 949 | 89 054 | 99 308 | 97 792 | 95 803 | 96 156 | 115 844 | 115 556 |
| Equity and investment fund shares | 392 564 | 560 044 | 624 944 | 648 782 | 739 563 | 800 546 | 922 556 | 946 845 |
| Equity | 186 465 | 128 802 | 145 984 | 133 442 | 151 114 | 161 211 | 181 504 | 202 718 |
| Investment fund shares | 206 099 | 431 242 | 478 960 | 515 340 | 588 449 | 639 335 | 741 052 | 744 127 |
| Money market fund shares | 10 746 | 9 401 | 6 357 | 5 183 | 8 682 | 7 666 | 8 903 | 8 185 |
| Non-Money market fund shares | 195 353 | 421 841 | 472 603 | 510 157 | 579 767 | 631 669 | 732 149 | 735 942 |
| Insurance pension and standardised guarantees | 34 442 | 29 359 | 29 720 | 34 077 | 34 058 | 35 123 | 30 539 | 30 101 |
| Financial derivatives and employee stock options | 45 771 | 12 695 | 17 736 | 58 851 | 67 408 | 31 488 | 79 180 | 51 162 |
| Other accounts receivable | 61 546 | 48 978 | 51 585 | 45 632 | 43 412 | 39 915 | 33 054 | 33 943 |
| Financial liabilities | 1 128 392 | 1 090 190 | 1 173 560 | 1 325 188 | 1 448 206 | 1 399 326 | 1 639 088 | 1 693 943 |
| Debt securities | 0 | 0 | 0 | 419 | 553 | 705 | 850 | 608 |
| Short-term debt securities | 0 | 0 | 0 | 0 | 0 | 0 | 0 | 0 |
| Long-term debt securities | 0 | 0 | 0 | 419 | 553 | 705 | 850 | 608 |
| Loans | 59 561 | 61 794 | 43 028 | 46 044 | 39 520 | 29 716 | 40 984 | 37 266 |
| Short-term loans | 43 494 | 52 472 | 34 041 | 39 084 | 32 244 | 24 760 | 35 552 | 29 948 |
| Long-term loans | 16 067 | 9 322 | 8 987 | 6 960 | 7 276 | 4 956 | 5 432 | 7 318 |
| Equity and investment fund shares | 38 711 | 43 827 | 48 038 | 51 104 | 54 945 | 53 322 | 61 575 | 63 305 |
| Insurance pension and standardised guarantees | 933 968 | 953 227 | 1 048 522 | 1 176 903 | 1 278 215 | 1 254 268 | 1 451 748 | 1 513 483 |
| Financial derivatives and employee stock options | 1 234 | 403 | 593 | 556 | 677 | 812 | 806 | 500 |
| Other accounts payable | 94 918 | 30 939 | 33 379 | 50 162 | 74 296 | 60 503 | 83 125 | 78 781 |
| Non-financial assets | 28 265 | 28 521 | 19 802 | 18 033 | 16 487 | 14 542 | 14 197 | 12 926 |
| **Insurance corporations** | | | | | | | | |
| Financial net worth | -31 857 | -18 449 | -7 660 | -7 480 | -3 876 | -2 465 | -3 959 | -9 085 |
| Financial assets | 372 374 | 379 091 | 407 224 | 432 714 | 453 513 | 434 998 | 486 687 | 472 619 |
| Currency and deposits | 16 650 | 14 038 | 14 744 | 17 290 | 17 506 | 7 903 | 12 800 | 11 883 |
| Debt securities | 151 532 | 164 012 | 170 892 | 177 957 | 200 514 | 180 434 | 204 124 | 196 694 |
| Loans | 59 109 | 57 820 | 58 650 | 64 971 | 60 681 | 67 076 | 80 720 | 87 406 |
| Equity and investment fund shares | 73 320 | 78 160 | 97 324 | 97 405 | 102 890 | 116 485 | 123 578 | 116 342 |
| Equity | 35 988 | 35 724 | 39 628 | 36 447 | 37 778 | 34 714 | 29 128 | 30 380 |
| Investment fund shares | 37 332 | 42 436 | 57 696 | 60 958 | 65 112 | 81 771 | 94 450 | 85 962 |
| Money market fund shares | 398 | 1 038 | 1 426 | 732 | 2 942 | 2 719 | 1 751 | 1 091 |
| Non-Money market fund shares | 36 934 | 41 398 | 56 270 | 60 226 | 62 170 | 79 052 | 92 699 | 84 871 |
| Insurance pension and standardised guarantees | 15 897 | 15 131 | 15 448 | 19 881 | 20 215 | 21 308 | 20 363 | 19 873 |
| Financial derivatives and employee stock options | 9 302 | 4 364 | 6 216 | 14 216 | 13 548 | 6 909 | 17 146 | 10 391 |
| Other accounts receivable | 46 564 | 45 566 | 43 950 | 40 994 | 38 159 | 34 883 | 27 956 | 30 030 |
| Financial liabilities | 404 231 | 397 540 | 414 884 | 440 194 | 457 389 | 437 463 | 490 646 | 481 704 |
| Debt securities | 0 | 0 | 0 | 419 | 553 | 705 | 850 | 608 |
| Short-term debt securities | 0 | 0 | 0 | 0 | 0 | 0 | 0 | 0 |
| Long-term debt securities | 0 | 0 | 0 | 419 | 553 | 705 | 850 | 608 |
| Loans | 35 068 | 29 385 | 26 525 | 22 591 | 18 739 | 14 287 | 16 496 | 16 149 |
| Short-term loans | 20 914 | 21 385 | 18 821 | 17 244 | 13 174 | 11 107 | 13 057 | 10 962 |
| Long-term loans | 14 154 | 8 000 | 7 704 | 5 347 | 5 565 | 3 180 | 3 439 | 5 187 |
| Equity and investment fund shares | 38 711 | 43 827 | 48 038 | 51 104 | 54 945 | 53 322 | 61 575 | 63 305 |
| Insurance pension and standardised guarantees | 303 855 | 301 504 | 311 613 | 328 874 | 341 879 | 330 685 | 368 228 | 359 637 |
| Financial derivatives and employee stock options | 520 | 133 | 155 | 350 | 422 | 373 | 447 | 194 |
| Other accounts payable | 26 077 | 22 691 | 28 553 | 36 856 | 40 851 | 38 091 | 43 050 | 41 811 |
| Non-financial assets | 11 588 | 12 471 | 10 250 | 8 525 | 7 474 | 5 807 | 5 578 | 4 939 |
| **Pension funds** | | | | | | | | |
| Financial net worth | -10 994 | 38 875 | 32 190 | -27 273 | 552 | 46 193 | 76 529 | 28 038 |
| Financial assets | 713 167 | 731 525 | 790 866 | 857 721 | 991 369 | 1 008 056 | 1 224 971 | 1 240 277 |
| Currency and deposits | 27 042 | 16 754 | 12 783 | 9 579 | 12 239 | 9 324 | 10 524 | 9 093 |
| Debt securities | 251 045 | 175 682 | 176 378 | 200 475 | 234 379 | 242 165 | 303 037 | 317 619 |
| Loans | 45 840 | 31 234 | 40 658 | 32 821 | 35 122 | 29 080 | 35 124 | 28 150 |
| Equity and investment fund shares | 319 244 | 481 884 | 527 620 | 551 377 | 636 673 | 684 061 | 798 978 | 830 503 |
| Equity | 150 477 | 93 078 | 106 356 | 96 995 | 113 336 | 126 497 | 152 376 | 172 338 |
| Investment fund shares | 168 767 | 388 806 | 421 264 | 454 382 | 523 337 | 557 564 | 646 602 | 658 165 |
| Money market fund shares | 10 348 | 8 363 | 4 931 | 4 451 | 5 740 | 4 947 | 7 152 | 7 094 |
| Non-Money market fund shares | 158 419 | 380 443 | 416 333 | 449 931 | 517 597 | 552 617 | 639 450 | 651 071 |
| Insurance pension and standardised guarantees | 18 545 | 14 228 | 14 272 | 14 196 | 13 843 | 13 815 | 10 176 | 10 228 |
| Financial derivatives and employee stock options | 36 469 | 8 331 | 11 520 | 44 635 | 53 860 | 24 579 | 62 034 | 40 771 |
| Other accounts receivable | 14 982 | 3 412 | 7 635 | 4 638 | 5 253 | 5 032 | 5 098 | 3 913 |
| Financial liabilities | 724 161 | 692 650 | 758 676 | 884 994 | 990 817 | 961 863 | 1 148 442 | 1 212 239 |
| Debt securities | 0 | 0 | 0 | 0 | 0 | 0 | 0 | 0 |
| Short-term debt securities | 0 | 0 | 0 | 0 | 0 | 0 | 0 | 0 |
| Long-term debt securities | 0 | 0 | 0 | 0 | 0 | 0 | 0 | 0 |
| Loans | 24 493 | 32 409 | 16 503 | 23 453 | 20 781 | 15 429 | 24 488 | 21 117 |
| Short-term loans | 22 580 | 31 087 | 15 220 | 21 840 | 19 070 | 13 653 | 22 495 | 18 986 |
| Long-term loans | 1 913 | 1 322 | 1 283 | 1 613 | 1 711 | 1 776 | 1 993 | 2 131 |
| Equity and investment fund shares | 0 | 0 | 0 | 0 | 0 | 0 | 0 | 0 |
| Insurance pension and standardised guarantees | 630 113 | 651 723 | 736 909 | 848 029 | 936 336 | 923 583 | 1 083 520 | 1 153 846 |
| Financial derivatives and employee stock options | 714 | 270 | 438 | 206 | 255 | 439 | 359 | 306 |
| Other accounts payable | 68 841 | 8 248 | 4 826 | 13 306 | 33 445 | 22 412 | 40 075 | 36 970 |
| Non-financial assets | 16 677 | 16 050 | 9 552 | 9 508 | 9 013 | 8 735 | 8 619 | 7 987 |

*Note:* Detailed metadata at: http://metalinks.oecd.org/instinv/20170516/667f

## Table 4. Portfolio composition by type of investor

As percentage of financial assets and of financial liabilities

*Per cent*

| | 2008 | 2009 | 2010 | 2011 | 2012 | 2013 | 2014 | 2015 |
|---|---|---|---|---|---|---|---|---|
| **Investment funds** | | | | | | | | |
| Financial assets | .. | .. | .. | .. | .. | .. | .. | .. |
| Currency and deposits | .. | .. | .. | .. | .. | .. | .. | .. |
| Debt securities | .. | .. | .. | .. | .. | .. | .. | .. |
| Loans | .. | .. | .. | .. | .. | .. | .. | .. |
| Equity and investment fund shares | .. | .. | .. | .. | .. | .. | .. | .. |
| Insurance pension and standardised guarantee schemes | .. | .. | .. | .. | .. | .. | .. | .. |
| Financial derivatives and employee stock options | .. | .. | .. | .. | .. | .. | .. | .. |
| Other accounts receivable | .. | .. | .. | .. | .. | .. | .. | .. |
| Financial liabilities | .. | .. | .. | .. | .. | .. | .. | .. |
| Currency and deposits | .. | .. | .. | .. | .. | .. | .. | .. |
| Debt securities | .. | .. | .. | .. | .. | .. | .. | .. |
| Loans | .. | .. | .. | .. | .. | .. | .. | .. |
| Equity and investment fund shares | .. | .. | .. | .. | .. | .. | .. | .. |
| Insurance pension and standardised guarantee schemes | .. | .. | .. | .. | .. | .. | .. | .. |
| Financial derivatives and employee stock options | .. | .. | .. | .. | .. | .. | .. | .. |
| Other accounts receivable | .. | .. | .. | .. | .. | .. | .. | .. |
| **Insurance corporations** | | | | | | | | |
| Financial assets | 100.0 | 100.0 | 100.0 | 100.0 | 100.0 | 100.0 | 100.0 | 100.0 |
| Currency and deposits | 4.5 | 3.7 | 3.6 | 4.0 | 3.9 | 1.8 | 2.6 | 2.5 |
| Debt securities | 40.7 | 43.3 | 42.0 | 41.1 | 44.2 | 41.5 | 41.9 | 41.6 |
| Loans | 15.9 | 15.3 | 14.4 | 15.0 | 13.4 | 15.4 | 16.6 | 18.5 |
| Equity and investment fund shares | 19.7 | 20.6 | 23.9 | 22.5 | 22.7 | 26.8 | 25.4 | 24.6 |
| Insurance pension and standardised guarantee schemes | 4.3 | 4.0 | 3.8 | 4.6 | 4.5 | 4.9 | 4.2 | 4.2 |
| Financial derivatives and employee stock options | 2.5 | 1.2 | 1.5 | 3.3 | 3.0 | 1.6 | 3.5 | 2.2 |
| Other accounts receivable | 12.5 | 12.0 | 10.8 | 9.5 | 8.4 | 8.0 | 5.7 | 6.4 |
| Financial liabilities | 100.0 | 100.0 | 100.0 | 100.0 | 100.0 | 100.0 | 100.0 | 100.0 |
| Currency and deposits | 0.0 | 0.0 | 0.0 | 0.0 | 0.0 | 0.0 | 0.0 | 0.0 |
| Debt securities | 0.0 | 0.0 | 0.0 | 0.1 | 0.1 | 0.2 | 0.2 | 0.1 |
| Loans | 8.7 | 7.4 | 6.4 | 5.1 | 4.1 | 3.3 | 3.4 | 3.4 |
| Equity and investment fund shares | 9.6 | 11.0 | 11.6 | 11.6 | 12.0 | 12.2 | 12.5 | 13.1 |
| Insurance pension and standardised guarantee schemes | 75.2 | 75.8 | 75.1 | 74.7 | 74.7 | 75.6 | 75.0 | 74.7 |
| Financial derivatives and employee stock options | 0.1 | 0.0 | 0.0 | 0.1 | 0.1 | 0.1 | 0.1 | 0.0 |
| Other accounts receivable | 6.5 | 5.7 | 6.9 | 8.4 | 8.9 | 8.7 | 8.8 | 8.7 |
| **Pension funds** | | | | | | | | |
| Financial assets | 100.0 | 100.0 | 100.0 | 100.0 | 100.0 | 100.0 | 100.0 | 100.0 |
| Currency and deposits | 3.8 | 2.3 | 1.6 | 1.1 | 1.2 | 0.9 | 0.9 | 0.7 |
| Debt securities | 35.2 | 24.0 | 22.3 | 23.4 | 23.6 | 24.0 | 24.7 | 25.6 |
| Loans | 6.4 | 4.3 | 5.1 | 3.8 | 3.5 | 2.9 | 2.9 | 2.3 |
| Equity and investment fund shares | 44.8 | 65.9 | 66.7 | 64.3 | 64.2 | 67.9 | 65.2 | 67.0 |
| Insurance pension and standardised guarantee schemes | 2.6 | 1.9 | 1.8 | 1.7 | 1.4 | 1.4 | 0.8 | 0.8 |
| Financial derivatives and employee stock options | 5.1 | 1.1 | 1.5 | 5.2 | 5.4 | 2.4 | 5.1 | 3.3 |
| Other accounts receivable | 2.1 | 0.5 | 1.0 | 0.5 | 0.5 | 0.5 | 0.4 | 0.3 |
| Financial liabilities | 100.0 | 100.0 | 100.0 | 100.0 | 100.0 | 100.0 | 100.0 | 100.0 |
| Currency and deposits | 0.0 | 0.0 | 0.0 | 0.0 | 0.0 | 0.0 | 0.0 | 0.0 |
| Debt securities | 0.0 | 0.0 | 0.0 | 0.0 | 0.0 | 0.0 | 0.0 | 0.0 |
| Loans | 3.4 | 4.7 | 2.2 | 2.7 | 2.1 | 1.6 | 2.1 | 1.7 |
| Equity and investment fund shares | 0.0 | 0.0 | 0.0 | 0.0 | 0.0 | 0.0 | 0.0 | 0.0 |
| Insurance pension and standardised guarantee schemes | 87.0 | 94.1 | 97.1 | 95.8 | 94.5 | 96.0 | 94.3 | 95.2 |
| Financial derivatives and employee stock options | 0.1 | 0.0 | 0.1 | 0.0 | 0.0 | 0.0 | 0.0 | 0.0 |
| Other accounts receivable | 9.5 | 1.2 | 0.6 | 1.5 | 3.4 | 2.3 | 3.5 | 3.0 |

*Note:* Detailed metadata at: http://metalinks.oecd.org/instinv/20170516/f09d

# NEW ZEALAND

## Table 1. Financial assets and liabilities of institutional investors, 2015

*Million NZD*

| | Total | Investment funds | | | |
|---|---|---|---|---|---|
| | | Non-money market funds | | | Money market funds |
| | | Total | Open-end non-money market funds | Closed-end non-money market funds | Total |
| Financial assets | 102 435 | 90 418 | .. | .. | 12 017 |
| Currency and deposits | 22 092 | 13 721 | .. | .. | 8 370 |
| Debt securities | 30 848 | 27 201 | .. | .. | 3 647 |
| Debt securities, short term | 6 987 | 3 790 | .. | .. | 3 197 |
| Debt securities, long term | 23 861 | 23 411 | .. | .. | 449 |
| Debt securities issued by residents | 18 843 | 15 197 | .. | .. | 3 647 |
| Debt securities issued by non-residents | 12 004 | 12 004 | .. | .. | 0 |
| Loans | 47 | 47 | .. | .. | 0 |
| Loans, short-term | .. | .. | .. | .. | .. |
| Loans, long-term | .. | .. | .. | .. | .. |
| Loans granted to residents | 47 | 47 | .. | .. | 0 |
| Loans granted to non-residents | 0 | 0 | .. | .. | 0 |
| Equity and investment fund shares/units | 48 401 | 48 401 | .. | .. | 0 |
| Equity and investment fund shares issued/units by residents | 16 304 | 16 304 | .. | .. | 0 |
| Equity and investment fund shares/units issued by non residents | 32 096 | 32 096 | .. | .. | 0 |
| Other accounts receivable | 601 | 601 | .. | .. | 0 |

| | Total | Investment funds | | | |
|---|---|---|---|---|---|
| | | Non-money market funds | | | Money market funds |
| | | Total | Open-end non-money market funds | Closed-end non-money market funds | Total |
| Financial liabilities | .. | .. | .. | .. | .. |
| Currency and deposits | .. | .. | .. | .. | .. |
| Debt securities | .. | .. | .. | .. | .. |
| Debt securities, short term | .. | .. | .. | .. | .. |
| Debt securities, long term | .. | .. | .. | .. | .. |
| Loans | .. | .. | .. | .. | .. |
| Loans, short-term | .. | .. | .. | .. | .. |
| Loans, long-term | .. | .. | .. | .. | .. |
| Equity and investment fund shares/units | .. | .. | .. | .. | .. |
| Insurance pension and standardised guaratees | .. | .. | .. | .. | .. |
| Financial derivatives and employee stock options | .. | .. | .. | .. | .. |
| Other accounts payable | .. | .. | .. | .. | .. |

| | Total | Insurance corporations and pension funds | | | |
|---|---|---|---|---|---|
| | | Insurance corporations | | | Pension funds |
| | | Total | Life insurance corporations | Non-life insurance corporations | Total |
| Financial assets | .. | .. | .. | .. | 57 612 |
| Currency and deposits | .. | .. | .. | .. | 3 957 |
| Debt securities | .. | .. | .. | .. | 12 781 |
| Debt securities, short-term | .. | .. | .. | .. | 1 138 |
| Debt securities, long term | .. | .. | .. | .. | 11 642 |
| Debt securities issued by residents | .. | .. | .. | .. | 5 926 |
| Debt securities issued by non-residents | .. | .. | .. | .. | 6 854 |
| Loans | .. | .. | .. | .. | 10 |
| Loans, short-term | .. | .. | .. | .. | .. |
| Loans, long-term | .. | .. | .. | .. | .. |
| Loans granted to residents | .. | .. | .. | .. | 10 |
| Loans granted to non-residents | .. | .. | .. | .. | 0 |
| Equity and investment fund shares/units | .. | .. | .. | .. | 40 012 |
| Equity and investment fund shares/units issued by residents | .. | .. | .. | .. | 19 720 |
| Equity and investment fund shares/units issued by non residents | .. | .. | .. | .. | 20 292 |
| Other accounts receivable | .. | .. | .. | .. | 268 |

| | Total | Insurance corporations and pension funds | | | |
|---|---|---|---|---|---|
| | | Insurance corporations | | | Pension funds |
| | | Total | Life insurance corporations | Non-life insurance corporations | Total |
| Financial liabilities | .. | .. | .. | .. | .. |
| Currency and deposits | .. | .. | .. | .. | .. |
| Debt securities | .. | .. | .. | .. | .. |
| Debt securities, short term | .. | .. | .. | .. | .. |
| Debt securities, long term | .. | .. | .. | .. | .. |
| Loans | .. | .. | .. | .. | .. |
| Loans, short-term | .. | .. | .. | .. | .. |
| Loans, long-term | .. | .. | .. | .. | .. |
| Equity and investment fund shares/units | .. | .. | .. | .. | .. |
| Insurance pension and standardised guaratees | .. | .. | .. | .. | .. |
| Financial derivatives and employee stock options | .. | .. | .. | .. | .. |
| Other accounts payable | .. | .. | .. | .. | .. |

*Note:* Detailed metadata at: http://metalinks.oecd.org/instinv/20170516/667f

## Table 2. Financial assets and liabilities of investment funds

*Million NZD*

| | 2008 | 2009 | 2010 | 2011 | 2012 | 2013 | 2014 | 2015 |
|---|---|---|---|---|---|---|---|---|
| **Investment funds** | | | | | | | | |
| Financial net worth | .. | .. | .. | .. | .. | .. | .. | .. |
| Financial assets | .. | .. | .. | .. | .. | .. | 87 605 | 102 435 |
| Currency and deposits | .. | .. | .. | .. | .. | .. | 20 519 | 22 092 |
| Debt securities | .. | .. | .. | .. | .. | .. | 25 060 | 30 848 |
| Loans | .. | .. | .. | .. | .. | .. | 75 | 47 |
| Equity and investment fund shares | .. | .. | .. | .. | .. | .. | 41 110 | 48 401 |
| Equity | .. | .. | .. | .. | .. | .. | 22 496 | 26 504 |
| Investment fund shares | .. | .. | .. | .. | .. | .. | 18 614 | 21 897 |
| Money market fund shares | .. | .. | .. | .. | .. | .. | .. | .. |
| Non-Money market fund shares | .. | .. | .. | .. | .. | .. | .. | .. |
| Insurance pension and standardised guarantees | .. | .. | .. | .. | .. | .. | .. | .. |
| Financial derivatives and employee stock options | .. | .. | .. | .. | .. | .. | 296 | 448 |
| Other accounts receivable | .. | .. | .. | .. | .. | .. | 545 | 601 |
| Financial liabilities | .. | .. | .. | .. | .. | .. | .. | .. |
| Debt securities | .. | .. | .. | .. | .. | .. | .. | .. |
| Short-term debt securities | .. | .. | .. | .. | .. | .. | .. | .. |
| Long-term debt securities | .. | .. | .. | .. | .. | .. | .. | .. |
| Loans | .. | .. | .. | .. | .. | .. | .. | .. |
| Short-term loans | .. | .. | .. | .. | .. | .. | .. | .. |
| Long-term loans | .. | .. | .. | .. | .. | .. | .. | .. |
| Equity and investment fund shares | .. | .. | .. | .. | .. | .. | .. | .. |
| Insurance pension and standardised guarantees | .. | .. | .. | .. | .. | .. | .. | .. |
| Financial derivatives and employee stock options | .. | .. | .. | .. | .. | .. | .. | .. |
| Other accounts payable | .. | .. | .. | .. | .. | .. | .. | .. |
| Non-financial assets | .. | .. | .. | .. | .. | .. | 1 | 1 |
| **Money market funds** | | | | | | | | |
| Financial net worth | .. | .. | .. | .. | .. | .. | .. | .. |
| Financial assets | .. | .. | .. | .. | .. | .. | 10 216 | 12 017 |
| Currency and deposits | .. | .. | .. | .. | .. | .. | 7 994 | 8 370 |
| Debt securities | .. | .. | .. | .. | .. | .. | 2 222 | 3 647 |
| Loans | .. | .. | .. | .. | .. | .. | 0 | 0 |
| Equity and investment fund shares | .. | .. | .. | .. | .. | .. | 0 | 0 |
| Equity | .. | .. | .. | .. | .. | .. | 0 | 0 |
| Investment fund shares | .. | .. | .. | .. | .. | .. | 0 | 0 |
| Money market fund shares | .. | .. | .. | .. | .. | .. | .. | .. |
| Non-Money market fund shares | .. | .. | .. | .. | .. | .. | .. | .. |
| Insurance pension and standardised guarantees | .. | .. | .. | .. | .. | .. | .. | .. |
| Financial derivatives and employee stock options | .. | .. | .. | .. | .. | .. | 0 | 0 |
| Other accounts receivable | .. | .. | .. | .. | .. | .. | 0 | 0 |
| Financial liabilities | .. | .. | .. | .. | .. | .. | .. | .. |
| Debt securities | .. | .. | .. | .. | .. | .. | .. | .. |
| Short-term debt securities | .. | .. | .. | .. | .. | .. | .. | .. |
| Long-term debt securities | .. | .. | .. | .. | .. | .. | .. | .. |
| Loans | .. | .. | .. | .. | .. | .. | .. | .. |
| Short-term loans | .. | .. | .. | .. | .. | .. | .. | .. |
| Long-term loans | .. | .. | .. | .. | .. | .. | .. | .. |
| Equity and investment fund shares | .. | .. | .. | .. | .. | .. | .. | .. |
| Insurance pension and standardised guarantees | .. | .. | .. | .. | .. | .. | .. | .. |
| Financial derivatives and employee stock options | .. | .. | .. | .. | .. | .. | .. | .. |
| Other accounts payable | .. | .. | .. | .. | .. | .. | .. | .. |
| Non-financial assets | .. | .. | .. | .. | .. | .. | 0 | 0 |
| **Non-money market funds** | | | | | | | | |
| Financial net worth | .. | .. | .. | .. | .. | .. | .. | .. |
| Financial assets | .. | .. | .. | .. | .. | .. | 77 389 | 90 418 |
| Currency and deposits | .. | .. | .. | .. | .. | .. | 12 525 | 13 721 |
| Debt securities | .. | .. | .. | .. | .. | .. | 22 838 | 27 201 |
| Loans | .. | .. | .. | .. | .. | .. | 75 | 47 |
| Equity and investment fund shares | .. | .. | .. | .. | .. | .. | 41 110 | 48 401 |
| Equity | .. | .. | .. | .. | .. | .. | 22 496 | 26 504 |
| Investment fund shares | .. | .. | .. | .. | .. | .. | 18 614 | 21 897 |
| Money market fund shares | .. | .. | .. | .. | .. | .. | .. | .. |
| Non-Money market fund shares | .. | .. | .. | .. | .. | .. | .. | .. |
| Insurance pension and standardised guarantees | .. | .. | .. | .. | .. | .. | .. | .. |
| Financial derivatives and employee stock options | .. | .. | .. | .. | .. | .. | 296 | 448 |
| Other accounts receivable | .. | .. | .. | .. | .. | .. | 545 | 601 |
| Financial liabilities | .. | .. | .. | .. | .. | .. | .. | .. |
| Debt securities | .. | .. | .. | .. | .. | .. | .. | .. |
| Short-term debt securities | .. | .. | .. | .. | .. | .. | .. | .. |
| Long-term debt securities | .. | .. | .. | .. | .. | .. | .. | .. |
| Loans | .. | .. | .. | .. | .. | .. | .. | .. |
| Short-term loans | .. | .. | .. | .. | .. | .. | .. | .. |
| Long-term loans | .. | .. | .. | .. | .. | .. | .. | .. |
| Equity and investment fund shares | .. | .. | .. | .. | .. | .. | .. | .. |
| Insurance pension and standardised guarantees | .. | .. | .. | .. | .. | .. | .. | .. |
| Financial derivatives and employee stock options | .. | .. | .. | .. | .. | .. | .. | .. |
| Other accounts payable | .. | .. | .. | .. | .. | .. | .. | .. |
| Non-financial assets | .. | .. | .. | .. | .. | .. | 1 | 1 |
| **Open-end non-money market funds** | | | | | | | | |
| Financial net worth | .. | .. | .. | .. | .. | .. | .. | .. |
| Financial assets | .. | .. | .. | .. | .. | .. | .. | .. |

# NEW ZEALAND

## Table 2. Financial assets and liabilities of investment funds *(cont.)*

*Million NZD*

| | 2008 | 2009 | 2010 | 2011 | 2012 | 2013 | 2014 | 2015 |
|---|---|---|---|---|---|---|---|---|
| Currency and deposits | .. | .. | .. | .. | .. | .. | .. | .. |
| Debt securities | .. | .. | .. | .. | .. | .. | .. | .. |
| Loans | .. | .. | .. | .. | .. | .. | .. | .. |
| Equity and investment fund shares | .. | .. | .. | .. | .. | .. | .. | .. |
| Equity | .. | .. | .. | .. | .. | .. | .. | .. |
| Investment fund shares | .. | .. | .. | .. | .. | .. | .. | .. |
| Money market fund shares | .. | .. | .. | .. | .. | .. | .. | .. |
| Non-Money market fund shares | .. | .. | .. | .. | .. | .. | .. | .. |
| Insurance pension and standardised guarantees | .. | .. | .. | .. | .. | .. | .. | .. |
| Financial derivatives and employee stock options | .. | .. | .. | .. | .. | .. | .. | .. |
| Other accounts receivable | .. | .. | .. | .. | .. | .. | .. | .. |
| Financial liabilities | .. | .. | .. | .. | .. | .. | .. | .. |
| Debt securities | .. | .. | .. | .. | .. | .. | .. | .. |
| Short-term debt securities | .. | .. | .. | .. | .. | .. | .. | .. |
| Long-term debt securities | .. | .. | .. | .. | .. | .. | .. | .. |
| Loans | .. | .. | .. | .. | .. | .. | .. | .. |
| Short-term loans | .. | .. | .. | .. | .. | .. | .. | .. |
| Long-term loans | .. | .. | .. | .. | .. | .. | .. | .. |
| Equity and investment fund shares | .. | .. | .. | .. | .. | .. | .. | .. |
| Insurance pension and standardised guarantees | .. | .. | .. | .. | .. | .. | .. | .. |
| Financial derivatives and employee stock options | .. | .. | .. | .. | .. | .. | .. | .. |
| Other accounts payable | .. | .. | .. | .. | .. | .. | .. | .. |
| Non-financial assets | .. | .. | .. | .. | .. | .. | .. | .. |
| **Open-end investment funds** | | | | | | | | |
| Financial net worth | .. | .. | .. | .. | .. | .. | .. | .. |
| Financial assets | .. | .. | .. | .. | .. | .. | .. | .. |
| Currency and deposits | .. | .. | .. | .. | .. | .. | .. | .. |
| Debt securities | .. | .. | .. | .. | .. | .. | .. | .. |
| Loans | .. | .. | .. | .. | .. | .. | .. | .. |
| Equity and investment fund shares | .. | .. | .. | .. | .. | .. | .. | .. |
| Equity | .. | .. | .. | .. | .. | .. | .. | .. |
| Investment fund shares | .. | .. | .. | .. | .. | .. | .. | .. |
| Money market fund shares | .. | .. | .. | .. | .. | .. | .. | .. |
| Non-Money market fund shares | .. | .. | .. | .. | .. | .. | .. | .. |
| Insurance pension and standardised guarantees | .. | .. | .. | .. | .. | .. | .. | .. |
| Financial derivatives and employee stock options | .. | .. | .. | .. | .. | .. | .. | .. |
| Other accounts receivable | .. | .. | .. | .. | .. | .. | .. | .. |
| Financial liabilities | .. | .. | .. | .. | .. | .. | .. | .. |
| Debt securities | .. | .. | .. | .. | .. | .. | .. | .. |
| Short-term debt securities | .. | .. | .. | .. | .. | .. | .. | .. |
| Long-term debt securities | .. | .. | .. | .. | .. | .. | .. | .. |
| Loans | .. | .. | .. | .. | .. | .. | .. | .. |
| Short-term loans | .. | .. | .. | .. | .. | .. | .. | .. |
| Long-term loans | .. | .. | .. | .. | .. | .. | .. | .. |
| Equity and investment fund shares | .. | .. | .. | .. | .. | .. | .. | .. |
| Insurance pension and standardised guarantees | .. | .. | .. | .. | .. | .. | .. | .. |
| Financial derivatives and employee stock options | .. | .. | .. | .. | .. | .. | .. | .. |
| Other accounts payable | .. | .. | .. | .. | .. | .. | .. | .. |
| Non-financial assets | .. | .. | .. | .. | .. | .. | .. | .. |

*Note:* Detailed metadata at: http://metalinks.oecd.org/instinv/20170516/667f

## Table 3. Financial assets and liabilities of insurance corporations and pension funds

*Million NZD*

| | 2008 | 2009 | 2010 | 2011 | 2012 | 2013 | 2014 | 2015 |
|---|---|---|---|---|---|---|---|---|
| **Insurance corporations and pension funds** | | | | | | | | |
| Financial net worth | .. | .. | .. | .. | .. | .. | .. | .. |
| Financial assets | .. | .. | .. | .. | .. | .. | .. | .. |
| Currency and deposits | .. | .. | .. | .. | .. | .. | .. | .. |
| Debt securities | .. | .. | .. | .. | .. | .. | .. | .. |
| Loans | .. | .. | .. | .. | .. | .. | .. | .. |
| Equity and investment fund shares | .. | .. | .. | .. | .. | .. | .. | .. |
| Equity | .. | .. | .. | .. | .. | .. | .. | .. |
| Investment fund shares | .. | .. | .. | .. | .. | .. | .. | .. |
| Money market fund shares | .. | .. | .. | .. | .. | .. | .. | .. |
| Non-Money market fund shares | .. | .. | .. | .. | .. | .. | .. | .. |
| Insurance pension and standardised guarantees | .. | .. | .. | .. | .. | .. | .. | .. |
| Financial derivatives and employee stock options | .. | .. | .. | .. | .. | .. | .. | .. |
| Other accounts receivable | .. | .. | .. | .. | .. | .. | .. | .. |
| Financial liabilities | .. | .. | .. | .. | .. | .. | .. | .. |
| Debt securities | .. | .. | .. | .. | .. | .. | .. | .. |
| Short-term debt securities | .. | .. | .. | .. | .. | .. | .. | .. |
| Long-term debt securities | .. | .. | .. | .. | .. | .. | .. | .. |
| Loans | .. | .. | .. | .. | .. | .. | .. | .. |
| Short-term loans | .. | .. | .. | .. | .. | .. | .. | .. |
| Long-term loans | .. | .. | .. | .. | .. | .. | .. | .. |
| Equity and investment fund shares | .. | .. | .. | .. | .. | .. | .. | .. |
| Insurance pension and standardised guarantees | .. | .. | .. | .. | .. | .. | .. | .. |
| Financial derivatives and employee stock options | .. | .. | .. | .. | .. | .. | .. | .. |
| Other accounts payable | .. | .. | .. | .. | .. | .. | .. | .. |
| Non-financial assets | .. | .. | .. | .. | .. | .. | .. | .. |
| **Insurance corporations** | | | | | | | | |
| Financial net worth | .. | .. | .. | .. | .. | .. | .. | .. |
| Financial assets | .. | .. | .. | .. | .. | .. | .. | .. |
| Currency and deposits | .. | .. | .. | .. | .. | .. | .. | .. |
| Debt securities | .. | .. | .. | .. | .. | .. | .. | .. |
| Loans | .. | .. | .. | .. | .. | .. | .. | .. |
| Equity and investment fund shares | .. | .. | .. | .. | .. | .. | .. | .. |
| Equity | .. | .. | .. | .. | .. | .. | .. | .. |
| Investment fund shares | .. | .. | .. | .. | .. | .. | .. | .. |
| Money market fund shares | .. | .. | .. | .. | .. | .. | .. | .. |
| Non-Money market fund shares | .. | .. | .. | .. | .. | .. | .. | .. |
| Insurance pension and standardised guarantees | .. | .. | .. | .. | .. | .. | .. | .. |
| Financial derivatives and employee stock options | .. | .. | .. | .. | .. | .. | .. | .. |
| Other accounts receivable | .. | .. | .. | .. | .. | .. | .. | .. |
| Financial liabilities | .. | .. | .. | .. | .. | .. | .. | .. |
| Debt securities | .. | .. | .. | .. | .. | .. | .. | .. |
| Short-term debt securities | .. | .. | .. | .. | .. | .. | .. | .. |
| Long-term debt securities | .. | .. | .. | .. | .. | .. | .. | .. |
| Loans | .. | .. | .. | .. | .. | .. | .. | .. |
| Short-term loans | .. | .. | .. | .. | .. | .. | .. | .. |
| Long-term loans | .. | .. | .. | .. | .. | .. | .. | .. |
| Equity and investment fund shares | .. | .. | .. | .. | .. | .. | .. | .. |
| Insurance pension and standardised guarantees | .. | .. | .. | .. | .. | .. | .. | .. |
| Financial derivatives and employee stock options | .. | .. | .. | .. | .. | .. | .. | .. |
| Other accounts payable | .. | .. | .. | .. | .. | .. | .. | .. |
| Non-financial assets | .. | .. | .. | .. | .. | .. | .. | .. |
| **Pension funds** | | | | | | | | |
| Financial net worth | .. | .. | .. | .. | .. | .. | .. | .. |
| Financial assets | .. | .. | .. | .. | .. | .. | 51 365 | 57 612 |
| Currency and deposits | .. | .. | .. | .. | .. | .. | 3 775 | 3 957 |
| Debt securities | .. | .. | .. | .. | .. | .. | 11 469 | 12 781 |
| Loans | .. | .. | .. | .. | .. | .. | 22 | 10 |
| Equity and investment fund shares | .. | .. | .. | .. | .. | .. | 35 550 | 40 012 |
| Equity | .. | .. | .. | .. | .. | .. | 14 110 | 15 486 |
| Investment fund shares | .. | .. | .. | .. | .. | .. | 21 440 | 24 525 |
| Money market fund shares | .. | .. | .. | .. | .. | .. | .. | .. |
| Non-Money market fund shares | .. | .. | .. | .. | .. | .. | .. | .. |
| Insurance pension and standardised guarantees | .. | .. | .. | .. | .. | .. | .. | .. |
| Financial derivatives and employee stock options | .. | .. | .. | .. | .. | .. | 305 | 585 |
| Other accounts receivable | .. | .. | .. | .. | .. | .. | 244 | 268 |
| Financial liabilities | .. | .. | .. | .. | .. | .. | .. | .. |
| Debt securities | .. | .. | .. | .. | .. | .. | .. | .. |
| Short-term debt securities | .. | .. | .. | .. | .. | .. | .. | .. |
| Long-term debt securities | .. | .. | .. | .. | .. | .. | .. | .. |
| Loans | .. | .. | .. | .. | .. | .. | .. | .. |
| Short-term loans | .. | .. | .. | .. | .. | .. | .. | .. |
| Long-term loans | .. | .. | .. | .. | .. | .. | .. | .. |
| Equity and investment fund shares | .. | .. | .. | .. | .. | .. | .. | .. |
| Insurance pension and standardised guarantees | .. | .. | .. | .. | .. | .. | .. | .. |
| Financial derivatives and employee stock options | .. | .. | .. | .. | .. | .. | .. | .. |
| Other accounts payable | .. | .. | .. | .. | .. | .. | .. | .. |
| Non-financial assets | .. | .. | .. | .. | .. | .. | 114 | 111 |

*Note:* Detailed metadata at: http://metalinks.oecd.org/instinv/20170516/667f

## Table 4. Portfolio composition by type of investor

As percentage of financial assets and of financial liabilities

*Per cent*

| | 2008 | 2009 | 2010 | 2011 | 2012 | 2013 | 2014 | 2015 |
|---|---|---|---|---|---|---|---|---|
| **Investment funds** | | | | | | | | |
| Financial assets | .. | .. | .. | .. | .. | .. | 100.0 | 100.0 |
| Currency and deposits | .. | .. | .. | .. | .. | .. | 23.4 | 21.6 |
| Debt securities | .. | .. | .. | .. | .. | .. | 28.6 | 30.1 |
| Loans | .. | .. | .. | .. | .. | .. | 0.1 | 0.0 |
| Equity and investment fund shares | .. | .. | .. | .. | .. | .. | 46.9 | 47.2 |
| Insurance pension and standardised guarantee schemes | .. | .. | .. | .. | .. | .. | 0.0 | 0.0 |
| Financial derivatives and employee stock options | .. | .. | .. | .. | .. | .. | 0.3 | 0.4 |
| Other accounts receivable | .. | .. | .. | .. | .. | .. | 0.6 | 0.6 |
| Financial liabilities | .. | .. | .. | .. | .. | .. | .. | .. |
| Currency and deposits | .. | .. | .. | .. | .. | .. | .. | .. |
| Debt securities | .. | .. | .. | .. | .. | .. | .. | .. |
| Loans | .. | .. | .. | .. | .. | .. | .. | .. |
| Equity and investment fund shares | .. | .. | .. | .. | .. | .. | .. | .. |
| Insurance pension and standardised guarantee schemes | .. | .. | .. | .. | .. | .. | .. | .. |
| Financial derivatives and employee stock options | .. | .. | .. | .. | .. | .. | .. | .. |
| Other accounts receivable | .. | .. | .. | .. | .. | .. | .. | .. |
| **Insurance corporations** | | | | | | | | |
| Financial assets | .. | .. | .. | .. | .. | .. | .. | .. |
| Currency and deposits | .. | .. | .. | .. | .. | .. | .. | .. |
| Debt securities | .. | .. | .. | .. | .. | .. | .. | .. |
| Loans | .. | .. | .. | .. | .. | .. | .. | .. |
| Equity and investment fund shares | .. | .. | .. | .. | .. | .. | .. | .. |
| Insurance pension and standardised guarantee schemes | .. | .. | .. | .. | .. | .. | .. | .. |
| Financial derivatives and employee stock options | .. | .. | .. | .. | .. | .. | .. | .. |
| Other accounts receivable | .. | .. | .. | .. | .. | .. | .. | .. |
| Financial liabilities | .. | .. | .. | .. | .. | .. | .. | .. |
| Currency and deposits | .. | .. | .. | .. | .. | .. | .. | .. |
| Debt securities | .. | .. | .. | .. | .. | .. | .. | .. |
| Loans | .. | .. | .. | .. | .. | .. | .. | .. |
| Equity and investment fund shares | .. | .. | .. | .. | .. | .. | .. | .. |
| Insurance pension and standardised guarantee schemes | .. | .. | .. | .. | .. | .. | .. | .. |
| Financial derivatives and employee stock options | .. | .. | .. | .. | .. | .. | .. | .. |
| Other accounts receivable | .. | .. | .. | .. | .. | .. | .. | .. |
| **Pension funds** | | | | | | | | |
| Financial assets | .. | .. | .. | .. | .. | .. | 100.0 | 100.0 |
| Currency and deposits | .. | .. | .. | .. | .. | .. | 7.3 | 6.9 |
| Debt securities | .. | .. | .. | .. | .. | .. | 22.3 | 22.2 |
| Loans | .. | .. | .. | .. | .. | .. | 0.0 | 0.0 |
| Equity and investment fund shares | .. | .. | .. | .. | .. | .. | 69.2 | 69.5 |
| Insurance pension and standardised guarantee schemes | .. | .. | .. | .. | .. | .. | 0.0 | 0.0 |
| Financial derivatives and employee stock options | .. | .. | .. | .. | .. | .. | 0.6 | 1.0 |
| Other accounts receivable | .. | .. | .. | .. | .. | .. | 0.5 | 0.5 |
| Financial liabilities | .. | .. | .. | .. | .. | .. | .. | .. |
| Currency and deposits | .. | .. | .. | .. | .. | .. | .. | .. |
| Debt securities | .. | .. | .. | .. | .. | .. | .. | .. |
| Loans | .. | .. | .. | .. | .. | .. | .. | .. |
| Equity and investment fund shares | .. | .. | .. | .. | .. | .. | .. | .. |
| Insurance pension and standardised guarantee schemes | .. | .. | .. | .. | .. | .. | .. | .. |
| Financial derivatives and employee stock options | .. | .. | .. | .. | .. | .. | .. | .. |
| Other accounts receivable | .. | .. | .. | .. | .. | .. | .. | .. |

*Note:* Detailed metadata at: http://metalinks.oecd.org/instinv/20170516/f09d

# Table 1. Financial assets and liabilities of institutional investors, 2015

*Million NOK*

| | Total | Investment funds | | | |
|---|---|---|---|---|---|
| | | Non-money market funds | | | Money market funds |
| | | Total | Open-end non-money market funds | Closed-end non-money market funds | Total |
| Financial assets | .. | 891 262 | 884 689 | .. | .. |
| Currency and deposits | .. | 35 651 | 26 810 | .. | .. |
| Debt securities | .. | 314 769 | 314 650 | .. | .. |
| Debt securities, short term | .. | 15 139 | 15 139 | .. | .. |
| Debt securities, long term | .. | 299 630 | 299 511 | .. | .. |
| Debt securities issued by residents | .. | .. | 195 132 | .. | .. |
| Debt securities issued by non-residents | .. | .. | 119 518 | .. | .. |
| Loans | .. | 0 | 0 | .. | .. |
| Loans, short-term | .. | .. | .. | .. | .. |
| Loans, long-term | .. | 0 | 0 | .. | .. |
| Loans granted to residents | .. | .. | 0 | .. | .. |
| Loans granted to non-residents | .. | .. | .. | .. | .. |
| Equity and investment fund shares/units | .. | 536 726 | 536 726 | .. | .. |
| Equity and investment fund shares issued/units by residents | .. | .. | 199 571 | .. | .. |
| Equity and investment fund shares/units issued by non residents | .. | .. | 337 155 | .. | .. |
| Other accounts receivable | .. | 9 639 | 12 026 | .. | .. |

| | Total | Investment funds | | | |
|---|---|---|---|---|---|
| | | Non-money market funds | | | Money market funds |
| | | Total | Open-end non-money market funds | Closed-end non-money market funds | Total |
| Financial liabilities | .. | 887 225 | 883 906 | .. | .. |
| Currency and deposits | .. | .. | .. | .. | .. |
| Debt securities | .. | .. | .. | .. | .. |
| Debt securities, short term | .. | .. | .. | .. | .. |
| Debt securities, long term | .. | .. | .. | .. | .. |
| Loans | .. | 1 033 | 3 743 | .. | .. |
| Loans, short-term | .. | 1 033 | 3 743 | .. | .. |
| Loans, long-term | .. | .. | .. | .. | .. |
| Equity and investment fund shares/units | .. | 876 198 | 876 168 | .. | .. |
| Insurance pension and standardised guaratees | .. | .. | .. | .. | .. |
| Financial derivatives and employee stock options | .. | 0 | .. | .. | .. |
| Other accounts payable | .. | 9 994 | 3 995 | .. | .. |

| | Total | Insurance corporations and pension funds | | | |
|---|---|---|---|---|---|
| | | Insurance corporations | | | Pension funds |
| | | Total | Life insurance corporations | Non-life insurance corporations | Total |
| Financial assets | 1 825 312 | .. | 1 286 308 | 231 419 | .. |
| Currency and deposits | 49 513 | .. | 33 518 | 9 254 | .. |
| Debt securities | 732 446 | .. | 496 640 | 97 939 | .. |
| Debt securities, short-term | 34 351 | .. | 16 259 | 11 636 | .. |
| Debt securities, long term | 698 095 | .. | 480 381 | 86 303 | .. |
| Debt securities issued by residents | .. | .. | 226 324 | 66 135 | .. |
| Debt securities issued by non-residents | .. | .. | 270 316 | 31 804 | .. |
| Loans | 95 304 | .. | 91 135 | 2 049 | .. |
| Loans, short-term | 0 | .. | 0 | 0 | .. |
| Loans, long-term | 95 304 | .. | 91 135 | 2 049 | .. |
| Loans granted to residents | .. | .. | 80 721 | 2 049 | .. |
| Loans granted to non-residents | .. | .. | 10 414 | 0 | .. |
| Equity and investment fund shares/units | 862 344 | .. | 653 287 | 48 932 | .. |
| Equity and investment fund shares/units issued by residents | .. | .. | 498 246 | 21 250 | .. |
| Equity and investment fund shares/units issued by non residents | .. | .. | 155 041 | 27 682 | .. |
| Other accounts receivable | 63 135 | .. | 8 025 | 53 692 | .. |

| | Total | Insurance corporations and pension funds | | | |
|---|---|---|---|---|---|
| | | Insurance corporations | | | Pension funds |
| | | Total | Life insurance corporations | Non-life insurance corporations | Total |
| Financial liabilities | 1 880 805 | .. | 1 288 043 | 280 456 | .. |
| Currency and deposits | .. | .. | .. | .. | .. |
| Debt securities | 20 197 | .. | 18 690 | 1 507 | .. |
| Debt securities, short term | .. | .. | .. | .. | .. |
| Debt securities, long term | 20 197 | .. | 18 690 | 1 507 | .. |
| Loans | 11 281 | .. | 10 635 | 222 | .. |
| Loans, short-term | 375 | .. | 364 | 10 | .. |
| Loans, long-term | 10 906 | .. | 10 271 | 212 | .. |
| Equity and investment fund shares/units | 260 159 | .. | 84 859 | 144 078 | .. |
| Insurance pension and standardised guarantees | 1 551 625 | .. | 1 152 042 | 121 074 | .. |
| Financial derivatives and employee stock options | 12 398 | .. | 10 405 | 646 | .. |
| Other accounts payable | 25 145 | .. | 11 412 | 12 929 | .. |

*Note:* Detailed metadata at: http://metalinks.oecd.org/instinv/20170516/667f

## Table 2. Financial assets and liabilities of investment funds

*Million NOK*

| | 2008 | 2009 | 2010 | 2011 | 2012 | 2013 | 2014 | 2015 |
|---|---|---|---|---|---|---|---|---|
| **Investment funds** | | | | | | | | |
| Financial net worth | .. | .. | .. | .. | .. | .. | .. | .. |
| Financial assets | .. | .. | .. | .. | .. | .. | .. | .. |
| Currency and deposits | .. | .. | .. | .. | .. | .. | .. | .. |
| Debt securities | .. | .. | .. | .. | .. | .. | .. | .. |
| Loans | .. | .. | .. | .. | .. | .. | .. | .. |
| Equity and investment fund shares | .. | .. | .. | .. | .. | .. | .. | .. |
| Equity | .. | .. | .. | .. | .. | .. | .. | .. |
| Investment fund shares | .. | .. | .. | .. | .. | .. | .. | .. |
| Money market fund shares | .. | .. | .. | .. | .. | .. | .. | .. |
| Non-Money market fund shares | .. | .. | .. | .. | .. | .. | .. | .. |
| Insurance pension and standardised guarantees | .. | .. | .. | .. | .. | .. | .. | .. |
| Financial derivatives and employee stock options | .. | .. | .. | .. | .. | .. | .. | .. |
| Other accounts receivable | .. | .. | .. | .. | .. | .. | .. | .. |
| Financial liabilities | .. | .. | .. | .. | .. | .. | .. | .. |
| Debt securities | .. | .. | .. | .. | .. | .. | .. | .. |
| Short-term debt securities | .. | .. | .. | .. | .. | .. | .. | .. |
| Long-term debt securities | .. | .. | .. | .. | .. | .. | .. | .. |
| Loans | .. | .. | .. | .. | .. | .. | .. | .. |
| Short-term loans | .. | .. | .. | .. | .. | .. | .. | .. |
| Long-term loans | .. | .. | .. | .. | .. | .. | .. | .. |
| Equity and investment fund shares | .. | .. | .. | .. | .. | .. | .. | .. |
| Insurance pension and standardised guarantees | .. | .. | .. | .. | .. | .. | .. | .. |
| Financial derivatives and employee stock options | .. | .. | .. | .. | .. | .. | .. | .. |
| Other accounts payable | .. | .. | .. | .. | .. | .. | .. | .. |
| Non-financial assets | .. | .. | .. | .. | .. | .. | .. | .. |
| **Money market funds** | | | | | | | | |
| Financial net worth | .. | .. | .. | .. | .. | .. | .. | .. |
| Financial assets | .. | .. | .. | .. | .. | .. | .. | .. |
| Currency and deposits | .. | .. | .. | .. | .. | .. | .. | .. |
| Debt securities | .. | .. | .. | .. | .. | .. | .. | .. |
| Loans | .. | .. | .. | .. | .. | .. | .. | .. |
| Equity and investment fund shares | .. | .. | .. | .. | .. | .. | .. | .. |
| Equity | .. | .. | .. | .. | .. | .. | .. | .. |
| Investment fund shares | .. | .. | .. | .. | .. | .. | .. | .. |
| Money market fund shares | .. | .. | .. | .. | .. | .. | .. | .. |
| Non-Money market fund shares | .. | .. | .. | .. | .. | .. | .. | .. |
| Insurance pension and standardised guarantees | .. | .. | .. | .. | .. | .. | .. | .. |
| Financial derivatives and employee stock options | .. | .. | .. | .. | .. | .. | .. | .. |
| Other accounts receivable | .. | .. | .. | .. | .. | .. | .. | .. |
| Financial liabilities | .. | .. | .. | .. | .. | .. | .. | .. |
| Debt securities | .. | .. | .. | .. | .. | .. | .. | .. |
| Short-term debt securities | .. | .. | .. | .. | .. | .. | .. | .. |
| Long-term debt securities | .. | .. | .. | .. | .. | .. | .. | .. |
| Loans | .. | .. | .. | .. | .. | .. | .. | .. |
| Short-term loans | .. | .. | .. | .. | .. | .. | .. | .. |
| Long-term loans | .. | .. | .. | .. | .. | .. | .. | .. |
| Equity and investment fund shares | .. | .. | .. | .. | .. | .. | .. | .. |
| Insurance pension and standardised guarantees | .. | .. | .. | .. | .. | .. | .. | .. |
| Financial derivatives and employee stock options | .. | .. | .. | .. | .. | .. | .. | .. |
| Other accounts payable | .. | .. | .. | .. | .. | .. | .. | .. |
| Non-financial assets | .. | .. | .. | .. | .. | .. | .. | .. |
| **Non-money market funds** | | | | | | | | |
| Financial net worth | 379 | 3 129 | 4 194 | 2 719 | 2 989 | 2 870 | 1 253 | 4 037 |
| Financial assets | 212 999 | 340 850 | 435 788 | 409 383 | 521 130 | 646 376 | 830 262 | 891 262 |
| Currency and deposits | 6 780 | 16 142 | 13 080 | 16 470 | 18 760 | 19 301 | 30 979 | 35 651 |
| Debt securities | 55 203 | 62 562 | 89 792 | 107 306 | 158 419 | 178 526 | 293 484 | 314 769 |
| Loans | 0 | 0 | 0 | 0 | 0 | 0 | 0 | 0 |
| Equity and investment fund shares | 148 032 | 258 601 | 327 629 | 282 251 | 330 722 | 438 402 | 498 837 | 536 726 |
| Equity | 121 737 | 212 733 | 273 308 | 232 679 | 260 330 | 342 826 | 379 600 | 399 051 |
| Investment fund shares | 26 295 | 45 868 | 54 321 | 49 572 | 70 392 | 95 576 | 119 237 | 137 675 |
| Money market fund shares | 0 | 0 | 0 | 0 | 6 274 | 4 895 | 5 977 | 6 372 |
| Non-Money market fund shares | 26 295 | 45 868 | 54 321 | 49 572 | 64 118 | 90 681 | 113 260 | 131 303 |
| Insurance pension and standardised guarantees | .. | .. | .. | .. | .. | .. | .. | .. |
| Financial derivatives and employee stock options | 0 | 0 | 0 | 0 | 705 | -190 | -5 349 | -5 523 |
| Other accounts receivable | 2 984 | 3 545 | 5 287 | 3 356 | 12 524 | 10 337 | 12 311 | 9 639 |
| Financial liabilities | 212 620 | 337 721 | 431 594 | 406 664 | 518 141 | 643 506 | 829 009 | 887 225 |
| Debt securities | .. | .. | .. | .. | .. | .. | .. | .. |
| Short-term debt securities | .. | .. | .. | .. | .. | .. | .. | .. |
| Long-term debt securities | .. | .. | .. | .. | .. | .. | .. | .. |
| Loans | 0 | 0 | 0 | 0 | 0 | 47 | 1 027 | 1 033 |
| Short-term loans | 0 | 0 | 0 | 0 | 0 | 47 | 1 027 | 1 033 |
| Long-term loans | .. | .. | .. | .. | .. | .. | .. | .. |
| Equity and investment fund shares | 212 552 | 337 661 | 431 521 | 406 598 | 513 940 | 636 335 | 818 548 | 876 198 |
| Insurance pension and standardised guarantees | .. | .. | .. | .. | .. | .. | .. | .. |
| Financial derivatives and employee stock options | 0 | 0 | 0 | 0 | 0 | 0 | 0 | 0 |
| Other accounts payable | 68 | 60 | 73 | 66 | 4 201 | 7 124 | 9 434 | 9 994 |
| Non-financial assets | .. | .. | .. | .. | .. | .. | .. | .. |
| **Open-end non-money market funds** | | | | | | | | |
| Financial net worth | 379 | 3 129 | 4 194 | 2 719 | 539 | 526 | 13 | 783 |
| Financial assets | 212 999 | 340 850 | 435 788 | 409 383 | 518 095 | 641 172 | 824 695 | 884 689 |

## Table 2. Financial assets and liabilities of investment funds *(cont.)*

*Million NOK*

| | 2008 | 2009 | 2010 | 2011 | 2012 | 2013 | 2014 | 2015 |
|---|---|---|---|---|---|---|---|---|
| Currency and deposits | 6 780 | 16 142 | 13 080 | 16 470 | 16 293 | 18 721 | 26 214 | 26 810 |
| Debt securities | 55 203 | 62 562 | 89 792 | 107 306 | 158 407 | 178 526 | 293 483 | 314 650 |
| Loans | 0 | 0 | 0 | 0 | 0 | 0 | 0 | 0 |
| Equity and investment fund shares | 148 032 | 258 601 | 327 629 | 282 251 | 330 722 | 438 402 | 498 837 | 536 726 |
| Equity | 121 737 | 212 733 | 273 308 | 232 679 | 260 330 | 342 826 | 379 600 | 399 051 |
| Investment fund shares | 26 295 | 45 868 | 54 321 | 49 572 | 70 392 | 95 576 | 119 237 | 137 675 |
| Money market fund shares | 0 | 0 | 0 | 0 | 6 274 | 4 895 | 5 977 | 6 372 |
| Non-Money market fund shares | 26 295 | 45 868 | 54 321 | 49 572 | 64 118 | 90 681 | 113 260 | 131 303 |
| Insurance pension and standardised guarantees | .. | .. | .. | .. | .. | .. | .. | .. |
| Financial derivatives and employee stock options | 0 | 0 | 0 | 0 | 705 | -190 | -5 349 | -5 523 |
| Other accounts receivable | 2 984 | 3 545 | 5 287 | 3 356 | 11 968 | 5 713 | 11 510 | 12 026 |
| Financial liabilities | 212 620 | 337 721 | 431 594 | 406 664 | 517 556 | 640 646 | 824 682 | 883 906 |
| Debt securities | .. | .. | .. | .. | .. | .. | .. | .. |
| Short-term debt securities | .. | .. | .. | .. | .. | .. | .. | .. |
| Long-term debt securities | .. | .. | .. | .. | .. | .. | .. | .. |
| Loans | 0 | 0 | 0 | 0 | 1 113 | 650 | 1 978 | 3 743 |
| Short-term loans | 0 | 0 | 0 | 0 | 1 113 | 650 | 1 978 | 3 743 |
| Long-term loans | .. | .. | .. | .. | .. | .. | .. | .. |
| Equity and investment fund shares | 212 552 | 337 661 | 431 521 | 406 598 | 513 910 | 636 305 | 818 518 | 876 168 |
| Insurance pension and standardised guarantees | .. | .. | .. | .. | .. | .. | .. | .. |
| Financial derivatives and employee stock options | .. | .. | .. | .. | .. | .. | .. | .. |
| Other accounts payable | 68 | 60 | 73 | 66 | 2 533 | 3 691 | 4 186 | 3 995 |
| Non-financial assets | .. | .. | .. | .. | .. | .. | .. | .. |
| **Open-end investment funds** | | | | | | | | |
| Financial net worth | 1 984 | 3 214 | 2 876 | 2 984 | 497 | 564 | 61 | 841 |
| Financial assets | 320 796 | 452 666 | 544 951 | 529 658 | 613 813 | 731 818 | 911 412 | 967 002 |
| Currency and deposits | 11 897 | 22 667 | 19 925 | 21 964 | 27 286 | 31 436 | 39 636 | 37 026 |
| Debt securities | 143 004 | 152 299 | 175 667 | 205 375 | 234 919 | 246 526 | 359 828 | 380 034 |
| Loans | 0 | 0 | 0 | 0 | 0 | 0 | 0 | 0 |
| Equity and investment fund shares | 161 465 | 273 295 | 343 117 | 298 257 | 338 327 | 447 016 | 505 342 | 543 103 |
| Equity | 121 737 | 212 733 | 273 308 | 232 679 | 260 330 | 342 826 | 379 600 | 399 051 |
| Investment fund shares | 39 728 | 60 562 | 69 809 | 65 578 | 77 997 | 104 190 | 125 742 | 144 052 |
| Money market fund shares | 13 433 | 14 694 | 15 488 | 16 006 | 13 866 | 13 455 | 12 445 | 12 736 |
| Non-Money market fund shares | 26 295 | 45 868 | 54 321 | 49 572 | 64 131 | 90 735 | 113 297 | 131 316 |
| Insurance pension and standardised guarantees | .. | .. | .. | .. | .. | .. | .. | .. |
| Financial derivatives and employee stock options | 0 | 0 | 0 | 0 | 705 | -190 | -5 349 | -5 523 |
| Other accounts receivable | 4 430 | 4 405 | 6 242 | 4 062 | 12 576 | 7 030 | 11 955 | 12 362 |
| Financial liabilities | 318 812 | 449 452 | 542 075 | 526 674 | 613 316 | 731 254 | 911 351 | 966 161 |
| Debt securities | .. | .. | .. | .. | .. | .. | .. | .. |
| Short-term debt securities | .. | .. | .. | .. | .. | .. | .. | .. |
| Long-term debt securities | .. | .. | .. | .. | .. | .. | .. | .. |
| Loans | 0 | 0 | 0 | 0 | 1 113 | 650 | 1 978 | 3 743 |
| Short-term loans | 0 | 0 | 0 | 0 | 1 113 | 650 | 1 978 | 3 743 |
| Long-term loans | .. | .. | .. | .. | .. | .. | .. | .. |
| Equity and investment fund shares | 317 641 | 448 739 | 541 667 | 526 070 | 609 430 | 725 850 | 904 754 | 958 097 |
| Insurance pension and standardised guarantees | .. | .. | .. | .. | .. | .. | .. | .. |
| Financial derivatives and employee stock options | .. | .. | .. | .. | .. | .. | .. | .. |
| Other accounts payable | 1 171 | 713 | 408 | 604 | 2 773 | 4 754 | 4 619 | 4 321 |
| Non-financial assets | .. | .. | .. | .. | .. | .. | .. | .. |

Note: Detailed metadata at: http://metalinks.oecd.org/instinv/20170516/667f

## Table 3. Financial assets and liabilities of insurance corporations and pension funds

*Million NOK*

| | 2008 | 2009 | 2010 | 2011 | 2012 | 2013 | 2014 | 2015 |
|---|---|---|---|---|---|---|---|---|
| **Insurance corporations and pension funds** | | | | | | | | |
| Financial net worth | 36 209 | 28 110 | 26 183 | 19 050 | -24 982 | -40 314 | -38 301 | -55 493 |
| Financial assets | 1 036 247 | 1 107 812 | 1 209 650 | 1 273 579 | 1 406 359 | 1 549 334 | 1 711 608 | 1 825 312 |
| Currency and deposits | 47 061 | 40 412 | 39 519 | 38 768 | 44 030 | 54 388 | 45 782 | 49 513 |
| Debt securities | 528 930 | 543 148 | 550 608 | 615 902 | 670 544 | 731 358 | 702 241 | 732 446 |
| Loans | 51 594 | 73 691 | 57 450 | 54 059 | 53 658 | 64 870 | 84 510 | 95 304 |
| Equity and investment fund shares | 315 876 | 379 281 | 485 463 | 492 237 | 563 847 | 621 023 | 796 472 | 862 344 |
| Equity | 165 181 | 203 521 | 260 160 | 218 490 | 238 601 | 241 429 | 264 760 | 281 856 |
| Investment fund shares | 150 695 | 175 760 | 225 303 | 273 747 | 325 246 | 379 594 | 531 712 | 580 488 |
| Money market fund shares | 27 849 | 31 291 | 32 236 | 41 235 | 36 833 | 32 472 | 30 393 | 26 770 |
| Non-Money market fund shares | 122 846 | 144 469 | 193 067 | 232 512 | 288 413 | 347 122 | 501 319 | 553 718 |
| Insurance pension and standardised guarantees | 17 235 | 14 888 | 13 369 | 13 065 | 14 209 | 16 270 | 16 147 | 18 846 |
| Financial derivatives and employee stock options | 6 387 | 1 844 | 3 856 | 1 509 | 5 541 | 3 829 | 4 928 | 3 724 |
| Other accounts receivable | 69 164 | 54 548 | 59 385 | 58 039 | 54 530 | 57 596 | 61 528 | 63 135 |
| Financial liabilities | 1 000 038 | 1 079 702 | 1 183 467 | 1 254 529 | 1 431 341 | 1 589 648 | 1 749 909 | 1 880 805 |
| Debt securities | 7 721 | 8 199 | 11 147 | 10 994 | 11 016 | 11 377 | 13 162 | 20 197 |
| Short-term debt securities | .. | .. | .. | .. | .. | .. | .. | .. |
| Long-term debt securities | 7 721 | 8 199 | 11 147 | 10 994 | 11 016 | 11 377 | 13 162 | 20 197 |
| Loans | 11 413 | 9 619 | 4 320 | 4 393 | 4 775 | 3 859 | 4 565 | 11 281 |
| Short-term loans | 25 | 1 | 5 | 0 | 37 | 25 | 31 | 375 |
| Long-term loans | 11 388 | 9 618 | 4 315 | 4 393 | 4 738 | 3 834 | 4 534 | 10 906 |
| Equity and investment fund shares | 36 424 | 40 988 | 71 243 | 90 483 | 175 478 | 208 510 | 227 550 | 260 159 |
| Insurance pension and standardised guarantees | 904 691 | 991 606 | 1 076 188 | 1 120 210 | 1 213 998 | 1 336 448 | 1 460 754 | 1 551 625 |
| Financial derivatives and employee stock options | 9 814 | 2 169 | 1 699 | 2 083 | 2 241 | 4 141 | 18 398 | 12 398 |
| Other accounts payable | 29 975 | 27 121 | 18 870 | 26 366 | 23 833 | 25 313 | 25 480 | 25 145 |
| Non-financial assets | .. | .. | .. | .. | .. | .. | .. | .. |
| **Insurance corporations** | | | | | | | | |
| Financial net worth | .. | .. | .. | .. | .. | .. | .. | .. |
| Financial assets | .. | .. | .. | .. | .. | .. | .. | .. |
| Currency and deposits | .. | .. | .. | .. | .. | .. | .. | .. |
| Debt securities | .. | .. | .. | .. | .. | .. | .. | .. |
| Loans | .. | .. | .. | .. | .. | .. | .. | .. |
| Equity and investment fund shares | .. | .. | .. | .. | .. | .. | .. | .. |
| Equity | .. | .. | .. | .. | .. | .. | .. | .. |
| Investment fund shares | .. | .. | .. | .. | .. | .. | .. | .. |
| Money market fund shares | .. | .. | .. | .. | .. | .. | .. | .. |
| Non-Money market fund shares | .. | .. | .. | .. | .. | .. | .. | .. |
| Insurance pension and standardised guarantees | .. | .. | .. | .. | .. | .. | .. | .. |
| Financial derivatives and employee stock options | .. | .. | .. | .. | .. | .. | .. | .. |
| Other accounts receivable | .. | .. | .. | .. | .. | .. | .. | .. |
| Financial liabilities | .. | .. | .. | .. | .. | .. | .. | .. |
| Debt securities | .. | .. | .. | .. | .. | .. | .. | .. |
| Short-term debt securities | .. | .. | .. | .. | .. | .. | .. | .. |
| Long-term debt securities | .. | .. | .. | .. | .. | .. | .. | .. |
| Loans | .. | .. | .. | .. | .. | .. | .. | .. |
| Short-term loans | .. | .. | .. | .. | .. | .. | .. | .. |
| Long-term loans | .. | .. | .. | .. | .. | .. | .. | .. |
| Equity and investment fund shares | .. | .. | .. | .. | .. | .. | .. | .. |
| Insurance pension and standardised guarantees | .. | .. | .. | .. | .. | .. | .. | .. |
| Financial derivatives and employee stock options | .. | .. | .. | .. | .. | .. | .. | .. |
| Other accounts payable | .. | .. | .. | .. | .. | .. | .. | .. |
| Non-financial assets | .. | .. | .. | .. | .. | .. | .. | .. |
| **Pension funds** | | | | | | | | |
| Financial net worth | .. | .. | .. | .. | .. | .. | .. | .. |
| Financial assets | .. | .. | .. | .. | .. | .. | .. | .. |
| Currency and deposits | .. | .. | .. | .. | .. | .. | .. | .. |
| Debt securities | .. | .. | .. | .. | .. | .. | .. | .. |
| Loans | .. | .. | .. | .. | .. | .. | .. | .. |
| Equity and investment fund shares | .. | .. | .. | .. | .. | .. | .. | .. |
| Equity | .. | .. | .. | .. | .. | .. | .. | .. |
| Investment fund shares | .. | .. | .. | .. | .. | .. | .. | .. |
| Money market fund shares | .. | .. | .. | .. | .. | .. | .. | .. |
| Non-Money market fund shares | .. | .. | .. | .. | .. | .. | .. | .. |
| Insurance pension and standardised guarantees | .. | .. | .. | .. | .. | .. | .. | .. |
| Financial derivatives and employee stock options | .. | .. | .. | .. | .. | .. | .. | .. |
| Other accounts receivable | .. | .. | .. | .. | .. | .. | .. | .. |
| Financial liabilities | .. | .. | .. | .. | .. | .. | .. | .. |
| Debt securities | .. | .. | .. | .. | .. | .. | .. | .. |
| Short-term debt securities | .. | .. | .. | .. | .. | .. | .. | .. |
| Long-term debt securities | .. | .. | .. | .. | .. | .. | .. | .. |
| Loans | .. | .. | .. | .. | .. | .. | .. | .. |
| Short-term loans | .. | .. | .. | .. | .. | .. | .. | .. |
| Long-term loans | .. | .. | .. | .. | .. | .. | .. | .. |
| Equity and investment fund shares | .. | .. | .. | .. | .. | .. | .. | .. |
| Insurance pension and standardised guarantees | .. | .. | .. | .. | .. | .. | .. | .. |
| Financial derivatives and employee stock options | .. | .. | .. | .. | .. | .. | .. | .. |
| Other accounts payable | .. | .. | .. | .. | .. | .. | .. | .. |
| Non-financial assets | .. | .. | .. | .. | .. | .. | .. | .. |

*Note:* Detailed metadata at: http://metalinks.oecd.org/instinv/20170516/667f

## Table 4. Portfolio composition by type of investor

As percentage of financial assets and of financial liabilities

*Per cent*

| | 2008 | 2009 | 2010 | 2011 | 2012 | 2013 | 2014 | 2015 |
|---|---|---|---|---|---|---|---|---|
| **Investment funds** | | | | | | | | |
| Financial assets | .. | .. | .. | .. | .. | .. | .. | .. |
| Currency and deposits | .. | .. | .. | .. | .. | .. | .. | .. |
| Debt securities | .. | .. | .. | .. | .. | .. | .. | .. |
| Loans | .. | .. | .. | .. | .. | .. | .. | .. |
| Equity and investment fund shares | .. | .. | .. | .. | .. | .. | .. | .. |
| Insurance pension and standardised guarantee schemes | .. | .. | .. | .. | .. | .. | .. | .. |
| Financial derivatives and employee stock options | .. | .. | .. | .. | .. | .. | .. | .. |
| Other accounts receivable | .. | .. | .. | .. | .. | .. | .. | .. |
| Financial liabilities | .. | .. | .. | .. | .. | .. | .. | .. |
| Currency and deposits | .. | .. | .. | .. | .. | .. | .. | .. |
| Debt securities | .. | .. | .. | .. | .. | .. | .. | .. |
| Loans | .. | .. | .. | .. | .. | .. | .. | .. |
| Equity and investment fund shares | .. | .. | .. | .. | .. | .. | .. | .. |
| Insurance pension and standardised guarantee schemes | .. | .. | .. | .. | .. | .. | .. | .. |
| Financial derivatives and employee stock options | .. | .. | .. | .. | .. | .. | .. | .. |
| Other accounts receivable | .. | .. | .. | .. | .. | .. | .. | .. |
| **Insurance corporations** | | | | | | | | |
| Financial assets | .. | .. | .. | .. | .. | .. | .. | .. |
| Currency and deposits | .. | .. | .. | .. | .. | .. | .. | .. |
| Debt securities | .. | .. | .. | .. | .. | .. | .. | .. |
| Loans | .. | .. | .. | .. | .. | .. | .. | .. |
| Equity and investment fund shares | .. | .. | .. | .. | .. | .. | .. | .. |
| Insurance pension and standardised guarantee schemes | .. | .. | .. | .. | .. | .. | .. | .. |
| Financial derivatives and employee stock options | .. | .. | .. | .. | .. | .. | .. | .. |
| Other accounts receivable | .. | .. | .. | .. | .. | .. | .. | .. |
| Financial liabilities | .. | .. | .. | .. | .. | .. | .. | .. |
| Currency and deposits | .. | .. | .. | .. | .. | .. | .. | .. |
| Debt securities | .. | .. | .. | .. | .. | .. | .. | .. |
| Loans | .. | .. | .. | .. | .. | .. | .. | .. |
| Equity and investment fund shares | .. | .. | .. | .. | .. | .. | .. | .. |
| Insurance pension and standardised guarantee schemes | .. | .. | .. | .. | .. | .. | .. | .. |
| Financial derivatives and employee stock options | .. | .. | .. | .. | .. | .. | .. | .. |
| Other accounts receivable | .. | .. | .. | .. | .. | .. | .. | .. |
| **Pension funds** | | | | | | | | |
| Financial assets | .. | .. | .. | .. | .. | .. | .. | .. |
| Currency and deposits | .. | .. | .. | .. | .. | .. | .. | .. |
| Debt securities | .. | .. | .. | .. | .. | .. | .. | .. |
| Loans | .. | .. | .. | .. | .. | .. | .. | .. |
| Equity and investment fund shares | .. | .. | .. | .. | .. | .. | .. | .. |
| Insurance pension and standardised guarantee schemes | .. | .. | .. | .. | .. | .. | .. | .. |
| Financial derivatives and employee stock options | .. | .. | .. | .. | .. | .. | .. | .. |
| Other accounts receivable | .. | .. | .. | .. | .. | .. | .. | .. |
| Financial liabilities | .. | .. | .. | .. | .. | .. | .. | .. |
| Currency and deposits | .. | .. | .. | .. | .. | .. | .. | .. |
| Debt securities | .. | .. | .. | .. | .. | .. | .. | .. |
| Loans | .. | .. | .. | .. | .. | .. | .. | .. |
| Equity and investment fund shares | .. | .. | .. | .. | .. | .. | .. | .. |
| Insurance pension and standardised guarantee schemes | .. | .. | .. | .. | .. | .. | .. | .. |
| Financial derivatives and employee stock options | .. | .. | .. | .. | .. | .. | .. | .. |
| Other accounts receivable | .. | .. | .. | .. | .. | .. | .. | .. |

*Note:* Detailed metadata at: http://metalinks.oecd.org/instinv/20170516/f09d

# Table 1. Financial assets and liabilities of institutional investors, 2015

*Million PLN*

| | Total | Investment funds | | | |
|---|---|---|---|---|---|
| | | Non-money market funds | | | Money market funds |
| | | Total | Open-end non-money market funds | Closed-end non-money market funds | Total |
| Financial assets | .. | 290 227 | 144 289 | 145 938 | .. |
| Currency and deposits | .. | 21 771 | 11 685 | 10 086 | .. |
| Debt securities | .. | 109 602 | 84 718 | 24 884 | .. |
| Debt securities, short term | .. | 1 766 | 581 | 1 185 | .. |
| Debt securities, long term | .. | 107 836 | 84 137 | 23 699 | .. |
| Debt securities issued by residents | .. | 94 661 | 74 402 | 20 259 | .. |
| Debt securities issued by non-residents | .. | 14 939 | 10 315 | 4 624 | .. |
| Loans | .. | 14 139 | 2 | 14 137 | .. |
| Loans, short-term | .. | 126 | 2 | 124 | .. |
| Loans, long-term | .. | 14 013 | 0 | 14 013 | .. |
| Loans granted to residents | .. | 3 621 | 2 | 3 619 | .. |
| Loans granted to non-residents | .. | 10 517 | 0 | 10 517 | .. |
| Equity and investment fund shares/units | .. | 119 453 | 45 919 | 73 534 | .. |
| Equity and investment fund shares issued/units by residents | .. | 52 178 | 27 193 | 24 985 | .. |
| Equity and investment fund shares/units issued by non residents | .. | 67 275 | 18 726 | 48 549 | .. |
| Other accounts receivable | .. | 24 902 | 1 783 | 23 119 | .. |

| | Total | Investment funds | | | |
|---|---|---|---|---|---|
| | | Non-money market funds | | | Money market funds |
| | | Total | Open-end non-money market funds | Closed-end non-money market funds | Total |
| Financial liabilities | .. | 292 760 | 144 288 | 148 472 | .. |
| Currency and deposits | .. | .. | .. | .. | .. |
| Debt securities | .. | .. | .. | .. | .. |
| Debt securities, short term | .. | .. | .. | .. | .. |
| Debt securities, long term | .. | .. | .. | .. | .. |
| Loans | .. | 9 777 | 8 392 | 1 385 | .. |
| Loans, short-term | .. | 9 660 | 8 392 | 1 268 | .. |
| Loans, long-term | .. | 117 | 0 | 117 | .. |
| Equity and investment fund shares/units | .. | 269 914 | 129 829 | 140 085 | .. |
| Insurance pension and standardised guaratees | .. | .. | .. | .. | .. |
| Financial derivatives and employee stock options | .. | 141 | 113 | 28 | .. |
| Other accounts payable | .. | 12 928 | 5 953 | 6 975 | .. |

| | Total | Insurance corporations and pension funds | | | |
|---|---|---|---|---|---|
| | | Insurance corporations | | | Pension funds |
| | | Total | Life insurance corporations | Non-life insurance corporations | Total |
| Financial assets | 329 381 | 186 680 | 102 716 | 83 964 | 142 701 |
| Currency and deposits | 21 380 | 11 590 | 7 958 | 3 632 | 9 790 |
| Debt securities | 79 760 | 65 008 | 36 074 | 28 934 | 14 752 |
| Debt securities, short-term | 0 e | 0 e | 0 e | 0 e | 0 e |
| Debt securities, long term | 79 760 e | 65 008 e | 36 074 e | 28 934 e | 14 752 e |
| Debt securities issued by residents | 75 068 e | 60 858 | 34 086 | 26 772 | 14 210 e |
| Debt securities issued by non-residents | 4 693 e | 4 151 | 1 989 | 2 162 | 542 e |
| Loans | 3 976 | 3 976 | 1 605 | 2 371 | 0 |
| Loans, short-term | .. | .. | .. | .. | 0 |
| Loans, long-term | .. | .. | .. | .. | 0 |
| Loans granted to residents | 3 838 | 3 838 | 1 605 | 2 233 | 0 |
| Loans granted to non-residents | 138 | 138 e | 0 | 138 | 0 |
| Equity and investment fund shares/units | 194 438 | 76 711 | 51 006 | 25 705 | 117 727 |
| Equity and investment fund shares/units issued by residents | 175 643 | 68 623 | 44 272 | 24 351 | 107 020 e |
| Equity and investment fund shares/units issued by non residents | 18 794 | 8 088 | 6 734 | 1 354 | 10 706 e |
| Other accounts receivable | 19 259 | 18 827 | 4 816 | 14 011 | 432 |

| | Total | Insurance corporations and pension funds | | | |
|---|---|---|---|---|---|
| | | Insurance corporations | | | Pension funds |
| | | Total | Life insurance corporations | Non-life insurance corporations | Total |
| Financial liabilities | 332 425 | 189 724 | 103 541 | 86 183 | 142 701 |
| Currency and deposits | 1 407 | 1 407 | 147 | 1 260 | 0 |
| Debt securities | .. | .. | .. | .. | 0 |
| Debt securities, short term | .. | .. | .. | .. | 0 |
| Debt securities, long term | .. | .. | .. | .. | 0 |
| Loans | .. | .. | .. | .. | 0 |
| Loans, short-term | .. | .. | .. | .. | 0 |
| Loans, long-term | .. | .. | .. | .. | 0 |
| Equity and investment fund shares/units | .. | .. | .. | .. | 0 |
| Insurance pension and standardised guarantees | 279 398 | 137 107 | 86 552 | 50 555 | 142 291 |
| Financial derivatives and employee stock options | .. | .. | .. | .. | 0 |
| Other accounts payable | .. | .. | .. | .. | 410 |

*Note:* Detailed metadata at: http://metalinks.oecd.org/instinv/20170516/11a2

## Table 2. Financial assets and liabilities of investment funds

*Million PLN*

| | 2008 | 2009 | 2010 | 2011 | 2012 | 2013 | 2014 | 2015 |
|---|---|---|---|---|---|---|---|---|
| **Investment funds** | | | | | | | | |
| Financial net worth | .. | .. | .. | .. | .. | .. | .. | .. |
| Financial assets | .. | .. | .. | .. | .. | .. | .. | .. |
| Currency and deposits | .. | .. | .. | .. | .. | .. | .. | .. |
| Debt securities | .. | .. | .. | .. | .. | .. | .. | .. |
| Loans | .. | .. | .. | .. | .. | .. | .. | .. |
| Equity and investment fund shares | .. | .. | .. | .. | .. | .. | .. | .. |
| Equity | .. | .. | .. | .. | .. | .. | .. | .. |
| Investment fund shares | .. | .. | .. | .. | .. | .. | .. | .. |
| Money market fund shares | .. | .. | .. | .. | .. | .. | .. | .. |
| Non-Money market fund shares | .. | .. | .. | .. | .. | .. | .. | .. |
| Insurance pension and standardised guarantees | .. | .. | .. | .. | .. | .. | .. | .. |
| Financial derivatives and employee stock options | .. | .. | .. | .. | .. | .. | .. | .. |
| Other accounts receivable | .. | .. | .. | .. | .. | .. | .. | .. |
| Financial liabilities | .. | .. | .. | .. | .. | .. | .. | .. |
| Debt securities | .. | .. | .. | .. | .. | .. | .. | .. |
| Short-term debt securities | .. | .. | .. | .. | .. | .. | .. | .. |
| Long-term debt securities | .. | .. | .. | .. | .. | .. | .. | .. |
| Loans | .. | .. | .. | .. | .. | .. | .. | .. |
| Short-term loans | .. | .. | .. | .. | .. | .. | .. | .. |
| Long-term loans | .. | .. | .. | .. | .. | .. | .. | .. |
| Equity and investment fund shares | .. | .. | .. | .. | .. | .. | .. | .. |
| Insurance pension and standardised guarantees | .. | .. | .. | .. | .. | .. | .. | .. |
| Financial derivatives and employee stock options | .. | .. | .. | .. | .. | .. | .. | .. |
| Other accounts payable | .. | .. | .. | .. | .. | .. | .. | .. |
| Non-financial assets | .. | .. | .. | .. | .. | .. | .. | .. |
| **Money market funds** | | | | | | | | |
| Financial net worth | .. | .. | .. | .. | .. | .. | .. | .. |
| Financial assets | .. | .. | .. | .. | .. | .. | .. | .. |
| Currency and deposits | .. | .. | .. | .. | .. | .. | .. | .. |
| Debt securities | .. | .. | .. | .. | .. | .. | .. | .. |
| Loans | .. | .. | .. | .. | .. | .. | .. | .. |
| Equity and investment fund shares | .. | .. | .. | .. | .. | .. | .. | .. |
| Equity | .. | .. | .. | .. | .. | .. | .. | .. |
| Investment fund shares | .. | .. | .. | .. | .. | .. | .. | .. |
| Money market fund shares | .. | .. | .. | .. | .. | .. | .. | .. |
| Non-Money market fund shares | .. | .. | .. | .. | .. | .. | .. | .. |
| Insurance pension and standardised guarantees | .. | .. | .. | .. | .. | .. | .. | .. |
| Financial derivatives and employee stock options | .. | .. | .. | .. | .. | .. | .. | .. |
| Other accounts receivable | .. | .. | .. | .. | .. | .. | .. | .. |
| Financial liabilities | .. | .. | .. | .. | .. | .. | .. | .. |
| Debt securities | .. | .. | .. | .. | .. | .. | .. | .. |
| Short-term debt securities | .. | .. | .. | .. | .. | .. | .. | .. |
| Long-term debt securities | .. | .. | .. | .. | .. | .. | .. | .. |
| Loans | .. | .. | .. | .. | .. | .. | .. | .. |
| Short-term loans | .. | .. | .. | .. | .. | .. | .. | .. |
| Long-term loans | .. | .. | .. | .. | .. | .. | .. | .. |
| Equity and investment fund shares | .. | .. | .. | .. | .. | .. | .. | .. |
| Insurance pension and standardised guarantees | .. | .. | .. | .. | .. | .. | .. | .. |
| Financial derivatives and employee stock options | .. | .. | .. | .. | .. | .. | .. | .. |
| Other accounts payable | .. | .. | .. | .. | .. | .. | .. | .. |
| Non-financial assets | .. | .. | .. | .. | .. | .. | .. | .. |
| **Non-money market funds** | | | | | | | | |
| Financial net worth | .. | .. | -2 | -4 | -3 | -749 | -2 498 | -2 533 |
| Financial assets | .. | .. | 133 201 | 123 794 | 158 821 | 209 923 | 237 992 | 290 227 |
| Currency and deposits | .. | .. | 7 644 | 8 510 | 12 150 | 18 749 | 17 330 | 21 771 |
| Debt securities | .. | .. | 54 247 | 52 946 | 66 395 | 86 207 | 107 560 | 109 602 |
| Loans | .. | .. | 317 | 294 | 402 | 895 | 3 796 | 14 139 |
| Equity and investment fund shares | .. | .. | 67 654 | 55 869 | 67 500 | 88 632 | 90 023 | 119 453 |
| Equity | .. | .. | 59 437 | 48 172 | 59 602 | 79 090 | 74 532 | 102 432 |
| Investment fund shares | .. | .. | 8 217 | 7 697 | 7 898 | 9 542 | 15 491 | 17 021 |
| Money market fund shares | .. | .. | 192 | 151 | 0 | 0 | 2 | 6 |
| Non-Money market fund shares | .. | .. | 8 025 | 7 546 | 7 898 | 9 542 | 15 489 | 17 015 |
| Insurance pension and standardised guarantees | .. | .. | .. | .. | .. | .. | .. | .. |
| Financial derivatives and employee stock options | .. | .. | 172 | 144 | 119 | 279 | 297 | 360 |
| Other accounts receivable | .. | .. | 3 167 | 6 031 | 12 255 | 15 161 | 18 986 | 24 902 |
| Financial liabilities | .. | .. | 133 203 | 123 798 | 158 824 | 210 672 | 240 490 | 292 760 |
| Debt securities | .. | .. | .. | .. | .. | .. | .. | .. |
| Short-term debt securities | .. | .. | .. | .. | .. | .. | .. | .. |
| Long-term debt securities | .. | .. | .. | .. | .. | .. | .. | .. |
| Loans | .. | .. | 9 179 | 4 023 | 3 627 | 6 240 | 11 106 | 9 777 |
| Short-term loans | .. | .. | 9 179 | 3 850 | 3 627 | 6 166 | 11 012 | 9 660 |
| Long-term loans | .. | .. | 0 | 173 | 0 | 74 | 94 | 117 |
| Equity and investment fund shares | .. | .. | 121 013 | 116 991 | 150 428 | 192 273 | 216 134 | 269 914 |
| Insurance pension and standardised guarantees | .. | .. | .. | .. | .. | .. | .. | .. |
| Financial derivatives and employee stock options | .. | .. | 86 | 113 | 144 | 120 | 534 | 141 |
| Other accounts payable | .. | .. | 2 924 | 2 670 | 4 627 | 12 038 | 12 715 | 12 928 |
| Non-financial assets | .. | .. | 1 | 1 | 0 | 748 | 2 496 | 2 535 |
| **Open-end non-money market funds** | | | | | | | | |
| Financial net worth | .. | .. | -1 | -2 | -1 | -1 | -2 | 1 |
| Financial assets | .. | .. | 107 252 | 87 657 | 106 075 | 128 591 | 142 814 | 144 289 |

## Table 2. Financial assets and liabilities of investment funds *(cont.)*

*Million PLN*

| | 2008 | 2009 | 2010 | 2011 | 2012 | 2013 | 2014 | 2015 |
|---|---|---|---|---|---|---|---|---|
| Currency and deposits | .. | .. | 6 062 | 5 781 | 8 777 | 13 373 | 12 328 | 11 685 |
| Debt securities | .. | .. | 51 147 | 48 649 | 60 927 | 69 103 | 84 334 | 84 718 |
| Loans | .. | .. | 0 | 0 | 2 | 3 | 2 | 2 |
| Equity and investment fund shares | .. | .. | 48 734 | 31 334 | 34 143 | 44 069 | 43 700 | 45 919 |
| Equity | .. | .. | 42 528 | 25 657 | 28 172 | 35 747 | 32 304 | 30 991 |
| Investment fund shares | .. | .. | 6 206 | 5 677 | 5 971 | 8 322 | 11 396 | 14 928 |
| Money market fund shares | .. | .. | 191 | 150 | 0 | 0 | 2 | 6 |
| Non-Money market fund shares | .. | .. | 6 015 | 5 527 | 5 971 | 8 322 | 11 394 | 14 922 |
| Insurance pension and standardised guarantees | .. | .. | .. | .. | .. | .. | .. | .. |
| Financial derivatives and employee stock options | .. | .. | 117 | 102 | 70 | 185 | 69 | 182 |
| Other accounts receivable | .. | .. | 1 192 | 1 791 | 2 156 | 1 858 | 2 381 | 1 783 |
| Financial liabilities | .. | .. | 107 253 | 87 659 | 106 076 | 128 592 | 142 816 | 144 288 |
| Debt securities | .. | .. | .. | .. | .. | .. | .. | .. |
| Short-term debt securities | .. | .. | .. | .. | .. | .. | .. | .. |
| Long-term debt securities | .. | .. | .. | .. | .. | .. | .. | .. |
| Loans | .. | .. | 9 136 | 3 772 | 3 539 | 5 442 | 8 137 | 8 392 |
| Short-term loans | .. | .. | 9 136 | 3 676 | 3 539 | 5 416 | 8 137 | 8 392 |
| Long-term loans | .. | .. | 0 | 96 | 0 | 26 | 0 | 0 |
| Equity and investment fund shares | .. | .. | 96 079 | 82 463 | 99 293 | 115 358 | 127 583 | 129 829 |
| Insurance pension and standardised guarantees | .. | .. | .. | .. | .. | .. | .. | .. |
| Financial derivatives and employee stock options | .. | .. | 12 | 42 | 67 | 55 | 420 | 113 |
| Other accounts payable | .. | .. | 2 025 | 1 381 | 3 178 | 7 737 | 6 675 | 5 953 |
| Non-financial assets | .. | .. | 0 | 0 | 0 | 0 | 0 | 0 |
| **Open-end investment funds** | | | | | | | | |
| Financial net worth | .. | .. | .. | .. | .. | .. | .. | .. |
| Financial assets | .. | .. | .. | .. | .. | .. | .. | .. |
| Currency and deposits | .. | .. | .. | .. | .. | .. | .. | .. |
| Debt securities | .. | .. | .. | .. | .. | .. | .. | .. |
| Loans | .. | .. | .. | .. | .. | .. | .. | .. |
| Equity and investment fund shares | .. | .. | .. | .. | .. | .. | .. | .. |
| Equity | .. | .. | .. | .. | .. | .. | .. | .. |
| Investment fund shares | .. | .. | .. | .. | .. | .. | .. | .. |
| Money market fund shares | .. | .. | .. | .. | .. | .. | .. | .. |
| Non-Money market fund shares | .. | .. | .. | .. | .. | .. | .. | .. |
| Insurance pension and standardised guarantees | .. | .. | .. | .. | .. | .. | .. | .. |
| Financial derivatives and employee stock options | .. | .. | .. | .. | .. | .. | .. | .. |
| Other accounts receivable | .. | .. | .. | .. | .. | .. | .. | .. |
| Financial liabilities | .. | .. | .. | .. | .. | .. | .. | .. |
| Debt securities | .. | .. | .. | .. | .. | .. | .. | .. |
| Short-term debt securities | .. | .. | .. | .. | .. | .. | .. | .. |
| Long-term debt securities | .. | .. | .. | .. | .. | .. | .. | .. |
| Loans | .. | .. | .. | .. | .. | .. | .. | .. |
| Short-term loans | .. | .. | .. | .. | .. | .. | .. | .. |
| Long-term loans | .. | .. | .. | .. | .. | .. | .. | .. |
| Equity and investment fund shares | .. | .. | .. | .. | .. | .. | .. | .. |
| Insurance pension and standardised guarantees | .. | .. | .. | .. | .. | .. | .. | .. |
| Financial derivatives and employee stock options | .. | .. | .. | .. | .. | .. | .. | .. |
| Other accounts payable | .. | .. | .. | .. | .. | .. | .. | .. |
| Non-financial assets | .. | .. | .. | .. | .. | .. | .. | .. |

*Note:* Detailed metadata at: http://metalinks.oecd.org/instinv/20170516/11a2

## Table 3. Financial assets and liabilities of insurance corporations and pension funds

*Million PLN*

| | 2008 | 2009 | 2010 | 2011 | 2012 | 2013 | 2014 | 2015 |
|---|---|---|---|---|---|---|---|---|
| **Insurance corporations and pension funds** | | | | | | | | |
| Financial net worth | -2 197 | -2 166 | -2 208 | -2 253 | -2 340 | -2 496 | -2 831 | -3 045 |
| Financial assets | 280 058 | 323 133 | 373 247 | 378 542 | 441 731 | 474 234 | 334 184 | 329 381 |
| Currency and deposits | 25 867 | 21 152 | 24 072 | 28 402 | 36 249 | 29 340 | 24 153 | 21 380 |
| Debt securities | 175 376 | 189 378 | 198 804 | 211 036 | 223 591 | 222 296 | 80 118 | 79 760 |
| Loans | 1 137 | 913 | 2 124 | 2 107 | 3 410 | 5 116 | 5 347 | 3 976 |
| Equity and investment fund shares | 62 634 | 95 223 | 127 572 | 115 163 | 155 137 | 192 442 | 197 425 | 194 438 |
| Equity | 41 978 | 69 628 | 96 182 | 84 156 | 110 518 | 137 230 | 138 276 | 133 099 |
| Investment fund shares | 20 656 | 25 595 | 31 390 | 31 007 | 44 620 | 55 212 | 59 150 | 61 339 |
| Money market fund shares | .. | .. | .. | .. | .. | .. | .. | .. |
| Non-Money market fund shares | .. | .. | .. | .. | .. | .. | .. | .. |
| Insurance pension and standardised guarantees | 4 471 | 4 642 | 5 500 | 5 639 | 7 024 | 6 271 | 7 194 | 9 715 |
| Financial derivatives and employee stock options | 99 | 165 | 313 | 443 | 641 | 653 | 915 | 853 |
| Other accounts receivable | 10 474 | 11 660 | 14 861 | 15 749 | 15 678 | 18 118 | 19 030 | 19 259 |
| Financial liabilities | 282 255 | 325 300 | 375 455 | 380 795 | 444 071 | 476 730 | 337 015 | 332 425 |
| Debt securities | .. | .. | .. | .. | .. | .. | .. | .. |
| Short-term debt securities | .. | .. | .. | .. | .. | .. | .. | .. |
| Long-term debt securities | .. | .. | .. | .. | .. | .. | .. | .. |
| Loans | .. | .. | .. | .. | .. | .. | .. | .. |
| Short-term loans | .. | .. | .. | .. | .. | .. | .. | .. |
| Long-term loans | .. | .. | .. | .. | .. | .. | .. | .. |
| Equity and investment fund shares | .. | .. | .. | .. | .. | .. | .. | .. |
| Insurance pension and standardised guarantees | 237 171 | 280 047 | 332 570 | 335 563 | 392 259 | 428 089 | 283 800 | 279 398 |
| Financial derivatives and employee stock options | .. | .. | .. | .. | .. | .. | .. | .. |
| Other accounts payable | .. | .. | .. | .. | .. | .. | .. | .. |
| Non-financial assets | 2 197 | 2 166 | 2 208 | 2 253 | 2 340 | 2 496 | 2 839 | 3 045 |
| **Insurance corporations** | | | | | | | | |
| Financial net worth | -2 197 | -2 166 | -2 208 | -2 253 | -2 340 | -2 496 | -2 831 | -3 045 |
| Financial assets | 140 266 | 141 260 | 148 414 | 149 520 | 167 538 | 171 365 | 182 993 | 186 680 |
| Currency and deposits | 23 582 | 16 943 | 15 086 | 16 103 | 16 575 | 12 995 | 13 281 | 11 590 |
| Debt securities | 69 045 | 68 178 | 65 929 | 66 507 | 66 380 | 62 893 | 64 883 | 65 008 |
| Loans | 1 137 | 913 | 2 124 | 2 107 | 3 410 | 5 116 | 5 347 | 3 976 |
| Equity and investment fund shares | 31 647 | 39 279 | 45 206 | 43 821 | 58 074 | 66 157 | 72 842 | 76 711 |
| Equity | 11 957 | 14 836 | 15 104 | 13 988 | 14 520 | 11 575 | 13 992 | 15 587 |
| Investment fund shares | 19 690 | 24 443 | 30 101 | 29 833 | 43 555 | 54 582 | 58 851 | 61 124 |
| Money market fund shares | .. | .. | .. | .. | .. | .. | .. | .. |
| Non-Money market fund shares | .. | .. | .. | .. | .. | .. | .. | .. |
| Insurance pension and standardised guarantees | 4 471 | 4 642 | 5 500 | 5 639 | 7 024 | 6 271 | 7 194 | 9 715 |
| Financial derivatives and employee stock options | 97 | 163 | 313 | 370 | 639 | 651 | 911 | 852 |
| Other accounts receivable | 10 288 | 11 142 | 14 255 | 14 971 | 15 434 | 17 284 | 18 534 | 18 827 |
| Financial liabilities | 142 463 | 143 427 | 150 622 | 151 773 | 169 878 | 173 861 | 185 824 | 189 724 |
| Debt securities | .. | .. | .. | .. | .. | .. | .. | .. |
| Short-term debt securities | .. | .. | .. | .. | .. | .. | .. | .. |
| Long-term debt securities | .. | .. | .. | .. | .. | .. | .. | .. |
| Loans | .. | .. | .. | .. | .. | .. | .. | .. |
| Short-term loans | .. | .. | .. | .. | .. | .. | .. | .. |
| Long-term loans | .. | .. | .. | .. | .. | .. | .. | .. |
| Equity and investment fund shares | .. | .. | .. | .. | .. | .. | .. | .. |
| Insurance pension and standardised guarantees | 97 874 | 100 084 | 109 763 | 109 285 | 120 780 | 126 778 | 132 971 | 137 107 |
| Financial derivatives and employee stock options | .. | .. | .. | .. | .. | .. | .. | .. |
| Other accounts payable | .. | .. | .. | .. | .. | .. | .. | .. |
| Non-financial assets | 2 197 | 2 166 | 2 208 | 2 253 | 2 340 | 2 496 | 2 839 | 3 045 |
| **Pension funds** | | | | | | | | |
| Financial net worth | 0 | 0 | 0 | 0 | 0 | 0 | 0 | 0 |
| Financial assets | 139 792 | 181 873 | 224 833 | 229 022 | 274 193 | 302 869 | 151 191 | 142 701 |
| Currency and deposits | 2 285 | 4 209 | 8 986 | 12 299 | 19 674 | 16 345 | 10 872 | 9 790 |
| Debt securities | 106 331 | 121 200 | 132 875 | 144 529 | 157 211 | 159 403 | 15 235 | 14 752 |
| Loans | 0 | 0 | 0 | 0 | 0 | 0 | 0 | 0 |
| Equity and investment fund shares | 30 987 | 55 944 | 82 366 | 71 342 | 97 063 | 126 285 | 124 583 | 117 727 |
| Equity | 30 021 | 54 792 | 81 078 | 70 168 | 95 998 | 125 655 | 124 284 | 117 512 |
| Investment fund shares | 966 | 1 152 | 1 289 | 1 174 | 1 065 | 630 | 299 | 215 |
| Money market fund shares | .. | .. | .. | .. | .. | .. | .. | .. |
| Non-Money market fund shares | .. | .. | .. | .. | .. | .. | .. | .. |
| Insurance pension and standardised guarantees | 0 | 0 | 0 | 0 | 0 | 0 | 0 | 0 |
| Financial derivatives and employee stock options | 2 | 2 | 0 | 73 | 2 | 2 | 4 | 1 |
| Other accounts receivable | 186 | 518 | 606 | 778 | 244 | 834 | 496 | 432 |
| Financial liabilities | 139 792 | 181 873 | 224 833 | 229 022 | 274 193 | 302 869 | 151 191 | 142 701 |
| Debt securities | 0 | 0 | 0 | 0 | 0 | 0 | 0 | 0 |
| Short-term debt securities | 0 | 0 | 0 | 0 | 0 | 0 | 0 | 0 |
| Long-term debt securities | 0 | 0 | 0 | 0 | 0 | 0 | 0 | 0 |
| Loans | 0 | 584 | 958 | 1 190 | 2 116 | 759 | 0 | 0 |
| Short-term loans | 0 | .. | .. | .. | .. | .. | 0 | 0 |
| Long-term loans | 0 | .. | .. | .. | .. | .. | 0 | 0 |
| Equity and investment fund shares | 0 | 0 | 0 | 0 | 0 | 0 | 0 | 0 |
| Insurance pension and standardised guarantees | 139 297 | 179 963 | 222 807 | 226 278 | 271 479 | 301 311 | 150 829 | 142 291 |
| Financial derivatives and employee stock options | 0 | 0 | 0 | 0 | 0 | 0 | 0 | 0 |
| Other accounts payable | 494 | 1 326 | 1 069 | 1 554 | 598 | 798 | 362 | 410 |
| Non-financial assets | 0 | 0 | 0 | 0 | 0 | 0 | 0 | 0 |

*Note:* Detailed metadata at: http://metalinks.oecd.org/instinv/20170516/11a2

## Table 4. Portfolio composition by type of investor

As percentage of financial assets and of financial liabilities

*Per cent*

| | 2008 | 2009 | 2010 | 2011 | 2012 | 2013 | 2014 | 2015 |
|---|---|---|---|---|---|---|---|---|
| **Investment funds** | | | | | | | | |
| Financial assets | .. | .. | .. | .. | .. | .. | .. | .. |
| Currency and deposits | .. | .. | .. | .. | .. | .. | .. | .. |
| Debt securities | .. | .. | .. | .. | .. | .. | .. | .. |
| Loans | .. | .. | .. | .. | .. | .. | .. | .. |
| Equity and investment fund shares | .. | .. | .. | .. | .. | .. | .. | .. |
| Insurance pension and standardised guarantee schemes | .. | .. | .. | .. | .. | .. | .. | .. |
| Financial derivatives and employee stock options | .. | .. | .. | .. | .. | .. | .. | .. |
| Other accounts receivable | .. | .. | .. | .. | .. | .. | .. | .. |
| Financial liabilities | .. | .. | .. | .. | .. | .. | .. | .. |
| Currency and deposits | .. | .. | .. | .. | .. | .. | .. | .. |
| Debt securities | .. | .. | .. | .. | .. | .. | .. | .. |
| Loans | .. | .. | .. | .. | .. | .. | .. | .. |
| Equity and investment fund shares | .. | .. | .. | .. | .. | .. | .. | .. |
| Insurance pension and standardised guarantee schemes | .. | .. | .. | .. | .. | .. | .. | .. |
| Financial derivatives and employee stock options | .. | .. | .. | .. | .. | .. | .. | .. |
| Other accounts receivable | .. | .. | .. | .. | .. | .. | .. | .. |
| **Insurance corporations** | | | | | | | | |
| Financial assets | 100.0 | 100.0 | 100.0 | 100.0 | 100.0 | 100.0 | 100.0 | 100.0 |
| Currency and deposits | 16.8 | 12.0 | 10.2 | 10.8 | 9.9 | 7.6 | 7.3 | 6.2 |
| Debt securities | 49.2 | 48.3 | 44.4 | 44.5 | 39.6 | 36.7 | 35.5 | 34.8 |
| Loans | 0.8 | 0.6 | 1.4 | 1.4 | 2.0 | 3.0 | 2.9 | 2.1 |
| Equity and investment fund shares | 22.6 | 27.8 | 30.5 | 29.3 | 34.7 | 38.6 | 39.8 | 41.1 |
| Insurance pension and standardised guarantee schemes | 3.2 | 3.3 | 3.7 | 3.8 | 4.2 | 3.7 | 3.9 | 5.2 |
| Financial derivatives and employee stock options | 0.1 | 0.1 | 0.2 | 0.2 | 0.4 | 0.4 | 0.5 | 0.5 |
| Other accounts receivable | 7.3 | 7.9 | 9.6 | 10.0 | 9.2 | 10.1 | 10.1 | 10.1 |
| Financial liabilities | 100.0 | 100.0 | 100.0 | 100.0 | 100.0 | 100.0 | 100.0 | 100.0 |
| Currency and deposits | 1.2 | 1.2 | 1.4 | 1.3 | 1.5 | 1.1 | 0.8 | 0.7 |
| Debt securities | .. | .. | .. | .. | .. | .. | .. | .. |
| Loans | .. | .. | .. | .. | .. | .. | .. | .. |
| Equity and investment fund shares | .. | .. | .. | .. | .. | .. | .. | .. |
| Insurance pension and standardised guarantee schemes | 68.7 | 69.8 | 72.9 | 72.0 | 71.1 | 72.9 | 71.6 | 72.3 |
| Financial derivatives and employee stock options | .. | .. | .. | .. | .. | .. | .. | .. |
| Other accounts receivable | .. | .. | .. | .. | .. | .. | .. | .. |
| **Pension funds** | | | | | | | | |
| Financial assets | 100.0 | 100.0 | 100.0 | 100.0 | 100.0 | 100.0 | 100.0 | 100.0 |
| Currency and deposits | 1.6 | 2.3 | 4.0 | 5.4 | 7.2 | 5.4 | 7.2 | 6.9 |
| Debt securities | 76.1 | 66.6 | 59.1 | 63.1 | 57.3 | 52.6 | 10.1 | 10.3 |
| Loans | 0.0 | 0.0 | 0.0 | 0.0 | 0.0 | 0.0 | 0.0 | 0.0 |
| Equity and investment fund shares | 22.2 | 30.8 | 36.6 | 31.2 | 35.4 | 41.7 | 82.4 | 82.5 |
| Insurance pension and standardised guarantee schemes | 0.0 | 0.0 | 0.0 | 0.0 | 0.0 | 0.0 | 0.0 | 0.0 |
| Financial derivatives and employee stock options | 0.0 | 0.0 | 0.0 | 0.0 | 0.0 | 0.0 | 0.0 | 0.0 |
| Other accounts receivable | 0.1 | 0.3 | 0.3 | 0.3 | 0.1 | 0.3 | 0.3 | 0.3 |
| Financial liabilities | 100.0 | 100.0 | 100.0 | 100.0 | 100.0 | 100.0 | 100.0 | 100.0 |
| Currency and deposits | 0.0 | 0.0 | 0.0 | 0.0 | 0.0 | 0.0 | 0.0 | 0.0 |
| Debt securities | 0.0 | 0.0 | 0.0 | 0.0 | 0.0 | 0.0 | 0.0 | 0.0 |
| Loans | 0.0 | 0.3 | 0.4 | 0.5 | 0.8 | 0.3 | 0.0 | 0.0 |
| Equity and investment fund shares | 0.0 | 0.0 | 0.0 | 0.0 | 0.0 | 0.0 | 0.0 | 0.0 |
| Insurance pension and standardised guarantee schemes | 99.6 | 98.9 | 99.1 | 98.8 | 99.0 | 99.5 | 99.8 | 99.7 |
| Financial derivatives and employee stock options | 0.0 | 0.0 | 0.0 | 0.0 | 0.0 | 0.0 | 0.0 | 0.0 |
| Other accounts receivable | 0.4 | 0.7 | 0.5 | 0.7 | 0.2 | 0.3 | 0.2 | 0.3 |

*Note:* Detailed metadata at: http://metalinks.oecd.org/instinv/20170516/f09d

## Table 1. Financial assets and liabilities of institutional investors, 2015

*Million EUR (1999 PTE euro)*

| | Total | Investment funds | | | |
|---|---|---|---|---|---|
| | | Non-money market funds | | | Money market funds |
| | | Total | Open-end non-money market funds | Closed-end non-money market funds | Total |
| Financial assets | .. | .. | .. | .. | .. |
| Currency and deposits | .. | .. | .. | .. | .. |
| Debt securities | .. | 3 757 | .. | .. | .. |
| Debt securities, short term | .. | .. | .. | .. | .. |
| Debt securities, long term | .. | .. | .. | .. | .. |
| Debt securities issued by residents | .. | 723 | .. | .. | .. |
| Debt securities issued by non-residents | .. | 3 034 | .. | .. | .. |
| Loans | .. | .. | .. | .. | .. |
| Loans, short-term | .. | .. | .. | .. | .. |
| Loans, long-term | .. | .. | .. | .. | .. |
| Loans granted to residents | .. | .. | .. | .. | .. |
| Loans granted to non-residents | .. | .. | .. | .. | .. |
| Equity and investment fund shares/units | .. | .. | .. | .. | .. |
| Equity and investment fund shares issued/units by residents | .. | 1 789 | .. | .. | .. |
| Equity and investment fund shares/units issued by non residents | .. | 3 722 | .. | .. | .. |
| Other accounts receivable | .. | .. | .. | .. | .. |

| | Total | Investment funds | | | |
|---|---|---|---|---|---|
| | | Non-money market funds | | | Money market funds |
| | | Total | Open-end non-money market funds | Closed-end non-money market funds | Total |
| Financial liabilities | .. | .. | .. | .. | .. |
| Currency and deposits | .. | .. | .. | .. | .. |
| Debt securities | .. | .. | .. | .. | .. |
| Debt securities, short term | .. | .. | .. | .. | .. |
| Debt securities, long term | .. | .. | .. | .. | .. |
| Loans | .. | 1 930 | .. | .. | .. |
| Loans, short-term | .. | .. | .. | .. | .. |
| Loans, long-term | .. | .. | .. | .. | .. |
| Equity and investment fund shares/units | 27 003 | 23 950 | .. | .. | 3 053 |
| Insurance pension and standardised guaratees | .. | .. | .. | .. | .. |
| Financial derivatives and employee stock options | .. | .. | .. | .. | .. |
| Other accounts payable | .. | .. | .. | .. | .. |

| | Total | Insurance corporations and pension funds | | | |
|---|---|---|---|---|---|
| | | Insurance corporations | | | Pension funds |
| | | Total | Life insurance corporations | Non-life insurance corporations | Total |
| Financial assets | .. | .. | .. | .. | .. |
| Currency and deposits | 8 329 | .. | .. | .. | .. |
| Debt securities | 49 719 | .. | .. | .. | .. |
| Debt securities, short-term | 1 509 | .. | .. | .. | .. |
| Debt securities, long term | 48 210 | .. | .. | .. | .. |
| Debt securities issued by residents | .. | .. | .. | .. | .. |
| Debt securities issued by non-residents | .. | .. | .. | .. | .. |
| Loans | 208 | .. | .. | .. | .. |
| Loans, short-term | 91 | .. | .. | .. | .. |
| Loans, long-term | 117 | .. | .. | .. | .. |
| Loans granted to residents | .. | .. | .. | .. | .. |
| Loans granted to non-residents | .. | .. | .. | .. | .. |
| Equity and investment fund shares/units | 17 118 | .. | .. | .. | .. |
| Equity and investment fund shares/units issued by residents | .. | .. | .. | .. | .. |
| Equity and investment fund shares/units issued by non residents | .. | .. | .. | .. | .. |
| Other accounts receivable | 2 953 | .. | .. | .. | .. |

| | Total | Insurance corporations and pension funds | | | |
|---|---|---|---|---|---|
| | | Insurance corporations | | | Pension funds |
| | | Total | Life insurance corporations | Non-life insurance corporations | Total |
| Financial liabilities | .. | .. | .. | .. | .. |
| Currency and deposits | .. | .. | .. | .. | .. |
| Debt securities | 233 | .. | .. | .. | .. |
| Debt securities, short term | 0 | .. | .. | .. | .. |
| Debt securities, long term | 233 | .. | .. | .. | .. |
| Loans | 481 | .. | .. | .. | .. |
| Loans, short-term | 74 | .. | .. | .. | .. |
| Loans, long-term | 407 | .. | .. | .. | .. |
| Equity and investment fund shares/units | 5 922 | .. | .. | .. | .. |
| Insurance pension and standardised guarantees | 71 699 | .. | .. | .. | .. |
| Financial derivatives and employee stock options | .. | .. | .. | .. | .. |
| Other accounts payable | 1 269 | .. | .. | .. | .. |

*Note:* Detailed metadata at: http://metalinks.oecd.org/instinv/20170516/667f

# PORTUGAL

## Table 2. Financial assets and liabilities of investment funds

*Million EUR*

| | 2008 | 2009 | 2010 | 2011 | 2012 | 2013 | 2014 | 2015 |
|---|---|---|---|---|---|---|---|---|
| **Investment funds** | | | | | | | | |
| Financial net worth | .. | .. | .. | .. | .. | .. | .. | .. |
| Financial assets | .. | .. | .. | .. | .. | .. | .. | .. |
| Currency and deposits | .. | .. | .. | .. | .. | .. | .. | .. |
| Debt securities | .. | .. | .. | .. | .. | .. | .. | .. |
| Loans | .. | .. | .. | .. | .. | .. | .. | .. |
| Equity and investment fund shares | .. | .. | .. | .. | .. | .. | .. | .. |
| Equity | .. | .. | .. | .. | .. | .. | .. | .. |
| Investment fund shares | .. | .. | .. | .. | .. | .. | .. | .. |
| Money market fund shares | .. | .. | .. | .. | .. | .. | .. | .. |
| Non-Money market fund shares | .. | .. | .. | .. | .. | .. | .. | .. |
| Insurance pension and standardised guarantees | .. | .. | .. | .. | .. | .. | .. | .. |
| Financial derivatives and employee stock options | .. | .. | .. | .. | .. | .. | .. | .. |
| Other accounts receivable | .. | .. | .. | .. | .. | .. | .. | .. |
| Financial liabilities | .. | .. | .. | .. | .. | .. | .. | .. |
| Debt securities | .. | .. | .. | .. | .. | .. | .. | .. |
| Short-term debt securities | .. | .. | .. | .. | .. | .. | .. | .. |
| Long-term debt securities | .. | .. | .. | .. | .. | .. | .. | .. |
| Loans | .. | .. | .. | .. | .. | .. | .. | .. |
| Short-term loans | .. | .. | .. | .. | .. | .. | .. | .. |
| Long-term loans | .. | .. | .. | .. | .. | .. | .. | .. |
| Equity and investment fund shares | 26 485 | 30 290 | 28 078 | 24 731 | 26 914 | 28 398 | 27 117 | 27 003 |
| Insurance pension and standardised guarantees | .. | .. | .. | .. | .. | .. | .. | .. |
| Financial derivatives and employee stock options | .. | .. | .. | .. | .. | .. | .. | .. |
| Other accounts payable | .. | .. | .. | .. | .. | .. | .. | .. |
| Non-financial assets | .. | .. | .. | .. | .. | .. | .. | .. |
| **Money market funds** | | | | | | | | |
| Financial net worth | .. | .. | .. | .. | .. | .. | .. | .. |
| Financial assets | .. | .. | .. | .. | .. | .. | .. | .. |
| Currency and deposits | .. | .. | .. | .. | .. | .. | .. | .. |
| Debt securities | .. | .. | .. | .. | .. | .. | .. | .. |
| Loans | .. | .. | .. | .. | .. | .. | .. | .. |
| Equity and investment fund shares | .. | .. | .. | .. | .. | .. | .. | .. |
| Equity | .. | .. | .. | .. | .. | .. | .. | .. |
| Investment fund shares | .. | .. | .. | .. | .. | .. | .. | .. |
| Money market fund shares | .. | .. | .. | .. | .. | .. | .. | .. |
| Non-Money market fund shares | .. | .. | .. | .. | .. | .. | .. | .. |
| Insurance pension and standardised guarantees | .. | .. | .. | .. | .. | .. | .. | .. |
| Financial derivatives and employee stock options | .. | .. | .. | .. | .. | .. | .. | .. |
| Other accounts receivable | .. | .. | .. | .. | .. | .. | .. | .. |
| Financial liabilities | .. | .. | .. | .. | .. | .. | .. | .. |
| Debt securities | .. | .. | .. | .. | .. | .. | .. | .. |
| Short-term debt securities | .. | .. | .. | .. | .. | .. | .. | .. |
| Long-term debt securities | .. | .. | .. | .. | .. | .. | .. | .. |
| Loans | .. | .. | .. | .. | .. | .. | .. | .. |
| Short-term loans | .. | .. | .. | .. | .. | .. | .. | .. |
| Long-term loans | .. | .. | .. | .. | .. | .. | .. | .. |
| Equity and investment fund shares | 15 | 12 | 46 | 65 | 1 308 | 2 383 | 2 497 | 3 053 |
| Insurance pension and standardised guarantees | .. | .. | .. | .. | .. | .. | .. | .. |
| Financial derivatives and employee stock options | .. | .. | .. | .. | .. | .. | .. | .. |
| Other accounts payable | .. | .. | .. | .. | .. | .. | .. | .. |
| Non-financial assets | .. | .. | .. | .. | .. | .. | .. | .. |
| **Non-money market funds** | | | | | | | | |
| Financial net worth | .. | .. | .. | .. | .. | .. | .. | .. |
| Financial assets | .. | .. | .. | .. | .. | .. | .. | .. |
| Currency and deposits | .. | .. | .. | .. | .. | .. | .. | .. |
| Debt securities | 9 215 | 10 581 | 8 325 | 6 357 | 6 773 | 5 634 | 4 442 | 3 757 |
| Loans | .. | .. | .. | .. | .. | .. | .. | .. |
| Equity and investment fund shares | .. | .. | .. | .. | .. | .. | .. | .. |
| Equity | 2 588 | 3 662 | 3 877 | 2 663 | 2 576 | 2 484 | 2 597 | 2 584 |
| Investment fund shares | 1 917 | 1 736 | 1 741 | 1 773 | 1 688 | 1 963 | 2 308 | 2 927 |
| Money market fund shares | .. | .. | .. | .. | .. | .. | .. | .. |
| Non-Money market fund shares | .. | .. | .. | .. | .. | .. | .. | .. |
| Insurance pension and standardised guarantees | .. | .. | .. | .. | .. | .. | .. | .. |
| Financial derivatives and employee stock options | .. | .. | .. | .. | .. | .. | .. | .. |
| Other accounts receivable | .. | .. | .. | .. | .. | .. | .. | .. |
| Financial liabilities | .. | .. | .. | .. | .. | .. | .. | .. |
| Debt securities | .. | .. | .. | .. | .. | .. | .. | .. |
| Short-term debt securities | .. | .. | .. | .. | .. | .. | .. | .. |
| Long-term debt securities | .. | .. | .. | .. | .. | .. | .. | .. |
| Loans | 2 581 | 2 825 | 3 064 | 3 326 | 3 193 | 2 737 | 2 383 | 1 930 |
| Short-term loans | .. | .. | .. | .. | .. | .. | .. | .. |
| Long-term loans | .. | .. | .. | .. | .. | .. | .. | .. |
| Equity and investment fund shares | 26 469 | 30 278 | 28 032 | 24 666 | 25 606 | 26 015 | 24 620 | 23 950 |
| Insurance pension and standardised guarantees | .. | .. | .. | .. | .. | .. | .. | .. |
| Financial derivatives and employee stock options | .. | .. | .. | .. | .. | .. | .. | .. |
| Other accounts payable | .. | .. | .. | .. | .. | .. | .. | .. |
| Non-financial assets | 12 885 | 13 666 | 14 471 | 14 743 | 14 651 | 14 572 | 13 476 | 12 082 |
| **Open-end non-money market funds** | | | | | | | | |
| Financial net worth | .. | .. | .. | .. | .. | .. | .. | .. |
| Financial assets | .. | .. | .. | .. | .. | .. | .. | .. |

## Table 2. Financial assets and liabilities of investment funds *(cont.)*

*Million EUR*

| | 2008 | 2009 | 2010 | 2011 | 2012 | 2013 | 2014 | 2015 |
|---|---|---|---|---|---|---|---|---|
| Currency and deposits | .. | .. | .. | .. | .. | .. | .. | .. |
| Debt securities | .. | .. | .. | .. | .. | .. | .. | .. |
| Loans | .. | .. | .. | .. | .. | .. | .. | .. |
| Equity and investment fund shares | .. | .. | .. | .. | .. | .. | .. | .. |
| Equity | .. | .. | .. | .. | .. | .. | .. | .. |
| Investment fund shares | .. | .. | .. | .. | .. | .. | .. | .. |
| Money market fund shares | .. | .. | .. | .. | .. | .. | .. | .. |
| Non-Money market fund shares | .. | .. | .. | .. | .. | .. | .. | .. |
| Insurance pension and standardised guarantees | .. | .. | .. | .. | .. | .. | .. | .. |
| Financial derivatives and employee stock options | .. | .. | .. | .. | .. | .. | .. | .. |
| Other accounts receivable | .. | .. | .. | .. | .. | .. | .. | .. |
| Financial liabilities | .. | .. | .. | .. | .. | .. | .. | .. |
| Debt securities | .. | .. | .. | .. | .. | .. | .. | .. |
| Short-term debt securities | .. | .. | .. | .. | .. | .. | .. | .. |
| Long-term debt securities | .. | .. | .. | .. | .. | .. | .. | .. |
| Loans | .. | .. | .. | .. | .. | .. | .. | .. |
| Short-term loans | .. | .. | .. | .. | .. | .. | .. | .. |
| Long-term loans | .. | .. | .. | .. | .. | .. | .. | .. |
| Equity and investment fund shares | .. | .. | .. | .. | .. | .. | .. | .. |
| Insurance pension and standardised guarantees | .. | .. | .. | .. | .. | .. | .. | .. |
| Financial derivatives and employee stock options | .. | .. | .. | .. | .. | .. | .. | .. |
| Other accounts payable | .. | .. | .. | .. | .. | .. | .. | .. |
| Non-financial assets | .. | .. | .. | .. | .. | .. | .. | .. |
| **Open-end investment funds** | | | | | | | | |
| Financial net worth | .. | .. | .. | .. | .. | .. | .. | .. |
| Financial assets | .. | .. | .. | .. | .. | .. | .. | .. |
| Currency and deposits | .. | .. | .. | .. | .. | .. | .. | .. |
| Debt securities | .. | .. | .. | .. | .. | .. | .. | .. |
| Loans | .. | .. | .. | .. | .. | .. | .. | .. |
| Equity and investment fund shares | .. | .. | .. | .. | .. | .. | .. | .. |
| Equity | .. | .. | .. | .. | .. | .. | .. | .. |
| Investment fund shares | .. | .. | .. | .. | .. | .. | .. | .. |
| Money market fund shares | .. | .. | .. | .. | .. | .. | .. | .. |
| Non-Money market fund shares | .. | .. | .. | .. | .. | .. | .. | .. |
| Insurance pension and standardised guarantees | .. | .. | .. | .. | .. | .. | .. | .. |
| Financial derivatives and employee stock options | .. | .. | .. | .. | .. | .. | .. | .. |
| Other accounts receivable | .. | .. | .. | .. | .. | .. | .. | .. |
| Financial liabilities | .. | .. | .. | .. | .. | .. | .. | .. |
| Debt securities | .. | .. | .. | .. | .. | .. | .. | .. |
| Short-term debt securities | .. | .. | .. | .. | .. | .. | .. | .. |
| Long-term debt securities | .. | .. | .. | .. | .. | .. | .. | .. |
| Loans | .. | .. | .. | .. | .. | .. | .. | .. |
| Short-term loans | .. | .. | .. | .. | .. | .. | .. | .. |
| Long-term loans | .. | .. | .. | .. | .. | .. | .. | .. |
| Equity and investment fund shares | .. | .. | .. | .. | .. | .. | .. | .. |
| Insurance pension and standardised guarantees | .. | .. | .. | .. | .. | .. | .. | .. |
| Financial derivatives and employee stock options | .. | .. | .. | .. | .. | .. | .. | .. |
| Other accounts payable | .. | .. | .. | .. | .. | .. | .. | .. |
| Non-financial assets | .. | .. | .. | .. | .. | .. | .. | .. |

*Note:* Detailed metadata at: http://metalinks.oecd.org/instinv/20170516/667f

## Table 3. Financial assets and liabilities of insurance corporations and pension funds

*Million EUR*

| | 2008 | 2009 | 2010 | 2011 | 2012 | 2013 | 2014 | 2015 |
|---|---|---|---|---|---|---|---|---|
| **Insurance corporations and pension funds** | | | | | | | | |
| Financial net worth | .. | .. | .. | .. | .. | .. | .. | .. |
| Financial assets | .. | .. | .. | .. | .. | .. | .. | .. |
| Currency and deposits | 8 942 | 7 171 | 8 499 | 8 603 | 9 753 | 8 909 | 9 491 | 8 329 |
| Debt securities | 49 977 | 57 585 | 57 261 | 47 293 | 48 882 | 48 383 | 51 673 | 49 719 |
| Loans | 293 | 346 | 354 | 436 | 396 | 117 | 162 | 208 |
| Equity and investment fund shares | 13 297 | 14 691 | 14 559 | 12 892 | 12 375 | 13 957 | 15 708 | 17 118 |
| Equity | 4 599 | 5 788 | 5 425 | 4 344 | 4 364 | 4 908 | 6 041 | 7 588 |
| Investment fund shares | 8 698 | 8 903 | 9 134 | 8 548 | 8 012 | 9 049 | 9 667 | 9 530 |
| Money market fund shares | 5 | 10 | 16 | 10 | 16 | 30 | 30 | 54 |
| Non-Money market fund shares | 8 693 | 8 892 | 9 118 | 8 538 | 7 996 | 9 019 | 9 637 | 9 476 |
| Insurance pension and standardised guarantees | 1 768 | 1 666 | 964 | 920 | 856 | 804 | 771 | 795 |
| Financial derivatives and employee stock options | .. | .. | .. | .. | .. | .. | .. | .. |
| Other accounts receivable | 3 699 | 3 461 | 3 818 | 3 069 | 1 983 | 3 470 | 2 958 | 2 953 |
| Financial liabilities | .. | .. | .. | .. | .. | .. | .. | .. |
| Debt securities | 198 | 210 | 204 | 211 | 196 | 196 | 203 | 233 |
| Short-term debt securities | 0 | 0 | 0 | 0 | 0 | 0 | 0 | 0 |
| Long-term debt securities | 198 | 210 | 204 | 211 | 196 | 196 | 203 | 233 |
| Loans | 924 | 800 | 1 185 | 1 884 | 1 670 | 387 | 520 | 481 |
| Short-term loans | 681 | 674 | 1 066 | 1 698 | 1 458 | 84 | 103 | 74 |
| Long-term loans | 243 | 126 | 119 | 186 | 213 | 304 | 417 | 407 |
| Equity and investment fund shares | 3 748 | 4 631 | 4 487 | 4 145 | 5 747 | 5 732 | 5 822 | 5 922 |
| Insurance pension and standardised guarantees | 73 473 | 77 101 | 79 382 | 65 902 | 64 604 | 66 510 | 71 596 | 71 699 |
| Financial derivatives and employee stock options | .. | .. | .. | .. | .. | .. | .. | .. |
| Other accounts payable | 1 477 | 1 558 | 1 308 | 3 918 | 1 612 | 1 775 | 1 504 | 1 269 |
| Non-financial assets | .. | .. | .. | .. | .. | .. | .. | .. |
| **Insurance corporations** | | | | | | | | |
| Financial net worth | .. | .. | .. | .. | .. | .. | .. | .. |
| Financial assets | .. | .. | .. | .. | .. | .. | .. | .. |
| Currency and deposits | .. | .. | .. | .. | .. | .. | .. | .. |
| Debt securities | .. | .. | .. | .. | .. | .. | .. | .. |
| Loans | .. | .. | .. | .. | .. | .. | .. | .. |
| Equity and investment fund shares | .. | .. | .. | .. | .. | .. | .. | .. |
| Equity | .. | .. | .. | .. | .. | .. | .. | .. |
| Investment fund shares | .. | .. | .. | .. | .. | .. | .. | .. |
| Money market fund shares | .. | .. | .. | .. | .. | .. | .. | .. |
| Non-Money market fund shares | .. | .. | .. | .. | .. | .. | .. | .. |
| Insurance pension and standardised guarantees | .. | .. | .. | .. | .. | .. | .. | .. |
| Financial derivatives and employee stock options | .. | .. | .. | .. | .. | .. | .. | .. |
| Other accounts receivable | .. | .. | .. | .. | .. | .. | .. | .. |
| Financial liabilities | .. | .. | .. | .. | .. | .. | .. | .. |
| Debt securities | .. | .. | .. | .. | .. | .. | .. | .. |
| Short-term debt securities | .. | .. | .. | .. | .. | .. | .. | .. |
| Long-term debt securities | .. | .. | .. | .. | .. | .. | .. | .. |
| Loans | .. | .. | .. | .. | .. | .. | .. | .. |
| Short-term loans | .. | .. | .. | .. | .. | .. | .. | .. |
| Long-term loans | .. | .. | .. | .. | .. | .. | .. | .. |
| Equity and investment fund shares | .. | .. | .. | .. | .. | .. | .. | .. |
| Insurance pension and standardised guarantees | .. | .. | .. | .. | .. | .. | .. | .. |
| Financial derivatives and employee stock options | .. | .. | .. | .. | .. | .. | .. | .. |
| Other accounts payable | .. | .. | .. | .. | .. | .. | .. | .. |
| Non-financial assets | .. | .. | .. | .. | .. | .. | .. | .. |
| **Pension funds** | | | | | | | | |
| Financial net worth | .. | .. | .. | .. | .. | .. | .. | .. |
| Financial assets | .. | .. | .. | .. | .. | .. | .. | .. |
| Currency and deposits | .. | .. | .. | .. | .. | .. | .. | .. |
| Debt securities | .. | .. | .. | .. | .. | .. | .. | .. |
| Loans | .. | .. | .. | .. | .. | .. | .. | .. |
| Equity and investment fund shares | .. | .. | .. | .. | .. | .. | .. | .. |
| Equity | .. | .. | .. | .. | .. | .. | .. | .. |
| Investment fund shares | .. | .. | .. | .. | .. | .. | .. | .. |
| Money market fund shares | .. | .. | .. | .. | .. | .. | .. | .. |
| Non-Money market fund shares | .. | .. | .. | .. | .. | .. | .. | .. |
| Insurance pension and standardised guarantees | .. | .. | .. | .. | .. | .. | .. | .. |
| Financial derivatives and employee stock options | .. | .. | .. | .. | .. | .. | .. | .. |
| Other accounts receivable | .. | .. | .. | .. | .. | .. | .. | .. |
| Financial liabilities | .. | .. | .. | .. | .. | .. | .. | .. |
| Debt securities | .. | .. | .. | .. | .. | .. | .. | .. |
| Short-term debt securities | .. | .. | .. | .. | .. | .. | .. | .. |
| Long-term debt securities | .. | .. | .. | .. | .. | .. | .. | .. |
| Loans | .. | .. | .. | .. | .. | .. | .. | .. |
| Short-term loans | .. | .. | .. | .. | .. | .. | .. | .. |
| Long-term loans | .. | .. | .. | .. | .. | .. | .. | .. |
| Equity and investment fund shares | .. | .. | .. | .. | .. | .. | .. | .. |
| Insurance pension and standardised guarantees | .. | .. | .. | .. | .. | .. | .. | .. |
| Financial derivatives and employee stock options | .. | .. | .. | .. | .. | .. | .. | .. |
| Other accounts payable | .. | .. | .. | .. | .. | .. | .. | .. |
| Non-financial assets | .. | .. | .. | .. | .. | .. | .. | .. |

*Note:* Detailed metadata at: http://metalinks.oecd.org/instinv/20170516/667f

# SLOVENIA

## Table 1. Financial assets and liabilities of institutional investors, 2015

*Million EUR (2007 SIT euro)*

| | Investment funds | | | | |
|---|---|---|---|---|---|
| | Total | Non-money market funds | | | Money market funds |
| | | Total | Open-end non-money market funds | Closed-end non-money market funds | Total |
| Financial assets | 2 319 | 2 261 | 2 261 | .. | 58 |
| Currency and deposits | 166 | 134 | 134 | .. | 32 |
| Debt securities | 351 | 326 | 326 | .. | 25 |
| Debt securities, short term | 33 | 7 | 7 | .. | 25 |
| Debt securities, long term | 318 | 318 | 318 | .. | 0 |
| Debt securities issued by residents | 66 | 62 | 62 | .. | 3 |
| Debt securities issued by non-residents | 286 | 263 | 263 | .. | 22 |
| Loans | .. | .. | .. | .. | .. |
| Loans, short-term | .. | .. | .. | .. | .. |
| Loans, long-term | .. | .. | .. | .. | .. |
| Loans granted to residents | .. | .. | .. | .. | .. |
| Loans granted to non-residents | .. | .. | .. | .. | .. |
| Equity and investment fund shares/units | 1 795 | 1 795 | 1 795 | .. | .. |
| Equity and investment fund shares issued/units by residents | 143 | 143 | 143 | .. | .. |
| Equity and investment fund shares/units issued by non residents | 1 652 | 1 652 | 1 652 | .. | .. |
| Other accounts receivable | 5 | 5 | 5 | .. | 0 |

| | Investment funds | | | | |
|---|---|---|---|---|---|
| | Total | Non-money market funds | | | Money market funds |
| | | Total | Open-end non-money market funds | Closed-end non-money market funds | Total |
| Financial liabilities | 2 319 | 2 261 | 2 261 | .. | 58 |
| Currency and deposits | .. | .. | .. | .. | .. |
| Debt securities | .. | .. | .. | .. | .. |
| Debt securities, short term | .. | .. | .. | .. | .. |
| Debt securities, long term | .. | .. | .. | .. | .. |
| Loans | 0 | 0 | 0 | .. | .. |
| Loans, short-term | 0 | 0 | 0 | .. | .. |
| Loans, long-term | .. | .. | .. | .. | .. |
| Equity and investment fund shares/units | 2 309 | 2 253 | 2 253 | .. | 56 |
| Insurance pension and standardised guaratees | .. | .. | .. | .. | .. |
| Financial derivatives and employee stock options | 0 | 0 | 0 | .. | .. |
| Other accounts payable | 10 | 8 | 8 | .. | 1 |

| | Insurance corporations and pension funds | | | | |
|---|---|---|---|---|---|
| | Total | Insurance corporations | | | Pension funds |
| | | Total | Life insurance corporations | Non-life insurance corporations | Total |
| Financial assets | 9 486 | 6 999 | .. | .. | 2 487 |
| Currency and deposits | 669 | 314 | .. | .. | 356 |
| Debt securities | 5 693 | 4 157 | .. | .. | 1 537 |
| Debt securities, short-term | 171 | 22 | .. | .. | 149 |
| Debt securities, long term | 5 522 | 4 134 | .. | .. | 1 388 |
| Debt securities issued by residents | 2 151 | 1 306 | .. | .. | 845 |
| Debt securities issued by non-residents | 3 543 | 2 851 | .. | .. | 692 |
| Loans | 113 | 86 | .. | .. | 27 |
| Loans, short-term | 48 | 21 | .. | .. | 27 |
| Loans, long-term | 65 | 65 | .. | .. | 0 |
| Loans granted to residents | 97 | 70 | .. | .. | 27 |
| Loans granted to non-residents | 16 | 16 | .. | .. | 0 |
| Equity and investment fund shares/units | 2 580 | 2 016 | .. | .. | 565 |
| Equity and investment fund shares/units issued by residents | 1 360 | 1 264 | .. | .. | 96 |
| Equity and investment fund shares/units issued by non residents | 1 220 | 752 | .. | .. | 469 |
| Other accounts receivable | 253 | 249 | .. | .. | 4 |

| | Insurance corporations and pension funds | | | | |
|---|---|---|---|---|---|
| | Total | Insurance corporations | | | Pension funds |
| | | Total | Life insurance corporations | Non-life insurance corporations | Total |
| Financial liabilities | 9 444 | 6 965 | .. | .. | 2 479 |
| Currency and deposits | 0 | 0 | .. | .. | 0 |
| Debt securities | 35 | 35 | .. | .. | 0 |
| Debt securities, short term | 0 | 0 | .. | .. | 0 |
| Debt securities, long term | 35 | 35 | .. | .. | 0 |
| Loans | 26 | 26 | .. | .. | 0 |
| Loans, short-term | 0 | 0 | .. | .. | 0 |
| Loans, long-term | 26 | 26 | .. | .. | 0 |
| Equity and investment fund shares/units | 1 659 | 1 615 | .. | .. | 44 |
| Insurance pension and standardised guarantees | 7 498 | 5 070 | .. | .. | 2 428 |
| Financial derivatives and employee stock options | 0 | 0 | .. | .. | 0 |
| Other accounts payable | 227 | 220 | .. | .. | 7 |

*Note:* Detailed metadata at: http://metalinks.oecd.org/instinv/20170516/3f0b

## Table 2. Financial assets and liabilities of investment funds

*Million EUR*

| | 2008 | 2009 | 2010 | 2011 | 2012 | 2013 | 2014 | 2015 |
|---|---|---|---|---|---|---|---|---|
| **Investment funds** | | | | | | | | |
| Financial net worth | .. | .. | .. | .. | .. | .. | .. | .. |
| Financial assets | .. | 2 234 | 2 289 | 1 811 | 1 831 | 1 855 | 2 151 | 2 319 |
| Currency and deposits | .. | 190 | 163 | 147 | 136 | 110 | 136 | 166 |
| Debt securities | .. | 223 | 234 | 248 | 250 | 220 | 263 | 351 |
| Loans | .. | .. | .. | .. | .. | .. | .. | .. |
| Equity and investment fund shares | .. | 1 814 | 1 881 | 1 407 | 1 433 | 1 516 | 1 746 | 1 795 |
| Equity | .. | 1 632 | 1 700 | 1 250 | 1 280 | 1 348 | 1 598 | 1 641 |
| Investment fund shares | .. | 182 | 181 | 157 | 153 | 168 | 149 | 154 |
| Money market fund shares | .. | 0 | 0 | 0 | 0 | 0 | 0 | 0 |
| Non-Money market fund shares | .. | 182 | 181 | 157 | 153 | 168 | 149 | 154 |
| Insurance pension and standardised guarantees | .. | .. | .. | .. | .. | .. | .. | .. |
| Financial derivatives and employee stock options | .. | 0 | 0 | 0 | 0 | 0 | 0 | 1 |
| Other accounts receivable | .. | 7 | 11 | 9 | 12 | 9 | 6 | 5 |
| Financial liabilities | .. | 2 234 | 2 289 | 1 811 | 1 831 | 1 855 | 2 151 | 2 319 |
| Debt securities | .. | .. | .. | .. | .. | .. | .. | .. |
| Short-term debt securities | .. | .. | .. | .. | .. | .. | .. | .. |
| Long-term debt securities | .. | .. | .. | .. | .. | .. | .. | .. |
| Loans | .. | 16 | 13 | 8 | 0 | 0 | 0 | 0 |
| Short-term loans | .. | 16 | 13 | 8 | 0 | 0 | 0 | 0 |
| Long-term loans | .. | .. | .. | .. | .. | .. | .. | .. |
| Equity and investment fund shares | .. | 2 195 | 2 252 | 1 790 | 1 817 | 1 840 | 2 143 | 2 309 |
| Insurance pension and standardised guarantees | .. | .. | .. | .. | .. | .. | .. | .. |
| Financial derivatives and employee stock options | .. | 0 | 0 | 0 | 0 | 0 | 0 | 0 |
| Other accounts payable | .. | 22 | 24 | 13 | 13 | 16 | 8 | 10 |
| Non-financial assets | .. | .. | .. | .. | .. | .. | .. | .. |
| **Money market funds** | | | | | | | | |
| Financial net worth | .. | .. | .. | .. | .. | .. | .. | .. |
| Financial assets | .. | 14 | 12 | 26 | 26 | 37 | 37 | 58 |
| Currency and deposits | .. | 14 | 12 | 20 | 15 | 23 | 24 | 32 |
| Debt securities | .. | 0 | 0 | 6 | 10 | 14 | 13 | 25 |
| Loans | .. | .. | .. | .. | .. | .. | .. | .. |
| Equity and investment fund shares | .. | .. | .. | .. | .. | .. | .. | .. |
| Equity | .. | .. | .. | .. | .. | .. | .. | .. |
| Investment fund shares | .. | .. | .. | .. | .. | .. | .. | .. |
| Money market fund shares | .. | .. | .. | .. | .. | .. | .. | .. |
| Non-Money market fund shares | .. | .. | .. | .. | .. | .. | .. | .. |
| Insurance pension and standardised guarantees | .. | .. | .. | .. | .. | .. | .. | .. |
| Financial derivatives and employee stock options | .. | .. | .. | .. | .. | .. | .. | .. |
| Other accounts receivable | .. | 0 | 0 | 0 | 0 | 0 | 0 | 0 |
| Financial liabilities | .. | 14 | 12 | 26 | 26 | 37 | 37 | 58 |
| Debt securities | .. | .. | .. | .. | .. | .. | .. | .. |
| Short-term debt securities | .. | .. | .. | .. | .. | .. | .. | .. |
| Long-term debt securities | .. | .. | .. | .. | .. | .. | .. | .. |
| Loans | .. | .. | .. | .. | .. | .. | .. | .. |
| Short-term loans | .. | .. | .. | .. | .. | .. | .. | .. |
| Long-term loans | .. | .. | .. | .. | .. | .. | .. | .. |
| Equity and investment fund shares | .. | 14 | 12 | 26 | 24 | 36 | 37 | 56 |
| Insurance pension and standardised guarantees | .. | .. | .. | .. | .. | .. | .. | .. |
| Financial derivatives and employee stock options | .. | .. | .. | .. | .. | .. | .. | .. |
| Other accounts payable | .. | 0 | 0 | 0 | 2 | 0 | 1 | 1 |
| Non-financial assets | .. | .. | .. | .. | .. | .. | .. | .. |
| **Non-money market funds** | | | | | | | | |
| Financial net worth | .. | .. | .. | .. | .. | .. | .. | .. |
| Financial assets | .. | 2 220 | 2 276 | 1 785 | 1 805 | 1 819 | 2 113 | 2 261 |
| Currency and deposits | .. | 176 | 151 | 127 | 121 | 87 | 111 | 134 |
| Debt securities | .. | 223 | 234 | 242 | 239 | 206 | 250 | 326 |
| Loans | .. | .. | .. | .. | .. | .. | .. | .. |
| Equity and investment fund shares | .. | 1 814 | 1 881 | 1 407 | 1 433 | 1 516 | 1 746 | 1 795 |
| Equity | .. | 1 632 | 1 700 | 1 250 | 1 280 | 1 348 | 1 598 | 1 641 |
| Investment fund shares | .. | 182 | 181 | 157 | 153 | 168 | 149 | 154 |
| Money market fund shares | .. | 0 | 0 | 0 | 0 | 0 | 0 | 0 |
| Non-Money market fund shares | .. | 182 | 181 | 157 | 153 | 168 | 149 | 154 |
| Insurance pension and standardised guarantees | .. | .. | .. | .. | .. | .. | .. | .. |
| Financial derivatives and employee stock options | .. | 0 | 0 | 0 | 0 | 0 | 0 | 1 |
| Other accounts receivable | .. | 7 | 11 | 9 | 12 | 9 | 6 | 5 |
| Financial liabilities | .. | 2 220 | 2 276 | 1 785 | 1 805 | 1 819 | 2 113 | 2 261 |
| Debt securities | .. | .. | .. | .. | .. | .. | .. | .. |
| Short-term debt securities | .. | .. | .. | .. | .. | .. | .. | .. |
| Long-term debt securities | .. | .. | .. | .. | .. | .. | .. | .. |
| Loans | .. | 16 | 13 | 8 | 0 | 0 | 0 | 0 |
| Short-term loans | .. | 16 | 13 | 8 | 0 | 0 | 0 | 0 |
| Long-term loans | .. | .. | .. | .. | .. | .. | .. | .. |
| Equity and investment fund shares | .. | 2 182 | 2 239 | 1 764 | 1 794 | 1 803 | 2 106 | 2 253 |
| Insurance pension and standardised guarantees | .. | .. | .. | .. | .. | .. | .. | .. |
| Financial derivatives and employee stock options | .. | 0 | 0 | 0 | 0 | 0 | 0 | 0 |
| Other accounts payable | .. | 22 | 24 | 13 | 11 | 16 | 7 | 8 |
| Non-financial assets | .. | .. | .. | .. | .. | .. | .. | .. |
| **Open-end non-money market funds** | | | | | | | | |
| Financial net worth | .. | .. | .. | .. | .. | .. | .. | .. |
| Financial assets | .. | 1 842 | 2 036 | 1 785 | 1 805 | 1 819 | 2 113 | 2 261 |

## Table 2. Financial assets and liabilities of investment funds *(cont.)*

*Million EUR*

| | 2008 | 2009 | 2010 | 2011 | 2012 | 2013 | 2014 | 2015 |
|---|---|---|---|---|---|---|---|---|
| Currency and deposits | .. | 155 | 127 | 127 | 121 | 87 | 111 | 134 |
| Debt securities | .. | 197 | 222 | 242 | 239 | 206 | 250 | 326 |
| Loans | .. | .. | .. | .. | .. | .. | .. | .. |
| Equity and investment fund shares | .. | 1 484 | 1 675 | 1 407 | 1 433 | 1 516 | 1 746 | 1 795 |
| Equity | .. | 1 319 | 1 500 | 1 250 | 1 280 | 1 348 | 1 598 | 1 641 |
| Investment fund shares | .. | 165 | 176 | 157 | 153 | 168 | 149 | 154 |
| Money market fund shares | .. | 0 | 0 | 0 | 0 | 0 | 0 | 0 |
| Non-Money market fund shares | .. | 165 | 175 | 157 | 153 | 168 | 149 | 154 |
| Insurance pension and standardised guarantees | .. | .. | .. | .. | .. | .. | .. | .. |
| Financial derivatives and employee stock options | .. | 0 | 0 | 0 | 0 | 0 | 0 | 1 |
| Other accounts receivable | .. | 6 | 11 | 9 | 12 | 9 | 6 | 5 |
| Financial liabilities | .. | 1 842 | 2 036 | 1 785 | 1 805 | 1 819 | 2 113 | 2 261 |
| Debt securities | .. | .. | .. | .. | .. | .. | .. | .. |
| Short-term debt securities | .. | .. | .. | .. | .. | .. | .. | .. |
| Long-term debt securities | .. | .. | .. | .. | .. | .. | .. | .. |
| Loans | .. | 0 | 0 | 8 | 0 | 0 | 0 | 0 |
| Short-term loans | .. | 0 | 0 | 8 | 0 | 0 | 0 | 0 |
| Long-term loans | .. | .. | .. | .. | .. | .. | .. | .. |
| Equity and investment fund shares | .. | 1 828 | 2 017 | 1 764 | 1 794 | 1 803 | 2 106 | 2 253 |
| Insurance pension and standardised guarantees | .. | .. | .. | .. | .. | .. | .. | .. |
| Financial derivatives and employee stock options | .. | 0 | 0 | 0 | 0 | 0 | 0 | 0 |
| Other accounts payable | .. | 14 | 19 | 13 | 11 | 16 | 7 | 8 |
| Non-financial assets | .. | .. | .. | .. | .. | .. | .. | .. |
| **Open-end investment funds** | | | | | | | | |
| Financial net worth | .. | .. | .. | .. | .. | .. | .. | .. |
| Financial assets | .. | 1 856 | 2 048 | 1 811 | 1 831 | 1 855 | 2 151 | 2 319 |
| Currency and deposits | .. | 169 | 140 | 147 | 136 | 110 | 136 | 166 |
| Debt securities | .. | 197 | 222 | 248 | 250 | 220 | 263 | 351 |
| Loans | .. | .. | .. | .. | .. | .. | .. | .. |
| Equity and investment fund shares | .. | 1 484 | 1 675 | 1 407 | 1 433 | 1 516 | 1 746 | 1 795 |
| Equity | .. | 1 319 | 1 500 | 1 250 | 1 280 | 1 348 | 1 598 | 1 641 |
| Investment fund shares | .. | 165 | 176 | 157 | 153 | 168 | 149 | 154 |
| Money market fund shares | .. | 0 | 0 | 0 | 0 | 0 | 0 | 0 |
| Non-Money market fund shares | .. | 165 | 175 | 157 | 153 | 168 | 149 | 154 |
| Insurance pension and standardised guarantees | .. | .. | .. | .. | .. | .. | .. | .. |
| Financial derivatives and employee stock options | .. | 0 | 0 | 0 | 0 | 0 | 0 | 1 |
| Other accounts receivable | .. | 6 | 11 | 9 | 12 | 9 | 6 | 5 |
| Financial liabilities | .. | 1 856 | 2 048 | 1 811 | 1 831 | 1 855 | 2 151 | 2 319 |
| Debt securities | .. | .. | .. | .. | .. | .. | .. | .. |
| Short-term debt securities | .. | .. | .. | .. | .. | .. | .. | .. |
| Long-term debt securities | .. | .. | .. | .. | .. | .. | .. | .. |
| Loans | .. | 0 | 0 | 8 | 0 | 0 | 0 | 0 |
| Short-term loans | .. | 0 | 0 | 8 | 0 | 0 | 0 | 0 |
| Long-term loans | .. | .. | .. | .. | .. | .. | .. | .. |
| Equity and investment fund shares | .. | 1 842 | 2 030 | 1 790 | 1 817 | 1 840 | 2 143 | 2 309 |
| Insurance pension and standardised guarantees | .. | .. | .. | .. | .. | .. | .. | .. |
| Financial derivatives and employee stock options | .. | 0 | 0 | 0 | 0 | 0 | 0 | 0 |
| Other accounts payable | .. | 14 | 19 | 13 | 13 | 16 | 8 | 10 |
| Non-financial assets | .. | .. | .. | .. | .. | .. | .. | .. |

*Note:* Detailed metadata at: http://metalinks.oecd.org/instinv/20170516/3f0b

## Table 3. Financial assets and liabilities of insurance corporations and pension funds

*Million EUR*

| | 2008 | 2009 | 2010 | 2011 | 2012 | 2013 | 2014 | 2015 |
|---|---|---|---|---|---|---|---|---|
| **Insurance corporations and pension funds** | | | | | | | | |
| Financial net worth | .. | -269 | -78 | -41 | 164 | 213 | 181 | 42 |
| Financial assets | .. | 6 705 | 7 344 | 7 533 | 8 275 | 8 614 | 9 370 | 9 486 |
| Currency and deposits | .. | 739 | 967 | 1 151 | 950 | 686 | 781 | 669 |
| Debt securities | .. | 3 700 | 3 938 | 3 889 | 4 440 | 4 882 | 5 344 | 5 693 |
| Loans | .. | 145 | 151 | 196 | 174 | 166 | 150 | 113 |
| Equity and investment fund shares | .. | 1 634 | 1 830 | 1 841 | 2 153 | 2 307 | 2 597 | 2 580 |
| Equity | .. | 826 | 761 | 779 | 827 | 858 | 929 | 840 |
| Investment fund shares | .. | 808 | 1 069 | 1 062 | 1 326 | 1 449 | 1 667 | 1 741 |
| Money market fund shares | .. | .. | .. | .. | .. | .. | .. | .. |
| Non-Money market fund shares | .. | .. | .. | .. | .. | .. | .. | .. |
| Insurance pension and standardised guarantees | .. | 218 | 184 | 183 | 225 | 201 | 216 | 177 |
| Financial derivatives and employee stock options | .. | 4 | 4 | 4 | 4 | 2 | 0 | 0 |
| Other accounts receivable | .. | 266 | 269 | 270 | 330 | 370 | 282 | 253 |
| Financial liabilities | .. | 6 974 | 7 422 | 7 574 | 8 111 | 8 401 | 9 189 | 9 444 |
| Debt securities | .. | 56 | 49 | 49 | 45 | 37 | 38 | 35 |
| Short-term debt securities | .. | 0 | 0 | 0 | 0 | 0 | 0 | 0 |
| Long-term debt securities | .. | 56 | 49 | 49 | 45 | 37 | 38 | 35 |
| Loans | .. | 60 | 61 | 57 | 37 | 31 | 26 | 26 |
| Short-term loans | .. | 14 | 11 | 20 | 3 | 5 | 0 | 0 |
| Long-term loans | .. | 46 | 51 | 38 | 34 | 26 | 26 | 26 |
| Equity and investment fund shares | .. | 1 148 | 973 | 972 | 1 215 | 1 348 | 1 690 | 1 659 |
| Insurance pension and standardised guarantees | .. | 5 544 | 6 155 | 6 297 | 6 553 | 6 684 | 7 209 | 7 498 |
| Financial derivatives and employee stock options | .. | 0 | 0 | 0 | 0 | 0 | 0 | 0 |
| Other accounts payable | .. | 166 | 184 | 200 | 262 | 301 | 226 | 227 |
| Non-financial assets | .. | .. | .. | .. | .. | .. | .. | .. |
| **Insurance corporations** | | | | | | | | |
| Financial net worth | .. | -300 | -69 | -32 | 174 | 207 | 180 | 34 |
| Financial assets | .. | 5 020 | 5 396 | 5 491 | 6 197 | 6 475 | 7 031 | 6 999 |
| Currency and deposits | .. | 374 | 488 | 594 | 488 | 365 | 327 | 314 |
| Debt securities | .. | 2 640 | 2 819 | 2 750 | 3 256 | 3 590 | 4 083 | 4 157 |
| Loans | .. | 96 | 105 | 129 | 121 | 112 | 112 | 86 |
| Equity and investment fund shares | .. | 1 424 | 1 529 | 1 563 | 1 779 | 1 852 | 2 019 | 2 016 |
| Equity | .. | 706 | 647 | 703 | 754 | 794 | 830 | 775 |
| Investment fund shares | .. | 718 | 883 | 860 | 1 025 | 1 058 | 1 189 | 1 241 |
| Money market fund shares | .. | .. | .. | .. | .. | .. | .. | .. |
| Non-Money market fund shares | .. | .. | .. | .. | .. | .. | .. | .. |
| Insurance pension and standardised guarantees | .. | 218 | 184 | 183 | 225 | 201 | 216 | 177 |
| Financial derivatives and employee stock options | .. | 4 | 4 | 4 | 4 | 2 | 0 | 0 |
| Other accounts receivable | .. | 263 | 266 | 267 | 324 | 354 | 273 | 249 |
| Financial liabilities | .. | 5 320 | 5 465 | 5 523 | 6 023 | 6 268 | 6 851 | 6 965 |
| Debt securities | .. | 56 | 49 | 49 | 45 | 37 | 38 | 35 |
| Short-term debt securities | .. | 0 | 0 | 0 | 0 | 0 | 0 | 0 |
| Long-term debt securities | .. | 56 | 49 | 49 | 45 | 37 | 38 | 35 |
| Loans | .. | 60 | 60 | 57 | 37 | 31 | 26 | 26 |
| Short-term loans | .. | 14 | 11 | 20 | 3 | 5 | 0 | 0 |
| Long-term loans | .. | 46 | 49 | 38 | 34 | 26 | 26 | 26 |
| Equity and investment fund shares | .. | 1 118 | 939 | 936 | 1 176 | 1 308 | 1 648 | 1 615 |
| Insurance pension and standardised guarantees | .. | 3 926 | 4 240 | 4 308 | 4 512 | 4 599 | 4 927 | 5 070 |
| Financial derivatives and employee stock options | .. | 0 | 0 | 0 | 0 | 0 | 0 | 0 |
| Other accounts payable | .. | 160 | 177 | 173 | 252 | 293 | 213 | 220 |
| Non-financial assets | .. | .. | .. | .. | .. | .. | .. | .. |
| **Pension funds** | | | | | | | | |
| Financial net worth | .. | 31 | -9 | -9 | -11 | 6 | 2 | 8 |
| Financial assets | .. | 1 685 | 1 948 | 2 042 | 2 078 | 2 139 | 2 339 | 2 487 |
| Currency and deposits | .. | 365 | 479 | 556 | 462 | 322 | 454 | 356 |
| Debt securities | .. | 1 059 | 1 119 | 1 139 | 1 184 | 1 292 | 1 261 | 1 537 |
| Loans | .. | 48 | 46 | 67 | 53 | 54 | 37 | 27 |
| Equity and investment fund shares | .. | 210 | 301 | 277 | 374 | 455 | 578 | 565 |
| Equity | .. | 120 | 114 | 76 | 73 | 64 | 99 | 64 |
| Investment fund shares | .. | 90 | 186 | 201 | 301 | 391 | 479 | 500 |
| Money market fund shares | .. | .. | .. | .. | .. | .. | .. | .. |
| Non-Money market fund shares | .. | .. | .. | .. | .. | .. | .. | .. |
| Insurance pension and standardised guarantees | .. | 0 | 0 | 0 | 0 | 0 | 0 | 0 |
| Financial derivatives and employee stock options | .. | 0 | 0 | 0 | 0 | 0 | 0 | 0 |
| Other accounts receivable | .. | 3 | 3 | 3 | 6 | 15 | 9 | 4 |
| Financial liabilities | .. | 1 654 | 1 957 | 2 052 | 2 089 | 2 133 | 2 337 | 2 479 |
| Debt securities | .. | 0 | 0 | 0 | 0 | 0 | 0 | 0 |
| Short-term debt securities | .. | 0 | 0 | 0 | 0 | 0 | 0 | 0 |
| Long-term debt securities | .. | 0 | 0 | 0 | 0 | 0 | 0 | 0 |
| Loans | .. | 0 | 2 | 0 | 0 | 0 | 0 | 0 |
| Short-term loans | .. | 0 | 0 | 0 | 0 | 0 | 0 | 0 |
| Long-term loans | .. | 0 | 2 | 0 | 0 | 0 | 0 | 0 |
| Equity and investment fund shares | .. | 30 | 34 | 36 | 39 | 40 | 43 | 44 |
| Insurance pension and standardised guarantees | .. | 1 618 | 1 914 | 1 989 | 2 041 | 2 085 | 2 281 | 2 428 |
| Financial derivatives and employee stock options | .. | 0 | 0 | 0 | 0 | 0 | 0 | 0 |
| Other accounts payable | .. | 6 | 7 | 26 | 10 | 8 | 13 | 7 |
| Non-financial assets | .. | .. | .. | .. | .. | .. | .. | .. |

*Note:* Detailed metadata at: http://metalinks.oecd.org/instinv/20170516/3f0b

## Table 4. Portfolio composition by type of investor

As percentage of financial assets and of financial liabilities

*Per cent*

| | 2008 | 2009 | 2010 | 2011 | 2012 | 2013 | 2014 | 2015 |
|---|---|---|---|---|---|---|---|---|
| **Investment funds** | | | | | | | | |
| Financial assets | .. | 100.0 | 100.0 | 100.0 | 100.0 | 100.0 | 100.0 | 100.0 |
| Currency and deposits | .. | 8.5 | 7.1 | 8.1 | 7.4 | 5.9 | 6.3 | 7.1 |
| Debt securities | .. | 10.0 | 10.2 | 13.7 | 13.6 | 11.9 | 12.2 | 15.2 |
| Loans | .. | 0.0 | 0.0 | 0.0 | 0.0 | 0.0 | 0.0 | 0.0 |
| Equity and investment fund shares | .. | 81.2 | 82.2 | 77.7 | 78.3 | 81.7 | 81.2 | 77.4 |
| Insurance pension and standardised guarantee schemes | .. | 0.0 | 0.0 | 0.0 | 0.0 | 0.0 | 0.0 | 0.0 |
| Financial derivatives and employee stock options | .. | 0.0 | 0.0 | 0.0 | 0.0 | 0.0 | 0.0 | 0.0 |
| Other accounts receivable | .. | 0.3 | 0.5 | 0.5 | 0.7 | 0.5 | 0.3 | 0.2 |
| Financial liabilities | .. | 100.0 | 100.0 | 100.0 | 100.0 | 100.0 | 100.0 | 100.0 |
| Currency and deposits | .. | 0.0 | 0.0 | 0.0 | 0.0 | 0.0 | 0.0 | 0.0 |
| Debt securities | .. | 0.0 | 0.0 | 0.0 | 0.0 | 0.0 | 0.0 | 0.0 |
| Loans | .. | 0.7 | 0.6 | 0.4 | 0.0 | 0.0 | 0.0 | 0.0 |
| Equity and investment fund shares | .. | 98.3 | 98.4 | 98.8 | 99.3 | 99.1 | 99.6 | 99.6 |
| Insurance pension and standardised guarantee schemes | .. | 0.0 | 0.0 | 0.0 | 0.0 | 0.0 | 0.0 | 0.0 |
| Financial derivatives and employee stock options | .. | 0.0 | 0.0 | 0.0 | 0.0 | 0.0 | 0.0 | 0.0 |
| Other accounts receivable | .. | 1.0 | 1.1 | 0.7 | 0.7 | 0.9 | 0.4 | 0.4 |
| **Insurance corporations** | | | | | | | | |
| Financial assets | .. | 100.0 | 100.0 | 100.0 | 100.0 | 100.0 | 100.0 | 100.0 |
| Currency and deposits | .. | 7.4 | 9.0 | 10.8 | 7.9 | 5.6 | 4.7 | 4.5 |
| Debt securities | .. | 52.6 | 52.2 | 50.1 | 52.5 | 55.4 | 58.1 | 59.4 |
| Loans | .. | 1.9 | 1.9 | 2.4 | 2.0 | 1.7 | 1.6 | 1.2 |
| Equity and investment fund shares | .. | 28.4 | 28.3 | 28.5 | 28.7 | 28.6 | 28.7 | 28.8 |
| Insurance pension and standardised guarantee schemes | .. | 4.3 | 3.4 | 3.3 | 3.6 | 3.1 | 3.1 | 2.5 |
| Financial derivatives and employee stock options | .. | 0.1 | 0.1 | 0.1 | 0.1 | 0.0 | 0.0 | 0.0 |
| Other accounts receivable | .. | 5.2 | 4.9 | 4.9 | 5.2 | 5.5 | 3.9 | 3.6 |
| Financial liabilities | .. | 100.0 | 100.0 | 100.0 | 100.0 | 100.0 | 100.0 | 100.0 |
| Currency and deposits | .. | 0.0 | 0.0 | 0.0 | 0.0 | 0.0 | 0.0 | 0.0 |
| Debt securities | .. | 1.1 | 0.9 | 0.9 | 0.8 | 0.6 | 0.6 | 0.5 |
| Loans | .. | 1.1 | 1.1 | 1.0 | 0.6 | 0.5 | 0.4 | 0.4 |
| Equity and investment fund shares | .. | 21.0 | 17.2 | 16.9 | 19.5 | 20.9 | 24.0 | 23.2 |
| Insurance pension and standardised guarantee schemes | .. | 73.8 | 77.6 | 78.0 | 74.9 | 73.4 | 71.9 | 72.8 |
| Financial derivatives and employee stock options | .. | 0.0 | 0.0 | 0.0 | 0.0 | 0.0 | 0.0 | 0.0 |
| Other accounts receivable | .. | 3.0 | 3.2 | 3.1 | 4.2 | 4.7 | 3.1 | 3.2 |
| **Pension funds** | | | | | | | | |
| Financial assets | .. | 100.0 | 100.0 | 100.0 | 100.0 | 100.0 | 100.0 | 100.0 |
| Currency and deposits | .. | 21.7 | 24.6 | 27.2 | 22.2 | 15.0 | 19.4 | 14.3 |
| Debt securities | .. | 62.9 | 57.4 | 55.8 | 57.0 | 60.4 | 53.9 | 61.8 |
| Loans | .. | 2.9 | 2.4 | 3.3 | 2.5 | 2.5 | 1.6 | 1.1 |
| Equity and investment fund shares | .. | 12.5 | 15.4 | 13.6 | 18.0 | 21.3 | 24.7 | 22.7 |
| Insurance pension and standardised guarantee schemes | .. | 0.0 | 0.0 | 0.0 | 0.0 | 0.0 | 0.0 | 0.0 |
| Financial derivatives and employee stock options | .. | 0.0 | 0.0 | 0.0 | 0.0 | 0.0 | 0.0 | 0.0 |
| Other accounts receivable | .. | 0.2 | 0.2 | 0.1 | 0.3 | 0.7 | 0.4 | 0.2 |
| Financial liabilities | .. | 100.0 | 100.0 | 100.0 | 100.0 | 100.0 | 100.0 | 100.0 |
| Currency and deposits | .. | 0.0 | 0.0 | 0.0 | 0.0 | 0.0 | 0.0 | 0.0 |
| Debt securities | .. | 0.0 | 0.0 | 0.0 | 0.0 | 0.0 | 0.0 | 0.0 |
| Loans | .. | 0.0 | 0.1 | 0.0 | 0.0 | 0.0 | 0.0 | 0.0 |
| Equity and investment fund shares | .. | 1.8 | 1.7 | 1.8 | 1.8 | 1.9 | 1.8 | 1.8 |
| Insurance pension and standardised guarantee schemes | .. | 97.8 | 97.8 | 97.0 | 97.7 | 97.7 | 97.6 | 97.9 |
| Financial derivatives and employee stock options | .. | 0.0 | 0.0 | 0.0 | 0.0 | 0.0 | 0.0 | 0.0 |
| Other accounts receivable | .. | 0.4 | 0.4 | 1.3 | 0.5 | 0.4 | 0.6 | 0.3 |

*Note:* Detailed metadata at: http://metalinks.oecd.org/instinv/20170516/f09d

# SPAIN

## Table 1. Financial assets and liabilities of institutional investors, 2015

*Million EUR (1999 ESP euro)*

| | Total | Investment funds | | | |
|---|---|---|---|---|---|
| | | Non-money market funds | | | Money market funds |
| | | Total | Open-end non-money market funds | Closed-end non-money market funds | Total |
| Financial assets | 259 583 | 251 254 | 2 078 | 249 177 | 8 328 |
| Currency and deposits | 46 252 | 42 964 | 162 | 42 802 | 3 288 |
| Debt securities | 110 939 | 106 155 | 304 | 105 851 | 4 784 |
| Debt securities, short term | 11 082 | 6 299 | 38 | 6 261 | 4 784 |
| Debt securities, long term | 99 856 | 99 856 | 266 | 99 590 | 0 |
| Debt securities issued by residents | 66 239 | 63 877 | 163 | 63 715 | 2 362 |
| Debt securities issued by non-residents | 44 700 | 42 278 | 141 | 42 136 | 2 422 |
| Loans | 222 | 0 | .. | 0 | 222 |
| Loans, short-term | 222 | 0 | .. | 0 | 222 |
| Loans, long-term | 0 | 0 | .. | 0 | 0 |
| Loans granted to residents | 222 | .. | .. | .. | 222 |
| Loans granted to non-residents | 0 | .. | .. | .. | 0 |
| Equity and investment fund shares/units | 98 267 | 98 264 | 1 551 | 96 713 | 3 |
| Equity and investment fund shares issued/units by residents | 19 136 | 19 133 | 358 | 18 775 | 3 |
| Equity and investment fund shares/units issued by non residents | 79 131 | 79 131 | 1 193 | 77 938 | 0 |
| Other accounts receivable | 2 780 | 2 748 | 59 | 2 689 | 32 |

| | Total | Investment funds | | | |
|---|---|---|---|---|---|
| | | Non-money market funds | | | Money market funds |
| | | Total | Open-end non-money market funds | Closed-end non-money market funds | Total |
| Financial liabilities | 261 017 | 252 688 | 2 078 | 250 611 | 8 328 |
| Currency and deposits | .. | .. | .. | .. | .. |
| Debt securities | .. | 0 | .. | 0 | .. |
| Debt securities, short term | .. | 0 | .. | 0 | .. |
| Debt securities, long term | .. | 0 | .. | 0 | .. |
| Loans | 529 | 520 | 0 | 520 | 8 |
| Loans, short-term | 529 | 520 | 0 | 520 | 8 |
| Loans, long-term | 0 | 0 | .. | 0 | 0 |
| Equity and investment fund shares/units | 258 847 | 250 527 | 2 046 | 248 481 | 8 320 |
| Insurance pension and standardised guaratees | .. | 0 | .. | 0 | .. |
| Financial derivatives and employee stock options | 377 | 377 | 2 | 375 | .. |
| Other accounts payable | 1 264 | 1 264 | 30 | 1 234 | 0 |

| | Total | Insurance corporations and pension funds | | | |
|---|---|---|---|---|---|
| | | Insurance corporations | | | Pension funds |
| | | Total | Life insurance corporations | Non-life insurance corporations | Total |
| Financial assets | 429 800 | 308 008 | .. | .. | 121 792 |
| Currency and deposits | 60 003 | 43 562 | .. | .. | 16 441 |
| Debt securities | 268 976 | 204 763 | .. | .. | 64 213 |
| Debt securities, short-term | 4 113 | 1 793 | .. | .. | 2 320 |
| Debt securities, long term | 264 863 | 202 970 | .. | .. | 61 893 |
| Debt securities issued by residents | 191 552 | 149 600 | .. | .. | 41 953 |
| Debt securities issued by non-residents | 77 424 | 55 164 | .. | .. | 22 260 |
| Loans | 2 977 | 2 965 | .. | .. | 12 |
| Loans, short-term | 1 899 | 1 899 | .. | .. | 0 |
| Loans, long-term | 1 077 | 1 065 | .. | .. | 12 |
| Loans granted to residents | 1 279 | 1 267 | .. | .. | 12 |
| Loans granted to non-residents | 1 698 | 1 698 | .. | .. | .. |
| Equity and investment fund shares/units | 65 183 | 33 130 | .. | .. | 32 053 |
| Equity and investment fund shares/units issued by residents | 27 132 | 20 450 | .. | .. | 6 681 |
| Equity and investment fund shares/units issued by non residents | 38 051 | 12 680 | .. | .. | 25 371 |
| Other accounts receivable | 16 995 | 16 687 | .. | .. | 308 |

| | Total | Insurance corporations and pension funds | | | |
|---|---|---|---|---|---|
| | | Insurance corporations | | | Pension funds |
| | | Total | Life insurance corporations | Non-life insurance corporations | Total |
| Financial liabilities | 431 536 | 302 913 | .. | .. | 128 623 |
| Currency and deposits | .. | .. | .. | .. | .. |
| Debt securities | 0 | 0 | .. | .. | 0 |
| Debt securities, short term | 0 | 0 | .. | .. | 0 |
| Debt securities, long term | 0 | 0 | .. | .. | 0 |
| Loans | 17 725 | 17 725 | .. | .. | 0 |
| Loans, short-term | 16 323 | 16 323 | .. | .. | 0 |
| Loans, long-term | 1 402 | 1 402 | .. | .. | 0 |
| Equity and investment fund shares/units | 44 601 | 44 601 | .. | .. | 0 |
| Insurance pension and standardised guarantees | 363 248 | 235 017 | .. | .. | 128 231 |
| Financial derivatives and employee stock options | 0 | 0 | .. | .. | 0 |
| Other accounts payable | 5 963 | 5 571 | .. | .. | 392 |

*Note:* Detailed metadata at: http://metalinks.oecd.org/instinv/20170516/0050

## Table 2. Financial assets and liabilities of investment funds

*Million EUR*

| | 2008 | 2009 | 2010 | 2011 | 2012 | 2013 | 2014 | 2015 |
|---|---|---|---|---|---|---|---|---|
| **Investment funds** | | | | | | | | |
| Financial net worth | -8 626 | -7 306 | -7 036 | -5 377 | -5 029 | -5 349 | -1 478 | -1 434 |
| Financial assets | 204 362 | 199 694 | 172 952 | 157 188 | 150 185 | 187 086 | 233 630 | 259 583 |
| Currency and deposits | 49 730 | 41 083 | 35 177 | 27 535 | 26 810 | 39 133 | 43 301 | 46 252 |
| Debt securities | 111 569 | 112 614 | 92 223 | 94 234 | 87 273 | 98 663 | 119 003 | 110 939 |
| Loans | 6 380 | 3 622 | 2 032 | 802 | 600 | 368 | 226 | 222 |
| Equity and investment fund shares | 32 409 | 38 339 | 40 417 | 32 259 | 32 811 | 45 427 | 67 410 | 98 267 |
| Equity | 14 168 | 18 927 | 18 997 | 15 769 | 16 440 | 23 661 | 30 372 | 37 315 |
| Investment fund shares | 18 241 | 19 412 | 21 419 | 16 490 | 16 371 | 21 766 | 37 038 | 60 952 |
| Money market fund shares | 2 611 | 1 310 | 999 | 1 112 | 874 | 719 | 563 | 1 330 |
| Non-Money market fund shares | 15 630 | 18 102 | 20 420 | 15 378 | 15 497 | 21 047 | 36 475 | 59 621 |
| Insurance pension and standardised guarantees | .. | .. | .. | .. | .. | .. | .. | .. |
| Financial derivatives and employee stock options | 2 351 | 2 297 | 1 596 | 1 102 | 1 159 | 1 440 | 1 327 | 1 123 |
| Other accounts receivable | 1 922 | 1 739 | 1 508 | 1 255 | 1 532 | 2 054 | 2 363 | 2 780 |
| Financial liabilities | 212 988 | 207 000 | 179 988 | 162 565 | 155 213 | 192 435 | 235 108 | 261 017 |
| Debt securities | .. | .. | .. | .. | .. | .. | .. | .. |
| Short-term debt securities | .. | .. | .. | .. | .. | .. | .. | .. |
| Long-term debt securities | .. | .. | .. | .. | .. | .. | .. | .. |
| Loans | 536 | 631 | 648 | 538 | 534 | 864 | 456 | 529 |
| Short-term loans | 536 | 631 | 648 | 538 | 534 | 864 | 456 | 529 |
| Long-term loans | 0 | 0 | 0 | 0 | 0 | 0 | 0 | 0 |
| Equity and investment fund shares | 210 091 | 204 182 | 177 509 | 160 555 | 153 296 | 190 028 | 232 871 | 258 847 |
| Insurance pension and standardised guarantees | .. | .. | .. | .. | .. | .. | .. | .. |
| Financial derivatives and employee stock options | 1 101 | 958 | 671 | 637 | 521 | 363 | 417 | 377 |
| Other accounts payable | 1 260 | 1 229 | 1 160 | 835 | 863 | 1 180 | 1 363 | 1 264 |
| Non-financial assets | 7 950 | 7 238 | 6 975 | 5 292 | 4 939 | 5 258 | 1 478 | 1 434 |
| **Money market funds** | | | | | | | | |
| Financial net worth | -677 | -68 | -61 | -85 | -90 | -91 | 0 | 0 |
| Financial assets | 27 578 | 13 458 | 8 107 | 7 970 | 6 902 | 8 341 | 7 309 | 8 328 |
| Currency and deposits | 2 860 | 1 543 | 1 987 | 2 064 | 1 247 | 2 328 | 2 333 | 3 288 |
| Debt securities | 17 999 | 8 293 | 4 088 | 5 104 | 5 055 | 5 644 | 4 702 | 4 784 |
| Loans | 6 380 | 3 622 | 2 032 | 802 | 600 | 368 | 226 | 222 |
| Equity and investment fund shares | 338 | 0 | 0 | 0 | 0 | 0 | 6 | 3 |
| Equity | 0 | 0 | 0 | 0 | 0 | 0 | 0 | 0 |
| Investment fund shares | 338 | 0 | 0 | 0 | 0 | 0 | 6 | 3 |
| Money market fund shares | 338 | 0 | 0 | 0 | 0 | 0 | 4 | 3 |
| Non-Money market fund shares | 0 | 0 | 0 | 0 | 0 | 0 | 2 | 0 |
| Insurance pension and standardised guarantees | .. | .. | .. | .. | .. | .. | .. | .. |
| Financial derivatives and employee stock options | .. | .. | .. | .. | .. | .. | .. | .. |
| Other accounts receivable | 0 | 0 | 0 | 0 | 0 | 0 | 42 | 32 |
| Financial liabilities | 28 255 | 13 526 | 8 168 | 8 055 | 6 992 | 8 432 | 7 309 | 8 328 |
| Debt securities | .. | .. | .. | .. | .. | .. | .. | .. |
| Short-term debt securities | .. | .. | .. | .. | .. | .. | .. | .. |
| Long-term debt securities | .. | .. | .. | .. | .. | .. | .. | .. |
| Loans | 36 | 21 | 9 | 19 | 9 | 11 | 9 | 8 |
| Short-term loans | 36 | 21 | 9 | 19 | 9 | 11 | 9 | 8 |
| Long-term loans | 0 | 0 | 0 | 0 | 0 | 0 | 0 | 0 |
| Equity and investment fund shares | 28 219 | 13 486 | 8 154 | 8 036 | 6 979 | 8 420 | 7 299 | 8 320 |
| Insurance pension and standardised guarantees | .. | .. | .. | .. | .. | .. | .. | .. |
| Financial derivatives and employee stock options | .. | .. | .. | .. | .. | .. | .. | .. |
| Other accounts payable | 0 | 19 | 5 | 0 | 4 | 1 | 1 | 0 |
| Non-financial assets | 0 | 0 | 0 | 0 | 0 | 0 | 0 | 0 |
| **Non-money market funds** | | | | | | | | |
| Financial net worth | -7 950 | -7 238 | -6 975 | -5 292 | -4 939 | -5 258 | -1 478 | -1 434 |
| Financial assets | 176 783 | 186 236 | 164 845 | 149 218 | 143 282 | 178 745 | 226 321 | 251 254 |
| Currency and deposits | 46 870 | 39 540 | 33 190 | 25 471 | 25 563 | 36 805 | 40 968 | 42 964 |
| Debt securities | 93 570 | 104 321 | 88 135 | 89 130 | 82 218 | 93 019 | 114 301 | 106 155 |
| Loans | 0 | 0 | 0 | 0 | 0 | 0 | 0 | 0 |
| Equity and investment fund shares | 32 070 | 38 339 | 40 417 | 32 259 | 32 811 | 45 427 | 67 404 | 98 264 |
| Equity | 14 168 | 18 927 | 18 997 | 15 769 | 16 440 | 23 661 | 30 372 | 37 315 |
| Investment fund shares | 17 903 | 19 412 | 21 419 | 16 490 | 16 371 | 21 766 | 37 032 | 60 949 |
| Money market fund shares | 2 273 | 1 310 | 999 | 1 112 | 874 | 719 | 559 | 1 327 |
| Non-Money market fund shares | 15 630 | 18 102 | 20 420 | 15 378 | 15 497 | 21 047 | 36 473 | 59 621 |
| Insurance pension and standardised guarantees | 0 | 0 | 0 | 0 | 0 | 0 | 0 | 0 |
| Financial derivatives and employee stock options | 2 351 | 2 297 | 1 596 | 1 102 | 1 159 | 1 440 | 1 327 | 1 123 |
| Other accounts receivable | 1 922 | 1 739 | 1 508 | 1 255 | 1 532 | 2 054 | 2 321 | 2 748 |
| Financial liabilities | 184 733 | 193 474 | 171 820 | 154 510 | 148 221 | 184 003 | 227 799 | 252 688 |
| Debt securities | 0 | 0 | 0 | 0 | 0 | 0 | 0 | 0 |
| Short-term debt securities | 0 | 0 | 0 | 0 | 0 | 0 | 0 | 0 |
| Long-term debt securities | 0 | 0 | 0 | 0 | 0 | 0 | 0 | 0 |
| Loans | 500 | 610 | 639 | 520 | 525 | 853 | 447 | 520 |
| Short-term loans | 500 | 610 | 639 | 520 | 525 | 853 | 447 | 520 |
| Long-term loans | 0 | 0 | 0 | 0 | 0 | 0 | 0 | 0 |
| Equity and investment fund shares | 181 872 | 190 696 | 169 355 | 152 519 | 146 316 | 181 608 | 225 573 | 250 527 |
| Insurance pension and standardised guarantees | 0 | 0 | 0 | 0 | 0 | 0 | 0 | 0 |
| Financial derivatives and employee stock options | 1 101 | 958 | 671 | 637 | 521 | 363 | 417 | 377 |
| Other accounts payable | 1 260 | 1 210 | 1 156 | 834 | 859 | 1 179 | 1 363 | 1 264 |
| Non-financial assets | 7 950 | 7 238 | 6 975 | 5 292 | 4 939 | 5 258 | 1 478 | 1 434 |
| **Open-end non-money market funds** | | | | | | | | |
| Financial net worth | 0 | 0 | 0 | 0 | 0 | 0 | 0 | 0 |
| Financial assets | 2 079 | 1 537 | 1 432 | 1 275 | 1 376 | 1 432 | 1 785 | 2 078 |

## Table 2. Financial assets and liabilities of investment funds *(cont.)*

*Million EUR*

| | 2008 | 2009 | 2010 | 2011 | 2012 | 2013 | 2014 | 2015 |
|---|---|---|---|---|---|---|---|---|
| Currency and deposits | 436 | 302 | 187 | 220 | 303 | 299 | 235 | 162 |
| Debt securities | 68 | 84 | 73 | 72 | 93 | 110 | 229 | 304 |
| Loans | .. | .. | .. | .. | .. | .. | .. | .. |
| Equity and investment fund shares | 1 444 | 892 | 1 027 | 954 | 900 | 972 | 1 262 | 1 551 |
| Equity | 150 | 197 | 357 | 369 | 368 | 490 | 677 | 716 |
| Investment fund shares | 1 294 | 695 | 670 | 585 | 532 | 483 | 585 | 835 |
| Money market fund shares | 0 | 61 | 0 | 0 | 0 | 2 | 0 | 1 |
| Non-Money market fund shares | 1 294 | 634 | 670 | 585 | 532 | 481 | 585 | 835 |
| Insurance pension and standardised guarantees | .. | .. | .. | .. | .. | .. | .. | .. |
| Financial derivatives and employee stock options | 0 | 33 | 15 | 2 | 9 | 8 | 7 | 1 |
| Other accounts receivable | 130 | 227 | 130 | 26 | 71 | 42 | 52 | 59 |
| Financial liabilities | 2 079 | 1 537 | 1 432 | 1 275 | 1 376 | 1 432 | 1 785 | 2 078 |
| Debt securities | .. | .. | .. | .. | .. | .. | .. | .. |
| Short-term debt securities | .. | .. | .. | .. | .. | .. | .. | .. |
| Long-term debt securities | .. | .. | .. | .. | .. | .. | .. | .. |
| Loans | 0 | 0 | 0 | 0 | 0 | 0 | 0 | 0 |
| Short-term loans | 0 | 0 | 0 | 0 | 0 | 0 | 0 | 0 |
| Long-term loans | .. | .. | .. | .. | .. | .. | .. | .. |
| Equity and investment fund shares | 1 955 | 1 440 | 1 362 | 1 232 | 1 352 | 1 341 | 1 720 | 2 046 |
| Insurance pension and standardised guarantees | .. | .. | .. | .. | .. | .. | .. | .. |
| Financial derivatives and employee stock options | 0 | 5 | 3 | 13 | 3 | 2 | 8 | 2 |
| Other accounts payable | 124 | 92 | 68 | 30 | 20 | 89 | 57 | 30 |
| Non-financial assets | 0 | 0 | 0 | 0 | 0 | 0 | 0 | 0 |
| **Open-end investment funds** | | | | | | | | |
| Financial net worth | -677 | -68 | -61 | -85 | -90 | -91 | 0 | 0 |
| Financial assets | 29 658 | 14 996 | 9 539 | 9 244 | 8 278 | 9 773 | 9 094 | 10 406 |
| Currency and deposits | 3 297 | 1 845 | 2 174 | 2 284 | 1 550 | 2 628 | 2 568 | 3 450 |
| Debt securities | 18 068 | 8 377 | 4 161 | 5 176 | 5 148 | 5 754 | 4 931 | 5 088 |
| Loans | 6 380 | 3 622 | 2 032 | 802 | 600 | 368 | 226 | 222 |
| Equity and investment fund shares | 1 783 | 892 | 1 027 | 954 | 900 | 972 | 1 268 | 1 554 |
| Equity | 150 | 197 | 357 | 369 | 368 | 490 | 677 | 716 |
| Investment fund shares | 1 632 | 695 | 670 | 585 | 532 | 483 | 591 | 838 |
| Money market fund shares | 338 | 61 | 0 | 0 | 0 | 2 | 4 | 4 |
| Non-Money market fund shares | 1 294 | 634 | 670 | 585 | 532 | 481 | 587 | 835 |
| Insurance pension and standardised guarantees | 0 | 0 | 0 | 0 | 0 | 0 | 0 | 0 |
| Financial derivatives and employee stock options | 0 | 33 | 15 | 2 | 9 | 8 | 7 | 1 |
| Other accounts receivable | 130 | 227 | 130 | 26 | 71 | 42 | 93 | 91 |
| Financial liabilities | 30 334 | 15 063 | 9 600 | 9 329 | 8 368 | 9 864 | 9 094 | 10 406 |
| Debt securities | 0 | 0 | 0 | 0 | 0 | 0 | 0 | 0 |
| Short-term debt securities | 0 | 0 | 0 | 0 | 0 | 0 | 0 | 0 |
| Long-term debt securities | 0 | 0 | 0 | 0 | 0 | 0 | 0 | 0 |
| Loans | 36 | 21 | 9 | 19 | 9 | 11 | 9 | 8 |
| Short-term loans | 36 | 21 | 9 | 19 | 9 | 11 | 9 | 8 |
| Long-term loans | 0 | 0 | 0 | 0 | 0 | 0 | 0 | 0 |
| Equity and investment fund shares | 30 174 | 14 927 | 9 516 | 9 268 | 8 332 | 9 761 | 9 019 | 10 366 |
| Insurance pension and standardised guarantees | 0 | 0 | 0 | 0 | 0 | 0 | 0 | 0 |
| Financial derivatives and employee stock options | 0 | 5 | 3 | 13 | 3 | 2 | 8 | 2 |
| Other accounts payable | 125 | 111 | 72 | 30 | 24 | 90 | 57 | 30 |
| Non-financial assets | 0 | 0 | 0 | 0 | 0 | 0 | 0 | 0 |

*Note:* Detailed metadata at: http://metalinks.oecd.org/instinv/20170516/0050

## Table 3. Financial assets and liabilities of insurance corporations and pension funds

*Million EUR*

| | 2008 | 2009 | 2010 | 2011 | 2012 | 2013 | 2014 | 2015 |
|---|---|---|---|---|---|---|---|---|
| **Insurance corporations and pension funds** | | | | | | | | |
| Financial net worth | .. | .. | .. | .. | .. | .. | .. | .. |
| Financial assets | 330 639 | 349 184 | 349 659 | 357 430 | 371 806 | 384 435 | 414 060 | 429 800 |
| Currency and deposits | 68 697 | 65 178 | 65 374 | 63 969 | 63 176 | 63 157 | 59 695 | 60 003 |
| Debt securities | 180 945 | 200 339 | 194 794 | 204 283 | 217 165 | 223 990 | 256 346 | 268 976 |
| Loans | 6 098 | 5 567 | 7 493 | 7 724 | 7 742 | 7 356 | 4 520 | 2 977 |
| Equity and investment fund shares | 42 993 | 46 792 | 49 481 | 48 641 | 46 093 | 53 555 | 58 788 | 65 183 |
| Equity | 24 529 | 29 592 | 27 746 | 27 501 | 26 866 | 27 628 | 30 076 | 27 868 |
| Investment fund shares | 18 464 | 17 199 | 21 735 | 21 141 | 19 227 | 25 927 | 28 714 | 37 314 |
| Money market fund shares | 1 581 | 590 | 357 | 351 | 305 | 367 | 319 | 364 |
| Non-Money market fund shares | 16 883 | 16 609 | 21 378 | 20 789 | 18 923 | 25 559 | 28 395 | 36 951 |
| Insurance pension and standardised guarantees | 17 062 | 16 651 | 17 099 | 16 949 | 17 629 | 17 343 | 16 555 | 14 840 |
| Financial derivatives and employee stock options | 0 | 0 | 0 | 0 | 1 247 | 915 | 936 | 826 |
| Other accounts receivable | 14 845 | 14 659 | 15 417 | 15 863 | 18 754 | 18 120 | 17 219 | 16 995 |
| Financial liabilities | 328 183 | 347 402 | 351 675 | 363 682 | 375 339 | 398 441 | 430 753 | 431 536 |
| Debt securities | 341 | 311 | 296 | 296 | 146 | 146 | 0 | 0 |
| Short-term debt securities | 0 | 0 | 0 | 0 | 0 | 0 | 0 | 0 |
| Long-term debt securities | 341 | 311 | 296 | 296 | 146 | 146 | 0 | 0 |
| Loans | 10 971 | 10 969 | 12 366 | 19 248 | 17 579 | 17 320 | 19 171 | 17 725 |
| Short-term loans | 9 732 | 9 144 | 11 264 | 17 841 | 16 547 | 16 139 | 17 497 | 16 323 |
| Long-term loans | 1 239 | 1 824 | 1 102 | 1 408 | 1 031 | 1 181 | 1 674 | 1 402 |
| Equity and investment fund shares | 27 818 | 31 412 | 30 967 | 31 925 | 34 835 | 41 173 | 44 335 | 44 601 |
| Insurance pension and standardised guarantees | 283 952 | 299 754 | 300 553 | 305 456 | 315 767 | 333 118 | 360 548 | 363 248 |
| Financial derivatives and employee stock options | 0 | 0 | 0 | 0 | 0 | 0 | 0 | 0 |
| Other accounts payable | 5 101 | 4 957 | 7 492 | 6 756 | 7 013 | 6 683 | 6 699 | 5 963 |
| Non-financial assets | .. | .. | .. | .. | .. | .. | .. | .. |
| **Insurance corporations** | | | | | | | | |
| Financial net worth | 2 598 | 2 463 | -1 436 | -5 597 | -2 839 | -10 596 | -10 191 | 5 095 |
| Financial assets | 234 000 | 245 667 | 244 235 | 253 512 | 263 514 | 271 946 | 295 984 | 308 008 |
| Currency and deposits | 49 509 | 48 104 | 47 431 | 50 504 | 48 179 | 49 049 | 45 406 | 43 562 |
| Debt securities | 128 098 | 140 805 | 137 215 | 141 880 | 155 979 | 158 374 | 188 945 | 204 763 |
| Loans | 5 764 | 5 298 | 7 345 | 7 650 | 7 704 | 7 325 | 4 512 | 2 965 |
| Equity and investment fund shares | 27 957 | 28 929 | 29 723 | 30 927 | 24 618 | 30 925 | 32 569 | 33 130 |
| Equity | 15 492 | 18 279 | 15 987 | 17 493 | 15 846 | 17 009 | 17 786 | 16 610 |
| Investment fund shares | 12 465 | 10 650 | 13 736 | 13 435 | 8 772 | 13 916 | 14 784 | 16 520 |
| Money market fund shares | 1 233 | 441 | 267 | 251 | 204 | 246 | 215 | 260 |
| Non-Money market fund shares | 11 232 | 10 209 | 13 469 | 13 183 | 8 569 | 13 669 | 14 569 | 16 260 |
| Insurance pension and standardised guarantees | 8 837 | 8 190 | 7 487 | 6 955 | 7 226 | 7 429 | 6 587 | 6 075 |
| Financial derivatives and employee stock options | 0 | 0 | 0 | 0 | 1 247 | 915 | 936 | 826 |
| Other accounts receivable | 13 835 | 14 342 | 15 033 | 15 595 | 18 561 | 17 930 | 17 029 | 16 687 |
| Financial liabilities | 231 402 | 243 204 | 245 671 | 259 108 | 266 353 | 282 542 | 306 175 | 302 913 |
| Debt securities | 341 | 311 | 296 | 296 | 146 | 146 | 0 | 0 |
| Short-term debt securities | 0 | 0 | 0 | 0 | 0 | 0 | 0 | 0 |
| Long-term debt securities | 341 | 311 | 296 | 296 | 146 | 146 | 0 | 0 |
| Loans | 10 971 | 10 969 | 12 366 | 19 248 | 17 579 | 17 320 | 19 171 | 17 725 |
| Short-term loans | 9 732 | 9 144 | 11 264 | 17 841 | 16 547 | 16 139 | 17 497 | 16 323 |
| Long-term loans | 1 239 | 1 824 | 1 102 | 1 408 | 1 031 | 1 181 | 1 674 | 1 402 |
| Equity and investment fund shares | 27 818 | 31 412 | 30 967 | 31 925 | 34 835 | 41 173 | 44 335 | 44 601 |
| Insurance pension and standardised guarantees | 187 447 | 195 787 | 195 005 | 201 149 | 206 997 | 217 466 | 236 371 | 235 017 |
| Financial derivatives and employee stock options | 0 | 0 | 0 | 0 | 0 | 0 | 0 | 0 |
| Other accounts payable | 4 825 | 4 726 | 7 036 | 6 490 | 6 797 | 6 436 | 6 298 | 5 571 |
| Non-financial assets | .. | .. | .. | .. | .. | .. | .. | .. |
| **Pension funds** | | | | | | | | |
| Financial net worth | -141 | -681 | -580 | -656 | -694 | -3 410 | -6 502 | -6 831 |
| Financial assets | 96 639 | 103 517 | 105 424 | 103 918 | 108 292 | 112 489 | 118 076 | 121 792 |
| Currency and deposits | 19 188 | 17 074 | 17 943 | 13 465 | 14 997 | 14 108 | 14 289 | 16 441 |
| Debt securities | 52 847 | 59 534 | 57 579 | 62 403 | 61 186 | 65 616 | 67 401 | 64 213 |
| Loans | 334 | 269 | 148 | 74 | 38 | 31 | 8 | 12 |
| Equity and investment fund shares | 15 036 | 17 863 | 19 758 | 17 714 | 21 475 | 22 630 | 26 219 | 32 053 |
| Equity | 9 037 | 11 313 | 11 759 | 10 008 | 11 020 | 10 619 | 12 290 | 11 258 |
| Investment fund shares | 5 999 | 6 549 | 7 999 | 7 706 | 10 455 | 12 011 | 13 930 | 20 794 |
| Money market fund shares | 348 | 149 | 90 | 100 | 101 | 121 | 104 | 104 |
| Non-Money market fund shares | 5 651 | 6 400 | 7 909 | 7 606 | 10 354 | 11 890 | 13 826 | 20 691 |
| Insurance pension and standardised guarantees | 8 225 | 8 461 | 9 612 | 9 994 | 10 403 | 9 914 | 9 968 | 8 765 |
| Financial derivatives and employee stock options | 0 | 0 | 0 | 0 | 0 | 0 | 0 | 0 |
| Other accounts receivable | 1 010 | 317 | 384 | 268 | 193 | 190 | 190 | 308 |
| Financial liabilities | 96 781 | 104 198 | 106 004 | 104 574 | 108 986 | 115 899 | 124 578 | 128 623 |
| Debt securities | 0 | 0 | 0 | 0 | 0 | 0 | 0 | 0 |
| Short-term debt securities | 0 | 0 | 0 | 0 | 0 | 0 | 0 | 0 |
| Long-term debt securities | 0 | 0 | 0 | 0 | 0 | 0 | 0 | 0 |
| Loans | 0 | 0 | 0 | 0 | 0 | 0 | 0 | 0 |
| Short-term loans | 0 | 0 | 0 | 0 | 0 | 0 | 0 | 0 |
| Long-term loans | 0 | 0 | 0 | 0 | 0 | 0 | 0 | 0 |
| Equity and investment fund shares | 0 | 0 | 0 | 0 | 0 | 0 | 0 | 0 |
| Insurance pension and standardised guarantees | 96 505 | 103 967 | 105 548 | 104 307 | 108 770 | 115 652 | 124 177 | 128 231 |
| Financial derivatives and employee stock options | 0 | 0 | 0 | 0 | 0 | 0 | 0 | 0 |
| Other accounts payable | 276 | 231 | 456 | 266 | 216 | 247 | 401 | 392 |
| Non-financial assets | .. | .. | .. | .. | .. | .. | .. | .. |

*Note:* Detailed metadata at: http://metalinks.oecd.org/instinv/20170516/0050

## Table 4. Portfolio composition by type of investor

As percentage of financial assets and of financial liabilities

*Per cent*

| | 2008 | 2009 | 2010 | 2011 | 2012 | 2013 | 2014 | 2015 |
|---|---|---|---|---|---|---|---|---|
| **Investment funds** | | | | | | | | |
| Financial assets | 100.0 | 100.0 | 100.0 | 100.0 | 100.0 | 100.0 | 100.0 | 100.0 |
| Currency and deposits | 24.3 | 20.6 | 20.3 | 17.5 | 17.9 | 20.9 | 18.5 | 17.8 |
| Debt securities | 54.6 | 56.4 | 53.3 | 60.0 | 58.1 | 52.7 | 50.9 | 42.7 |
| Loans | 3.1 | 1.8 | 1.2 | 0.5 | 0.4 | 0.2 | 0.1 | 0.1 |
| Equity and investment fund shares | 15.9 | 19.2 | 23.4 | 20.5 | 21.8 | 24.3 | 28.9 | 37.9 |
| Insurance pension and standardised guarantee schemes | 0.0 | 0.0 | 0.0 | 0.0 | 0.0 | 0.0 | 0.0 | 0.0 |
| Financial derivatives and employee stock options | 1.2 | 1.2 | 0.9 | 0.7 | 0.8 | 0.8 | 0.6 | 0.4 |
| Other accounts receivable | 0.9 | 0.9 | 0.9 | 0.8 | 1.0 | 1.1 | 1.0 | 1.1 |
| Financial liabilities | 100.0 | 100.0 | 100.0 | 100.0 | 100.0 | 100.0 | 100.0 | 100.0 |
| Currency and deposits | 0.0 | 0.0 | 0.0 | 0.0 | 0.0 | 0.0 | 0.0 | 0.0 |
| Debt securities | 0.0 | 0.0 | 0.0 | 0.0 | 0.0 | 0.0 | 0.0 | 0.0 |
| Loans | 0.3 | 0.3 | 0.4 | 0.3 | 0.3 | 0.4 | 0.2 | 0.2 |
| Equity and investment fund shares | 98.6 | 98.6 | 98.6 | 98.8 | 98.8 | 98.7 | 99.0 | 99.2 |
| Insurance pension and standardised guarantee schemes | 0.0 | 0.0 | 0.0 | 0.0 | 0.0 | 0.0 | 0.0 | 0.0 |
| Financial derivatives and employee stock options | 0.5 | 0.5 | 0.4 | 0.4 | 0.3 | 0.2 | 0.2 | 0.1 |
| Other accounts receivable | 0.6 | 0.6 | 0.6 | 0.5 | 0.6 | 0.6 | 0.6 | 0.5 |
| **Insurance corporations** | | | | | | | | |
| Financial assets | 100.0 | 100.0 | 100.0 | 100.0 | 100.0 | 100.0 | 100.0 | 100.0 |
| Currency and deposits | 21.2 | 19.6 | 19.4 | 19.9 | 18.3 | 18.0 | 15.3 | 14.1 |
| Debt securities | 54.7 | 57.3 | 56.2 | 56.0 | 59.2 | 58.2 | 63.8 | 66.5 |
| Loans | 2.5 | 2.2 | 3.0 | 3.0 | 2.9 | 2.7 | 1.5 | 1.0 |
| Equity and investment fund shares | 11.9 | 11.8 | 12.2 | 12.2 | 9.3 | 11.4 | 11.0 | 10.8 |
| Insurance pension and standardised guarantee schemes | 3.8 | 3.3 | 3.1 | 2.7 | 2.7 | 2.7 | 2.2 | 2.0 |
| Financial derivatives and employee stock options | 0.0 | 0.0 | 0.0 | 0.0 | 0.5 | 0.3 | 0.3 | 0.3 |
| Other accounts receivable | 5.9 | 5.8 | 6.2 | 6.2 | 7.0 | 6.6 | 5.8 | 5.4 |
| Financial liabilities | 100.0 | 100.0 | 100.0 | 100.0 | 100.0 | 100.0 | 100.0 | 100.0 |
| Currency and deposits | 0.0 | 0.0 | 0.0 | 0.0 | 0.0 | 0.0 | 0.0 | 0.0 |
| Debt securities | 0.1 | 0.1 | 0.1 | 0.1 | 0.1 | 0.1 | 0.0 | 0.0 |
| Loans | 4.7 | 4.5 | 5.0 | 7.4 | 6.6 | 6.1 | 6.3 | 5.9 |
| Equity and investment fund shares | 12.0 | 12.9 | 12.6 | 12.3 | 13.1 | 14.6 | 14.5 | 14.7 |
| Insurance pension and standardised guarantee schemes | 81.0 | 80.5 | 79.4 | 77.6 | 77.7 | 77.0 | 77.2 | 77.6 |
| Financial derivatives and employee stock options | 0.0 | 0.0 | 0.0 | 0.0 | 0.0 | 0.0 | 0.0 | 0.0 |
| Other accounts receivable | 2.1 | 1.9 | 2.9 | 2.5 | 2.6 | 2.3 | 2.1 | 1.8 |
| **Pension funds** | | | | | | | | |
| Financial assets | 100.0 | 100.0 | 100.0 | 100.0 | 100.0 | 100.0 | 100.0 | 100.0 |
| Currency and deposits | 19.9 | 16.5 | 17.0 | 13.0 | 13.8 | 12.5 | 12.1 | 13.5 |
| Debt securities | 54.7 | 57.5 | 54.6 | 60.1 | 56.5 | 58.3 | 57.1 | 52.7 |
| Loans | 0.3 | 0.3 | 0.1 | 0.1 | 0.0 | 0.0 | 0.0 | 0.0 |
| Equity and investment fund shares | 15.6 | 17.3 | 18.7 | 17.0 | 19.8 | 20.1 | 22.2 | 26.3 |
| Insurance pension and standardised guarantee schemes | 8.5 | 8.2 | 9.1 | 9.6 | 9.6 | 8.8 | 8.4 | 7.2 |
| Financial derivatives and employee stock options | 0.0 | 0.0 | 0.0 | 0.0 | 0.0 | 0.0 | 0.0 | 0.0 |
| Other accounts receivable | 1.0 | 0.3 | 0.4 | 0.3 | 0.2 | 0.2 | 0.2 | 0.3 |
| Financial liabilities | 100.0 | 100.0 | 100.0 | 100.0 | 100.0 | 100.0 | 100.0 | 100.0 |
| Currency and deposits | 0.0 | 0.0 | 0.0 | 0.0 | 0.0 | 0.0 | 0.0 | 0.0 |
| Debt securities | 0.0 | 0.0 | 0.0 | 0.0 | 0.0 | 0.0 | 0.0 | 0.0 |
| Loans | 0.0 | 0.0 | 0.0 | 0.0 | 0.0 | 0.0 | 0.0 | 0.0 |
| Equity and investment fund shares | 0.0 | 0.0 | 0.0 | 0.0 | 0.0 | 0.0 | 0.0 | 0.0 |
| Insurance pension and standardised guarantee schemes | 99.7 | 99.8 | 99.6 | 99.7 | 99.8 | 99.8 | 99.7 | 99.7 |
| Financial derivatives and employee stock options | 0.0 | 0.0 | 0.0 | 0.0 | 0.0 | 0.0 | 0.0 | 0.0 |
| Other accounts receivable | 0.3 | 0.2 | 0.4 | 0.3 | 0.2 | 0.2 | 0.3 | 0.3 |

*Note:* Detailed metadata at: http://metalinks.oecd.org/instinv/20170516/f09d

# SWEDEN

## Table 1. Financial assets and liabilities of institutional investors, 2015

*Million SEK*

| | Investment funds | | | | |
|---|---|---|---|---|---|
| | Total | Non-money market funds | | | Money market funds |
| | | Total | Open-end non-money market funds | Closed-end non-money market funds | Total |
| Financial assets | 3 201 560 | 3 177 924 | .. | .. | 23 636 |
| Currency and deposits | 94 600 | 93 807 | .. | .. | 793 |
| Debt securities | 747 892 | 725 119 | .. | .. | 22 773 |
| Debt securities, short term | 46 654 | 43 548 | .. | .. | 3 106 |
| Debt securities, long term | 701 238 | 681 571 | .. | .. | 19 667 |
| Debt securities issued by residents | 613 728 | 591 047 | .. | .. | 22 681 |
| Debt securities issued by non-residents | 134 164 | 134 072 | .. | .. | 92 |
| Loans | .. | .. | .. | .. | .. |
| Loans, short-term | .. | .. | .. | .. | .. |
| Loans, long-term | .. | .. | .. | .. | .. |
| Loans granted to residents | .. | .. | .. | .. | .. |
| Loans granted to non-residents | .. | .. | .. | .. | .. |
| Equity and investment fund shares/units | 2 256 773 | 2 256 773 | .. | .. | .. |
| Equity and investment fund shares issued/units by residents | 849 280 | 849 280 | .. | .. | .. |
| Equity and investment fund shares/units issued by non residents | 1 407 493 | 1 407 493 | .. | .. | .. |
| Other accounts receivable | 71 159 | 71 089 | .. | .. | 70 |

| | Investment funds | | | | |
|---|---|---|---|---|---|
| | Total | Non-money market funds | | | Money market funds |
| | | Total | Open-end non-money market funds | Closed-end non-money market funds | Total |
| Financial liabilities | 3 201 560 | 3 177 924 | .. | .. | 23 636 |
| Currency and deposits | .. | .. | .. | .. | .. |
| Debt securities | .. | .. | .. | .. | .. |
| Debt securities, short term | .. | .. | .. | .. | .. |
| Debt securities, long term | .. | .. | .. | .. | .. |
| Loans | 9 649 | 9 649 | .. | .. | .. |
| Loans, short-term | 9 639 | 9 639 | .. | .. | .. |
| Loans, long-term | 10 | 10 | .. | .. | .. |
| Equity and investment fund shares/units | 3 039 287 | 3 015 715 | .. | .. | 23 572 |
| Insurance pension and standardised guaratees | .. | .. | .. | .. | .. |
| Financial derivatives and employee stock options | 27 826 | 27 826 | .. | .. | .. |
| Other accounts payable | 124 798 | 124 734 | .. | .. | 64 |

| | Insurance corporations and pension funds | | | | |
|---|---|---|---|---|---|
| | Total | Insurance corporations | | | Pension funds |
| | | Total | Life insurance corporations | Non-life insurance corporations | Total |
| Financial assets | 5 104 381 | 1 368 176 | .. | .. | 3 736 205 |
| Currency and deposits | 147 280 | 56 710 | .. | .. | 90 570 |
| Debt securities | 1 470 003 | 393 450 | .. | .. | 1 076 553 |
| Debt securities, short-term | 25 020 | 13 951 | .. | .. | 11 069 |
| Debt securities, long term | 1 444 983 | 379 499 | .. | .. | 1 065 484 |
| Debt securities issued by residents | 1 090 248 | 327 385 | .. | .. | 762 863 |
| Debt securities issued by non-residents | 379 755 | 66 065 | .. | .. | 313 690 |
| Loans | 63 468 | 25 678 | .. | .. | 37 790 |
| Loans, short-term | 0 | 0 | .. | .. | 0 |
| Loans, long-term | 63 468 | 25 678 | .. | .. | 37 790 |
| Loans granted to residents | 53 135 | 18 679 | .. | .. | 34 456 |
| Loans granted to non-residents | 10 333 | 6 999 | .. | .. | 3 334 |
| Equity and investment fund shares/units | 3 324 208 | 846 878 | .. | .. | 2 477 330 |
| Equity and investment fund shares/units issued by residents | 2 064 584 | 517 187 | .. | .. | 1 547 397 |
| Equity and investment fund shares/units issued by non residents | 1 259 624 | 329 691 | .. | .. | 929 933 |
| Other accounts receivable | 42 931 | 14 622 | .. | .. | 28 309 |

| | Insurance corporations and pension funds | | | | |
|---|---|---|---|---|---|
| | Total | Insurance corporations | | | Pension funds |
| | | Total | Life insurance corporations | Non-life insurance corporations | Total |
| Financial liabilities | 4 682 019 | 1 094 285 | .. | .. | 3 587 734 |
| Currency and deposits | .. | .. | .. | .. | .. |
| Debt securities | 3 231 | 2 433 | .. | .. | 798 |
| Debt securities, short term | 0 | 0 | .. | .. | .. |
| Debt securities, long term | 3 231 | 2 433 | .. | .. | 798 |
| Loans | 52 580 | 33 591 | .. | .. | 18 989 |
| Loans, short-term | 47 218 | 32 699 | .. | .. | 14 519 |
| Loans, long-term | 5 362 | 892 | .. | .. | 4 470 |
| Equity and investment fund shares/units | 377 082 | 118 646 | .. | .. | 258 436 |
| Insurance pension and standardised guarantees | 4 221 348 | 931 746 | .. | .. | 3 289 602 |
| Financial derivatives and employee stock options | 14 741 | 1 298 | .. | .. | 13 443 |
| Other accounts payable | 13 037 | 6 571 | .. | .. | 6 466 |

*Note:* Detailed metadata at: http://metalinks.oecd.org/instinv/20170516/d3cc

## Table 2. Financial assets and liabilities of investment funds

*Million SEK*

| | 2008 | 2009 | 2010 | 2011 | 2012 | 2013 | 2014 | 2015 |
|---|---|---|---|---|---|---|---|---|
| **Investment funds** | | | | | | | | |
| Financial net worth | 0 | 0 | 0 | 0 | 0 | 0 | 0 | 0 |
| Financial assets | 1 092 824 | 1 529 605 | 1 790 498 | 1 641 931 | 1 898 888 | 2 370 648 | 3 013 996 | 3 201 560 |
| Currency and deposits | 46 289 | 49 109 | 47 935 | 56 495 | 64 412 | 68 292 | 83 751 | 94 600 |
| Debt securities | 300 961 | 343 160 | 369 068 | 395 474 | 401 403 | 488 305 | 756 278 | 747 892 |
| Loans | .. | .. | .. | .. | .. | .. | .. | .. |
| Equity and investment fund shares | 696 382 | 1 065 120 | 1 285 368 | 1 119 224 | 1 327 329 | 1 698 569 | 2 062 603 | 2 256 773 |
| Equity | 600 596 | 922 813 | 1 095 259 | 919 966 | 1 053 080 | 1 315 861 | 1 588 209 | 1 729 009 |
| Investment fund shares | 95 786 | 142 307 | 190 109 | 199 258 | 274 249 | 382 708 | 474 394 | 527 764 |
| Money market fund shares | 529 | 621 | 658 | 8 814 | 5 591 | 5 478 | 17 058 | 13 130 |
| Non-Money market fund shares | 95 257 | 141 686 | 189 451 | 190 444 | 268 658 | 377 230 | 457 336 | 514 634 |
| Insurance pension and standardised guarantees | .. | .. | .. | .. | .. | .. | .. | .. |
| Financial derivatives and employee stock options | 16 919 | 8 927 | 9 773 | 16 227 | 14 974 | 20 993 | 28 746 | 31 136 |
| Other accounts receivable | 32 273 | 63 289 | 78 354 | 54 511 | 90 770 | 94 489 | 82 618 | 71 159 |
| Financial liabilities | 1 092 824 | 1 529 605 | 1 790 498 | 1 641 931 | 1 898 888 | 2 370 648 | 3 013 996 | 3 201 560 |
| Debt securities | .. | .. | .. | .. | .. | .. | .. | .. |
| Short-term debt securities | .. | .. | .. | .. | .. | .. | .. | .. |
| Long-term debt securities | .. | .. | .. | .. | .. | .. | .. | .. |
| Loans | 12 884 | 20 066 | 19 486 | 10 775 | 6 623 | 6 543 | 15 106 | 9 649 |
| Short-term loans | 12 833 | 15 774 | 19 440 | 10 728 | 6 600 | 6 528 | 15 087 | 9 639 |
| Long-term loans | 51 | 4 292 | 46 | 47 | 23 | 15 | 19 | 10 |
| Equity and investment fund shares | 1 017 159 | 1 393 334 | 1 635 074 | 1 534 584 | 1 737 409 | 2 158 151 | 2 769 988 | 3 039 287 |
| Insurance pension and standardised guarantees | .. | .. | .. | .. | .. | .. | .. | .. |
| Financial derivatives and employee stock options | 16 980 | 7 472 | 5 717 | 13 540 | 13 204 | 14 892 | 29 678 | 27 826 |
| Other accounts payable | 45 801 | 108 733 | 130 221 | 83 032 | 141 652 | 191 062 | 199 224 | 124 798 |
| Non-financial assets | .. | .. | .. | .. | .. | .. | .. | .. |
| **Money market funds** | | | | | | | | |
| Financial net worth | 0 | 0 | 0 | 0 | 0 | 0 | 0 | 0 |
| Financial assets | 90 073 | 70 245 | 70 983 | 99 680 | 22 192 | 19 439 | 22 983 | 23 636 |
| Currency and deposits | 2 293 | 1 397 | 1 105 | 2 236 | 167 | 237 | 563 | 793 |
| Debt securities | 87 451 | 68 758 | 69 585 | 97 335 | 21 580 | 18 759 | 22 346 | 22 773 |
| Loans | .. | .. | .. | .. | .. | .. | .. | .. |
| Equity and investment fund shares | .. | .. | .. | .. | .. | .. | .. | .. |
| Equity | .. | .. | .. | .. | .. | .. | .. | .. |
| Investment fund shares | .. | .. | .. | .. | .. | .. | .. | .. |
| Money market fund shares | .. | .. | .. | .. | .. | .. | .. | .. |
| Non-Money market fund shares | .. | .. | .. | .. | .. | .. | .. | .. |
| Insurance pension and standardised guarantees | .. | .. | .. | .. | .. | .. | .. | .. |
| Financial derivatives and employee stock options | 1 | .. | 21 | .. | 6 | .. | 1 | .. |
| Other accounts receivable | 328 | 90 | 272 | 109 | 439 | 443 | 73 | 70 |
| Financial liabilities | 90 073 | 70 245 | 70 983 | 99 680 | 22 192 | 19 439 | 22 983 | 23 636 |
| Debt securities | .. | .. | .. | .. | .. | .. | .. | .. |
| Short-term debt securities | .. | .. | .. | .. | .. | .. | .. | .. |
| Long-term debt securities | .. | .. | .. | .. | .. | .. | .. | .. |
| Loans | 54 | 164 | 138 | 2 | .. | .. | .. | .. |
| Short-term loans | 54 | 164 | 138 | 2 | .. | .. | .. | .. |
| Long-term loans | 0 | 0 | 0 | 0 | .. | .. | .. | .. |
| Equity and investment fund shares | 89 718 | 69 632 | 70 578 | 99 456 | 22 103 | 19 349 | 22 715 | 23 572 |
| Insurance pension and standardised guarantees | .. | .. | .. | .. | .. | .. | .. | .. |
| Financial derivatives and employee stock options | 8 | .. | .. | 1 | 5 | .. | 1 | .. |
| Other accounts payable | 293 | 449 | 267 | 221 | 84 | 90 | 267 | 64 |
| Non-financial assets | .. | .. | .. | .. | .. | .. | .. | .. |
| **Non-money market funds** | | | | | | | | |
| Financial net worth | 0 | 0 | 0 | 0 | 0 | 0 | 0 | 0 |
| Financial assets | 1 002 751 | 1 459 360 | 1 719 515 | 1 542 251 | 1 876 696 | 2 351 209 | 2 991 013 | 3 177 924 |
| Currency and deposits | 43 996 | 47 712 | 46 830 | 54 259 | 64 245 | 68 055 | 83 188 | 93 807 |
| Debt securities | 213 510 | 274 402 | 299 483 | 298 139 | 379 823 | 469 546 | 733 932 | 725 119 |
| Loans | .. | .. | .. | .. | .. | .. | .. | .. |
| Equity and investment fund shares | 696 382 | 1 065 120 | 1 285 368 | 1 119 224 | 1 327 329 | 1 698 569 | 2 062 603 | 2 256 773 |
| Equity | 600 596 | 922 813 | 1 095 259 | 919 966 | 1 053 080 | 1 315 861 | 1 588 209 | 1 729 009 |
| Investment fund shares | 95 786 | 142 307 | 190 109 | 199 258 | 274 249 | 382 708 | 474 394 | 527 764 |
| Money market fund shares | 529 | 621 | 658 | 8 814 | 5 591 | 5 478 | 17 058 | 13 130 |
| Non-Money market fund shares | 95 257 | 141 686 | 189 451 | 190 444 | 268 658 | 377 230 | 457 336 | 514 634 |
| Insurance pension and standardised guarantees | .. | .. | .. | .. | .. | .. | .. | .. |
| Financial derivatives and employee stock options | 16 918 | 8 927 | 9 752 | 16 227 | 14 968 | 20 993 | 28 745 | 31 136 |
| Other accounts receivable | 31 945 | 63 199 | 78 082 | 54 402 | 90 331 | 94 046 | 82 545 | 71 089 |
| Financial liabilities | 1 002 751 | 1 459 360 | 1 719 515 | 1 542 251 | 1 876 696 | 2 351 209 | 2 991 013 | 3 177 924 |
| Debt securities | .. | .. | .. | .. | .. | .. | .. | .. |
| Short-term debt securities | .. | .. | .. | .. | .. | .. | .. | .. |
| Long-term debt securities | .. | .. | .. | .. | .. | .. | .. | .. |
| Loans | 12 830 | 19 902 | 19 348 | 10 773 | 6 623 | 6 543 | 15 106 | 9 649 |
| Short-term loans | 12 779 | 15 610 | 19 302 | 10 726 | 6 600 | 6 528 | 15 087 | 9 639 |
| Long-term loans | 51 | 4 292 | 46 | 47 | 23 | 15 | 19 | 10 |
| Equity and investment fund shares | 927 441 | 1 323 702 | 1 564 496 | 1 435 128 | 1 715 306 | 2 138 802 | 2 747 273 | 3 015 715 |
| Insurance pension and standardised guarantees | .. | .. | .. | .. | .. | .. | .. | .. |
| Financial derivatives and employee stock options | 16 972 | 7 472 | 5 717 | 13 539 | 13 199 | 14 892 | 29 677 | 27 826 |
| Other accounts payable | 45 508 | 108 284 | 129 954 | 82 811 | 141 568 | 190 972 | 198 957 | 124 734 |
| Non-financial assets | .. | .. | .. | .. | .. | .. | .. | .. |
| **Open-end non-money market funds** | | | | | | | | |
| Financial net worth | .. | .. | .. | .. | .. | .. | .. | .. |
| Financial assets | .. | .. | .. | .. | .. | .. | .. | .. |

## Table 2. Financial assets and liabilities of investment funds *(cont.)*

*Million SEK*

| | 2008 | 2009 | 2010 | 2011 | 2012 | 2013 | 2014 | 2015 |
|---|---|---|---|---|---|---|---|---|
| Currency and deposits | .. | .. | .. | .. | .. | .. | .. | .. |
| Debt securities | .. | .. | .. | .. | .. | .. | .. | .. |
| Loans | .. | .. | .. | .. | .. | .. | .. | .. |
| Equity and investment fund shares | .. | .. | .. | .. | .. | .. | .. | .. |
| Equity | .. | .. | .. | .. | .. | .. | .. | .. |
| Investment fund shares | .. | .. | .. | .. | .. | .. | .. | .. |
| Money market fund shares | .. | .. | .. | .. | .. | .. | .. | .. |
| Non-Money market fund shares | .. | .. | .. | .. | .. | .. | .. | .. |
| Insurance pension and standardised guarantees | .. | .. | .. | .. | .. | .. | .. | .. |
| Financial derivatives and employee stock options | .. | .. | .. | .. | .. | .. | .. | .. |
| Other accounts receivable | .. | .. | .. | .. | .. | .. | .. | .. |
| Financial liabilities | .. | .. | .. | .. | .. | .. | .. | .. |
| Debt securities | .. | .. | .. | .. | .. | .. | .. | .. |
| Short-term debt securities | .. | .. | .. | .. | .. | .. | .. | .. |
| Long-term debt securities | .. | .. | .. | .. | .. | .. | .. | .. |
| Loans | .. | .. | .. | .. | .. | .. | .. | .. |
| Short-term loans | .. | .. | .. | .. | .. | .. | .. | .. |
| Long-term loans | .. | .. | .. | .. | .. | .. | .. | .. |
| Equity and investment fund shares | .. | .. | .. | .. | .. | .. | .. | .. |
| Insurance pension and standardised guarantees | .. | .. | .. | .. | .. | .. | .. | .. |
| Financial derivatives and employee stock options | .. | .. | .. | .. | .. | .. | .. | .. |
| Other accounts payable | .. | .. | .. | .. | .. | .. | .. | .. |
| Non-financial assets | .. | .. | .. | .. | .. | .. | .. | .. |
| **Open-end investment funds** | | | | | | | | |
| Financial net worth | .. | .. | .. | .. | .. | .. | .. | .. |
| Financial assets | .. | .. | .. | .. | .. | .. | .. | .. |
| Currency and deposits | .. | .. | .. | .. | .. | .. | .. | .. |
| Debt securities | .. | .. | .. | .. | .. | .. | .. | .. |
| Loans | .. | .. | .. | .. | .. | .. | .. | .. |
| Equity and investment fund shares | .. | .. | .. | .. | .. | .. | .. | .. |
| Equity | .. | .. | .. | .. | .. | .. | .. | .. |
| Investment fund shares | .. | .. | .. | .. | .. | .. | .. | .. |
| Money market fund shares | .. | .. | .. | .. | .. | .. | .. | .. |
| Non-Money market fund shares | .. | .. | .. | .. | .. | .. | .. | .. |
| Insurance pension and standardised guarantees | .. | .. | .. | .. | .. | .. | .. | .. |
| Financial derivatives and employee stock options | .. | .. | .. | .. | .. | .. | .. | .. |
| Other accounts receivable | .. | .. | .. | .. | .. | .. | .. | .. |
| Financial liabilities | .. | .. | .. | .. | .. | .. | .. | .. |
| Debt securities | .. | .. | .. | .. | .. | .. | .. | .. |
| Short-term debt securities | .. | .. | .. | .. | .. | .. | .. | .. |
| Long-term debt securities | .. | .. | .. | .. | .. | .. | .. | .. |
| Loans | .. | .. | .. | .. | .. | .. | .. | .. |
| Short-term loans | .. | .. | .. | .. | .. | .. | .. | .. |
| Long-term loans | .. | .. | .. | .. | .. | .. | .. | .. |
| Equity and investment fund shares | .. | .. | .. | .. | .. | .. | .. | .. |
| Insurance pension and standardised guarantees | .. | .. | .. | .. | .. | .. | .. | .. |
| Financial derivatives and employee stock options | .. | .. | .. | .. | .. | .. | .. | .. |
| Other accounts payable | .. | .. | .. | .. | .. | .. | .. | .. |
| Non-financial assets | .. | .. | .. | .. | .. | .. | .. | .. |

*Note:* Detailed metadata at: http://metalinks.oecd.org/instinv/20170516/d3cc

## Table 3. Financial assets and liabilities of insurance corporations and pension funds

*Million SEK*

| | 2008 | 2009 | 2010 | 2011 | 2012 | 2013 | 2014 | 2015 |
|---|---|---|---|---|---|---|---|---|
| **Insurance corporations and pension funds** | | | | | | | | |
| Financial net worth | -330 353 | 229 256 | 180 362 | -69 089 | 228 507 | 404 526 | 457 282 | 422 362 |
| Financial assets | 2 791 402 | 3 228 484 | 3 560 107 | 3 508 654 | 3 823 335 | 4 215 022 | 4 872 501 | 5 104 381 |
| Currency and deposits | 121 801 | 98 109 | 124 813 | 143 986 | 133 180 | 132 335 | 146 807 | 147 280 |
| Debt securities | 1 299 579 | 1 244 521 | 1 211 861 | 1 340 473 | 1 381 949 | 1 349 994 | 1 452 043 | 1 470 003 |
| Loans | 50 355 | 54 080 | 58 899 | 63 628 | 71 319 | 82 548 | 74 275 | 63 468 |
| Equity and investment fund shares | 1 208 071 | 1 743 293 | 2 069 281 | 1 847 381 | 2 120 623 | 2 556 520 | 3 077 624 | 3 324 208 |
| Equity | 586 101 | 705 212 | 864 567 | 714 543 | 839 000 | 980 463 | 1 125 674 | 1 190 459 |
| Investment fund shares | 621 970 | 1 038 081 | 1 204 714 | 1 132 838 | 1 281 623 | 1 576 057 | 1 951 950 | 2 133 749 |
| Money market fund shares | 48 202 | 32 847 | 33 906 | 46 980 | 36 738 | 44 151 | 49 105 | 52 980 |
| Non-Money market fund shares | 573 768 | 1 005 234 | 1 170 808 | 1 085 858 | 1 244 885 | 1 531 906 | 1 902 845 | 2 080 769 |
| Insurance pension and standardised guarantees | 35 710 | 33 600 | 31 643 | 33 570 | 32 157 | 29 225 | 31 228 | 27 618 |
| Financial derivatives and employee stock options | 35 191 | 16 393 | 24 268 | 29 166 | 36 975 | 16 279 | 28 363 | 28 873 |
| Other accounts receivable | 40 695 | 38 488 | 39 342 | 50 450 | 47 132 | 48 121 | 62 161 | 42 931 |
| Financial liabilities | 3 121 755 | 2 999 228 | 3 379 745 | 3 577 743 | 3 594 828 | 3 810 496 | 4 415 219 | 4 682 019 |
| Debt securities | 7 323 | 7 678 | 6 260 | 5 431 | 5 347 | 5 422 | 4 659 | 3 231 |
| Short-term debt securities | 0 | 0 | 0 | 0 | 0 | 0 | 0 | 0 |
| Long-term debt securities | 7 323 | 7 678 | 6 260 | 5 431 | 5 347 | 5 422 | 4 659 | 3 231 |
| Loans | 73 058 | 56 240 | 81 376 | 88 679 | 71 631 | 47 056 | 48 807 | 52 580 |
| Short-term loans | 27 593 | 20 622 | 42 846 | 43 148 | 37 911 | 20 012 | 37 546 | 47 218 |
| Long-term loans | 45 465 | 35 618 | 38 530 | 45 531 | 33 720 | 27 044 | 11 261 | 5 362 |
| Equity and investment fund shares | 358 478 | 368 786 | 373 410 | 363 708 | 368 208 | 377 082 | 377 082 | 377 082 |
| Insurance pension and standardised guarantees | 2 636 063 | 2 542 586 | 2 901 250 | 3 094 655 | 3 125 615 | 3 359 611 | 3 940 024 | 4 221 348 |
| Financial derivatives and employee stock options | 36 143 | 11 279 | 6 484 | 14 029 | 13 345 | 11 117 | 33 361 | 14 741 |
| Other accounts payable | 10 690 | 12 659 | 10 965 | 11 241 | 10 682 | 10 208 | 11 286 | 13 037 |
| Non-financial assets | .. | .. | .. | .. | .. | .. | .. | .. |
| **Insurance corporations** | | | | | | | | |
| Financial net worth | -292 524 | 100 339 | 71 232 | 39 336 | 154 174 | 213 506 | 250 345 | 273 891 |
| Financial assets | 2 429 233 | 973 533 | 1 045 699 | 1 020 870 | 1 100 174 | 1 180 104 | 1 325 459 | 1 368 176 |
| Currency and deposits | 109 886 | 43 234 | 37 509 | 41 521 | 52 663 | 48 929 | 62 392 | 56 710 |
| Debt securities | 1 223 554 | 396 288 | 382 809 | 408 873 | 393 959 | 372 587 | 393 474 | 393 450 |
| Loans | 48 873 | 17 482 | 18 151 | 25 602 | 34 252 | 41 162 | 32 581 | 25 678 |
| Equity and investment fund shares | 936 433 | 463 041 | 556 014 | 490 880 | 565 854 | 668 184 | 782 154 | 846 878 |
| Equity | 567 790 | 196 456 | 227 682 | 187 208 | 210 507 | 251 027 | 282 608 | 297 369 |
| Investment fund shares | 368 643 | 266 585 | 328 332 | 303 672 | 355 347 | 417 157 | 499 546 | 549 509 |
| Money market fund shares | 37 567 | 12 335 | 12 221 | 17 684 | 13 231 | 15 825 | 17 398 | 17 908 |
| Non-Money market fund shares | 331 076 | 254 250 | 316 111 | 285 988 | 342 116 | 401 332 | 482 148 | 531 601 |
| Insurance pension and standardised guarantees | 35 710 | 33 600 | 31 643 | 33 570 | 32 157 | 29 225 | 31 228 | 27 618 |
| Financial derivatives and employee stock options | 35 191 | 5 577 | 5 497 | 6 002 | 6 213 | 2 428 | 5 130 | 3 220 |
| Other accounts receivable | 39 586 | 14 311 | 14 076 | 14 422 | 15 076 | 17 589 | 18 500 | 14 622 |
| Financial liabilities | 2 721 757 | 873 194 | 974 467 | 981 534 | 946 000 | 966 598 | 1 075 114 | 1 094 285 |
| Debt securities | 7 323 | 5 978 | 4 560 | 3 731 | 3 647 | 3 722 | 3 862 | 2 433 |
| Short-term debt securities | 0 | 0 | 0 | 0 | 0 | 0 | 0 | 0 |
| Long-term debt securities | 7 323 | 5 978 | 4 560 | 3 731 | 3 647 | 3 722 | 3 862 | 2 433 |
| Loans | 71 676 | 50 749 | 77 897 | 79 542 | 64 398 | 44 508 | 45 796 | 33 591 |
| Short-term loans | 26 661 | 19 500 | 41 740 | 41 712 | 34 726 | 18 216 | 36 384 | 32 699 |
| Long-term loans | 45 015 | 31 249 | 36 157 | 37 830 | 29 672 | 26 292 | 9 412 | 892 |
| Equity and investment fund shares | 351 407 | 118 646 | 118 646 | 118 646 | 118 646 | 118 646 | 118 646 | 118 646 |
| Insurance pension and standardised guarantees | 2 245 941 | 686 563 | 764 252 | 769 460 | 751 452 | 792 700 | 897 879 | 931 746 |
| Financial derivatives and employee stock options | 36 143 | 4 497 | 2 151 | 3 521 | 1 340 | 969 | 2 806 | 1 298 |
| Other accounts payable | 9 267 | 6 761 | 6 961 | 6 634 | 6 517 | 6 053 | 6 125 | 6 571 |
| Non-financial assets | .. | .. | .. | .. | .. | .. | .. | .. |
| **Pension funds** | | | | | | | | |
| Financial net worth | -37 829 | 128 917 | 109 130 | -108 425 | 74 333 | 191 020 | 206 937 | 148 471 |
| Financial assets | 362 169 | 2 254 951 | 2 514 408 | 2 487 784 | 2 723 161 | 3 034 918 | 3 547 042 | 3 736 205 |
| Currency and deposits | 11 915 | 54 875 | 87 304 | 102 465 | 80 517 | 83 406 | 84 415 | 90 570 |
| Debt securities | 76 025 | 848 233 | 829 052 | 931 600 | 987 990 | 977 407 | 1 058 569 | 1 076 553 |
| Loans | 1 482 | 36 598 | 40 748 | 38 026 | 37 067 | 41 386 | 41 694 | 37 790 |
| Equity and investment fund shares | 271 638 | 1 280 252 | 1 513 267 | 1 356 501 | 1 554 769 | 1 888 336 | 2 295 470 | 2 477 330 |
| Equity | 18 311 | 508 756 | 636 885 | 527 335 | 628 493 | 729 436 | 843 066 | 893 090 |
| Investment fund shares | 253 327 | 771 496 | 876 382 | 829 166 | 926 276 | 1 158 900 | 1 452 404 | 1 584 240 |
| Money market fund shares | 10 635 | 20 512 | 21 685 | 29 296 | 23 507 | 28 326 | 31 707 | 35 072 |
| Non-Money market fund shares | 242 692 | 750 984 | 854 697 | 799 870 | 902 769 | 1 130 574 | 1 420 697 | 1 549 168 |
| Insurance pension and standardised guarantees | .. | .. | .. | .. | .. | .. | .. | .. |
| Financial derivatives and employee stock options | .. | 10 816 | 18 771 | 23 164 | 30 762 | 13 851 | 23 233 | 25 653 |
| Other accounts receivable | 1 109 | 24 177 | 25 266 | 36 028 | 32 056 | 30 532 | 43 661 | 28 309 |
| Financial liabilities | 399 998 | 2 126 034 | 2 405 278 | 2 596 209 | 2 648 828 | 2 843 898 | 3 340 105 | 3 587 734 |
| Debt securities | .. | 1 700 | 1 700 | 1 700 | 1 700 | 1 700 | 797 | 798 |
| Short-term debt securities | .. | .. | .. | .. | .. | .. | .. | .. |
| Long-term debt securities | .. | 1 700 | 1 700 | 1 700 | 1 700 | 1 700 | 797 | 798 |
| Loans | 1 382 | 5 491 | 3 479 | 9 137 | 7 233 | 2 548 | 3 011 | 18 989 |
| Short-term loans | 932 | 1 122 | 1 106 | 1 436 | 3 185 | 1 796 | 1 162 | 14 519 |
| Long-term loans | 450 | 4 369 | 2 373 | 7 701 | 4 048 | 752 | 1 849 | 4 470 |
| Equity and investment fund shares | 7 071 | 250 140 | 254 764 | 245 062 | 249 562 | 258 436 | 258 436 | 258 436 |
| Insurance pension and standardised guarantees | 390 122 | 1 856 023 | 2 136 998 | 2 325 195 | 2 374 163 | 2 566 911 | 3 042 145 | 3 289 602 |
| Financial derivatives and employee stock options | .. | 6 782 | 4 333 | 10 508 | 12 005 | 10 148 | 30 555 | 13 443 |
| Other accounts payable | 1 423 | 5 898 | 4 004 | 4 607 | 4 165 | 4 155 | 5 161 | 6 466 |
| Non-financial assets | .. | .. | .. | .. | .. | .. | .. | .. |

*Note:* Detailed metadata at: http://metalinks.oecd.org/instinv/20170516/d3cc

## Table 4. Portfolio composition by type of investor

As percentage of financial assets and of financial liabilities

*Per cent*

| | 2008 | 2009 | 2010 | 2011 | 2012 | 2013 | 2014 | 2015 |
|---|---|---|---|---|---|---|---|---|
| **Investment funds** | | | | | | | | |
| Financial assets | 100.0 | 100.0 | 100.0 | 100.0 | 100.0 | 100.0 | 100.0 | 100.0 |
| Currency and deposits | 4.2 | 3.2 | 2.7 | 3.4 | 3.4 | 2.9 | 2.8 | 3.0 |
| Debt securities | 27.5 | 22.4 | 20.6 | 24.1 | 21.1 | 20.6 | 25.1 | 23.4 |
| Loans | 0.0 | 0.0 | 0.0 | 0.0 | 0.0 | 0.0 | 0.0 | 0.0 |
| Equity and investment fund shares | 63.7 | 69.6 | 71.8 | 68.2 | 69.9 | 71.6 | 68.4 | 70.5 |
| Insurance pension and standardised guarantee schemes | 0.0 | 0.0 | 0.0 | 0.0 | 0.0 | 0.0 | 0.0 | 0.0 |
| Financial derivatives and employee stock options | 1.5 | 0.6 | 0.5 | 1.0 | 0.8 | 0.9 | 1.0 | 1.0 |
| Other accounts receivable | 3.0 | 4.1 | 4.4 | 3.3 | 4.8 | 4.0 | 2.7 | 2.2 |
| Financial liabilities | 100.0 | 100.0 | 100.0 | 100.0 | 100.0 | 100.0 | 100.0 | 100.0 |
| Currency and deposits | 0.0 | 0.0 | 0.0 | 0.0 | 0.0 | 0.0 | 0.0 | 0.0 |
| Debt securities | 0.0 | 0.0 | 0.0 | 0.0 | 0.0 | 0.0 | 0.0 | 0.0 |
| Loans | 1.2 | 1.3 | 1.1 | 0.7 | 0.3 | 0.3 | 0.5 | 0.3 |
| Equity and investment fund shares | 93.1 | 91.1 | 91.3 | 93.5 | 91.5 | 91.0 | 91.9 | 94.9 |
| Insurance pension and standardised guarantee schemes | 0.0 | 0.0 | 0.0 | 0.0 | 0.0 | 0.0 | 0.0 | 0.0 |
| Financial derivatives and employee stock options | 1.6 | 0.5 | 0.3 | 0.8 | 0.7 | 0.6 | 1.0 | 0.9 |
| Other accounts receivable | 4.2 | 7.1 | 7.3 | 5.1 | 7.5 | 8.1 | 6.6 | 3.9 |
| **Insurance corporations** | | | | | | | | |
| Financial assets | 100.0 | 100.0 | 100.0 | 100.0 | 100.0 | 100.0 | 100.0 | 100.0 |
| Currency and deposits | 4.5 | 4.4 | 3.6 | 4.1 | 4.8 | 4.1 | 4.7 | 4.1 |
| Debt securities | 50.4 | 40.7 | 36.6 | 40.1 | 35.8 | 31.6 | 29.7 | 28.8 |
| Loans | 2.0 | 1.8 | 1.7 | 2.5 | 3.1 | 3.5 | 2.5 | 1.9 |
| Equity and investment fund shares | 38.5 | 47.6 | 53.2 | 48.1 | 51.4 | 56.6 | 59.0 | 61.9 |
| Insurance pension and standardised guarantee schemes | 1.5 | 3.5 | 3.0 | 3.3 | 2.9 | 2.5 | 2.4 | 2.0 |
| Financial derivatives and employee stock options | 1.4 | 0.6 | 0.5 | 0.6 | 0.6 | 0.2 | 0.4 | 0.2 |
| Other accounts receivable | 1.6 | 1.5 | 1.3 | 1.4 | 1.4 | 1.5 | 1.4 | 1.1 |
| Financial liabilities | 100.0 | 100.0 | 100.0 | 100.0 | 100.0 | 100.0 | 100.0 | 100.0 |
| Currency and deposits | 0.0 | 0.0 | 0.0 | 0.0 | 0.0 | 0.0 | 0.0 | 0.0 |
| Debt securities | 0.3 | 0.7 | 0.5 | 0.4 | 0.4 | 0.4 | 0.4 | 0.2 |
| Loans | 2.6 | 5.8 | 8.0 | 8.1 | 6.8 | 4.6 | 4.3 | 3.1 |
| Equity and investment fund shares | 12.9 | 13.6 | 12.2 | 12.1 | 12.5 | 12.3 | 11.0 | 10.8 |
| Insurance pension and standardised guarantee schemes | 82.5 | 78.6 | 78.4 | 78.4 | 79.4 | 82.0 | 83.5 | 85.1 |
| Financial derivatives and employee stock options | 1.3 | 0.5 | 0.2 | 0.4 | 0.1 | 0.1 | 0.3 | 0.1 |
| Other accounts receivable | 0.3 | 0.8 | 0.7 | 0.7 | 0.7 | 0.6 | 0.6 | 0.6 |
| **Pension funds** | | | | | | | | |
| Financial assets | 100.0 | 100.0 | 100.0 | 100.0 | 100.0 | 100.0 | 100.0 | 100.0 |
| Currency and deposits | 3.3 | 2.4 | 3.5 | 4.1 | 3.0 | 2.7 | 2.4 | 2.4 |
| Debt securities | 21.0 | 37.6 | 33.0 | 37.4 | 36.3 | 32.2 | 29.8 | 28.8 |
| Loans | 0.4 | 1.6 | 1.6 | 1.5 | 1.4 | 1.4 | 1.2 | 1.0 |
| Equity and investment fund shares | 75.0 | 56.8 | 60.2 | 54.5 | 57.1 | 62.2 | 64.7 | 66.3 |
| Insurance pension and standardised guarantee schemes | 0.0 | 0.0 | 0.0 | 0.0 | 0.0 | 0.0 | 0.0 | 0.0 |
| Financial derivatives and employee stock options | 0.0 | 0.5 | 0.7 | 0.9 | 1.1 | 0.5 | 0.7 | 0.7 |
| Other accounts receivable | 0.3 | 1.1 | 1.0 | 1.4 | 1.2 | 1.0 | 1.2 | 0.8 |
| Financial liabilities | 100.0 | 100.0 | 100.0 | 100.0 | 100.0 | 100.0 | 100.0 | 100.0 |
| Currency and deposits | 0.0 | 0.0 | 0.0 | 0.0 | 0.0 | 0.0 | 0.0 | 0.0 |
| Debt securities | 0.0 | 0.1 | 0.1 | 0.1 | 0.1 | 0.1 | 0.0 | 0.0 |
| Loans | 0.3 | 0.3 | 0.1 | 0.4 | 0.3 | 0.1 | 0.1 | 0.5 |
| Equity and investment fund shares | 1.8 | 11.8 | 10.6 | 9.4 | 9.4 | 9.1 | 7.7 | 7.2 |
| Insurance pension and standardised guarantee schemes | 97.5 | 87.3 | 88.8 | 89.6 | 89.6 | 90.3 | 91.1 | 91.7 |
| Financial derivatives and employee stock options | 0.0 | 0.3 | 0.2 | 0.4 | 0.5 | 0.4 | 0.9 | 0.4 |
| Other accounts receivable | 0.4 | 0.3 | 0.2 | 0.2 | 0.2 | 0.1 | 0.2 | 0.2 |

*Note:* Detailed metadata at: http://metalinks.oecd.org/instinv/20170516/f09d

# SWITZERLAND

## Table 1. Financial assets and liabilities of institutional investors, 2015

*Million CHF*

| | Total | Investment funds | | | Money market funds |
|---|---|---|---|---|---|
| | | Non-money market funds | | | |
| | | Total | Open-end non-money market funds | Closed-end non-money market funds | Total |
| Financial assets | .. | .. | 648 819 | .. | 30 548 |
| Currency and deposits | .. | .. | 16 215 | .. | 2 234 |
| Debt securities | .. | .. | 313 460 | .. | 28 245 |
| Debt securities, short term | .. | .. | 1 985 | .. | 14 874 |
| Debt securities, long term | .. | .. | 311 475 | .. | 13 371 |
| Debt securities issued by residents | .. | .. | 100 440 | .. | 4 198 |
| Debt securities issued by non-residents | .. | .. | 213 020 | .. | 24 047 |
| Loans | .. | .. | .. | .. | .. |
| Loans, short-term | .. | .. | .. | .. | .. |
| Loans, long-term | .. | .. | .. | .. | .. |
| Loans granted to residents | .. | .. | .. | .. | .. |
| Loans granted to non-residents | .. | .. | .. | .. | .. |
| Equity and investment fund shares/units | .. | .. | 319 144 | .. | 69 |
| Equity and investment fund shares issued/units by residents | .. | .. | 159 226 | .. | 60 |
| Equity and investment fund shares/units issued by non residents | .. | .. | 159 918 | .. | 9 |
| Other accounts receivable | .. | .. | .. | .. | .. |

| | Total | Investment funds | | | Money market funds |
|---|---|---|---|---|---|
| | | Non-money market funds | | | |
| | | Total | Open-end non-money market funds | Closed-end non-money market funds | Total |
| Financial liabilities | .. | .. | 717 922 | .. | 32 313 |
| Currency and deposits | .. | .. | .. | .. | .. |
| Debt securities | .. | .. | .. | .. | .. |
| Debt securities, short term | .. | .. | .. | .. | .. |
| Debt securities, long term | .. | .. | .. | .. | .. |
| Loans | .. | .. | 10 948 | .. | 259 |
| Loans, short-term | .. | .. | .. | .. | .. |
| Loans, long-term | .. | .. | .. | .. | .. |
| Equity and investment fund shares/units | .. | .. | 706 974 | .. | 32 054 |
| Insurance pension and standardised guaratees | .. | .. | .. | .. | .. |
| Financial derivatives and employee stock options | .. | .. | .. | .. | .. |
| Other accounts payable | .. | .. | .. | .. | .. |

| | Total | Insurance corporations and pension funds | | | Pension funds |
|---|---|---|---|---|---|
| | | Insurance corporations | | | |
| | | Total | Life insurance corporations | Non-life insurance corporations | Total |
| Financial assets | 1 277 057 | 561 105 | .. | .. | 715 952 |
| Currency and deposits | 76 508 | 33 318 | .. | .. | 43 190 |
| Debt securities | 298 471 | 171 906 | .. | .. | 126 565 |
| Debt securities, short-term | 10 908 | 9 244 | .. | .. | 1 664 |
| Debt securities, long term | 287 563 | 162 662 | .. | .. | 124 901 |
| Debt securities issued by residents | 130 736 | 65 292 | .. | .. | 65 444 |
| Debt securities issued by non-residents | 167 735 | 106 614 | .. | .. | 61 121 |
| Loans | 65 638 | 53 227 | .. | .. | 12 411 |
| Loans, short-term | .. | .. | .. | .. | .. |
| Loans, long-term | .. | .. | .. | .. | .. |
| Loans granted to residents | 46 338 | 33 927 | .. | .. | 12 411 |
| Loans granted to non-residents | 19 300 | 19 300 | .. | .. | .. |
| Equity and investment fund shares/units | 833 198 | 302 654 | .. | .. | 530 544 |
| Equity and investment fund shares/units issued by residents | 575 826 | 137 227 | .. | .. | 438 599 |
| Equity and investment fund shares/units issued by non residents | 257 372 | 165 427 | .. | .. | 91 945 |
| Other accounts receivable | .. | .. | .. | .. | .. |

| | Total | Insurance corporations and pension funds | | | Pension funds |
|---|---|---|---|---|---|
| | | Insurance corporations | | | |
| | | Total | Life insurance corporations | Non-life insurance corporations | Total |
| Financial liabilities | .. | .. | .. | .. | 734 721 |
| Currency and deposits | .. | .. | .. | .. | .. |
| Debt securities | 13 482 | 13 482 | .. | .. | .. |
| Debt securities, short term | .. | .. | .. | .. | .. |
| Debt securities, long term | 13 482 | 13 482 | .. | .. | .. |
| Loans | 12 917 | 11 416 | .. | .. | 1 501 |
| Loans, short-term | .. | .. | .. | .. | .. |
| Loans, long-term | .. | .. | .. | .. | .. |
| Equity and investment fund shares/units | .. | .. | .. | .. | .. |
| Insurance pension and standardised guarantees | 1 113 837 | 380 617 | .. | .. | 733 220 |
| Financial derivatives and employee stock options | .. | .. | .. | .. | .. |
| Other accounts payable | .. | .. | .. | .. | .. |

*Note:* Detailed metadata at: http://metalinks.oecd.org/instinv/20170516/667f

## Table 2. Financial assets and liabilities of investment funds

*Million CHF*

| | 2008 | 2009 | 2010 | 2011 | 2012 | 2013 | 2014 | 2015 |
|---|---|---|---|---|---|---|---|---|
| **Investment funds** | | | | | | | | |
| Financial net worth | .. | .. | .. | .. | .. | .. | .. | .. |
| Financial assets | .. | .. | .. | .. | .. | .. | .. | .. |
| Currency and deposits | .. | .. | .. | .. | .. | .. | .. | .. |
| Debt securities | .. | .. | .. | .. | .. | .. | .. | .. |
| Loans | .. | .. | .. | .. | .. | .. | .. | .. |
| Equity and investment fund shares | .. | .. | .. | .. | .. | .. | .. | .. |
| Equity | .. | .. | .. | .. | .. | .. | .. | .. |
| Investment fund shares | .. | .. | .. | .. | .. | .. | .. | .. |
| Money market fund shares | .. | .. | .. | .. | .. | .. | .. | .. |
| Non-Money market fund shares | .. | .. | .. | .. | .. | .. | .. | .. |
| Insurance pension and standardised guarantees | .. | .. | .. | .. | .. | .. | .. | .. |
| Financial derivatives and employee stock options | .. | .. | .. | .. | .. | .. | .. | .. |
| Other accounts receivable | .. | .. | .. | .. | .. | .. | .. | .. |
| Financial liabilities | .. | .. | .. | .. | .. | .. | .. | .. |
| Debt securities | .. | .. | .. | .. | .. | .. | .. | .. |
| Short-term debt securities | .. | .. | .. | .. | .. | .. | .. | .. |
| Long-term debt securities | .. | .. | .. | .. | .. | .. | .. | .. |
| Loans | .. | .. | .. | .. | .. | .. | .. | .. |
| Short-term loans | .. | .. | .. | .. | .. | .. | .. | .. |
| Long-term loans | .. | .. | .. | .. | .. | .. | .. | .. |
| Equity and investment fund shares | .. | .. | .. | .. | .. | .. | .. | .. |
| Insurance pension and standardised guarantees | .. | .. | .. | .. | .. | .. | .. | .. |
| Financial derivatives and employee stock options | .. | .. | .. | .. | .. | .. | .. | .. |
| Other accounts payable | .. | .. | .. | .. | .. | .. | .. | .. |
| Non-financial assets | .. | .. | .. | .. | .. | .. | .. | .. |
| **Money market funds** | | | | | | | | |
| Financial net worth | -309 | -3 020 | -1 850 | -823 | -2 372 | -236 | -272 | -1 765 |
| Financial assets | 44 532 | 37 474 | 32 021 | 35 724 | 33 845 | 36 075 | 36 595 | 30 548 |
| Currency and deposits | 2 510 | 1 901 | 1 436 | 2 583 | 2 514 | 2 562 | 2 630 | 2 234 |
| Debt securities | 41 132 | 34 889 | 30 106 | 32 899 | 31 120 | 33 284 | 33 783 | 28 245 |
| Loans | .. | .. | .. | .. | .. | .. | .. | .. |
| Equity and investment fund shares | 890 | 684 | 479 | 242 | 211 | 229 | 182 | 69 |
| Equity | 508 | 528 | 34 | 18 | 22 | 29 | 34 | 34 |
| Investment fund shares | 382 | 156 | 445 | 224 | 189 | 200 | 148 | 35 |
| Money market fund shares | .. | .. | .. | .. | .. | .. | .. | .. |
| Non-Money market fund shares | .. | .. | .. | .. | .. | .. | .. | .. |
| Insurance pension and standardised guarantees | .. | .. | .. | .. | .. | .. | .. | .. |
| Financial derivatives and employee stock options | .. | .. | .. | .. | .. | .. | .. | .. |
| Other accounts receivable | .. | .. | .. | .. | .. | .. | .. | .. |
| Financial liabilities | 44 841 | 40 494 | 33 871 | 36 547 | 36 217 | 36 311 | 36 867 | 32 313 |
| Debt securities | .. | .. | .. | .. | .. | .. | .. | .. |
| Short-term debt securities | .. | .. | .. | .. | .. | .. | .. | .. |
| Long-term debt securities | .. | .. | .. | .. | .. | .. | .. | .. |
| Loans | 18 | 20 | 153 | 25 | 89 | 64 | 37 | 259 |
| Short-term loans | .. | .. | .. | .. | .. | .. | .. | .. |
| Long-term loans | .. | .. | .. | .. | .. | .. | .. | .. |
| Equity and investment fund shares | 44 823 | 40 474 | 33 718 | 36 522 | 36 128 | 36 247 | 36 830 | 32 054 |
| Insurance pension and standardised guarantees | .. | .. | .. | .. | .. | .. | .. | .. |
| Financial derivatives and employee stock options | .. | .. | .. | .. | .. | .. | .. | .. |
| Other accounts payable | .. | .. | .. | .. | .. | .. | .. | .. |
| Non-financial assets | .. | .. | .. | .. | .. | .. | .. | .. |
| **Non-money market funds** | | | | | | | | |
| Financial net worth | .. | .. | .. | .. | .. | .. | .. | .. |
| Financial assets | .. | .. | .. | .. | .. | .. | .. | .. |
| Currency and deposits | .. | .. | .. | .. | .. | .. | .. | .. |
| Debt securities | .. | .. | .. | .. | .. | .. | .. | .. |
| Loans | .. | .. | .. | .. | .. | .. | .. | .. |
| Equity and investment fund shares | .. | .. | .. | .. | .. | .. | .. | .. |
| Equity | .. | .. | .. | .. | .. | .. | .. | .. |
| Investment fund shares | .. | .. | .. | .. | .. | .. | .. | .. |
| Money market fund shares | .. | .. | .. | .. | .. | .. | .. | .. |
| Non-Money market fund shares | .. | .. | .. | .. | .. | .. | .. | .. |
| Insurance pension and standardised guarantees | .. | .. | .. | .. | .. | .. | .. | .. |
| Financial derivatives and employee stock options | .. | .. | .. | .. | .. | .. | .. | .. |
| Other accounts receivable | .. | .. | .. | .. | .. | .. | .. | .. |
| Financial liabilities | .. | .. | .. | .. | .. | .. | .. | .. |
| Debt securities | .. | .. | .. | .. | .. | .. | .. | .. |
| Short-term debt securities | .. | .. | .. | .. | .. | .. | .. | .. |
| Long-term debt securities | .. | .. | .. | .. | .. | .. | .. | .. |
| Loans | .. | .. | .. | .. | .. | .. | .. | .. |
| Short-term loans | .. | .. | .. | .. | .. | .. | .. | .. |
| Long-term loans | .. | .. | .. | .. | .. | .. | .. | .. |
| Equity and investment fund shares | .. | .. | .. | .. | .. | .. | .. | .. |
| Insurance pension and standardised guarantees | .. | .. | .. | .. | .. | .. | .. | .. |
| Financial derivatives and employee stock options | .. | .. | .. | .. | .. | .. | .. | .. |
| Other accounts payable | .. | .. | .. | .. | .. | .. | .. | .. |
| Non-financial assets | .. | .. | .. | .. | .. | .. | .. | .. |
| **Open-end non-money market funds** | | | | | | | | |
| Financial net worth | -36 686 | -45 130 | -55 329 | -59 111 | -72 780 | -57 435 | -59 601 | -69 103 |
| Financial assets | 277 297 | 351 402 | 390 382 | 402 174 | 455 825 | 512 309 | 598 344 | 648 819 |

## Table 2. Financial assets and liabilities of investment funds *(cont.)*

*Million CHF*

| | 2008 | 2009 | 2010 | 2011 | 2012 | 2013 | 2014 | 2015 |
|---|---|---|---|---|---|---|---|---|
| Currency and deposits | 9 968 | 8 959 | 10 505 | 13 916 | 14 426 | 13 337 | 14 041 | 16 215 |
| Debt securities | 146 927 | 182 935 | 205 504 | 220 250 | 236 940 | 247 866 | 290 117 | 313 460 |
| Loans | .. | .. | .. | .. | .. | .. | .. | .. |
| Equity and investment fund shares | 120 402 | 159 508 | 174 373 | 168 008 | 204 459 | 251 106 | 294 186 | 319 144 |
| Equity | 84 495 | 120 413 | 132 979 | 126 558 | 149 956 | 180 666 | 207 476 | 219 330 |
| Investment fund shares | 35 907 | 39 095 | 41 394 | 41 450 | 54 503 | 70 440 | 86 710 | 99 814 |
| Money market fund shares | .. | .. | .. | .. | .. | .. | .. | .. |
| Non-Money market fund shares | .. | .. | .. | .. | .. | .. | .. | .. |
| Insurance pension and standardised guarantees | .. | .. | .. | .. | .. | .. | .. | .. |
| Financial derivatives and employee stock options | .. | .. | .. | .. | .. | .. | .. | .. |
| Other accounts receivable | .. | .. | .. | .. | .. | .. | .. | .. |
| Financial liabilities | 313 983 | 396 532 | 445 711 | 461 285 | 528 605 | 569 744 | 657 945 | 717 922 |
| Debt securities | .. | .. | .. | .. | .. | .. | .. | .. |
| Short-term debt securities | .. | .. | .. | .. | .. | .. | .. | .. |
| Long-term debt securities | .. | .. | .. | .. | .. | .. | .. | .. |
| Loans | 2 850 | 2 737 | 4 004 | 6 374 | 8 171 | 7 440 | 10 672 | 10 948 |
| Short-term loans | .. | .. | .. | .. | .. | .. | .. | .. |
| Long-term loans | .. | .. | .. | .. | .. | .. | .. | .. |
| Equity and investment fund shares | 311 133 | 393 795 | 441 707 | 454 911 | 520 434 | 562 304 | 647 273 | 706 974 |
| Insurance pension and standardised guarantees | .. | .. | .. | .. | .. | .. | .. | .. |
| Financial derivatives and employee stock options | .. | .. | .. | .. | .. | .. | .. | .. |
| Other accounts payable | .. | .. | .. | .. | .. | .. | .. | .. |
| Non-financial assets | 25 300 | 26 756 | 29 022 | 31 853 | 36 202 | 39 884 | 45 811 | 49 340 |
| **Open-end investment funds** | | | | | | | | |
| Financial net worth | -36 995 | -48 150 | -57 179 | -59 934 | -75 152 | -57 671 | -59 873 | -70 868 |
| Financial assets | 321 829 | 388 876 | 422 403 | 437 898 | 489 670 | 548 384 | 634 939 | 679 367 |
| Currency and deposits | 12 478 | 10 860 | 11 941 | 16 499 | 16 940 | 15 899 | 16 671 | 18 449 |
| Debt securities | 188 059 | 217 824 | 235 610 | 253 149 | 268 060 | 281 150 | 323 900 | 341 705 |
| Loans | .. | .. | .. | .. | .. | .. | .. | .. |
| Equity and investment fund shares | 121 292 | 160 192 | 174 852 | 168 250 | 204 670 | 251 335 | 294 368 | 319 213 |
| Equity | 85 003 | 120 941 | 133 013 | 126 576 | 149 978 | 180 695 | 207 510 | 219 364 |
| Investment fund shares | 36 289 | 39 251 | 41 839 | 41 674 | 54 692 | 70 640 | 86 858 | 99 849 |
| Money market fund shares | .. | .. | .. | .. | .. | .. | .. | .. |
| Non-Money market fund shares | .. | .. | .. | .. | .. | .. | .. | .. |
| Insurance pension and standardised guarantees | .. | .. | .. | .. | .. | .. | .. | .. |
| Financial derivatives and employee stock options | .. | .. | .. | .. | .. | .. | .. | .. |
| Other accounts receivable | .. | .. | .. | .. | .. | .. | .. | .. |
| Financial liabilities | 358 824 | 437 026 | 479 582 | 497 832 | 564 822 | 606 055 | 694 812 | 750 235 |
| Debt securities | .. | .. | .. | .. | .. | .. | .. | .. |
| Short-term debt securities | .. | .. | .. | .. | .. | .. | .. | .. |
| Long-term debt securities | .. | .. | .. | .. | .. | .. | .. | .. |
| Loans | 2 868 | 2 757 | 4 157 | 6 399 | 8 260 | 7 504 | 10 709 | 11 207 |
| Short-term loans | .. | .. | .. | .. | .. | .. | .. | .. |
| Long-term loans | .. | .. | .. | .. | .. | .. | .. | .. |
| Equity and investment fund shares | 355 956 | 434 269 | 475 425 | 491 433 | 556 562 | 598 551 | 684 103 | 739 028 |
| Insurance pension and standardised guarantees | .. | .. | .. | .. | .. | .. | .. | .. |
| Financial derivatives and employee stock options | .. | .. | .. | .. | .. | .. | .. | .. |
| Other accounts payable | .. | .. | .. | .. | .. | .. | .. | .. |
| Non-financial assets | 25 300 | 26 756 | 29 022 | 31 853 | 36 202 | 39 884 | 45 811 | 49 340 |

*Note:* Detailed metadata at: http://metalinks.oecd.org/instinv/20170516/667f

## Table 3. Financial assets and liabilities of insurance corporations and pension funds

*Million CHF*

| | 2008 | 2009 | 2010 | 2011 | 2012 | 2013 | 2014 | 2015 |
|---|---|---|---|---|---|---|---|---|
| **Insurance corporations and pension funds** | | | | | | | | |
| Financial net worth | .. | .. | .. | .. | .. | .. | .. | .. |
| Financial assets | 916 608 | 1 008 231 | 1 050 094 | 1 080 959 | 1 154 128 | 1 189 102 | 1 268 077 | 1 277 057 |
| Currency and deposits | 63 649 | 64 400 | 65 307 | 74 287 | 81 377 | 84 221 | 84 171 | 76 508 |
| Debt securities | 341 524 | 329 455 | 324 772 | 327 333 | 338 092 | 319 496 | 322 738 | 298 471 |
| Loans | 60 604 | 63 109 | 62 012 | 61 588 | 61 727 | 63 787 | 63 290 | 65 638 |
| Equity and investment fund shares | 436 080 | 542 475 | 590 811 | 608 081 | 665 506 | 712 469 | 794 636 | 833 198 |
| Equity | 179 277 | 216 758 | 220 355 | 224 408 | 245 542 | 240 710 | 231 908 | 229 260 |
| Investment fund shares | 256 803 | 325 717 | 370 456 | 383 673 | 419 964 | 471 759 | 562 728 | 603 938 |
| Money market fund shares | .. | .. | .. | .. | .. | .. | .. | .. |
| Non-Money market fund shares | .. | .. | .. | .. | .. | .. | .. | .. |
| Insurance pension and standardised guarantees | 14 751 | 8 792 | 7 192 | 9 670 | 7 426 | 9 129 | 3 242 | 3 242 |
| Financial derivatives and employee stock options | .. | .. | .. | .. | .. | .. | .. | .. |
| Other accounts receivable | .. | .. | .. | .. | .. | .. | .. | .. |
| Financial liabilities | .. | .. | .. | .. | .. | .. | .. | .. |
| Debt securities | 3 635 | 4 932 | 6 052 | 7 455 | 9 255 | 9 258 | 13 447 | 13 482 |
| Short-term debt securities | .. | .. | .. | .. | .. | .. | .. | .. |
| Long-term debt securities | 3 635 | 4 932 | 6 052 | 7 455 | 9 255 | 9 258 | 13 447 | 13 482 |
| Loans | 16 430 | 14 087 | 20 877 | 13 885 | 14 306 | 15 574 | 13 191 | 12 917 |
| Short-term loans | .. | .. | .. | .. | .. | .. | .. | .. |
| Long-term loans | .. | .. | .. | .. | .. | .. | .. | .. |
| Equity and investment fund shares | .. | .. | .. | .. | .. | .. | .. | .. |
| Insurance pension and standardised guarantees | 898 330 | 923 597 | 941 309 | 969 376 | 1 008 677 | 1 044 038 | 1 085 336 | 1 113 837 |
| Financial derivatives and employee stock options | .. | .. | .. | .. | .. | .. | .. | .. |
| Other accounts payable | .. | .. | .. | .. | .. | .. | .. | .. |
| Non-financial assets | 95 902 | 95 398 | 98 566 | 102 753 | 107 523 | 110 279 | 115 227 | .. |
| **Insurance corporations** | | | | | | | | |
| Financial net worth | .. | .. | .. | .. | .. | .. | .. | .. |
| Financial assets | 436 822 | 474 006 | 489 213 | 513 601 | 545 714 | 535 032 | 563 029 | 561 105 |
| Currency and deposits | 30 024 | 29 758 | 29 238 | 34 109 | 36 395 | 31 130 | 33 072 | 33 318 |
| Debt securities | 187 823 | 176 539 | 182 548 | 186 009 | 198 874 | 188 201 | 188 597 | 171 906 |
| Loans | 46 425 | 49 679 | 49 591 | 49 740 | 51 221 | 52 922 | 51 498 | 53 227 |
| Equity and investment fund shares | 172 550 | 218 030 | 227 836 | 243 743 | 259 224 | 262 779 | 289 862 | 302 654 |
| Equity | 114 271 | 133 583 | 135 689 | 147 002 | 155 613 | 152 351 | 156 230 | 159 437 |
| Investment fund shares | 58 279 | 84 447 | 92 147 | 96 741 | 103 611 | 110 428 | 133 632 | 143 217 |
| Money market fund shares | .. | .. | .. | .. | .. | .. | .. | .. |
| Non-Money market fund shares | .. | .. | .. | .. | .. | .. | .. | .. |
| Insurance pension and standardised guarantees | .. | .. | .. | .. | .. | .. | .. | .. |
| Financial derivatives and employee stock options | .. | .. | .. | .. | .. | .. | .. | .. |
| Other accounts receivable | .. | .. | .. | .. | .. | .. | .. | .. |
| Financial liabilities | .. | .. | .. | .. | .. | .. | .. | .. |
| Debt securities | 3 635 | 4 932 | 6 052 | 7 455 | 9 255 | 9 258 | 13 447 | 13 482 |
| Short-term debt securities | .. | .. | .. | .. | .. | .. | .. | .. |
| Long-term debt securities | 3 635 | 4 932 | 6 052 | 7 455 | 9 255 | 9 258 | 13 447 | 13 482 |
| Loans | 14 211 | 12 052 | 17 786 | 11 508 | 12 444 | 12 661 | 11 291 | 11 416 |
| Short-term loans | .. | .. | .. | .. | .. | .. | .. | .. |
| Long-term loans | .. | .. | .. | .. | .. | .. | .. | .. |
| Equity and investment fund shares | .. | .. | .. | .. | .. | .. | .. | .. |
| Insurance pension and standardised guarantees | 321 021 | 327 636 | 332 113 | 340 506 | 353 635 | 360 938 | 371 332 | 380 617 |
| Financial derivatives and employee stock options | .. | .. | .. | .. | .. | .. | .. | .. |
| Other accounts payable | .. | .. | .. | .. | .. | .. | .. | .. |
| Non-financial assets | 35 997 | 36 554 | 37 988 | 38 610 | 40 792 | 41 703 | 43 111 | 44 933 |
| **Pension funds** | | | | | | | | |
| Financial net worth | -99 742 | -63 771 | -51 406 | -63 889 | -48 490 | -31 943 | -10 856 | -18 769 |
| Financial assets | 479 786 | 534 225 | 560 881 | 567 358 | 608 414 | 654 070 | 705 048 | 715 952 |
| Currency and deposits | 33 625 | 34 642 | 36 069 | 40 178 | 44 982 | 53 091 | 51 099 | 43 190 |
| Debt securities | 153 701 | 152 916 | 142 224 | 141 324 | 139 218 | 131 295 | 134 141 | 126 565 |
| Loans | 14 179 | 13 430 | 12 421 | 11 848 | 10 506 | 10 865 | 11 792 | 12 411 |
| Equity and investment fund shares | 263 530 | 324 445 | 362 975 | 364 338 | 406 282 | 449 690 | 504 774 | 530 544 |
| Equity | 65 006 | 83 175 | 84 666 | 77 406 | 89 929 | 88 359 | 75 678 | 69 823 |
| Investment fund shares | 198 524 | 241 270 | 278 309 | 286 932 | 316 353 | 361 331 | 429 096 | 460 721 |
| Money market fund shares | .. | .. | .. | .. | .. | .. | .. | .. |
| Non-Money market fund shares | .. | .. | .. | .. | .. | .. | .. | .. |
| Insurance pension and standardised guarantees | 14 751 | 8 792 | 7 192 | 9 670 | 7 426 | 9 129 | 3 242 | 3 242 |
| Financial derivatives and employee stock options | .. | .. | .. | .. | .. | .. | .. | .. |
| Other accounts receivable | .. | .. | .. | .. | .. | .. | .. | .. |
| Financial liabilities | 579 528 | 597 996 | 612 287 | 631 247 | 656 904 | 686 013 | 715 904 | 734 721 |
| Debt securities | .. | .. | .. | .. | .. | .. | .. | .. |
| Short-term debt securities | .. | .. | .. | .. | .. | .. | .. | .. |
| Long-term debt securities | .. | .. | .. | .. | .. | .. | .. | .. |
| Loans | 2 219 | 2 035 | 3 091 | 2 377 | 1 862 | 2 913 | 1 900 | 1 501 |
| Short-term loans | .. | .. | .. | .. | .. | .. | .. | .. |
| Long-term loans | .. | .. | .. | .. | .. | .. | .. | .. |
| Equity and investment fund shares | .. | .. | .. | .. | .. | .. | .. | .. |
| Insurance pension and standardised guarantees | 577 309 | 595 961 | 609 196 | 628 870 | 655 042 | 683 100 | 714 004 | 733 220 |
| Financial derivatives and employee stock options | .. | .. | .. | .. | .. | .. | .. | .. |
| Other accounts payable | .. | .. | .. | .. | .. | .. | .. | .. |
| Non-financial assets | 59 905 | 58 844 | 60 578 | 64 143 | 66 731 | 68 576 | 72 116 | .. |

*Note:* Detailed metadata at: http://metalinks.oecd.org/instinv/20170516/667f

## Table 4. Portfolio composition by type of investor

As percentage of financial assets and of financial liabilities

*Per cent*

| | 2008 | 2009 | 2010 | 2011 | 2012 | 2013 | 2014 | 2015 |
|---|---|---|---|---|---|---|---|---|
| **Investment funds** | | | | | | | | |
| Financial assets | .. | .. | .. | .. | .. | .. | .. | .. |
| Currency and deposits | .. | .. | .. | .. | .. | .. | .. | .. |
| Debt securities | .. | .. | .. | .. | .. | .. | .. | .. |
| Loans | .. | .. | .. | .. | .. | .. | .. | .. |
| Equity and investment fund shares | .. | .. | .. | .. | .. | .. | .. | .. |
| Insurance pension and standardised guarantee schemes | .. | .. | .. | .. | .. | .. | .. | .. |
| Financial derivatives and employee stock options | .. | .. | .. | .. | .. | .. | .. | .. |
| Other accounts receivable | .. | .. | .. | .. | .. | .. | .. | .. |
| Financial liabilities | .. | .. | .. | .. | .. | .. | .. | .. |
| Currency and deposits | .. | .. | .. | .. | .. | .. | .. | .. |
| Debt securities | .. | .. | .. | .. | .. | .. | .. | .. |
| Loans | .. | .. | .. | .. | .. | .. | .. | .. |
| Equity and investment fund shares | .. | .. | .. | .. | .. | .. | .. | .. |
| Insurance pension and standardised guarantee schemes | .. | .. | .. | .. | .. | .. | .. | .. |
| Financial derivatives and employee stock options | .. | .. | .. | .. | .. | .. | .. | .. |
| Other accounts receivable | .. | .. | .. | .. | .. | .. | .. | .. |
| **Insurance corporations** | | | | | | | | |
| Financial assets | 100.0 | 100.0 | 100.0 | 100.0 | 100.0 | 100.0 | 100.0 | 100.0 |
| Currency and deposits | 6.9 | 6.3 | 6.0 | 6.6 | 6.7 | 5.8 | 5.9 | 5.9 |
| Debt securities | 43.0 | 37.2 | 37.3 | 36.2 | 36.4 | 35.2 | 33.5 | 30.6 |
| Loans | 10.6 | 10.5 | 10.1 | 9.7 | 9.4 | 9.9 | 9.1 | 9.5 |
| Equity and investment fund shares | 39.5 | 46.0 | 46.6 | 47.5 | 47.5 | 49.1 | 51.5 | 53.9 |
| Insurance pension and standardised guarantee schemes | 0.0 | 0.0 | 0.0 | 0.0 | 0.0 | 0.0 | 0.0 | 0.0 |
| Financial derivatives and employee stock options | 0.0 | 0.0 | 0.0 | 0.0 | 0.0 | 0.0 | 0.0 | 0.0 |
| Other accounts receivable | 0.0 | 0.0 | 0.0 | 0.0 | 0.0 | 0.0 | 0.0 | 0.0 |
| Financial liabilities | .. | .. | .. | .. | .. | .. | .. | .. |
| Currency and deposits | .. | .. | .. | .. | .. | .. | .. | .. |
| Debt securities | .. | .. | .. | .. | .. | .. | .. | .. |
| Loans | .. | .. | .. | .. | .. | .. | .. | .. |
| Equity and investment fund shares | .. | .. | .. | .. | .. | .. | .. | .. |
| Insurance pension and standardised guarantee schemes | .. | .. | .. | .. | .. | .. | .. | .. |
| Financial derivatives and employee stock options | .. | .. | .. | .. | .. | .. | .. | .. |
| Other accounts receivable | .. | .. | .. | .. | .. | .. | .. | .. |
| **Pension funds** | | | | | | | | |
| Financial assets | 100.0 | 100.0 | 100.0 | 100.0 | 100.0 | 100.0 | 100.0 | 100.0 |
| Currency and deposits | 7.0 | 6.5 | 6.4 | 7.1 | 7.4 | 8.1 | 7.2 | 6.0 |
| Debt securities | 32.0 | 28.6 | 25.4 | 24.9 | 22.9 | 20.1 | 19.0 | 17.7 |
| Loans | 3.0 | 2.5 | 2.2 | 2.1 | 1.7 | 1.7 | 1.7 | 1.7 |
| Equity and investment fund shares | 54.9 | 60.7 | 64.7 | 64.2 | 66.8 | 68.8 | 71.6 | 74.1 |
| Insurance pension and standardised guarantee schemes | 3.1 | 1.6 | 1.3 | 1.7 | 1.2 | 1.4 | 0.5 | 0.5 |
| Financial derivatives and employee stock options | 0.0 | 0.0 | 0.0 | 0.0 | 0.0 | 0.0 | 0.0 | 0.0 |
| Other accounts receivable | 0.0 | 0.0 | 0.0 | 0.0 | 0.0 | 0.0 | 0.0 | 0.0 |
| Financial liabilities | 100.0 | 100.0 | 100.0 | 100.0 | 100.0 | 100.0 | 100.0 | 100.0 |
| Currency and deposits | 0.0 | 0.0 | 0.0 | 0.0 | 0.0 | 0.0 | 0.0 | 0.0 |
| Debt securities | 0.0 | 0.0 | 0.0 | 0.0 | 0.0 | 0.0 | 0.0 | 0.0 |
| Loans | 0.4 | 0.3 | 0.5 | 0.4 | 0.3 | 0.4 | 0.3 | 0.2 |
| Equity and investment fund shares | 0.0 | 0.0 | 0.0 | 0.0 | 0.0 | 0.0 | 0.0 | 0.0 |
| Insurance pension and standardised guarantee schemes | 99.6 | 99.7 | 99.5 | 99.6 | 99.7 | 99.6 | 99.7 | 99.8 |
| Financial derivatives and employee stock options | 0.0 | 0.0 | 0.0 | 0.0 | 0.0 | 0.0 | 0.0 | 0.0 |
| Other accounts receivable | 0.0 | 0.0 | 0.0 | 0.0 | 0.0 | 0.0 | 0.0 | 0.0 |

*Note:* Detailed metadata at: http://metalinks.oecd.org/instinv/20170516/f09d

## Table 1. Financial assets and liabilities of institutional investors, 2015

*Million TRY*

| | Investment funds | | | | |
|---|---|---|---|---|---|
| | Total | Non-money market funds | | | Money market funds |
| | | Total | Open-end non-money market funds | Closed-end non-money market funds | Total |
| Financial assets | 40 267 | 28 334 | 26 822 | 1 512 | 11 933 |
| Currency and deposits | 11 524 | 4 145 | 3 920 | 225 | 7 378 |
| Debt securities | 25 353 | 20 798 | 20 072 | 726 | 4 555 |
| Debt securities, short term | 13 688 | 9 627 | 9 480 | 147 | 4 061 |
| Debt securities, long term | 11 665 | 11 171 | 10 593 | 579 | 494 |
| Debt securities issued by residents | 25 258 | 20 703 | 19 977 | 726 | 4 555 |
| Debt securities issued by non-residents | 96 | 96 | 96 | 0 | 0 |
| Loans | .. | .. | .. | .. | .. |
| Loans, short-term | .. | .. | .. | .. | .. |
| Loans, long-term | .. | .. | .. | .. | .. |
| Loans granted to residents | .. | .. | .. | .. | .. |
| Loans granted to non-residents | .. | .. | .. | .. | .. |
| Equity and investment fund shares/units | 3 390 | 3 390 | 2 829 | 561 | 0 |
| Equity and investment fund shares issued/units by residents | 2 827 | 2 827 | 2 266 | 561 | 0 |
| Equity and investment fund shares/units issued by non residents | 564 | 564 | 564 | 0 | 0 |
| Other accounts receivable | .. | .. | .. | .. | .. |

| | Investment funds | | | | |
|---|---|---|---|---|---|
| | Total | Non-money market funds | | | Money market funds |
| | | Total | Open-end non-money market funds | Closed-end non-money market funds | Total |
| Financial liabilities | .. | .. | .. | .. | .. |
| Currency and deposits | .. | .. | .. | .. | .. |
| Debt securities | .. | .. | .. | .. | .. |
| Debt securities, short term | .. | .. | .. | .. | .. |
| Debt securities, long term | .. | .. | .. | .. | .. |
| Loans | .. | .. | .. | .. | .. |
| Loans, short-term | .. | .. | .. | .. | .. |
| Loans, long-term | .. | .. | .. | .. | .. |
| Equity and investment fund shares/units | .. | .. | .. | .. | .. |
| Insurance pension and standardised guaratees | .. | .. | .. | .. | .. |
| Financial derivatives and employee stock options | .. | .. | .. | .. | .. |
| Other accounts payable | .. | .. | .. | .. | .. |

| | Insurance corporations and pension funds | | | | |
|---|---|---|---|---|---|
| | Total | Insurance corporations | | | Pension funds |
| | | Total | Life insurance corporations | Non-life insurance corporations | Total |
| Financial assets | 96 721 | 49 141 | 12 586 | 36 554 | 47 581 |
| Currency and deposits | 24 537 | 20 572 | 6 126 | 14 446 | 3 965 |
| Debt securities | 38 900 | 12 843 | 4 879 | 7 965 | 26 057 |
| Debt securities, short-term | .. | .. | 4 877 | 7 962 | .. |
| Debt securities, long term | .. | .. | 2 | 2 | .. |
| Debt securities issued by residents | .. | .. | .. | .. | .. |
| Debt securities issued by non-residents | .. | .. | .. | .. | .. |
| Loans | .. | 175 | 175 | 0 | .. |
| Loans, short-term | .. | 50 | 50 | .. | .. |
| Loans, long-term | .. | 125 | 125 | .. | .. |
| Loans granted to residents | .. | 0 | .. | .. | .. |
| Loans granted to non-residents | .. | 0 | .. | .. | .. |
| Equity and investment fund shares/units | 12 706 | 3 162 | 398 | 2 764 | 9 544 |
| Equity and investment fund shares/units issued by residents | .. | 0 | .. | .. | .. |
| Equity and investment fund shares/units issued by non residents | .. | 0 | .. | .. | .. |
| Other accounts receivable | 20 404 | 12 388 | 1 009 | 11 380 | 8 015 |

| | Insurance corporations and pension funds | | | | |
|---|---|---|---|---|---|
| | Total | Insurance corporations | | | Pension funds |
| | | Total | Life insurance corporations | Non-life insurance corporations | Total |
| Financial liabilities | .. | 98 608 | 62 023 | 36 585 | .. |
| Currency and deposits | .. | 0 | .. | .. | .. |
| Debt securities | .. | 0 | 0 | .. | .. |
| Debt securities, short term | .. | 0 | .. | .. | .. |
| Debt securities, long term | .. | 0 | .. | .. | .. |
| Loans | .. | 993 | 213 | 780 | .. |
| Loans, short-term | .. | 993 | 213 | 780 | .. |
| Loans, long-term | .. | 0 | 0 | 0 | .. |
| Equity and investment fund shares/units | .. | 13 281 | 4 863 | 8 418 | .. |
| Insurance pension and standardised guaratees | .. | 79 702 | 56 322 | 23 380 | .. |
| Financial derivatives and employee stock options | .. | 0 | .. | .. | .. |
| Other accounts payable | .. | 4 632 | 626 | 4 007 | .. |

*Note:* Detailed metadata at: http://metalinks.oecd.org/instinv/20170516/667f

## Table 2. Financial assets and liabilities of investment funds

*Million TRY*

| | 2008 | 2009 | 2010 | 2011 | 2012 | 2013 | 2014 | 2015 |
|---|---|---|---|---|---|---|---|---|
| **Investment funds** | | | | | | | | |
| Financial net worth | .. | .. | .. | .. | .. | .. | .. | .. |
| Financial assets | .. | .. | .. | .. | .. | .. | 45 383 | 40 267 |
| Currency and deposits | .. | .. | .. | .. | .. | .. | 23 058 | 11 524 |
| Debt securities | .. | .. | .. | .. | .. | .. | 19 979 | 25 353 |
| Loans | .. | .. | .. | .. | .. | .. | .. | .. |
| Equity and investment fund shares | .. | .. | .. | .. | .. | .. | 2 346 | 3 390 |
| Equity | .. | .. | .. | .. | .. | .. | 2 244 | 3 250 |
| Investment fund shares | .. | .. | .. | .. | .. | .. | 102 | 140 |
| Money market fund shares | .. | .. | .. | .. | .. | .. | 56 | 30 |
| Non-Money market fund shares | .. | .. | .. | .. | .. | .. | 46 | 110 |
| Insurance pension and standardised guarantees | .. | .. | .. | .. | .. | .. | .. | .. |
| Financial derivatives and employee stock options | .. | .. | .. | .. | .. | .. | .. | .. |
| Other accounts receivable | .. | .. | .. | .. | .. | .. | .. | .. |
| Financial liabilities | .. | .. | .. | .. | .. | .. | .. | .. |
| Debt securities | .. | .. | .. | .. | .. | .. | .. | .. |
| Short-term debt securities | .. | .. | .. | .. | .. | .. | .. | .. |
| Long-term debt securities | .. | .. | .. | .. | .. | .. | .. | .. |
| Loans | .. | .. | .. | .. | .. | .. | .. | .. |
| Short-term loans | .. | .. | .. | .. | .. | .. | .. | .. |
| Long-term loans | .. | .. | .. | .. | .. | .. | .. | .. |
| Equity and investment fund shares | .. | .. | .. | .. | .. | .. | .. | .. |
| Insurance pension and standardised guarantees | .. | .. | .. | .. | .. | .. | .. | .. |
| Financial derivatives and employee stock options | .. | .. | .. | .. | .. | .. | .. | .. |
| Other accounts payable | .. | .. | .. | .. | .. | .. | .. | .. |
| Non-financial assets | .. | .. | .. | .. | .. | .. | 32 264 | 41 236 |
| **Money market funds** | | | | | | | | |
| Financial net worth | .. | .. | .. | .. | .. | .. | .. | .. |
| Financial assets | .. | .. | .. | .. | .. | .. | 12 622 | 11 933 |
| Currency and deposits | .. | .. | .. | .. | .. | .. | 8 901 | 7 378 |
| Debt securities | .. | .. | .. | .. | .. | .. | 3 721 | 4 555 |
| Loans | .. | .. | .. | .. | .. | .. | .. | .. |
| Equity and investment fund shares | .. | .. | .. | .. | .. | .. | 0 | 0 |
| Equity | .. | .. | .. | .. | .. | .. | 0 | 0 |
| Investment fund shares | .. | .. | .. | .. | .. | .. | 0 | 0 |
| Money market fund shares | .. | .. | .. | .. | .. | .. | 0 | 0 |
| Non-Money market fund shares | .. | .. | .. | .. | .. | .. | 0 | 0 |
| Insurance pension and standardised guarantees | .. | .. | .. | .. | .. | .. | .. | .. |
| Financial derivatives and employee stock options | .. | .. | .. | .. | .. | .. | .. | .. |
| Other accounts receivable | .. | .. | .. | .. | .. | .. | .. | .. |
| Financial liabilities | .. | .. | .. | .. | .. | .. | .. | .. |
| Debt securities | .. | .. | .. | .. | .. | .. | .. | .. |
| Short-term debt securities | .. | .. | .. | .. | .. | .. | .. | .. |
| Long-term debt securities | .. | .. | .. | .. | .. | .. | .. | .. |
| Loans | .. | .. | .. | .. | .. | .. | .. | .. |
| Short-term loans | .. | .. | .. | .. | .. | .. | .. | .. |
| Long-term loans | .. | .. | .. | .. | .. | .. | .. | .. |
| Equity and investment fund shares | .. | .. | .. | .. | .. | .. | .. | .. |
| Insurance pension and standardised guarantees | .. | .. | .. | .. | .. | .. | .. | .. |
| Financial derivatives and employee stock options | .. | .. | .. | .. | .. | .. | .. | .. |
| Other accounts payable | .. | .. | .. | .. | .. | .. | .. | .. |
| Non-financial assets | .. | .. | .. | .. | .. | .. | 0 | 0 |
| **Non-money market funds** | | | | | | | | |
| Financial net worth | .. | .. | .. | .. | .. | .. | .. | .. |
| Financial assets | .. | .. | .. | .. | .. | .. | 32 761 | 28 334 |
| Currency and deposits | .. | .. | .. | .. | .. | .. | 14 157 | 4 145 |
| Debt securities | .. | .. | .. | .. | .. | .. | 16 258 | 20 798 |
| Loans | .. | .. | .. | .. | .. | .. | .. | .. |
| Equity and investment fund shares | .. | .. | .. | .. | .. | .. | 2 346 | 3 390 |
| Equity | .. | .. | .. | .. | .. | .. | 2 244 | 3 250 |
| Investment fund shares | .. | .. | .. | .. | .. | .. | 102 | 140 |
| Money market fund shares | .. | .. | .. | .. | .. | .. | 56 | 30 |
| Non-Money market fund shares | .. | .. | .. | .. | .. | .. | 46 | 110 |
| Insurance pension and standardised guarantees | .. | .. | .. | .. | .. | .. | .. | .. |
| Financial derivatives and employee stock options | .. | .. | .. | .. | .. | .. | .. | .. |
| Other accounts receivable | .. | .. | .. | .. | .. | .. | .. | .. |
| Financial liabilities | .. | .. | .. | .. | .. | .. | .. | .. |
| Debt securities | .. | .. | .. | .. | .. | .. | .. | .. |
| Short-term debt securities | .. | .. | .. | .. | .. | .. | .. | .. |
| Long-term debt securities | .. | .. | .. | .. | .. | .. | .. | .. |
| Loans | .. | .. | .. | .. | .. | .. | .. | .. |
| Short-term loans | .. | .. | .. | .. | .. | .. | .. | .. |
| Long-term loans | .. | .. | .. | .. | .. | .. | .. | .. |
| Equity and investment fund shares | .. | .. | .. | .. | .. | .. | .. | .. |
| Insurance pension and standardised guarantees | .. | .. | .. | .. | .. | .. | .. | .. |
| Financial derivatives and employee stock options | .. | .. | .. | .. | .. | .. | .. | .. |
| Other accounts payable | .. | .. | .. | .. | .. | .. | .. | .. |
| Non-financial assets | .. | .. | .. | .. | .. | .. | 32 264 | 41 236 |
| **Open-end non-money market funds** | | | | | | | | |
| Financial net worth | .. | .. | .. | .. | .. | .. | .. | .. |
| Financial assets | .. | .. | .. | .. | .. | .. | 31 676 | 26 822 |

## Table 2. Financial assets and liabilities of investment funds *(cont.)*

*Million TRY*

| | 2008 | 2009 | 2010 | 2011 | 2012 | 2013 | 2014 | 2015 |
|---|---|---|---|---|---|---|---|---|
| Currency and deposits | .. | .. | .. | .. | .. | .. | 13 983 | 3 920 |
| Debt securities | .. | .. | .. | .. | .. | .. | 15 509 | 20 072 |
| Loans | .. | .. | .. | .. | .. | .. | .. | .. |
| Equity and investment fund shares | .. | .. | .. | .. | .. | .. | 2 184 | 2 829 |
| Equity | .. | .. | .. | .. | .. | .. | 2 138 | 2 719 |
| Investment fund shares | .. | .. | .. | .. | .. | .. | 46 | 110 |
| Money market fund shares | .. | .. | .. | .. | .. | .. | 0 | 0 |
| Non-Money market fund shares | .. | .. | .. | .. | .. | .. | 46 | 110 |
| Insurance pension and standardised guarantees | .. | .. | .. | .. | .. | .. | .. | .. |
| Financial derivatives and employee stock options | .. | .. | .. | .. | .. | .. | .. | .. |
| Other accounts receivable | .. | .. | .. | .. | .. | .. | .. | .. |
| Financial liabilities | .. | .. | .. | .. | .. | .. | .. | .. |
| Debt securities | .. | .. | .. | .. | .. | .. | .. | .. |
| Short-term debt securities | .. | .. | .. | .. | .. | .. | .. | .. |
| Long-term debt securities | .. | .. | .. | .. | .. | .. | .. | .. |
| Loans | .. | .. | .. | .. | .. | .. | .. | .. |
| Short-term loans | .. | .. | .. | .. | .. | .. | .. | .. |
| Long-term loans | .. | .. | .. | .. | .. | .. | .. | .. |
| Equity and investment fund shares | .. | .. | .. | .. | .. | .. | .. | .. |
| Insurance pension and standardised guarantees | .. | .. | .. | .. | .. | .. | .. | .. |
| Financial derivatives and employee stock options | .. | .. | .. | .. | .. | .. | .. | .. |
| Other accounts payable | .. | .. | .. | .. | .. | .. | .. | .. |
| Non-financial assets | .. | .. | .. | .. | .. | .. | 0 | 0 |
| **Open-end investment funds** | | | | | | | | |
| Financial net worth | .. | .. | .. | .. | .. | .. | .. | .. |
| Financial assets | .. | .. | .. | .. | .. | .. | 44 298 | 38 755 |
| Currency and deposits | .. | .. | .. | .. | .. | .. | 22 884 | 11 299 |
| Debt securities | .. | .. | .. | .. | .. | .. | 19 230 | 24 627 |
| Loans | .. | .. | .. | .. | .. | .. | .. | .. |
| Equity and investment fund shares | .. | .. | .. | .. | .. | .. | 2 184 | 2 829 |
| Equity | .. | .. | .. | .. | .. | .. | 2 138 | 2 719 |
| Investment fund shares | .. | .. | .. | .. | .. | .. | 46 | 110 |
| Money market fund shares | .. | .. | .. | .. | .. | .. | 0 | 0 |
| Non-Money market fund shares | .. | .. | .. | .. | .. | .. | 46 | 110 |
| Insurance pension and standardised guarantees | .. | .. | .. | .. | .. | .. | .. | .. |
| Financial derivatives and employee stock options | .. | .. | .. | .. | .. | .. | .. | .. |
| Other accounts receivable | .. | .. | .. | .. | .. | .. | .. | .. |
| Financial liabilities | .. | .. | .. | .. | .. | .. | .. | .. |
| Debt securities | .. | .. | .. | .. | .. | .. | .. | .. |
| Short-term debt securities | .. | .. | .. | .. | .. | .. | .. | .. |
| Long-term debt securities | .. | .. | .. | .. | .. | .. | .. | .. |
| Loans | .. | .. | .. | .. | .. | .. | .. | .. |
| Short-term loans | .. | .. | .. | .. | .. | .. | .. | .. |
| Long-term loans | .. | .. | .. | .. | .. | .. | .. | .. |
| Equity and investment fund shares | .. | .. | .. | .. | .. | .. | .. | .. |
| Insurance pension and standardised guarantees | .. | .. | .. | .. | .. | .. | .. | .. |
| Financial derivatives and employee stock options | .. | .. | .. | .. | .. | .. | .. | .. |
| Other accounts payable | .. | .. | .. | .. | .. | .. | .. | .. |
| Non-financial assets | .. | .. | .. | .. | .. | .. | 0 | 0 |

*Note:* Detailed metadata at: http://metalinks.oecd.org/instinv/20170516/667f

## Table 3. Financial assets and liabilities of insurance corporations and pension funds

*Million TRY*

| | 2008 | 2009 | 2010 | 2011 | 2012 | 2013 | 2014 | 2015 |
|---|---|---|---|---|---|---|---|---|
| **Insurance corporations and pension funds** | | | | | | | | |
| Financial net worth | .. | .. | .. | .. | .. | .. | -77 726 | .. |
| Financial assets | .. | .. | .. | .. | .. | .. | 53 389 | 96 721 |
| Currency and deposits | .. | .. | .. | .. | .. | .. | 21 967 | 24 537 |
| Debt securities | .. | .. | .. | .. | .. | .. | 17 273 | 38 900 |
| Loans | .. | .. | .. | .. | .. | .. | 334 | .. |
| Equity and investment fund shares | .. | .. | .. | .. | .. | .. | 2 751 | 12 706 |
| Equity | .. | .. | .. | .. | .. | .. | 2 035 | .. |
| Investment fund shares | .. | .. | .. | .. | .. | .. | 716 | .. |
| Money market fund shares | .. | .. | .. | .. | .. | .. | .. | .. |
| Non-Money market fund shares | .. | .. | .. | .. | .. | .. | .. | .. |
| Insurance pension and standardised guarantees | .. | .. | .. | .. | .. | .. | 0 | .. |
| Financial derivatives and employee stock options | .. | .. | .. | .. | .. | .. | 0 | .. |
| Other accounts receivable | .. | .. | .. | .. | .. | .. | 11 065 | 20 404 |
| Financial liabilities | .. | .. | .. | .. | .. | .. | 131 116 | .. |
| Debt securities | .. | .. | .. | .. | .. | .. | 0 | .. |
| Short-term debt securities | .. | .. | .. | .. | .. | .. | .. | .. |
| Long-term debt securities | .. | .. | .. | .. | .. | .. | .. | .. |
| Loans | .. | .. | .. | .. | .. | .. | 471 | .. |
| Short-term loans | .. | .. | .. | .. | .. | .. | 471 | .. |
| Long-term loans | .. | .. | .. | .. | .. | .. | 1 | .. |
| Equity and investment fund shares | .. | .. | .. | .. | .. | .. | 17 264 | .. |
| Insurance pension and standardised guarantees | .. | .. | .. | .. | .. | .. | 109 642 | .. |
| Financial derivatives and employee stock options | .. | .. | .. | .. | .. | .. | 0 | .. |
| Other accounts payable | .. | .. | .. | .. | .. | .. | 3 738 | .. |
| Non-financial assets | .. | .. | .. | .. | .. | .. | 77 726 | .. |
| **Insurance corporations** | | | | | | | | |
| Financial net worth | .. | .. | .. | .. | .. | .. | -38 781 | -49 467 |
| Financial assets | .. | .. | .. | .. | .. | .. | 42 239 | 49 141 |
| Currency and deposits | .. | .. | .. | .. | .. | .. | 17 277 | 20 572 |
| Debt securities | .. | .. | .. | .. | .. | .. | 12 058 | 12 843 |
| Loans | .. | .. | .. | .. | .. | .. | 166 | 175 |
| Equity and investment fund shares | .. | .. | .. | .. | .. | .. | 2 376 | 3 162 |
| Equity | .. | .. | .. | .. | .. | .. | 1 792 | 2 516 |
| Investment fund shares | .. | .. | .. | .. | .. | .. | 584 | 646 |
| Money market fund shares | .. | .. | .. | .. | .. | .. | 0 | 0 |
| Non-Money market fund shares | .. | .. | .. | .. | .. | .. | 0 | 0 |
| Insurance pension and standardised guarantees | .. | .. | .. | .. | .. | .. | 0 | 0 |
| Financial derivatives and employee stock options | .. | .. | .. | .. | .. | .. | 0 | 0 |
| Other accounts receivable | .. | .. | .. | .. | .. | .. | 10 362 | 12 388 |
| Financial liabilities | .. | .. | .. | .. | .. | .. | 81 019 | 98 608 |
| Debt securities | .. | .. | .. | .. | .. | .. | 0 | 0 |
| Short-term debt securities | .. | .. | .. | .. | .. | .. | 0 | 0 |
| Long-term debt securities | .. | .. | .. | .. | .. | .. | 0 | 0 |
| Loans | .. | .. | .. | .. | .. | .. | 352 | 993 |
| Short-term loans | .. | .. | .. | .. | .. | .. | 351 | 993 |
| Long-term loans | .. | .. | .. | .. | .. | .. | 1 | 0 |
| Equity and investment fund shares | .. | .. | .. | .. | .. | .. | 13 187 | 13 281 |
| Insurance pension and standardised guarantees | .. | .. | .. | .. | .. | .. | 64 015 | 79 702 |
| Financial derivatives and employee stock options | .. | .. | .. | .. | .. | .. | 0 | 0 |
| Other accounts payable | .. | .. | .. | .. | .. | .. | 3 465 | 4 632 |
| Non-financial assets | .. | .. | .. | .. | .. | .. | 38 780 | 49 286 |
| **Pension funds** | | | | | | | | |
| Financial net worth | .. | .. | .. | .. | .. | .. | -38 946 | .. |
| Financial assets | .. | .. | .. | .. | .. | .. | 11 151 | 47 581 |
| Currency and deposits | .. | .. | .. | .. | .. | .. | 4 690 | 3 965 |
| Debt securities | .. | .. | .. | .. | .. | .. | 5 215 | 26 057 |
| Loans | .. | .. | .. | .. | .. | .. | 168 | .. |
| Equity and investment fund shares | .. | .. | .. | .. | .. | .. | 374 | 9 544 |
| Equity | .. | .. | .. | .. | .. | .. | 243 | .. |
| Investment fund shares | .. | .. | .. | .. | .. | .. | 132 | .. |
| Money market fund shares | .. | .. | .. | .. | .. | .. | .. | .. |
| Non-Money market fund shares | .. | .. | .. | .. | .. | .. | .. | .. |
| Insurance pension and standardised guarantees | .. | .. | .. | .. | .. | .. | 0 | .. |
| Financial derivatives and employee stock options | .. | .. | .. | .. | .. | .. | 0 | .. |
| Other accounts receivable | .. | .. | .. | .. | .. | .. | 704 | 8 015 |
| Financial liabilities | .. | .. | .. | .. | .. | .. | 50 097 | .. |
| Debt securities | .. | .. | .. | .. | .. | .. | 0 | .. |
| Short-term debt securities | .. | .. | .. | .. | .. | .. | .. | .. |
| Long-term debt securities | .. | .. | .. | .. | .. | .. | .. | .. |
| Loans | .. | .. | .. | .. | .. | .. | 120 | .. |
| Short-term loans | .. | .. | .. | .. | .. | .. | 120 | .. |
| Long-term loans | .. | .. | .. | .. | .. | .. | 0 | .. |
| Equity and investment fund shares | .. | .. | .. | .. | .. | .. | 4 077 | .. |
| Insurance pension and standardised guarantees | .. | .. | .. | .. | .. | .. | 45 627 | .. |
| Financial derivatives and employee stock options | .. | .. | .. | .. | .. | .. | 0 | .. |
| Other accounts payable | .. | .. | .. | .. | .. | .. | 273 | .. |
| Non-financial assets | .. | .. | .. | .. | .. | .. | 38 946 | .. |

*Note:* Detailed metadata at: http://metalinks.oecd.org/instinv/20170516/667f

## Table 4. Portfolio composition by type of investor

As percentage of financial assets and of financial liabilities

*Per cent*

| | 2008 | 2009 | 2010 | 2011 | 2012 | 2013 | 2014 | 2015 |
|---|---|---|---|---|---|---|---|---|
| **Investment funds** | | | | | | | | |
| Financial assets | .. | .. | .. | .. | .. | .. | 100.0 | 100.0 |
| Currency and deposits | .. | .. | .. | .. | .. | .. | 50.8 | 28.6 |
| Debt securities | .. | .. | .. | .. | .. | .. | 44.0 | 63.0 |
| Loans | .. | .. | .. | .. | .. | .. | 0.0 | 0.0 |
| Equity and investment fund shares | .. | .. | .. | .. | .. | .. | 5.2 | 8.4 |
| Insurance pension and standardised guarantee schemes | .. | .. | .. | .. | .. | .. | 0.0 | 0.0 |
| Financial derivatives and employee stock options | .. | .. | .. | .. | .. | .. | 0.0 | 0.0 |
| Other accounts receivable | .. | .. | .. | .. | .. | .. | 0.0 | 0.0 |
| Financial liabilities | .. | .. | .. | .. | .. | .. | .. | .. |
| Currency and deposits | .. | .. | .. | .. | .. | .. | .. | .. |
| Debt securities | .. | .. | .. | .. | .. | .. | .. | .. |
| Loans | .. | .. | .. | .. | .. | .. | .. | .. |
| Equity and investment fund shares | .. | .. | .. | .. | .. | .. | .. | .. |
| Insurance pension and standardised guarantee schemes | .. | .. | .. | .. | .. | .. | .. | .. |
| Financial derivatives and employee stock options | .. | .. | .. | .. | .. | .. | .. | .. |
| Other accounts receivable | .. | .. | .. | .. | .. | .. | .. | .. |
| **Insurance corporations** | | | | | | | | |
| Financial assets | .. | .. | .. | .. | .. | .. | 100.0 | 100.0 |
| Currency and deposits | .. | .. | .. | .. | .. | .. | 40.9 | 41.9 |
| Debt securities | .. | .. | .. | .. | .. | .. | 28.5 | 26.1 |
| Loans | .. | .. | .. | .. | .. | .. | 0.4 | 0.4 |
| Equity and investment fund shares | .. | .. | .. | .. | .. | .. | 5.6 | 6.4 |
| Insurance pension and standardised guarantee schemes | .. | .. | .. | .. | .. | .. | 0.0 | 0.0 |
| Financial derivatives and employee stock options | .. | .. | .. | .. | .. | .. | 0.0 | 0.0 |
| Other accounts receivable | .. | .. | .. | .. | .. | .. | 24.5 | 25.2 |
| Financial liabilities | .. | .. | .. | .. | .. | .. | 100.0 | 100.0 |
| Currency and deposits | .. | .. | .. | .. | .. | .. | 0.0 | 0.0 |
| Debt securities | .. | .. | .. | .. | .. | .. | 0.0 | 0.0 |
| Loans | .. | .. | .. | .. | .. | .. | 0.4 | 1.0 |
| Equity and investment fund shares | .. | .. | .. | .. | .. | .. | 16.3 | 13.5 |
| Insurance pension and standardised guarantee schemes | .. | .. | .. | .. | .. | .. | 79.0 | 80.8 |
| Financial derivatives and employee stock options | .. | .. | .. | .. | .. | .. | 0.0 | 0.0 |
| Other accounts receivable | .. | .. | .. | .. | .. | .. | 4.3 | 4.7 |
| **Pension funds** | | | | | | | | |
| Financial assets | .. | .. | .. | .. | .. | .. | 100.0 | 100.0 |
| Currency and deposits | .. | .. | .. | .. | .. | .. | 42.1 | 8.3 |
| Debt securities | .. | .. | .. | .. | .. | .. | 46.8 | 54.8 |
| Loans | .. | .. | .. | .. | .. | .. | 1.5 | 0.0 |
| Equity and investment fund shares | .. | .. | .. | .. | .. | .. | 3.4 | 20.1 |
| Insurance pension and standardised guarantee schemes | .. | .. | .. | .. | .. | .. | 0.0 | 0.0 |
| Financial derivatives and employee stock options | .. | .. | .. | .. | .. | .. | 0.0 | 0.0 |
| Other accounts receivable | .. | .. | .. | .. | .. | .. | 6.3 | 16.8 |
| Financial liabilities | .. | .. | .. | .. | .. | .. | 100.0 | .. |
| Currency and deposits | .. | .. | .. | .. | .. | .. | 0.0 | .. |
| Debt securities | .. | .. | .. | .. | .. | .. | 0.0 | .. |
| Loans | .. | .. | .. | .. | .. | .. | 0.2 | .. |
| Equity and investment fund shares | .. | .. | .. | .. | .. | .. | 8.1 | .. |
| Insurance pension and standardised guarantee schemes | .. | .. | .. | .. | .. | .. | 91.1 | .. |
| Financial derivatives and employee stock options | .. | .. | .. | .. | .. | .. | 0.0 | .. |
| Other accounts receivable | .. | .. | .. | .. | .. | .. | 0.5 | .. |

*Note:* Detailed metadata at: http://metalinks.oecd.org/instinv/20170516/f09d

## Table 1. Financial assets and liabilities of institutional investors, 2015

*Million GBP*

| | Total | Investment funds | | | |
|---|---|---|---|---|---|
| | | Non-money market funds | | | Money market funds |
| | | Total | Open-end non-money market funds | Closed-end non-money market funds | Total |
| Financial assets | .. | .. | .. | .. | .. |
| Currency and deposits | .. | .. | .. | .. | .. |
| Debt securities | .. | .. | .. | .. | .. |
| Debt securities, short term | .. | .. | .. | .. | .. |
| Debt securities, long term | .. | .. | .. | .. | .. |
| Debt securities issued by residents | .. | .. | .. | .. | .. |
| Debt securities issued by non-residents | .. | .. | .. | .. | .. |
| Loans | .. | .. | .. | .. | .. |
| Loans, short-term | .. | .. | .. | .. | .. |
| Loans, long-term | .. | .. | .. | .. | .. |
| Loans granted to residents | .. | .. | .. | .. | .. |
| Loans granted to non-residents | .. | .. | .. | .. | .. |
| Equity and investment fund shares/units | .. | .. | .. | .. | .. |
| Equity and investment fund shares issued/units by residents | .. | .. | .. | .. | .. |
| Equity and investment fund shares/units issued by non residents | .. | .. | .. | .. | .. |
| Other accounts receivable | .. | .. | .. | .. | .. |

| | Total | Investment funds | | | |
|---|---|---|---|---|---|
| | | Non-money market funds | | | Money market funds |
| | | Total | Open-end non-money market funds | Closed-end non-money market funds | Total |
| Financial liabilities | .. | .. | .. | .. | .. |
| Currency and deposits | .. | .. | .. | .. | .. |
| Debt securities | .. | .. | .. | .. | .. |
| Debt securities, short term | .. | .. | .. | .. | .. |
| Debt securities, long term | .. | .. | .. | .. | .. |
| Loans | .. | .. | .. | .. | .. |
| Loans, short-term | .. | .. | .. | .. | .. |
| Loans, long-term | .. | .. | .. | .. | .. |
| Equity and investment fund shares/units | .. | .. | .. | .. | .. |
| Insurance pension and standardised guaratees | .. | .. | .. | .. | .. |
| Financial derivatives and employee stock options | .. | .. | .. | .. | .. |
| Other accounts payable | .. | .. | .. | .. | .. |

| | Total | Insurance corporations and pension funds | | | |
|---|---|---|---|---|---|
| | | Insurance corporations | | | Pension funds |
| | | Total | Life insurance corporations | Non-life insurance corporations | Total |
| Financial assets | 4 212 347 | .. | .. | .. | .. |
| Currency and deposits | 144 147 | .. | .. | .. | .. |
| Debt securities | 1 075 301 | .. | .. | .. | .. |
| Debt securities, short-term | 18 488 | .. | .. | .. | .. |
| Debt securities, long term | 1 056 813 | .. | .. | .. | .. |
| Debt securities issued by residents | 740 552 | .. | .. | .. | .. |
| Debt securities issued by non-residents | 334 749 | .. | .. | .. | .. |
| Loans | 173 835 | .. | .. | .. | .. |
| Loans, short-term | .. | .. | .. | .. | .. |
| Loans, long-term | .. | .. | .. | .. | .. |
| Loans granted to residents | .. | .. | .. | .. | .. |
| Loans granted to non-residents | .. | .. | .. | .. | .. |
| Equity and investment fund shares/units | 1 572 022 | .. | .. | .. | .. |
| Equity and investment fund shares/units issued by residents | 890 167 | .. | .. | .. | .. |
| Equity and investment fund shares/units issued by non residents | 681 855 | .. | .. | .. | .. |
| Other accounts receivable | 31 094 | .. | .. | .. | .. |

| | Total | Insurance corporations and pension funds | | | |
|---|---|---|---|---|---|
| | | Insurance corporations | | | Pension funds |
| | | Total | Life insurance corporations | Non-life insurance corporations | Total |
| Financial liabilities | 4 027 780 | .. | .. | .. | .. |
| Currency and deposits | .. | .. | .. | .. | .. |
| Debt securities | 24 740 | .. | .. | .. | .. |
| Debt securities, short term | .. | .. | .. | .. | .. |
| Debt securities, long term | .. | .. | .. | .. | .. |
| Loans | 60 284 | .. | .. | .. | .. |
| Loans, short-term | 41 915 | .. | .. | .. | .. |
| Loans, long-term | 18 369 | .. | .. | .. | .. |
| Equity and investment fund shares/units | 124 170 | .. | .. | .. | .. |
| Insurance pension and standardised guarantees | 3 638 043 | .. | .. | .. | .. |
| Financial derivatives and employee stock options | 98 871 | .. | .. | .. | .. |
| Other accounts payable | 81 672 | .. | .. | .. | .. |

*Note:* Detailed metadata at: http://metalinks.oecd.org/instinv/20170516/667f

## Table 3. Financial assets and liabilities of insurance corporations and pension funds

*Million GBP*

| | 2008 | 2009 | 2010 | 2011 | 2012 | 2013 | 2014 | 2015 |
|---|---|---|---|---|---|---|---|---|
| **Insurance corporations and pension funds** | | | | | | | | |
| Financial net worth | 130 025 | 184 790 | 181 428 | 135 828 | 160 010 | 136 790 | 143 467 | 184 567 |
| Financial assets | 2 887 079 | 2 951 455 | 3 092 101 | 3 498 198 | 3 693 798 | 3 680 454 | 4 342 756 | 4 212 347 |
| Currency and deposits | 131 941 | 126 488 | 121 646 | 132 249 | 133 141 | 148 751 | 149 574 | 144 147 |
| Debt securities | 724 054 | 781 222 | 820 621 | 913 525 | 969 101 | 969 521 | 1 073 515 | 1 075 301 |
| Loans | 92 800 | 86 489 | 128 072 | 144 811 | 176 481 | 205 884 | 168 102 | 173 835 |
| Equity and investment fund shares | 1 012 500 | 1 187 705 | 1 287 062 | 1 218 545 | 1 371 315 | 1 427 865 | 1 469 498 | 1 572 022 |
| Equity | 641 285 | 682 551 | 670 114 | 577 998 | 607 181 | 615 396 | 631 210 | 616 362 |
| Investment fund shares | 371 215 | 505 154 | 616 948 | 640 547 | 764 134 | 812 469 | 838 288 | 955 660 |
| Money market fund shares | .. | .. | .. | .. | .. | .. | .. | .. |
| Non-Money market fund shares | .. | .. | .. | .. | .. | .. | .. | .. |
| Insurance pension and standardised guarantees | 724 057 | 622 890 | 602 550 | 916 977 | 886 210 | 767 983 | 1 296 356 | 1 115 396 |
| Financial derivatives and employee stock options | 148 534 | 96 580 | 95 112 | 141 106 | 126 284 | 126 134 | 151 268 | 100 552 |
| Other accounts receivable | 53 193 | 50 081 | 37 038 | 30 985 | 31 266 | 34 316 | 34 443 | 31 094 |
| Financial liabilities | 2 757 054 | 2 766 665 | 2 910 673 | 3 362 370 | 3 533 788 | 3 543 664 | 4 199 289 | 4 027 780 |
| Debt securities | 22 794 | 26 113 | 24 120 | 24 065 | 26 222 | 23 878 | 27 997 | 24 740 |
| Short-term debt securities | .. | .. | .. | .. | .. | .. | .. | .. |
| Long-term debt securities | .. | .. | .. | .. | .. | .. | .. | .. |
| Loans | 45 260 | 39 732 | 35 655 | 43 764 | 66 165 | 72 834 | 61 493 | 60 284 |
| Short-term loans | 34 419 | 30 570 | 27 561 | 37 687 | 41 227 | 47 256 | 42 127 | 41 915 |
| Long-term loans | 10 841 | 9 162 | 8 094 | 6 077 | 24 938 | 25 578 | 19 366 | 18 369 |
| Equity and investment fund shares | 57 191 | 58 532 | 64 639 | 55 474 | 74 313 | 95 947 | 114 139 | 124 170 |
| Insurance pension and standardised guarantees | 2 413 939 | 2 475 831 | 2 624 580 | 3 030 431 | 3 162 075 | 3 143 797 | 3 749 493 | 3 638 043 |
| Financial derivatives and employee stock options | 147 301 | 93 633 | 92 064 | 135 695 | 124 780 | 124 802 | 148 331 | 98 871 |
| Other accounts payable | 70 569 | 72 824 | 69 615 | 72 941 | 80 233 | 82 406 | 97 836 | 81 672 |
| Non-financial assets | .. | .. | .. | .. | .. | .. | .. | .. |
| **Insurance corporations** | | | | | | | | |
| Financial net worth | .. | .. | .. | .. | .. | .. | .. | .. |
| Financial assets | .. | .. | .. | .. | .. | .. | .. | .. |
| Currency and deposits | .. | .. | .. | .. | .. | .. | .. | .. |
| Debt securities | .. | .. | .. | .. | .. | .. | .. | .. |
| Loans | .. | .. | .. | .. | .. | .. | .. | .. |
| Equity and investment fund shares | .. | .. | .. | .. | .. | .. | .. | .. |
| Equity | .. | .. | .. | .. | .. | .. | .. | .. |
| Investment fund shares | .. | .. | .. | .. | .. | .. | .. | .. |
| Money market fund shares | .. | .. | .. | .. | .. | .. | .. | .. |
| Non-Money market fund shares | .. | .. | .. | .. | .. | .. | .. | .. |
| Insurance pension and standardised guarantees | .. | .. | .. | .. | .. | .. | .. | .. |
| Financial derivatives and employee stock options | .. | .. | .. | .. | .. | .. | .. | .. |
| Other accounts receivable | .. | .. | .. | .. | .. | .. | .. | .. |
| Financial liabilities | .. | .. | .. | .. | .. | .. | .. | .. |
| Debt securities | .. | .. | .. | .. | .. | .. | .. | .. |
| Short-term debt securities | .. | .. | .. | .. | .. | .. | .. | .. |
| Long-term debt securities | .. | .. | .. | .. | .. | .. | .. | .. |
| Loans | .. | .. | .. | .. | .. | .. | .. | .. |
| Short-term loans | .. | .. | .. | .. | .. | .. | .. | .. |
| Long-term loans | .. | .. | .. | .. | .. | .. | .. | .. |
| Equity and investment fund shares | .. | .. | .. | .. | .. | .. | .. | .. |
| Insurance pension and standardised guarantees | .. | .. | .. | .. | .. | .. | .. | .. |
| Financial derivatives and employee stock options | .. | .. | .. | .. | .. | .. | .. | .. |
| Other accounts payable | .. | .. | .. | .. | .. | .. | .. | .. |
| Non-financial assets | .. | .. | .. | .. | .. | .. | .. | .. |
| **Pension funds** | | | | | | | | |
| Financial net worth | .. | .. | .. | .. | .. | .. | .. | .. |
| Financial assets | .. | .. | .. | .. | .. | .. | .. | .. |
| Currency and deposits | .. | .. | .. | .. | .. | .. | .. | .. |
| Debt securities | .. | .. | .. | .. | .. | .. | .. | .. |
| Loans | .. | .. | .. | .. | .. | .. | .. | .. |
| Equity and investment fund shares | .. | .. | .. | .. | .. | .. | .. | .. |
| Equity | .. | .. | .. | .. | .. | .. | .. | .. |
| Investment fund shares | .. | .. | .. | .. | .. | .. | .. | .. |
| Money market fund shares | .. | .. | .. | .. | .. | .. | .. | .. |
| Non-Money market fund shares | .. | .. | .. | .. | .. | .. | .. | .. |
| Insurance pension and standardised guarantees | .. | .. | .. | .. | .. | .. | .. | .. |
| Financial derivatives and employee stock options | .. | .. | .. | .. | .. | .. | .. | .. |
| Other accounts receivable | .. | .. | .. | .. | .. | .. | .. | .. |
| Financial liabilities | .. | .. | .. | .. | .. | .. | .. | .. |
| Debt securities | .. | .. | .. | .. | .. | .. | .. | .. |
| Short-term debt securities | .. | .. | .. | .. | .. | .. | .. | .. |
| Long-term debt securities | .. | .. | .. | .. | .. | .. | .. | .. |
| Loans | .. | .. | .. | .. | .. | .. | .. | .. |
| Short-term loans | .. | .. | .. | .. | .. | .. | .. | .. |
| Long-term loans | .. | .. | .. | .. | .. | .. | .. | .. |
| Equity and investment fund shares | .. | .. | .. | .. | .. | .. | .. | .. |
| Insurance pension and standardised guarantees | .. | .. | .. | .. | .. | .. | .. | .. |
| Financial derivatives and employee stock options | .. | .. | .. | .. | .. | .. | .. | .. |
| Other accounts payable | .. | .. | .. | .. | .. | .. | .. | .. |
| Non-financial assets | .. | .. | .. | .. | .. | .. | .. | .. |

*Note:* Detailed metadata at: http://metalinks.oecd.org/instinv/20170516/667f

# UNITED STATES

## Table 1. Financial assets and liabilities of institutional investors, 2015

*Billion USD*

| | Total | Investment funds | | | |
|---|---|---|---|---|---|
| | | Non-money market funds | | | Money market funds |
| | | Total | Open-end non-money market funds | Closed-end non-money market funds | Total |
| Financial assets | 18 672 | 15 917 | 14 998 | 920 | 2 755 |
| Currency and deposits | 499 | 36 | .. | 36 | 464 |
| Debt securities | 6 186 | 4 604 | 4 176 | 428 | 1 582 |
| Debt securities, short term | 661 | 126 | 126 | .. | 535 |
| Debt securities, long term | 5 525 | 4 478 | 4 050 | 428 | 1 047 |
| Debt securities issued by residents | .. | .. | .. | .. | .. |
| Debt securities issued by non-residents | .. | .. | .. | .. | .. |
| Loans | 1 138 | 438 | 221 | 218 | 699 |
| Loans, short-term | 920 | 221 | 221 | .. | 699 |
| Loans, long-term | 218 | 218 | .. | 218 | .. |
| Loans granted to residents | .. | .. | .. | .. | .. |
| Loans granted to non-residents | .. | .. | .. | .. | .. |
| Equity and investment fund shares/units | 10 436 | 10 436 | 10 335 | 101 | .. |
| Equity and investment fund shares issued/units by residents | .. | .. | .. | .. | .. |
| Equity and investment fund shares/units issued by non residents | .. | .. | .. | .. | .. |
| Other accounts receivable | 413 | 403 | 266 | 137 | 10 |

| | Total | Investment funds | | | |
|---|---|---|---|---|---|
| | | Non-money market funds | | | Money market funds |
| | | Total | Open-end non-money market funds | Closed-end non-money market funds | Total |
| Financial liabilities | 19 009 | 16 254 | 14 998 | 1 256 | 2 755 |
| Currency and deposits | .. | .. | .. | .. | .. |
| Debt securities | 396 | 396 | .. | 396 | .. |
| Debt securities, short term | 0 | 0 | .. | 0 | .. |
| Debt securities, long term | 396 | 396 | .. | 396 | .. |
| Loans | 520 | 520 | .. | 520 | .. |
| Loans, short-term | 284 | 284 | .. | 284 | .. |
| Loans, long-term | 235 | 235 | .. | 235 | .. |
| Equity and investment fund shares/units | 18 013 | 15 259 | 14 998 | 261 | 2 755 |
| Insurance pension and standardised guaratees | .. | .. | .. | .. | .. |
| Financial derivatives and employee stock options | .. | .. | .. | .. | .. |
| Other accounts payable | 80 | 80 | .. | 80 | .. |

| | Total | Insurance corporations and pension funds | | | |
|---|---|---|---|---|---|
| | | Insurance corporations | | | Pension funds |
| | | Total | Life insurance corporations | Non-life insurance corporations | Total |
| Financial assets | 26 515 | 8 298 | 6 450 | 1 849 | 18 216 |
| Currency and deposits | 190 | 91 | 58 | 33 | 99 |
| Debt securities | 7 996 | 4 191 | 3 197 | 994 | 3 806 |
| Debt securities, short-term | 167 | 79 | 48 | 32 | 88 |
| Debt securities, long term | 7 829 | 4 111 | 3 149 | 962 | 3 718 |
| Debt securities issued by residents | .. | .. | .. | .. | .. |
| Debt securities issued by non-residents | .. | .. | .. | .. | .. |
| Loans | 640 | 603 | 589 | 14 | 37 |
| Loans, short-term | 172 | 166 | 164 | 2 | 6 |
| Loans, long-term | 468 | 437 | 425 | 12 | 31 |
| Loans granted to residents | .. | .. | .. | .. | .. |
| Loans granted to non-residents | .. | .. | .. | .. | .. |
| Equity and investment fund shares/units | 11 044 | 2 537 | 2 062 | 475 | 8 508 |
| Equity and investment fund shares/units issued by residents | .. | .. | .. | .. | .. |
| Equity and investment fund shares/units issued by non residents | .. | .. | .. | .. | .. |
| Other accounts receivable | 1 724 | 846 | 513 | 333 | 878 |

| | Total | Insurance corporations and pension funds | | | |
|---|---|---|---|---|---|
| | | Insurance corporations | | | Pension funds |
| | | Total | Life insurance corporations | Non-life insurance corporations | Total |
| Financial liabilities | 25 879 | 7 479 | 6 093 | 1 386 | 18 401 |
| Currency and deposits | 72 | 72 | 72 | .. | .. |
| Debt securities | .. | .. | .. | .. | .. |
| Debt securities, short term | .. | .. | .. | .. | .. |
| Debt securities, long term | .. | .. | .. | .. | .. |
| Loans | 85 | 85 | 81 | 4 | .. |
| Loans, short-term | 85 | 85 | 81 | 4 | .. |
| Loans, long-term | .. | .. | .. | .. | .. |
| Equity and investment fund shares/units | 667 | 667 | 311 | 357 | .. |
| Insurance pension and standardised guarantees | 24 529 | 6 129 | 5 291 | 838 | 18 401 |
| Financial derivatives and employee stock options | .. | .. | .. | .. | .. |
| Other accounts payable | 526 | 526 | 339 | 187 | .. |

*Note:* Detailed metadata at: http://metalinks.oecd.org/instinv/20170516/667f

## Table 2. Financial assets and liabilities of investment funds

*Billion USD*

| | 2008 | 2009 | 2010 | 2011 | 2012 | 2013 | 2014 | 2015 |
|---|---|---|---|---|---|---|---|---|
| **Investment funds** | | | | | | | | |
| Financial net worth | -261 | -227 | -222 | -221 | -224 | -264 | -297 | -337 |
| Financial assets | 10 587 | 12 375 | 13 366 | 13 356 | 15 252 | 17 667 | 18 864 | 18 672 |
| Currency and deposits | 519 | 726 | 616 | 503 | 540 | 585 | 582 | 499 |
| Debt securities | 4 808 | 4 907 | 5 062 | 5 456 | 6 147 | 5 980 | 6 124 | 6 186 |
| Loans | 761 | 654 | 649 | 706 | 787 | 946 | 1 150 | 1 138 |
| Equity and investment fund shares | 4 247 | 5 777 | 6 722 | 6 360 | 7 372 | 9 706 | 10 539 | 10 436 |
| Equity | 4 247 | 5 777 | 6 722 | 6 360 | 7 372 | 9 706 | 10 539 | 10 436 |
| Investment fund shares | .. | .. | .. | .. | .. | .. | .. | .. |
| Money market fund shares | .. | .. | .. | .. | .. | .. | .. | .. |
| Non-Money market fund shares | .. | .. | .. | .. | .. | .. | .. | .. |
| Insurance pension and standardised guarantees | .. | .. | .. | .. | .. | .. | .. | .. |
| Financial derivatives and employee stock options | .. | .. | .. | .. | .. | .. | .. | .. |
| Other accounts receivable | 251 | 311 | 316 | 331 | 407 | 451 | 469 | 413 |
| Financial liabilities | 10 848 | 12 603 | 13 587 | 13 577 | 15 475 | 17 931 | 19 160 | 19 009 |
| Debt securities | 171 | 144 | 145 | 153 | 179 | 355 | 403 | 396 |
| Short-term debt securities | 0 | 0 | 0 | 0 | 0 | 0 | 0 | 0 |
| Long-term debt securities | 171 | 144 | 145 | 153 | 179 | 355 | 403 | 396 |
| Loans | 276 | 286 | 315 | 431 | 542 | 497 | 536 | 520 |
| Short-term loans | 112 | 111 | 139 | 241 | 348 | 282 | 304 | 284 |
| Long-term loans | 164 | 175 | 176 | 190 | 194 | 214 | 231 | 235 |
| Equity and investment fund shares | 10 336 | 12 113 | 13 063 | 12 923 | 14 657 | 17 005 | 18 139 | 18 013 |
| Insurance pension and standardised guarantees | .. | .. | .. | .. | .. | .. | .. | .. |
| Financial derivatives and employee stock options | .. | .. | .. | .. | .. | .. | .. | .. |
| Other accounts payable | 65 | 60 | 64 | 71 | 96 | 74 | 82 | 80 |
| Non-financial assets | 261 | 227 | 222 | 221 | 224 | 264 | 297 | 337 |
| **Money market funds** | | | | | | | | |
| Financial net worth | .. | .. | .. | .. | .. | .. | .. | .. |
| Financial assets | 3 832 | 3 316 | 2 804 | 2 691 | 2 693 | 2 718 | 2 725 | 2 755 |
| Currency and deposits | 501 | 695 | 591 | 475 | 504 | 551 | 544 | 464 |
| Debt securities | 2 740 | 2 103 | 1 700 | 1 692 | 1 605 | 1 634 | 1 510 | 1 582 |
| Loans | 555 | 490 | 489 | 501 | 555 | 502 | 654 | 699 |
| Equity and investment fund shares | .. | .. | .. | .. | .. | .. | .. | .. |
| Equity | .. | .. | .. | .. | .. | .. | .. | .. |
| Investment fund shares | .. | .. | .. | .. | .. | .. | .. | .. |
| Money market fund shares | .. | .. | .. | .. | .. | .. | .. | .. |
| Non-Money market fund shares | .. | .. | .. | .. | .. | .. | .. | .. |
| Insurance pension and standardised guarantees | .. | .. | .. | .. | .. | .. | .. | .. |
| Financial derivatives and employee stock options | .. | .. | .. | .. | .. | .. | .. | .. |
| Other accounts receivable | 36 | 27 | 24 | 23 | 29 | 32 | 17 | 10 |
| Financial liabilities | 3 832 | 3 316 | 2 804 | 2 691 | 2 693 | 2 718 | 2 725 | 2 755 |
| Debt securities | .. | .. | .. | .. | .. | .. | .. | .. |
| Short-term debt securities | .. | .. | .. | .. | .. | .. | .. | .. |
| Long-term debt securities | .. | .. | .. | .. | .. | .. | .. | .. |
| Loans | .. | .. | .. | .. | .. | .. | .. | .. |
| Short-term loans | .. | .. | .. | .. | .. | .. | .. | .. |
| Long-term loans | .. | .. | .. | .. | .. | .. | .. | .. |
| Equity and investment fund shares | 3 832 | 3 316 | 2 804 | 2 691 | 2 693 | 2 718 | 2 725 | 2 755 |
| Insurance pension and standardised guarantees | .. | .. | .. | .. | .. | .. | .. | .. |
| Financial derivatives and employee stock options | .. | .. | .. | .. | .. | .. | .. | .. |
| Other accounts payable | .. | .. | .. | .. | .. | .. | .. | .. |
| Non-financial assets | .. | .. | .. | .. | .. | .. | .. | .. |
| **Non-money market funds** | | | | | | | | |
| Financial net worth | -261 | -227 | -222 | -221 | -224 | -264 | -297 | -337 |
| Financial assets | 6 754 | 9 060 | 10 562 | 10 665 | 12 558 | 14 950 | 16 139 | 15 917 |
| Currency and deposits | 18 | 31 | 25 | 28 | 35 | 34 | 39 | 36 |
| Debt securities | 2 068 | 2 804 | 3 362 | 3 764 | 4 542 | 4 346 | 4 614 | 4 604 |
| Loans | 206 | 165 | 160 | 205 | 232 | 444 | 496 | 438 |
| Equity and investment fund shares | 4 247 | 5 777 | 6 722 | 6 360 | 7 372 | 9 706 | 10 539 | 10 436 |
| Equity | 4 247 | 5 777 | 6 722 | 6 360 | 7 372 | 9 706 | 10 539 | 10 436 |
| Investment fund shares | .. | .. | .. | .. | .. | .. | .. | .. |
| Money market fund shares | .. | .. | .. | .. | .. | .. | .. | .. |
| Non-Money market fund shares | .. | .. | .. | .. | .. | .. | .. | .. |
| Insurance pension and standardised guarantees | .. | .. | .. | .. | .. | .. | .. | .. |
| Financial derivatives and employee stock options | .. | .. | .. | .. | .. | .. | .. | .. |
| Other accounts receivable | 215 | 284 | 293 | 308 | 378 | 419 | 452 | 403 |
| Financial liabilities | 7 015 | 9 287 | 10 784 | 10 886 | 12 782 | 15 213 | 16 436 | 16 254 |
| Debt securities | 171 | 144 | 145 | 153 | 179 | 355 | 403 | 396 |
| Short-term debt securities | 0 | 0 | 0 | 0 | 0 | 0 | 0 | 0 |
| Long-term debt securities | 171 | 144 | 145 | 153 | 179 | 355 | 403 | 396 |
| Loans | 276 | 286 | 315 | 431 | 542 | 497 | 536 | 520 |
| Short-term loans | 112 | 111 | 139 | 241 | 348 | 282 | 304 | 284 |
| Long-term loans | 164 | 175 | 176 | 190 | 194 | 214 | 231 | 235 |
| Equity and investment fund shares | 6 504 | 8 797 | 10 260 | 10 232 | 11 964 | 14 287 | 15 414 | 15 259 |
| Insurance pension and standardised guarantees | .. | .. | .. | .. | .. | .. | .. | .. |
| Financial derivatives and employee stock options | .. | .. | .. | .. | .. | .. | .. | .. |
| Other accounts payable | 65 | 60 | 64 | 71 | 96 | 74 | 82 | 80 |
| Non-financial assets | 261 | 227 | 222 | 221 | 224 | 264 | 297 | 337 |
| **Open-end non-money market funds** | | | | | | | | |
| Financial net worth | .. | .. | .. | .. | .. | .. | .. | .. |
| Financial assets | 6 320 | 8 574 | 10 022 | 9 990 | 11 701 | 14 008 | 15 125 | 14 998 |

## Table 2. Financial assets and liabilities of investment funds *(cont.)*

*Billion USD*

| | 2008 | 2009 | 2010 | 2011 | 2012 | 2013 | 2014 | 2015 |
|---|---|---|---|---|---|---|---|---|
| Currency and deposits | .. | .. | .. | .. | .. | .. | .. | .. |
| Debt securities | 1 854 | 2 547 | 3 054 | 3 342 | 3 985 | 3 877 | 4 132 | 4 176 |
| Loans | 130 | 119 | 115 | 149 | 168 | 229 | 249 | 221 |
| Equity and investment fund shares | 4 175 | 5 689 | 6 626 | 6 265 | 7 271 | 9 592 | 10 419 | 10 335 |
| Equity | 4 175 | 5 689 | 6 626 | 6 265 | 7 271 | 9 592 | 10 419 | 10 335 |
| Investment fund shares | .. | .. | .. | .. | .. | .. | .. | .. |
| Money market fund shares | .. | .. | .. | .. | .. | .. | .. | .. |
| Non-Money market fund shares | .. | .. | .. | .. | .. | .. | .. | .. |
| Insurance pension and standardised guarantees | .. | .. | .. | .. | .. | .. | .. | .. |
| Financial derivatives and employee stock options | .. | .. | .. | .. | .. | .. | .. | .. |
| Other accounts receivable | 161 | 219 | 227 | 234 | 277 | 310 | 325 | 266 |
| Financial liabilities | 6 320 | 8 574 | 10 022 | 9 990 | 11 701 | 14 008 | 15 125 | 14 998 |
| Debt securities | .. | .. | .. | .. | .. | .. | .. | .. |
| Short-term debt securities | .. | .. | .. | .. | .. | .. | .. | .. |
| Long-term debt securities | .. | .. | .. | .. | .. | .. | .. | .. |
| Loans | .. | .. | .. | .. | .. | .. | .. | .. |
| Short-term loans | .. | .. | .. | .. | .. | .. | .. | .. |
| Long-term loans | .. | .. | .. | .. | .. | .. | .. | .. |
| Equity and investment fund shares | 6 320 | 8 574 | 10 022 | 9 990 | 11 701 | 14 008 | 15 125 | 14 998 |
| Insurance pension and standardised guarantees | .. | .. | .. | .. | .. | .. | .. | .. |
| Financial derivatives and employee stock options | .. | .. | .. | .. | .. | .. | .. | .. |
| Other accounts payable | .. | .. | .. | .. | .. | .. | .. | .. |
| Non-financial assets | .. | .. | .. | .. | .. | .. | .. | .. |
| **Open-end investment funds** | | | | | | | | |
| Financial net worth | .. | .. | .. | .. | .. | .. | .. | .. |
| Financial assets | 10 152 | 11 890 | 12 825 | 12 680 | 14 394 | 16 725 | 17 850 | 17 753 |
| Currency and deposits | 501 | 695 | 591 | 475 | 504 | 551 | 544 | 464 |
| Debt securities | 4 595 | 4 650 | 4 755 | 5 034 | 5 590 | 5 510 | 5 642 | 5 758 |
| Loans | 685 | 608 | 604 | 650 | 722 | 731 | 903 | 920 |
| Equity and investment fund shares | 4 175 | 5 689 | 6 626 | 6 265 | 7 271 | 9 592 | 10 419 | 10 335 |
| Equity | 4 175 | 5 689 | 6 626 | 6 265 | 7 271 | 9 592 | 10 419 | 10 335 |
| Investment fund shares | .. | .. | .. | .. | .. | .. | .. | .. |
| Money market fund shares | .. | .. | .. | .. | .. | .. | .. | .. |
| Non-Money market fund shares | .. | .. | .. | .. | .. | .. | .. | .. |
| Insurance pension and standardised guarantees | .. | .. | .. | .. | .. | .. | .. | .. |
| Financial derivatives and employee stock options | .. | .. | .. | .. | .. | .. | .. | .. |
| Other accounts receivable | 197 | 246 | 250 | 256 | 306 | 342 | 342 | 276 |
| Financial liabilities | 10 152 | 11 890 | 12 825 | 12 680 | 14 394 | 16 725 | 17 850 | 17 753 |
| Debt securities | .. | .. | .. | .. | .. | .. | .. | .. |
| Short-term debt securities | .. | .. | .. | .. | .. | .. | .. | .. |
| Long-term debt securities | .. | .. | .. | .. | .. | .. | .. | .. |
| Loans | .. | .. | .. | .. | .. | .. | .. | .. |
| Short-term loans | .. | .. | .. | .. | .. | .. | .. | .. |
| Long-term loans | .. | .. | .. | .. | .. | .. | .. | .. |
| Equity and investment fund shares | 10 152 | 11 890 | 12 825 | 12 680 | 14 394 | 16 725 | 17 850 | 17 753 |
| Insurance pension and standardised guarantees | .. | .. | .. | .. | .. | .. | .. | .. |
| Financial derivatives and employee stock options | .. | .. | .. | .. | .. | .. | .. | .. |
| Other accounts payable | .. | .. | .. | .. | .. | .. | .. | .. |
| Non-financial assets | .. | .. | .. | .. | .. | .. | .. | .. |

*Note:* Detailed metadata at: http://metalinks.oecd.org/instinv/20170516/667f

## Table 3. Financial assets and liabilities of insurance corporations and pension funds

*Billion USD*

| | 2008 | 2009 | 2010 | 2011 | 2012 | 2013 | 2014 | 2015 |
|---|---|---|---|---|---|---|---|---|
| **Insurance corporations and pension funds** | | | | | | | | |
| Financial net worth | 99 | 412 | 556 | 777 | 821 | 589 | 724 | 635 |
| Financial assets | 17 930 | 19 610 | 21 474 | 22 190 | 23 413 | 24 907 | 26 006 | 26 515 |
| Currency and deposits | 183 | 151 | 165 | 168 | 174 | 165 | 183 | 190 |
| Debt securities | 5 624 | 6 104 | 6 591 | 7 039 | 7 353 | 7 551 | 7 900 | 7 996 |
| Loans | 573 | 528 | 522 | 534 | 549 | 568 | 602 | 640 |
| Equity and investment fund shares | 6 148 | 7 570 | 8 516 | 8 243 | 9 128 | 10 872 | 11 310 | 11 044 |
| Equity | 3 098 | 3 755 | 4 237 | 4 078 | 4 534 | 5 417 | 5 595 | 5 347 |
| Investment fund shares | 3 050 | 3 815 | 4 279 | 4 165 | 4 593 | 5 454 | 5 715 | 5 697 |
| Money market fund shares | 350 | 310 | 277 | 296 | 271 | 273 | 279 | 280 |
| Non-Money market fund shares | 2 699 | 3 505 | 4 002 | 3 870 | 4 323 | 5 181 | 5 436 | 5 417 |
| Insurance pension and standardised guarantees | 4 113 | 4 023 | 4 377 | 4 785 | 4 740 | 4 226 | 4 372 | 4 920 |
| Financial derivatives and employee stock options | .. | .. | .. | .. | .. | .. | .. | .. |
| Other accounts receivable | 1 290 | 1 234 | 1 304 | 1 422 | 1 468 | 1 526 | 1 639 | 1 724 |
| Financial liabilities | 17 831 | 19 198 | 20 918 | 21 413 | 22 592 | 24 318 | 25 282 | 25 879 |
| Debt securities | .. | .. | .. | .. | .. | .. | .. | .. |
| Short-term debt securities | .. | .. | .. | .. | .. | .. | .. | .. |
| Long-term debt securities | .. | .. | .. | .. | .. | .. | .. | .. |
| Loans | 67 | 61 | 56 | 61 | 66 | 75 | 77 | 85 |
| Short-term loans | 67 | 61 | 56 | 61 | 66 | 75 | 77 | 85 |
| Long-term loans | .. | .. | .. | .. | .. | .. | .. | .. |
| Equity and investment fund shares | 495 | 570 | 639 | 587 | 584 | 646 | 707 | 667 |
| Insurance pension and standardised guarantees | 16 695 | 18 110 | 19 781 | 20 339 | 21 407 | 23 015 | 23 890 | 24 529 |
| Financial derivatives and employee stock options | .. | .. | .. | .. | .. | .. | .. | .. |
| Other accounts payable | 451 | 369 | 363 | 356 | 465 | 521 | 539 | 526 |
| Non-financial assets | 257 | 248 | 243 | 247 | 249 | 257 | 262 | 267 |
| **Insurance corporations** | | | | | | | | |
| Financial net worth | 229 | 553 | 699 | 925 | 982 | 772 | 917 | 820 |
| Financial assets | 5 823 | 6 448 | 6 941 | 7 284 | 7 667 | 7 935 | 8 365 | 8 298 |
| Currency and deposits | 111 | 78 | 84 | 78 | 93 | 77 | 86 | 91 |
| Debt securities | 2 970 | 3 459 | 3 730 | 4 002 | 4 120 | 4 030 | 4 251 | 4 191 |
| Loans | 526 | 487 | 478 | 495 | 511 | 530 | 562 | 603 |
| Equity and investment fund shares | 1 509 | 1 801 | 1 986 | 1 975 | 2 197 | 2 533 | 2 626 | 2 537 |
| Equity | 512 | 567 | 589 | 607 | 685 | 795 | 834 | 807 |
| Investment fund shares | 997 | 1 233 | 1 397 | 1 368 | 1 512 | 1 737 | 1 792 | 1 730 |
| Money market fund shares | 133 | 109 | 85 | 88 | 83 | 70 | 72 | 78 |
| Non-Money market fund shares | 864 | 1 124 | 1 313 | 1 280 | 1 429 | 1 668 | 1 720 | 1 652 |
| Insurance pension and standardised guarantees | 28 | 23 | 25 | 25 | 26 | 29 | 30 | 32 |
| Financial derivatives and employee stock options | .. | .. | .. | .. | .. | .. | .. | .. |
| Other accounts receivable | 680 | 601 | 637 | 708 | 721 | 736 | 810 | 846 |
| Financial liabilities | 5 595 | 5 895 | 6 242 | 6 359 | 6 685 | 7 163 | 7 449 | 7 479 |
| Debt securities | .. | .. | .. | .. | .. | .. | .. | .. |
| Short-term debt securities | .. | .. | .. | .. | .. | .. | .. | .. |
| Long-term debt securities | .. | .. | .. | .. | .. | .. | .. | .. |
| Loans | 67 | 61 | 56 | 61 | 66 | 75 | 77 | 85 |
| Short-term loans | 67 | 61 | 56 | 61 | 66 | 75 | 77 | 85 |
| Long-term loans | .. | .. | .. | .. | .. | .. | .. | .. |
| Equity and investment fund shares | 495 | 570 | 639 | 587 | 584 | 646 | 707 | 667 |
| Insurance pension and standardised guarantees | 4 460 | 4 807 | 5 106 | 5 285 | 5 501 | 5 860 | 6 056 | 6 129 |
| Financial derivatives and employee stock options | .. | .. | .. | .. | .. | .. | .. | .. |
| Other accounts payable | 451 | 369 | 363 | 356 | 465 | 521 | 539 | 526 |
| Non-financial assets | 250 | 242 | 237 | 240 | 243 | 251 | 255 | 260 |
| **Pension funds** | | | | | | | | |
| Financial net worth | -129 | -141 | -143 | -147 | -161 | -183 | -193 | -184 |
| Financial assets | 12 107 | 13 162 | 14 533 | 14 906 | 15 745 | 16 972 | 17 641 | 18 216 |
| Currency and deposits | 72 | 73 | 80 | 90 | 81 | 88 | 97 | 99 |
| Debt securities | 2 654 | 2 645 | 2 861 | 3 037 | 3 233 | 3 520 | 3 649 | 3 806 |
| Loans | 46 | 41 | 44 | 39 | 39 | 38 | 41 | 37 |
| Equity and investment fund shares | 4 639 | 5 770 | 6 530 | 6 267 | 6 931 | 8 339 | 8 684 | 8 508 |
| Equity | 2 587 | 3 187 | 3 648 | 3 470 | 3 850 | 4 622 | 4 761 | 4 540 |
| Investment fund shares | 2 053 | 2 582 | 2 882 | 2 797 | 3 081 | 3 717 | 3 923 | 3 968 |
| Money market fund shares | 217 | 202 | 192 | 208 | 187 | 203 | 207 | 203 |
| Non-Money market fund shares | 1 836 | 2 381 | 2 690 | 2 589 | 2 894 | 3 513 | 3 716 | 3 765 |
| Insurance pension and standardised guarantees | 4 085 | 4 000 | 4 351 | 4 760 | 4 715 | 4 198 | 4 342 | 4 888 |
| Financial derivatives and employee stock options | .. | .. | .. | .. | .. | .. | .. | .. |
| Other accounts receivable | 610 | 634 | 667 | 714 | 747 | 790 | 829 | 878 |
| Financial liabilities | 12 236 | 13 303 | 14 676 | 15 054 | 15 906 | 17 155 | 17 834 | 18 401 |
| Debt securities | .. | .. | .. | .. | .. | .. | .. | .. |
| Short-term debt securities | .. | .. | .. | .. | .. | .. | .. | .. |
| Long-term debt securities | .. | .. | .. | .. | .. | .. | .. | .. |
| Loans | .. | .. | .. | .. | .. | .. | .. | .. |
| Short-term loans | .. | .. | .. | .. | .. | .. | .. | .. |
| Long-term loans | .. | .. | .. | .. | .. | .. | .. | .. |
| Equity and investment fund shares | .. | .. | .. | .. | .. | .. | .. | .. |
| Insurance pension and standardised guarantees | 12 236 | 13 303 | 14 676 | 15 054 | 15 906 | 17 155 | 17 834 | 18 401 |
| Financial derivatives and employee stock options | .. | .. | .. | .. | .. | .. | .. | .. |
| Other accounts payable | .. | .. | .. | .. | .. | .. | .. | .. |
| Non-financial assets | 7 | 6 | 6 | 6 | 7 | 7 | 7 | 7 |

*Note:* Detailed metadata at: http://metalinks.oecd.org/instinv/20170516/667f

## Table 4. Portfolio composition by type of investor

As percentage of financial assets and of financial liabilities

*Per cent*

| | 2008 | 2009 | 2010 | 2011 | 2012 | 2013 | 2014 | 2015 |
|---|---|---|---|---|---|---|---|---|
| **Investment funds** | | | | | | | | |
| Financial assets | 100.0 | 100.0 | 100.0 | 100.0 | 100.0 | 100.0 | 100.0 | 100.0 |
| Currency and deposits | 4.9 | 5.9 | 4.6 | 3.8 | 3.5 | 3.3 | 3.1 | 2.7 |
| Debt securities | 45.4 | 39.7 | 37.9 | 40.9 | 40.3 | 33.8 | 32.5 | 33.1 |
| Loans | 7.2 | 5.3 | 4.9 | 5.3 | 5.2 | 5.4 | 6.1 | 6.1 |
| Equity and investment fund shares | 40.1 | 46.7 | 50.3 | 47.6 | 48.3 | 54.9 | 55.9 | 55.9 |
| Insurance pension and standardised guarantee schemes | 0.0 | 0.0 | 0.0 | 0.0 | 0.0 | 0.0 | 0.0 | 0.0 |
| Financial derivatives and employee stock options | 0.0 | 0.0 | 0.0 | 0.0 | 0.0 | 0.0 | 0.0 | 0.0 |
| Other accounts receivable | 2.4 | 2.5 | 2.4 | 2.5 | 2.7 | 2.6 | 2.5 | 2.2 |
| Financial liabilities | 100.0 | 100.0 | 100.0 | 100.0 | 100.0 | 100.0 | 100.0 | 100.0 |
| Currency and deposits | 0.0 | 0.0 | 0.0 | 0.0 | 0.0 | 0.0 | 0.0 | 0.0 |
| Debt securities | 1.6 | 1.1 | 1.1 | 1.1 | 1.2 | 2.0 | 2.1 | 2.1 |
| Loans | 2.5 | 2.3 | 2.3 | 3.2 | 3.5 | 2.8 | 2.8 | 2.7 |
| Equity and investment fund shares | 95.3 | 96.1 | 96.1 | 95.2 | 94.7 | 94.8 | 94.7 | 94.8 |
| Insurance pension and standardised guarantee schemes | 0.0 | 0.0 | 0.0 | 0.0 | 0.0 | 0.0 | 0.0 | 0.0 |
| Financial derivatives and employee stock options | 0.0 | 0.0 | 0.0 | 0.0 | 0.0 | 0.0 | 0.0 | 0.0 |
| Other accounts receivable | 0.6 | 0.5 | 0.5 | 0.5 | 0.6 | 0.4 | 0.4 | 0.4 |
| **Insurance corporations** | | | | | | | | |
| Financial assets | 100.0 | 100.0 | 100.0 | 100.0 | 100.0 | 100.0 | 100.0 | 100.0 |
| Currency and deposits | 1.9 | 1.2 | 1.2 | 1.1 | 1.2 | 1.0 | 1.0 | 1.1 |
| Debt securities | 51.0 | 53.6 | 53.7 | 54.9 | 53.7 | 50.8 | 50.8 | 50.5 |
| Loans | 9.0 | 7.5 | 6.9 | 6.8 | 6.7 | 6.7 | 6.7 | 7.3 |
| Equity and investment fund shares | 25.9 | 27.9 | 28.6 | 27.1 | 28.7 | 31.9 | 31.4 | 30.6 |
| Insurance pension and standardised guarantee schemes | 0.5 | 0.4 | 0.4 | 0.3 | 0.3 | 0.4 | 0.4 | 0.4 |
| Financial derivatives and employee stock options | 0.0 | 0.0 | 0.0 | 0.0 | 0.0 | 0.0 | 0.0 | 0.0 |
| Other accounts receivable | 11.7 | 9.3 | 9.2 | 9.7 | 9.4 | 9.3 | 9.7 | 10.2 |
| Financial liabilities | 100.0 | 100.0 | 100.0 | 100.0 | 100.0 | 100.0 | 100.0 | 100.0 |
| Currency and deposits | 2.2 | 1.5 | 1.3 | 1.1 | 1.0 | 0.9 | 0.9 | 1.0 |
| Debt securities | 0.0 | 0.0 | 0.0 | 0.0 | 0.0 | 0.0 | 0.0 | 0.0 |
| Loans | 1.2 | 1.0 | 0.9 | 1.0 | 1.0 | 1.0 | 1.0 | 1.1 |
| Equity and investment fund shares | 8.9 | 9.7 | 10.2 | 9.2 | 8.7 | 9.0 | 9.5 | 8.9 |
| Insurance pension and standardised guarantee schemes | 79.7 | 81.5 | 81.8 | 83.1 | 82.3 | 81.8 | 81.3 | 81.9 |
| Financial derivatives and employee stock options | 0.0 | 0.0 | 0.0 | 0.0 | 0.0 | 0.0 | 0.0 | 0.0 |
| Other accounts receivable | 8.1 | 6.3 | 5.8 | 5.6 | 7.0 | 7.3 | 7.2 | 7.0 |
| **Pension funds** | | | | | | | | |
| Financial assets | 100.0 | 100.0 | 100.0 | 100.0 | 100.0 | 100.0 | 100.0 | 100.0 |
| Currency and deposits | 0.6 | 0.6 | 0.6 | 0.6 | 0.5 | 0.5 | 0.5 | 0.5 |
| Debt securities | 21.9 | 20.1 | 19.7 | 20.4 | 20.5 | 20.7 | 20.7 | 20.9 |
| Loans | 0.4 | 0.3 | 0.3 | 0.3 | 0.2 | 0.2 | 0.2 | 0.2 |
| Equity and investment fund shares | 38.3 | 43.8 | 44.9 | 42.0 | 44.0 | 49.1 | 49.2 | 46.7 |
| Insurance pension and standardised guarantee schemes | 33.7 | 30.4 | 29.9 | 31.9 | 29.9 | 24.7 | 24.6 | 26.8 |
| Financial derivatives and employee stock options | 0.0 | 0.0 | 0.0 | 0.0 | 0.0 | 0.0 | 0.0 | 0.0 |
| Other accounts receivable | 5.0 | 4.8 | 4.6 | 4.8 | 4.7 | 4.7 | 4.7 | 4.8 |
| Financial liabilities | 100.0 | 100.0 | 100.0 | 100.0 | 100.0 | 100.0 | 100.0 | 100.0 |
| Currency and deposits | 0.0 | 0.0 | 0.0 | 0.0 | 0.0 | 0.0 | 0.0 | 0.0 |
| Debt securities | 0.0 | 0.0 | 0.0 | 0.0 | 0.0 | 0.0 | 0.0 | 0.0 |
| Loans | 0.0 | 0.0 | 0.0 | 0.0 | 0.0 | 0.0 | 0.0 | 0.0 |
| Equity and investment fund shares | 0.0 | 0.0 | 0.0 | 0.0 | 0.0 | 0.0 | 0.0 | 0.0 |
| Insurance pension and standardised guarantee schemes | 100.0 | 100.0 | 100.0 | 100.0 | 100.0 | 100.0 | 100.0 | 100.0 |
| Financial derivatives and employee stock options | 0.0 | 0.0 | 0.0 | 0.0 | 0.0 | 0.0 | 0.0 | 0.0 |
| Other accounts receivable | 0.0 | 0.0 | 0.0 | 0.0 | 0.0 | 0.0 | 0.0 | 0.0 |

*Note:* Detailed metadata at: http://metalinks.oecd.org/instinv/20170516/f09d

# LITHUANIA

## Table 1. Financial assets and liabilities of institutional investors, 2015

*Million EUR (2015)*

| | Investment funds | | | | |
|---|---|---|---|---|---|
| | Total | Non-money market funds | | | Money market funds |
| | | Total | Open-end non-money market funds | Closed-end non-money market funds | Total |
| Financial assets | 354 | 354 | 180 | 175 | 0 |
| Currency and deposits | 44 | 44 | 31 | 14 | 0 |
| Debt securities | 113 | 113 | 21 | 92 | 0 |
| Debt securities, short term | 18 | 18 | 3 | 14 | 0 |
| Debt securities, long term | 95 | 95 | 18 | 78 | 0 |
| Debt securities issued by residents | 97 | 97 | 18 | 79 | 0 |
| Debt securities issued by non-residents | 16 | 16 | 3 | 13 | 0 |
| Loans | 11 | 11 | 0 | 11 | 0 |
| Loans, short-term | 0 | 0 | 0 | 0 | 0 |
| Loans, long-term | 11 | 11 | 0 | 11 | 0 |
| Loans granted to residents | 8 | 8 | 0 | 8 | 0 |
| Loans granted to non-residents | 3 | 3 | 0 | 3 | 0 |
| Equity and investment fund shares/units | 178 | 178 | 126 | 52 | 0 |
| Equity and investment fund shares issued/units by residents | 49 | 49 | 34 | 14 | 0 |
| Equity and investment fund shares/units issued by non residents | 130 | 130 | 92 | 38 | 0 |
| Other accounts receivable | 6 | 6 | 1 | 5 | 0 |

| | Investment funds | | | | |
|---|---|---|---|---|---|
| | Total | Non-money market funds | | | Money market funds |
| | | Total | Open-end non-money market funds | Closed-end non-money market funds | Total |
| Financial liabilities | 401 | 401 | 183 | 218 | 0 |
| Currency and deposits | 0 | 0 | .. | .. | 0 |
| Debt securities | 0 | 0 | 0 | 0 | 0 |
| Debt securities, short term | 0 | 0 | .. | .. | 0 |
| Debt securities, long term | 0 | 0 | .. | .. | 0 |
| Loans | 5 | 5 | 0 | 5 | 0 |
| Loans, short-term | 0 | 0 | 0 | 0 | 0 |
| Loans, long-term | 5 | 5 | 0 | 5 | 0 |
| Equity and investment fund shares/units | 390 | 390 | 181 | 209 | 0 |
| Insurance pension and standardised guaratees | 0 | 0 | .. | .. | 0 |
| Financial derivatives and employee stock options | 0 | 0 | 0 | 0 | 0 |
| Other accounts payable | 5 | 5 | 2 | 3 | 0 |

| | Insurance corporations and pension funds | | | | |
|---|---|---|---|---|---|
| | Total | Insurance corporations | | | Pension funds |
| | | Total | Life insurance corporations | Non-life insurance corporations | Total |
| Financial assets | 3 254 | 1 068 | .. | .. | 2 186 |
| Currency and deposits | 275 | 71 | .. | .. | 204 |
| Debt securities | 1 342 | 463 | .. | .. | 879 |
| Debt securities, short-term | 0 | 0 | .. | .. | 0 |
| Debt securities, long term | 1 342 | 463 | .. | .. | 879 |
| Debt securities issued by residents | 798 | 313 | .. | .. | 484 |
| Debt securities issued by non-residents | 544 | 149 | .. | .. | 395 |
| Loans | 1 | 1 | .. | .. | 0 |
| Loans, short-term | 0 | 0 | .. | .. | 0 |
| Loans, long-term | 1 | 1 | .. | .. | 0 |
| Loans granted to residents | 1 | 1 | .. | .. | 0 |
| Loans granted to non-residents | 0 | 0 | .. | .. | 0 |
| Equity and investment fund shares/units | 1 498 | 397 | .. | .. | 1 101 |
| Equity and investment fund shares/units issued by residents | 101 | 82 | .. | .. | 19 |
| Equity and investment fund shares/units issued by non residents | 1 397 | 315 | .. | .. | 1 082 |
| Other accounts receivable | 120 | 119 | .. | .. | 2 |

| | Insurance corporations and pension funds | | | | |
|---|---|---|---|---|---|
| | Total | Insurance corporations | | | Pension funds |
| | | Total | Life insurance corporations | Non-life insurance corporations | Total |
| Financial liabilities | 3 690 | 1 504 | .. | .. | 2 186 |
| Currency and deposits | 0 | 0 | .. | .. | 0 |
| Debt securities | 0 | 0 | .. | .. | 0 |
| Debt securities, short term | 0 | 0 | .. | .. | 0 |
| Debt securities, long term | 0 | 0 | .. | .. | 0 |
| Loans | 83 | 83 | .. | .. | 0 |
| Loans, short-term | 13 | 13 | .. | .. | 0 |
| Loans, long-term | 70 | 70 | .. | .. | 0 |
| Equity and investment fund shares/units | 197 | 197 | .. | .. | 0 |
| Insurance pension and standardised guaratees | 3 324 | 1 145 | .. | .. | 2 179 |
| Financial derivatives and employee stock options | 1 | 1 | .. | .. | 0 |
| Other accounts payable | 85 | 78 | .. | .. | 6 |

*Note:* Detailed metadata at: http://metalinks.oecd.org/instinv/20170516/f307

## Table 2. Financial assets and liabilities of investment funds

*Million EUR*

| | 2008 | 2009 | 2010 | 2011 | 2012 | 2013 | 2014 | 2015 |
|---|---|---|---|---|---|---|---|---|
| **Investment funds** | | | | | | | | |
| Financial net worth | 0 | 0 | 0 | 0 | -4 | -4 | -16 | -47 |
| Financial assets | 113 | 133 | 181 | 151 | 182 | 240 | 292 | 354 |
| Currency and deposits | 17 | 20 | 13 | 10 | 11 | 27 | 36 | 44 |
| Debt securities | 22 | 21 | 36 | 34 | 42 | 81 | 99 | 113 |
| Loans | 0 | 0 | 0 | 0 | 1 | 4 | 11 | 11 |
| Equity and investment fund shares | 73 | 92 | 132 | 106 | 126 | 129 | 143 | 178 |
| Equity | 37 | 33 | 50 | 36 | 47 | 52 | 61 | 86 |
| Investment fund shares | 36 | 60 | 83 | 70 | 80 | 77 | 82 | 92 |
| Money market fund shares | 0 | 0 | 2 | 0 | 0 | 0 | 0 | 0 |
| Non-Money market fund shares | 36 | 59 | 81 | 70 | 80 | 77 | 82 | 92 |
| Insurance pension and standardised guarantees | 0 | 0 | 0 | 0 | 0 | 0 | 0 | 0 |
| Financial derivatives and employee stock options | 1 | 0 | 0 | 0 | 0 | 0 | 0 | 1 |
| Other accounts receivable | 0 | 0 | 0 | 0 | 1 | 0 | 4 | 6 |
| Financial liabilities | 113 | 133 | 181 | 151 | 186 | 244 | 309 | 401 |
| Debt securities | 0 | 0 | 0 | 0 | 0 | 0 | 0 | 0 |
| Short-term debt securities | 0 | 0 | 0 | 0 | 0 | 0 | 0 | 0 |
| Long-term debt securities | 0 | 0 | 0 | 0 | 0 | 0 | 0 | 0 |
| Loans | 2 | 0 | 3 | 2 | 1 | 5 | 17 | 5 |
| Short-term loans | 2 | 0 | 3 | 1 | 0 | 5 | 0 | 0 |
| Long-term loans | 0 | 0 | 0 | 1 | 0 | 0 | 16 | 5 |
| Equity and investment fund shares | 110 | 133 | 177 | 148 | 184 | 237 | 285 | 390 |
| Insurance pension and standardised guarantees | 0 | 0 | 0 | 0 | 0 | 0 | 0 | 0 |
| Financial derivatives and employee stock options | 1 | 0 | 0 | 0 | 0 | 0 | 0 | 0 |
| Other accounts payable | 0 | 0 | 1 | 0 | 2 | 2 | 7 | 5 |
| Non-financial assets | .. | .. | .. | .. | .. | 4 | 19 | 47 |
| **Money market funds** | | | | | | | | |
| Financial net worth | 0 | 0 | 0 | 0 | 0 | 0 | 0 | 0 |
| Financial assets | 10 | 18 | 23 | 15 | 12 | 0 | 0 | 0 |
| Currency and deposits | 3 | 5 | 3 | 4 | 4 | 0 | 0 | 0 |
| Debt securities | 7 | 12 | 20 | 11 | 7 | 0 | 0 | 0 |
| Loans | 0 | 0 | 0 | 0 | 0 | 0 | 0 | 0 |
| Equity and investment fund shares | 0 | 0 | 0 | 0 | 0 | 0 | 0 | 0 |
| Equity | 0 | 0 | 0 | 0 | 0 | 0 | 0 | 0 |
| Investment fund shares | 0 | 0 | 0 | 0 | 0 | 0 | 0 | 0 |
| Money market fund shares | 0 | 0 | 0 | 0 | 0 | 0 | 0 | 0 |
| Non-Money market fund shares | 0 | 0 | 0 | 0 | 0 | 0 | 0 | 0 |
| Insurance pension and standardised guarantees | 0 | 0 | 0 | 0 | 0 | 0 | 0 | 0 |
| Financial derivatives and employee stock options | 0 | 0 | 0 | 0 | 0 | 0 | 0 | 0 |
| Other accounts receivable | 0 | 0 | 0 | 0 | 0 | 0 | 0 | 0 |
| Financial liabilities | 10 | 18 | 23 | 15 | 12 | 0 | 0 | 0 |
| Debt securities | 0 | 0 | 0 | 0 | 0 | 0 | 0 | 0 |
| Short-term debt securities | 0 | 0 | 0 | 0 | 0 | 0 | 0 | 0 |
| Long-term debt securities | 0 | 0 | 0 | 0 | 0 | 0 | 0 | 0 |
| Loans | 0 | 0 | 0 | 0 | 0 | 0 | 0 | 0 |
| Short-term loans | 0 | 0 | 0 | 0 | 0 | 0 | 0 | 0 |
| Long-term loans | 0 | 0 | 0 | 0 | 0 | 0 | 0 | 0 |
| Equity and investment fund shares | 10 | 18 | 23 | 15 | 12 | 0 | 0 | 0 |
| Insurance pension and standardised guarantees | 0 | 0 | 0 | 0 | 0 | 0 | 0 | 0 |
| Financial derivatives and employee stock options | 0 | 0 | 0 | 0 | 0 | 0 | 0 | 0 |
| Other accounts payable | 0 | 0 | 0 | 0 | 0 | 0 | 0 | 0 |
| Non-financial assets | .. | .. | .. | .. | .. | .. | .. | .. |
| **Non-money market funds** | | | | | | | | |
| Financial net worth | 0 | 0 | 0 | 0 | -4 | -4 | -16 | -47 |
| Financial assets | 103 | 116 | 158 | 136 | 170 | 240 | 292 | 354 |
| Currency and deposits | 13 | 15 | 10 | 6 | 7 | 27 | 36 | 44 |
| Debt securities | 15 | 8 | 16 | 24 | 35 | 81 | 99 | 113 |
| Loans | 0 | 0 | 0 | 0 | 1 | 4 | 11 | 11 |
| Equity and investment fund shares | 73 | 92 | 132 | 106 | 126 | 129 | 143 | 178 |
| Equity | 37 | 33 | 50 | 36 | 47 | 52 | 61 | 86 |
| Investment fund shares | 36 | 59 | 82 | 70 | 80 | 77 | 82 | 92 |
| Money market fund shares | 0 | 0 | 2 | 0 | 0 | 0 | 0 | 0 |
| Non-Money market fund shares | 36 | 59 | 80 | 70 | 80 | 77 | 82 | 92 |
| Insurance pension and standardised guarantees | 0 | 0 | 0 | 0 | 0 | 0 | 0 | 0 |
| Financial derivatives and employee stock options | 1 | 0 | 0 | 0 | 0 | 0 | 0 | 1 |
| Other accounts receivable | 0 | 0 | 0 | 0 | 1 | 0 | 4 | 6 |
| Financial liabilities | 103 | 116 | 158 | 136 | 174 | 244 | 309 | 401 |
| Debt securities | 0 | 0 | 0 | 0 | 0 | 0 | 0 | 0 |
| Short-term debt securities | 0 | 0 | 0 | 0 | 0 | 0 | 0 | 0 |
| Long-term debt securities | 0 | 0 | 0 | 0 | 0 | 0 | 0 | 0 |
| Loans | 2 | 0 | 3 | 2 | 1 | 5 | 17 | 5 |
| Short-term loans | 2 | 0 | 3 | 1 | 0 | 5 | 0 | 0 |
| Long-term loans | 0 | 0 | 0 | 1 | 0 | 0 | 16 | 5 |
| Equity and investment fund shares | 100 | 115 | 154 | 133 | 172 | 237 | 285 | 390 |
| Insurance pension and standardised guarantees | 0 | 0 | 0 | 0 | 0 | 0 | 0 | 0 |
| Financial derivatives and employee stock options | 1 | 0 | 0 | 0 | 0 | 0 | 0 | 0 |
| Other accounts payable | 0 | 0 | 1 | 0 | 2 | 2 | 7 | 5 |
| Non-financial assets | 0 | 0 | 0 | 0 | 4 | 4 | 19 | 47 |
| **Open-end non-money market funds** | | | | | | | | |
| Financial net worth | .. | .. | .. | .. | 0 | 0 | 0 | -3 |
| Financial assets | .. | .. | .. | .. | 128 | 155 | 158 | 180 |

## Table 2. Financial assets and liabilities of investment funds *(cont.)*

*Million EUR*

| | 2008 | 2009 | 2010 | 2011 | 2012 | 2013 | 2014 | 2015 |
|---|---|---|---|---|---|---|---|---|
| Currency and deposits | .. | .. | .. | .. | 4 | 22 | 24 | 31 |
| Debt securities | .. | .. | .. | .. | 16 | 24 | 24 | 21 |
| Loans | .. | .. | .. | .. | 0 | 0 | 0 | 0 |
| Equity and investment fund shares | .. | .. | .. | .. | 107 | 109 | 110 | 126 |
| Equity | .. | .. | .. | .. | 40 | 44 | 47 | 61 |
| Investment fund shares | .. | .. | .. | .. | 68 | 65 | 63 | 65 |
| Money market fund shares | .. | .. | .. | .. | 0 | 0 | 0 | 0 |
| Non-Money market fund shares | .. | .. | .. | .. | 68 | 65 | 63 | 65 |
| Insurance pension and standardised guarantees | .. | .. | .. | .. | .. | .. | .. | .. |
| Financial derivatives and employee stock options | .. | .. | .. | .. | 0 | 0 | 0 | 0 |
| Other accounts receivable | .. | .. | .. | .. | 0 | 0 | 1 | 1 |
| Financial liabilities | .. | .. | .. | .. | 128 | 155 | 159 | 183 |
| Debt securities | .. | .. | .. | .. | 0 | 0 | 0 | 0 |
| Short-term debt securities | .. | .. | .. | .. | .. | .. | .. | .. |
| Long-term debt securities | .. | .. | .. | .. | .. | .. | .. | .. |
| Loans | .. | .. | .. | .. | 0 | 0 | 0 | 0 |
| Short-term loans | .. | .. | .. | .. | 0 | 0 | 0 | 0 |
| Long-term loans | .. | .. | .. | .. | 0 | 0 | 0 | 0 |
| Equity and investment fund shares | .. | .. | .. | .. | 126 | 154 | 158 | 181 |
| Insurance pension and standardised guarantees | .. | .. | .. | .. | .. | .. | .. | .. |
| Financial derivatives and employee stock options | .. | .. | .. | .. | 0 | 0 | 0 | 0 |
| Other accounts payable | .. | .. | .. | .. | 2 | 1 | 0 | 2 |
| Non-financial assets | .. | .. | .. | .. | 0 | 0 | 0 | 3 |
| **Open-end investment funds** | | | | | | | | |
| Financial net worth | 0 | 0 | 0 | 0 | .. | 0 | 0 | -3 |
| Financial assets | 112 | 124 | 161 | 129 | .. | 155 | 158 | 180 |
| Currency and deposits | 17 | 20 | 9 | 10 | .. | 22 | 24 | 31 |
| Debt securities | 22 | 17 | 29 | 24 | .. | 24 | 24 | 21 |
| Loans | 0 | 0 | 0 | 0 | .. | 0 | 0 | 0 |
| Equity and investment fund shares | 72 | 87 | 122 | 95 | .. | 109 | 110 | 126 |
| Equity | 37 | 31 | 46 | 32 | .. | 44 | 47 | 61 |
| Investment fund shares | 35 | 56 | 76 | 63 | .. | 65 | 63 | 65 |
| Money market fund shares | 0 | 0 | 2 | 0 | .. | 0 | 0 | 0 |
| Non-Money market fund shares | 35 | 56 | 74 | 63 | .. | 65 | 63 | 65 |
| Insurance pension and standardised guarantees | .. | .. | .. | .. | .. | .. | .. | .. |
| Financial derivatives and employee stock options | 1 | 0 | 0 | 0 | .. | 0 | 0 | 0 |
| Other accounts receivable | 0 | 0 | 0 | 0 | .. | 0 | 1 | 1 |
| Financial liabilities | 112 | 124 | 161 | 129 | .. | 155 | 159 | 183 |
| Debt securities | 0 | 0 | 0 | 0 | .. | 0 | 0 | 0 |
| Short-term debt securities | .. | .. | .. | .. | .. | .. | .. | .. |
| Long-term debt securities | .. | .. | .. | .. | .. | .. | .. | .. |
| Loans | 2 | 0 | 3 | 2 | .. | 0 | 0 | 0 |
| Short-term loans | 2 | 0 | 3 | 1 | .. | 0 | 0 | 0 |
| Long-term loans | 0 | 0 | 0 | 1 | .. | 0 | 0 | 0 |
| Equity and investment fund shares | 109 | 124 | 157 | 126 | .. | 154 | 158 | 181 |
| Insurance pension and standardised guarantees | .. | .. | .. | .. | .. | .. | .. | .. |
| Financial derivatives and employee stock options | 1 | 0 | 0 | 0 | .. | 0 | 0 | 0 |
| Other accounts payable | 0 | 0 | 1 | 0 | .. | 1 | 0 | 2 |
| Non-financial assets | 0 | 0 | 0 | 0 | .. | 0 | 0 | 3 |

*Note:* Detailed metadata at: http://metalinks.oecd.org/instinv/20170516/f307

## Table 3. Financial assets and liabilities of insurance corporations and pension funds

*Million EUR*

| | 2008 | 2009 | 2010 | 2011 | 2012 | 2013 | 2014 | 2015 |
|---|---|---|---|---|---|---|---|---|
| **Insurance corporations and pension funds** | | | | | | | | |
| Financial net worth | -105 | -3 | 18 | -152 | -63 | -149 | -349 | -436 |
| Financial assets | 1 625 | 1 960 | 2 017 | 2 093 | 2 482 | 2 576 | 2 909 | 3 254 |
| Currency and deposits | 148 | 177 | 139 | 123 | 139 | 107 | 205 | 275 |
| Debt securities | 953 | 1 035 | 882 | 937 | 1 109 | 1 131 | 1 188 | 1 342 |
| Loans | 4 | 4 | 3 | 1 | 2 | 3 | 4 | 1 |
| Equity and investment fund shares | 336 | 633 | 879 | 915 | 1 113 | 1 219 | 1 387 | 1 498 |
| Equity | 29 | 19 | 30 | 22 | 19 | 27 | 27 | 34 |
| Investment fund shares | 306 | 614 | 849 | 893 | 1 094 | 1 193 | 1 359 | 1 464 |
| Money market fund shares | 9 | 1 | 4 | 5 | 2 | 1 | 5 | 1 |
| Non-Money market fund shares | 298 | 612 | 845 | 888 | 1 092 | 1 191 | 1 354 | 1 463 |
| Insurance pension and standardised guarantees | 25 | 16 | 15 | 15 | 16 | 16 | 16 | 18 |
| Financial derivatives and employee stock options | 4 | 1 | 0 | 0 | 0 | 0 | 0 | 0 |
| Other accounts receivable | 155 | 95 | 98 | 101 | 103 | 98 | 109 | 120 |
| Financial liabilities | 1 730 | 1 964 | 1 999 | 2 245 | 2 545 | 2 724 | 3 258 | 3 690 |
| Debt securities | 0 | 0 | 0 | 0 | 0 | 0 | 0 | 0 |
| Short-term debt securities | 0 | 0 | 0 | 0 | 0 | 0 | 0 | 0 |
| Long-term debt securities | 0 | 0 | 0 | 0 | 0 | 0 | 0 | 0 |
| Loans | 5 | 5 | 15 | 7 | 9 | 14 | 62 | 83 |
| Short-term loans | 0 | 0 | 12 | 0 | 0 | 0 | 0 | 13 |
| Long-term loans | 4 | 4 | 3 | 7 | 9 | 14 | 62 | 70 |
| Equity and investment fund shares | 222 | 216 | 185 | 184 | 192 | 175 | 209 | 197 |
| Insurance pension and standardised guarantees | 1 394 | 1 672 | 1 709 | 1 994 | 2 285 | 2 468 | 2 914 | 3 324 |
| Financial derivatives and employee stock options | 3 | 0 | 0 | 1 | 0 | 0 | 1 | 1 |
| Other accounts payable | 107 | 71 | 91 | 59 | 58 | 67 | 71 | 85 |
| Non-financial assets | .. | .. | .. | .. | .. | .. | .. | .. |
| **Insurance corporations** | | | | | | | | |
| Financial net worth | -105 | -3 | 18 | -152 | -63 | -149 | -349 | -436 |
| Financial assets | 955 | 992 | 862 | 883 | 1 058 | 958 | 991 | 1 068 |
| Currency and deposits | 49 | 62 | 76 | 44 | 85 | 56 | 87 | 71 |
| Debt securities | 639 | 589 | 458 | 484 | 556 | 491 | 458 | 463 |
| Loans | 4 | 4 | 3 | 1 | 2 | 3 | 4 | 1 |
| Equity and investment fund shares | 82 | 225 | 212 | 238 | 297 | 296 | 321 | 397 |
| Equity | 17 | 7 | 9 | 9 | 7 | 9 | 12 | 20 |
| Investment fund shares | 65 | 218 | 203 | 229 | 290 | 287 | 308 | 377 |
| Money market fund shares | 9 | 1 | 3 | 5 | 2 | 1 | 1 | 1 |
| Non-Money market fund shares | 56 | 217 | 199 | 224 | 289 | 286 | 307 | 376 |
| Insurance pension and standardised guarantees | 25 | 16 | 15 | 15 | 16 | 16 | 16 | 18 |
| Financial derivatives and employee stock options | 2 | 1 | 0 | 0 | 0 | 0 | 0 | 0 |
| Other accounts receivable | 155 | 95 | 98 | 101 | 101 | 96 | 105 | 119 |
| Financial liabilities | 1 060 | 995 | 844 | 1 035 | 1 121 | 1 107 | 1 339 | 1 504 |
| Debt securities | 0 | 0 | 0 | 0 | 0 | 0 | 0 | 0 |
| Short-term debt securities | 0 | 0 | 0 | 0 | 0 | 0 | 0 | 0 |
| Long-term debt securities | 0 | 0 | 0 | 0 | 0 | 0 | 0 | 0 |
| Loans | 5 | 5 | 15 | 7 | 9 | 14 | 62 | 83 |
| Short-term loans | 0 | 0 | 12 | 0 | 0 | 0 | 0 | 13 |
| Long-term loans | 4 | 4 | 3 | 7 | 9 | 14 | 62 | 70 |
| Equity and investment fund shares | 222 | 216 | 185 | 184 | 192 | 175 | 209 | 197 |
| Insurance pension and standardised guarantees | 729 | 705 | 564 | 787 | 862 | 859 | 1 000 | 1 145 |
| Financial derivatives and employee stock options | 3 | 0 | 0 | 1 | 0 | 0 | 1 | 1 |
| Other accounts payable | 102 | 69 | 81 | 57 | 56 | 60 | 67 | 78 |
| Non-financial assets | .. | .. | .. | .. | .. | .. | .. | .. |
| **Pension funds** | | | | | | | | |
| Financial net worth | 0 | 0 | 0 | 0 | 0 | 0 | 0 | 0 |
| Financial assets | 670 | 969 | 1 155 | 1 210 | 1 424 | 1 617 | 1 918 | 2 186 |
| Currency and deposits | 99 | 115 | 64 | 79 | 55 | 51 | 118 | 204 |
| Debt securities | 314 | 446 | 424 | 453 | 552 | 641 | 730 | 879 |
| Loans | 0 | 0 | 0 | 0 | 0 | 0 | 0 | 0 |
| Equity and investment fund shares | 254 | 407 | 667 | 677 | 816 | 923 | 1 066 | 1 101 |
| Equity | 12 | 12 | 21 | 13 | 12 | 17 | 15 | 14 |
| Investment fund shares | 242 | 396 | 646 | 664 | 804 | 906 | 1 051 | 1 087 |
| Money market fund shares | 0 | 0 | 0 | 0 | 0 | 0 | 4 | 0 |
| Non-Money market fund shares | 242 | 396 | 646 | 664 | 804 | 906 | 1 047 | 1 087 |
| Insurance pension and standardised guarantees | 0 | 0 | 0 | 0 | 0 | 0 | 0 | 0 |
| Financial derivatives and employee stock options | 2 | 0 | 0 | 0 | 0 | 0 | 0 | 0 |
| Other accounts receivable | 1 | 0 | 0 | 0 | 1 | 2 | 4 | 2 |
| Financial liabilities | 670 | 969 | 1 155 | 1 210 | 1 424 | 1 617 | 1 918 | 2 186 |
| Debt securities | 0 | 0 | 0 | 0 | 0 | 0 | 0 | 0 |
| Short-term debt securities | 0 | 0 | 0 | 0 | 0 | 0 | 0 | 0 |
| Long-term debt securities | 0 | 0 | 0 | 0 | 0 | 0 | 0 | 0 |
| Loans | 0 | 0 | 0 | 0 | 0 | 0 | 0 | 0 |
| Short-term loans | 0 | 0 | 0 | 0 | 0 | 0 | 0 | 0 |
| Long-term loans | 0 | 0 | 0 | 0 | 0 | 0 | 0 | 0 |
| Equity and investment fund shares | 0 | 0 | 0 | 0 | 0 | 0 | 0 | 0 |
| Insurance pension and standardised guarantees | 665 | 967 | 1 145 | 1 207 | 1 422 | 1 609 | 1 914 | 2 179 |
| Financial derivatives and employee stock options | 0 | 0 | 0 | 0 | 0 | 0 | 1 | 0 |
| Other accounts payable | 5 | 2 | 10 | 2 | 2 | 8 | 3 | 6 |
| Non-financial assets | .. | .. | .. | .. | .. | .. | .. | .. |

*Note:* Detailed metadata at: http://metalinks.oecd.org/instinv/20170516/f307

## Table 4. Portfolio composition by type of investor

As percentage of financial assets and of financial liabilities

*Per cent*

| | 2008 | 2009 | 2010 | 2011 | 2012 | 2013 | 2014 | 2015 |
|---|---|---|---|---|---|---|---|---|
| **Investment funds** | | | | | | | | |
| Financial assets | 100.0 | 100.0 | 100.0 | 100.0 | 100.0 | 100.0 | 100.0 | 100.0 |
| Currency and deposits | 14.8 | 15.0 | 7.1 | 6.7 | 6.1 | 11.1 | 12.2 | 12.5 |
| Debt securities | 19.3 | 15.4 | 19.7 | 22.7 | 23.3 | 33.5 | 33.8 | 32.0 |
| Loans | 0.0 | 0.2 | 0.1 | 0.2 | 0.7 | 1.7 | 3.7 | 3.2 |
| Equity and investment fund shares | 64.9 | 69.2 | 72.9 | 70.2 | 69.4 | 53.5 | 48.9 | 50.3 |
| Insurance pension and standardised guarantee schemes | 0.0 | 0.0 | 0.0 | 0.0 | 0.0 | 0.0 | 0.0 | 0.0 |
| Financial derivatives and employee stock options | 1.0 | 0.0 | 0.1 | 0.1 | 0.1 | 0.1 | 0.0 | 0.3 |
| Other accounts receivable | 0.0 | 0.2 | 0.0 | 0.1 | 0.3 | 0.1 | 1.5 | 1.7 |
| Financial liabilities | 100.0 | 100.0 | 100.0 | 100.0 | 100.0 | 100.0 | 100.0 | 100.0 |
| Currency and deposits | 0.0 | 0.0 | 0.0 | 0.0 | 0.0 | 0.0 | 0.0 | 0.0 |
| Debt securities | 0.0 | 0.0 | 0.0 | 0.0 | 0.0 | 0.0 | 0.0 | 0.0 |
| Loans | 1.6 | 0.1 | 1.7 | 1.2 | 0.3 | 2.0 | 5.4 | 1.3 |
| Equity and investment fund shares | 97.2 | 99.6 | 97.6 | 98.2 | 98.6 | 97.1 | 92.3 | 97.3 |
| Insurance pension and standardised guarantee schemes | 0.0 | 0.0 | 0.0 | 0.0 | 0.0 | 0.0 | 0.0 | 0.0 |
| Financial derivatives and employee stock options | 0.8 | 0.1 | 0.0 | 0.3 | 0.0 | 0.0 | 0.1 | 0.1 |
| Other accounts receivable | 0.4 | 0.2 | 0.6 | 0.3 | 1.1 | 0.9 | 2.2 | 1.2 |
| **Insurance corporations** | | | | | | | | |
| Financial assets | 100.0 | 100.0 | 100.0 | 100.0 | 100.0 | 100.0 | 100.0 | 100.0 |
| Currency and deposits | 5.1 | 6.3 | 8.8 | 5.0 | 8.0 | 5.9 | 8.8 | 6.7 |
| Debt securities | 66.9 | 59.4 | 53.1 | 54.8 | 52.6 | 51.2 | 46.2 | 43.3 |
| Loans | 0.4 | 0.4 | 0.3 | 0.2 | 0.2 | 0.3 | 0.4 | 0.1 |
| Equity and investment fund shares | 8.6 | 22.7 | 24.6 | 26.9 | 28.1 | 30.9 | 32.4 | 37.2 |
| Insurance pension and standardised guarantee schemes | 2.6 | 1.6 | 1.8 | 1.7 | 1.5 | 1.7 | 1.6 | 1.7 |
| Financial derivatives and employee stock options | 0.2 | 0.1 | 0.0 | 0.0 | 0.0 | 0.0 | 0.0 | 0.0 |
| Other accounts receivable | 16.2 | 9.6 | 11.4 | 11.4 | 9.6 | 10.0 | 10.6 | 11.1 |
| Financial liabilities | 100.0 | 100.0 | 100.0 | 100.0 | 100.0 | 100.0 | 100.0 | 100.0 |
| Currency and deposits | 0.0 | 0.0 | 0.0 | 0.0 | 0.0 | 0.0 | 0.0 | 0.0 |
| Debt securities | 0.0 | 0.0 | 0.0 | 0.0 | 0.0 | 0.0 | 0.0 | 0.0 |
| Loans | 0.4 | 0.5 | 1.8 | 0.7 | 0.8 | 1.2 | 4.6 | 5.5 |
| Equity and investment fund shares | 20.9 | 21.7 | 21.9 | 17.7 | 17.2 | 15.8 | 15.6 | 13.1 |
| Insurance pension and standardised guarantee schemes | 68.7 | 70.8 | 66.8 | 76.0 | 77.0 | 77.6 | 74.7 | 76.1 |
| Financial derivatives and employee stock options | 0.3 | 0.0 | 0.0 | 0.1 | 0.0 | 0.0 | 0.0 | 0.0 |
| Other accounts receivable | 9.6 | 7.0 | 9.5 | 5.5 | 5.0 | 5.4 | 5.0 | 5.2 |
| **Pension funds** | | | | | | | | |
| Financial assets | 100.0 | 100.0 | 100.0 | 100.0 | 100.0 | 100.0 | 100.0 | 100.0 |
| Currency and deposits | 14.8 | 11.9 | 5.5 | 6.5 | 3.8 | 3.2 | 6.2 | 9.3 |
| Debt securities | 46.8 | 46.0 | 36.7 | 37.5 | 38.8 | 39.6 | 38.0 | 40.2 |
| Loans | 0.0 | 0.0 | 0.0 | 0.0 | 0.0 | 0.0 | 0.0 | 0.0 |
| Equity and investment fund shares | 37.9 | 42.1 | 57.8 | 56.0 | 57.3 | 57.1 | 55.6 | 50.4 |
| Insurance pension and standardised guarantee schemes | 0.0 | 0.0 | 0.0 | 0.0 | 0.0 | 0.0 | 0.0 | 0.0 |
| Financial derivatives and employee stock options | 0.3 | 0.0 | 0.0 | 0.0 | 0.0 | 0.0 | 0.0 | 0.0 |
| Other accounts receivable | 0.1 | 0.0 | 0.0 | 0.0 | 0.1 | 0.1 | 0.2 | 0.1 |
| Financial liabilities | 100.0 | 100.0 | 100.0 | 100.0 | 100.0 | 100.0 | 100.0 | 100.0 |
| Currency and deposits | 0.0 | 0.0 | 0.0 | 0.0 | 0.0 | 0.0 | 0.0 | 0.0 |
| Debt securities | 0.0 | 0.0 | 0.0 | 0.0 | 0.0 | 0.0 | 0.0 | 0.0 |
| Loans | 0.0 | 0.0 | 0.0 | 0.0 | 0.0 | 0.0 | 0.0 | 0.0 |
| Equity and investment fund shares | 0.0 | 0.0 | 0.0 | 0.0 | 0.0 | 0.0 | 0.0 | 0.0 |
| Insurance pension and standardised guarantee schemes | 99.3 | 99.8 | 99.1 | 99.8 | 99.8 | 99.5 | 99.8 | 99.7 |
| Financial derivatives and employee stock options | 0.0 | 0.0 | 0.0 | 0.0 | 0.0 | 0.0 | 0.0 | 0.0 |
| Other accounts receivable | 0.7 | 0.2 | 0.9 | 0.2 | 0.2 | 0.5 | 0.2 | 0.3 |

*Note:* Detailed metadata at: http://metalinks.oecd.org/instinv/20170516/f09d

## Table 1. Financial assets and liabilities of institutional investors, 2015

*Million RUB*

| | Total | Investment funds | | | |
|---|---|---|---|---|---|
| | | Non-money market funds | | | Money market funds |
| | | Total | Open-end non-money market funds | Closed-end non-money market funds | Total |
| Financial assets | 1 547 779 | 1 547 779 | 137 979 | 1 409 800 | .. |
| Currency and deposits | 234 968 | 234 968 | 9 497 | 225 472 | .. |
| Debt securities | 163 010 | 163 010 | 57 923 | 105 087 | .. |
| Debt securities, short term | .. | .. | .. | .. | .. |
| Debt securities, long term | .. | .. | .. | .. | .. |
| Debt securities issued by residents | 128 069 | 128 069 | 38 302 | 89 768 | .. |
| Debt securities issued by non-residents | 34 941 | 34 941 | 19 621 | 15 319 | .. |
| Loans | 6 302 | 6 302 | 0 | 6 302 | .. |
| Loans, short-term | .. | .. | .. | .. | .. |
| Loans, long-term | .. | .. | .. | .. | .. |
| Loans granted to residents | .. | .. | .. | .. | .. |
| Loans granted to non-residents | .. | .. | .. | .. | .. |
| Equity and investment fund shares/units | 743 265 | 743 265 | 65 307 | 677 958 | .. |
| Equity and investment fund shares issued/units by residents | 680 191 | 680 191 | 30 475 | 649 716 | .. |
| Equity and investment fund shares/units issued by non residents | 63 073 | 63 073 | 34 832 | 28 242 | .. |
| Other accounts receivable | 400 234 | 400 234 | 5 252 | 394 982 | .. |

| | Total | Investment funds | | | |
|---|---|---|---|---|---|
| | | Non-money market funds | | | Money market funds |
| | | Total | Open-end non-money market funds | Closed-end non-money market funds | Total |
| Financial liabilities | 2 680 939 | 2 680 939 | 140 898 | 2 540 041 | .. |
| Currency and deposits | .. | .. | .. | .. | .. |
| Debt securities | .. | .. | .. | .. | .. |
| Debt securities, short term | .. | .. | .. | .. | .. |
| Debt securities, long term | .. | .. | .. | .. | .. |
| Loans | .. | .. | .. | .. | .. |
| Loans, short-term | .. | .. | .. | .. | .. |
| Loans, long-term | .. | .. | .. | .. | .. |
| Equity and investment fund shares/units | 2 387 732 | 2 387 732 | 139 000 | 2 248 733 | .. |
| Insurance pension and standardised guaratees | .. | .. | .. | .. | .. |
| Financial derivatives and employee stock options | .. | .. | .. | .. | .. |
| Other accounts payable | 293 207 | 293 207 | 1 899 | 291 308 | .. |

| | Total | Insurance corporations and pension funds | | | |
|---|---|---|---|---|---|
| | | Insurance corporations | | | Pension funds |
| | | Total | Life insurance corporations | Non-life insurance corporations | Total |
| Financial assets | 4 383 131 | 1 507 129 | .. | .. | 2 876 002 |
| Currency and deposits | 1 124 722 | 521 204 | .. | .. | 603 518 |
| Debt securities | 1 815 796 | 368 514 | .. | .. | 1 447 282 |
| Debt securities, short-term | .. | .. | .. | .. | .. |
| Debt securities, long term | .. | .. | .. | .. | .. |
| Debt securities issued by residents | 1 682 725 | 268 663 | .. | .. | 1 414 062 |
| Debt securities issued by non-residents | 133 071 | 99 851 | .. | .. | 33 220 |
| Loans | 12 441 | 12 334 | .. | .. | 107 |
| Loans, short-term | .. | .. | .. | .. | .. |
| Loans, long-term | .. | .. | .. | .. | .. |
| Loans granted to residents | 7 562 | 7 455 | .. | .. | 107 |
| Loans granted to non-residents | 4 878 | 4 878 | .. | .. | 0 |
| Equity and investment fund shares/units | 909 213 | 147 278 | .. | .. | 761 935 |
| Equity and investment fund shares/units issued by residents | 895 301 | 141 497 | .. | .. | 753 804 |
| Equity and investment fund shares/units issued by non residents | 13 912 | 5 781 | .. | .. | 8 131 |
| Other accounts receivable | 390 799 | 327 638 | .. | .. | 63 161 |

| | Total | Insurance corporations and pension funds | | | |
|---|---|---|---|---|---|
| | | Insurance corporations | | | Pension funds |
| | | Total | Life insurance corporations | Non-life insurance corporations | Total |
| Financial liabilities | 4 573 047 | 1 689 717 | .. | .. | 2 883 330 |
| Currency and deposits | .. | .. | .. | .. | .. |
| Debt securities | 10 662 | 10 662 | .. | .. | 0 |
| Debt securities, short term | .. | .. | .. | .. | .. |
| Debt securities, long term | .. | .. | .. | .. | .. |
| Loans | 11 657 | 11 488 | .. | .. | 169 |
| Loans, short-term | .. | .. | .. | .. | .. |
| Loans, long-term | .. | .. | .. | .. | .. |
| Equity and investment fund shares/units | 765 520 | 600 911 | .. | .. | 164 609 |
| Insurance pension and standardised guarantees | 3 622 879 | 928 531 | .. | .. | 2 694 348 |
| Financial derivatives and employee stock options | 0 | 0 | .. | .. | 0 |
| Other accounts payable | 162 329 | 138 125 | .. | .. | 24 204 |

*Note:* Detailed metadata at: http://metalinks.oecd.org/instinv/20170516/667f

## Table 2. Financial assets and liabilities of investment funds

*Million RUB*

| | 2008 | 2009 | 2010 | 2011 | 2012 | 2013 | 2014 | 2015 |
|---|---|---|---|---|---|---|---|---|
| **Investment funds** | | | | | | | | |
| Financial net worth | -266 084 | -321 423 | -453 212 | -555 940 | -599 116 | -927 518 | -1 067 975 | -1 133 161 |
| Financial assets | 472 061 | 717 293 | 764 464 | 845 167 | 1 011 243 | 1 187 664 | 1 359 209 | 1 547 779 |
| Currency and deposits | 56 656 | 90 793 | 96 173 | 105 313 | 153 160 | 233 794 | 194 966 | 234 968 |
| Debt securities | 40 535 | 44 528 | 44 118 | 61 175 | 84 965 | 106 406 | 144 442 | 163 010 |
| Loans | 0 | 1 743 | 6 297 | 6 518 | 4 485 | 5 573 | 5 048 | 6 302 |
| Equity and investment fund shares | 289 652 | 493 938 | 488 490 | 507 649 | 582 323 | 568 263 | 676 092 | 743 265 |
| Equity | 288 206 | 484 892 | 482 268 | 499 573 | 571 058 | 553 341 | 651 281 | 709 459 |
| Investment fund shares | 1 446 | 9 047 | 6 223 | 8 076 | 11 264 | 14 922 | 24 810 | 33 806 |
| Money market fund shares | .. | .. | .. | .. | .. | .. | .. | .. |
| Non-Money market fund shares | 1 446 | 9 047 | 6 223 | 8 076 | 11 264 | 14 922 | 24 810 | 33 806 |
| Insurance pension and standardised guarantees | .. | .. | .. | .. | .. | .. | .. | .. |
| Financial derivatives and employee stock options | .. | .. | .. | .. | .. | .. | .. | .. |
| Other accounts receivable | 85 218 | 86 291 | 129 386 | 164 511 | 186 310 | 273 629 | 338 662 | 400 234 |
| Financial liabilities | 738 145 | 1 038 715 | 1 217 676 | 1 401 107 | 1 610 359 | 2 115 182 | 2 427 184 | 2 680 939 |
| Debt securities | .. | .. | .. | .. | .. | .. | .. | .. |
| Short-term debt securities | .. | .. | .. | .. | .. | .. | .. | .. |
| Long-term debt securities | .. | .. | .. | .. | .. | .. | .. | .. |
| Loans | .. | .. | .. | .. | .. | .. | .. | .. |
| Short-term loans | .. | .. | .. | .. | .. | .. | .. | .. |
| Long-term loans | .. | .. | .. | .. | .. | .. | .. | .. |
| Equity and investment fund shares | 653 106 | 946 495 | 1 130 038 | 1 294 249 | 1 456 131 | 1 870 555 | 2 141 000 | 2 387 732 |
| Insurance pension and standardised guarantees | .. | .. | .. | .. | .. | .. | .. | .. |
| Financial derivatives and employee stock options | .. | .. | .. | .. | .. | .. | .. | .. |
| Other accounts payable | 85 039 | 92 220 | 87 638 | 106 857 | 154 229 | 244 627 | 286 184 | 293 207 |
| Non-financial assets | 266 084 | 321 423 | 453 212 | 562 096 | 747 099 | 928 734 | 1 057 455 | 1 133 161 |
| **Money market funds** | | | | | | | | |
| Financial net worth | .. | .. | .. | .. | .. | .. | .. | .. |
| Financial assets | .. | .. | .. | .. | .. | .. | .. | .. |
| Currency and deposits | .. | .. | .. | .. | .. | .. | .. | .. |
| Debt securities | .. | .. | .. | .. | .. | .. | .. | .. |
| Loans | .. | .. | .. | .. | .. | .. | .. | .. |
| Equity and investment fund shares | .. | .. | .. | .. | .. | .. | .. | .. |
| Equity | .. | .. | .. | .. | .. | .. | .. | .. |
| Investment fund shares | .. | .. | .. | .. | .. | .. | .. | .. |
| Money market fund shares | .. | .. | .. | .. | .. | .. | .. | .. |
| Non-Money market fund shares | .. | .. | .. | .. | .. | .. | .. | .. |
| Insurance pension and standardised guarantees | .. | .. | .. | .. | .. | .. | .. | .. |
| Financial derivatives and employee stock options | .. | .. | .. | .. | .. | .. | .. | .. |
| Other accounts receivable | .. | .. | .. | .. | .. | .. | .. | .. |
| Financial liabilities | .. | .. | .. | .. | .. | .. | .. | .. |
| Debt securities | .. | .. | .. | .. | .. | .. | .. | .. |
| Short-term debt securities | .. | .. | .. | .. | .. | .. | .. | .. |
| Long-term debt securities | .. | .. | .. | .. | .. | .. | .. | .. |
| Loans | .. | .. | .. | .. | .. | .. | .. | .. |
| Short-term loans | .. | .. | .. | .. | .. | .. | .. | .. |
| Long-term loans | .. | .. | .. | .. | .. | .. | .. | .. |
| Equity and investment fund shares | .. | .. | .. | .. | .. | .. | .. | .. |
| Insurance pension and standardised guarantees | .. | .. | .. | .. | .. | .. | .. | .. |
| Financial derivatives and employee stock options | .. | .. | .. | .. | .. | .. | .. | .. |
| Other accounts payable | .. | .. | .. | .. | .. | .. | .. | .. |
| Non-financial assets | .. | .. | .. | .. | .. | .. | .. | .. |
| **Non-money market funds** | | | | | | | | |
| Financial net worth | -266 084 | -321 423 | -453 212 | -555 940 | -599 116 | -927 518 | -1 067 975 | -1 133 161 |
| Financial assets | 472 061 | 717 293 | 764 464 | 845 167 | 1 011 243 | 1 187 664 | 1 359 209 | 1 547 779 |
| Currency and deposits | 56 656 | 90 793 | 96 173 | 105 313 | 153 160 | 233 794 | 194 966 | 234 968 |
| Debt securities | 40 535 | 44 528 | 44 118 | 61 175 | 84 965 | 106 406 | 144 442 | 163 010 |
| Loans | 0 | 1 743 | 6 297 | 6 518 | 4 485 | 5 573 | 5 048 | 6 302 |
| Equity and investment fund shares | 289 652 | 493 938 | 488 490 | 507 649 | 582 323 | 568 263 | 676 092 | 743 265 |
| Equity | 288 206 | 484 892 | 482 268 | 499 573 | 571 058 | 553 341 | 651 281 | 709 459 |
| Investment fund shares | 1 446 | 9 047 | 6 223 | 8 076 | 11 264 | 14 922 | 24 810 | 33 806 |
| Money market fund shares | .. | .. | .. | .. | .. | .. | .. | .. |
| Non-Money market fund shares | 1 446 | 9 047 | 6 223 | 8 076 | 11 264 | 14 922 | 24 810 | 33 806 |
| Insurance pension and standardised guarantees | .. | .. | .. | .. | .. | .. | .. | .. |
| Financial derivatives and employee stock options | .. | .. | .. | .. | .. | .. | .. | .. |
| Other accounts receivable | 85 218 | 86 291 | 129 386 | 164 511 | 186 310 | 273 629 | 338 662 | 400 234 |
| Financial liabilities | 738 145 | 1 038 715 | 1 217 676 | 1 401 107 | 1 610 359 | 2 115 182 | 2 427 184 | 2 680 939 |
| Debt securities | .. | .. | .. | .. | .. | .. | .. | .. |
| Short-term debt securities | .. | .. | .. | .. | .. | .. | .. | .. |
| Long-term debt securities | .. | .. | .. | .. | .. | .. | .. | .. |
| Loans | .. | .. | .. | .. | .. | .. | .. | .. |
| Short-term loans | .. | .. | .. | .. | .. | .. | .. | .. |
| Long-term loans | .. | .. | .. | .. | .. | .. | .. | .. |
| Equity and investment fund shares | 653 106 | 946 495 | 1 130 038 | 1 294 249 | 1 456 131 | 1 870 555 | 2 141 000 | 2 387 732 |
| Insurance pension and standardised guarantees | .. | .. | .. | .. | .. | .. | .. | .. |
| Financial derivatives and employee stock options | .. | .. | .. | .. | .. | .. | .. | .. |
| Other accounts payable | 85 039 | 92 220 | 87 638 | 106 857 | 154 229 | 244 627 | 286 184 | 293 207 |
| Non-financial assets | 266 084 | 321 423 | 453 212 | 562 096 | 747 099 | 928 734 | 1 057 455 | 1 133 161 |
| **Open-end non-money market funds** | | | | | | | | |
| Financial net worth | -2 031 | -2 084 | -2 238 | -2 388 | -2 528 | -2 526 | -2 400 | -2 920 |
| Financial assets | 63 921 | 101 912 | 128 527 | 107 837 | 112 154 | 137 703 | 111 968 | 137 979 |

## Table 2. Financial assets and liabilities of investment funds *(cont.)*

*Million RUB*

| | 2008 | 2009 | 2010 | 2011 | 2012 | 2013 | 2014 | 2015 |
|---|---|---|---|---|---|---|---|---|
| Currency and deposits | 5 930 | 4 259 | 4 599 | 3 991 | 7 149 | 15 862 | 10 863 | 9 497 |
| Debt securities | 15 400 | 18 361 | 23 081 | 28 488 | 40 247 | 64 521 | 38 613 | 57 923 |
| Loans | 0 | 0 | 0 | 0 | 0 | 0 | 0 | 0 |
| Equity and investment fund shares | 35 802 | 72 406 | 92 371 | 66 530 | 57 055 | 47 940 | 55 217 | 65 307 |
| Equity | 35 296 | 71 633 | 89 715 | 62 069 | 49 831 | 38 593 | 36 877 | 39 934 |
| Investment fund shares | 506 | 774 | 2 656 | 4 461 | 7 224 | 9 347 | 18 340 | 25 373 |
| Money market fund shares | .. | .. | .. | .. | .. | .. | .. | .. |
| Non-Money market fund shares | 506 | 774 | 2 656 | 4 461 | 7 224 | 9 347 | 18 340 | 25 373 |
| Insurance pension and standardised guarantees | .. | .. | .. | .. | .. | .. | .. | .. |
| Financial derivatives and employee stock options | .. | .. | .. | .. | .. | .. | .. | .. |
| Other accounts receivable | 6 789 | 6 886 | 8 477 | 8 828 | 7 703 | 9 381 | 7 275 | 5 252 |
| Financial liabilities | 65 952 | 103 997 | 130 766 | 110 224 | 114 682 | 140 229 | 114 368 | 140 898 |
| Debt securities | .. | .. | .. | .. | .. | .. | .. | .. |
| Short-term debt securities | .. | .. | .. | .. | .. | .. | .. | .. |
| Long-term debt securities | .. | .. | .. | .. | .. | .. | .. | .. |
| Loans | .. | .. | .. | .. | .. | .. | .. | .. |
| Short-term loans | .. | .. | .. | .. | .. | .. | .. | .. |
| Long-term loans | .. | .. | .. | .. | .. | .. | .. | .. |
| Equity and investment fund shares | 64 188 | 102 409 | 128 626 | 108 600 | 113 360 | 138 551 | 111 901 | 139 000 |
| Insurance pension and standardised guarantees | .. | .. | .. | .. | .. | .. | .. | .. |
| Financial derivatives and employee stock options | .. | .. | .. | .. | .. | .. | .. | .. |
| Other accounts payable | 1 764 | 1 587 | 2 140 | 1 625 | 1 323 | 1 678 | 2 466 | 1 899 |
| Non-financial assets | 2 031 | 2 084 | 2 238 | 2 388 | 2 528 | 2 526 | 2 400 | 2 920 |
| **Open-end investment funds** | | | | | | | | |
| Financial net worth | -2 031 | -2 084 | -2 238 | -2 388 | -2 528 | -2 526 | -2 400 | -2 920 |
| Financial assets | 63 921 | 101 912 | 128 527 | 107 837 | 112 154 | 137 703 | 111 968 | 137 979 |
| Currency and deposits | 5 930 | 4 259 | 4 599 | 3 991 | 7 149 | 15 862 | 10 863 | 9 497 |
| Debt securities | 15 400 | 18 361 | 23 081 | 28 488 | 40 247 | 64 521 | 38 613 | 57 923 |
| Loans | 0 | 0 | 0 | 0 | 0 | 0 | 0 | 0 |
| Equity and investment fund shares | 35 802 | 72 406 | 92 371 | 66 530 | 57 055 | 47 940 | 55 217 | 65 307 |
| Equity | 35 296 | 71 633 | 89 715 | 62 069 | 49 831 | 38 593 | 36 877 | 39 934 |
| Investment fund shares | 506 | 774 | 2 656 | 4 461 | 7 224 | 9 347 | 18 340 | 25 373 |
| Money market fund shares | .. | .. | .. | .. | .. | .. | .. | .. |
| Non-Money market fund shares | 506 | 774 | 2 656 | 4 461 | 7 224 | 9 347 | 18 340 | 25 373 |
| Insurance pension and standardised guarantees | .. | .. | .. | .. | .. | .. | .. | .. |
| Financial derivatives and employee stock options | .. | .. | .. | .. | .. | .. | .. | .. |
| Other accounts receivable | 6 789 | 6 886 | 8 477 | 8 828 | 7 703 | 9 381 | 7 275 | 5 252 |
| Financial liabilities | 65 952 | 103 997 | 130 766 | 110 224 | 114 682 | 140 229 | 114 368 | 140 898 |
| Debt securities | .. | .. | .. | .. | .. | .. | .. | .. |
| Short-term debt securities | .. | .. | .. | .. | .. | .. | .. | .. |
| Long-term debt securities | .. | .. | .. | .. | .. | .. | .. | .. |
| Loans | .. | .. | .. | .. | .. | .. | .. | .. |
| Short-term loans | .. | .. | .. | .. | .. | .. | .. | .. |
| Long-term loans | .. | .. | .. | .. | .. | .. | .. | .. |
| Equity and investment fund shares | 64 188 | 102 409 | 128 626 | 108 600 | 113 360 | 138 551 | 111 901 | 139 000 |
| Insurance pension and standardised guarantees | .. | .. | .. | .. | .. | .. | .. | .. |
| Financial derivatives and employee stock options | .. | .. | .. | .. | .. | .. | .. | .. |
| Other accounts payable | 1 764 | 1 587 | 2 140 | 1 625 | 1 323 | 1 678 | 2 466 | 1 899 |
| Non-financial assets | 2 031 | 2 084 | 2 238 | 2 388 | 2 528 | 2 526 | 2 400 | 2 920 |

*Note:* Detailed metadata at: http://metalinks.oecd.org/instinv/20170516/667f

## Table 3. Financial assets and liabilities of insurance corporations and pension funds

*Million RUB*

| | 2008 | 2009 | 2010 | 2011 | 2012 | 2013 | 2014 | 2015 |
|---|---|---|---|---|---|---|---|---|
| **Insurance corporations and pension funds** | | | | | | | | |
| Financial net worth | -48 837 | -53 422 | -77 451 | -59 743 | -36 437 | -174 679 | -195 800 | -189 916 |
| Financial assets | 1 365 737 | 1 569 827 | 1 754 805 | 2 138 367 | 2 623 687 | 3 285 681 | 3 621 747 | 4 383 131 |
| Currency and deposits | 329 951 | 426 888 | 459 955 | 575 393 | 782 878 | 884 194 | 1 009 962 | 1 124 722 |
| Debt securities | 410 033 | 446 486 | 456 295 | 634 828 | 766 267 | 1 118 204 | 1 246 384 | 1 815 796 |
| Loans | 18 565 | 15 060 | 9 145 | 15 342 | 10 643 | 14 830 | 21 854 | 12 441 |
| Equity and investment fund shares | 331 457 | 406 619 | 541 295 | 571 913 | 637 540 | 707 154 | 740 973 | 909 213 |
| Equity | 212 214 | 269 389 | 379 740 | 408 386 | 409 928 | 471 794 | 512 665 | 638 755 |
| Investment fund shares | 119 243 | 137 229 | 161 555 | 163 527 | 227 612 | 235 360 | 228 308 | 270 458 |
| Money market fund shares | .. | .. | .. | .. | .. | .. | .. | .. |
| Non-Money market fund shares | 119 243 | 137 229 | 161 555 | 163 527 | 227 612 | 235 360 | 228 308 | 270 458 |
| Insurance pension and standardised guarantees | 67 223 | 65 297 | 70 267 | 71 588 | 90 002 | 108 240 | 158 480 | 130 128 |
| Financial derivatives and employee stock options | .. | .. | .. | .. | .. | .. | .. | 31 |
| Other accounts receivable | 208 508 | 209 478 | 217 847 | 269 302 | 336 293 | 453 059 | 444 094 | 390 799 |
| Financial liabilities | 1 414 575 | 1 623 249 | 1 832 256 | 2 198 110 | 2 660 124 | 3 460 360 | 3 817 547 | 4 573 047 |
| Debt securities | 5 875 | 4 458 | 18 331 | 9 823 | 13 764 | 16 456 | 11 227 | 10 662 |
| Short-term debt securities | .. | .. | .. | .. | .. | .. | .. | .. |
| Long-term debt securities | .. | .. | .. | .. | .. | .. | .. | .. |
| Loans | 13 656 | 24 960 | 26 388 | 27 716 | 22 965 | 22 629 | 18 545 | 11 657 |
| Short-term loans | .. | .. | .. | .. | .. | .. | .. | .. |
| Long-term loans | .. | .. | .. | .. | .. | .. | .. | .. |
| Equity and investment fund shares | 301 912 | 349 563 | 360 561 | 391 464 | 470 831 | 642 559 | 710 356 | 765 520 |
| Insurance pension and standardised guarantees | 926 200 | 1 068 896 | 1 257 975 | 1 640 176 | 2 006 075 | 2 602 244 | 2 874 440 | 3 622 879 |
| Financial derivatives and employee stock options | .. | .. | .. | .. | .. | .. | .. | 0 |
| Other accounts payable | 166 932 | 175 372 | 169 001 | 128 931 | 146 489 | 176 472 | 202 979 | 162 329 |
| Non-financial assets | 48 837 | 53 422 | 77 451 | 90 315 | 95 194 | 91 047 | 97 464 | 95 451 |
| **Insurance corporations** | | | | | | | | |
| Financial net worth | -42 443 | -45 558 | -69 469 | -54 416 | -34 113 | -164 872 | -188 535 | -182 588 |
| Financial assets | 793 259 | 836 355 | 857 179 | 944 406 | 1 076 411 | 1 233 629 | 1 443 045 | 1 507 129 |
| Currency and deposits | 222 127 | 253 326 | 258 372 | 325 448 | 353 259 | 375 724 | 439 713 | 521 204 |
| Debt securities | 227 435 | 205 332 | 200 130 | 231 397 | 255 781 | 307 279 | 330 003 | 368 514 |
| Loans | 17 451 | 13 482 | 8 162 | 13 191 | 9 163 | 14 648 | 21 710 | 12 334 |
| Equity and investment fund shares | 73 036 | 110 866 | 116 887 | 100 438 | 126 166 | 138 441 | 157 677 | 147 278 |
| Equity | 65 100 | 103 319 | 106 278 | 91 407 | 117 211 | 129 721 | 149 017 | 133 406 |
| Investment fund shares | 7 936 | 7 546 | 10 609 | 9 032 | 8 955 | 8 720 | 8 660 | 13 872 |
| Money market fund shares | .. | .. | .. | .. | .. | .. | .. | .. |
| Non-Money market fund shares | 7 936 | 7 546 | 10 609 | 9 032 | 8 955 | 8 720 | 8 660 | 13 872 |
| Insurance pension and standardised guarantees | 67 223 | 65 297 | 70 267 | 71 588 | 90 002 | 108 240 | 158 480 | 130 128 |
| Financial derivatives and employee stock options | .. | .. | .. | .. | .. | .. | .. | 31 |
| Other accounts receivable | 185 987 | 188 052 | 203 361 | 202 343 | 241 975 | 289 297 | 335 462 | 327 638 |
| Financial liabilities | 835 702 | 881 913 | 926 648 | 998 822 | 1 110 524 | 1 398 501 | 1 631 580 | 1 689 717 |
| Debt securities | 5 875 | 4 458 | 18 331 | 9 823 | 13 764 | 16 456 | 11 227 | 10 662 |
| Short-term debt securities | .. | .. | .. | .. | .. | .. | .. | .. |
| Long-term debt securities | .. | .. | .. | .. | .. | .. | .. | .. |
| Loans | 13 549 | 24 669 | 26 232 | 26 319 | 20 669 | 21 452 | 17 086 | 11 488 |
| Short-term loans | .. | .. | .. | .. | .. | .. | .. | .. |
| Long-term loans | .. | .. | .. | .. | .. | .. | .. | .. |
| Equity and investment fund shares | 223 533 | 254 710 | 259 219 | 293 839 | 362 679 | 517 612 | 567 245 | 600 911 |
| Insurance pension and standardised guarantees | 427 809 | 429 818 | 462 226 | 545 931 | 579 072 | 684 034 | 845 958 | 928 531 |
| Financial derivatives and employee stock options | .. | .. | .. | .. | .. | .. | .. | 0 |
| Other accounts payable | 164 937 | 168 258 | 160 640 | 122 910 | 134 340 | 158 947 | 190 064 | 138 125 |
| Non-financial assets | 42 443 | 45 558 | 69 469 | 82 419 | 89 494 | 85 687 | 92 936 | 91 487 |
| **Pension funds** | | | | | | | | |
| Financial net worth | -6 394 | -7 864 | -7 982 | -5 327 | -2 324 | -9 806 | -7 265 | -7 328 |
| Financial assets | 572 478 | 733 472 | 897 626 | 1 193 961 | 1 547 276 | 2 052 053 | 2 178 702 | 2 876 002 |
| Currency and deposits | 107 824 | 173 562 | 201 583 | 249 945 | 429 619 | 508 470 | 570 249 | 603 518 |
| Debt securities | 182 598 | 241 154 | 256 165 | 403 431 | 510 486 | 810 925 | 916 381 | 1 447 282 |
| Loans | 1 114 | 1 577 | 983 | 2 151 | 1 480 | 182 | 144 | 107 |
| Equity and investment fund shares | 258 421 | 295 753 | 424 409 | 471 475 | 511 374 | 568 714 | 583 296 | 761 935 |
| Equity | 147 114 | 166 070 | 273 463 | 316 979 | 292 717 | 342 074 | 363 648 | 505 349 |
| Investment fund shares | 111 307 | 129 683 | 150 946 | 154 496 | 218 657 | 226 640 | 219 648 | 256 586 |
| Money market fund shares | .. | .. | .. | .. | .. | .. | .. | .. |
| Non-Money market fund shares | 111 307 | 129 683 | 150 946 | 154 496 | 218 657 | 226 640 | 219 648 | 256 586 |
| Insurance pension and standardised guarantees | .. | .. | .. | .. | .. | .. | .. | .. |
| Financial derivatives and employee stock options | .. | .. | .. | .. | .. | .. | .. | 0 |
| Other accounts receivable | 22 521 | 21 426 | 14 486 | 66 959 | 94 318 | 163 762 | 108 632 | 63 161 |
| Financial liabilities | 578 873 | 741 336 | 905 608 | 1 199 288 | 1 549 600 | 2 061 859 | 2 185 967 | 2 883 330 |
| Debt securities | 0 | 0 | 0 | 0 | 0 | 0 | 0 | 0 |
| Short-term debt securities | .. | .. | .. | .. | .. | .. | .. | .. |
| Long-term debt securities | .. | .. | .. | .. | .. | .. | .. | .. |
| Loans | 107 | 291 | 155 | 1 397 | 2 296 | 1 177 | 1 459 | 169 |
| Short-term loans | .. | .. | .. | .. | .. | .. | .. | .. |
| Long-term loans | .. | .. | .. | .. | .. | .. | .. | .. |
| Equity and investment fund shares | 78 379 | 94 853 | 101 342 | 97 625 | 108 152 | 124 947 | 143 111 | 164 609 |
| Insurance pension and standardised guarantees | 498 391 | 639 078 | 795 749 | 1 094 245 | 1 427 003 | 1 918 210 | 2 028 482 | 2 694 348 |
| Financial derivatives and employee stock options | .. | .. | .. | .. | .. | .. | .. | 0 |
| Other accounts payable | 1 995 | 7 114 | 8 361 | 6 021 | 12 149 | 17 525 | 12 915 | 24 204 |
| Non-financial assets | 6 394 | 7 864 | 7 982 | 7 896 | 5 700 | 5 360 | 4 528 | 3 963 |

*Note:* Detailed metadata at: http://metalinks.oecd.org/instinv/20170516/667f

## Table 4. Portfolio composition by type of investor

As percentage of financial assets and of financial liabilities

*Per cent*

| | 2008 | 2009 | 2010 | 2011 | 2012 | 2013 | 2014 | 2015 |
|---|---|---|---|---|---|---|---|---|
| **Investment funds** | | | | | | | | |
| Financial assets | 100.0 | 100.0 | 100.0 | 100.0 | 100.0 | 100.0 | 100.0 | 100.0 |
| Currency and deposits | 12.0 | 12.7 | 12.6 | 12.5 | 15.1 | 19.7 | 14.3 | 15.2 |
| Debt securities | 8.6 | 6.2 | 5.8 | 7.2 | 8.4 | 9.0 | 10.6 | 10.5 |
| Loans | 0.0 | 0.2 | 0.8 | 0.8 | 0.4 | 0.5 | 0.4 | 0.4 |
| Equity and investment fund shares | 61.4 | 68.9 | 63.9 | 60.1 | 57.6 | 47.8 | 49.7 | 48.0 |
| Insurance pension and standardised guarantee schemes | 0.0 | 0.0 | 0.0 | 0.0 | 0.0 | 0.0 | 0.0 | 0.0 |
| Financial derivatives and employee stock options | 0.0 | 0.0 | 0.0 | 0.0 | 0.0 | 0.0 | 0.0 | 0.0 |
| Other accounts receivable | 18.1 | 12.0 | 16.9 | 19.5 | 18.4 | 23.0 | 24.9 | 25.9 |
| Financial liabilities | 100.0 | 100.0 | 100.0 | 100.0 | 100.0 | 100.0 | 100.0 | 100.0 |
| Currency and deposits | 0.0 | 0.0 | 0.0 | 0.0 | 0.0 | 0.0 | 0.0 | 0.0 |
| Debt securities | 0.0 | 0.0 | 0.0 | 0.0 | 0.0 | 0.0 | 0.0 | 0.0 |
| Loans | 0.0 | 0.0 | 0.0 | 0.0 | 0.0 | 0.0 | 0.0 | 0.0 |
| Equity and investment fund shares | 88.5 | 91.1 | 92.8 | 92.4 | 90.4 | 88.4 | 88.2 | 89.1 |
| Insurance pension and standardised guarantee schemes | 0.0 | 0.0 | 0.0 | 0.0 | 0.0 | 0.0 | 0.0 | 0.0 |
| Financial derivatives and employee stock options | 0.0 | 0.0 | 0.0 | 0.0 | 0.0 | 0.0 | 0.0 | 0.0 |
| Other accounts receivable | 11.5 | 8.9 | 7.2 | 7.6 | 9.6 | 11.6 | 11.8 | 10.9 |
| **Insurance corporations** | | | | | | | | |
| Financial assets | 100.0 | 100.0 | 100.0 | 100.0 | 100.0 | 100.0 | 100.0 | 100.0 |
| Currency and deposits | 28.0 | 30.3 | 30.1 | 34.5 | 32.8 | 30.5 | 30.5 | 34.6 |
| Debt securities | 28.7 | 24.6 | 23.3 | 24.5 | 23.8 | 24.9 | 22.9 | 24.5 |
| Loans | 2.2 | 1.6 | 1.0 | 1.4 | 0.9 | 1.2 | 1.5 | 0.8 |
| Equity and investment fund shares | 9.2 | 13.3 | 13.6 | 10.6 | 11.7 | 11.2 | 10.9 | 9.8 |
| Insurance pension and standardised guarantee schemes | 8.5 | 7.8 | 8.2 | 7.6 | 8.4 | 8.8 | 11.0 | 8.6 |
| Financial derivatives and employee stock options | 0.0 | 0.0 | 0.0 | 0.0 | 0.0 | 0.0 | 0.0 | 0.0 |
| Other accounts receivable | 23.4 | 22.5 | 23.7 | 21.4 | 22.5 | 23.5 | 23.2 | 21.7 |
| Financial liabilities | 100.0 | 100.0 | 100.0 | 100.0 | 100.0 | 100.0 | 100.0 | 100.0 |
| Currency and deposits | 0.0 | 0.0 | 0.0 | 0.0 | 0.0 | 0.0 | 0.0 | 0.0 |
| Debt securities | 0.7 | 0.5 | 2.0 | 1.0 | 1.2 | 1.2 | 0.7 | 0.6 |
| Loans | 1.6 | 2.8 | 2.8 | 2.6 | 1.9 | 1.5 | 1.0 | 0.7 |
| Equity and investment fund shares | 26.7 | 28.9 | 28.0 | 29.4 | 32.7 | 37.0 | 34.8 | 35.6 |
| Insurance pension and standardised guarantee schemes | 51.2 | 48.7 | 49.9 | 54.7 | 52.1 | 48.9 | 51.8 | 55.0 |
| Financial derivatives and employee stock options | 0.0 | 0.0 | 0.0 | 0.0 | 0.0 | 0.0 | 0.0 | 0.0 |
| Other accounts receivable | 19.7 | 19.1 | 17.3 | 12.3 | 12.1 | 11.4 | 11.6 | 8.2 |
| **Pension funds** | | | | | | | | |
| Financial assets | 100.0 | 100.0 | 100.0 | 100.0 | 100.0 | 100.0 | 100.0 | 100.0 |
| Currency and deposits | 18.8 | 23.7 | 22.5 | 20.9 | 27.8 | 24.8 | 26.2 | 21.0 |
| Debt securities | 31.9 | 32.9 | 28.5 | 33.8 | 33.0 | 39.5 | 42.1 | 50.3 |
| Loans | 0.2 | 0.2 | 0.1 | 0.2 | 0.1 | 0.0 | 0.0 | 0.0 |
| Equity and investment fund shares | 45.1 | 40.3 | 47.3 | 39.5 | 33.0 | 27.7 | 26.8 | 26.5 |
| Insurance pension and standardised guarantee schemes | 0.0 | 0.0 | 0.0 | 0.0 | 0.0 | 0.0 | 0.0 | 0.0 |
| Financial derivatives and employee stock options | 0.0 | 0.0 | 0.0 | 0.0 | 0.0 | 0.0 | 0.0 | 0.0 |
| Other accounts receivable | 3.9 | 2.9 | 1.6 | 5.6 | 6.1 | 8.0 | 5.0 | 2.2 |
| Financial liabilities | 100.0 | 100.0 | 100.0 | 100.0 | 100.0 | 100.0 | 100.0 | 100.0 |
| Currency and deposits | 0.0 | 0.0 | 0.0 | 0.0 | 0.0 | 0.0 | 0.0 | 0.0 |
| Debt securities | 0.0 | 0.0 | 0.0 | 0.0 | 0.0 | 0.0 | 0.0 | 0.0 |
| Loans | 0.0 | 0.0 | 0.0 | 0.1 | 0.1 | 0.1 | 0.1 | 0.0 |
| Equity and investment fund shares | 13.5 | 12.8 | 11.2 | 8.1 | 7.0 | 6.1 | 6.5 | 5.7 |
| Insurance pension and standardised guarantee schemes | 86.1 | 86.2 | 87.9 | 91.2 | 92.1 | 93.0 | 92.8 | 93.4 |
| Financial derivatives and employee stock options | 0.0 | 0.0 | 0.0 | 0.0 | 0.0 | 0.0 | 0.0 | 0.0 |
| Other accounts receivable | 0.3 | 1.0 | 0.9 | 0.5 | 0.8 | 0.8 | 0.6 | 0.8 |

*Note:* Detailed metadata at: http://metalinks.oecd.org/instinv/20170516/f09d

# ORGANISATION FOR ECONOMIC CO-OPERATION AND DEVELOPMENT

The OECD is a unique forum where governments work together to address the economic, social and environmental challenges of globalisation. The OECD is also at the forefront of efforts to understand and to help governments respond to new developments and concerns, such as corporate governance, the information economy and the challenges of an ageing population. The Organisation provides a setting where governments can compare policy experiences, seek answers to common problems, identify good practice and work to co-ordinate domestic and international policies.

The OECD member countries are: Australia, Austria, Belgium, Canada, Chile, the Czech Republic, Denmark, Estonia, Finland, France, Germany, Greece, Hungary, Iceland, Ireland, Israel, Italy, Japan, Korea, Latvia, Luxembourg, Mexico, the Netherlands, New Zealand, Norway, Poland, Portugal, the Slovak Republic, Slovenia, Spain, Sweden, Switzerland, Turkey, the United Kingdom and the United States. The European Union takes part in the work of the OECD.

OECD Publishing disseminates widely the results of the Organisation's statistics gathering and research on economic, social and environmental issues, as well as the conventions, guidelines and standards agreed by its members.

OECD PUBLISHING, 2, rue André-Pascal, 75775 PARIS CEDEX 16
(01 2016 19 1 P) ISBN 978-92-64-27529-4 – 2017

www.ingramcontent.com/pod-product-compliance
Lightning Source LLC
Chambersburg PA
CBHW061213240926
51846CB00006B/1215
* 9 7 8 9 2 6 4 2 7 5 2 9 4 *